XÉNOPHON

CONSTITUTION DES LACÉDÉMONIENS

COLLECTION DES UNIVERSITÉS DE FRANCE
publiée sous le patronage de l'*ASSOCIATION GUILLAUME BUDÉ*

XÉNOPHON

CONSTITUTION DES LACÉDÉMONIENS

TEXTE ÉTABLI
PAR
DAVIDE MURATORE
Professeur de lycée

TRADUIT ET COMMENTÉ
PAR
JEAN DUCAT †
Professeur des universités

PARIS
LES BELLES LETTRES
2025

Conformément aux statuts de l'Association Guillaume Budé, ce volume a été soumis à l'approbation de la commission technique, qui a chargé Mme Dominique Lenfant et M. Antonio Ricciardetto d'en faire la révision et d'en surveiller la correction en collaboration avec MM. Jean Ducat et Davide Muratore.

Tous droits de traduction, de reproduction et d'adaptation réservés pour tous les pays.

*© 2025. Société d'édition Les Belles Lettres
95 boulevard Raspail, 75006 Paris
www.lesbelleslettres.com*

ISBN : 978-2-251-00666-6
ISSN : 0184-7155

INTRODUCTION

L'auteur

Doutes, anciens et modernes. Il n'y a eu dans l'Antiquité, à notre connaissance, qu'un érudit qui ait refusé à Xénophon la paternité de la *Constitution des Lacédémoniens* (*Lakedaimonion Politeia*, ci-après *LP*). Diogène Laërce termine ainsi son catalogue de ses œuvres : « ... une *Constitution des Athéniens et des Lacédémoniens*, dont Démétrios de Magnésie dit qu'elle n'est pas de Xénophon ». On voit par là que Démétrios (qui écrivait vers 50 av. J.-C.) amalgamait en une seule œuvre la *Constitution des Athéniens* (*Athènaiôn Politeia*) et la *LP*, ce qui réduit considérablement la portée de son rejet. Certains modernes ont tiré argument des affirmations de Polybe (VI, 45, 1), que Xénophon soulignait la ressemblance des institutions de Sparte avec celles de la Crète (alors que la *LP* affirme leur originalité absolue), et d'Arrien (*Tactique*, VI, 3), que Xénophon ne dit nulle part combien d'énomoties il y avait dans le loche (alors que cf. *LP* XI, 4), pour en déduire qu'on attribuait alors à Xénophon un texte autre que celui qui nous est parvenu ; mais en fait, elles montrent plutôt que ces auteurs ne connaissaient pas, ou pas bien, la *LP*. En tout cas, un savant ayant des lectures aussi étendues que Plutarque cite sans hésiter (*Lyc.* I, 5) Xénophon comme l'auteur de la *LP* (référence à la datation de Lycurgue en X, 8). – Dans la tradition moderne, le refus d'attribuer cette œuvre à Xénophon apparaît avec Valckenaer (mort en 1785), dans des notes sur le Nouveau Testament publiées après sa mort, et cette opinion a ensuite été celle d'une bonne demi-douzaine d'érudits de premier plan[1].

Les idées politiques. Sur bien des points, les idées exprimées dans la *LP* se retrouvent, sous une forme pratiquement identique, dans certaines des œuvres de Xénophon. Le citoyen idéal, l'« homme nouveau », dont la réalisation est le principal objectif des lois de Lycurgue, est incarné par le Socrate des *Mémorables*. En *Mém.* I, 2, 1, Xénophon souligne que l'austérité et la discipline caractérisent le mode de vie du philosophe ; cette affirmation est ensuite longuement développée dans l'entretien avec Antiphon (I, 6, 1-10). La plupart des thèmes de cette description de la vie du sage sont aussi ceux de l'éducation des *paides* dans la *LP* (chap. II) : nourriture frugale (dont on rapprochera également le chap. V, « Du régime »), un seul manteau pour toute l'année, absence de chaussures ; quant à l'entraînement physique, il intéresse tous les âges de la vie (*LP* III, 2 ; IV, 5-6 ; IV, 7 ; V, 8-9 ; XII, 5-6). Comme les Spartiates (*LP* VII, 2), Socrate s'interdit de gagner de l'argent (*Mém.* I, 6, 13-14).

Les rapprochements vont bien au-delà du personnage de Socrate. Dans son incipit (I, 1), l'auteur de la *LP* expose le but du traité : montrer que ce sont les *épitèdeumata* (les « règles de vie ») institués par Lycurgue qui expliquent les succès de Sparte. À cela fait écho l'exhortation que Socrate adresse aux Athéniens (*Mém.* III, 5, 14-16) d'adopter les *épitèdeumata* des Spartiates (la même chose, exprimée par le même mot) ; la *LP* (X, 8) rappelle que si « de tels *épitèdeumata* » sont l'objet de tous les éloges, « aucune cité ne veut les imiter ». – La *LP* expose (I, 6) la règle édictée par Lycurgue, que les mariages ne soient conclus qu'entre des partenaires « ayant atteint leur plein développement physique » ; Socrate prône la même chose dans les *Mémorables* (IV, 4, 23). – Un des chapitres les plus importants de la

---

1. Valckenaer 1815, p. 168. À époque récente, les derniers représentants de cette tendance ont été Chrimes 1948 et Lana 1992.

LP en ce qui concerne la pensée politique de son auteur est le chap. VIII, qui montre que Lycurgue a imposé aux Spartiates une obéissance absolue aux lois et aux magistrats. Socrate revient deux fois sur ce point dans les *Mémorables* : d'abord en III, 5, 16, où, comme dans la *LP* (VIII, 2), il oppose à la conduite des Spartiates celle des Athéniens (des « autres cités » dans la *LP*) ; puis en IV, 4, 15, où Lycurgue est nommé. Mention est faite de l'obéissance des Perses dans la *Cyropédie* (I, 2, 8), et Xénophon, dans l'*Agésilas*, vante avec insistance celle de ce roi, notamment en I, 36 (épisode célèbre du retour d'Asie en 394) et en VII, 2 (son obéissance absolue aux lois). – Le chap. IX de la *LP* expose un point essentiel du code spartiate, l'honneur promis au brave et la honte qui accompagne la lâcheté. Dans la *Cyropédie* (III, 3, 51-52), c'est Cyrus lui-même qui, dans une conversation avec un homotime, présente la même idée, et presque exactement dans les mêmes termes (αἱρετώτερον, au §51, est un des premiers mots du chap. IX de la *LP*, et au §52, la vie honteuse du lâche est opposée à la gloire du brave de la même façon qu'aux §3 et surtout 6 de la *LP*). – Le chap. XV de la *LP* expose une conception de la royauté spartiate qu'on ne rencontre chez aucun autre auteur. On la retrouve à l'identique dans l'*Agésilas*, essentiellement en I, 4 : la royauté et la cité sont conçues comme deux entités indépendantes à l'origine, qui ont conclu une sorte d'accord ; la royauté joue cependant un rôle si important que, dans les deux ouvrages, l'auteur la considère comme étant « le régime » (ἀρχή) de Sparte ; c'est cet équilibre qui a assuré à la royauté spartiate une stabilité dont on n'a pas d'autre exemple. De même, l'idée de la subordination des rois à la cité, représentée par les éphores (*LP* XV, 7), reparaît dans l'*Agésilas* (I, 36), pour expliquer l'obéissance d'Agésilas en 394, et celle du serment, dans un discours de Cambyse adressé à Cyrus et aux Perses dans la *Cyropédie* (VIII, 5, 25)[2].

---

2. Observation faite par Carlier 1984, p. 252, n. 87.

Revenons, pour finir, aux idées politiques de Socrate. Le système moral impliqué dans la *LP* semble s'écarter de celui du Socrate de Xénophon sur un point très important : c'est que, parmi les vertus, la justice (δικαιοσύνη) n'y apparaît jamais. Mais si on lit le chapitre des *Mémorables* consacré à ce sujet (IV, 4), on constate que la justice y est définie comme l'obéissance aux lois, qui, elle, est un thème majeur de la *LP*. Certes, les lois dont parle Socrate ne sont pas seulement celles de la cité (à propos desquelles le nom de Lycurgue est mentionné avec grand éloge au § 15), mais aussi les lois « non écrites » ; toutefois, les lois de Lycurgue étant parfaites, elles englobent aussi ces dernières, en quelque sorte. Ainsi, parmi les œuvres de Xénophon, ce sont les *Mémorables*, la *Cyropédie* et l'*Agésilas* qui, sur le plan des idées, ont le plus de points de contact avec la *LP*[3].

La langue. Entre la langue de la *LP* et celle des œuvres de Xénophon existent d'incontestables convergences.

Comme le Xénophon des *Helléniques*, l'auteur de la *LP* fait preuve d'une familiarité évidente avec le vocabulaire spartiate ; mais cela ne prouve rien, car il est naturel que quelqu'un qui écrit sur Sparte possède cette connaissance. Plus significatif est peut-être le fait qu'un certain nombre de vocables locaux apparaissent seulement dans la *LP* et dans les *Helléniques* : τὰ καλά, φιλίτιον, ἱππαγρέτης, ὅμοιοι (une fois aussi dans l'*Anabase*), φρουρά (au sens d'« armée »), μόρα ; certains sous leur forme dialectale, δαμοσία (s.-e. σκηνή) et γερουτία.

Plus généralement, il y a d'assez nombreux mots dans la *LP* qui se retrouvent dans des œuvres de Xénophon et pas chez d'autres auteurs contemporains ou antérieurs[4]. En voici quelques exemples significatifs : ὀλιγάνθρωπος, τεκνοποιία, ῥᾳδιουργεῖν et ses dérivés, διασκηνεῖν. Il est plus frappant encore de retrouver dans la *Cyropédie* des phrases entières

---

3. Voir le tableau en fin de volume, *infra*, p. 328-329.
4. On en trouvera une liste dans Lipka 2002 (p. 47-48).

qui ressemblent étroitement à des phrases de la *LP*[5]. S'il n'en était pas l'auteur, il faudrait avouer que Xénophon s'est beaucoup inspiré de la *LP*. – Notons pour terminer le fait, relevé par les linguistes, que l'usage des particules de liaison dans la *LP* est conforme aux habitudes de Xénophon, en particulier dans les «œuvres mineures»[6] : fréquence de γε μὴν et de καὶ... δέ ; usage exclusif de τοιγαροῦν et non de τοιγάρτοι ; emploi de τοίνυν pour introduire un développement que l'auteur vient d'annoncer.

Cependant, toutes ces convergences ne doivent pas nous faire sous-estimer l'évidente particularité de la *LP* dans le domaine du vocabulaire, par rapport aux œuvres de Xénophon[7]. Lipka a donné une liste résumée des mots qu'on ne rencontre que dans la *LP*, et elle est impressionnante[8]. Il s'agit du vocabulaire médical (ce qui peut s'expliquer par les sujets abordés), du vocabulaire militaire (ce qui est un peu plus surprenant), et, surtout, du vocabulaire général. Ce fait a été confirmé par une étude conduite selon la méthode de l'analyse des données («*correspondence analysis*»), et avec les moyens informatiques de l'époque, par Maurizio Lana[9]. Il faut toutefois noter que Lana a concentré son attention sur l'*Athénaiôn Politeia* pseudo-xénophontique, et que la *LP* fait seulement partie du matériel de comparaison. Une de ses conclusions est que, pas plus que l'*AP*, la *LP* n'est l'œuvre de Xénophon ; mais il me semble que son article révèle surtout les limites de sa méthode. D'abord, comme l'a observé N. Humble[10], Lana n'a utilisé, parmi les œuvres de Xéno-

---

5. Exemples : II, 2 (ἀρχαί), cf. *Cyr.* I, 2, 13 ; V, 4 (boisson), cf. *Cyr.* I, 3, 10 et VIII, 8, 10 ; V, 6 (propos de table), cf. *Cyr.* V, 2, 18 : comparer ὥστ' ἐκεῖ ἥκιστα μὲν ὕβριν, ἥκιστα δὲ αἰσχρουργίαν καὶ αἰσχρολογίαν ἐγγίγνεσθαι (*LP*) avec ὡς πολὺ μὲν ὕβρεως ἀπῆν, πολὺ δὲ τοῦ αἰσχρόν τι ποιεῖν, πολὺ δὲ τοῦ χαλεπαίνεσθαι πρὸς ἀλλήλους (*Cyr.*).
6. Lipka 2002, p. 50.
7. Ces convergences sont rassemblées elles aussi dans le tableau à la fin du volume (*infra*, p. 328-329).
8. Lipka 2002, p. 48-50.
9. Lana 1992.
10. Humble 2004, p. 217.

phon, que les *Helléniques*, alors que certaines des « œuvres mineures » eussent peut-être mieux convenu. Surtout, si on considère ses diagrammes, on constate que l'ouvrage dont, du point de vue envisagé, la *LP* se rapproche le plus, n'est autre que l'*AP*, alors que quiconque a lu les deux textes sait qu'ils n'ont rien de commun dans leur façon de s'exprimer : ce qui donne à penser que le vocabulaire est déterminé avant tout par le type de sujet traité. L'étude de Lana ne me semble donc pas fournir un argument décisif contre l'attribution à Xénophon.

Le style. Deux styles se distinguent et même s'opposent dans la *LP*. Certains passages se rattachent clairement au genre de l'éloge (*enkômion*), et leur style fait appel à toutes les ressources de la rhétorique. Relevons d'abord l'emploi d'interrogations qui sont de purs procédés, interrogations directes ou indirectes[11]. Mais l'effet le plus fréquemment recherché par l'auteur est un effet d'accumulation : de superlatifs, de comparatifs ou d'adjectifs verbaux[12]. À la même tendance se rattachent les anaphores, particulièrement nombreuses, ainsi que les allitérations[13]. Il va de soi que l'auteur affectionne aussi les séries ternaires[14].

Même si l'on peut estimer que Xénophon a souvent tendance à abuser des procédés de la rhétorique (en particulier de l'anaphore), on doit aussi reconnaître que certains passages du traité relèvent d'un tout autre style, exempt d'éloquence. On le trouve aussi bien dans des passages énonciatifs, où Xénophon analyse le système spartiate, que dans des passages agonistiques, où il le défend contre ses détracteurs ; il n'y a pas

11. Interrogations directes : V, 4 ; VII, 3 ; VII, 6 ; X, 4 ; X, 5. Indirectes : I, 10 et II, 14, strictement parallèles.

12. Superlatifs : I, 1 ; I, 3 ; III, 2 ; IV, 2 ; IV, 5 ; V, 6 ; XI, 3 ; comparatifs : II, 5 ; III, 4-5 ; IX, 2 ; XI, 3 ; adjectifs verbaux : VII, 3-4 (trois) ; IX, 5 (neuf).

13. Anaphores : I, 5 ; II, 2 ; III, 1 ; III, 2 ; III, 5 ; V, 4 ; V, 6 ; VIII, 4 ; IX, 4. Allitérations : IV, 2 ; V, 6 ; V, 8 ; X, 4 ; X, 7.

14. III, 2 ; III, 5, trois métaphores ; V, 6 ; V, 8, deux séries antithétiques ; VIII, 4 ; IX, 4 ; X, 6 ; XI, 3 ; XI, 11.

de distinction tranchée entre les deux catégories, car, dans le traité, les indications apparemment descriptives sont toujours en réalité des arguments dans une démonstration. Le lecteur ne saurait manquer de constater l'existence de passages relevant de ce style où l'expression peut paraître inadéquate. Il s'agit parfois de simples bizarreries, comme en I, 3, où sont mises sur le même plan deux qualifications très différentes des jeunes filles, et où on attendrait qu'à la nourriture et à la boisson des autres femmes grecques soient opposées celles des femmes de Sparte. Mais il arrive souvent que la bizarrerie tourne à l'obscurité. Je ne veux pas parler des difficultés résultant pour nous du fait que l'auteur connaît très bien, et nous très mal, les réalités spartiates, mais de celles qui sont dues à sa façon de dire les choses. Qui sont les κηδόμενοι de III, 3 ? les πεπαυμένοι de VI, 4 ? qu'entend l'auteur par σώματι πονοῦντα en VII, 4 ? à quoi renvoie le τούτων de IX, 1 ? Au lecteur de le deviner. Plus surprenantes encore sont les formulations ambiguës, qui non seulement sont susceptibles de plusieurs interprétations, mais en plus donnent souvent l'impression d'aiguiller le lecteur vers la mauvaise. Tel est le cas, en II, 4, pour « un seul manteau » ; en VIII, 4, pour οὐχ ὥσπερ αἱ ἄλλαι πόλεις..., où le sens voulu par la grammaire n'est pas celui que dicte la logique ; en IX, 5, où l'ambiguïté porte à la fois sur θρεπτέον et sur ἀνανδρία ; en X, 3, pour οὗτος ὁ ἀγών, qui renvoie à ce qui suit loin après et non, comme il serait normal, à ce qui précède immédiatement ; en XIII, 5, où on pourrait croire que ce qui est dit du rôle des éphores ne concerne que le déroulement des sacrifices ; et pour le sens très particulier donné à ἀρχή en XV, 1. Enfin, dans deux cas, la formulation n'est pas seulement obscure, mais même tout à fait étrange : en XI, 5, παντ' ἔχων (ἐστιν) ὅσα δεῖ παρέχεσθαι, et surtout, en XIII, 9, le stupéfiant ἀφ' ἑκάστου ἐνωμοτάρχου ἔξω. On est naturellement tenté d'expliquer quelques-unes au moins de ces expressions surprenantes par une corruption du texte, mais il serait assurément dangereux de recourir systématiquement à cette facilité.

S'agit-il de maladresses ? Sans doute dans d'assez nombreux cas, mais je tends à penser que, souvent, ce qui a pu apparaître à certains critiques comme un défaut de l'expression résulte au contraire d'une recherche consciente de l'auteur, dont le dessein était de produire une prose véritablement littéraire, à l'opposé du langage ordinaire. Son principal objectif est manifestement la brièveté[15]. Comme Ollier l'a noté à plusieurs reprises[16], « Xénophon [est] toujours pressé ». Voulait-il imiter la brièveté « laconique » ? N'aurait-il pas plutôt désiré rivaliser sur ce terrain, en usant de moyens différents, avec Thucydide, dont bien des passages de son traité montrent qu'il connaissait à fond au moins la partie de l'œuvre alors publiée ? En effet, Xénophon ne désire pas seulement être le plus bref possible ; il s'efforce aussi de créer une prose originale, où abondent les expressions capables de surprendre et de frapper le lecteur. Lipka a noté la fréquence étonnante des mots qui, à cette époque, ne sont attestés qu'en poésie[17] ; d'autres frappent pour d'autres raisons, comme βλαστάνειν employé en I, 5 à propos d'êtres humains, πράγματα λαμβάνειν au lieu d'ἔχειν en II, 9, παραλαβὼν τοὺς Σπαρτιάτας (comme s'il s'agissait d'objets) en V, 2, συνῆψε κοινωνίαν en VI, 3, ἐκ τοῦ φοβεροῦ en IX, 1. Attardons-nous un instant sur cette dernière expression. Il me semble que, pour le contenu comme pour la forme, on peut la rapprocher d'une phrase que, dans l'Oraison funèbre (II, 42, 4), Thucydide prête à Périclès : comparer τῶν ἐκ τοῦ φοβεροῦ ἀποχωρεῖν αἱρουμένων avec ἀναβολὴν τοῦ δεινοῦ ἐποιήσατο. Sans être à proprement parler des « thucydidismes », d'autres expressions à la fois concises et frappantes peuvent évoquer le style de cet auteur[18]. Tout

---

15. Un bon exemple se trouve en IX, 5, dans la phrase concernant le mariage.
16. Ollier 1934, par ex. p. 43.
17. Lipka 2002, p. 51-52.
18. Citons ainsi εἰς ἀφροδίσια ἀπέχονται en II, 13 (quasi oxymore) ; ἀγαπητὸν αὐτῶν καὶ τὸ ἐρωτηθὲν ἀκοῦσαι en III, 5 (sur laquelle voir le commentaire de Lipka 2002, p. 140) ; πλεῖστον

cela fait que le style de la *LP* est, selon moi, original et plein d'intérêt ; mais il est évident qu'en général (surtout dans les dix premiers chapitres) *ce n'est pas* celui des autres ouvrages de Xénophon.

Conclusion. Contrairement à ce que ces considérations sur le vocabulaire et le style ont peut-être fait penser au lecteur, mon intention n'est pas de contester l'attribution, actuellement admise par tous, de la *LP* à Xénophon. J'ai seulement voulu faire sentir qu'elle ne va pas de soi. Du point de vue des idées, la convenance est totale ; en ce qui concerne la langue, si les ressemblances sont nombreuses, les différences ne le sont pas moins ; quant au style, ce n'est pas le style habituel de Xénophon. Il est donc tout à fait compréhensible que le premier critique moderne à avoir refusé l'attribution ait été un helléniste éminent. Personnellement je suis tout à fait persuadé que Xénophon est bien l'auteur de la *LP* ; mais resterait à trouver une explication aux particularités de la langue et du style.

La date

C'est un problème qui n'est pas moins difficile que celui de l'attribution, avec cette différence que si aujourd'hui tout le monde admet que la *LP* est bien l'œuvre de Xénophon, un pareil consensus est loin d'exister à propos de la date[19]. La

ῥέπειν ἐπὶ τὸ ἀγαθὸν τῇ πόλει en IV, 1 (tour inattendu) ; καταπλήξειν τοὺς πολίτας τοῦ ὑπακούειν en VIII, 3 (expression singulièrement forte et ramassée) ; διαιρουμένων τοὺς ἀντισφαιριοῦντας en IX, 5 (en deux mots est décrite avec une totale précision une action complexe ; on peut rapprocher, dans le même style, τοῦτον ἐπαγαγομένῳ τεκνοποιήσασθαι en I, 7) ; et, pour finir, l'étonnante anacoluthe qui rend si vivant le début de la dernière phrase du traité.

19. Rebenich 1998a : après 378 ; Lipka 2002 : 395/4 ; Humble 2004 : entre 394 et 371 ; Gray 2007 : dans les années 360.

principale cause de difficulté est la rupture logique introduite dans le discours par le chap. XIV, qui semble dès l'abord impliquer qu'il ait été rédigé en deux temps. Cette façon de voir reste, me semble-t-il, la plus répandue, mais les partisans d'une lecture « unitariste », bien que relativement peu nombreux[20], ont exercé une influence importante[21]. Pour eux, quand Xénophon écrit la *LP*, tout en la présentant comme un éloge des lois de Lycurgue, et en affirmant qu'elles sont toujours appliquées, il sait qu'elle aura pour aboutissement le chap. XIV, qui reproche violemment aux Spartiates de ne plus les respecter. Après la lecture de ce chapitre, ce qui apparaissait à première vue comme un éloge se révèlerait soit comme une critique ironique et dévastatrice (Strauss *et alii*), soit, à tout le moins (variante Humble), comme une analyse des domaines où Lycurgue a échoué.

Comme on le verra en lisant le commentaire, je juge préférable de prendre le texte comme il se présente. Le chap. XIV est tout entier construit sur la constatation qu'il y a eu un changement, apparemment brusque, dans le comportement des Spartiates. L'auteur, qui, dans les chapitres précédents, les a loués pour être restés fidèles à des lois qui leur ont procuré gloire et puissance, les blâme maintenant de ne plus les respecter : quoi de plus logique ? Ce n'est pas Xénophon qui a changé d'avis, mais les Spartiates qui ont changé de conduite. Le problème de la date doit donc être posé séparément pour le chap. XIV, qui se présente comme plus récent, et pour le reste du traité.

La date du chapitre XIV. Il est d'autant plus logique de procéder ainsi, à rebours, que ce chapitre paraît d'abord être le seul à fournir des indices objectifs sur la date de sa rédaction. S'il peut être daté, il servira de *terminus ante quem* pour le reste du traité.

---

20. Citons Momigliano 1936, Strauss 1939, Higgins 1977, Proietti 1987, Rebenich 1998, Humble 2004 et 2006.
21. Voir par exemple Bordes 1982, p. 199-203, Carlier 1984, p. 252-254, Cartledge 1987, p. 57, Meulder 1989, p. 74.

LA DATE

La méthode qui a été suivie pendant longtemps a consisté à essayer de situer dans le temps le « retournement » qui, dans le chapitre, caractérise l'évolution de la pensée de Xénophon relativement à Sparte. On a donc cherché un événement susceptible de l'avoir ainsi « retourné ». On en a trouvé deux principalement (Leuctres a eu peu de partisans). Le premier est la prise de l'acropole de Thèbes, la Cadmée, par Phoibidas, en 382 ; cet acte a provoqué une réaction indignée de Xénophon dans les *Helléniques* (V, 4, 1). Le second est la série de faits qui a commencé par le coup de main avorté de Sphodrias contre le Pirée en 378, et a abouti à la création (non signalée dans les *Helléniques*) de la seconde confédération athénienne l'année suivante. Ce type d'explication un peu mécanique n'est plus en faveur actuellement, et N. Humble a fait remarquer avec raison (2004, p. 220) que Xénophon n'aurait pas eu besoin d'attendre si longtemps pour prendre conscience des phénomènes qu'il dénonce dans le chapitre XIV (ainsi, le problème de l'hégémonie s'est posé dès le lendemain de la victoire de 404). Certes, à l'origine de sa prise de position, il y a nécessairement eu des faits, mais la lecture du traité n'oriente absolument pas vers les « grands événements historiques » qui viennent d'être rappelés : le chapitre XIV ne fait que décrire, en les présentant comme nouvelles, un certain nombre de conduites blâmables des Spartiates.

Quels sont donc les faits relevés par Xénophon (car je considère ces accusations comme portant sur des réalités, et non comme de purs thèmes rhétoriques) ? Le premier est la question des carrières à l'étranger menées par de hauts responsables spartiates (§ 2 et 4). La critique de Xénophon mêle deux thèmes qui, quoique liés, sont différents : d'une part, le pouvoir excessif et l'enrichissement des harmostes ; d'autre part, la tendance qu'ont eue certains dirigeants à faire carrière le plus longtemps possible à l'étranger – ce qui, dans la réalité, ne concernait pas que les harmostes. En Grèce propre, les nombreuses cités importantes qui ont rejeté la domination de Sparte à partir de 396/395 ont certainement chassé les harmostes. Quant aux excès que ceux-ci ont commis en Asie, ils n'ont guère pu échapper à Xénophon dès la période allant de 400 à 394. À cette date, ils ont presque tous été expulsés par Pharnabaze et Conon (*Hell.* IV, 8, 1) : le chapitre XIV semblerait donc avoir été rédigé auparavant[22].

Le phénomène des carrières à l'étranger permet peut-être d'apporter une confirmation, grâce à l'étude minutieuse de Hodkinson[23]. Ce qui nous intéresse ici sont ceux que j'appellerai les « itérants », c'est-à-dire les personnages dont nous savons par diverses sources qu'ils ont exercé des fonctions à l'étranger pendant trois années ou plus, consécutives ou non. Comme on sait, le champion est sans conteste Derkylidas, avec 14 commandements entre 411 et 389 ; son cas était déjà considéré comme symbolique par Xénophon, qui l'appelle φιλαπόδημος, « celui qui adore vivre à l'étranger » (*Hell.* IV, 3, 2). Viennent ensuite, dans l'ordre : Etéonikos (8), Kléarchos (7), Hérippidas et Téleutias (6), Lysandre (5), Gylippos (4), enfin, avec chacun 3, Thorax, Pharax et Pollis. Les années au cours desquelles plusieurs de ces « itérants » ont exercé leurs fonctions en même temps se répartissent en deux groupes. Le premier va de 412 à 403 et comprend 30 commandements. On peut estimer un tel phénomène normal en temps de guerre, et ce n'est sûrement pas ce cas-là que vise Xénophon. L'autre groupe prend place dans les années 400-389, avec 28 commandements ; c'est pour cette période que la critique du chap. XIV prend tout son sens. Particulièrement frappante est l'année 396, pendant laquelle exercent cinq de nos « itérants » : Derkylidas, Lysandre, Pharax, Hérippidas et Pollis. Le phénomène cesse pratiquement après 389. Il est évident qu'on ne saurait tirer de cette observation une date précise, car le souvenir de cette pratique, que certains jugeaient anormale, lui a certainement survécu

---

22. Voir sur ce point Lipka 2002, p. 11-12.
23. Hodkinson 1993 (on consultera en particulier son tableau, p. 156).

longtemps ; mais Xénophon emploie le présent, et cela nous oriente plutôt vers la première décennie du IVe siècle.

La seconde critique de Xénophon concerne le problème de l'hégémonie (§ 6). À l'époque où le chapitre XIV a été rédigé, l'hégémonie spartiate était gravement et activement contestée : « Alors qu'auparavant les Grecs venaient à Lacédémone pour lui demander de prendre la tête de la lutte contre ceux qui, à leur avis, leur causaient du tort, maintenant, ils sont nombreux à s'exhorter les uns les autres afin de les empêcher d'exercer à nouveau l'hégémonie »[24]. Certes, la contestation a pu commencer dès après 404, mais pas aussi ouvertement, et Xénophon lui-même affirme dans les *Helléniques* (III, 1, 5) qu'en 399, en Asie Mineure, « toutes les cités obéissaient aux ordres donnés par un Lacédémonien »[25]. C'est à partir de 396 que plusieurs cités de Grèce propre parmi les plus importantes (Thèbes, Athènes, Argos, Corinthe) rejettent l'autorité de Sparte ; ainsi commence ce que nous appelons « la guerre de Corinthe ». La phrase de XIV, 6 citée plus haut exprime l'opinion des cités contestataires. « À nouveau » (πάλιν) implique que pour elles l'hégémonie spartiate a cessé d'être légitime et de ce fait n'existe plus. Mais la réalité est moins tranchée et plus instable. Sparte, elle, se considère encore comme *hègémon*, et les Grecs qui rejettent son autorité sont conscients de la gravité de la menace qu'elle représente ; c'est pourquoi ils cherchent à recruter des alliés : « ils sont nombreux à s'exhorter les uns les autres », dit Xénophon. Or, en restant à l'intérieur de son œuvre, on trouve un contexte qui s'accorde parfaitement avec cette situation si particulière : c'est le discours prononcé en 395 devant les Athéniens par des ambassadeurs thébains (*Hell.* III, 5, 8-15). Naturellement, le problème de l'hégémonie spartiate a continué de se poser ensuite, jusqu'à ce que la puissance de la cité ait été abattue ; mais il change de nature après la « paix

---

24. Pour cette traduction, voir le commentaire.
25. Voir aussi *Anab.* VI, 6, § 9, 12, 13 et 14 (texte d'autant plus significatif qu'il s'agit d'un discours de Xénophon).

du Roi » en 386. La question devient alors celle de la « paix commune » et de l'« autonomie des cités », perspective qui n'apparaît pas dans le chapitre XIV.

Je pense donc, comme Lipka 2002 (et d'autres), que les années 395-394 fournissent un contexte convenable pour la rédaction du chapitre XIV.

La date du reste du traité. Cet éloge des institutions spartiates n'est pas totalement intemporel. L'incipit (I, 1) nous oriente vers une époque où la suprématie de Sparte est incontestable, à la fois matériellement et du point de vue éthique : l'hégémonie, les Spartiates en même temps qu'ils l'exercent la méritent. Cette idée est reprise en XIV, 5 : « Il fut un temps où leur seule ambition était de mériter l'hégémonie » ; « il fut un temps » (ἦν ὅτε) oppose clairement au temps du chap. XIV celui, désormais révolu, de l'incipit. Dans celui-ci, deux superlatifs caractérisent la position de la cité de Sparte dans le monde grec : « la plus puissante et la plus renommée » ; ce à quoi s'ajoute la « prospérité » (*eudaimonia*) du § 2. Le chap. VII renvoie lui aussi à la période 404-401. Le développement (§ 5) consacré à la « monnaie de Lycurgue » évoque le débat monétaire qui a occupé les Spartiates probablement au début de 403. L'allusion (§ 6) aux perquisitions conduites pour trouver les métaux précieux détenus illégalement par des particuliers semble se rapporter elle aussi à l'année 403, celle probablement où Thorax fut condamné à mort et exécuté pour ce motif ; comme le montre XIV, 3 (deuxième phrase), cette politique n'a pas duré très longtemps. Il est donc possible que Xénophon ait commencé à travailler à son traité dès avant son départ pour l'Asie en 401 ; peut-être a-t-il conçu alors l'idée générale de ce qui sera la « première version » de l'ouvrage, à savoir les chap. I à X, et a-t-il commencé à en réunir les matériaux.

La rédaction définitive a certainement eu lieu après la fin de l'expédition des Dix Mille (401-400). L'expérience accumulée par Xénophon au cours de cette périlleuse entreprise a, me semble-t-il, laissé des traces dans le texte. D'une part, il a dû beaucoup discuter avec certains des Spartiates qu'il y a rencontrés, notamment Kléarchos (dépeint dans l'*Anabase*, II, 6, 1-15, comme le type même du « seigneur de la guerre » ; l'idée du caractère fondamental de l'obéissance, au chap. VIII de la *LP*, vient peut-être de lui) et Cheirisophos (avec lequel il peut avoir parlé, entre autres sujets, de l'éducation : cf. *Anabase* IV, 6, 14). Le type de guerre auquel prépare, d'une façon que Xénophon trouve admirable, l'éducation des *paides* (*LP* II, 3-7), évoque les situations qu'il a connues au cours de la retraite (froid, faim, terrain escarpé, embuscades, ruses). Il se peut enfin que les leçons qu'il a tirées de son expérience du commandement aient contribué à lui faire prendre conscience de la nécessité d'ajouter à son projet un exposé sur le fonctionnement de l'armée spartiate. Quant au diptyque (chap. XIII et XV) consacré aux rois, et dont les idées principales (exprimées en XV, 1) sont, d'une part, que le régime spartiate est fondamentalement une royauté, et d'autre part, que cette royauté assure le salut de la cité parce qu'elle respecte les limites que Lycurgue lui a fixées, il marque, par rapport à ce qui précède, et où il n'est nullement question des rois, un « tournant royaliste » où l'on a proposé depuis longtemps, et certainement avec raison, de voir l'influence des relations que Xénophon a entretenues avec Agésilas à partir du moment où celui-ci est arrivé en Asie, en 396. – Hasardons-nous encore un peu plus loin sur le terrain des hypothèses. Selon Diodore (XIV, 13) et Plutarque (*Lysandre*, chap. XXIV-XXVI), qui suivent très probablement Éphore, peu après la mort de Lysandre en 395, Agésilas aurait découvert un document prouvant que celui-ci avait l'intention de modifier en profondeur (et à son profit) la nature de la royauté spartiate[26]. Il se pourrait que l'insistance de Xénophon (qui par ailleurs ne parle jamais de cette affaire, que les autorités spartiates ont probablement voulu tenir secrète) sur le caractère à la fois inébranlé et salvateur de la royauté, ait un rapport étroit avec cet événement.

---

26. Cf. Powell 2010, p. 121-125.

Ainsi, l'élaboration du traité sous la forme que nous lui connaissons aurait constitué un processus plus au moins continu au cours de la décennie 404-394. Comme l'a suggéré Lipka, cette date haute pourrait être la cause des différences de vocabulaire et de style que nous avons constatées entre la *LP* et le reste de l'œuvre de Xénophon – le meilleur argument en faveur de cette explication étant qu'on n'en voit vraiment pas d'autre[27].

La diffusion du traité. Lipka 2002 déduit des imperfections qu'il voit dans la *LP* que le texte que nous lisons constitue une simple esquisse (« *an outline* », p. 32 ; « *a draft* », p. 32, 37). Son exil d'Athènes (qu'il date de 394, après Coronée) aurait empêché Xénophon de terminer le traité, et il n'aurait été édité qu'après sa mort, par quelqu'un qui l'aurait retrouvé dans ses papiers. Je ne partage pas cette façon de voir, et la *LP* m'apparaît au contraire comme un texte complètement achevé. Un exemple : comme on pourra le constater en lisant le commentaire, non seulement Xénophon en a organisé le découpage en chapitres, soigneusement délimités par des formules introductives et, souvent aussi, par des formules de conclusion, mais les formules introductives jouent également, dans la très grande majorité des cas, le rôle de « titres » de ces chapitres. Une esquisse ne serait pas aussi rigoureusement structurée, à la fois pour l'oreille et pour l'œil, et le style n'en serait pas aussi travaillé.

Pour moi, la *LP* a été diffusée du vivant de son auteur ; le contraire serait d'ailleurs étonnant, s'agissant d'un traité politique orienté et même « militant ». Un article de D. Kelly présente une synthèse commode de ce qu'on peut dire sur la diffusion des ouvrages à l'époque classique, et en particulier de ceux de Xénophon (il ne parle pas spécifiquement de la *LP*)[28]. Naturellement, celui qui voulait se constituer une bibliothèque pouvait se procurer une copie écrite ; mais, en

---

27. Lipka 2002, p. 13.
28. Kelly 1996, p. 149-156.

général, les ouvrages étaient destinés à une diffusion orale. C'était souvent, quand la chose était possible, l'auteur lui-même qui lisait son texte. La principale distinction à faire est celle qui sépare les lectures publiques, ouvertes à tous, et les lectures privées, devant des groupes restreints, dans des maisons privées, et suivies en général d'une discussion. Kelly considère comme certain que les œuvres de Xénophon, par leur nature même, étaient destinées à des lectures privées. Cela vaut à plus forte raison pour la *LP*, car, quelle que soit la date, 399 ou 394, que l'on préfère pour l'exil de Xénophon, une lecture publique à Athènes est dans son cas exclue, en tout cas jusqu'aux environs de 365. La *LP* était destinée avant tout à un public athénien, mais comme traité politique elle pouvait intéresser n'importe quel Grec.

Récemment, Marcello Lupi a ressuscité une hypothèse formulée en 1875 par W. Oncken et qui n'avait eu aucun succès, selon laquelle Xénophon aurait diffusé la *LP* sous un pseudonyme, celui de Thibron, un chef militaire spartiate des années 400-391[29]. On peut la résumer ainsi. Dans la *Politique* (VII, 1333 b 16-21), Aristote critique l'attitude de tous ceux qui écrivent (*au présent*) avec éloge sur la constitution spartiate, et parmi eux il nomme un certain Thibron. Comme celui-ci n'apparaît nulle part ailleurs en tant qu'auteur d'une *Politeia*, et que ce qu'Aristote dit de lui (et des autres) s'applique parfaitement au traité de Xénophon, Thibron peut avoir été un pseudonyme, sous lequel Xénophon aurait fait connaître son texte. Le raisonnement de Lupi est, comme toujours, puissamment argumenté, et ce n'est pas ici le lieu d'en discuter en détail ; je me bornerai à indiquer que pour de multiples raisons il ne m'a pas convaincu. On ne voit d'ailleurs pas quel besoin Xénophon, dans la situation où il était, aurait eu d'un pseudonyme, ni pourquoi il aurait choisi un général spartiate comme auteur prétendu d'un ouvrage écrit en ionien-attique.

---

29. Lupi 2010 ; cf. Tober 2010, p. 415.

Les lectures de Xénophon

Je n'utilise pas ici le terme traditionnel de « sources », pour deux raisons. D'abord, les véritables sources (« primaires ») des connaissances de Xénophon sur Sparte (outre une éventuelle « autopsie ») sont hors de notre portée : ce sont, par exemple, les Spartiates qu'il a fréquentés pendant l'expédition des Dix Mille, puis le roi Agésilas en personne. Ensuite, s'agissant des textes qu'il a utilisés, le terme ne convient pas dans tous les cas. Il convient pour le développement d'Hérodote relatif aux rois, et pour l'œuvre de Critias ; mais il ne convient ni pour ce qu'Hérodote a dit de l'obéissance des Spartiates à la loi, ni pour Thucydide. Ce ne sont pas là des sources, mais des textes sur lesquels Xénophon a réfléchi et qui ont nourri sa pensée sur le système spartiate et, plus généralement, sur les problèmes que pose le gouvernement des hommes.

Hérodote. Comme beaucoup d'Athéniens cultivés de son temps, Xénophon connaissait certainement à peu près par cœur l'œuvre d'Hérodote. Un passage du livre VI, 56-58, a été, au sens strict du terme, sa source pour son exposé sur le rôle des rois : une source non nommée (usage général à cette époque), mais clairement affichée ; c'est l'équivalent de ce que serait pour nous une référence. Xénophon reprend la double bipartition des prérogatives du roi chez Hérodote : premièrement, d'abord en temps de guerre, puis en temps de paix ; deuxièmement, d'abord de son vivant, puis à sa mort. Dans son exposé sur ses prérogatives à Sparte même (*LP* XV, 1-7), non seulement il reprend celles qui ont été exposées par Hérodote, mais en outre, comme P. Carlier l'a fait remarquer[30], il le fait dans le même ordre. Toutefois, il ne suit pas passivement sa source. Il enrichit d'exemples supplémentaires la liste fournie par son prédécesseur, et sur un point, l'obligation faite au roi d'assister au repas en commun, il est d'une opinion opposée à la sienne. Cette relation nuancée de

---

30. Carlier 1984, p. 256.

Xénophon à sa source est encore plus clairement visible à propos des funérailles royales (*LP* XV, 9 = Hérodote, VI, 58) : d'une part, il ne décrit absolument pas la cérémonie, et par là renvoie implicitement sur ce point à l'*Enquête*, mais, d'un autre côté, l'interprétation qu'il en donne constitue manifestement une réplique à la critique acerbe d'Hérodote.

Il est un autre sujet à propos duquel Xénophon, en composant son traité, a certainement, quoique moins visiblement, pensé à ce qu'en avait dit l'auteur de l'*Enquête* : la discipline civique, l'obéissance à la loi, des Spartiates. Quand on lit dans la *LP* la description du pouvoir des éphores, avec les considérations théoriques qui la précèdent (VIII, 3-4), le rapprochement, me semble-t-il, s'établit de lui-même avec ce qu'en VII, 104 Démarate dit à Xerxès des Spartiates : « Ils sont libres, mais ils ne sont pas libres en tout : ils ont un maître absolu, la loi, qu'ils craignent bien plus encore que les tiens ne te craignent », ἔπεστι γάρ σφι δεσπότης νόμος, τὸν ὑποδειμαίνουσι πολλῷ ἔτι μᾶλλον ἢ οἱ σοὶ σέ. Hérodote a dit là une chose somme toute assez banale (la fameuse « discipline » spartiate), mais il l'a si bien dite qu'elle force à réfléchir. Or, cette réflexion va moins dans la direction affichée, la merveilleuse obéissance des Spartiates à la loi, que vers la constatation qu'on n'obéit vraiment bien qu'à un *despotès*. C'est ce que pense aussi Xénophon : pour lui, la crainte est l'instrument par excellence du gouvernement des hommes, et on verra dans le commentaire au chap. VIII que telle est en effet, au ve siècle, la conception habituelle du pouvoir. À l'ὑποδειμαίνουσι « ils craignent » d'Hérodote répond, plus fort encore, le καταπλήξειν τοὺς πολίτας τοῦ ὑπακούειν « impressionner les citoyens pour les faire obéir » de Xénophon ; et ce n'est pas non plus par hasard si en regard du « maître absolu » (δεσπότης νόμος) du premier on peut placer (quoique l'expression, comme on le verra, ne soit pas à prendre absolument au pied de la lettre) l'ὥσπερ οἱ τύραννοι « à la façon des tyrans » du second. Il me paraît évident que Xénophon a réfléchi sur tout ce qu'Hérodote avait écrit concernant Sparte.

Critias. On retrouve jusque dans des écrits récents l'affirmation, traditionnelle depuis Diels-Kranz, que Critias avait composé (au moins) deux *Lakédaimoniôn Politeiai*, l'une en prose et l'autre en vers. Cependant, Edmond Lévy me paraît avoir définitivement réglé son compte à l'idée, d'ailleurs en elle-même étrange, d'une *Politeia* en vers[31]. La vérité est que Critias avait composé une élégie relative à certains aspects du mode de vie spartiate, élégie à laquelle on a donné par la suite, d'une façon quelque peu abusive, le « titre » de *Lakédaimoniôn Politeia*[32].

On peut identifier avec certitude le traité en prose comme la source de deux passages au moins de la *LP*. Le premier (I, 3) concerne la procréation, et aussi, par voie de conséquence, la nourriture et les exercices physiques des jeunes filles. Xénophon a utilisé là un passage de Critias (fragm. 32) qui nous est connu par Clément d'Alexandrie ; une étroite ressemblance textuelle l'atteste. Critias a-t-il été également la source pour ce qui suit, concernant le mariage et la sexualité ? Nous ne le savons pas. On peut juger probable que l'exposé de Critias se poursuivait par l'éducation, car c'est là un enchaînement logique ; dans quelle mesure Xénophon s'en est-il inspiré ? Critias continuait-il, comme Xénophon, par les âges successifs de la vie ? Autant de questions sans réponse.

Le second point sur lequel nous pouvons affirmer que Xénophon a utilisé la *LP* de Critias est la méfiance des Spartiates envers les Hilotes : *LP* XII, 4 correspond au fragment 37 de Critias, qui a été cité par Libanios dans son *Discours sur l'esclavage*. Là aussi, la ressemblance est littérale. La citation de Libanios montre que Xénophon n'a retenu du long développement de Critias que ce qui concernait strictement son sujet, la vie au camp ; c'est là un exemple de la rigueur avec laquelle il utilisait ses sources.

---

31. Lévy 2001, p. 233, n. 10.
32. Pour un processus analogue concernant une élégie de Tyrtée intitulée *Eunomia*, cf. Aristote, *Pol.* V, 1306 b 39.

Le long fragment d'élégie (28 vers) qui est cité par Athénée traite d'un sujet précis, le « savoir-boire » des Spartiates, et c'est pour son chap. V (§ 4) que Xénophon en a tiré parti. La ressemblance textuelle est moindre que dans les cas précédents, ce qui s'explique au moins en partie par le passage de la poésie à la prose. Dans le vocabulaire, les effets d'écho sont nombreux, mais Xénophon a fortement résumé, notamment en sous-entendant l'opposition avec les « autres Grecs », qui est explicite chez Critias. Cela dit, le contenu est identique.

Thucydide. Il me semble que, parmi les œuvres de cette époque qui nous sont parvenues, c'est celle de Thucydide qui, sans être pour Xénophon une source au sens littéral, a le plus suscité sa réflexion. Dans la partie de l'œuvre de Thucydide dont il pouvait alors avoir connaissance, c'est naturellement la confrontation opérée par Périclès, dans l'Oraison funèbre du livre II, entre les régimes d'Athènes et de Sparte, qui lui a fourni le plus d'éléments.

Notons d'abord que les deux auteurs ont le même genre d'objectif. Laissant de côté tout ce qui est événementiel, et aussi le détail du fonctionnement des institutions, ils s'attachent tous les deux à ce que Thucydide appelle l'*épitèdeusis* (36, 4) et Xénophon les *épitèdeumata* (I, 1) : les normes de conduite, souvent plus sociales que politiques, qui régissent chaque système et en dessinent ce qu'on peut appeler l'« esprit ». C'est le respect de ces normes qui explique les succès remportés par Athènes pour l'un[33], et par Sparte pour l'autre[34]. Le point de départ est donc le même pour les deux écrivains, et si le traité de Xénophon mérite dans une certaine mesure son titre traditionnel de *Lakédaimoniôn*

---

33. Périclès déclare rechercher « quelle *épitèdeusis* nous a conduits à la situation qui est la nôtre », 36, 4 ; cf. 41, 2, « cette puissance à laquelle notre cité est parvenue grâce à ces *tropoi* ».

34. Toujours l'incipit : « faire partie des cités les moins riches en citoyens n'a pas empêché Sparte de s'imposer manifestement comme la plus puissante et la plus renommée de Grèce ».

Politeia, on a pu dire aussi que l'Oraison funèbre était la première *Athènaiôn Politeia*[35].

Les deux auteurs poursuivent donc le même but, mais, comme les deux cités sont antagonistes, ils sont évidemment appelés à s'affronter. Cet affrontement revêt des formes très variées. Il y a des cas où Thucydide critique nommément les Spartiates (appelés « les adversaires »). Il semble avoir accordé, avec raison, une importance primordiale à l'éducation, car c'est le seul sujet dont il parle à deux reprises. Dans le discours qu'au livre I (84, 3) il prête au roi Archidamos, il fait présenter par celui-ci une « défense » de l'éducation spartiate qui est en réalité pleine d'ironie[36]. Dans l'Oraison funèbre, en 39, 1, il montre que la dureté, tant vantée, de l'éducation spartiate, est en réalité un aveu de faiblesse : « Quant aux systèmes éducatifs, à eux il faut un entraînement pénible, suivi dès la jeunesse, pour atteindre à la valeur guerrière, tandis que nous... ». Xénophon ne répond pas exactement à cet argument, mais tout son exposé des chap. II-IV est organisé de façon à prouver que l'éducation spartiate est la seule qui forme véritablement des citoyens. – Un autre sujet à propos duquel Thucydide attaque nommément les Spartiates est la pratique des xénélasies, également en 39,1 ; il en fait en quelque sorte la théorie, en expliquant qu'elles attestent l'existence à Sparte d'un culte maladif du secret, qui est lui aussi une preuve de faiblesse. La vision de Xénophon est à l'opposé : les xénélasies sont la réaction saine d'une communauté désireuse de se protéger contre la corruption venant de l'étranger, et il reproche aux Spartiates de ne plus respecter cet usage ancestral (*LP* XIV, 4).

Dans d'autres cas, Thucydide ne nomme pas les Spartiates, et la critique reste implicite : elle se déduit, *a contrario*, de ce qu'il loue chez les Athéniens. Un exemple particulièrement clair (parce qu'il y est question de choses que les Athéniens *ne font pas*) est le développement consa-

---

35. Oppenheimer 1933, p. 12.
36. Cf. Ducat 2006a, p. 38-39.

cré au thème « liberté et surveillance » en 37, 2. « La liberté, voilà le principe qui nous guide, à la fois, s'agissant de la vie publique, dans nos activités de citoyens, et pour ce qui est de la surveillance que nous exerçons les uns sur les autres dans nos occupations quotidiennes. Si notre voisin agit en quelque chose selon son bon plaisir, nous n'en concevons contre lui aucune colère, et nous nous gardons d'infliger des brimades qui, sans être des pénalités, n'en offrent pas moins un triste spectacle ». Ce texte pose clairement un problème que Xénophon lui aussi doit affronter. On a le choix entre deux modèles politiques, l'un où chacun fait « ce qu'il veut » dans le cadre des lois, et l'autre où il existe des normes strictes de comportement, ce qui rend indispensables la surveillance (réciproque ou exercée par des magistrats) et, éventuellement, la répression. La supériorité du second modèle est peut-être le thème majeur de la *LP*. Elle tient au fait que les hommes sont généralement motivés par la recherche de leur satisfaction personnelle : ce que Thucydide nomme ἡδονή devient dans la *LP* la *rhadiourgia*, le « laisser-aller », qui est un des pires fléaux que le législateur ait à combattre. D'où une surveillance perpétuelle, soit réciproque (entre *hèbôntes*, « hommes dans la force de l'âge », IV, 4), soit déléguée à certaines personnes (pour les *paidiskoi*, « jeunes gens », III, 5 ; au gymnase, V, 8), soit exercée par l'État (les perquisitions en VII, 6, et, plus généralement, la fonction des éphores telle qu'elle est définie en VIII, 3-4 et en XIII, 5). Quant à la dernière phrase du passage de Thucydide, elle vise sans nul doute des sanctions du type, social et non judiciaire, de celle qui était infligée au lâche. Il est probable que si Xénophon a décidé de consacrer un chapitre entier (IX) à décrire (§ 4-5) et à justifier (§ 1-3) la punition des lâches, c'est pour répondre à des attaques comme celle-ci.

Autre critique implicite : en 40, 2, Périclès loue Athènes de ce qu'« il est loisible aux mêmes citoyens de prendre soin à la fois de leurs propres affaires et de celles de la cité, et à d'autres, qui se sont tournés vers le travail, d'avoir sur les affaires de la cité des avis tout à fait pertinents ». La réponse de Xénophon, que nous trouvons en VII, 2, est que ce qui est constitutif de la liberté du citoyen, c'est le fait de ne se consacrer qu'aux occupations « qui procurent la liberté aux cités », c'est-à-dire, pour résumer, au « métier de citoyen » ; ce qui lui interdit de se livrer à des activités lucratives. Dans la phrase qui suit, Périclès affirme : « Nous sommes en effet les seuls à considérer celui qui ne prend aucune part à la vie politique comme un citoyen non pas paisible, mais inutile ». À cette insinuation (car si Sparte n'est pas nommée, l'allusion est claire), Xénophon oppose (essentiellement en X, 4-8) le démenti le plus formel : les lois ordonnent au citoyen spartiate de militer à temps plein dans la cité (il appelle cela « pratiquer la vertu dans la vie publique »), et punissent sévèrement les abstentionnistes.

Le point de convergence de ces répliques que Xénophon adresse implicitement à Thucydide (*via* Périclès) est constitué par sa vision de la vie spartiate comme tout entière orientée vers le *ponos* (notion que le terme d'« effort » ne rend qu'imparfaitement). Périclès soutient que si les Spartiates ont atteint une position éminente dans le monde grec (ce qu'il ne conteste pas), c'est au prix d'un effort constant et pénible de leur naissance à leur mort et tout au long de leur histoire[37] ; tandis que les Athéniens ont acquis une puissance au moins équivalente tout en menant une existence authentiquement humaine. Xénophon estime qu'il n'y a même pas lieu de répondre à ce raisonnement en apparence irréfutable : l'Histoire s'en est chargée en 404. Dans le monde tel qu'il est, seul l'effort constant de ses citoyens peut offrir à une cité la possibilité de dominer durablement ses rivales, ce qui est l'unique moyen d'assurer avec certitude sa survie.

Tout à fait différent, et encore plus intéressant (mais peut-être davantage pour les idées politiques de Thucydide que pour celles de Xénophon), est le cas de figure où l'auteur de la *LP* reprend à son compte et revendique comme spartiate

---

37. 39, 1 : ἐπιπόνῳ ἀσκήσει ; 39, 4 : πόνων μελέτῃ, προκάμνειν, τῶν αἰεὶ μοχθούντων.

un type de conduite que Périclès a présenté comme caractéristique du régime athénien. J'en connais deux exemples. Le premier est le principe énoncé en 37, 1, que seul le mérite fait accéder aux responsabilités. Xénophon répond que c'est précisément ce qui se passe à Sparte, et il analyse deux cas précis, situés aux deux extrémités de la vie, de ce qu'il appelle *éris péri arétès*, « en compétition sur la vertu » : l'accession au corps des *hippeis* (IV, 2 et 5) et l'élection à la Gérousia (X, 3) ; et, de façon plus générale, il montre que la *timè* dont chacun jouit dans la cité est strictement proportionnelle aux efforts qu'il fait vers la vertu, sans qu'il soit tenu le moindre compte ni de ses qualités physiques, ni de son niveau de fortune (X, 4-7) ; à rapprocher de l'affirmation de Périclès, que « la pauvreté n'a jamais empêché un citoyen, qui pourtant en était capable, de rendre service à la cité, à cause de son manque de réputation et de l'obscurité de son nom ».

Le second cas, plus surprenant *a priori*, est le rôle de la crainte dans le gouvernement de la cité. Quand Xénophon insiste sur l'obéissance absolue des Spartiates aux lois et aux magistrats (VIII, 1-3) et sur le fait que cette obéissance tient avant tout à la crainte du châtiment (καταπλήξειν τοὺς πολίτας τοῦ ὑπακούειν, VIII, 3), nous ne sommes pas outre mesure surpris. Nous pouvons l'être davantage en constatant que Périclès disait à peu près (quoique plus discrètement) la même chose des Athéniens : car il me semble bien que la phrase τὰ δημόσια διὰ δέος μάλιστα κτλ. en 37, 3 doive être rendue (malgré J. de Romilly) par « dans le domaine public, c'est avant tout la crainte qui nous pousse à ne pas contrevenir à la loi »[38]. Nous retrouvons ainsi le δεσπότης νόμος d'Hérodote.

Nombreuses sont donc les idées politiques exposées dans la *LP* qui procèdent, le plus souvent par réaction, mais quelquefois aussi par assimilation, de l'éloge fait par Périclès de la démocratie athénienne. Rien d'étonnant d'ailleurs à ce

---

38. De même, Lévy 2002, p. 149 et 157.

qu'à l'éloge d'Athènes Xénophon réponde par un éloge de Sparte, qui vient de la vaincre.

Le traité perdu. Beaucoup de termes désignant des réalités institutionnelles ou sociales font leur apparition dans la *LP* sans être le moins du monde expliqués. Citons : les *hèbôntes* (II, 2, puis IV, 1), l'*arrèn* / irène (II, 5, puis 11), le rapt des fromages chez Orthia (II, 9), l'*ilè* (II, 11), *ta kala* (III, 3, puis IV, 4), le *philition* (III, 5, puis V, 6), les *hippeis*, qui ne sont même pas nommés (IV, 3), ἔμφρουρος (V, 7), le jeu de balle (IX, 5), les *Homoioi* (X, 7), les Skirites (XII, 3, puis XIII, 6), le « premier polémarque » (XII, 6), les *Hellanodikai* (XIII, 11), les harmostes (sous la forme du verbe ἁρμόζειν, XIV, 2, puis 4), les xénélasies (XIV, 4), les *Pythioi* (XV, 5). Certains d'entre eux, il est vrai, devaient être connus du grand public, ou leur sens pouvait être deviné ; mais ce n'était pas le cas de la majorité. On est donc conduit à supposer que le public de Xénophon tenait d'une source quelconque les connaissances nécessaires à la compréhension du texte.

Plus généralement, comme on le verra dans le commentaire, certains chapitres ou paragraphes de la *LP* ont une allure et un ton qui ne peuvent se comprendre que comme des réponses à des attaques précises dirigées contre le système spartiate de gouvernement. Cela vaut surtout pour la première partie (I-X) : les mœurs des femmes, de nombreux aspects de l'éducation (y compris des *hèbôntes*), l'archaïsme de la monnaie, le pouvoir « tyrannique » des éphores, la surveillance perpétuelle, la bizarrerie et la cruauté du traitement des lâches, le rôle politique des vieillards. Certaines de ces critiques se trouvent dans Thucydide, mais sous une forme très allusive. Je pense que l'Oraison funèbre a pu donner à Xénophon l'idée de composer un éloge des lois de Lycurgue, mais le traité que nous lisons répond à des attaques beaucoup plus détaillées, notamment à propos de l'éducation. Elles ont pu circuler anonymement dans le public, à Athènes en particulier ; mais il est plus vraisemblable qu'elles aient été rassemblées dans un ouvrage. Sur l'auteur et la date de cet hypothétique traité (qui serait ainsi, en un sens, la source la plus directe de la *LP*), on ne peut rien dire de sûr. Il pourrait avoir été porté à la connaissance du public juste au moment où Xénophon était en train de rédiger le sien : la longueur tout à fait exceptionnelle du chap. II s'expliquerait alors par la nécessité ressentie par Xénophon d'incorporer au texte qu'il avait prévu à l'origine les réponses aux très nombreuses critiques formulées par ce traité contre l'éducation spartiate. J'ai exposé ailleurs les données relatives à celui qu'avait rédigé le roi Pausanias, sans omettre celles qui font obstacle à son identification comme l'ouvrage auquel Xénophon a entendu répondre ; aucun autre nom d'auteur possible ne s'impose véritablement[39].

---

39. Ducat 2006a, p. 42-45.

NOTICE SUR L'HISTOIRE DU TEXTE

La tradition directe

Un seul papyrus nous donne une portion du texte de la *LP* : le petit fragment de rouleau *PSI XVII Congr.* 9 (inv. 1936), daté du IIe siècle apr. J.-C. Il contient I, 3 πρ]οσδοκῆσαι-4 ἔταξεν οὐδέν. Son texte est conforme à celui du reste de la tradition directe et indirecte, ce qui est une caractéristique des papyrus xénophontiques d'époque impériale[40].

Trente-huit manuscrits qui vont du Xe au XVIe siècle contiennent la *LP*, auxquels il faut ajouter une copie récente de la fin du XVIIe siècle (*Leid. Wytt.* 13) et un recueil d'extraits autographe de Nicéphore Grégoras (*Heidelb. Palat. gr.* 129), écrit vers 1315-1320[41]. J'en donne la liste avec les éléments

---

40. Cf., pour les *Mémorables*, Bandini 2000, p. CCLVIII. La seule faute est ἐλευθέροις pour -ραις des manuscrits. Il est vrai qu'il s'interrompt un peu avant un passage où la tradition est divisée (I, 3 τὰς μὲν οὖν οὕτω τρεφομένας] οὖν om. β).

41. Sur ce manuscrit cf. *Pinakes ad cod.* Pour Xénophon cf. en particulier Bandini 2022, p. 87. Les f. 4[v]-5[r] contiennent des extraits de la *LP* qui ne s'éloignent pas de la tradition manuscrite connue (sauf pour les adaptations liées à la rédaction de notes abrégées). Dans un cas, semble-t-il, il y a eu une erreur mécanique, la chute d'une longue partie de texte à cause d'un saut du même au même (v. III, 1-2). Voici le texte : (I, 2) τὸν Λυκοῦργον θαυμάζω καὶ εἰς τὰ ἔσχατα μάλα σοφὸν ἡγοῦμαι – I, 3 τὰς κόρας ἠρεμιζούσας ἐριουργεῖν ἀξιοῦσιν οἱ ἄλλοι – I, 5 διάκοροι ἀλλήλων ἦσαν ἐκ τοῦ συνεῖναι – III, 1-2 ὅταν γε μὴν ἐκ παίδων εἰς τὸ μειρακιοῦσθαι ἐκβαίνωσι, τηνικαῦτα (οἱ μὲν ἄλλοι-τοῖς τηλικούτοις om.) μέγιστον μὲν φρόνημα ἐμφύεται· μάλιστα δὲ ὕβρις ἐπιπολάζει· ἰσχυ-

essentiels, en renvoyant, pour une description plus détaillée et pour la bibliographie, à mes études de 1997 et 2022. Pour les témoins indépendants, je donne la description de leur descendance. Les rapports entre les témoins indépendants seront analysés à la fin de cette *recensio* et *eliminatio codicum descriptorum*[42].

1) [**If**] Berlin, Staatsbibliothek zu Berlin-Preußischer Kulturbesitz, Phillipps 1478, cart., 70 f. de 230 × 170 mm. Recueil homogène copié entre 1539 et 1542 par deux copistes non identifiés qui travaillaient pour l'ambassadeur français à Venise, Guillaume Pellicier (*LP* aux f. 56ʳ-70ᵛ). Cf. Muratore 1997, p. 24-26 ; Muratore 2022, p. 3 ; *infra*, p. xl-xli (n° 8, I). Sur la bibliothèque de Pellicier cf. dernièrement R.M. Piccione, « The Greek Library of Guillaume Pellicier: The Role of The Scribe Ioannes Katelos », dans *Greeks, Books*

ρόταται δὲ ἐπιθυμίαι τῶν ἡδονῶν παρίστανται – ἐκείνων δὲ (γοῦν Xen. codd.) ἧττον μὲν ἂν φωνὴν ἀκούσαις ἢ τῶν λιθίνων, ἧττον δ' ἂν ὄμματα μεταστρέψαις ἢ τῶν χαλκῶν, αἰδημονεστέρους δ' ἂν (αὐτοὺς om.) ἡγήσαιο καὶ αὐτῶν τῶν ἐν τοῖς θαλάμοις παρθένων – V, 8 ἀπὸ τῶν σιτίων (= Fa Dobree, σίτων Xen. codd.) οἱ μὲν διαπονούμενοι εὔχροοί τε καὶ εὔσαρκοι καὶ εὔρρωστοι (sic) εἰσίν, οἱ δ' ἄπονοι πεφυ⟦σ⟧σημένοι τε καὶ αἰσχροὶ καὶ ἀσθενεῖς ἀναφαίνονται – VII, 1 χρηματίζονται ἐκ τοῦ γεωργεῖν καὶ ναυκληρεῖν – VII, 5-6 ὁ Λυκοῦργος τοῖς Λάκωσι (ὁ-Λάκωσι add. Grégoras) νόμισμα τοιοῦτον κατεστήσατο, ὁ δέκα μνῶν μόνον (ἂν om.) εἰς οἰκίαν εἰσελθὸν οὔποτε δεσπότας οὔτε οἰκέτας λάθοι· καὶ γὰρ χώρας μεγάλης καὶ ἁμάξης ἀγωγῆς δέοιτ' ἄν· χρυσίον δὲ (γε μὴν Xen. codd.) | [f. 5ʳ] καὶ ἀργύριον ἐρευνᾶται· καὶ ἄν τι που φανῇ ὁ ἔχων ζημιοῦται – VIII, 2 τῷ ταπεινοὶ εἶναι μεγαλύνονται οὗτοι (οὗτοι add. Grégoras) – XI, 3 ἐφῆκε δὲ καὶ κομᾶν τοῖς ὑπὲρ τὴν ἡβητικὴν ἡλικίαν, νομίζων οὕτω καὶ μείζους καὶ γοργοτέρους καὶ ἐλευθεριωτέρους (ἐλ. καὶ γοργ. Xen. codd.) φαίνεσθαι – XI, 4 μόρας δὲ (μὲν Xen. codd.) διεῖλεν ἓξ καὶ ἱππέων καὶ ὁπλιτῶν· ἑκάστη δὲ τῶν πολιτικῶν ἔχει μορῶν πολέμαρχον ἕνα, λοχαγοὺς τέσσαρας, πεντηκοστῆρας ὀκτώ, ἐνωμοτάρχας (= W Harpocr.) ἑκκαίδεκα.

42. En conformité avec le *stemma codicum* que j'ai tracé en 1997 j'emploie, pour la seconde famille, les sigles suivants de manuscrits perdus : β = GIXM FLVW – γ = GIX – δ = FLVW – μ = GIXM.

and Libraries in Renaissance Venice, ed. by R.M. Piccione, Berlin/Boston 2021, p. 177-195.

2) [**Id**] El Escorial, Biblioteca del Monasterio, Σ. II. 7 (n° 87 Revilla). Manuscrit de papier de 334 f. de 285 × 190 mm. Recueil homogène copié par Dionysios Sinates (*olim Anon.* 10 Harlfinger), il est parvenu à la bibliothèque royale espagnole via la famille des Éparques, à laquelle il a appartenu à partir de 1478 (pendant le séjour dans la bibliothèque des Éparques, à Corfou, il a été étudié par Marco Antonio Antimaco). Après l'*Iliade* et la *Périégèse* de Denys il contient une série de textes dont la *LP* (f. 325^r-329^v). Cf. Muratore 1997, p. 27-28 ; Muratore 2022, p. 3 ; T. Martínez Manzano, « Reescribiendo la historia de un manuscrito : el *Escur.* Σ II 7, un siglo después Revilla / Rewriting the History of a Manuscript : *Escur.* Σ II 7, a Century after Revilla », *Estudios Clásicos* 162 (2022), p. 203-236 (avec 6 tables) ; *infra*, p. XL-XLI (n° 8, I).

3) [**G**] Florence, Biblioteca Medicea Laurenziana, Plut. 55, cod. 21. Composé de 276 f. de parchemin, de 324 × 213 mm, à deux colonnes par page. Copié par Petros Kretikos à la fin des années 1410 sur le manuscrit qui contenait les *opuscula rariora* de Xénophon, découvert par Guarino (*LP* aux f. 266^v-273^r). Cf. Muratore 1997, p. 28-30 ; Bandini 2021, p. CLXXXIX-CXC ; Muratore 2022, p. 4-5 ; *infra*, p. LVI-LVIII.

4) [**E**] Florence, BML, Plut. 55, cod. 22. Manuscrit de papier de 239 f. de 210 × 143 mm. Copié par Alexios Keladenos († 1517) du cercle de Bessarion, à qui appartenait le modèle, *Marc. gr.* Z. 511 (M). La *LP* se trouve aux f. 132^v-144^v. Pier Vettori a tiré de ce manuscrit les variantes notées dans les marges de l'Aldine conservée aujourd'hui à Munich (Res/2 A.gr.b. 1111). Cf. Muratore 1997, p. 30 ; Bandini 2021, p. CCIV ; Muratore 2022, p. 5-7 ; *infra*, p. L (n° 36, M).

5) [**H**] Florence, BML, Plut. 69, cod. 25, cart., 53 f. de 288 × 206 mm, sec. XV post med. (f. 1-3^r = *LP* I-V, 9 Σπαρτιατῶν οὔτε, f. 9^r-51^r Plat. *Gorgias*, jadis attribués à Sozomeno de Pistoia, mais maintenant, – par David Speranzi – à Matteo

Lupi da San Gimignano [1380-1468])[43] et *c.* 1570 (f. 4^r-8^r = *LP* V, 9 ὑγιεινοτέρους-fin, restauration par un collaborateur de Francesco Zanetti, l'*Anon.* ε-π, qui a copié la première édition d'Estienne). Cf. Muratore 1997, p. 31 ; Muratore 2022, p. 7 ; *infra*, p. XLI-XLII (n° 11, L).

6) [**F**] Florence, BML, Plut. 80, cod. 13, parchemin (f. 1-18 papier, sec. XVI in.), 189 f. de mm 206 × 152, sec. XIV in. Les f. 2-145 contiennent un recueil des *Opuscula* et des écrits socratiques de Xénophon (*LP* aux f. 48^r-55^r). Acquis par la *Medicea privata*, il a été lu par Pic de la Mirandole (*Banquet*) et copié par Marc Musurus en 1493 dans le *Vat. gr.* 1336. Il fut en possession de Janus Lascaris et, plus tard, du cardinal Ridolfi. Cf. Muratore 1997, p. 31-32 ; Bandini 2021, p. CLXXXVIII-CLXXXIX ; Muratore 2022, p. 7-9. Témoin indépendant de la famille δ (cf. *infra*, p. LVIII-LX), il est à l'origine d'une riche filiation, liée aux déplacements de l'érudit grec qui en fut le possesseur : cf. Muratore 1997, p. 159-171.

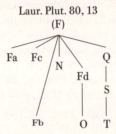

Copie intégrale ancienne de F (avant l'addition du cahier initial avec la *Constitution des Athéniens* et avant que le modèle ne soit corrigé), le *Lond.* Additional 5110 (Fa) ajoute

---

43. Cf. Speranzi en annexe à Ceccherini 2016, p. 397-401. Sur Mattia Lupi cf. T.A. Wimperis, « A Humanist Autograph Lost and Found. Mattia Lupi's *Annales Geminianenses* », *Humanistica Lovaniensia* 67.1 (2018), p. 47-68 (bibliographie complémentaire à la note 1 de p. 47) ; G. Fioravanti, « Libri e lettori a San Gimignano nel '400 : Onofrio Coppi e Mattia Lupi », *Interpres* 18 (2019), p. 58-73.

nombre d'erreurs à celles déjà présentes dans son modèle. En deux cas, toutefois, il rétablit la leçon correcte (I, 8 τοῦτο A B Fa Fb, τούτῳ F cett. ; II, 3 ἀνυπόδητον recte Fa C λ(IbIcIdIeIfIg)). Le *Vind. Phil. gr.* 208 (Fc) est aussi une copie ancienne de F, dont il reproduit toujours les leçons *ante corr.*[44]. Les cahiers contenant Pléthon et Xénophon ont été écrits par Constantin Lascaris (Stefec).

Le *Par. gr.* 1643 (N) a été copié sur F (à Florence ?) vers la fin du xve siècle par un copiste en lien avec Janus Lascaris, l'*Anonymus Vindobonensis*.

Le *Par. gr.* 2775 (Q) a été copié sur F (à Venise ?) par un collaborateur de l'*Anonymus* 31 Harlfinger vers la fin du troisième quart du xve siècle. Il a omis une ligne entière (XII, 5 γίγνηται-πολέμαρχος) de son modèle. Cette omission et d'autres fautes se retrouvent dans sa copie, le *Par. gr.* 2077 (S) écrit par Dionysius Sinates, et dans la copie de ce dernier, le *Par. gr.* 1774 (T), du début du xvie siècle.

Copié probablement à Paris par Georges Hermonyme au tournant des xve et xvie siècles, quand Janus Lascaris était au service du roi de France, le *Leidensis Vulc.* 2 (Fd) est à son tour le modèle d'un autre manuscrit écrit par le même Hermonyme, le *Par. gr.* 1645 (O). L'omission de μάλα en I, 2 anticipe la conjecture de Cobet, adoptée avec raison par la majorité des éditeurs.

Le *Vind. Phil. gr.* 37 (Fb), de la première moitié du xvie siècle, qui se range toujours avec Fpc, est une copie tardive de F.

7) [**K**] *Florence, BML, Conventi soppressi* 23. Manuscrit de parchemin de 61 f. de 161 × 104 mm, copié par Jean Scutariotes au dernier quart du xve siècle ; de Xénophon, il contient seulement *LP* (f. 2[r]-22[r]). Cf. Muratore 1997, p. 33-34 ; Muratore 2022, p. 9 ; *infra*, p. XL-XLI (n° 8, I).

8) [**I**] *Florence, BML, Conventi soppressi* 110. Manuscrit de parchemin de 150 f. de 295 × 212 mm. Copié par Anto-

---

44. Muratore 2022, p. 166-167.

nio Corbinelli à la fin des années 1410 sur le manuscrit des *opuscula rariora* acquis par Guarino en 1417. Cf. Muratore 1997, p. 34-35 ; Muratore 2022, p. 9-10.

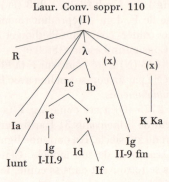

Laur. Conv. soppr. 110

Il est à l'origine d'une descendance nombreuse que j'ai cru pouvoir esquisser comme suit (Muratore 1997, p. 134-145 ; Muratore 2022, p. 33-38, en part. p. 37-38) : du *Laur. Conventi soppressi* 110, dérivent directement le *Par. gr.* 1643 (R), une de ses plus anciennes copies, et le *Par. gr.* 2955 (Ia), pour lequel son copiste, Leonico Tomeo, a pu employer les deux manuscrits jumeaux de Corbinelli, les *Conv. soppr.* 110 (*LP*, le fragment du *Banquet*, VIII, 28-fin, et le morceau de l'*Ath. pol.* joint à celui du traité *Sur les revenus* [cf. *infra*, p. LVII]) et le *Conv. soppr.* 112 (fragment des *Économiques* et le *Hiéron*). Le manuscrit perdu (λ) est aussi une copie de I. C'est grâce à ce manuscrit que le texte de I est parvenu à Milan, où il a été copié dans l'*Ambr.* F 44 sup. (Ib) par un copiste qui a travaillé pour Giovanni Stefano Cotta et dans le *Matr.* 7210 (Ic) par Constantin Lascaris. Le manuscrit de Lascaris a servi de modèle à Démétrios Rhaoul Kabakès pour la copie du passage de *LP* I-II, 9 dans le recueil de textes rassemblés dans le *Vat. gr.* 2236 (Ie). Le même Kabakès a recopié le passage de la *LP* dans le *Monac. gr.* 336 (Ig), où le texte a été complété grâce, semble-t-il, au même *Laur. Conv. soppr.* 110 (ou à une copie perdue de ce dernier). Le modèle perdu dont sont issus l'*Escorialensis* Σ. II. 7 (Id), et le *Berol. Phillipps* 1478 (If), très fautif, est une copie ultérieure du manuscrit de Lascaris. Les manuscrits *Laur. Conv. soppr.* 23 (K) et *Vat. Urb. gr.* 7 (Ka) sont des copies d'un descendant perdu de I, bien qu'il ne soit pas aisé d'établir s'ils en descendent indépendamment ou si Ka est une copie de K. Puisque deux lacunes de I ont été comblées par KKa, sans aucune trace de correction sur les manuscrits eux-mêmes, il faut de toute façon, semble-t-il, envisager un intermédiaire corrigé. Enfin, l'édition *princeps* imprimée par les Juntes à Florence en 1516 provient aussi des manuscrits de Corbinelli, *Conv. soppr.* 110 et 112.

9) [**Fd**] Leiden, Bibliotheek der Rijksuniversiteit, *Vulcanianus* 2. La première partie (f. 1-142, papier de 265 × 175 mm) a été copiée par Georges Hermonyme, à la fin du xve ou au début du xvie siècle. Il contient au début quatre textes de Xénophon copiés sur F : *LP* (f. 1-7), *Mem.*, *Oec.*, *Symp.* (cf. *supra*, p. xxxviii-xxxix). Il a appartenu à Paolo Emili, puis à Johannes Arcerius et enfin à Bonaventura Vulcanius. Cf. Muratore 1997, p. 35-36 ; Muratore 2022, p. 10.

10) [–] Leiden, Bibliotheek der Rijksuniversiteit, *Wyttenbach* 13. Ce manuscrit contient une transcription du *Laur. Conv. soppr.* 23 effectuée par L. Th. Gronovius à la fin du xviie siècle. Cf. Muratore 1997, p. 33-34 ; Muratore 2022, p. 11.

11) [**L**] Leipzig, Universitätsbibliothek, Rep. I. 4. 46. Manuscrit de parchemin de 96 f. de 235 × 160 mm. Copié à Constantinople au début du xve siècle par une main qui ressemble à celle de Georges Dokeianos, il a appartenu à Pic de la Mirandole († 1494), puis au cardinal Domenico Grimani († 1523). Il contient *Hipp.*, *Hiero*, *Eq.*, *LP* (f. 49^r-63^r) et *Oec.* C'est un témoin indépendant de la famille δ (cf. *infra*, p. lviii-lx). Cf. Muratore 1997, p. 36-37 ; Bandini 2021, p. CLXXXIX ; Muratore 2022, p. 11-12.

Quelques années après sa copie, le *Lipsiensis* a servi de modèle à Georges Chrysococcès pour la copie des opuscules de Xénophon (sauf les *Économiques*) dans le *Vat.*

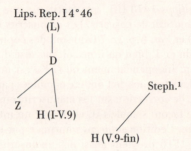

gr. 1334 (D), dont la seconde partie (f. 43ʳ-104 : œuvres d'Andronic Calliste, Synésios, Aristote) est due à Théodore Gaza : une épigramme de ce dernier (f. 104ᵛ) évoque la collaboration entre les deux copistes qui ont travaillé pour Francesco Filelfo. Les quelques notes marginales de Filelfo ne concernent pas la *LP*. Le manuscrit a appartenu à Lattanzio Tolomei († 1543), puis à Fulvio Orsini († 1600), qui a légué ses livres à la Vaticane.

Le *Vat. gr.* 1337 (Z), lui aussi arrivé à la Vaticane parmi les manuscrits de Fulvio Orsini, est, pour la *LP*, une copie de D. Datée du deuxième quart du xvᵉ siècle, cette copie était jadis attribuée à tort à Filelfo lui-même.

Écrite par Mattia Lupi da San Gimignano, la partie ancienne (f. 1ʳ-3ᵛ, jusqu'à V, 9 εὗροι Σπαρτιατῶν οὔτε) du *Laur. Plut.* 69, 25 (H), a aussi été copiée sur D. Le reste du texte a été intégré par l'*Anon.* ε-π qui s'est servi comme modèle de la première édition d'Henri Estienne (moins vraisemblablement d'une des deux premières éditions de Löwenklau)[45].

12) [**Fa**] Londres, British Library, *Add.* 5110. Manuscrit de 213 f. de papier, de *c.* 298 × 220 mm, de la seconde moitié du xvᵉ siècle, c'est une copie intégrale de F (cf.

---

45. Cf. Muratore 1997, p. 157-158. On peut ajouter qu'en VI, 4, la partie restaurée du manuscrit a correctement δέωνται tandis que Leuncl.¹ a ici δέονται.

supra, p. xxxviii-xxxix). Il a appartenu à Richard Mead, puis à Anthony Askew. Cf. Muratore 1997, p. 37-38 ; Bandini 2021, p. CCV ; Muratore 2022, p. 12.

13) **[Ic]** Madrid, Biblioteca Nacional, 7210. Manuscrit de 146 f. de papier, de 205 × 140 mm, écrit par Constantin Lascaris, probablement à Milan au début de la seconde moitié du xve siècle. Du corpus de Xénophon il contient les deux *Politeiai* (*LP* aux f. 30-42[v]). Cf. Muratore 1997, p. 39-40 ; Muratore 2022, p. 12-13 ; *supra*, p. xl (n° 8, I).

14) **[Ib]** Milan, Biblioteca Ambrosiana, F 44 sup. Parch., 36 f., 200 × 141 mm ; il contient seulement *LP*. Copié à Milan dans la seconde moitié du xve siècle pour le compte de Giovanni Stefano Cotta, élève de Constantin Lascaris. Il est arrivé à l'Ambrosienne avec les mss. de Francesco Ciceri. Cf. Muratore 1997, p. 40 ; Muratore 2022, p. 13-14 ; *supra*, p. xl (n° 8, I).

15) **[C]** Modena, Biblioteca Nazionale Estense, α.V.7.17 (gr. 145). Manuscrit de papier de 133 f. de 281 × 205 mm. Copié au tournant des années 1460/1470 par Andronic Calliste, probablement déjà pendant son séjour romain, dans le cercle du cardinal Bessarion (Orlandi 2023, p. 112-113). Calliste a exploité plusieurs modèles : le *Hiéron* descend du *Laur. Conv. soppr.* 112[46] ; la *LP* (f. 111[r]-117[v]) est une copie indirecte du *Vat. gr.* 1335 (A) ; M (qui est la source des *Œuvres morales* de Plutarque de la première partie du mss., copiée par Georgios Tzangaropulos) a été mis à contribution. La longue discussion sur la valeur de ses leçons (tradition ou conjectures savantes ?), a été tranchée de façon définitive en faveur de la seconde solution grâce à l'examen détaillé du texte et surtout grâce à l'identification de son copiste, sur l'activité philologique duquel voir la synthèse récente de Orlandi 2023, p. 191-255. Cf. Muratore 1997, p. 41-42 ; Muratore 2022, p. 14 ; Bandini 2021, p. CCV ; Bandini 2022, p. 97 ; Orlandi 2023, p. 111-113, 237-245, 291-293 et *ad indicem*.

---

46. Bandini 2021, p. CXCVIII ; Bandini 2022, p. 71.

16) [**Ig**] Munich, Bayerische Staatsbibliothek, gr. 336. Manuscrit de 245 f. de papier, de 213 × 147 mm, copié par Démétrios Rhaoul Kabakès, après 1466, pour la première partie (I-II, 9 ἐπέταξεν) sur Ie (*Vat. gr.* 2236), pour la deuxième partie sur le *Laur. Conv. soppr.* 110, soit directement, soit par l'intermédiaire d'un manuscrit perdu. Cf. Muratore 2022, p. 14-16, 33-38 ; *supra*, p. XL (n° 8, I).

17) [**Y**] Paris, Bibl. nationale de France, grec 425. Manuscrit de papier de 115 f. de 216 × 141 mm. Le sixième fascicule de ce recueil, que l'on peut dater des années 1430, contient un fragment de la *LP* (I-II, 4 προσεθίζεσθαι). Le texte appartient à la deuxième famille, mais il est difficile d'en préciser la place exacte : une seule faute significative (I, 4 om. τὰ) le rattache au groupe D Z, ce qui est cohérent du fait des liens de Cristoforo da Rieti, qui l'a en partie copié et à qui il a dû appartenir, avec Filelfo et Théodore Gaza. Cf. Muratore 1997, p. 43-47, 158 ; Muratore 2022, p. 16.

18) [**N**] Paris, BnF, grec 1643. Manuscrit de papier de 205 f. de 280 × 185 mm. Copié sur le *Laur. Plut.* 80, 13 (F) à Florence à la fin du XVe siècle, par l'*Anonymus Vindobonensis* (cf. *supra*, p. XXXVIII-XXXIX), il a appartenu à l'humaniste florentin Chirico Strozzi († 1565) et a été utilisé par Guillaume Budé (*marginalia*) et, pour Polybe, par le lecteur royal de grec Jean Strazel († 1559). Cf. Muratore 1997, p. 47-48 ; Bandini 2021, p. CCV ; Muratore 2022, p. 17.

19) [**R**] Paris, BnF, grec 1644. Manuscrit de papier de 59 f. de 265 × 200 mm. Les quatre parties de ce recueil factice proviennent de la bibliothèque de Domenico Grimani († 1523), et trois d'entre elles au moins étaient déjà dans celle de Pic de la Mirandole. De Xénophon, il ne contient que *LP* (f. 1[r]-13[v]), copiée sur le *Laur. Conv. soppr.* 110 (I) vers le milieu du XVe siècle (cf. *supra*, p. XL). Cf. Muratore 1997, p. 48-49 ; Muratore 2022, p. 18.

20) [**O**] Paris, BnF, grec 1645. Manuscrit de papier de 168 f. de 280 × 190 mm. Copié sur le *Leid. Vulc.* 2 (Fd) par Georges Hermonyme, à la fin du XVe ou au début du XVIe

siècle. Cf. Muratore 1997, p. 50 ; Muratore 2022, p. 19 ; *supra*, p. xxxviii-xxxix (n° 6, F).

21) [**T**] Paris, BnF, grec 1774. Recueil de textes copiés au début du xvie siècle sur 355 f. de papier de 209 × 132 mm. Il a été utilisé par Jean Lascaris pour l'édition de la *Table* de Cébès parue à Rome vers 1495. Il a appartenu à Jean Abramios, puis à Andronic Éparque à qui Guillaume Pellicier l'a acheté en 1538 pour le compte du roi de France. Le texte de la *LP* (f. 331^r-340^v) a été copié sur le *Par. gr.* 2077 (S). Cf. Muratore 1997, p. 50-52, 159-164 ; Muratore 2022, p. 19 ; *supra*, p. xxxviii-xxxix (n° 6, F).

22) [**S**] Paris, BnF, grec 2077. Manuscrit de papier de 301 f. de 216 × 140 mm. La partie qui contient la *LP* et les restes du *De legibus* de Pléthon a été copiée par le même copiste que le *Par. gr.* 2933 (a. 1474). Pour Xénophon, le modèle est le *Par. gr.* 2775 (Q). Prêté à Jean Chappellain, il rentra dans les collections royales via Jacques-Auguste de Thou-Jean-Baptiste Colbert. Cf. Muratore 1997, p. 52-55, 159-164 ; Bandini 2021, p. CCVI ; Muratore 2022, p. 20 ; *supra*, p. xxxviii-xxxix (n° 6, F).

23) [**Q**] Paris, BnF, grec 2775. Manuscrit de papier de 198 f. de 215 × 145 mm. De Xénophon, il contient seulement *LP* (f. 50^r-57^v), copiée sur le *Laur. Plut.* 80, 13 (F) dans la seconde moitié du xve siècle par un collaborateur de l'*Anon.* 31 Harlfinger (cf. *supra*, p. xxxviii-xxxix). Il provient de la bibliothèque de Mesmes. Cf. Muratore 1997, p. 55-56, 159 et s. ; Muratore 2022, p. 20-21.

24) [**Ia**] Paris, BnF, grec 2955. Manuscrit de papier de 254 f. de 290 × 205 mm. Copiée à Florence vers 1475-1480, la première partie du manuscrit (Lucien, Xénophon, Gorgias, Plutarque) est l'œuvre de Niccolò Leonico Tomeo, qui a tiré la *LP*, ainsi que le fragment du *Banquet* et le morceau de l'*Ath. pol.* joint à celui du traité *Sur les revenus*, du *Laur. Conv. soppr.* 110 (cf. *supra*, p. xl) ; le fragment des *Économiques* et le *Hiéron* proviennent du jumeau de I, le *Laur. Conv. soppr.* 112 (cf. Deuling-Cirignano 1990, p. 59-60). Cf. Muratore

1997, p. 56-58 et 135 ; Bandini 2021, p. CCVI ; Muratore 2022, p. 21-22.

25) [**P**] Pérouse, Biblioteca Comunale Augusta, 90 (B 34). Manuscrit de parchemin de 276 f. de 323 × 276 mm, écrit par Gérard de Patras vers 1430. C'est une copie exacte du *Laur. Plut.* 55, 21, dont il reproduit aussi la mise en page à deux colonnes. Cf. Muratore 1997, p. 58-60 ; Bandini 2021, p. CCVI ; Muratore 2022, p. 22.

26) [**Ka**] Vatican (Cité du), Biblioteca Apostolica Vaticana, *Urb. gr.* 7. Manuscrit de papier de 45 f. de 203 × 123 mm. Copié par l'*Anon.* 17 Harlfinger, probablement à Florence (cf. *supra*, p. XL-XLI). Le texte de la *LP* (f. 15^r-31^v) est parsemé de conjectures de Lilio Tifernate, qui l'a révisé à l'occasion de la traduction latine dédiée à Frédéric de Montefeltro (*Vat. Urb. lat.* 227, f. 55-72). Cf. Muratore 1997, p. 60 ; Muratore 2022, p. 28-29 ; Muratore 2023.

27) [**V**] Vatican (Cité du), BAV, *Urb. gr.* 93. Manuscrit de parchemin de 258 f. de 285 × 191 mm, copié à la fin du XIVe ou au début du XVe siècle, avec F L W c'est un témoin indépendant du sub-archétype δ (cf. *infra*, p. LVIII-LX). Cf. Muratore 1997, p. 61 ; Muratore 2022, p. 29.

28) [**D**] Vatican (Cité du), Biblioteca Apostolica Vaticana, gr. 1334. Manuscrit de parchemin de 104 f. de 265 × 170 mm. La première partie (f. 1-41) est constituée de trois *opuscula* de Xénophon (*Hipp.*, *Eq.* et, aux f. 33^r-41^r, *LP*) copiés sur L par Georges Chrysococcès dans les années 1420 (cf. *supra*, p. XLI-XLII). Il a appartenu au savant siennois Lattanzio Tolomei et est entré à la Vaticane avec les livres de Fulvio Orsini. Cf. Muratore 1997, p. 61-63 ; Bandini 2021, p. CCIV ; Muratore 2022, p. 22.

29) [**A**] Vatican (Cité du), BAV, gr. 1335. Manuscrit de parchemin de 246 f. de 285 × 218 mm, écrit à Constantinople dans la seconde moitié du Xe siècle et restauré au tournant des XIe/XIIe siècles (f. 7-14 et 21-68) et à la fin du

xive siècle (f. 1-6, 15-20, 238-245). Il contient *Cyr.*, *Anab.*, *Apol.*, *Ages.*, *Hiero*, *LP* (f. 229^v-238^r), *Ath. pol.*, *Vect.* Il a appartenu à Manuel Chrysoloras, puis à Palla Strozzi, à Bernardo, Pietro et Torquato Bembo, et c'est à ce dernier que l'a acheté Fulvio Orsini. Cf. Muratore 1997, p. 63-65 ; Bandini 2021, p. CLXXXVII ; Muratore 2022, p. 23-24.

La première famille est constituée de trois manuscrits dont les deux plus récents (B, *Vat. gr.* 1950 e C, *Mutin.* α.V.7.17) descendent du plus ancien, *Vat. gr.* 1335 (A). B donne la même série d'œuvres de Xénophon qu'A, et dans le même ordre que ce dernier (*Cyr.*, *Anab.*, *Apol.*, *Ages.*, *Hiero*, *LP*, *Ath. pol.*, *Vect.*). Le recueil d'écrits de Xénophon est plus réduit dans le *Mutinensis* (*Hiero*, *LP*, *Ath. Pol.*, *Vect.* et l'*Apologie* très rare), copiés par Andronic Calliste. B et C sont liés par une série de fautes communes[47] ; d'ailleurs, la liste des fautes de B qui ne se trouvent pas dans C est longue mais pas très significative[48]. Donc, puisque la chronologie relative exclut une dépendance de B par rapport à C, soit C descend de B, soit tous deux descendent d'un même modèle perdu. La première option a été adoptée par Giuseppe Serra qui, pour l'*Ath. pol.*, pensait à une dérivation directe A → B → C. Au contraire, D.F. Jackson a établi, pour le traité *Sur les revenus*, que B C et la réfection du *Vat. gr.* 1335 (a) descendent indépendamment de différentes étapes de correction d'une copie perdue de A ; l'enquête de Edward A. Schmoll sur la tradition de l'*Apologie* a abouti à des conclusions semblables et je me suis moi aussi rangé de ce côté en 1997 pour la *LP* (Muratore 1997, p. 117-123). Cependant, tout récemment, Luigi Orlandi a détecté dans le *Vat. gr.* 1950 des notes au texte de l'*Agésilas* de la main d'Andronic Calliste (cf. *infra*), ce qui

---

47. Muratore 1997, p. 120. Cf. surtout VII, 2 μὲν^2 om. B C – VIII, 4 ἐκπράττειν] εἰσπράττειν B C – IX, 2 καὶ post δῆλον add. B C – XIII, 4 λοχαγοὶ – στρατίαρχοι om. B C (un saut du même au même) – XIII, 9 οὐδ' ἀκούεται γὰρ] οὐδὲ γὰρ ἀκούεται B C.

48. Cf. en particulier IV, 5 μὲν post ποιεῖν transp. B – V, 7 μὴν] μὴ uid. B, om. C – VI, 4 οὐδ'] δ' B – μὴ] μὲν B – IX, 3 δὲ om. B – XII, 1 τοῦ om. B – XIII, 11 δ' οὖν] δ' οὐ B, δὲ C.

l'a conduit à réexaminer la tradition du traité *Sur les revenus* et à retoucher cette partie du *stemma codicum* (Orlandi 2023, p. 237-245). En conclusion, C, qui est une mise au net, descend de B par l'intermédiaire d'une copie de travail que Calliste a corrigée *ope ingenii*, mais aussi grâce à la consultation d'autres sources, notamment M (la contamination a laissé des traces visibles sur les Πόροι). B descend de A par l'intermédiaire d'un ms. perdu qui, dans un état ultérieur de correction, a servi aussi pour la réfection de A (a). Ce qui reste établi, c'est que, ni B, ni C, ne sont des témoins indépendants et que les bonnes leçons de C doivent être accueillies dans le texte ou mentionnées dans l'apparat comme conjectures de son copiste savant. Pour la partie finale de la *LP* (XV, 5 Πύθιοι-fin), pour laquelle le texte ancien de A fait défaut, la leçon de la famille sera donnée par aB.

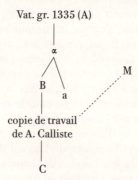

30) [**Z**] Vatican (Cité du), BAV, gr. 1337. Manuscrit de papier de 158 f. de 295 × 200 mm, écrit dans le deuxième quart du xve siècle. L'attribution à la main de Filelfo est abandonnée. Il contient *LP* et *Cyropédie*. Notre opuscule a été copié sur le *Vat. gr.* 1334 (D), et la *Cyropédie* sur le *Laur. Plut.* 55, 19 (Orlandi), le modèle de la traduction latine de Filelfo de cet ouvrage. Il a ensuite appartenu à Fulvio Orsini. Cf. Muratore 1997, p. 65 ; Muratore 2022, p. 25 ; *supra*, p. XLII (n° 11, L).

31) [**X**] Vatican (Cité du), BAV, gr. 1619. Manuscrit en parchemin de 231 f. de 274 × 200 mm. La partie relative à Xénophon (f. 56ʳ-181ʳ) contient *Mem.*, *Cyn.*, *Hipp.*, *Hiero*, *Eq.*, *LP*, *Ath. pol.* et *Vect.* copiés à Venise à la fin de la deuxième décennie du xvᵉ siècle pour le compte de Francesco Barbaro sur le codex Guarini. Cf. Muratore 1997, p. 65-67 ; Bandini 2021, p. CLXXXIX ; Muratore 2022, p. 25-26 ; *infra*, p. LVI-LVIII.

32) [**B**] Vatican (Cité du), BAV, gr. 1950. Manuscrit de papier de 548 f. de 243 × 165 mm, copié à Constantinople dans le premier quart du xivᵉ siècle. Il contient *Cyr.*, *Anab.*, *Apol.*, *Ages.*, *Hiero*, *LP* (f. 250ᵛ-259ᵛ), *Ath. pol.*, *Vect.*, *Mem.*, puis Marc Aurèle *et alia*. Annoté par Andronic Calliste (dans l'*Agésilas* ; cf. Orlandi 2023, p. 237), il a appartenu à Stefano Gradi († 1683), gardien de la Bibliothèque Vaticane. Cf. Muratore 1997, p. 67-69 ; Bandini 2021, p. CCIV ; Bandini 2022, p. 87-88 ; Muratore 2022, p. 26-27 ; *supra*, p. XLVII-XLVIII (n° 29, A).

33) [**Ie**] Vatican (Cité du), BAV, gr. 2236. Manuscrit de papier de 220 f. de 217 × 146 mm. C'est un recueil de textes de Pléthon et d'extraits d'autres textes anciens, dont un morceau (I-II, 9 ἐπέταξεν) de la *LP* (f. 159ʳ-161ʳ), copié par Démétrius Rhaoul Kabakès à Rome, après le 1466, sur le *Matritensis* 7210. Cf. Muratore 1997, p. 69-70 ; Muratore 2022, p. 27-28 ; *supra*, p. XL (n° 8, I).

34) [**Ma**] Venise, Biblioteca Nazionale Marciana, gr. Z. 368 (852). Manuscrit des œuvres de Xénophon copié sur 184 f. de papier de 280 × 200 mm, en partie par Démétrios Trivolis, en partie par le cardinal Bessarion (y compris la *LP*, aux f. 137ʳ-142ʳ), entre 1455 et 1460. Il contient *Hell.*, *Ages.*, *Mem.*, *Hipp.*, *Eq.*, *LP*, *Ath. pol.*, *Vect.*, *Oec.*, *Symp.*, *Cyn.* Le modèle est le ms. M, ayant appartenu au même Bessarion. Cf. Muratore 1997, p. 70-71 et, pour la filiation de M, p. 127 sq., en part. p. 128-129 ; Muratore 2022, p. 29-30 ; cf. *infra*.

35) [**Mb**] Venise, BNM, gr. Z. 369 (1045). Manuscrit de parchemin de 280 f. grand format (400 × 260 mm). Copie

intégrale des f. 141-398 du *Marcianus gr. Z.* 511 (M), exécutée en 1470 par Georges Tzangaropoulos (cf. *infra*) ; ensuite, Polybe, copié sur le *Marc. gr. Z.* 371 (302) (cf. Moore 1965, p. 14-15, 25, 40). Cf. Muratore 1997, p. 71-72, 130-132 ; Bandini 2021, p. CCVI ; Muratore 2022, p. 30. Pour la filiation de M, voir Muratore 1997, p. 127 sq., en part. p. 130-132.

36) [**M**] Venise, BNM, gr. Z. 511. Ce manuscrit imposant, copié vers 1330 et ayant appartenu au cardinal Bessarion, joint à une collection de *Moralia* de Plutarque (f. 8-140), un riche recueil d'œuvres de Xénophon (la *Cyropédie*, les *Helléniques* et l'*Apologie de Socrate* manquent) ainsi que l'*Anabase* et les *Indica* d'Arrien. Il est le modèle de Ma Mb E. Cf. Muratore 1997, p. 72-74 ; Bandini 2021, p. CCVI ; Muratore 2022, p. 30-31 ; *infra*, p. LVI, LVIII.

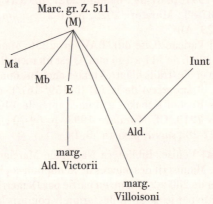

37) [**W**] Vienne, Österreichische Nationalbibliothek, *hist. gr.* 95. Manuscrit de 338 f. de papier de 215 × 150 mm. Daté de la seconde moitié du XVe siècle, il contient *Anab.*, *Hipp.*, *Eq.*, *LP* (f. 169[v]-182[r]), *Mem.*, *Oec.*, *Symp.*, *Cyn.* (*des. mut.* II, 1 ὠφελείας). De même que F L V, c'est un témoin indépendant du sub-archétype δ (cf. *infra*, p. LVIII-LX). Cf. Muratore 1997, p. 74, 152 ; Muratore 2022, p. 21.

38) [**Fb**] Vienne, ÖNB, *phil. gr.* 37. Manuscrit en papier, de 295 f. de *c.* 310 × 105 mm, copié à Venise au début du xvie siècle. Une main anonyme a copié la partie xénophontéenne (f. 1-163 : *Hipp., Hiero, Eq., LP, Mem., Oec., Symp., Cyn., Eq., Symp.*), tandis que le *Manuel* d'Épictète avec le commentaire de Simplicius est de Jean Grégoropoulos et la partie astrologique (f. 247-fin) de Paulos (Stefec). Il a appartenu à Johannes Sambucus. Cf. Muratore 1997, p. 75 ; Bandini 2021, p. CCVI ; Muratore 2022, p. 31-32 ; *supra*, p. xxxviii-xxxix (n° 6, F).

39) [**Fc**] Vienne, ÖNB, *phil. gr.* 208. Manuscrit de papier de 144 f. de 220/15 × 155/150 mm. Les fascicules contenant Pléthon, *De uirtutibus* (f. 1^r-8^v), et la *LP* (f. 9^v-16^r), ont été copiés par Konstantinos Lascaris (Stefec) sur le *Laur. Plut.* 80, 13 (F), probablement à Florence vers 1465 (cf. *supra*, p. xxxviii-xxxix). Cf. Muratore 1997, p. 75-76 ; Muratore 2022, p. 32-33.

* * *

Parmi ces manuscrits il faut en retenir neuf, qui sont les témoins indépendants du texte (A M GIX FLVW).

Une longue série de passages où le texte de nos manuscrits est fautif et nécessite une correction conjecturale atteste l'unité de la tradition médiévale[49].

I, 2 μάλα om. Fd O, del. Cobet
II, 5 σῖτόν γε μὴν ἔταξε τοσοῦτον †ἔχοντα συμβουλεύειν τὸν ἄρρενα†
II, 5 πᾶν <ἂν> ἔχειν Cobet

---

49. Cf. aussi II, 1 εὐθὺς μὲν G^{pc} Steph.¹ : εὐθὺ μὲν codd. – II, 3 ἀνυπόδητον C Fa Ic(+Id Ie If Ig), ἀνυποδέτων A^{ac} μ, ἀνυπόδετον A^{pc} δ – IV, 2 φιλονικία Ma^{ac} Cobet : φιλονεικία codd. – VII, 5 δεκάμνων Dindorf : δέκα μνῶν codd. – IX, 2 ὡς τἀληθές Dindorf : ὥστ' ἀληθές uel ὥς τ' ἀληθές codd. – IX, 5 ἀποτειστέον Marchant : ἀποτιστέον codd. Serra 1978-1979, p. 83, donne un relevé des fautes de *Ath. pol.*, *Vect.* et *LP* imputables au passage de la majuscule à la minuscule.

II, 5 τὴν <δὴ> ῥαδινά scripsi
II, 11 εἰρένων Cragius : ἀρρένων codd.
IV, 5 ἄν om. T, del. Steph.[1]
V, 2 πλεῖστα M^pc (+Mb E^ac) Dind.[1] : πλείστους codd.
V, 3 ἀγρευομένων Camerarius : ἀργευομένων codd.
V, 3 ἄρτον Camerarius : ἀργόν codd.
V, 4 [οὐκ] ἀναγκαίας Müller-Strübing
V, 5 †ἀνέμιξε παιδεύεσθαι†
V, 7 εἰδότες Bergius : εἰδότας codd.
V, 8 αὐτός τις Ma^ac Portus Leuncl.[3] : αὐτός τι codd.
VI, 2 †οὗτοι πατέρες εἰσὶ†
VII, 5 οὐδὲ K. Schenkl : οὔτε codd.
VIII, 1 εὐταξίαν Dind.[2] : εὐεξίαν codd.
VIII, 2 οὐδὲ Loys : οὔτε codd.
VIII, 3 ἡγήσαντο C Weiske (auct. Camerario) : ἡγήσατο codd.
IX, 5 [ἐν] τοῖς νεωτέροις Camerarius Ste[1]
IX, 5 ἀνανδρίας Morus (-είας iam G^pc Camerarius) : ἀνδρείας codd.
IX, 5 ἐστίαν [οὐ] περιοπτέον Dind.[1]
X, 4 ἐκεῖ scripsi : ἐκεῖνος codd.
XI, 1 στρατείας T (στρατειάς Z) et coni. Leuncl.^1adn : στρατιάς uel στρατιᾶς cett.
XI, 2 ὅσων Morel Köchly-Rüstow : ὅσα codd.
XI, 2 ἅπαντα Köchly-Rüstow : ἁπάντων codd.
XI, 4 †τοτὲ μὲν εἰς ἐνωμοτίας, τοτὲ δὲ εἰς τρεῖς, τοτὲ δὲ εἰς ἕξ†
XI, 5 †πάντ' ἔχων ὅσα δεῖ παρέχεσθαι†
XI, 6 <καὶ> ἀραιαί Zeune
XI, 6 ὧν οὐδὲν οὐδ' C Marchant : ὧν δ' οὐδ' codd.
XI, 8 ἐνωμοτία <ἐνωμοτία> Dobree
XI, 10 οὐδὲ τοῦτο †ἐῶσιν, ἀλλ' ἀπωθοῦσιν ἢ ἐναντίους ἀντιπάλους τοὺς λόχους στρέφουσι†
XII, 3 lac. post ξένων indic. Schneider
XII, 5 ἕωσπερ Dind.[2] : ὅσωπερ codd.
XII, 5 μάσσω Jacobs : ἐλάσσω codd.
XIII, 1 φρουρᾶς Leunclauius : φρουρᾷ codd.

XIII, 6 στρέψας Id Morus : συστρέψας codd.
XIII, 8 καλὰ δὲ καὶ τάδε <καὶ> ὠφέλιμα C Ollier
XIII, 9 †καὶ κεκριμένῳ εἰς μάχην συνιέναι†
XIII, 9 †ἀφ' ἑκάστου ἐνωμοτάρχου ἔξω†
XIV, 2 ἔχοντας Ka²ᵐᵍ (Lilius Tifernas) Cast. : ἑκόντας codd.
XIV, 4 ἐμπίμπλαιντο X Dind.³ : ἐμπίπλαιντο codd.

Cette tradition est partagée en deux familles : à l'origine de la première, il y a un manuscrit conservé, le *Vat. gr.* 1335 (A)⁵⁰, tandis que la leçon de la seconde famille (β) doit être récupérée à l'aide de GIX M FLVW.

Ces fautes montrent la descendance de GIX M FLVW d'un ancêtre commun :

I, 3 οὖν om. β
I, 7 πρεσβύτῃ : πρεσβυτάτῳ β
I, 8 τοῦτο : τούτῳ β
II, 2 ὁπότε Aᵃᶜ : ὅτε Aᵖᶜ β
II, 3 ἐκβαίνειν Aᵃᶜ : βαίνειν β
II, 3 δὲ post πηδῆσαι om. β
II, 6 προσδέωνται : δέωνται β
II, 9 δὲ ante δηλῶσαι add. β
III, 2 ἐπέβαλε : ὑπέβαλε β
X, 1 ᾗ : ἡ A, εἰ β
XI, 2 εὐποροῦσι : ἐκποροῦσι β
XII, 4 ἀλλήλους : ἀλλήλοις β
XII, 7 δεῖται : δεῖ β
XIII, 1 κατεσκεύασε : παρεσκεύασε β
XIII, 8 αὐλητὰς : ἀθλητὰς β

L'indépendance de β par rapport à A est établie moins clairement. Hormis les cas où on a des incertitudes à propos de l'apposition de l'*iota* muet⁵¹, les fautes de A absentes de β

---

50. Voir *supra*, p. XLVI-XLVIII.
51. I, 5 ἀνάγκη : ἀνάγκηι A – IV, 6 ἀνάγκη : ἀνάγκηι A – V, 1 ἑκάστη : ἑκάστηι A – VIII, 3 μείζω : μείζωι A – VIII, 5 τῷ : τω A – IX, 2 εὔκλεια : εὔκλειαι A – X, 3 ὅσῳ : ὅσω A – τοσούτῳ : τοσούτω A

sont les suivantes (y compris les passages où A^{ac} a une leçon fautive, corrigée seulement par A^2) :

I, 8 γενναίαν : γενναῖον A^{ac}
II, 1 τοὺς : τοῖς A^{ac}
II, 2 ἡβώντων : ἡβόντων A^{ac}
II, 9 ἔστιν : ἐστὶν A^{ac}
II, 14 τὸ μέντοι ταῦτα : τὸ μὲν τοιαῦτα A
III, 2 ἐμηχανήσατο : ἐμηχανίσατο A
III, 4 μηδαμοῖ uel μηδαμῇ : μηδαμοῦ A
III, 4 ποδῶν : ποδᾶν A
IV, 1 ἡβώντων : ἡβόντων A^{ac}
IV, 4 ἀνθ' : ἀμφ' A
IV, 5 ἀρήξουσι : -σιν uid. A^{ac}
V, 1 Λυκοῦργος : Λύκουργος A
V, 3 βρωτῶν A^{pc} δ : βροτῶν A^{ac} μ
V, 4 αὐτὸν : αὑτὸν A
V, 7 καταμενοῦσι : καταμένουσι A
VI, 3 λαβὼν : λαβῶν A
VII, 2 τῶν FLV GM^{pc} Stob. : τὸν A IXM^{ac}
XI, 2 στρατιᾶς : στατιὰς A^{ac}, στρατιὰς A^{2pc}
XI, 5 ἐναντιώτατον : -ότατον A
XI, 7 τὸ μέντοι : τὸν μέντοι A
XI, 7 παρατυχόντος : -τως A
XI, 9 δοκῇ : δοκεῖ A
XI, 10 ἀπωθοῦσιν† : ἀποθοῦσιν A
XII, 1 γωνίας : ἀγωνίας uid. A^{ac}
XII, 4 ἐπὶ : ἀπὸ uid. A^{ac}
XIV, 3 ἐπὶ τῷ κεκτῆσθαι : ἐπὶ τὸ κεκτῆσθαι A
XV, 3 γέρα : γέρρα A
XV, 8 οὐ γὰρ : οὐδὲ γὰρ aB

Ces fautes n'ôtent peut-être pas tout soupçon sur le fait que le modèle de la deuxième famille soit en réalité un descendant de A, ce qui, contrairement aux conclusions de Pierleoni, a été établi par Rosemary Wieczorek

– X, 4 μόνη : μόνηι A – XII, 5 πόρρω : πόρρωι A – XIII, 1 ἀσχολία : ἀσχολίαι A – XIII, 6 μέσω : μέσω A.

LA TRADITION DIRECTE

pour l'*Agésilas*[52]. Toutefois une bipartition du stemma est établie pour l'*Ath. pol.*[53], ainsi que pour le traité *Sur les revenus*[54]. Le bloc constitué par *LP*, *Ath. pol.*, *Vect.*, semble avoir une tradition parallèle. Il faut y ajouter le fait que, si la deuxième famille était jadis considérée comme *recentior*, on sait aujourd'hui qu'elle remonte beaucoup plus haut, chronologiquement plus haut même que le *Vat. gr.* 1335 (A)[55]. Donc je crois que pour la *LP* aussi il faut considérer le stemma comme bifide.

* * *

À l'intérieur de la famille β on peut distinguer deux groupes. Le premier est constitué par les mss. GIX et M, le deuxième, par les mss. FLVW.

52. Wieczorek 1975.
53. Serra 1978-1979, p. 84-85. Serra analyse aussi le problème pour les autres *opuscula*, dont la *LP* (p. 108) : parmi les passages invoqués il faut éliminer X, 3 [*re uera* XV, 3] où l'état des leçons transmises est plus complexe que ce qu'il transparaît de la présentation de Serra : τῶν² F^{pc}I^{pc} ?G^{pc} (et CMa^{pc}T^{pc}) edd. : ὧν A G^{ac}X I^{ac} ?M F^{ac}LVW, ce qui signifie que ὧν était dans l'archétype, et qu'il a été corrigé par une partie de la famille β ainsi que par quelques manuscrits isolés. Ainsi VII, 2 τῶν FLVW GM^{pc} Stob.^{AM} Flor.^{L} : τὸν A(sine acc.) IXM^{ac} Stob.^{S} signifie que τὸν était la leçon de l'archétype, corrigée par δ et, indépendamment, par G et par M^{pc}. De même, en II, 2, pour ἕκαστον, la situation est plus complexe : on a ἕκαστον F G^{pc}IXM : ἕκαστος A^{ac} LVW G^{ac} ἑκάστοις A^{2pc} Stob. ; la leçon de A² vient vraisemblablement de Stobée ; plusieurs autres manuscrits ont été corrigés, vraisemblablement indépendamment les uns des autres. Il reste III, 4 μηδαμοῖ, IV, 4 ἀνθ' αὐτῶν, V, 7 καταμενοῦσι, qui sont loin d'être décisifs.
54. Jackson 1990, p. 168-173.
55. Puisque les restes du codex Guarini (ancêtre de GIX) sont conservés dans le ms. gr. A 1 d'Erlangen, daté sur base paléographique de la première moitié du xe siècle, à l'époque de la renaissance macédonienne, et celui-ci est un descendant de β, duquel il est éloigné probablement d'un, vraisemblablement de deux degrés, l'origine de la famille β est plus ancienne que A (daté de la seconde moitié du même siècle).

Les fautes qui relient les manuscrits du premier groupe à un sub-archétype μ distinct de celui de FLVW sont les suivantes :

I, 5 τούτου : τούτους GI^{ac} ?X M^{ac}

II, 12 Ἠλεῖοι : οἱ λεῖοι G^{ac}I^{ac}X M

III, 4 ἐμφυσιῶσαι : ἐμφυῶσαι GIX M, ἐμφῦσαι Stob.

VII, 4 τὸ τῷ σώματι : τὸ om. GIX M

VIII, 2 τῷ ὅταν : τὸ ὅταν G^{ac}IX M^{ac}

VIII, 4 καταπαῦσαι : κατασπᾶσαι GIX M

IX, 4 κακὸν : κακῶν G^{ac}I^{ac}X M^{ac}

IX, 5 ἀντισφαιριοῦντας : ἀντιφεριοῦντας G^{ac}IX M

XI, 6 τοῖς μὲν : τοὺς μὲν GI^{ac}X M

XIII, 7 δαμοσίαν : δημοσίαν GX M διμοσίαν I

XIV, 2 πόλεσι : -σιν GIX M

M d'un côté, GIX de l'autre, semblent être issus indépendamment de μ.

Fautes séparatives de M (cf. Muratore 1997, p. 128) : II, 5 μήποτε : οὔποτε M – II, 12 τι : τοι M – II, 13 ἄμεμπτον : ἄμεπτον M – IV, 3 καταλέγει : καταλέγοι M G^{ac} – IV, 6 μεγαλείως : μεγάλως M – VII, 5 ἂν : αὖ M – VIII, 3 αὐτὴν : αὐτὴ M – IX, 2 ἡδίων : ἡδίω M – X, 4 τῇ om. M – XI, 4 μορῶν (bis) : μοιρῶν M – XI, 6 αἱ om. M – XII, 4 τὰ ἀναγκαῖα : τ' ἀναγκαῖα M – XII, 5 μόρα : μοίρα M – XIII, 4 πεντηκοστῆρες : πεντηκονστῆρες M – XIII, 5 τεχνίτας : τεχνῆτας M – XIII, 6 μόρας : μοίρας M – δυοῖν μόραιν : δύο μοίραιν M – XIII, 8 χίμαιρα : χίμαρας M

GIX sont des copies, réalisées à la fin des années 1410, du codex Guarini, un manuscrit avec les *opuscula rariora* de Xénophon acquis par Guarino Guarini en 1417. Quelques restes de ce manuscrit sont conservés dans l'actuel ms. gr. A 1 de la bibliothèque de Erlangen-Nürnberg, de la première moitié du xe siècle, écrit sur deux colonnes de 50 lignes chacune par page. De ce manuscrit ont été copiés : à Venise, pour le compte de Vittorino da Feltre, le *Laur. Plut.* 55, 21 (G), qui en reproduit aussi la mise en page ; dans la même ville pour Francesco Barbaro le *Vat. gr.* 1619 (X) ; à Florence par Antonio Corbinelli le *Laur. Conventi soppressi* 110 (I). GIX ont en commun le fait de conserver seulement la première partie de l'*Ath. pol.* (*des*. I, 16 φίλοι μάλιστα ἦσαν Ἀθηναίων) suivie sans solution de continuité par la dernière partie du traité *Sur les revenus* (*inc.* V, 4 καὶ σοφισταὶ καὶ φιλόσοφοι). C'est la conséquence de la chute d'un cahier du modèle, dont les trois manuscrits dérivent indépendamment l'un de l'autre, puisque chacun a des fautes caractéristiques qui empêchent de voir en lui la source des autres.

Fautes séparatives de G : II, 7 ἐφῆκεν : ἀφῆκεν G – II, 10 διέπραξε : -ξεν G – III, 4 ταῖς : τοῖς G – IV, 6 ἀπειθῇ : ἀπειθεῖ G – V, 5 παραγίγνεται : -γνηται G – V, 7 σφάλλεσθαι : σφάλεσθαι G – V, 8 φιλοπονῇ : φιλοπονεῖ G – VI, 1 ἀπολαύοιεν : ἀπολάβοιεν G – VI, 2 ἐμβάλλειν : ἐμβαλεῖν G – VII, 3 πλοῦτος om. G^{ac} (corr. G$^{2\ mg}$) – VII, 3 τάξας : τάξασθαι G – VII, 5 μόνον om. G – VIII, 5 αὐτὸς : αὐτοῖς G – IX, 1 τὸ : τὸ δὲ G – X, 2 τῆς om. G – X, 4 μεγάλως : μεγάλον G

Fautes séparatives de I (cf. Muratore 1997, p. 134) : III, 1 δὲ ἀπὸ : δὲ καὶ ἀπὸ I – IV, 3 ἑκατὸν : ἕκαστον I – VI, 2 ἀνάγκη οὕτως ἄρχειν om. I – VI, 3 κοινωνίαν : κοινωνίαι I – VI, 4 ἐποίησεν : -σε I – VIII, 3 ἂν om. I – IX, 1 τὸν om. I – IX, 3 παρεσκεύασε : παρασκεύασε I – XI, 2 ἡ στρατιὰ : ἢ στρατιὰ I – XI, 4 κατεσκευασμένων μόρας μὲν om. I – τούτων τῶν μορῶν : τῶν om. I – XI, 9 ὁ ἄρχων : ὁ om. I – τὰ γυμνὰ : τὰ om. I – XII, 1 τετραγώνου : τεταγμένου I – XII, 2 παρὰ : πρὸς I – XIV, 4 οὐκ : οὐ I – XV, 2 πρὸ : πρὸς I

Les fautes séparatives de X (cf. Muratore 1997, p. 150) sont nombreuses : I, 3 δὲ : γὰρ X – I, 3 ἐριουργεῖν : ἱερουργεῖν X – I, 6 ἕκαστοι : ἑκάστου X – II, 8 δῆτα : δὴ ταῦτα X – V, 7 γε : δὲ X – VII, 6 κτῆσις : κτίσις X – VIII, 4 ἄρχοντας : -τες X – IX, 3 παρεσκεύασε : παρεσκεύασαι X – IX, 5 ἢ πληγὰς ὑπὸ τῶν ἀμεινόνων ληπτέον om. X – X, 1 μηδὲ : μηδ' ἐν X – X, 3 οὗτος : οὕτως X – ἀξιοσπουδαστότεροι : -στάτεροι X – XI, 10 οὕτως αὖ : αὖ om. X – ἀλλ' ἀπωθοῦσιν† : ἀλλὰ ποθοῦσιν X – XIII, 2 ἐπαναλήψομαι : ἐπαναλείψομαι X – XIII, 3 σφάγια δὲ : σφάγια δὲ καὶ X – ἔτι post κνεφαῖος transp. X – XIV, 4 καὶ post εἶναι add. X – XV, 2 ἐκπέμπῃ : ἐκπέμποι X – XV, 4 ἀπό : ὑπό X. Il anticipe la correction de la troisième édition de Dindorf de ἐμπίπλαιντο en ἐμπίμπλαιντο.

Il reste à établir le fait que le modèle commun à M et GIX n'est pas le même manuscrit dans un état différent de conservation, c'est-à-dire qu'on doit exclure que du même codex Guarini soient issus M, avant la chute des fascicules à l'origine de la lacune entre *Ath. pol.* et *Vect.*, et par la suite GIX.

Les fautes séparatives de GIX dans la *LP* sont peu nombreuses et peu significatives : II, 1 ἀπαλύνουσι : -σιν GIX – II, 9 ἐπέταξε : -ξεν GIX – IV, 2 χοροὺς : χωροὺς GIX – VI, 4 εἰθισμένον : -μένων $G^{ac}I^{ac}X$ – IX, 2 ἰσχυροτέρα : ἰσχυρωτέρα IX – XII, 3 προσίοι : πρωίοι G^{ac}XI – XIII, 6 οἴωνται : οἴονται GIX. On peut toutefois y ajouter celles qu'on a relevées dans les autres opuscules de tradition parallèle, c'est-à-dire dans les opuscules qui dans le ms. M ne dérivent pas d'une autre source[56].

L'existence du sub-archétype δ est établie par les fautes communes à FLVW[57] :

V, 4 διαφθείρειεν] -ρειε $FLVW^{pc}$

---

56. Cf. Muratore 1997, p. 125-127. J'ai collationné à nouveau le texte de l'*Ath. pol.* dans les mss. GIXM. Pour cette œuvre également on ne trouve aucune faute significative de GIX, là où M a la leçon correcte (sauf I, 11 πράττῃ recte M : πράττει GIX et, peut-être, I, 14 ὀλίγιστον $IG^{pc}M$, ὀλίγοστον XG^{ac}, peu significatives). En revanche on a des fautes de M là où GIX ont la bonne leçon : cf. *Ath. pol.* I, 2 τῷ κλήρῳ GIX, τῷ ναυκλήρῳ M^{ac}, τῷ νῦν κλήρῳ M^{pc} ; I, 14 γιγνώσκοντες] γινώσκοντες γινώσκοντες M^{ac}, γινώσκοντες M^{pc} ; ἐν ταῖς πόλεσιν] ἐν τοῖς πόλεσιν M ; ἀφαιροῦνται] ἀφαιρῶνται M. Avec raison, Serra 1978-1979, p. 84, nie que les *mutili* soient apographes de M, mais il ne démontre pas – il ne pose même pas le problème – que M est indépendant du *decurtatus*. De plus, bien qu'il donne un stemma de la seconde famille d'après lequel M et les *mutili* sont indiqués comme témoins indépendants, Serra déclare que « *I mss. sui quali fondare la costituzione del testo di* AR *sono due soli : B e M* » (p. 113 ; cf. aussi Serra 2018, p. LXXV).

57. Cf. Muratore 1997, p. 151.

LA TRADITION DIRECTE

V, 6 ὥστ' ἐκεῖ] ὥστε ἐκεῖ FLVW
VI, 3 τις] τι FLVW
XI, 10 δ' αὖ] δὲ F L V, δ' W
XIII, 3 εὔνοιαν] ἔννοιαν FL^{ac}VW
XIII, 9 ἀφ'] ἀμφ' FLVW
XIV, 4 δ' ἐπίσταμαι] δὲ ἐπίσταμαι FLVW
XIV, 6 τὸ] τῷ FLVW
XV, 4 τιμῆσαι] τιμῆς F^{ac}L^{ac}VW

Dans plusieurs cas, leur modèle a récupéré (par conjecture) la leçon correcte, là où le ms. A et les autres mss. de la deuxième famille ont une leçon erronée : IV, 2 ἀξιακροατοτάτους recte FLVW^{pc} : -τωτάτους A IXM W^{ac} – ἀξιοθεατοτάτους recte FLVW^{pc} G^{2pc} : -τωτάτους A IXM (om. G^{ac}) – V, 7 σίτησις recte FLVW σίτισις A GIXM – VI, 2 τῶν ἑαυτοῦ FLVW : τὸν ἑαυτοῦ A GIXM – XIV, 4 δ' : δὲ FLVW

Les mss. FLVW sont indépendants les uns des autres, puisque chacun d'eux a des fautes séparatives :

F (cf. Muratore 1997, p. 159) : II, 6 αὖ : ἂν F – V, 6 τις om. F – VII, 1 ναυκληρεῖ : ναυκληροῖ F – VII, 4 τὸ μὲν ψυχῆς : τὸ μὲν γὰρ ψυχῆς F – IX, 5 περιγίγνεται : περιγίνεται F

L (cf. Muratore 1997, p. 153) : I, 2 αὐτοῖς : αὐτοὺς L – III, 2 γὰρ om. L – III, 3 ἐν τῇ bis L – VI, 5 οὕτως : οὕτω L – X, 4 ὅπου οἱ : ὅπως οἱ L – XI, 2 ἅπαντα : πάντων L (ἁπάντων cett.) – XII, 3 τινες : τις L – XIII, 5 ἐφόρων : ἐφόδων L – XV, 5 προσελέσθαι : προελέσθαι L – XV, 6 τῶν om. L

V (cf. Muratore 1997, p. 152) : I, 5 τούτου : τοῦτον V – I, 7 ὁρῶν τοὺς : ὁρῶντος V – II, 10 ὅπως : ὅπω V – IV, 2 ἡδῶντας : ἡμῶντας V – IV, 6 ζημιοῦσι : -σιν V – V, 5 ὁ δὲ : ὁ om. V – V, 8 ἀρκούντως : -τος V – VI, 2 οὕτω πιστεύουσιν : οὕτως πιστεύουσιν V – VIII, 4 ὃν ἂν : ἂν ὃν V – IX, 4 τὸν κακὸν : τὸ κακὸν V – IX, 5 ἀντισφαιριοῦντας : ἀντισφιριοῦντας V – X, 7 ἐποίησε : -σεν V – XI, 2 ἂν post γὰρ add. V – XI, 8 πορεύωνται : -ονται V – ἐκ τοῦ ἐναντίου : ἐν τοῦ ἐναντίου V – ἐναντίοι : ἐναντία V – XIII, 1 τρεῖς bis V – XIII, 7 δαμοσίαν : δαμοσίων V – XIII, 8 χίμαιρα : χίμειρας V – XIII, 11 ἑλλανοδίκας : ἔλλαν· δίκας V – μὲν τὰ πρὸς : μὲν τοῦ πρὸς V

W (cf. Muratore 1997, p. 151-152) : I, 4 σωμασκεῖν : σωματασκεῖν W – ἔταξεν : ἐδίδαξεν W – I, 7 τεκνοποιήσασθαι : τεκνοήσασθαι W – II, 1 παιδαγωγοὺς om. W – II, 2 δὲ : δέ γε W – II, 5 ἢ om. W – II, 7 κλωπεύειν : ἐπικλωπεύειν W – II, 9 δὴ : δεῖ W – II, 10 ἂν om. W – II, 13 ἄμεμπτον : ἄμεμπον uid. W – III, 1 παύουσι[1] : -σιν W – μὲν[2] om. W – III, 2 ἐπέβαλε : ὑπέβαλλε W – III, 4 αὐτὰ om. W – III, 5 φωνὴν : φρονεῖν W – IV, 1 ἐσπούδασε : -σεν W – IV, 2 ἂν om. W – IV, 6 συμβάλωσι : συμβάλλωσι W – ἐφόρους : εὐφόρους W – IV, 7 τηλικούτοις : τοιούτοις W – V, 2 τοὺς ἄλλους : τοὺς om. W – V, 3 οὔτε ἔρημος : οὔτε om. W – V, 7 ἀγαθὰ : καθὰ W – τε om. W – οὐδὲ γὰρ : γὰρ om. W – V, 9 γέ τις post εὕροι transp. W – VI, 1 ἔγνω : τ' ἔγνω W – καὶ γυναικῶν post παίδων add. W – καὶ τῶν ἀλλοτρίων : τε καὶ τ. ἀ. W – VI, 2 κατείπῃ : κατείποι W – VI, 4 οὐδ' : οὐδὲ W – τοὺς μὲν : μὲν om. W – VII, 5 εἰσελθὸν : εἰσελθεῖν W – VII, 6 παρέχει : παρέχοι W – VIII, 1 μάλιστα om. W – εὐταξίαν (εὐεξίαν codd.) : εὐδοξίαν W – VIII, 2 οἱ κράτιστοι καὶ : καὶ οἱ κράτιστοι W – VIII, 3 τῇ ante στρατιᾷ add. W – VIII, 4 ἐῶσι : ὁρῶσι W (corr. in mg.) – IX, 3 καὶ post ὥστε add. W – IX, 5 κενὴν : καινὴν W – IX, 6 οὐδὲν : οὐδὲ W – X, 2 τὸ ἐπικουρῆσαι : τῷ ἐπ. W – ἐντιμότερον : ἐντιμώτερον W – X, 5 μὴ post ἐλάττους transp. W – X, 7 γὰρ om. W – XI, 8 ὦσιν : ὦσι W – XI, 10 δ' αὖ : αὖ om. W – λόχους στρέφουσι : -σιν W – XII, 4 λυπεῖν : λιπεῖν W – XII, 5 μεγαλοπρεπεστέρους : μεγαλοπρεστέρους W – XII, 7 παραλελειμμένα : παραλελειμένα W – XIII, 1 ἦν post στρατιᾶς transp. W – καὶ ἄλλοι : καὶ om. W – XIII, 6 ἐν μέσῳ : μέσον W – XIII, 7 οὓς δὲ δεῖ : δὲ om. W – XIII, 8 καὶ τάδε ὠφέλιμα : καὶ om. W – XIII, 9 εὐδόκιμον : δόκιμον W

On peut donc résumer ainsi les rapports entre les témoins indépendants :

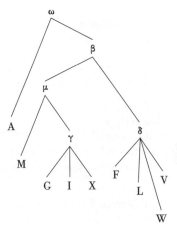

La tradition indirecte

Dans l'introduction de son édition de 2002, Michael Lipka a esquissé un tableau synthétique des témoignages du *Nachleben* de la *LP*, depuis les *Politiques* d'Aristote et le *Panathénaïque* d'Isocrate jusqu'au début du XIXe siècle[58]. Je renvoie à cette introduction pour un panorama de la circulation de notre texte ; cependant il est rare qu'on puisse en tirer des indications ponctuelles pour la constitution du texte dans les endroits où il pose réellement des problèmes[59].

---

58. Lipka 2002, p. 37-44. L'importance de cette section de l'introduction de Lipka est à juste titre remarquée dans les comptes rendus de Stefan Stanke (BMCR 2005.05.40) et de Mischa Meier (H-Soz-Kult, 16.09.2002, www.hsozkult.de/publicationreview/id/reb-3675).

59. Pour Nicolas de Damas et Plutarque, cf. aussi Muratore 2022, p. 47-49.

Le témoin de tradition indirecte le plus important du texte de la *LP* (et aussi d'autres œuvres de Xénophon) est Stobée, qui en reporte les deux-tiers dans la section 23 du § Περὶ νόμων καὶ ἐθῶν de son *Anthologie*.

Même si la majorité des cas où la tradition entière est fautive apparaissent dans des passages qui ne sont pas compris dans l'anthologie stobéenne, on a un certain nombre de fautes communes à Stobée et à la tradition médiévale :

II, 5 <ἂν> ἔχειν Cobet

II, 5 <δὴ> ῥαδινὰ scripsi

V, 8 αὐτός τις Ma^{ac} Leuncl.³ : αὐτός τι Ma^{pc} codd. cett.

IX, 1 τούτων <ἢ> τῶν Schneider : τούτων τῶν codd. Stob.

XI, 4 μορῶν ἔχει Harpocr. : ἔχει μορῶν (μοιρῶν M Stob.) codd. Stob.

Le nombre et l'importance de ces exemples ne sont pas décisifs, mais ils suggèrent que la tradition de notre texte a ses racines dans l'Antiquité tardive[60].

Dans un certain nombre de passages les manuscrits donnent un texte fautif, mais Stobée conserve la leçon correcte ou dans un état moins corrompu :

I, 5 βλάστοι Dind.¹ : βλαστάνοιεν Stob., βλάπτοιεν codd.

I, 7 ἐπαγαγομένῳ Dind.¹ (coll. ἀπαγαγ. Stob.) : ἐπαγομένῳ codd.

I, 8 νόμιμον Stob. : νόμον codd.

II, 3 ἀναθορεῖν Α^{2pc} Stob. : ἀνθορεῖν Α^{ac} β

III, 4 τῆς τῶν θηλειῶν φύσεως Stob : τῶν τῆς θηλείας φύσεως codd.

III, 5 ὀφθαλμοῖς *Subl.* Stob. : θαλάμοις codd.

IV, 7 πεπερακόσιν Stob. (codd. nonn. e coniect.) : πεπρακόσι codd. plerique

---

60. Le témoignage est réduit (il faut y ajouter II, 5 σῖτον-ἄρρενα, où Stobée a un texte qui semble restaurer un passage qu'il ne comprenait pas) mais la conclusion est en ligne avec celle que l'on tire pour les autres œuvres de Xénophon : cf. pour le *Hiéron* Bandini 2021, p. CLXXXV.

VII, 2 μὲν om. Stob., del. Morus al.

VIII, 4 μεταξὺ καταπαῦσαι Stob. : μεταξὺ καὶ καταπαῦσαι codd.

X, 3 ἀνθρωπίνων Stob. : ἀνθρώπων codd.

XI, 3 ὁπλιτικῶν Stob. : πολιτικῶν codd.

Les autres auteurs qui citent formellement la *LP* ne sont pas nombreux. Harpocration et le traité *Du sublime* nous offrent un texte en partie meilleur que celui de la tradition médiévale.

– L'auteur du traité *Du sublime* (IV, 4), qui avait aussi écrit un essai sur Xénophon[61], accuse de ψυχρότης l'image employée en *LP* III, 5 ἐκείνων μὲν[62] γοῦν ἧττον μὲν ἂν φωνὴν ἀκούσαις ἢ τῶν λιθίνων· ἧττον δ' ἂν ὄμματα στρέψαις, ἢ τῶν χαλκῶν· αἰδημονεστέρους δ' ἂν αὐτοὺς ἡγήσαιο καὶ αὐτῶν τῶν ἐν τοῖς ὀφθαλμοῖς παρθένων, froideur reprise ensuite par Timée. Ὀφθαλμοῖς se trouve aussi chez Stobée, tandis qu'ici les manuscrits donnent τῶν ἐν τοῖς θαλάμοις παρθένων, à savoir un texte banalisé. Encore *Subl.* a-t-il le simple στρέψαις, face à μεταστρέψαις des manuscrits ; mais ici il ne s'agit pas du mot objet direct de la citation, et je crois que la leçon des manuscrits doit être conservée[63], bien que Stobée ait lui aussi une forme simple (mais corrompue : στρεψάντων).

– La corruption de ὁπλιτικῶν en πολιτικῶν de *LP* XI, 4 est très ancienne, puisqu'elle se trouve déjà dans le *Lexique* d'Harpocration (IIe siècle apr. J.-C., mais il faut remonter plus haut, si Harpocration et le fragment de lexique à Démosthène P.Berol. inv. 5008, descendent d'une même source qui puise à Didymus)[64], *s.u.* μόραν : ... Ξενοφῶν δὲ ἐν τῇ Λακω-

---

61. *Subl.* VIII, 2, ὡς κἂν τοῖς περὶ Ξενοφῶντος ὡρισάμεθα.

62. Absent dans les manuscrits de Xénophon et aussi de Stobée, μέν est supprimé par le ms. *Cantabrigiensis* Kk. VI. 34 et par beaucoup d'éditeurs du traité depuis l'édition de Manuce (1555) jusqu'à celle de Mazzucchi (2010), mais non par Stephen Halliwell dans l'édition récente de la Fondazione Lorenzo Valla (2021).

63. Muratore 2022, p. 45, 240-241.

64. Muratore 2022, p. 46.

νων πολιτείᾳ φησίν· "ἑκάστη δὲ τῶν πολιτικῶν μορῶν ἔχει πολέμαρχον ἕνα, λοχαγοὺς δ', πεντηκοστύας η', ἐνομοτάρχας ις'". Cependant, le *Lexique* conserve le bon ordre des mots μορῶν ἔχει face à ἔχει μορῶν de la tradition médiévale.

De plus :

– Plutarque, qui a employé largement l'œuvre de Xénophon, cite *LP* X, 8 ὁ γὰρ Λυκοῦργος κατὰ τοὺς Ἡρακλείδας λέγεται γενέσθαι dans la *Vie de Lycurgue*, I, 5 δίδωσι δὲ καὶ Ξενοφῶν ὑπόνοιαν ἀρχαιότητος ἐν οἷς τὸν ἄνδρα λέγει γεγονέναι κατὰ τοὺς Ἡρακλείδας ;

– dans la seconde moitié du IIe siècle apr. J.-C., Julius Pollux mentionne dans son *Onomasticon* quelques termes comme étant caractéristiques de Xénophon (II 120 αἰσχρολογία, cf. *LP* V, 6 ; III 154 μαστιγοφόρος, cf. *LP* II, 2, mais aussi *Cyr.* VIII, 3, 9), dans un cas avec référence formelle à notre traité (VI 142 αὐτοσχεδιάζων καὶ, ὡς Ξενωφῶν ἐν Λακώνων πολιτείᾳ, αὐτοσχεδιαστής, cf. *LP* XIII, 5) ;

– le *Lexique* de Photios (α 2155) attribue à Platon et à Xénophon l'emploi du mot ἀνυποδησία ; or, chez Xénophon on le trouve seulement dans la *LP* II, 3 ;

– dans les scholies à l'*Odyssée* δ 65b (mss. HMa), la référence à l'emploi par Xénophon de διμοιρία doit probablement se rapporter à *LP* XV, 4, mais on ne peut pas exclure *Agés.* V, 1.

Les traductions latines humanistes

On connaît trois traductions du traité de Xénophon au XVe siècle. La première est celle que Francesco Filelfo dédia au cardinal Niccolò Albergati, associée à l'*Agésilas* et aux *Vies de Lycurgue et de Numa* de Plutarque, et réalisée pendant le séjour de Filelfo à Florence (1429-1434)[65]. Son modèle est le

---

65. En 1430, si l'on en croit le colophon du manuscrit des quatre œuvres offert au dédicataire, *Laur. Plut.* 63, 34, qui

Vat. gr. 1334 (D) copié à Constantinople par Georges Chrysococcès pour l'humaniste de Tolentino[66], peut-être corrigé à l'aide du *Vat. gr.* 1335 (A), manuscrit qui est le modèle de la traduction de l'*Agésilas*[67], et que Filelfo a pu obtenir de son possesseur, le même Palla Strozzi auquel il s'adressa pour obtenir les *Vies* de Plutarque. L'édition de Filelfo est généralement mentionnée dans les apparats critiques des éditions de la *LP* pour deux passages en particulier :

– XI, 2 καὶ ὅσων (ὅσα codd.) δὲ ὀργάνων ἡ στρατιὰ κοινῇ δεηθείη ἄν, ἅπαντα (ἁπάντων codd. pl., πάντων LDZ) τὰ μὲν ἁμάξῃ προστέτακται παρέχειν κτλ. Mais ici la mention de l'humaniste italien n'est pas à sa place : sa traduction *quare quotquot rebus in urbe utuntur homines, his omnibus et militiae Lacedaemonii affluunt* n'implique pas de façon univoque les leçons qu'on a voulu en tirer ; de plus ce n'est pas à Haase qu'il faut attribuer leur introduction dans le texte de la *LP* : ὅσων était déjà dans l'édition de Morel (1585), les deux cor-

---

nous informe que « *Quae Xenophontis Plutarchique opuscula ad Clem(en)tissimum p(at)rem D.N. Sanctae Romanae Ecclesiae tituli Sanctae Crucis Cardinalem Franciscus Philelphus e graeco in latinum traduxisset eloquium in Kal. Sext. MCCCC.XXX. felici fine Florentiae absoluuntur* », bien que, dans une lettre de 1432 à Palla Strozzi, Filelfo précise que les *Vies* de Plutarque doivent encore être traduites. Sur le problème, cf. De Keyser 2012, p. XV-XVII.

66. Cf. Pierleoni-Vecchietti 1904, p. 281 ; dernièrement De Keyser 2012, p. XLVII-XLIX. En XII, 2 la proximité de la traduction de Filelfo avec le texte de DZ est plus marquée que ce qu'on voit par la citation de Pierleoni-Vecchietti : *nunc uero et ab ipsorum etiam peregrinorum quibusdam simul circumeuntium* exprime précisément la conjecture avec laquelle Chrysococcès est intervenu sur ce passage corrompu : νῦν δ' ἤδη καὶ ὑπὸ ξένων αὐτῶν τισι συμπεριιόντων DZ (νῦν δ' ἤδη ὑπὸ ξένων †αὐτῶν τινες συμπαρόντες codd.). Si Filelfo donne un texte correct en IX, 5 en traduisant « *diuisis qui pilae ludum contra inter se ludunt* » c'est aussi parce qu'il avait dans sa source ἀντισφαιριοῦντας et non les leçons altérées de μ.

67. De Keyser 2012, p. XLIX-L.

rections se trouvent dans l'édition des chapitres militaires de Hermann Köchy et Wilhelm Rüstow[68] ;

– XV, 6 πρὸς τῇ οἰκίᾳ δὲ λίμνη ὕδατος <ἀφθονίαν> παρέχει. La leçon ἀφθονίαν, qu'on trouve pour la première fois dans la marge de l'édition de Castellion, puis dans la première édition d'Estienne (d'où elle est passée dans le ms. H, qui en est la copie pour la partie restaurée au XVIe siècle)[69], a été adoptée par la majorité des éditeurs. Toutefois elle n'a aucun support dans les manuscrits et, en définitive, elle n'est qu'une retraduction à partir du latin de Filelfo (*aquae copiam stagnum praestat*)[70], dont on peut, très vraisemblablement, se passer[71].

La deuxième version est celle de Lelio de Libelli (Lilius Tifernas), conservée dans le seul ms. *Urbinas lat.* 227 de la Bibliothèque Vaticane, f. 58v-72r, et dédiée (avec l'échange épistolaire entre Aristote et Alexandre des f. 55v-58v ; la dédicace au f. 55r) à Federico da Montefeltro. Le texte est resté inédit jusqu'à la fin du XXe siècle, quand il fut publié par David Marsh[72]. La traduction est *uerbum de uerbo* et sa qualité est médiocre[73] ; il ne donne même pas la bonne version dans un cas où il l'a rétablie dans la marge de son modèle XIV, 2 αἱρουμένους οἴκοι τὰ μέτρια ἔχοντας (sic recte Ka^{2mg}, ἑκόντας codd.) ἀλλήλοις συνεῖναι, *domi modestiam deligentes parsimoniamque sponte magis ad sese mutuo conuenisse*.

---

68. Köchly-Rüstow II, 1 (1855), p. 104 (note, sans aucune mention de Filelfo). Cf. De Keyser 2012, p. XLVIII-XLIX ; Muratore 2022, p. 260-261.

69. Muratore 1997, p. 157-158.

70. De Keyser 2012, p. XLVIII.

71. Muratore 2022, p. 280-281.

72. Marsh 1991. Pour une révision du texte publié par Marsh cf. Muratore 2023.

73. Cf. Marsh 1991, p. 93 : « *Lilius seems to have made his version in haste and without revision, so that the present text (apparently copied by an incompetent scribe) leaves numerous problems in the original text unclear or unresolved. Examples of Lilius' shortcomings are legion...* ». Une analyse de la traduction figure aussi dans Jaitner-Hahner 1993, p. 295-306.

La troisième version, transmise par quatre manuscrits, vient d'être publiée par mes soins[74]. Elle est attribuée à un « Anonymus Vaticanus », puisque son témoin le plus ancien est le ms. *Vat. Ottob. lat.* 1797. Le modèle doit être un manuscrit de la famille F, vraisemblablement F lui-même. En plusieurs endroits, le traducteur n'a pas compris le texte[75], mais dans deux passages, il a donné le sens correct, corrigeant le texte *in traducendo* : V, 2 *cum in his plurima delinquentes uideret* rend γνοὺς ἐν τούτοις πλεῖστα ῥᾳδιουργεῖσθαι, qui est une conjecture du correcteur de M, puis de la première édition de Dindorf, pour πλείστους des mss. ; IX, 5 *et timiditatis culpa subeunda* rend τῆς ἀνανδρ(ε)ίας αἰτίαν ὑφεκτέον, leçon déjà de G^pc, puis de Camerarius, pour τῆς ἀνδρείας des manuscrits.

La tradition imprimée

L'histoire de la tradition imprimée de la *LP* débute avec l'édition florentine de Philippe Giunta, un in-folio de 198 feuilles publié en 1516 par les soins d'Eufrosino Bonini[76]. Ses modèles principaux sont deux manuscrits d'Antonio Corbinelli jadis conservés au couvent bénédictin de l'Assomption de Marie de Florence (Badia Fiorentina) : le *Laur. Conv. soppr.* 112 pour la *Cyropédie*, l'*Anabase* et les *Économiques*[77], le *Laur. Conv. soppr.* 110 pour les *Mémorables*, le *Traité sur la chasse*, le *Commandant de la cavalerie*, le *Traité de l'équitation*, la *LP* et « la tête de la *Constitution des Athéniens* accolée aux pieds du traité *Sur les revenus* », comme disait Estienne[78]. L'édition est en effet une copie

---

74. Muratore 2022, p. 199-221, part. 208-221.
75. Par exemple, II, 9 παρ' Ὀρθίας traduit par '*ex arrecto*' ; cf. aussi V, 8 et XV, 2 ; cf. Muratore 2022, p. 206-207.
76. Muratore 2022, p. 51-55.
77. Bandini 2022, p. 92.
78. Estienne 1561, *Annotationes*, p. 2 (Ai^v).

servile de ses modèles : dans la *LP*, elle en reproduit toutes les fautes et en ajoute un bon nombre[79].

Le texte de l'édition Aldine (1525) est beaucoup plus soigné. Fondé sur l'édition *princeps*, il a été corrigé sur un des manuscrits légués par le cardinal Bessarion à la ville de Venise, le *Marcianus gr.* Z. 511 (M)[80].

L'effort des Juntes de reprendre le dessus sur la concurrence avec une nouvelle édition fut maladroit : l'édition, parue en 1527, est constituée des copies invendues de la première édition qu'on a revêtues d'un nouveau frontispice et auxquelles on a tout simplement ajouté les nouveaux matériaux publiés dans l'Aldine[81].

C'est toutefois l'édition *princeps*, et non l'Aldine bien plus correcte, qui est devenue le modèle des éditions suivantes : celle des *Œuvres éthiques, politiques et économiques* d'Aristote et de Xénophon publiée vers 1535 à Bâle par Johannes Walder[82], la plaquette publiée par Jean Loys à Paris en 1539[83], qui, quoique peu soignée (les fautes et les coquilles sont nombreuses), rétablit la leçon correcte en quatre endroits[84], et l'édition parue à Halle en 1540 chez Peter Braubach avec une préface de Philippe Mélanchthon[85].

Composée avec soin, l'édition de Halle améliore en différents points le texte de l'édition *princeps*[86]. Elle sera le point de départ d'un certain nombre d'éditions postérieures :

---

79. Muratore 1997, p. 140-141 ; Muratore 2022, p. 54.
80. Muratore 2022, p. 57-61.
81. Muratore 2022, p. 55-56.
82. Muratore 2022, p. 61-62. Elle a toutes les fautes de l'édition *princeps* et une douzaine de fautes nouvelles, mais elle est aussi la première à corriger deux fautes de l'édition *princeps* (IV, 2 χοροὺς recte Wald : χωροὺς Iunt Ald ; VIII, 1 τοῖς νόμοις recte Wald, τῆς νόμοις Iunt Ald).
83. Muratore 2022, p. 62-64.
84. II, 4 ἐνόμιζεν ; VIII, 2 οὐδὲ ; IX, 3 παρεσκεύασε ; XV, 7 δὲ ὑπὲρ. Cf. Muratore 2022, p. 63-64.
85. Muratore 2022, p. 64-65.
86. II, 3 ἀνυπόδητον (in mg.) – II, 12 Ἠλεῖοι – V, 3 ἑκατόν – V, 9 ἀπό γε – XI, 6 δηλοῦνται – XIV, 2 πόλεσιν.

l'édition gréco-latine de Nikolaus Brylinger de 1545[87], qui a servi de modèle à celle légèrement postérieure de Sébastien Castellion[88], et encore, semble-t-il[89], vers la fin du siècle, l'édition due à Matthias Bergius, professeur à Altdorf, parue en 1583[90]. L'édition des œuvres complètes de Xénophon publiée à Bâle chez Isengrin par les soins de Castellion et celle de Bergius, qui contient seulement les deux *Politeiai*, sont liées au milieu de l'enseignement. Isengrin nous rappelle que Castellion a passé en revue plusieurs fois le texte de l'auteur qu'il lisait à ses élèves[91], et l'éditeur écrit que son premier devoir est *ut nihil eorum quae ad optima quaeque studia promouenda spectare uideantur, praetermittemus*[92]. Bergius lisait Xénophon aux élèves de l'université qui venait d'être installée à Altdorf, tout près de Nuremberg[93], et son poème latin qui introduit l'édition est une louange de l'étude des langues[94].

Les volumes de Brylinger sont d'épaisses éditions bilingues in-folio, à deux colonnes par page, dédiées, la première

87. Muratore 2022, p. 68-71.
88. Muratore 2022, p. 71-73.
89. Cette édition reproduit la faute caractéristique de l'édition de Halle (II, 2 συμπαρῆναι) mais n'a pas les fautes typiques des deux éditions de Brylinger et de Castellion : cf. Muratore 2022, p. 107.
90. Bergius a amélioré son texte grâce aux corrections tirées des éditions de Camerarius et d'Estienne, mais aussi par des interventions conjecturales : cf. II, 7 <εἰς τὸ> ὑγιεινοντέρως (= Weiske) – V, 3 ἀπορουμένων pour ἀργευομένων des mss. – V, 7 εἰδότες Bergius (= Weiske) : εἰδότας codd. – εἰσὶ κοινωνίαι Bergius (pour συνῇ κοινωνίαι de la *princeps*, corruption de συνῆψε κοινωνίαν). Les autres leçons caractéristiques de cette édition sont relevées dans Muratore 2022, p. 108.
91. *Xenophontis opera...*, c. α2ʳ (transcr. et comm. Muratore 2022, p. 71-72 et n. 68).
92. *Ibid.*
93. Voir Deufert 2011, p. 33-34, 408.
94. Bergius 1583, cc. A2ʳ-A3ᵛ (« *M. Matthias Bergius, professor graec. et latin. litterarum, adolescentibus earum litterarum et linguarum studiosis in Academia Norica Altorphiana* »).

(1545), à Antoine Morelet du Museau, ami de Guillaume Budé, secrétaire du roi de France et, en 1545, ambassadeur extraordinaire de ce dernier près de la Diète Suisse, la seconde (1555), à l'évêque de Bâle Melchior von Lichtenfels. Dans la préface de la première, Alban Thorer loue Xénophon comme maître de style, mais surtout d'une *norma uiuendi* qui, nourrie de l'esprit de Socrate, est la plus convenable au bon Chrétien. Dans la préface de la deuxième, Jean Petri rappelle la valeur de *sapientiae studium et historiarum cognitio* pour la formation morale et la prudence dans l'action ; chez Xénophon on les trouve unis à l'élégance du style. En ce qui concerne le texte, l'édition de 1545 a un bon nombre de fautes particulières (mais aussi la leçon correcte ἰσχυροτέρα en IX, 2)[95] ; ses contributions originales comprennent la traduction de plusieurs passages omis par ses sources et le remplacement de la traduction du texte mutilé de l'*Ath. pol.* de Ribittus[96] par la traduction complète de Castellion.

---

95. Muratore 2022, p. 70-71.

96. Les traductions de Ribit parurent pour la première fois dans l'édition latine de Bâle, « *apud Mich. Isingrinium, anno 1545* », vol. II, p. 312-421 (l'index annonce « *Accesserunt his nunc primum a Ioanne Ribitto uersi | Hipparchicus | Conuiuium | Atheniensium politia. Pori, siue de uectigalibus* »). Le texte est précédé d'une dédicace « *Nobili et generoso uiro Ioanni Coionaeo Montisricherii domini clementissimo* » (p. 310-312), datée « *Lausannae VIII. idus Febr. anno 1545* », où l'on apprend que la traduction a été initialement demandée à Conrad Gesner, qui, accablé par autres tâches, a demandé à Ribit de s'en charger. La traduction de l'*Athenaion politeia* est précédée d'une lettre de Ribit à Isengrin (II, p. 399-400) où le traducteur dénonce l'état du texte « *mutilatum... et multis partibus mancum* » et signale que la partie qui commence par καὶ σοφισταὶ καὶ φιλοσόφοι appartient au traité *Sur les revenus*. La traduction de l'*Ath. pol.* s'arrête à p. 405 avec « *qui maxime Atheniensium essent amantes, funditus euerterent* » suivi par la note du traducteur « *Quae sequuntur in codice Graeco, ad Poros pertinent, quemadmodum in praefatione explicatum est* ». Sur les travaux de Jean Ribit sur Xénophon, cf. Marsh 1992 p. 143-144 et *passim* ; sur Ribit († 1564) cf. surtout K. Crousaz, *L'Académie de Lausanne entre Humanisme et Réforme*

L'édition en deux épais volumes de petit format de Castellion (1548 ?) donne le texte grec seul. Castellion corrige *ope ingenii* un bon nombre de passages[97], tandis qu'il a été moins heureux pour d'autres interventions[98]. C'est à une note imprimée dans la marge de son édition que remonte l'addition très largement adoptée de ἀφθονίαν après ὕδατος en XV, 6, qui est probablement tirée de la version de Filelfo (cf. *supra*, p. LXVI).

La plaquette publiée en 1549 par Martin Le Jeune est également assez soignée[99]. Elle était probablement destinée au cours des lecteurs royaux. Basée sur le texte du même type publié en 1539 par Jean Loys, elle corrige la tradition issue de l'édition *princeps* en une quinzaine d'endroits[100].

Des traductions et des commentaires consacrés à notre ouvrage contribuent aussi à l'établissement du texte : la traduction latine de Camerarius (publiée pour la première fois en 1543, puis en 1556 et en 1572) est accompagnée d'une douzaine de pages de notes exégétiques, mais aussi cri-

---

(*c. 1537-1560*), Leiden-Boston 2012, p. 542 et *ad indicem*. Le dédicataire, Jean de Cojonay, était sieur de Saint-Martin et de Montricher dans le Vaud.

97. Muratore 2022, p. 72 : II, 13 ἐν Λακεδαίμονι ; XII, 4 ἀλλήλους ; XIII, 6 ἐναντίος ; XIV, 2 ἔχοντας (déjà Ka^{2mg}, *i.e.* Lilius Tifernas) ; XV, 5 δεηθῇ.

98. Muratore 2022, p. 72-73 et *Collazioni*, *ad locc.* : cf. ses interventions à II, 3 δ' ἐκϐαίνειν ; II, 9 δηλῶσαι ; VI, 3 συνῆψε κοινωνίαν ; VII, 5 δεκάμνων ; XII, 1 κύκλον ; XIII, 8, la correction de καλὰ en μάλα, largement adoptée par la suite, est de Castellion ; XIII, 10 κύριος βασιλεύς ; XIV, 1 ἔροιτο εἰ.

99. Muratore 2022, p. 73-76.

100. II, 3 ἀναθορεῖν ; III, 2 ἐπέϐαλε ; IV, 7 πεπερακόσιν ; V, 7 σίτησις ; VII, 2 τῶν μὲν ἀμφὶ χρηματισμόν ; VIII, 4 καταπαῦσαι ; VIII, 4 ἐπιστάται ; IX, 5 ἀντισφαιριοῦντας ; X, 3 κρείττων ; XI, 2 εὐποροῦσι ; XI, 4 τοτὲ ter ; XI, 8 ἐνωμοτία ; XI, 10 ἐπιφαίνηται ; XI, 10 ἐπὶ κέρως ; XIII, 6 προερευνώμενοι ; XIII, 9 μέλειν ; XIV, 1 ἔτι μοι.

tiques[101], qui touchent à des problèmes bien réels du texte et, dans quatre cas au moins, fournissent la bonne solution[102].

Les *In omnia Xenophontis opera tam Graece quam Latine Annotationes longe doctissimae*[103], publiées à Bâle chez Brylinger par Jean Brodeau en 1559 (et souvent reliées à l'édition de Brylinger de 1568) sont rédigées comme une série d'entrées/gloses ou variantes (normalement en latin, mais parfois aussi en grec) à caractère exégétique, mais aussi critique, à partir du texte de la première édition de Brylinger. Un grand nombre de *uariae lectiones* sont tirées de Stobée, qui est aussi la source, – ici non déclarée –, de maintes tentatives de correction.

L'année 1561 marque un tournant dans l'histoire du texte de Xénophon avec la parution, à Genève, de la première édition d'Henri Estienne[104]. Elle donne le texte grec avec une traduction latine en regard (de Filelfo, pour la *LP*), révisée par Estienne lui-même[105]. Son édition repose sur l'Aldine, dont Estienne reconnaît clairement la valeur face à l'édition des Juntes. Le texte est corrigé à l'aide d'autres éditions, de manuscrits autopsiés directement ou connus par

---

101. Muratore 2022, p. 65-68, avec la transcription des notes critiques.

102. V, 3 ἀγρευομένων et ἄρτον pour ἀργευομένων et ἀργόν des mss. ; IX, 5 ἀνανδρείας pour ἀνδρείας des mss. ; dans ce cas Camerarius a été précédé par le correcteur de G et par la traduction de l'*Anonymus Vaticanus* (cf. *supra*, p. LII et LXVII) ; XII, 1 τετραγώνου pour τεταγμένου de l'édition *princeps*, déjà corrigé en τετραγόδου [*sic*] par l'Aldine.

103. Muratore 2022, p. 77-84 (avec transcription intégrale des notes à la *LP* et un premier sondage sur le manuscrit préparatoire de l'ouvrage, Bern, Burgerbibliothek, ms. 187). Brodeau corrige correctement son modèle en II, 1 παιδαγωγοὺς θεράποντας, et il tente de corriger deux passages problématiques en écrivant εἰς <δύο> ἐνωμοτίας en XI, 4 et ἥ τινες αὐτῶν συμπαρῶσι en XII, 3 ; τί δε... δηλοῦσιν pour τῇδε... δηλοῦσιν en XV, 9 est le fruit d'une mauvaise compréhension du texte.

104. Muratore 2022, p. 84-90.

105. Cf. De Keyser 2012, p. LXIV-LXV.

l'intermédiaire d'amis savants[106], de la tradition indirecte (Stobée, mais aussi le traité *Du sublime*), mais aussi *ope ingenii* grâce à des conjectures de Estienne ou qui lui viennent d'autres savants (notées dans les marges et souvent objet de discussions dans les *Annotationes*). Estienne est le premier à corriger[107] un bon nombre de fautes de la tradition imprimée[108], ou de la tradition manuscrite tout entière[109].

La première édition de Johannes Löwenklau (Bâle, 1569) est tout à fait dépendante de celle d'Estienne[110] : elle en reproduit le texte (y compris les fautes, auxquelles il en ajoute deux nouvelles en I, 4 θηλείαις, et VI, 4 δέωνται) et les notes marginales. La nouveauté majeure est constituée par les traductions, qui sont du même Löwenklau. Parmi les maigres notes critiques il y a une bonne correction : στρατείας pour στρατιάς de la tradition à XI, 1 (elle se trouve déjà dans le *Par. gr.* 1774, T). Une deuxième édition par Löwenklau est parue en 1572 toujours *per Thomam Guarinum*, mais il s'agit du même texte que la première édition, avec un nouveau frontispice.

Le texte d'Estienne est à la base du commentaire ample de Francesco Porto († 1581), publié après sa mort par son fils Emilio, qui quelquefois y intègre ses propres remarques[111] : on y trouve des passages mal compris (cf. p. 193, à propos de V, 3), mais aussi la discussion critique de quelques points douteux et, dans un cas au moins, une bonne correction (V, 8 αὐτός τις pour αὐτός τι ; déjà dans Ma^{ac}). L'année

---

106. Pour la *LP* il semble avoir utilisé des manuscrits de la famille FLVW, probablement D ou Z.

107. Dans plusieurs cas il adopte une bonne leçon qui se trouvait déjà dans la plaquette de Martin Le Jeune, qui n'est toutefois pas citée parmi ses sources : cf. Muratore 2022, p. 75-76.

108. III, 5 ἀφίκωνται ; VI, 4 ἐποίησεν ; VII, 4 τὸ τῷ σώματι ; XI, 8 πορεύωνται ; XI, 9 ὁ ἄρχων ; XI, 9 τὰ γυμνά ; XIII, 6 οἴωνται ; XIII, 7 δαμοσίαν ; XIV, 1 ἔροιτο εἰ ; XV, 2 πρὸ τῆς πόλεως ; XV, 2 ἐκπέμπῃ.

109. IV, 5 σθένει ἄν· ἀνάγκη : ἄν del Steph.^{1} ; X, 1 ᾖ.

110. Muratore 2022, p. 90-93.

111. Muratore 2022, p. 93-99.

même du décès de Porto, Estienne publia une nouvelle édition des œuvres de Xénophon, revue et corrigée en nombreux endroits[112].

C'est encore une plaquette de 12 feuillets avec le texte grec seul que publia en 1585 Fédéric Morel le Jeune[113]. Le frontispice déclare que le texte est « *cum optimis exemplaribus sedulo collatus* » et il est effectivement très soigné, à l'aide des éditions précédentes, surtout des Stephanianae, ainsi que de Stobée. En XI, 2, Morel devance Köchly et Rüstow en corrigeant ὅσα en ὅσων.

Publiée en 1594, puis, avec du matériel additionnel, en 1596, la troisième édition de Löwenklau (Leunclauius) est posthume. Elle est due aux soins de Friedrich Sylbug (qui mourra la même année 1596)[114]. L'édition se caractérise par une polémique acharnée contre Henri Estienne, accusé de n'avoir pas imprimé les traductions que le savant allemand lui avait envoyées et de les avoir en outre retenues près de lui sous prétexte qu'il les avait perdues. Estienne lui répondra dans son édition des traductions latines des œuvres de Xénophon, parue chez Wechel en 1596. Les copies datées 1596 de la troisième édition de Löwenklau incluent les *In omnes Xenophontis libros notae* par Emilio Porto[115] : ces notes reprennent celles du père, mais sont élargies à d'autres

---

112. Muratore 2022, p. 99-106. Elle est la première édition à adopter la leçon de Stobée ἀνθρωπίνων pour ἀνθρώπων des manuscrits de Xénophon en X, 3.

113. Muratore 2022, p. 108-110.

114. Muratore 2022, p. 110-117. Les notes critiques (plus amples par rapport à la première édition, celles à *LP* occupent les colonnes 1095-1097) offrent quelques bonnes leçons (XII, 6 ἀπολύεσθαι ; XIII, 1 φρουρᾶς). En outre, Löwenklau écrit (Leuncl.[1adn], Leuncl.[3mg]) στρατείας en XI, 1, comme il l'avait envisagé dans les notes de sa première édition et αὐτός τις en V, 8, comme déjà Bessarion et Francesco Porto. Ses autres essais de correction sont moins bons, – ou, parfois, franchement malheureux (Muratore 2022, p. 115).

115. Muratore 2022, p. 117-121.

LA TRADITION IMPRIMÉE

LXXV

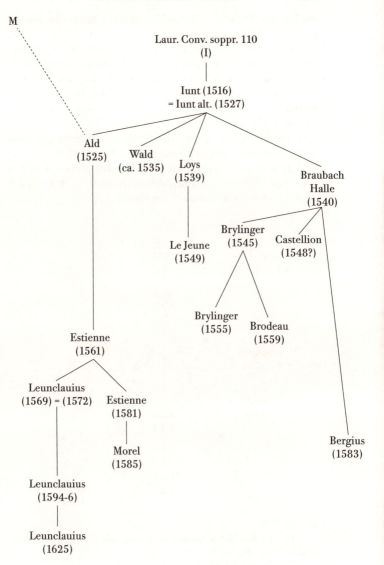

NOTICE SUR L'HISTOIRE DU TEXTE

œuvres que Francesco Porto n'avait pas traitées. La discussion de problèmes textuels est rare.

À la fin du siècle signalons aussi la parution de l'ample étude consacrée à Sparte par Nils Krag (Cragius)[116], et l'édition, par le même savant danois, des *Politeiai* d'Héraclide Pontique et des extraits du Περὶ ἐθῶν de Nicolas de Damas. Cragius est le premier à avoir corrigé ἀρρένων en εἰρένων en II, 11.

Le premier quart du xviie siècle voit une nouvelle parution de la troisième édition de Löwenklau (Paris, 1625) : pour la *LP* elle n'apporte aucune nouveauté, sauf plusieurs fautes nouvelles[117]. C'est l'ultime édition du texte grec de la *LP* avant les dernières années de ce siècle.

* * *

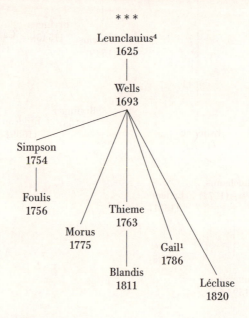

---

116. *De Re Publica Lacedaemoniorum libri IIII*, apud Petrum Santandreanum, 1593.
117. Muratore 2022, p. 110-111 n. 169.

LA TRADITION IMPRIMÉE

En 1691 l'édition publiée à Oxford par Eduard Wells donne un texte qui est en substance celui de la dernière édition de Löwenklau[118], avec une nouveauté majeure, la division du texte en chapitres et paragraphes qui, moyennant quelques modifications, est celle adoptée aujourd'hui. De l'édition de Wells découle celle de Bolton Simpson (1754)[119], et de celle-ci, la belle édition des frères Foulis, typographes de l'Université de Glasgow (1756)[120]. L'édition parue à Leipzig en 1763, pour les besoins de l'instruction supérieure et universitaire, par les soins de Karl August Thieme et sous l'aile de Johann August Ernesti, est aussi "*ex recensione Eduardi Wells*"[121]. En 1786, âgé et malade, Thieme laissa ses papiers à Fr. Wilhelm Sturz, qui, après y avoir longuement travaillé lui-même, publia à l'aube du nouveau siècle les quatre volumes du *Lexicon Xenophonteum*, encore utilisé aujourd'hui. Élève et successeur d'Ernesti à la chaire de Théologie à Leipzig, Samuel Friedrich Nathanael Morus publia les deux *Constitutions* transmises sous le nom de Xénophon en appendice de l'édition de l'*Anabase* parue en 1775 chez Schwickert[122]. Éditeur compétent et philologue très apprécié de ses contemporains, il corrige le texte de Wells à l'aide des éditions d'Alde, Estienne et Löwenklau,

---

118. Muratore 2022, p. 121-124. Bien qu'il déclare dans sa préface qu'« *exemplaribus H. Stephani et Joh. Leunclauii prae ceteris fidem adhibitam fuisse* », en fait il reproduit les fautes caractéristiques de l'édition de Löwenklau de 1625, auxquelles il en ajoute de nouvelles.

119. Muratore 2022, p. 124-126. Elle offre le texte grec, une traduction latine et des notes (p. 335-353) tirées des travaux d'Estienne, Cragius, Löwenklau et des Porto père et fils.

120. Muratore 2022, p. 126-127.

121. Muratore 2022, p. 127-132. À l'exception de quelques détails typographiques, la « *noua editio emendatior* » de 1801-1804 est strictement identique, en ce qui concerne la *LP*, à l'édition de 1763 (cf. Muratore 2022, p. 131-132).

122. Muratore 2022, p. 132-136.

de celle de Stobée par Gesner et de la version latine ainsi que du commentaire de Camerarius, mais aussi *ope ingenii*[123].

Formé à l'Université de Leipzig et ensuite professeur à Wittenberg, Johann Karl Zeune (1736-1788)[124] publia les œuvres de Xénophon entre 1781 et 1785 : les *Opuscula politica equestria et uenatica* ouvrirent la série. Le texte est fondé sur les éditions des Juntes et d'Alde, choisies parce qu'elles sont issues d'un manuscrit, et il est corrigé à l'aide des travaux savants des éditeurs et commentateurs, mais aussi des conjectures de Zeune lui-même[125].

On revient en France avec les éditions du texte grec ainsi que des traductions latines et françaises de l'infatigable Jean-Baptiste Gail, professeur de grec au Collège Royal. Le troisième des quatre volumes des *Extraits de Lucien et de Xénophon* publiés en 1786 offre une première édition de la *LP*[126] : le texte est celui de Wells, corrigé en quelques passages, à l'aide, semble-t-il, d'une des éditions d'Estienne. Il est toutefois altéré par de nombreuses fautes et il a aussi été frappé par la censure des § 5-9 du premier chapitre (sur les pratiques matrimoniales et d'eugénisme des Spartiates) et des § 12-14 du deuxième (sur les amours des jeunes garçons). Sa grande édition du texte grec traduit en français et en latin a traversé des temps troublés : en témoigne la variété des colophons, qui ont des dates qui vont de la République révolutionnaire à l'Empire et à la Restauration[127]. Dans les volumes se succèdent apologies de l'auteur à propos de ses travaux, traductions, annotations et surtout, pour la

---

123. Deux corrections de Morus ont généralement été adoptées par les éditeurs : VII, 4 δαπανῶντα Morus : δαπανῶντας codd. ; XIII, 6 στρέψας Morus : συστρέψας codd.

124. Muratore 2022, p. 136-139.

125. Ses conjectures sont reléguées dans les notes en bas de page : on peut rappeler VI, 4 πεπαμένους pour πεπαυμένους ; XI, 6 <καὶ> ἀραιαὶ ; X, 7 μηδὲ pour μήτε.

126. Muratore 2022, p. 139-141.

127. Irigoin 1979, p. XI [= Irigoin 2003, p. 660] ; Muratore 2022, p. 142-145, 354.

première fois, les variantes des manuscrits (huit de la Bibliothèque Royale et deux du Vatican, *Vaticani graeci* 1335 [A] et 1950 [B] alors à Paris[128] ; en outre, les leçons de trois manuscrits de Rome procurées par un des Assemani). Cependant, les collations sont très imparfaites[129] et le matériel recueilli est très peu utilisé[130], bien que Gail ait eu à disposition A et B, les deux témoins les plus anciens de la première famille. Le résultat est décevant : nombre de choix marquent un véritable recul dans la constitution du texte ; l'unique bonne leçon introduite par Gail (dans une note postérieure) est προσδέωνται à II, 6, provenant du ms. B. Cependant Gail a ouvert la voie à une prise en compte des leçons des manuscrits : Weiske déclare avoir utilisé ses données, Sturz reproduit dans son *Lexicon* les collations de Gail, enrichies par celles du ms. *Lipsiensis* ; Schneider ajoutera celles d'un manuscrit de Breslau pour le *De uenatione*, Dindorf en 1866 d'autres témoins (voir *infra*, p. LXXXIII n. 151).

Au début du XIXe siècle, Benjamin Weiske, étudiant puis professeur à Schulpforta, donne une nouvelle édition des œuvres de Xénophon. Il recueille les leçons et les notes de savants (Henri de Valois, Villoison, etc.)[131], et donne un texte, fruit d'une *examinatio* conduite avec rigueur, avec des choix adoptés par la suite (V, 7 εἰδότες, déjà chez Bergius ; VI, 4 γε pour τό ; VIII, 3 ἡγήσαντο au pluriel, déjà dans

---

128. Fr.-J.-G. de La Porte du Theil, devancier de Gail dans la charge de Conservateur des manuscrits grecs de la Bibliothèque Royale, a conseillé le choix des manuscrits grecs que le traité de Tolentino obligeait la Vaticane à remettre à la République Française (cf. Lilla 2004, p. 87-88). Malheureusement, des deux *Vaticani*, Gail cite seulement deux leçons (cf. Muratore 2022, p. 144).

129. Muratore 2022, p. 143 n. 262.

130. Pour la préférence pour une leçon de Stobée puisqu'elle est confirmée par un des manuscrits cf. Muratore 2022, p. 144 n. 265.

131. Muratore 2022, p. 144-145. Pour le *margo Villoisoni* je crois avoir démontré qu'il s'agit des leçons du *Marc. gr.* 511 (M) : cf. Muratore 2022, p. 144 n. 276.

C ; XI, 1 ὅ τι ; XV, 3 δὲ)[132] et qui sont justifiés dans de riches notes critiques et exégétiques en bas de page, souvent dirigées contre Zeune, que Weiske considérait comme son devancier principal.

Si l'édition grecque des œuvres de Xénophon de Blandis (1811) donne le texte de Thieme reproduit jusque dans ses bévues les plus évidentes et altéré par de nombreuses fautes supplémentaires[133], la contribution de Johann Gottlob Schneider (1815) à la constitution du texte de la *LP* est importante[134] ; son édition est enrichie aussi par les conjectures de Ludwig Friedrich Heindorf[135]. La dernière main à l'édition de Schneider fut donnée par Gottfried Heinrich Schäfer[136], qui sera l'éditeur responsable de la collection grecque de la maison Tauchnitz, où il publia aussi les œuvres complètes de Xénophon (1818). L'édition de Schäfer est fondée sur celle de Schneider, mais il est le premier à corriger les formes de superlatif ἀξιακροατοτάτους et ἀξιοθεατοτάτους en IV, 2 (la bonne leçon se trouvait déjà dans les mss. de la famille FLVW) ; cette édition sera reprise, toujours pour Tauchnitz, en 1828 par Karl Hermann Weise, sans aucune modification (pour la *LP*)[137]. L'édition des deux *Politeiai* donnée par le savant français Fleury de Lécluse n'apporte aucune nouveauté sinon une poignée de fautes nouvelles qui s'ajoutent à celles de son modèle, qui est toujours Wells. Cette édition mérite pleinement la censure de Haase[138].

---

132. Cf. aussi II, 5 εἰς μῆκος ; XIII, 9 ἀφ' ἑκάστου τοῦ ἔξω ἐνωμοτάρχου et surtout (dans le commentaire seulement) XIII, 10 τοῦτο οὐ βασιλέως pour τοῦτο αὖ βασιλέως, texte adopté par bon nombre d'éditeurs, bien qu'il faille le rejeter.

133. Muratore 2022, p. 149-150.

134. Muratore 2022, p. 150-152.

135. Cf. à I, 3 μὲν οὖν ; I, 8 del. ἄν ; II, 8 ἐπέβαλε ; III, 4 del. τῶν ; VI, 3 ποι ; VIII, 4 εἶρξαι ; IX, 1 ἢ add. ; XIII, 10 οὐ pour αὖ (déjà chez Weiske).

136. Muratore 2022, p. 151.

137. Muratore 2022, p. 157-158.

138. Muratore 2022, p. 154-156.

LA TRADITION IMPRIMÉE

En 1824 parut, chez Teubner, la première des trois éditions des *Opuscula* données par le savant allemand Ludwig August Dindorf[139]. Elle fournit le texte grec seul, sans aucune note, sauf une préface où Dindorf discute ses conjectures (restitutions de la leçon des manuscrits ou conjectures des éditeurs antérieurs sont tout simplement incorporées dans le texte). Dindorf publia en 1850 une deuxième édition des *Opuscula*, toujours chez Teubner et toujours avec le texte grec seul, soigneusement révisé[140].

À l'opposé des *Teubnerianae* de Dindorf, l'édition de Friedrich Haase[141], élève de Boeckh et de Lachmann, est accompagnée d'un commentaire ample, d'un apparat critique moderne, d'un index très riche et de tables hors texte qui décrivent les formations et les manœuvres de l'armée spartiate. La préface donne une première évaluation de la tradition manuscrite de l'ouvrage[142], reconduite à un archétype « *satis turbato et corrupto* », responsable de fautes et de transpositions[143] qui défigurent le texte. Elles remonteraient après l'époque de Plutarque et avant celle de Stobée.

---

139. Muratore 2022, p. 156-157. La correction de V, 2 πλείστους en πλεῖστα (déjà de M^pc et de la traduction de l'« Anonymus Vaticanus » ; cf. *supra*, p. LXVII) et la suppression de οὗ devant περιοπτέον sont accueillies par tous les éditeurs postérieurs. En outre, Dindorf corrige δοκοίη en δοκῇ en II, 10 ; ταῦτα en ταύτῃ en VIII, 2 ; καὶ τοῖς σὺν αὐτῷ en σὺν τοῖς σὺν αὐτῷ en XIII, 2 (passage longuement examiné aux p. XVIII-XIX de la préface).

140. Muratore 2022, p. 168-169. Dindorf introduit des conjectures de philologues antérieurs dans le texte (II, 5 εἴρενα de Schneider ; XII, 5 μάσσω de Jacobs et Heinrichs), mais aussi des solutions originales (VIII, 1 εὐταξίαν ; XI, 4 et XIII, 4 πεντηκοντῆρας/ες ; XII.5 ἕωσπερ ; cf. aussi II, 10 del. ἄν, avec W et Stobée).

141. Muratore 2022, p. 158-162.

142. Haase reconnaît l'importance de B, le lien entre R et l'*editio princeps*, et le lien étroit entre QST.

143. Héritage de son maître Lachmann, les transpositions effectuées par Haase sont nombreuses et lourdes : pour un relevé, voir la préface de la première édition de Sauppe (p. XXVI-XXVII).

L'*examinatio* du texte est systématique et attentive[144], et le matériel recueilli dans le commentaire demeure précieux.

En 1838 Gustav Sauppe[145] fut appelé par l'éditeur H.B. Hahn à effectuer une mise à jour de l'édition des *Opuscula* de Schneider, désormais épuisée ; il emploie lui aussi, par l'intermédiaire de Haase, les collations de Gail, le *Lipsiensis* (daté plus correctement du xive siècle) et les notes de plusieurs savants (Hermann, Jacobs, Schneider, Voigtländer et le *margo Villoisoni*). Les passages où il se distingue des choix de Schneider sont nombreux[146], mais il ne propose une conjecture nouvelle qu'en deux endroits seulement (V, 8 et XIV, 4).

La même année parut la seule édition française des œuvres complètes de Xénophon au xixe siècle[147], celle donnée par Jean-Frédéric Dübner pour la *Scriptorum Graecorum bibliotheca* d'Ambroise-Firmin Didot[148]. Dübner suit normalement le texte de Dindorf[149].

Les années 1850 virent aussi la publication partielle des chapitres consacrés aux *militaria* (XI-XII ; XIII, 6) dans le recueil des *Griechische Kriegsschriftsteller* de Hermann Köchly et Friedrich Wilhelm Rüstow, avec texte établi de façon critique, traduit et annoté. Si les auteurs ne défont pas les nœuds qui altèrent ces passages plus techniques, il faut leur attribuer (en partie : ὅσων était déjà chez Morel) la leçon adoptée généralement en XI, 2 ὅσων δὲ ὀργάνων... ἅπαντα.

---

144. Haase corrige la vulgate en trois endroits (III, 1 del. καὶ ; XI, 9 ὅτι ; XIII, 6 del. ὁ) et propose une correction palmaire à un défaut de la tradition entière à III, 5 παιδίσκων et X, 4 ἐπιμελοῦνται. Le maintien de la tradition en XIII, 7 αὐληταὶ οἱ τοῦ στρατοῦ ἄρχοντες me paraît aussi valide (Haase, p. 280-281 ; cf. Muratore 2022, p. 272-273).

145. Muratore 2022, p. 162-166.

146. Il rend compte de ses choix dans les notes de commentaire qu'il ajoute sous celles de Schneider.

147. Irigoin 1979, p. XII [662].

148. Muratore 2022, p. 166-168.

149. Il est le premier à adopter les intégrations de Dobree : αὐτῶν avant σιτίων en V, 8, et ἐνωμοτία après ἐνωμοτία en XI, 8.

En 1866 parut la troisième édition de Ludwig Dindorf[150]. Publiée à Oxford, elle a un apparat critique[151] et un ample commentaire en bas de page : une analyse ponctuelle de la composition et surtout du langage de la *LP* amène Dindorf à rejeter la paternité xénophontéenne du traité[152]. Toutefois le texte est normalisé en plusieurs endroits grâce à l'adoption de corrections de Cobet[153] et de Dindorf lui-même. Les interventions *ope ingenii* sur les *loci critici* les plus problématiques sont nombreuses et souvent très lourdes (à retenir I, 7 ἐπαγαγομένῳ ; VII, 5 δεκάμνων). Dindorf est aussi le premier à publier des scholies tirées du *Laur. Plut.* 55, 21. Parue la même année chez Tauchnitz, la deuxième édition de Sauppe, est beaucoup moins innovante, bien qu'elle soit informée des contributions de la deuxième édition de Dindorf et des notes de Cobet.

À l'aube du xxe siècle les élèves d'Enea Piccolomini, professeur à Rome, donnèrent enfin des éditions des *Opuscula* de Xénophon fondées sur une étude approfondie de la tradition manuscrite. La *LP* sera éditée à plusieurs reprises par Gino Pierleoni, une première fois chez Weidmann, sous

---

150. Muratore 2002, p. 172-175.

151. Dindorf cite les manuscrits collationnés par Gail : les mss. de Paris et les *Vaticani graeci* 1334, 1335, 1337, 1950 et *Urb. gr.* 7, le *Laur. Plut.* 55, 21, le *Lipsiensis*, le *codex Meadii* et le *Taurinensis* C.VI.20, perdu dans l'incendie qui ravagea la Bibliothèque Nationale et Universitaire de Turin en 1904. Les leçons notées par Dindorf sont le seul témoignage qu'il nous reste de ce dernier manuscrit (cf. Muratore 1997, p. 77 ; Muratore 2022, p. 36 n. 193, 172 n. 372).

152. L'étude de Dindorf trouve une réponse dans l'essai sur *La République des Lacédémoniens de Xénophon. Étude historique sur la situation intérieure de Sparte au commencement du ive siècle avant J.-C.*, d'Hippolyte Bazin, paru à Paris en 1885. L'analyse du lexique et de la syntaxe conduite par Bazin (en part. § III, p. 67 sq.) offre beaucoup de matériel utile.

153. Le philologue hollandais Carel Gabriel Cobet consacra une trentaine de pages de ses *Nouae lectiones* publiées à Leyde en 1858 à la discussion critique et à la correction conjecturale du texte de la *LP* : cf. Muratore 2022, p. 170-172.

le patronage de Hermann Diels, une deuxième fois avec les autres *Opuscula*, dans une publication peu soignée chez Albrighi & Segati de Rome, et une troisième fois aux éditions de l'Académie des Lyncéens. La première édition est précédée d'une étude de la tradition manuscrite (en collaboration avec Nicola Vecchietti), parue dans le *Bollettino di filologia classica*[154] : les 29 manuscrits examinés sont rangés en deux familles, la première constituée par ABC, la deuxième « *deterioris notae* » avec une composition plus floue (due aussi au manque d'informations détaillées sur plusieurs manuscrits) ; la traduction de Filelfo est également prise en compte et son modèle identifié correctement. Bien que postérieure d'un an seulement, la préface de l'édition critique (1905) marque un progrès dans l'évaluation de la tradition du texte : Pierleoni prend en compte cinq nouveaux manuscrits grâce à des collations que Heinrich Schenkl lui a communiquées et surtout présente une articulation différente de la première famille et une évaluation plus positive de la tradition indirecte, surtout Stobée, mais aussi Plutarque. Enfin, dans un long Appendice, l'édition donne *in extenso* la collation des manuscrits, ce qui sera une base fondamentale pour les études et les éditions postérieures. Le texte est toujours fondé sur la première famille ; de la seconde, M seul est pris en compte « *propter antiquitatem* ».

Une nouvelle édition Teubner des *Opuscula politica, equestria uenatica* parut en 1912 par les soins de Carl Friedrich Rühl[155] ; puisque « *libri manu scripti Marciano affines numquam lectionem praebent, quae utilis sit et bene tradita neque aut ex Vaticano aut ex Marciano cognita* », l'édition repose sur les seuls A et M (sauf les cas où l'éditeur fait appel au *Laur.* 55, 21 ou au *Lipsiensis*, qu'il a collationnés personnellement), sur la tradition indirecte et sur la correction conjecturale, fréquente, car les *opuscula* « *pessime tradita esse constat* »[156].

---

154. Muratore 2022, p. 178-184.
155. Muratore 2022, p. 186-189.
156. Cf. II, 9 ; VII, 5 ; VIII, 4 ; IX, 1 ; XII, 3 ; XIII, 2.

En 1920, avec les *Opuscula*, – y compris la *Constitution des Athéniens* –, Edgar Cardew Marchant acheva son édition des œuvres de Xénophon pour les *Oxford Classical Texts*. Le texte de la *LP* repose sur A, dans une faible mesure sur M, mais surtout sur le *Mutinensis* (huit leçons accueillies dans le texte) et sur des corrections conjecturales [157].

Si l'édition de Pierleoni de 1906 de l'ensemble des *Opuscula* [158] marque en réalité un pas en arrière, non seulement en ce qui concerne la classification des manuscrits, mais aussi pour l'édition du texte de la *LP*, avec la troisième édition (1933, réimprimée en 1937 et 1954) [159], on dispose du fruit le plus mûr des soins critiques que le savant italien a consacrés aux *Opuscula*, dont la tradition est discutée dans une introduction longue et détaillée. Le texte est toujours constitué sur A, accompagné, comme témoin suffisant à représenter la seconde famille, de M, auquel l'éditeur ajoute, pour le *Hiéron* et la *LP*, le *Laur. Plut.* 80, 13 (F). Dans une quinzaine de passages le texte offre des solutions nouvelles par rapport aux éditions précédentes [160].

La contribution majeure la plus récente au texte de la *LP* est celle de Michael Lipka (2002) [161] qui aborde systématiquement les problèmes textuels, littéraires et historiques posés

157. Cf. Muratore 2022, p. 189-190 ; pour C, *ibid.*, p. 189 n. 429 ; dans huit passages l'éditeur propose des nouvelles conjectures : cf. *ibid.*, p. 190 n. 430-431. Fondée sur le texte de la deuxième édition de Sauppe, l'édition du même Marchant pour la Loeb Classical Library est beaucoup plus conservatrice (cf. Muratore 2022, p. 190 et n. 433).

158. Muratore 2022, p. 184-186.

159. L'édition est préparée par des *Analecta critica* (1931) : cf. Muratore 2022, p. 190-191.

160. Cf. Muratore 2022, p. 193.

161. Muratore 2022, p. 195-196. Le livre constitue la version anglaise révisée d'une thèse de doctorat de la Freie Universität de Berlin, soutenue en 1997. C'est ce qui explique, peut-être, le fait que l'auteur ignore complètement mon livre sur la tradition manuscrite de la *Constitution des Lacédémoniens*, paru la même année 1997 à Gênes. Le texte est établi sur base du seul A, considéré comme la source de la tradition entière, direc-

par l'œuvre dans une longue introduction et dans un commentaire ponctuel présentant une discussion fouillée et de nouvelles solutions exégétiques et conjecturales.

Les autres éditions ne marquent pas d'avancées majeures sur la connaissance de la tradition manuscrite, bien que certaines d'entre elles apportent des améliorations pour la constitution du texte[162]. On en trouve aussi dans quelques traductions ou commentaires[163].

Principes de la présente édition

Notre édition prend pour base les neuf manuscrits que je crois avoir identifiés comme indépendants, c'est-à-dire A pour la première famille, GIXM FLVW pour la seconde (β). La tradition semble fortement unitaire et la seconde famille, bien qu'elle soit plus ancienne que la première (et donc qu'il ne soit pas possible de voir en elle une descendante de A, mais plutôt d'un ancêtre de A, à identifier à l'archétype de la tradition entière), ne semble pas avoir conservé, dans la *LP*, des leçons originelles significatives face à des fautes de A. Les bonnes leçons que l'une ou l'autre de ses sous-familles nous offrent sont vraisemblablement le fruit du travail (conjectural) des érudits byzantins de l'époque paléologue.

---

tement pour BC et par l'intermédiaire d'un manuscrit perdu pour MF.

162. Cf. Muratore 2022, p. 193-198. L'édition de François Ollier, auteur de la célèbre étude sur *Le mirage spartiate*, est fondée sur l'édition weidmannienne de Pierleoni ; le commentaire discute efficacement un certain nombre de *loci critici*, sans toutefois proposer de solutions nouvelles. Il en va de même pour la traduction allemande avec texte grec et notes de Stefan Rebenich (1998) et pour celle de Vivienne Gray (2007). L'édition de Donald F. Jackson (2006) ne partage pas l'idée généralement admise que le texte de notre ouvrage soit en très mauvais état : il choisit souvent des solutions conservatrices et donne un apparat critique réduit, avec les leçons des seuls A M.

163. Cf. Muratore 2022, p. 197-198.

L'apparat critique donne les leçons de témoins indépendants[164], ainsi que de la tradition indirecte (notamment de Stobée, dont les témoins ont été collationnés à nouveau), les conjectures adoptées et les conjectures qui, bien que rejetées, ont une valeur historique ou heuristique.

On donne toujours la leçon de l'*editio princeps*, si elle diffère de celle de son modèle, I ; on signale enfin l'édition qui a été la première à proposer la bonne leçon (même quand celle-ci est déjà présente dans les manuscrits) et, si elle est différente, celle qui a été la première à l'accueillir dans son texte.

Le but de cet élargissement de l'apparat est de donner un panorama historique suffisamment détaillé de l'aspect que le texte de notre traité a eu à travers les siècles, ce qui, dans le cas d'un texte historique, n'est pas, je crois, sans importance.

Le relevé des passages parallèles est ordinairement limité à ceux où il y a une mention explicite de notre traité ou un renvoi ponctuel qui, à notre connaissance, ne peut que renvoyer à la *LP*.

J'ai expliqué une partie de mes choix relatifs à la constitution du texte dans le chapitre « *Note al testo* » de mon livre de 2022 (p. 223-281)[165]. Toutefois en XI, 2, je crois maintenant que ἐλλεῖπον suggéré par Schneider est préférable à ἐκλεῖπον, puisque le sens de ἐκλείπω (voir aussi les passages cités par Bailly *s.u.* ἐκλείπω A.II et *DGE s.u.* ἐκλείπω A.3) n'est pas complètement adapté au contexte de la *LP* (il s'agit de ce qui fait défaut, qui a été oublié, non de ce qu'on a volontairement laissé de côté).

---

164. Pour un relevé des leçons de l'ensemble des manuscrits et aussi de toutes les éditions, je renvoie au chapitre *Collazioni* de mon livre de 2022 (p. 283-340).

165. Au quatrième paragraphe de p. 244 il faut lire ποτοῦ... ποτόν et, à la ligne suivante, V, 3.

Bibliographie de la notice

Bandini 2021 = Xénophon, *Hiéron*, texte établi par M. Bandini, traduit et annoté par L.-A. Dorion, Paris.

Bandini 2022 = M. Bandini, « Éditer Xénophon au XXIe siècle : acquisitions récentes et perspectives de la recherche », dans *Annuaire de l'École pratique des hautes études (EPHE), Section des sciences historiques et philologiques* [En ligne], 153 | 2022, mis en ligne le 10 juin 2022, consulté le 01 décembre 2022. URL : http://journals.openedition.org/ashp/5129 ; DOI : https://doi.org/10.4000/ashp.5129.

Irigoin 1979 = J. Irigoin, « Les éditions de Xénophon. Étude historique d'après les collections conservées à la Bibliothèque nationale », dans *Catalogue général des livres imprimés de la Bibliothèque nationale. Auteurs*, t. 228, Paris, p. I-XV [réimpr. dans Irigoin 2003, n° 42, p. 645-667].

Irigoin 2003 = J. Irigoin, *La tradition des textes grecs. Pour une critique historique*, Paris.

Jaitner-Hahner 1993 = U. Jaitner-Hahner, *Humanismus in Umbrien und Rom. Lilius Tifernas Kanzler und Gelehrter des Quattrocento*, Baden-Baden.

Lilla 2004 = S. Lilla, *I manoscritti vaticani greci. Lineamenti della storia del fondo*, Città del Vaticano.

Moore 1965 = J.M. Moore, *The Manuscript Tradition of Polybius*, Cambridge.

Muratore 1997 = D. Muratore, *Studi sulla tradizione manoscritta della Costituzione degli Spartani di Senofonte*, Gênes.

Muratore 2022 = D. Muratore, *Xenophontea. Nuovi studi sulla tradizione e sul testo della* Costituzione degli Spartani, Rome.

Muratore 2023 = D. Muratore, « Note al testo della traduzione della Costituzione degli Spartani di Senofonte di Lilio Tifernate (Vat. Urb. lat. 227) », *RFIC* 151, p. 425-432.

Orlandi 2023 = L. Orlandi, *Andronikos Kallistos: A Byzantine Scholar and His Manuscripts in Italian Humanism*, Berlin-Boston.

Serra 1978-1979 = G. Serra, « La tradizione manoscritta della Costituzione degli Ateniesi dello Pseudo-Senofonte », *AAPat*, 91, III, p. 77-117.

Serra 1979 = *La Costituzione degli Ateniesi dello Pseudo-Senofonte*, testo e traduzione a cura di G. Serra, Rome.

Serra 2018 = Pseudo-Senofonte, *Costituzione degli Ateniesi*, a cura di G. Serra. Con un saggio di L. Canfora, Milan.

Wieczorek 1975 = R. Wieczorek, *Xenophon's Agesilaus. A Collation, Stemma and Critical Text*, Ph. D. Diss. Iowa University, Iowa City.

SIGLA

Papyri

Π¹ *PSI XVII Congr.* 9, s. II^P (*LP* I, 3-4)

Codices (scribae)

A   Vaticanus graecus 1335, f. 229^v-237^v (I-XV, 5 οἷ δή ; seqq. e lectt. codd. aB restituuntur)
a   Vaticanus graecus 1335, f. 238^r (XV, 5 καὶ πύθιοι-XV, 9) (Demetrios Skaranos)
B   Vaticanus graecus 1950 (ad XV.5-9)
F   Laurentianus 80, 13
G   Laurentianus 55, 21 (Petros Kretikos)
I   Laurentianus Conv. soppr. 110 (Antonio Corbinelli)
L   Lipsiensis Rep. I. 4°. 46
M   Marcianus graecus Z. 511 (590)
V   Vaticanus Urbinas graecus 93 (Andreas Leantenos)
W   Vindobonensis hist. gr. 95
X   Vaticanus graecus 1619

RARO LAUDANTUR

C   Mutinensis α.V.7.17 (gr. 145) (Andronikos Kallistos)
D   Vaticanus graecus 1334 (Georgios Chrysokokkes)
E   Laurentianus 55, 22 (Alexios Keladenos, *alias Anon.* δ- καὶ Harlfinger)
Fa   Londinensis Add. 5110

SIGLA

Fb Vindobonensis phil. gr. 37
Fc Vindobonensis phil. gr. 208 (Konstantinos Laskaris)
Fd Leidensis Vulcanianus 2 (Georgios Hermonymos)
H   Laurentianus 69, 25 (Mattia Lupi da San Gimignano et *Anon.* ε-π Speranzi)
Ia Parisinus graecus 2955 (Nicolò Leonico Tomeo, *alias Anon.* 5 Harlfinger)
Ib Ambrosianus F 44 sup.
Ic Matritensis 7210 (Konstantinos Laskaris)
Id Escorialensis Σ. II. 7 (Dionysios Sinates, *alias Anon.* 10 Harlfinger)
Ie Vaticanus graecus 2236 (Demetrios Rhaoul Kabakes)
If Berolinensis Phillipps 1478 («copiste G» Cataldi Palau)
Ig Monacensis gr. 336 (Demetrios Rhaoul Kabakes)
K   Laurentianus Conv. soppr. 23 (Ioannes Skoutariotes)
Ka Vaticanus Urbinas graecus 7 (*Anon.* 17 Harlfinger); Ka[2mg] lectiones in mg. a Lilio Tifernate appictae
Ma Marcianus graecus Z. 368 (852) (le cardinal Bessarion)
Mb Marcianus graecus Z. 369 (1045) (Georgios Tzangaropoulos)
N   Parisinus graecus 1643 (l'*Anon. Vindobonensis*)
O   Parisinus graecus 1645 (Georgios Hermonymos)
P   Perusinus 90 (B 34) (Gerardos ἐκ πατρῶν Παλαιῶν)
Q   Parisinus graecus 2775 (collaborateur de l'*Anon.* 31 Harlfinger)
R   Parisinus graecus 1644
S   Parisinus graecus 2077
T   Parisinus graecus 1774
Y   Parisinus graecus 425
Z   Vaticanus graecus 1337

AD EXCERPTA XENOPHONTIS OPUSCULI
DE LACED. REPUBLICA IN STOBAEO

Stob.   consensus Stobaei codd. AMS et Flor.[L]
Stob.[A] Parisinus graecus 1984, f. 85^v-86^v

SIGLA

Stob.^M   Escorialensis Σ. II. 14, f. 155^r-156^v.

Stob.^S   Vindobonensis phil. gr. 67, f. 72^r-73^v.

raro cit. Stob.^{Trinc} Marcianus graecus App. IV. cod. 29 (1063)

AD EADEM EXCERPTA IN FLORILEGIO
Q.D. LAVRENTIANO SERVATA CITATUR
(ubi a Stobaei codd. dissentit)

Flor.^L florilegium in cod. Laur. Plut. 8, 22, f. 74^r-189^v seruatum (*LP*, f. 82^r-83^r)

INDEX EDITIONUM ET VIRORUM DOCTORUM
QUI IN APPARATU LAUDANTUR

Ald. = Ξενοφῶντος ἅπαντα τὰ εὑρισκόμενα. *Xenophontis Omnia quae extant*, Venetiis, in aedibus Aldi et Andreae Asulani soceri, 1525.

Bergius = Ξενοφῶντος ῥήτορος Λακεδαιμονίων πολιτεία. *Xenophontis oratoris de Lacedaemoniorum Republica*. Ξενοφῶντος ῥήτορος 'Αθηναίων πολιτεία. *Eiusdem de Atheniensium Republica. Castigatius editae quam antehac unquam*. Altorphii, Typis Gerlachianis, M D LXXXIII.

Brodeau 1559 = *Johannis Brodaei Turonensis in omnia Xenophontis opera tam Graece quam Latine Annotationes longe doctissimae, nunc primum in lucem editae*, Basileae, Apud Nicolaum Brylingerum.

Brubach. = Ξενοφῶντος ἅπαντα. *Xenophontis opera omnia in tres partes distincta, quarum quaeque suos libros ostendet*, Halae Sueuorum 1540.

Camer. = *Xenophontis Atheniensis de forma reipublicae Lacedaemoniorum, eiusdem de forma reipublicae Atheniensium, eiusdem de praefectura et disciplina equestri liber. Quae omnia nunc primum in latinum sermonem a Ioachimo Camerario Pab. conuersa fuerunt, addita ueluti prooemij loco, expositione perdiligente eorum quae de hoc autore passim tradita extant. Itemque annotationibus ad conuersionem quibusdam adiunctis*, Lipsiae 1543.

Casevitz = Xénophon, *Constitution des Lacédémoniens – Agésilas – Hiéron*, suivi de pseudo-Xénophon, *Constitution des Athéniens*, traduit et annoté par M. Casevitz. Préfacé par V. Azoulay, Paris 2008.

Cast. = Ξενοφῶντος ἅπαντα. *Xenophontis oratoris et historici, propter synceram et melle dulciorem Attici sermonis gratiam, ueterum omnium iudicio longe clarissimi, opera, quae quidem graece extant, omnia, duobus tomis distincta, ac nunc primum a Seb. Castalione a mendis quamplurimis repurgata, et quam fieri potuit accuratissime recognita. His accessit graecus rerum gestarum Index perquam copiosus*. [marque typogr. « Palma Isingrini »], Basileae, s. d.

Castiglioni 1926 = L. Castiglioni, « Osservazioni a Senofonte *Resp. Lacaed. – Hellen. – Hipparch.* 7, 9 », in *Bollettino di filologia classica* 33, p. 44-49.

Christian 1830 = *Xenophon's von Athen Werke. Zehntes Bändchen. Lobrede auf Agesilaus, Staatsverfassung der Lakedämonier und Staatsverfassung der Athener*, übersetzt von A.H. Christian, Stuttgart.

Cobet = C.G. Cobet, *Nouae lectiones quibus continentur obseruationes criticae in scriptores Graecos (repetitae ex Mnemosyne, Bibliotheca Philologica Bataua)*, Lugduni Batauorum 1858.

Cragius 1593 = *N. Cragii Ripensis De Republica Lacedaemoniorum Libri IIII. Ad Ampliss. Daniae Cancellarium. Opus Antiquitatum Politicarum, ac praesertim Graecarum, studiosis lectu iocundum, nec inutile futurum*, apud Petrum Santandreanum, M.D. XCIII.

Ćwikliński 1878 = L. Ćwikliński, compte rendu de Naumann 1876, in *Zeitschrift für die österreichischen Gymnasien* 29, p. 494-498.

den Boer 1954 = W. den Boer, *Laconian Studies*, Amsterdam.

Dind.[1] = *Xenophontis scripta minora*, ed. L. Dindorfius, Lipsiae 1824.

Dind.[2] = *Xenophontis scripta minora*, rec. L. Dindorfius. Ed. secunda emendatior, Lipsiae 1850.

Dind.[3] = *Opuscula politica, equestria et uenatica : cum Arriani libello de Venatione*, rec. L. Dindorfius, Oxonii 1866.

Dindorf 1845 = Παυσανίου Ἑλλάδος περιήγησις. *Pausaniae descriptio Graeciae*, recognouit et praefatus est L. Dindorf, Paris.

Dobree 1831 = P.P. Dobree ... *Aduersaria*, ed. J. Scholefield ... I, Cantabrigiae.

Dübner = Ξενοφῶντος τὰ σῳζόμενα. *Xenophontis quae supersunt. Graece et latine cum indicibus nominum et rerum locupletissimis*, Parisiis, editore Ambrosio Firmin Didot, Instituti Franciae Typographo, 1838.

Elze 1844 = C.F. Elze, « Emendationes aliquot in Xenophontis rempublicam Lacedaemoniorum », in *Archiv für Philologie und Paedagogik* 10, p. 597-601.

Erbse 1960 = H. Erbse, « Textkritische Bemerkungen zu Xenophon », in *Rheinisches Museum* 103, p. 144-168.

Erler 1864 = G. Erler, *Quaestiones de Xenophonteo libro de Republica Lacedaemoniorum*, Diss. Lipsiae.

Frotscher 1819 = *Obseruationes criticae in quosdam locos Xenophontis Memorabilium Socratis – Munus Rectoris in Schola Schneebergensi auspicaturus scripsit et ad orationem aditialem D. XX. M. Jan. H. IX beneuole audiendam humanissime inuitat M.C.H. Frotscher, Addita est breuis dissertatio de pronomine Aliquis post particulas conditionales posito*, Schneebergae.

Gail[1] = *Extraits de Lucien et de Xénophon*, avec des notes. Par M. l'Abbé Gail, III. *La république de Lacédémone*, Paris 1786.

Gail[2] = *Œuvres complètes de Xénophon*, traduites en français et accompagnées du texte grec, de la version latine et de notes critiques par J.-B. Gail, ... I, 2 (*LP, Ath. pol., Vect., Ages., Hiero, Eq., Hipp.*), Paris an V (1797) ; ... VII, 1. *Variantes et Observations*, Paris 1808 ; VII, 2, 1. *Notices des manuscrits*..., Paris 1814.

Gautier 1911 = L. Gautier, *La langue de Xénophon*, Genève.

Gemoll 1920 = W. Gemoll, compte rendu de Marchant, in *BPhW* 40.37 (1920, 11 September), col. 865-868.

Gianotti = Senofonte, *L'ordinamento politico degli Spartani*, a cura di G.F. Gianotti, con una nota di L. Canfora. Testo greco a fronte. Traduzione latina di Francesco Filelfo, Palermo 1990.

Haase = Xenophon, *De Republica Lacedaemoniorum*, emend. et ill. Fr. Haase, Berolini 1833.

Habben 1909 = F. Habben, *De Xenophontis libello, qui Λακεδαιμονίων πολιτεία inscribitur*. Commentatio philologica, quam ad summos in philosophia honores ab amplissimo ordine Monasteriensi rite impetrandos scripsit Fooke Habben Frisius, Richard Poettcke Nachf., Anklam.

Heindorf = conjectures de L.F. Heindorf *apud* Schneider.

Heinrich = conjectures de K.F. Heinrich *apud* Sauppe 1869.

Hense = conjectures de O. Hense dans *Ioannis Stobaei Anthologii libri duo posteriores*, rec. O. Hense, Berolini MCMIX.

Hertlein 1858 = F.K.G. Hertlein, « Zu Xenophon », in *Neue Jahrbücher für Philologie und Paedagogik* 77, p. 213-215.

Hertlein 1861 = F.K.G. Hertlein, *Conjecturen zu griechischen Prosaikern nebst einem Anhang, Handschriftliches enthaltend, Beilage zum Programm des Grossherzoglichen Lyceums zu Wertheim für 1861*, Wertheim.

Herw. = H. van Herwerden, « Lectiones Xenophonteae », in *Revue de Philologie* 4 (1880), p. 17-24.

Hug 1858 = A. Hug, « Zu Xenophon », in *Philologus* 13, p. 498.

Iunt. = Τάδε ἔνεστιν ἐν τῇδε τῇ βίβλῳ. Ξενοφῶντος Κύρου παιδείας βιβλία η'... *Haec in hoc libro continentur. Xenophontis Cyri pedias Libri VIII...*, Florentiae, in aedibus Philippi Juntae, 1516.

Jackson = *The Constitution of the Lacedaemonians by Xenophon of Athens. A New Critical Edition with Facing-Page English Translation.* Translated by D.F. Jackson, Lewiston-Queenston-Lampeter 2006.

Jacobs 1790 = F. Jacobs, *Animaduersiones in Euripidis tragoedias. Accedunt emendationes in Stobaeum. Epistola critica ad Nicolaum Schow v.c.*, Gothae-Amstelodami.

Jacobs 1809 = F. Jacobs, *Additamenta animaduersionum in Athenaei Deipnosophistas in quibus et multa Athenaei et plurima aliorum scriptorum loca tractantur*, Jenae.

Jebb 1897 = R.C. Jebb in *The Polity of Athenians and the Lacedaemonians by Xenophon*, translation by H.G. Dakyns, London-New York.

Kennell 1995 = N.M. Kennell, *The Gymnasium of Virtue. Education and Culture in Ancient Sparta*, Chapel Hill-London.

Köchly-Rüstow = *Griechische Kriegsschriftsteller*, ed. H. Köchly und W. Rüstow, II, 1. Leipzig 1855, p. 103-113 (*LP* XI-XII et XIII, 6).

Köhler 1896 = U. Köhler, « Über die Πολιτεία Λακεδαιμονίων Xenophon's », in *Sitz. Preuß. Akad. d. Wiss.*, p. 361-377.

SIGLA

Le Jeune = Ξενοφῶντος ῥήτορος Λακεδαιμονίων πολιτεία, Parisiis, Apud Martinum Iuuenem, sub insigni D. Christophori è regione gymnasij Cameracensium. 1549.

Leuncl.[1] = Ξενοφῶντος ἅπαντα τὰ σωζόμενα βιβλία. *Xenophontis et imperatoris et philosophi clarissimi omnia, quae extant, opera, Ioanne Leuuenklaio interprete : Cum Annotationibus eiusdem et indice copioso*, Basileae, per Thomam Guarinum, M. D. LXIX.

Leuncl.[3] = Ξενοφῶντος τὰ εὑρισκόμενα. *Xenophontis philosophi et imperatoris clarissimi, quae extant opera, in duos tomos diuisa. Graece multo quam ante castigatius edita, adiecta etiam ad marginem scripturae discrepantia : Latine tertia nunc cura ita elucubrata, ut noua paene toga prodeant : Noua insuper Adpendice sic illustrata, ut quamplanissima deinceps eorum lectio sit futura : Opera Ioannis Leunclauii Amelburni. Additus in calce index rerum et uerborum memorabilium ; a fronte, tomi utriusque et nouae Adpendicis Leunclauianae Catalogus*, Francofurti, Apud heredes Andreae Wecheli, Claudium Marnium, et Ioan. Aubrium. M D XCIV. Aussi Francofurti... MDXCVI (« Accesserunt Aemilii Porti, Fr. Porti C. Fil. Notae ; et Index Graecus uerborum phrasiumque obseruatu dignarum »).

Lipka = *Xenophons Spartan Constitution*. Introduction, Text, Commentary, by M. Lipka, Berlin-Boston 2002.

Madvig 1871 = *Io. Nic. Maduigii... Aduersaria critica ad scriptores graecos*. Praemittitur *Artis criticae coniecturalis adumbratio*, Hauniae.

Manso 1805 = J.K.F. Manso, *Sparta. Ein Versuch zu Aufklärung der Geschichte und Verfassung dieses Staates*, I-III, Leipzig.

Marchant = *Xenophontis opera omnia*, rec. E.C. Marchant, V. *Opuscula*, Oxonii, e typographeo Clarendoniano, 1920.

Martini 1771 = G.H. Martini, *De Spartiatarum mora prolusio*, Ratisbonae.

Matthiae 1827 = A. Matthiae, *Ausführliche griechische Grammatik*, Zweiter Theil. *Syntax*, Leipzig.

Morel = Ξενοφῶντος Λακεδαιμονίων πολιτεία. *Xenophontis de republica Lacedaemoniorum Libellus, cum optimis exemplaribus sedulo collatus*, Lutetiae, Apud Federicum Morellum Typographum Regium, uia Iacobaea, ad insigne Fontis, M.D.LXXXV.

Morus = *'Ανάβασις Κύρου. Xenophontis de expeditione Cyri minoris commentarii, e recensione et cum notis selectis Thomae Hutchinsoni. Accesserunt libelli Xenophontis De republica Lacedaemoniorum et Atheniensium, cum indice graecitatis*, Lipsiae, apud Engelhard. Beniam. Schwickertum, MDC-CLXXV.

Müller 1857 = E. Müller, « Die wichtigsten litterarischen Erscheinungen auf dem Gebiete der griechischen Alterthümer seit 1851 (Fortsetzung von Jahrgang 1856, S. 485-508) », in *Jbb. f. klass. Philologie* 75, p. 81-102, part. n° 10 (compte rendu de Köchly-Rüstow 1855), p. 94-102.

Müller-Strübing 1878 = H. Müller-Strübing, « Zu Xenophon's Staat der Lakedaimonier (5, 4) », in *Jbb. f. kl. Philol.* 117, p. 471-472.

Muret 1559 = *M. Antonii Mureti ad Hippolytum Estensem cardinalem, ac principem illustrissimum, Variarum lectionum libri octo*. Cum priuilegio, Venetiis, ex officina Iordani Zilleti.

Naber 1897 = S.A. Naber, « Κνίσματα », in *Mnemosyne* 25, p. 426-448.

Naumann 1876 = E. Naumann, *De Xenophontis libro, qui Λακεδαιμονίων πολιτεία inscribitur*, Inaug.-Diss. Berlin.

Ollier = Xénophon, *La république des Lacédémoniens*. Texte et traduction, avec une introduction et un commentaire, par F. Ollier, Lyon-Paris 1934.

Philelphus = *Francisci Philelphi latina translatio* (cf. Fr. Filelfo, *Traduzioni da Senofonte e da Plutarco. Respublica Lacedaemoniorum, Agesilaus, Lycurgus, Numa, Cyri Paedia*, a cura di J. De Keyser, Alessandria 2012).

Pierl.[1] = *Xenophontis Respublica Lacedaemoniorum*, rec. G. Pierleoni, Berolini, Weidmann, 1905.

Pierl.[2] = *Xenophontis opuscula politica equestria uenatica*, rec. G. Pierleoni, Romae 1906.

Pierl.[3] = *Xenophontis opuscula*, G. Pierleoni recensuit, Romae 1933, 1937, 1954.

Pierleoni 1905 = G. Pierleoni, « Animaduersiones criticae in Xenophontis rempublicam Lacedaemoniorum », in *SIFC* 13, p. 53-58.

Portus F. 1586 = *Francisci Porti Cretensis Commentarii In Varia Xenophontis opuscula...*, Excudebat Joannes le Preux.

Rebenich = Xenophon, *Die Verfassung der Spartaner*, herausgegeben, übersetzt und erläutert von S. Rebenich, Darmstadt 1998.

Richards 1897 = H. Richards, « Critical notes on the Minor Works of Xenophon, VI. VII. The Constitutions », in *CR* 11, p. 133-136, 229-237.

Richards 1906 = H. Richards, «*Xenophontea*», in *CR* 20, p. 346-348.

Riemann 1883 = O. Riemann, « Xénophon, *Républ. des Lacédémoniens* 2, 6 », in *Revue de Philologie* 7, p. 22.

Rühl = *Xenophontis scripta minora. Fasciculus posterior opuscula politica equestria uenatica continens*, post L. Dindorf edidit F. Ruehl. Accedunt *Simonis de re equestri quae supersunt*, Lipsiae, in aedibus B.G. Teubneri, MCMXII.

Sauppe[1] = Ξενοφῶντος τὰ σῳζόμενα... VI. *Opuscula*... post Schneiderum iterum rec. G.A. Sauppe, Lipsiae 1838.

Sauppe[2] = *Xenophontis scripta minora*, ed. G. Sauppe, additae sunt appendices tres, ed. stereotypa, ex officina Bernhardi Tauchnitz, Lipsiae 1866.

Sauppe 1869 = G. Sauppe, *Appendicula ad Xenophontis ed. ster. continens annotationem criticam in scripta minora*, Lipsiae.

Schaefer = *Xenophontis opera ad optimorum librorum fidem accurate edita*. Tomus VI. *Opuscula politica equestria et uenatica continens*, ed. stereotypa. Lipsiae, ex officina Car. Tauchnitii, 1818 / Ξενοφῶντος τὰ σῳζόμενα σὺν πλείστῃ ἀκριβείᾳ στερεοτύπως ἐκδοθέντα. Τόμος ϛ'. Βιβλία πολιτικὰ ἱππαρχικὰ καὶ κυνηγετικά, ἐν Λιψίᾳ ἐκ τοῦ τυπογραφείου Καρ. τοῦ Ταυχνιζίου, 1818 [ed. G.H. Schäfer].

Schenkl H. 1908 = H. Schenkl, compte rendu de Pierl[1], in *BPhW* 28, p. 1-11.

Schenkl K. 1898 = K. Schenkl, *Zu Xenophons Schrift über den Staat der Lakedaimonier*, in *Festschrift für Otto Benndorf zu seinem 60. Geburtstage gewidmet von Schülern, Freunden und Fachgenossen*, Wien, p. 21-28.

Schneider = Ξενοφῶντος τὰ σῳζόμενα... rec. et interpr. Jo.G. Schneider, VI, Oxonii 1817.

Schrevel 1668 = Ἡσυχίου λεξικόν *cum Variis Doctorum uirorum Notis uel editis uel antehac ineditis, Junii, Scaligeri, Salmasii, Palmerii, Guieti, Sopingii, Cocceii, Gronouii, Tanaq. Fabri, etc. accurante Cornelio Schreuelio. Accessit Joh. Pricaei Index Auctorum, qui ab Hesychio laudantur*, Lugduni Batauorum et Roterodami, ex officina Hackiana.

Sommerfeldt 1921 = G. Sommerfeldt, « Zur Kritik von Xenophons Λακεδαιμονίων πολιτεία », in *Philologus* 77, p. 208-213.

Stein 1878 = H.K. Stein, *Bemerkungen zu Xenophon's Schrift Vom Staate der Lacedämonier*, Gymn.-Progr. Glatz.

Steph.[1] = Ξενοφῶντος ἅπαντα τὰ σῳζόμενα βιβλία. *Xenophontis omnia quae extant opera, Multorum ueterum exemplarium ope (quorum bonam partem bibliotheca Huldrici Fuggeri suppeditauit) a multis mendorum sordibus ita purgata, ut longe maiore cum fructu legi multoque facilius quam antea intelligi possint. Epistolarum Xenophontis fragmenta quaedam haec editio praeter alias habet. In Xenophontem annotationes Henrici Stephani, quibus partim uarias lectiones examinare, partim locis aliquot obscuris lucem afferre, partim mendosos quosdam (in quibus ueterum codicum auxilio destitutus fuit) suae integritati restituere conantur. Indicem copiosissimum cum Latina interpretatione innumeris in locis emendata habebis*, an. M. D. LXI Excudebat Henricus Stephanus, illustris uiri Huldrici Fuggeri typographus.

Steph.[2] = Ξενοφῶντος τὰ σῳζόμενα βιβλία. *Xenophontis (uiri armorum et literarum laude celeberrimi) quae extant opera. Annotationes Henrici Stephani, multum locupletatae : quae uaria ad lectionem Xenophontis longe utilissima habent. Editio secunda, ad quam esse factam maximam diligentiae accessionem, statim cognosces*, anno M. D. LXXXI, Excudebat Henricus Stephanus.

Strauss 1939 = L. Strauss, « The Spirit of Sparta or the Taste of Xenophon », in *Social Research* 6, p. 502-536.

Thalheim 1919 = Th. Thalheim, « Zu Xenophons kleineren Schriften », in *BPhW* 46, p. 1098-1101.

Verres = *Theses controuersae quas una cum Commentatione philologica quae inscripta est De Tib. Silii Italici Punicis et Italici Iliade latina quaestiones grammaticae et metricae...*, Monasterii Guestf. MDCCCLXXXVIII.

Walder = *Aristotelis et Xenophontis Ethica, Politica, et Oeconomica, cum aliis aliquot ex Plutarcho, Proclo, et Alexandro Aphrodisiensi Commentationibus*, Apud Ioan. Walder, Basileae s. d.

Weiske = *Xenophontis Atheniensis scripta in usum lectorum graecis litteris tinctorum commentariis ad rerum et uerborum intelligentiam illustrata a B. Weiske AA.M. Scholae Port. conr., uol. sextum reliqua Xenophontis continens, libros de*

Rep. Lacedaemoniorum et Atheniensium, de uectigalibus, de re equestri, de officio magistri equitum, de uenatione : quibus accesserunt epistolae ex Allatii sylloge et fragmenta, praetereaque notae ineditae Valesii, uarr. lectt. e margine exempli Villoisoniani, omnes Gabrielii emendatt. in Cyri disc. ex ipso Gabrielii exemplo petitae et duo indices, Lipsiae, sumtibus Caspar Fritsch, MDCCCIV.

Wilhelm 1924-1925 = A. Wilhelm, « Zu Xenophons ΛΑΚΕ-ΔΑΙΜΟΝΙΩΝ ΠΟΛΙΤΕΙΑ », in *WS* 44, p. 154-159.

Wulff 1884 = A. Wulff, *Quaestiones in Xenophontis de republica Lacedaemoniorum libello institutae*, Diss. inaug. Münster.

Zeune = *Xenophontis opuscula politica equestria et uenatica cum Arriani libello de uenatione* recensuit et explicauit Io. Car. Zeunius, Lipsiae, sumtibus Caspari Fritsch, 1778.

CONSTITUTION DES LACÉDÉMONIENS

CHAPITRE I

I, 1. Eh bien, pour ma part, remarquant un jour que faire partie des cités les moins riches en citoyens n'a pas empêché Sparte de s'imposer avec évidence comme la plus puissante et la plus renommée en Grèce, je m'en suis étonné, me demandant comment cela avait bien pu se faire. Mais quand j'eus examiné les règles régissant le comportement des Spartiates, je cessai de m'étonner. **2.** En fait, c'est Lycurgue, l'homme qui a établi pour eux les lois dont l'observance leur a procuré le bonheur, qui suscite mon étonnement,

ΞΕΝΟΦΩΝΤΟΣ ΡΗΤΟΡΟΣ
ΛΑΚΕΔΑΙΜΟΝΙΩΝ ΠΟΛΙΤΕΙΑ

I, 1 Ἀλλ' ἐγὼ ἐννοήσας ποτὲ ὡς ἡ Σπάρτη τῶν ὀλιγανθρωποτάτων πόλεων οὖσα δυνατωτάτη τε καὶ ὀνομαστοτάτη ἐν τῇ Ἑλλάδι ἐφάνη, ἐθαύμασα ὅτῳ 5 ποτὲ τρόπῳ τοῦτ' ἐγένετο· ἐπεὶ μέντοι κατενόησα τὰ ἐπιτηδεύματα τῶν Σπαρτιατῶν, οὐκέτι ἐθαύμαζον. 2 Λυκοῦργον μέντοι τὸν θέντα αὐτοῖς τοὺς νόμους, οἷς πειθόμενοι ηὐδαιμόνησαν, τοῦτον καὶ θαυμάζω

inscr. *Subl.* IV, 4 ; Demetr. Magn. fr. 14 Mejer (Diog. Laert. II, 57) ; Poll. VI, 142 [II 38 Bethe] ; Harpocr. s.u. μόραν (p. 208, 2 Dindorf) ; *Anon. lex. Demosth.* P.Berol. inu. 5008 (MP³ 317, Fayum IV/V d.C.), A 34-37 s.u. μόραν ; Stob. IV, 2, 23 (p. 140 Hense) ; Phot. *Lex.* s.u. αὐτονόμοι (α 3237 Theodoridis), †μωρῶν† (μ 653) ; Svda s.u. μορῶν ; *Lex. Sabbaiticum* s.u. αὐτονόμοι (p. 40, 12-13 Papadopoulos-Kerameus) ; cf. Cic. *Tusc.* II, 36.

inscr. Ξενοφῶντος ῥήτορος Λακεδαιμονίων πολιτεία A FL GIM (cf. *Subl.* IV, 4 Ξενοφῶντος ... ἐν τῇ Λακεδαιμονίων πολιτείᾳ ; Diog. Laert. II, 57 συνέγραψε ... Ἀθηναίων καὶ Λακεδαιμονίων πολιτείαν, ἥν φησιν οὐκ εἶναι Ξενοφῶντος ὁ Μάγνης Δημήτριος) Ξενοφῶντος ῥήτορος περὶ Λακεδαιμονίων πολιτείας X τοῦ αὐτοῦ [[περὶ ἱππικῆς]] Λακεδαιμονίων πολιτεία W sine tit. V Λακώνων πολιτεία Poll. Harpocr. *Anon. lex. Demosth.* Stob. Phot. Svda *Lex. Sabb.* || I, 2 8 αὐτοῖς] αὐτοὺς L || 9 ηὐδαιμόνησαν] -νισαν LW.

et que je considère comme suprêmement sage. En effet, loin d'imiter les autres cités, il fit même des choix contraires à ceux de la plupart d'entre elles ; et c'est ainsi qu'il fit de sa patrie la cité manifestement la plus heureuse de toutes. **3.** S'agissant, par exemple, de la procréation, pour commencer par le commencement : aux jeunes filles qui sont destinées à enfanter et qu'on considère comme bénéficiant d'une bonne éducation, les autres donnent pour nourriture une quantité de pain aussi mesurée que possible et des rations de plats cuisinés aussi réduites que possible ; quant au vin, ils les tiennent dans l'obligation ou bien de s'en abstenir entièrement, ou bien de ne le consommer que coupé d'eau. Les artisans sont pour la plupart sédentaires : les autres Grecs traitent leurs filles de même et veulent qu'elles restent enfermées à travailler la laine. Comment devrait-on donc s'attendre à voir des femmes élevées ainsi engendrer quoi que ce soit qui ait de la grandeur ? **4.** Lycurgue, lui, estima que des esclaves suffisaient tout à fait à fournir des vêtements, et, considérant que pour des femmes libres la grande affaire était la procréation, d'abord il décida que la gent féminine entraînerait son corps tout autant que le sexe masculin ; ensuite, il institua des concours de course et de force disputés entre elles par les femmes elles aussi, comme il en existait pour les hommes,

ΛΑΚΕΔΑΙΜΟΝΙΩΝ ΠΟΛΙΤΕΙΑ Ι

καὶ εἰς τὰ ἔσχατα [μάλα] σοφὸν ἡγοῦμαι. ἐκεῖνος γὰρ οὐ μιμησάμενος τὰς ἄλλας πόλεις, ἀλλὰ καὶ ἐναντία γνοὺς ταῖς πλείσταις, προέχουσαν εὐδαιμονίᾳ τὴν πατρίδα ἐπέδειξεν. 3 αὐτίκα γὰρ περὶ τεκνοποιίας, ἵνα ἐξ ἀρχῆς ἄρξωμαι, οἱ μὲν ἄλλοι 5 τὰς μελλούσας τίκτειν καὶ καλῶς δοκούσας κόρας παιδεύεσθαι καὶ σίτῳ ᾗ ἀνυστὸν μετριωτάτῳ τρέφουσι καὶ ὄψῳ ᾗ δυνατὸν μικροτάτῳ· οἴνου γε μὴν ἢ πάμπαν ἀπεχομένας ἢ ὑδαρεῖ χρωμένας διάγουσιν. ὥσπερ δὲ οἱ πολλοὶ τῶν τὰς τέχνας ἐχόντων 10 ἑδραῖοί εἰσιν, οὕτω καὶ τὰς κόρας οἱ ἄλλοι Ἕλληνες ἠρεμιζούσας ἐριουργεῖν ἀξιοῦσι. τὰς μὲν οὖν οὕτω τρεφομένας πῶς χρὴ προσδοκῆσαι μεγαλεῖον ἄν τι γεννῆσαι; 4 ὁ δὲ Λυκοῦργος ἐσθῆτας μὲν καὶ δούλας παρέχειν ἱκανὰς ἡγήσατο εἶναι, ταῖς 15 δ' ἐλευθέραις μέγιστον νομίσας εἶναι τὴν τεκνοποιίαν πρῶτον μὲν σωμασκεῖν ἔταξεν οὐδὲν ἧττον τὸ θῆλυ τοῦ ἄρρενος φύλου· ἔπειτα δὲ δρόμου καὶ ἰσχύος, ὥσπερ καὶ τοῖς ἀνδράσιν, οὕτω καὶ ταῖς

I, 4 ὁ δὲ Λυκοῦργος — 10 ὁ βουλόμενος ἐπισκοπείτω Stob. IV p. 140, 10-142, 6 Hense.

1 μᾶλα om. FdO, del. Cobet, 724 μᾶλλον G (corr. G²ˢˡ) || 4 ἐπέδειξεν] ἀπ- Nᵖᶜ T Weiske^{adn} alii || 3 5 ἵνα] ἵν' X, qui saepe elisis formis pro plenis utitur (amplius non notatur) || ἄρξωμαι] ἄρξομαι X ἄρχωμαι G^{ac} || 9 ἀπεχομένας] ἀμπ- W^{ac} || 10 δὲ] γὰρ X || τῶν] ὧν V littera omissa rubro pingenda colore (amplius non notatur) || 11 ἄλλας ante κόρας add. W^{ac} || ἄλλοι om. W^{ac} || 12 ἐριουργεῖν] ἱερουργεῖν X || μὲν οὖν ABC Id, coni. Heindorf et e ms. B primus restituit Schneider : οὖν om. FLVW GIXM || 4 15 τὰς δούλας Cobet, 725 || ἱκανὰς παρέχειν Stob.^{Sac} || 16 δ'] δὲ Stob.^{MS} || ἐλευθέραις] -ροις Π¹ || 17 σωμασκεῖν A FLV GIXM Stob.^{MS} Flor.^L : σωματασκεῖν W, σῶμα ἀσκεῖν Stob.^A || ἔταξεν] ἐδίδαξεν W || οὐδὲν ἧττον] οὐδ' ἧττον Stob. || 18 lac. post ἔπειτα susp. Weiske || 19 καὶ pr. om. Stob., del. Steph.^{2adn} || ἀνδράσιν] -σι Ι.

dans l'idée que si chacun des deux sexes était doté de force physique, leurs rejetons également n'en seraient que plus vigoureux. **5.** Constatant que, lorsqu'une femme venait vivre chez un homme, les autres Grecs, dans les premiers temps, s'unissaient sans mesure avec leurs épouses, sur ce point aussi il prit une décision contraire. En effet, il prescrivit qu'on aurait honte d'être vu entrant chez sa femme, honte aussi d'être vu en sortant. Quand ils s'unissent dans ces conditions, c'est nécessairement avec un plus grand désir réciproque, et si cette relation produit un fruit, celui-ci naît plus fort que quand les époux sont rassasiés l'un de l'autre. **6.** En outre, il mit fin à la licence de prendre femme quand on veut, et décida que les mariages auraient lieu entre partenaires ayant atteint leur plein développement physique, dans l'idée que cette règle favoriserait elle aussi la qualité de la reproduction. **7.** Constatant d'autre part que, s'il arrivait à un homme âgé d'avoir une femme jeune, des maris d'un tel

ΛΑΚΕΔΑΙΜΟΝΙΩΝ ΠΟΛΙΤΕΙΑ Ι

θηλείαις ἀγῶνας πρὸς ἀλλήλας ἐποίησε, νομίζων
ἐξ ἀμφοτέρων ἰσχυρῶν καὶ τὰ ἔκγονα ἐρρωμενέστερα γίγνεσθαι. 5 ἐπεί γε μὴν γυνὴ πρὸς ἄνδρα
ἔλθοι, ὁρῶν τοὺς ἄλλους τὸν πρῶτον τοῦ χρόνου
ἀμέτρως ταῖς γυναιξὶ συνόντας, καὶ τούτου τἀναντία ἔγνω· ἔθηκε γὰρ αἰδεῖσθαι μὲν εἰσιόντα ὀφθῆναι,
αἰδεῖσθαι δ' ἐξιόντα. οὕτω δὲ συνόντων ποθεινοτέρως
μὲν ἀνάγκη σφῶν αὐτῶν ἔχειν, ἐρρωμενέστερα δὲ γίγνεσθαι, εἴ τι βλάστοι οὕτω, μᾶλλον ἢ εἰ διάκοροι
ἀλλήλων εἶεν. 6 πρὸς δὲ τούτοις καὶ ἀποπαύσας τοῦ ὁπότε βούλοιντο ἕκαστοι γυναῖκα ἄγεσθαι,
ἔταξεν ἐν ἀκμαῖς τῶν σωμάτων τοὺς γάμους ποιεῖσθαι, καὶ τοῦτο συμφέρον τῇ εὐγονίᾳ νομίζων. 7 εἴ
γε μέντοι συμβαίη γεραιῷ νέαν ἔχειν, ὁρῶν τοὺς

---

7 cf. Plut. Lyc. XV, 12.

1 ἀλλήλας] ἀλλήλους Q^(ac)TZ^(ac) Flor.^L ‖ ἐποίησε] -σεν Stob.^(MS) ‖ 2 ἐξ] ὡς Stob. ‖ κἂν Richards 1897, 236 ‖ τὰ om. Stob. Morus ‖ 2-3 ἐρρωμενέστερ' ἂν γίγνεσθαι Cobet, 725 ‖ 3 γίγνεσθαι] γίν- Stob.^A ‖ 5 ἐπεὶ — γίγνεσθαι om. Stob.^(A ac), corr. in mg. ‖ γυνὴ om. Stob. ‖ ἄνδρα] ἄνδρας Stob. ‖ 4 τὸν πρῶτον A FLVW GI^(ac)?XM Stob.^(SM) Flor.^L Ald. : τὸ πρῶτον I^(pc) τὸν πρὸ τούτου Stob.^A τὸν πρὸ τοῦ χρόνον A^(2mg) ‖ 5 τούτου A FLW et fort. I post corr. alt., edd. pl. a Steph.¹ : τούτους GI^(ac)?XM^(ac) Iunt. τούτοις M^(2sl)I^(pc) τοῦτον V τούτῳ uid. Stob.^A ‖ 7 δ' ἐξιοντα] δὲ ἐξιόντα M ‖ δὲ alt. om. Flor.^L ‖ ποθεινοτέρως] προθυμοτέρως Stob.^A ‖ 9 βλάστοι inde a Dind.¹ edd. pl. : βλάπτοιεν A FLVW GIXM, βλάστοιεν B^(2pc)Ic^(pc) et coni. Muret 1559, III, 14 p. 30, βλαστάνοιεν Stob., βλαστάνοι (uel βλάστοι) ἂν Hense ad Stob. ‖ οὕτω μᾶλλον del. Cobet, 726 ‖ εἰ alt. om. Stob. ‖ 6 11 τοῦ ὁπότε] τούς ποτε Stob.^(SM) τοὺς πότε Stob.^A Flor.^L ‖ βούλοιτο ἕκαστος coni. Cobet, 711, 726 ‖ ἕκαστοι] ἑκάστου X ‖ γυναίκα] -κας Stob. ‖ 13 συμφέρον] -ρειν T et coni. Cobet, 726 ‖ εὐγονίᾳ] εὐγενείᾳ C Stob. ‖ 7 14 μέντοι] μή τι Stob.^A ‖ γεραιῷ νέαν] γηραιῷ νέαν Id et coni. Dind.³ (cf. TGL^(Did) s.u. et Ages. II, 15), γε ῥᾴων ἐὰν Stob.^S γεραῶν ἐὰν Stob.^M γέραον ἐᾶν Stob.^A γεραωνέαν Flor.^L ‖ ὁρῶν τοὺς] ὁρῶντος V.

âge surveillaient jalousement leurs épouses, il prit, sur ce point aussi, la position inverse, et fit en sorte que, quand il admirerait un homme tant pour son âme que pour son corps, le vieillard l'introduirait auprès de sa femme afin qu'il lui fît un enfant. **8.** Inversement, si un homme, tout en ne voulant pas se marier, désirait avoir des enfants dignes de l'estime générale, il lui donna aussi le droit par une loi, lorsqu'il verrait une femme pourvue de beaux enfants et de noble nature, d'avoir d'elle des enfants, à condition d'obtenir l'accord de celui qui l'avait en sa possession. **9.** Nombreux sont les arrangements de ce genre qu'il rendait possibles. De fait, les femmes désirent avoir en main deux maisonnées, et les hommes donner à leurs enfants d'autres frères qui aient part à la famille et à sa puissance, sans pouvoir pour autant prétendre à ses biens. **10.** Ainsi donc, sur la procréation, il a pris des mesures opposées à celles des autres. A-t-il par ce moyen réussi à procurer à Sparte des hommes supérieurs en taille et en force ? Libre à qui en a envie d'examiner cette question.

τηλικούτους φυλάττοντας μάλιστα τὰς γυναῖκας, τἀναντία καὶ τούτου ἐνόμισε· τῷ γὰρ πρεσβύτῃ ἐποίησεν, ὁποίου ἀνδρὸς σῶμά τε καὶ ψυχὴν ἀγασθείη, τοῦτον ἐπαγαγομένῳ τεκνοποιήσασθαι. 8 εἰ δέ τις αὖ γυναικὶ μὲν συνοικεῖν μὴ βούλοιτο, τέκνων δὲ ἀξιολόγων ἐπιθυμοίη, καὶ τοῦτο νόμιμον ἐποίησεν, ἥντινα ἂν εὔτεκνον καὶ γενναίαν ὁρῴη, πείσαντα τὸν ἔχοντα ἐκ ταύτης τεκνοποιεῖσθαι. 9 καὶ πολλὰ μὲν τοιαῦτα συνεχώρει. αἵ τε γὰρ γυναῖκες διττοὺς οἴκους βούλονται κατέχειν, οἵ τε ἄνδρες ἀδελφοὺς τοῖς παισὶ προσλαμβάνειν, οἳ τοῦ μὲν γένους καὶ τῆς δυνάμεως κοινωνοῦσι, τῶν δὲ χρημάτων οὐκ ἀντιποιοῦνται. 10 περὶ μὲν δὴ τεκνοποιίας οὕτω τἀναντία γνοὺς τοῖς ἄλλοις εἴ τι διαφέροντας καὶ κατὰ μέγεθος καὶ κατ᾽ ἰσχὺν ἄνδρας τῇ Σπάρτῃ ἀπετέλεσεν, ὁ βουλόμενος ἐπισκοπείτω.

8-9 cf. Plut. *Lyc.* XV, 13.

1 φυλάττοντας e Stob. Morus[adn] Zeune : -σσ- codd. Flor.[L] || μάλιστα φυλάττοντας Stob.[A] || μάλιστα] μᾶλλον V[ac] || 2 τούτου codd. Ald. edd. a Steph.[1] : τούτῳ Iunt. τούτοις Stob.[A] || τῷ... πρεσβύτῃ A Stob. edd. a Steph.[1] : τῷ... πρεσβυτάτῳ FLVW GIXM || 3 ἐποίησεν] -σε L[ac] I || ὁποίου] ὁποῖα Stob.[A] || σῶμά τε καὶ] καὶ σῶμα καὶ Stob. || 3-4 ἀγασθείη codd. Stob.[SMpc] Ald. : ἀγαθείη Ib Stob.[AMac] Flor.[L] Iunt. edd. pl. ante Le Jeune Steph.[1] || 4 τοῦτον] τούτου Stob. || ἐπαγαγομένῳ Dind.[3adn] coll. Stob. (ἀπαγαγομένῳ Stob.[AMacS] Flor.[L], -νου M[pc], in ἐπαγαγ- corr. Hense) et Plut. *Lyc.* XV, 13 (εἰσαγαγεῖν) : ἐπαγομένῳ codd. || τεκνοποιήσασθαι] τεκνοήσασθαι W || 8 5 μὲν om. Stob.[A] || 6 τοῦτο A Stob. edd. a Steph.[1] : τούτῳ FLVW GIXM || νόμιμον e Stob. primus rec. Steph[1] : νόμον codd. || 7 ἂν om. Stob., del. Heindorf || γενναίαν] γενναῖον A[ac], corr. A[2] || 8 τεκνοποιεῖσθαι] ποιεῖσθαι Stob. παιδοποιεῖσθαι in Stob. tempt. Hense || 9 9 αἵ τε γὰρ] αἱ μὲν γὰρ Stob. || 10 οἵ τε] οἱ δὲ Stob. || 11 παισὶ] πασὶ I[pc] (non liquet a.c.) || προσλαμβάνειν] λαμβάνειν Stob. || τοῦ om. Stob. || 12 κοινωνήσουσι Stob. || 10 15 κατὰ... κατ᾽ om. Stob. || 16 ὁ om. I[ac] || ἐπισκοπείτω] σκοπείτω Stob.

CHAPITRE II

II, 1. Pour ma part, ayant terminé mon exposé sur la procréation, je veux expliquer aussi comment de part et d'autre on éduque les enfants. Ceux des autres Grecs qui prétendent éduquer au mieux leurs fils, dès que leurs enfants sont capables de comprendre ce qu'on leur dit, les soumettent aussitôt à des pédagogues de condition servile, et aussitôt les envoient chez des maîtres pour apprendre les lettres, la musique (*mousikè*) et les exercices de la palestre. En outre, ils amollissent les pieds des enfants en leur mettant des chaussures, et dérèglent leur corps en les faisant changer de manteau ; quant à la nourriture, sa mesure est pour eux la capacité de leur estomac. **2.** Lycurgue, au contraire, au lieu de laisser chacun instituer de façon privée des esclaves comme pédagogues, a chargé de

II, 1 Ἐγὼ μέντοι, ἐπεὶ καὶ περὶ γενέσεως ἐξήγημαι, βούλομαι καὶ τὴν παιδείαν ἑκατέρων σαφηνίσαι. τῶν μὲν τοίνυν ἄλλων Ἑλλήνων οἱ φάσκοντες κάλλιστα τοὺς υἱεῖς παιδεύειν, ἐπειδὰν τάχιστα αὐτοῖς οἱ παῖδες τὰ λεγόμενα ξυνιῶσιν, εὐθὺς μὲν ἐπ' αὐτοῖς παιδαγωγοὺς θεράποντας ἐφιστᾶσιν, εὐθὺς δὲ πέμπουσιν εἰς διδασκάλων μαθησομένους καὶ γράμματα καὶ μουσικὴν καὶ τὰ ἐν παλαίστρᾳ. πρὸς δὲ τούτοις τῶν παίδων πόδας μὲν ὑποδήμασιν ἁπαλύνουσι, σώματα δὲ ἱματίων μεταβολαῖς διαθρύπτουσι· σίτου γε μὴν αὐτοῖς γαστέρα μέτρον νομίζουσιν. 2 ὁ δὲ Λυκοῦργος, ἀντὶ μὲν τοῦ ἰδίᾳ ἕκαστον παιδαγωγοὺς δούλους ἐφιστάναι, ἄνδρα

II, 1 2 βούλομαι – 3 σαφηνίσαι Stob. IV p. 142, 6-7 Hense ‖ 2 12 ὁ δὲ Λυκοῦργος – 4 4 προσεθίζεσθαι Stob. IV p. 142, 8-143, 5 Hense.

II, 1 1 Ἐγὼ – ἐξήγημαι (δὲ post βούλομαι addito) om. Stob., quod probauit Dind.[3] ‖ 2 ἑκατέρων om. Stob. ‖ 4 τοὺς] τοῖς A[ac], corr. A[2] ‖ 4-5 αὐτοῖς] αὐτοὶ W[ac] ‖ 5 ξυνιῶσιν] συν- Dind.[3] ‖ εὐθὺς μὲν G[pc] edd. a Steph.[1] : εὐθὺ μὲν A FLVW G[ac]IXM ‖ 6 παιδαγωγοὺς θεράποντας A FLV I[2mg]XM Brodeau 1559, 37, edd. a Steph.[1] : θεράποντας παιδαγωγοὺς G παιδαγωγοὺς θεραπεύοντας I[ac] Iunt. παιδαγωγοὺς om. W ‖ ἀφιστᾶσιν W ‖ 7 διδασκάλων] διδασκαλεῖον I[2mg] ‖ 10 ἁπαλύνουσι] -σιν GIX ‖ 2 12 δὲ] δέ γε W, γὰρ Stob. ‖ 13 ἕκαστον F G[pc]IXM : ἕκαστος A[ac] LVW G[ac] ἑκάστοις A[2pc] Stob. ‖ ἄνδρα] ἄνδρας Stob.

commander aux enfants un homme pris parmi ceux qui accèdent aux plus hautes magistratures ; on l'appelle précisément le pédonome. Il lui a donné tout pouvoir pour rassembler les enfants, les surveiller, et, si l'un d'eux se relâchait, le punir sévèrement. Il lui a aussi adjoint des porte-fouets pris parmi les jeunes gens (*hèbontes*), pour administrer des punitions quand il le fallait ; si bien que règnent à Sparte une extrême réserve et une extrême obéissance. **3.** Au lieu d'amollir leurs pieds avec des chaussures, il a prescrit de les leur endurcir en les faisant aller nu-pieds, considérant que s'ils subissaient cet entraînement, ils franchiraient bien plus aisément les montées raides et auraient plus de sûreté dans les descentes, et que, si on y a exercé

ἐπέστησε κρατεῖν αὐτῶν ἐξ ὧνπερ αἱ μέγισται ἀρχαὶ καθίστανται, ὃς δὴ καὶ παιδονόμος καλεῖται, τοῦτον δὲ κύριον ἐποίησε καὶ ἀθροίζειν τοὺς παῖδας καὶ ἐπισκοποῦντα, εἴ τις ῥᾳδιουργοίη, ἰσχυρῶς κολάζειν. ἔδωκε δ' αὐτῷ καὶ τῶν ἡβώντων μαστιγοφόρους, ὅπως τιμωροῖεν ὁπότε δέοι, ὥστε πολλὴν μὲν αἰδῶ, πολλὴν δὲ πειθὼ ἐκεῖ συμπαρεῖναι. 3 ἀντί γε μὴν τοῦ ἁπαλύνειν τοὺς πόδας ὑποδήμασιν ἔταξεν ἀνυποδησίᾳ κρατύνειν, νομίζων, εἰ τοῦτ' ἀσκήσειαν, πολὺ μὲν ῥᾷον ἂν ὀρθιάδ' ἐκβαίνειν, ἀσφαλέστερον δὲ πρανῆ καταβαίνειν, καὶ πηδῆσαι δὲ

2 5-6 μαστιγοφόρους POLL. III, 154 Ξενοφῶν δὲ καὶ μαστιγοφόρον που λέγει (cf. et *Cyr.* VIII, 3, 9) ‖ 3 9 ἀνυποδησία PHOT. *Lex.* α 2155 ἀνυποδησία· Πλάτων εἴρηκε καὶ Ξενοφῶν.

2 ὅς] ὃ STOB. ‖ καλεῖται τοῦτον δὲ κύριον om. I[ac] ‖ 3 καὶ ante κύριον add. FLOR.[L] ‖ ἀθροίζειν (ἀθρ- codd.) defend. Lipka coll. e. g. *Hell.* I, 6, 25 : καθίζειν STOB. καταλοχίζειν Rühl coll. PLUT. *Lyc.* XVI ἀλίζειν Pierl.[3] coll. *An.* II, 4, 3 ; VI, 3, 3 ‖ 4 ἰσχυρῶς om. STOB. ‖ 5 ἔδωκε δ' Α STOB. Steph.[1-2 adn] Morus seqq. : ἔδωκεν FLVW GIXM ‖ ἡβώντων] ἡβόντων A[ac] (corr. A[2]) ‖ 6 ὁπότε A[ac] : ὅτε A[2pc] FLVW GIXM ὅτι STOB. ‖ ὥστε] ὡς STOB. ‖ 7 μὲν om. I[ac] ‖ 3 8 γε om. A[ac] ‖ μήν] η e corr. A ‖ ἁπαλύνειν] ἀπ- A[ac] ‖ 9 εἰ] εἰς STOB.[AM] FLOR.[L] ‖ τοῦτ'] τοῦτο STOB. ‖ 10 ἀσκήσειαν] ἀσκήσαιεν STOB. ‖ ἂν ὀρθιάδ' (adu.) Steph.[1] alii : ἂν ὄρθια δὲ codd. (δὴ A[2pc], ἀνορθία – δὲ omisso – STOB. FLOR.[L] ἀνορθίᾳ STOB.[Trinc], corr. Gesner) ‖ ἐκβαίνειν fort. A[ac] et, δὲ omisso, STOB., scripsi coll. *Anab.* IV, 2, 3 ; IV, 3, 25 : εὖ βαίνειν A[2pc] βαίνειν FLVW GIXM γε βαίνειν Gesner ἀναβαίνειν Cast. ‖ 11 ἀσφαλέστερον – καταβαίνειν om. STOB. ‖ δὲ alt. om. FLVW GIXM edd. ante Schneider.

ses pieds, on bondit, on s'élance et on court plus vite nu-pieds que chaussé. **4.** Au lieu de les dérégler en leur donnant plusieurs manteaux, il jugeait bon de les habituer à n'en avoir qu'un seul pendant toute l'année, considérant qu'ainsi ils seraient mieux préparés à supporter aussi bien le froid que la chaleur. **5.** Quant à la nourriture, il prescrivit que l'[? *arrèn* conseillât (au jeune garçon) d'en avoir ?] la quantité qu'il fallait pour qu'ils ne soient jamais alourdis par la satiété et qu'ils s'accoutument à vivre dans un certain manque ; il considérait que ceux qui étaient élevés ainsi

ΛΑΚΕΔΑΙΜΟΝΙΩΝ ΠΟΛΙΤΕΙΑ ΙΙ

καὶ ἀναθορεῖν καὶ δραμεῖν θᾶττον ἀνυπόδητον, εἰ ἠσκηκὼς εἴη τοὺς πόδας, ἢ ὑποδεδεμένον. 4 καὶ ἀντί γε τοῦ ἱματίοις διαθρύπτεσθαι ἐνόμιζεν ἑνὶ ἱματίῳ δι' ἔτους προσεθίζεσθαι, νομίζων οὕτως καὶ πρὸς ψύχη καὶ πρὸς θάλπη ἄμεινον ἂν παρεσκευάσθαι. 5 σῖτόν γε μὴν ἔταξε τοσοῦτον †ἔχοντα συμβουλεύειν τὸν ἄρρενα†· ὡς ὑπὸ πλησμονῆς μὲν μήποτε βαρύνεσθαι, τοῦ δὲ ἐνδεεστέρως διάγειν μὴ ἀπείρως ἔχειν, νομίζων τοὺς οὕτω παιδευομένους μᾶλλον μὲν

5 6 σῖτόν γε – 9 ἀπείρως ἔχειν Stob. IV p. 143, 5-7 Hense.

1 ἀναθορεῖν Α²ᵖᶜ Stob. edd. a Le Jeune fere omnes : ἀνθορεῖν Αᵃᶜ FLVW GXM (fort. retinendum : de apocope praepositionis apud Xen. u. Gautier 1911, 77) ǁ ἂν δύνασθαι post θᾶττον desiderari susp. Marchant ǁ ἀνυπόδητον – ὑποδεδεμένον om. Stob., del. Herw., 17 τὸν ἀνυπόδητον... τὸν ὑποδεδεμένον Cobet, 726 ǁ ἀνυπόδητον C Fa Ic (et apogr.) ἀνυπόδετον Αᵖᶜ FLVW Gᵖᶜ ἀνυποδέτον Ιᵖᶜ ἀνυποδέτων Αᵃᶜ GᵃᶜΙᵃᶜXM ἀνυπόδητόν τινα Schenkl K. 1888, 110 ǁ 1-2 εἰ – πόδας del. Schneider ǁ 1 εἰ] ἢ εἰ Cast. ǁ 2 ἠσκηκὼς] ἐσκληκὼς Jacobs 1790, 319-320 ǁ ὑποδεδεμένον] ὑποδεδεγμένον Χᵃᶜ ǁ 4 καὶ ἀντί γε] ἀντὶ δὲ (καὶ omisso) Stob. ǁ 3 ἐνόμιζεν Α : -σεν FLVW GIXM -σε Stob. ǁ ἑνὶ ἱματίῳ] ἐν ἱματίῳ FᵃᶜW δερματίῳ Stob. ǁ 4 προσεθίζεσθαι] προσε- Ιᵃᶜ ǁ νομίζων – παρεσκευάσθαι om. Stob., del. Pierl.¹ ǁ οὕτως] οὕτω L M Iunt. al. ǁ 5 παρεσκευάσθαι Cobet, 725 : παρασκευάσασθαι codd. ǁ 5 6 σῖτόν γε μὴν τοσοῦτον ἔχειν συνεβούλευεν (-ευσεν Flor.ᴸ) Stob. (e quo ἔχειν pro ἔ. σ. Βᵖᶜ) Rühl, unde ἐσθίειν συνεβ. Sommerfeldt 1921 ǁ ἔχοντα] ἔχοντας Christian 1830, 1269 n. * haud male, del. Lipka ǁ 6-7 συμβουλεύειν Α FLVW GIXM (συμβουλεύων G²ˢˡ) συμβολεύειν C et coni. Portus F. 1586, 187 ἀπολαύειν Weiske συμβιοτεύειν (ἄρρενα seruato) tempt. Haaseᵃᵈⁿ συμβολατεύειν Dind.³ συμβάλλειν Jacobs 1809, 124 Lipka, an συλλέγειν? ǁ 7 τὸν ἄρρενα codd., om. Stob. τὸν εὔρενα Schneider (hic et infra II, 11 codd. mss. lectionem defend. Strauss 1939, 505 n. 5 Keydell 1995, 16-17 ; contra Lipka – qui tamen τὸν ἔχοντα tempt. in app. – in comm. ad II, 11, cui assentior) ǁ μήποτε] οὔποτε M Stob.ᴬ ǁ 9 νομίζων – p. 8, 5 ἔχειν βρῶμα, καὶ om. Stob., del. Pierl.¹⁻².

seraient plus capables, au besoin, de faire effort tout en manquant de nourriture, pourraient, si on le leur ordonnait, tenir plus longtemps avec la même ration, auraient moins besoin de bons morceaux, se contenteraient plus facilement de n'importe quel aliment, vivraient en meilleure santé et gagneraient en taille. Il jugea que l'alimentation qui rend le corps svelte était plus appropriée que celle qui l'épaissit à force de nourriture. **6.** Cependant, pour qu'ils ne soient pas trop tenaillés par la faim, sans les autoriser à prendre sans souci ce qui leur manquait, il leur permit de voler de quoi se défendre contre elle. **7.** Que ce ne soit pas parce qu'il ne savait pas quoi leur donner à manger qu'il leur a permis de se débrouiller pour la nourriture, je pense que nul ne l'ignore. Il va de soi que celui qui a l'intention de voler doit veiller la nuit, et le jour ruser et rester aux aguets ; et que celui qui veut

ΛΑΚΕΔΑΙΜΟΝΙΩΝ ΠΟΛΙΤΕΙΑ II   8

ἂν δύνασθαι, εἰ δεήσειεν, ἀσιτήσαντας ἐπιπονῆσαι, μᾶλλον δ' ἄν, εἰ παραγγελθείη, ἀπὸ τοῦ αὐτοῦ σίτου πλείω χρόνον ἐπιταθῆναι, ἧττον δ' ἂν ὄψου δεῖσθαι, εὐχερέστερον δὲ πρὸς πᾶν <ἂν> ἔχειν βρῶμα, καὶ ὑγιεινοτέρως δ' ἂν διάγειν, καὶ εἰς μῆκος ἂν 5 αὐξάνεσθαι. τὴν <δὴ> ῥᾳδινὰ τὰ σώματα ποιοῦσαν τροφὴν μᾶλλον συλλαμβάνειν ἡγήσατο ἢ τὴν διαπλατύνουσαν τῷ σίτῳ. 6 ὡς δὲ μὴ ὑπὸ λιμοῦ ἄγαν αὖ πιέζοιντο, ἀπραγμόνως μὲν αὐτοῖς οὐκ ἔδωκε λαμβάνειν ὧν ἂν προσδέωνται, κλέπτειν δ' ἐφῆκεν 10 ἔστιν ἃ τῷ λιμῷ ἐπικουροῦντας. 7 καὶ ὡς μὲν οὐκ ἀπορῶν ὅ τι δοίη ἐφῆκεν αὐτοῖς γε μηχανᾶσθαι τὴν τροφήν, οὐδένα οἶμαι τοῦτο ἀγνοεῖν· δῆλον δ' ὅτι τὸν μέλλοντα κλωπεύειν καὶ νυκτὸς ἀγρυπνεῖν δεῖ καὶ μεθ' ἡμέραν ἀπατᾶν καὶ ἐνεδρεύειν, καὶ κατα- 15

---

5 5 ὑγιεινοτέρως – 6 10 ἐφῆκεν Stob. IV p. 143, 7-144, 1 Hense || 7 13 δῆλον δ' ὅτι – 8 8 ὑπηρετοῦντα Stob. IV p. 144, 1-9 Hense.

4 εὐχερέσστερον X || ἂν add. Cobet, 725 || 5 τοῦ (sc. συλλαμβάνειν) ante εἰς add. Schneider coll. Hipp. I, 22 || εἰς τὸ ante ὑγιεινοτέρως add. Bergius, ante ὑγιειν. et ante εἰς μῆκος intelligendum putabat Weiske, legendum sane Sauppe[1] coll. Hell. VII, 5, 6 Riemann 1883 || ἂν alt.] δ' ἂν Stob. Pierl.[1-3] Ollier Lipka γ' ἂν Morus, del. Riemann 1883 || 6 post αὐξάνεσθαι distinxi (commate iam Pierl.[3]) || αὐξάνεσθαι del. Madvig 1871, 362 || τὴν ante αὐξάνεσθαι transp. Marchant, lac. post αὐξάνεσθαι susp. Cobet, 727-728 || δὴ addidi || 7 ἡγήσατο] ἡγησάμενος Stob. Pierl.[2-3] || ἢ om. W || 7-8 διαπλατύνουσαν] διαπλάττουσαν Stob. διαπράττουσαν Stob.[Trinc] || 6 9 αὖ] ἂν F || αὐτοῖς post ἔδωκεν transp. Stob. || 10 ἂν om. Stob. || προσδέωνται ABC (e B recep. Gail[2] Schneider) : προσδέονται Stob. (prob. Zeune[adn]) δέωνται FLVW GIXM edd. ante Schneider || 11-13 ἔστιν ἃ – 7 2 τοῦτο ἀγνοεῖν om. Stob. (δὲ post πληγὰς addito) || 12 ἐφῆκεν] ἀφῆκεν G || γε] τὸ Weiske[adn] || 7 13 τοῦτ' ἀγνοεῖν M X || 14 κλωπεύειν] ἐπικλωπεύειν W || 15-1 κατασκόπους] κατασκοπὰς Herw., 17.

s'emparer de quelque chose doit aussi aposter des guetteurs. Il est donc évident en tout cela qu'en voulant rendre les enfants plus astucieux pour se procurer de la nourriture, il a du même coup réussi, par une telle éducation, à faire d'eux de meilleurs guerriers. **8.** Pourquoi donc, dira-t-on peut-être, s'il considérait le vol comme une bonne chose, faisait-il donner force coups à celui qui se laissait prendre ? Ma réponse est que dans tous les autres enseignements on punit l'élève qui obéit mal. Ainsi donc, si les Spartiates eux aussi châtient ceux qui se font prendre, c'est parce que ceux-ci volent mal. **9.** De même, tout en décidant qu'il serait beau de ravir le plus possible de fromages dans le sanctuaire d'Orthia, il prescrivit à d'autres de fouetter les voleurs ; par là aussi, il voulait montrer qu'une souffrance de courte durée peut permettre de jouir du bonheur d'une gloire durable. Cela montre que là où précisément la promptitude est indispensable, celui qui agit avec mollesse, loin d'en tirer avantage, s'attire au contraire un

ΛΑΚΕΔΑΙΜΟΝΙΩΝ ΠΟΛΙΤΕΙΑ ΙΙ 9

σκόπους δὲ ἑτοιμάζειν τὸν μέλλοντά τι λήψεσθαι. ταῦτα οὖν δὴ πάντα δῆλον ὅτι μηχανικωτέρους τῶν ἐπιτηδείων βουλόμενος τοὺς παῖδας ποιεῖν καὶ πολεμικωτέρους οὕτως ἐπαίδευσεν. 8 εἴποι δ' ἂν οὖν τις, τί δῆτα, εἴπερ τὸ κλέπτειν ἀγαθὸν ἐνόμιζε, πολ- 5 λὰς πληγὰς ἐπέβαλλε τῷ ἁλισκομένῳ; ὅτι, φημὶ ἐγώ, καὶ τἆλλα, ὅσα ἄνθρωποι διδάσκουσι, κολάζουσι τὸν μὴ καλῶς ὑπηρετοῦντα. κἀκεῖνοι οὖν τοὺς ἁλισκομένους ὡς κακῶς κλέπτοντας τιμωροῦνται. 9 καὶ ὡς πλείστους δὴ ἁρπάσαι τυροὺς παρ' Ὀρ- 10 θίας καλὸν θείς, μαστιγοῦν τούτους ἄλλοις ἐπέταξε, τοῦτο δηλῶσαι καὶ ἐν τούτῳ βουλόμενος ὅτι ἔστιν ὀλίγον χρόνον ἀλγήσαντα πολὺν χρόνον εὐδοκιμοῦντα εὐφραίνεσθαι. δηλοῦται δὲ ἐν τούτῳ ὅτι καὶ ὅπου τάχους δεῖ ὁ βλακεύων ἐλάχιστα μὲν ὠφελεῖ- 15

1 δὲ del. Elze 1844, 599 || τὸν – λήψεσθαι del. Elze 1844, 599 dubia putat Pierl.³ || τόν γε μέλλοντα mauult Schneider (adn.) || 2 δὴ om. Stob. || πάντα δῆλον ὅτι] δῆλον ὅτι πάντα Stob. δῆλον ὅτι del. Diels || 4 ἐπαίδευσεν] -δευεν Stob. || 8 4-5 εἴποι δ' ἂν – ἐνόμιζε om. Stob. || 5 δῆτα] δὴ ταῦτα X || ἐνόμιζε] -ζεν V || 6 δὲ post πολλὰς add. Stob. || ἐπέβαλλε] ἐπέβαλε V^ac et descript. codd. nonnulli Stob.^Trinc, recep. edd. nonnulli. || 9 10-14 καὶ ὡς πλείστους – εὐφραίνεσθαι del. Marchant || 10 δὴ] δεῖ W || τυροὺς] πυροὺς VW^pc(?) Ka^2mg et coni. Camer., 111 Leuncl.^3mg et 1096CD τύπους uel τύλους tempt. Haase || παρ' Ὀρθίας ante μαστιγοῦν transp. Camer., 111-112 || 11 καλὸν] κάλων A^2pc || τούτους suspectum habuerunt Gail¹ Habben 1909, 19 || ἐπέταξε] -ξεν GIX, corr. Leuncl.³ || 12 δηλῶσαι A : δὲ (δὴ Cast. γε Leuncl.³, 1096) δηλῶσαι FLVW G^pcIXM || ἔστιν] ἐστίν A^ac, corr. A² || 13 ἀλγήσαντα] ἀλγί- F^pc || 14 lac. post εὐφραίνεσθαι susp. Weiske || 14-p. 10, 1 δηλοῦται – λαμβάνει post 8 4 τιμωροῦνται transp. Haase || 14 δηλοῦται δὲ ἐν τούτῳ ὅτι καὶ] καὶ pro δὲ Leuncl.³, καὶ post δὲ transp. Weiske || 15 δεῖ in rasura A.

maximum d'ennuis. **10.** Pour que, même si le pédonome était absent, les enfants ne restent jamais privés de chef, il a attribué à tout citoyen se trouvant là le pouvoir et de leur donner tout ordre qu'il jugerait bon, et de punir les fautifs. Ce faisant, il a rendu les enfants encore plus respectueux : car il n'y a rien que tous, enfants comme hommes faits, respectent autant que les magistrats. **11.** Et pour que, si jamais il arrivait que ne fût présent aucun homme fait, même alors les enfants ne soient pas privés de chef, il a ordonné que le plus astucieux des irènes commande à chaque *ilè* : ainsi, là-bas, les enfants ne sont jamais privés de chef. **12.** Je dois en outre, me semble-t-il, dire quelque chose sur l'amour des enfants : car cela aussi contribue à l'éducation. Or, chez les autres Grecs, ou bien, comme en Béotie, l'homme fait et l'enfant vivent en couple, ou bien, comme chez les Éléens, on gagne par des faveurs la possession d'un garçon en sa fleur ; mais il y a aussi des cités où il est absolument interdit aux érastes de parler aux enfants. **13.** Lycurgue,

ται, πλεῖστα δὲ πράγματα λαμβάνει. 10 ὅπως δὲ μηδ' εἰ ὁ παιδονόμος ἀπέλθοι, ἔρημοί ποτε οἱ παῖδες εἶεν ἄρχοντος, ἐποίησε τὸν ἀεὶ παρόντα τῶν πολιτῶν κύριον εἶναι καὶ ἐπιτάττειν τοῖς παισὶν ὅ τι ἂν ἀγαθὸν δοκοίη εἶναι, καὶ κολάζειν, εἴ τι ἁμαρτάνοιεν. τοῦτο δὲ ποιήσας διέπραξε καὶ αἰδημονεστέρους εἶναι τοὺς παῖδας· οὐδὲν γὰρ οὕτως αἰδοῦνται οὔτε παῖδες οὔτε ἄνδρες ὡς τοὺς ἄρχοντας. 11 ὡς δὲ καὶ εἴ ποτε μηδεὶς τύχοι ἀνὴρ παρών, μηδ' ὣς ἔρημοι οἱ παῖδες ἄρχοντος εἶεν, ἔθηκε τῆς ἴλης ἑκάστης τὸν τορώτατον τῶν εἰρένων ἄρχειν· ὥστε οὐδέποτε ἐκεῖ οἱ παῖδες ἔρημοι ἄρχοντός εἰσι. 12 λεκτέον δέ μοι δοκεῖ εἶναι καὶ περὶ τῶν παιδικῶν ἐρώτων· ἔστι γάρ τι καὶ τοῦτο πρὸς παιδείαν. οἱ μὲν τοίνυν ἄλλοι Ἕλληνες ἢ ὥσπερ Βοιωτοὶ ἀνὴρ καὶ παῖς συζυγέντες ὁμιλοῦσιν, ἢ ὥσπερ Ἠλεῖοι διὰ χαρίτων τῇ ὥρᾳ χρῶνται· εἰσὶ δὲ καὶ οἳ παντάπασι τοῦ διαλέγεσθαι τοὺς ἐραστὰς εἴργουσιν ἀπὸ τῶν παίδων. 13 ὁ δὲ

10 1 ὅπως δὲ – 5 ἁμαρτάνοιεν Sᴛᴏʙ. IV p. 144, 10-13 Hense.

10 1 ὅπως δὲ – 11 ἄρχοντός εἰσι post II, 2 transp. Haase || ὅπως] ὅπω V || 2 μηδ' εἰ] μὴ δεῖ G^ac μὴ ἐὰν Sᴛᴏʙ.^MSac μὴ ἐᾶν Sᴛᴏʙ.^ASpc Fʟᴏʀ.^L || πότε post μηδ' εἰ transp. Cobet, 728 coll. II, 11 || 3 ἀεὶ] αἰεὶ Stob.^AS || 4 ὅ τι] εἴ τι Sᴛᴏʙ. || ἂν om. W Sᴛᴏʙ., del. Dind², fort. recte || 6 διέπραξε] -ξεν G || 11 11 τορώτατον defend. Richards 1897, 135 coll. Pʟᴀᴛ. Theaet. 175e Aʀɪsᴛᴏᴘʜ. Ran. 1102 : εὐπορωτάτων (τὸν in τῶν mutato) T εὐνομώτατον siue εὐτροπώτατον Elze 1844, 600 πρεσβύτατον Cobet, 727 γεραίτατον Naber 1897, 443 || ἀρχόντων post τῶν add. W^ac || εἰρένων Cragius 1593, II, 12 (p. 90) : εἰρήνων Schrevel 1668, adn. ad u. εἰρνάζει (p. 294 adn. 5) ἀρρένων codd. ; cf. ad II, 5 || 12 14 τι] τοι Μ δὴ uel τοι coni. Morus || 16 Ἠλεῖοι FVW (et Ἡλεῖοι AL), edd. a Brubach. : οἱ λεῖοι G^acI^acXM οἱ Ἡλεῖοι I^pc || 17 τοῦ om. X^ac || τοῦ διαλέγεσθαι del. Richards 1897, 237 τοῦ μὴ διαλέγεσθαι Richards 1906, 347 || 18 ἀπὸ ante τοῦ δ. transp. Schneider, del. Gemoll 1920, 865-866 || ἀπὸ τῶν παίδων del. Morus^adn.

lui, a encore pris un parti contraire à celui de tous ces gens-là. Si un homme, lui-même tout à fait comme il faut, était pris d'admiration pour l'âme d'un enfant et entreprenait d'en faire un ami sans reproche et de le fréquenter, il l'approuvait et considérait cela comme une très belle éducation ; mais si c'était le corps de l'enfant qui, de toute évidence, attirait quelqu'un, il condamnait cela comme une infamie ; ainsi obtint-il qu'à Lacédémone les érastes s'abstinssent de relations physiques avec leurs éromènes aussi rigoureusement que s'abstiennent de rapports amoureux les parents avec leurs enfants, les frères avec leurs frères.

14. Cependant, qu'il y ait des gens pour ne pas croire ce que je viens de dire, je ne m'en étonne pas : car nombreuses sont les cités où les lois ne s'opposent pas aux entreprises amoureuses ayant les enfants pour objet. Tel est mon exposé sur l'éducation laconienne et celle des autres Grecs. Laquelle des deux forme les hommes les plus obéissants, les plus réservés et les plus maîtres d'eux-mêmes sur ce qu'il faut, libre à qui en a envie d'examiner cette question-là aussi.

ΛΑΚΕΔΑΙΜΟΝΙΩΝ ΠΟΛΙΤΕΙΑ ΙΙ 11

Λυκοῦργος ἐναντία καὶ τούτοις πᾶσι γνούς, εἰ μέν τις αὐτὸς ὢν οἷον δεῖ ἀγασθεὶς ψυχὴν παιδὸς πειρῷτο ἄμεμπτον φίλον ἀποτελέσασθαι καὶ συνεῖναι, ἐπῄνει καὶ καλλίστην παιδείαν ταύτην ἐνόμιζεν· εἰ δέ τις παιδὸς σώματος ὀρεγόμενος φανείη, αἴσχι- 5 στον τοῦτο θεὶς ἐποίησεν ἐν Λακεδαίμονι μηδὲν ἧττον ἐραστὰς παιδικῶν ἀπέχεσθαι ἢ γονεῖς παίδων ἢ καὶ ἀδελφοὶ ἀδελφῶν εἰς ἀφροδίσια ἀπέχονται. 14 τὸ μέντοι ταῦτα ἀπιστεῖσθαι ὑπό τινων οὐ θαυμάζω· ἐν πολλαῖς γὰρ τῶν πόλεων οἱ νόμοι οὐκ 10 ἐναντιοῦνται ταῖς πρὸς τοὺς παῖδας ἐπιθυμίαις.
ἡ μὲν δὴ παιδεία εἴρηται ἥ τε Λακωνικὴ καὶ ἡ τῶν ἄλλων Ἑλλήνων· ἐξ ὁποτέρας δ' αὐτῶν καὶ εὐπειθέστεροι καὶ αἰδημονέστεροι καὶ ὧν δεῖ ἐγκρατέστεροι ἄνδρες ἀποτελοῦνται, ὁ βουλόμενος καὶ 15 ταῦτα ἐπισκοπείσθω.

13 1 καὶ] καὶ ἐν uel κἄν Hertlein 1861, 11 || 2 τις e corr. V || ἀγασθεὶς] ἀγαθεὶς G^{ac} || 3 ἄμεμπτον] ἄμεπτον M ἄμεμπον uid. W || 6 ἐν A^{2pc} BC Ia Ig edd. pl. a Cast. : ἂν A^{ac} FLVW GIXM || μηδὲν G W (et B^{ac}?C K^{ac}Id) edd. pl. a Brubach. : μηθὲν A FLV IXM || 8 ἢ del. Schaefer || 14 9 τὸ μέντοι ταῦτα FLVW GIXM : τὸ μὲν τοιαῦτα A τὸ μὲν δὴ τοιαῦτα C^{mg} || 11 III, 5 καὶ τῶν – ἐπεμελήθη post ἐπιθυμίαις et II, 5 3-6 ἡ μὲν δὴ – ἐπισκοπείσθω post III, 5 τὸ ἐρωτηθὲν ἀκοῦσαι transp. Weiske alii.

CHAPITRE III

III, 1. Quand ils sortent de la catégorie des *paides* pour entrer dans l'adolescence, c'est alors, chez les autres Grecs, la fin des pédagogues, la fin des maîtres ; personne ne leur commande plus, on les laisse libres de faire ce qu'ils veulent. Sur ce point aussi, Lycurgue a pris la décision inverse. **2.** Ayant en effet remarqué que cet âge est celui où l'orgueil est le plus naturel, la violence la plus fréquente, l'appétit des plaisirs le plus puissant, c'est à ce moment de leur vie qu'il leur a imposé le plus d'exercices pénibles, qu'il a organisé pour eux la plus complète absence de répit. **3.** En ajoutant à cela que si quelqu'un se dérobait à ces obligations, il n'aurait plus accès à aucune des belles choses, il a fait en sorte que non seulement les représentants de l'État, mais aussi les personnes responsables à titre privé, veillent sur chacun des jeunes garçons pour l'empêcher d'encourir, par lâcheté, un complet déshonneur dans la cité. **4.** En outre, voulant leur inspi-

III, 1 Ὅταν γε μὴν ἐκ παίδων εἰς τὸ μειρακιοῦσθαι ἐκβαίνωσι, τηνικαῦτα οἱ μὲν ἄλλοι παύουσι μὲν ἀπὸ παιδαγωγῶν, παύουσι δὲ ἀπὸ διδασκάλων, ἄρχουσι δὲ οὐδένες ἔτι αὐτῶν, ἀλλ᾽ αὐτονόμους ἀφιᾶσιν· ὁ δὲ Λυκοῦργος καὶ τούτων τἀναντία 5 ἔγνω. 2 καταμαθὼν γὰρ τοῖς τηλικούτοις μέγιστον μὲν φρόνημα ἐμφυόμενον, μάλιστα δὲ ὕβριν ἐπιπολάζουσαν, ἰσχυροτάτας δὲ ἐπιθυμίας τῶν ἡδονῶν παρισταμένας, τηνικαῦτα πλείστους μὲν πόνους αὐτοῖς ἐπέβαλε, πλείστην δὲ ἀσχολίαν ἐμηχανήσα- 10 το. 3 ἐπιθεὶς δὲ καὶ εἴ τις ταῦτα φύγοι, μηδενὸς ἔτι τῶν καλῶν τυγχάνειν, ἐποίησε μὴ μόνον τοὺς ἐκ δημοσίου ἀλλὰ καὶ τοὺς κηδομένους ἑκάστων ἐπιμελεῖσθαι, ὡς μὴ ἀποδειλιάσαντες ἀδόκιμοι παντάπασιν ἐν τῇ πόλει γένοιντο. 4 πρὸς δὲ τούτοις τὸ 15

III, 4 15 πρὸς δὲ τούτοις – 5 12 ἀκοῦσαι Stob. IV p. 144, 14-145, 8 Hense.

III, 1 1 εἰς τὸ μειρακιοῦσθαι del. Cobet, 728, defend. Kennell 1995, 33 Lipka || 2 παύουσι] -σιν W || 3 μὲν om. W || δὲ ἀπὸ] δὲ καὶ ἀπὸ I (καὶ primus eiecit Haase) || 2 6 γὰρ om. L || 10 ἐπέβαλε A Le Jeune Morus, deinde omnes a Schneider : ὑπέβαλε FLV GIXM ὑπέβαλλε W || 10-11 ἐμηχανήσατο] ἐμηχανίσατο A || 3 13 ἀλλὰ καὶ] καὶ om. V^{ac} || 15 ἐν τῇ bis L || 4 τε post τὸ add. Stob.

rer un puissant sentiment de réserve, il leur a ordonné, même dans la rue, de garder les deux mains sous leur manteau, de marcher en silence, et, au lieu de regarder autour d'eux, de tenir leurs yeux fixés sur ce qui est devant leurs pieds. Alors a été faite la preuve que le sexe masculin l'emporte sur la nature féminine pour le contrôle de soi également. **5.** En tout cas, vous entendriez moins leur voix que celle des statues de pierre, vous leur feriez moins tourner les yeux qu'aux statues de bronze, vous les jugeriez plus réservés que ne le sont les pupilles même des yeux. Et quand ils viennent au repas public (*philition*), il faut se contenter de n'entendre d'eux que leurs réponses aux questions qu'on leur pose. Voilà donc de quelle façon Lycurgue s'est occupé à leur tour des *paidiskoi*.

ΛΑΚΕΔΑΙΜΟΝΙΩΝ ΠΟΛΙΤΕΙΑ III

αἰδεῖσθαι ἰσχυρῶς ἐμφυσιῶσαι βουλόμενος αὐτοῖς
καὶ ἐν ταῖς ὁδοῖς ἐπέταξεν ἐντὸς μὲν τοῦ ἱματίου
τὼ χεῖρε ἔχειν, σιγῇ δὲ πορεύεσθαι, περιβλέπειν δὲ
μηδαμοῖ, ἀλλ' αὐτὰ τὰ πρὸ τῶν ποδῶν ὁρᾶν. ἔνθα
δὴ καὶ δῆλον γεγένηται ὅτι τὸ ἄρρεν φῦλον καὶ εἰς 5
τὸ σωφρονεῖν ἰσχυρότερόν ἐστι τῆς τῶν θηλειῶν φύσεως. 5 ἐκείνων γοῦν ἧττον μὲν ἂν φωνὴν ἀκούσαις
ἢ τῶν λιθίνων, ἧττον δ' ἂν ὄμματα μεταστρέψαις
ἢ τῶν χαλκῶν, αἰδημονεστέρους δ' ἂν αὐτοὺς ἡγήσαιο καὶ αὐτῶν τῶν ἐν τοῖς ὀφθαλμοῖς παρθένων. 10
καὶ ἐπειδὰν εἰς τὸ φιλίτιόν γε ἀφίκωνται, ἀγαπητὸν αὐτῶν καὶ τὸ ἐρωτηθὲν ἀκοῦσαι. καὶ τῶν μὲν
αὖ παιδίσκων οὕτως ἐπεμελήθη.

III, 5 7-10 ἐκείνων – παρθένων *Subl.* IV, 4.

1 ἐμφυσιῶσαι A FL[ac]VW, defend. Schenkl H. 1908, 3 coll.
CHAROND. p. 61, 10 ; 63, 7 Thesleff : ἐμφῶσαι GIXM ἐνθυσιῶσαι
uoluisse uid. L[pc] ἐμφῦσαι STOB. Steph.[2] edd. multi || 2 ταῖς] τοῖς
G || ἐπέταξεν] ἐπέδειξεν STOB. || 3 περιβλέπειν] περιόπτειν STOB. ||
4 μηδαμοῖ LVW[ac]? GIX[pc] : -μοῦ A -μῇ FW[pc]? X[ac]M -μῶς STOB.
(οὐδαμῶς STOB.[A]) || ἀλλ' αὐτὰ τὰ] ἀλλὰ τὰ W || τῶν om. STOB. ||
ποδῶν] ποδᾶν A || 6 σωφρονεῖν] σῶφρον STOB. || τῆς τῶν θηλειῶν
STOB., Steph.[1adn] (p. 29) edd. a Zeune ad Dind.[3] plerique, Lip-
ka : τῶν τῆς θηλείας codd. τῶν del. Heindorf || 5 7 ὡς ante ἐκείνων
add. STOB. || μὲν post ἐκείνων *Subl.* (codd.) || φωνὴν] φρονεῖν W ||
ἀκούσαις] ἦν ἀκοῦσαι STOB. || 8 δ' ἂν : δὲ STOB. || μεταστρέψαις
codd. : στρέψαις Id *Subl.* edd. pl. a Dind.[3], στρεψάντων STOB. ||
10 ὀφθαλμοῖς *Subl.* STOB., defend. Spina 1985 : θαλάμοις codd. ||
11 φιλίτιόν] φιδίτιον F[sl] C Leuncl.[3mg] Cobet, 728-729 || γε om.
STOB. || ἀφίκωνται] ἀφίκονται W[ac] edd. ante Steph.[1] || 12 καὶ τῶν
– ἐπεμελήθη om. STOB., post II, 14.7 ἐπιθυμίαις transp. Weiske
alii || 13 παιδίσκων Haase coll. *Hell.* V, 4, 32 et HSCH. π 66 :
παιδικῶν codd.

CHAPITRE IV

IV, 1. Ce sont les *hèbontes* qui ont été l'objet de ses soins les plus attentifs, car il pensait que, s'ils devenaient tels qu'il convenait, ils feraient, pour la cité, plus que quiconque pencher la balance vers le bien. **2.** Voyant donc que c'est là où existe la plus forte émulation que les chœurs méritent le plus d'être entendus et les concours gymniques d'être contemplés, il considérait que s'il faisait rivaliser de vertu les *hèbontes* également, ils atteindraient eux aussi le sommet de la valeur guerrière. Comment il les mit à leur tour en concurrence, je vais l'exposer. **3.** Parmi ceux d'entre eux qui ont atteint leur plein développement physique, les éphores choisissent trois hommes ; on les appelle les hippagrètes.

IV, 1 Περί γε μὴν τῶν ἡβώντων πολὺ μάλιστα ἐσπούδασε, νομίζων τούτους, εἰ γένοιντο οἵους δεῖ, πλεῖστον ῥέπειν ἐπὶ τὸ ἀγαθὸν τῇ πόλει. 2 ὁρῶν οὖν, οἷς ἂν μάλιστα φιλονικία ἐγγένηται, τούτων καὶ χοροὺς ἀξιακροατοτάτους γιγνομένους καὶ γυμνικοὺς ἀγῶνας ἀξιοθεατοτάτους, ἐνόμιζεν, εἰ καὶ τοὺς ἡβῶντας συμβάλλοι εἰς ἔριν περὶ ἀρετῆς, οὕτως ἂν καὶ τούτους ἐπὶ πλεῖστον ἀφικνεῖσθαι ἀνδραγαθίας. ὡς οὖν τούτους αὖ συνέβαλεν, ἐξηγήσομαι. 3 αἱροῦνται τοίνυν αὐτῶν οἱ ἔφοροι ἐκ τῶν ἀκμαζόντων τρεῖς ἄνδρας· οὗτοι δὲ ἱππαγρέται καλοῦνται.

IV, 1 1 Περὶ – 2 ἐσπούδασε Stob. IV p. 145, 8-9 Hense || 2 9 ὡς οὖν – 4 5 ἀνθ' αὐτῶν Stob. IV p. 145, 10-146, 2.

IV, 1 1 τῶν ἤδη ἡβώντων Stob. || ἡβόντων A || 2 ἐσπούδασε] -σεν W || γένοιντο] γένοιτο G^{ac} γένοιντο οὕτως W^{ac} || 2 4 ἂν om. W || φιλονικία Ma^{pc} Cobet, 729, edd. inde a Dind.^{3} : φιλονεικία Ma^{ac} cett. || 5 χοροὺς A FLVW M edd. a Walder Cast. : χωροὺς GIX || (ἀξιακροατοτά)τους γιγνομένους καὶ γυμνικοὺς ἀγῶνας ἀξιοθεατοτά(τους) om. G^{ac}, corr. G^{2mg} || ἀξιακροατοτάτους FLVW^{pc} edd. a Schaefer : -τωτάτους A IXM W^{ac} ἀξιακρωτάτους G^{pc} || 6 ἀξιοθεατοτάτους FLVW^{pc} G^{2mg} edd. a Schaefer : -θεατωτάτους A IXM -θεατάτους W^{ac} || 7 ἡβώντας] ἡμῶντας I^{ac}V || συμβάλλοι A W GIX : συμβάλοι FLV M || 9 συνέβαλεν] συνέβαλλεν W Stob. || 3 10 αὐτῶν post ἔφοροι transp. Stob. || 11 ἱππαγρῖται uel -ίται Stob.

Chacun d'eux dresse une liste de cent hommes, en expliquant pourquoi il choisit les uns et écarte les autres. **4.** Ceux donc qui n'obtiennent pas cet avantage font la guerre et à ceux qui les ont rejetés et à ceux qui ont été choisis à leur place, et ils se surveillent mutuellement, pour voir s'ils ne relâchent pas leur effort au mépris de ce qui est reconnu comme le bien. **5.** Ainsi naît cette rivalité, qui est la plus chère aux dieux et la plus véritablement civique ; elle fait la démonstration de ce que doit être la conduite d'un homme de bien. Les uns et les autres font effort de part et d'autre pour être toujours les meilleurs et, si besoin est, se porter, chacun en ce qui le concerne, de toutes ses forces au secours de la cité. **6.** Ils sont également obligés de soigner leur condition physique. En effet, leur rivalité les pousse à se battre à coups de poing chaque fois qu'ils se rencontrent. Toutefois, quiconque survient a le pouvoir de séparer les combattants. Si l'un d'eux refuse de se soumettre à cet arbitre, le pédonome le mène devant les éphores ; ceux-ci le punissent lourdement, dans l'intention de le mettre en état de ne jamais laisser la colère le dominer au point de l'empêcher d'obéir aux lois. **7.** Quant aux hommes qui ont passé

ΛΑΚΕΔΑΙΜΟΝΙΩΝ ΠΟΛΙΤΕΙΑ IV

τούτων δ' έκαστος άνδρας εκατόν καταλέγει, διασαφηνίζων ότου ένεκα τους μεν προτιμά, τους δε αποδοκιμάζει. 4 οι ούν μη τυγχάνοντες των καλών πολεμούσι τοις τε αποστείλασιν αυτούς και τοις αιρεθείσιν ανθ' αυτών και παραφυλάττουσιν αλλήλους, εάν τι παρά τα καλά νομιζόμενα ραδιουργώσι. 5 και αύτη δη γίγνεται η θεοφιλεστάτη τε και πολιτικωτάτη έρις, εν ή αποδέδεικται μεν α δει ποιείν τον αγαθόν, χωρίς δ' εκάτεροι ασκούσιν όπως αεί κράτιστοι έσονται, εάν δε τι δέη, καθ' ένα αρήξουσι τη πόλει παντι σθένει [άν]. 6 ανάγκη δ' αυτοίς και ευεξίας επιμελείσθαι. και γαρ πυκτεύουσι δια την έριν όπου αν συμβάλωσι· διαλύειν μέντοι τους μαχομένους πας ο παραγενόμενος κύριος. ην δε τις απειθή τω διαλύοντι, άγει αυτόν ο παιδονόμος επί τους εφόρους· οι δε ζημιούσι μεγαλείως, καθιστάναι βουλόμενοι εις το μήποτε οργήν του μη πείθεσθαι τοις νόμοις κρατήσαι. 7 τοις γε μην την

IV, 6 13 διαλύειν – 14 κύριος Stob. IV p. 146.3-4 || 7 18 τοῖς γε μὴν – p. 16, 2 καθίστανται et p. 16, 4 ὁ δὲ Λυκοῦργος – 8 ὑποφέρειν Stob. IV p. 146, 5-9.

1 ἄνδρας] ἄνδρα Stob. || ἑκατὸν A FLVW GXM edd. a Brubach. : ἕκαστον I Stob. || καταλέγει] -γοι G[ac] M || 2 ὅτου] ὅπου W[ac] || δὲ] δ' X Stob. || 4 4 τε Stob. edd. pl. a Steph.[1adn] : τοῖς μὴ codd., τοῖς τε μὴ Haase || 5 ἀνθ' αὐτῶν GM FLV : ἀνθ' αὑτῶν WIX ἀμφ' αὑτῶν A ἀντ' αὐτῶν Stob. || 6 ῥᾳδιουργῶσι] ῥᾳδιορ- G[ac], -γοῦσι uid. I[ac] || 5 7 ἤ del. Hertlein 1858, 213-214 || 9 χωρὶς] χωρὶ W[ac] || 10 ἔσονται] ἔσωνται L[pc]W[ac] || ἀρήξουσι] -σιν uid. A[ac] || 11 ἄν om. T et del. edd. a Steph.[1] || 6 ἀνάγκηι A || 13 συμβάλλωσι W || διαλύειν A[2pc] G[pc] Stob. edd. a Steph.[1adn] : διαλύει A[ac] FLVW G[ac]IXM || 14 παραγενόμενος] παραγιγν- Stob. || 15 ἀπειθῇ] ἀπειθεῖ G || 16 ἐφόρους] εὐφ- W || ζημιοῦσι] -σιν V || μεγαλείως] μεγάλως M et coni. Dind.[1] || 17 εἰς del. Weiske || τοῦ] τὸ Hermann apud Frotscher 1819, 20-21.

l'âge de l'*hèbè*, et qui font désormais partie de ceux qui accèdent même aux plus hautes magistratures, les autres Grecs, tout en les mobilisant dans l'armée, leur ôtent tout souci d'entretenir plus longtemps la force de leur corps. Lycurgue, au contraire, a posé la règle que, pour les gens de cet âge, ce serait une très belle chose de pratiquer la chasse, sauf si le service de la cité les en empêchait, de façon qu'eux aussi ne soient pas moins capables que les *hèbontes* d'endurer les fatigues de la vie militaire.

ἡβητικὴν ἡλικίαν πεπερακόσιν, ἐξ ὧν ἤδη καὶ αἱ μέγισται ἀρχαὶ καθίστανται, οἱ μὲν ἄλλοι Ἕλληνες ἀφελόντες αὐτῶν τὸ ἰσχύος ἔτι ἐπιμελεῖσθαι στρατεύεσθαι ὅμως αὐτοῖς ἐπιτάττουσιν, ὁ δὲ Λυκοῦργος τοῖς τηλικούτοις νόμιμον ἐποίησε κάλλιστον εἶναι 5 τὸ θηρᾶν, εἰ μή τι δημόσιον κωλύοι, ὅπως δύναιντο καὶ οὗτοι μηδὲν ἧττον τῶν ἡβώντων στρατιωτικοὺς πόνους ὑποφέρειν.

7 1 πεπερακόσιν C K^pc? L^pcDZH Q^pc? Stob. et edd. a Le Jeune Steph.[1] : πεπρακόσιν A FL^acVW GIXM || 3 ἀφελόντες] ἀφελῶντες W^ac || 4 δὲ om. Stob. || 5 τοῖς τηλικούτοις om. Stob. || τηλικούτοις] τηλίτοις G^ac τοιούτοις W || 6 κωλύοι] κωλύει L^ac || 7 καὶ οὗτοι δύνωνται Stob. || ἡβώντων] ἡβῶν τῶν Stob.^M || 8 πόνους] νόμους M^pc || X, 1 καλῶς – καλοκἀγαθίαν, X, 3 εἰκότως – ἀξιοσπουδαστότεροι, X, 2 ἀξιάγαστον – ῥώμης hoc ordine post ὑποφέρειν transp. Haase.

CHAPITRE V

V, 1. J'ai à peu de choses près rapporté les règles de conduite qu'a édictées Lycurgue concernant chaque catégorie d'âge ; je vais maintenant m'efforcer d'exposer aussi quel régime il a institué pour tous. **2.** Lycurgue trouva les Spartiates dînant chez eux comme les autres Grecs ; ayant compris que cela autorisait un laisser-aller généralisé, il transféra les repas en commun dans l'espace visible. Il pensait que c'était ainsi qu'il serait le moins contrevenu aux règles qu'il fixait. **3.** Et il détermina leur nourriture de telle façon qu'ils ne fussent ni gavés, ni sous-alimentés. Les produits de la chasse fournissent beaucoup de compléments imprévus ; il arrive aussi qu'au lieu de cela, les riches contribuent avec du pain de froment. Il s'ensuit que, jusqu'à ce que les convives se séparent, la table ne manque jamais de

V, 1 Ἃ μὲν οὖν ἑκάστῃ ἡλικίᾳ ἐνομοθέτησεν ὁ Λυκοῦργος ἐπιτηδεύματα σχεδὸν εἴρηται· οἵαν δὲ καὶ πᾶσι δίαιταν κατεσκεύασε, νῦν πειράσομαι διηγεῖσθαι. 2 Λυκοῦργος τοίνυν παραλαβὼν τοὺς Σπαρτιάτας ὥσπερ τοὺς ἄλλους Ἕλληνας οἴκοι σκηνοῦντας, γνοὺς ἐν τούτοις πλεῖστα ῥᾳδιουργεῖσθαι, εἰς τὸ φανερὸν ἐξήγαγε τὰ συσκήνια, οὕτως ἡγούμενος ἥκιστ' ἂν παραβαίνεσθαι τὰ προσταττόμενα. 3 καὶ σῖτόν γε ἔταξεν αὐτοῖς ὡς μήτε ὑπερπληροῦσθαι μήτε ἐνδεεῖς γίγνεσθαι. πολλὰ δὲ καὶ παράλογα γίγνεται ἀπὸ τῶν ἀγρευομένων· οἱ δὲ πλούσιοι ἔστιν ὅτε καὶ ἄρτον ἀντιπαραβάλλουσιν· ὥστε οὔτε ἔρημός ποτε ἡ τράπεζα βρωτῶν γίγνεται,

V, 1 1 ἑκάστῃ A || 2 4 Λύκουργος A[ac] || 5 τοὺς om. W || 6 τούτοις] τούτῳ Heinrich Cobet, 729 || πλεῖστα M[pc] *Anon. Vat.* ('plurima') Dind.[1] : πλείστους M[ac] cett. || 3 9 γε Steph.[2] et inde edd. pl. : τε codd. et defend. Haase δὲ Fa et coni. Heindorf || ὡς] τοσοῦτον ὥστε Cobet, 729, coll. II, 5 ; XV, 3 || 10 δὲ om. L[ac] || 11 ἀγρευομένων Camer., 30, 113 (cf. Sphaer. *FGrHist* 585 F 1 in Ath. 141CD) : ἀργευομένων codd. || 12 ἄρτον Camer., 30, 113 Bergius et a Moro edd. fere omnes : ἀργὸν codd. ἄγραν Muret 1559, III, 15 (p. 31) al. || ἀντιπαραβάλλουσιν] -ωσιν X || 13 οὔτε om. W || βρωτῶν A[2pc] FLVW I[pc] : βροτῶν A[ac] GI[ac]XM.

nourriture, sans pour autant être coûteuse. **4.** Quant à la boisson, tout en bannissant de son usage la pratique de la consommation forcée, excès qui fait tituber le corps et tituber aussi le jugement, il permit à chacun de boire quand il avait soif : il pensait qu'ainsi prise la boisson est absolument inoffensive et tout à fait agréable. Comment, parmi des gens qui dînent de cette façon, quelqu'un pourrait-il, par gourmandise ou ivrognerie, ruiner ou sa santé ou sa maisonnée ? **5.** En outre, dans les autres cités, ce sont le plus souvent les gens du même âge qui se réunissent entre eux, et alors vraiment règne parmi de tels convives une totale absence de réserve ; tandis qu'à Sparte Lycurgue mélangea [les âges, de façon que ?] les plus jeunes tirent grand profit, pour leur formation, de l'expérience des plus anciens. **6.** C'est en effet un usage local que dans les *philitia* on parle de ce que tel ou tel a fait de bien dans la cité : de sorte qu'on n'y constate absolument pas d'excès, absolument pas d'ivresse, absolument pas d'actes honteux ni de paroles honteuses. **7.** Voici encore une bonne

ΛΑΚΕΔΑΙΜΟΝΙΩΝ ΠΟΛΙΤΕΙΑ V   18

ἔστ᾽ ἂν διασκηνῶσιν, οὔτε πολυδάπανος. 4 καὶ μὴν τοῦ ποτοῦ ἀποπαύσας τὰς [οὐκ] ἀναγκαίας πόσεις, αἳ σφάλλουσι μὲν σώματα, σφάλλουσι δὲ γνώμας, ἐφῆκεν ὁπότε διψώῃ ἕκαστος πίνειν, οὕτω νομίζων ἀβλαβέστατόν τε καὶ ἥδιστον ποτὸν γίγνεσθαι. οὕ- 5
τω γε μὴν συσκηνούντων πῶς ἄν τις ἢ ὑπὸ λιχνείας ἢ οἰνοφλυγίας ἢ αὑτὸν ἢ οἶκον διαφθείρειεν; 5 καὶ γὰρ δὴ ἐν μὲν ταῖς ἄλλαις πόλεσιν ὡς τὸ πολὺ οἱ ἥλικες ἀλλήλοις σύνεισι, μεθ᾽ ὧνπερ καὶ ἐλαχίστη αἰδὼς παραγίγνεται· ὁ δὲ Λυκοῦργος ἐν τῇ Σπάρ- 10
τῃ †ἀνέμιξε παιδεύεσθαι† τὰ πολλὰ τοὺς νεωτέρους ὑπὸ τῆς τῶν γεραιτέρων ἐμπειρίας. 6 καὶ γὰρ δὴ ἐπιχώριον ἐν τοῖς φιλιτίοις λέγεσθαι ὅ τι ἂν καλῶς τις ἐν τῇ πόλει ποιήσῃ· ὥστ᾽ ἐκεῖ ἥκιστα μὲν ὕβριν, ἥκιστα δὲ παροινίαν, ἥκιστα δὲ αἰσχρουργίαν καὶ 15
αἰσχρολογίαν ἐγγίγνεσθαι. 7 ἀγαθά γε μὴν ἀπερ-

V, 6 cf. POLL. II 120 αἰσχρολογία ὡς Ξενοφῶν.

1 διασκηνῶσιν] -οῦσιν I^ac (recte Ald. et edd. a Steph.¹) ||
4 2 ποτοῦ A LVW GXM defend. Haase, ποτου F, πότου I || οὐκ del. Müller-Strübing 1878, defend. Wilhelm 1924-1925, 154 ||
3 σφάλλουσι] σφάλουσι G^acW^ac || σφάλλουσι alt.] φάλλουσι W^ac ||
5 ποτὸν] πότον Loys al. τὸν πότον Wilhelm 1924-1925, 154-155 ||
6 συσκηνούντων] σκηνούντων Steph.^1-2 || 7 αὑτὸν C FLW IXM^pc ed. a Steph.¹ : αὐτὸν A V GM^ac || διαφθείρειεν] -ρειε FLVW^pc -ροιε W^ac -ροιεν X || 5 10 παραγίγνεται] -γνηται G || ὁ om. V ||
11 ἀνέμιξε] ἀνέμειξε Marchant ἐνόμισε Dind.³ ἐπέδειξε Pierl.¹ ἀπέδειξε Voigtländer apud Sauppe 1869, 47 αὖ εἶξεν tempt. Pierl.³ ||
post ἀνέμειξε aliquid excidisse inde a Weiske multi rati sunt :
lacunam indicauerunt Cobet, 729 Rühl alii ; expleuerunt alii aliter : αὐτοὺς ὥστε Weiske τὰς ἡλικίας ὥστε Schneider βουλόμενος Richards 1897, 1906 νομίζων Schenkl K. 1898 πάντας ὥστε Casevitz 2008, 17, 152 n. 5 || ὑγρὰ ante πολλὰ add. W^ac || 6 12 δὴ om. L^ac || 14 τις om. F || ποιήσῃ] ποιήσει X || ὥστ᾽ ἐκεῖ] ὥστε ἐκεῖ FLVW || 15 αἰσχρουργίαν] αἰσχουργίαν C Fa If L Marchant ||
7 16 ἀγαθά] καθὰ W || γε] δὲ X.

chose procurée par le fait de dîner hors de chez soi : ils sont obligés de marcher pour rentrer à la maison, et doivent donc veiller à ne pas trébucher sous l'effet du vin, sachant qu'ils ne vont pas rester là où ils dînent, et qu'ils devront être à l'aise dans l'obscurité comme si c'était le plein jour ; car celui qui est encore en âge d'être mobilisé n'a pas même le droit de s'éclairer avec une torche dans ses déplacements. **8.** Ayant aussi réalisé que de leur nourriture ceux qui prennent de l'exercice tirent un beau teint, une belle chair et une belle force, tandis que ceux qui n'en prennent pas se montrent bouffis, laids et malingres, Lycurgue ne négligea pas cette observation non plus. Réfléchissant que, même quand quelqu'un s'entraîne avec zèle, de son propre mouvement et comme il l'entend, il est loin de manifester une forme physique satisfaisante, il ordonna que l'homme qui serait à chaque fois le plus âgé dans chaque gymnase veillât à ce que leur entraînement ne soit jamais insuffisant par rapport à la nourriture qu'ils

ΛΑΚΕΔΑΙΜΟΝΙΩΝ ΠΟΛΙΤΕΙΑ V

γάζεται καὶ τάδε ἡ ἔξω σίτησις· περιπατεῖν τε γὰρ ἀναγκάζονται ἐν τῇ οἴκαδε ἀφόδῳ, καὶ μὴν τοῦ ὑπὸ οἴνου μὴ σφάλλεσθαι ἐπιμελεῖσθαι, εἰδότες ὅτι οὐκ ἔνθαπερ ἐδείπνουν καταμενοῦσι καὶ τῇ ὄρφνῃ ὅσα ἡμέρᾳ χρηστέον· οὐδὲ γὰρ ὑπὸ φανοῦ τὸν ἔτι ἔμ- 5 φρουρον ἔξεστι πορεύεσθαι. 8 καταμαθὼν γε μὴν ὁ Λυκοῦργος καὶ ὅτι ἀπὸ τῶν σίτων οἱ μὲν διαπονούμενοι εὔχροοι τε καὶ εὔσαρκοι καὶ εὔρωστοί εἰσιν, οἱ δ' ἄπονοι πεφυσημένοι τε καὶ αἰσχροὶ καὶ ἀσθενεῖς ἀναφαίνονται, οὐδὲ τούτου ἠμέλησεν, ἀλλ' ἐννοῶν 10 ὅτι καὶ ὅταν αὐτός τις τῇ ἑαυτοῦ γνώμῃ φιλοπονῇ, <οὐκ> ἀρκούντως τὸ σῶμα ἔχων ἀναφαίνεται, ἐπέταξε τὸν ἀεὶ πρεσβύτατον ἐν τῷ γυμνασίῳ ἑκάστῳ ἐπιμελεῖσθαι ὡς μήποτε <πόνους> αὐτοῖς ἐλάττους

---

1 σίτησις FLVW Le Jeune Steph.² : σίτισις A GIXM ‖ τε om. W ‖ 2 μὴν om. C, del. Schneider, defend. Haase ‖ τοῦ ὑπὸ If Schneider : τὸ ὑπὸ cett., καὶ μὴ (μὴ uid. iam B) ὑπὸ τοῦ οἴνου σφάλλεσθαι Herw., 17-18 ‖ 3 σφάλλεσθαι] σφάλεσθαι G ‖ εἰδότες Bergius et a Weiske edd. fere omnes : εἰδότας codd. ‖ 3-4 (οὐ)κ ἔνθαπερ—ὅσα ἡμέρᾳ om. V^ac, corr. in mg. ‖ 4 καταμενοῦσι] καταμένουσι A ‖ 5 γὰρ om. W ‖ 8 6 γε s.l. add. V ‖ 7 ἀπὸ τῶν σίτων def. Haase, 128 coll. AEL. *VH* XIV, 7 ‖ αὐτῶν post τῶν add. Dobree 1831, 137, coll. II 5, Cobet, 730 fort. recte ‖ σίτων] σιτίων Fa Dobree 1831 ‖ 8 εὔχροοι] εὔχροι Cobet, 730 ‖ 10 ἠμέλησεν] ἀμ- W^ac ‖ ἐννοῶν] ἐνοῶν L M ‖ 11 αὐτός τις Ma^ac et coni. Portus F. 1586, 194-195 Leuncl.³ : αὐτός τι codd. ‖ φιλοπονῇ] -νεῖ G ‖ 12 οὐκ ante ἀρκούντως add. Schenkl K. 1898 οὐ καλῶς post ἀρκούντως add. Verres 1888, n° 7 ‖ ἀρκούντως A FLW GXM Steph.^1mg : ἀρκούντος V ἀρκοῦντας I^ac ἀρκοῦν I^pc edd. pl. usque ad s. XIX med. (def. Zeune coll. *Mem.* I, 2, 3) ‖ 13 ἑκάστῳ] ἑκάστων Hermann ‖ 14 ὡς μήποτε πόνους αὐτοῖς ἐλάττους τῶν σιτίων γίγνεσθαι Naumann 1876, 45-46 (sim. μὴ πόνους αὐτῶν iam Hug 1858) : ὡς μήποτε αὐτοὶ (αὐτοῦ W) ἐλάττους τῶν σιτίων γίγνεσθαι codd., quae crucibus distinx. Marchant alii, ὡς μήποτε αὐτοὺς ἔλαττον τῶν σιτίων γυμνάζεσθαι Heinrich (αὐτοὺς iam C et coni. Leuncl.³, 1096F Zeune) alii alia.

avaient reçue. **9.** En cela non plus, il ne me semble pas s'être trompé. De ce fait, on aurait du mal à trouver des hommes mieux portants et au corps en meilleur état de servir que les Spartiates : c'est qu'ils entraînent au même degré leurs jambes, leurs bras et leur nuque.

τῶν σιτίων γίγνεσθαι. 9 καὶ ἐμοὶ μὲν οὐδ' ἐν τούτῳ σφαλῆναι δοκεῖ. οὐκ ἂν οὖν ῥᾳδίως γέ τις εὕροι Σπαρτιατῶν οὔτε ὑγιεινοτέρους οὔτε τοῖς σώμασι χρησιμωτέρους· ὁμοίως γὰρ ἀπό τε τῶν σκελῶν καὶ ἀπὸ χειρῶν καὶ ἀπὸ τραχήλου γυμνάζονται. 5

1 σιτίων] συσσίτων Leuncl.[3adn] συσσιτίων van Leeuwen apud Wilhelm 1924-1925, 155 || 9 2 γέ τις post εὕροι transp. W || 4 χρησιμωτέρους] ἰσχυροτέρους Cobet, 730 || ἀπό τε] ὁπότε Iunt. etc. (ἀπὸ Cast., recte Brubach.) || 5 τραχήλου] non liquet M[pc] (recte M[ac]).

CHAPITRE VI

VI, 1. Voici encore des points sur lesquels il a pris des mesures opposées aux pratiques les plus courantes. En effet, dans les autres cités, chacun est le maître et de ses enfants et de ses esclaves et de ses biens. Lycurgue, lui, voulant instaurer une situation où, sans se causer le moindre tort, les citoyens puissent de quelque façon profiter des bons services les uns des autres, a fait en sorte que l'autorité de chacun s'étende au même degré sur ses enfants et sur ceux d'autrui. **2.** Quand quelqu'un est conscient de ce que [? ces hommes sont les pères ?] des enfants auxquels lui-même commande, il est évident qu'il leur commande de la même façon qu'il souhaiterait qu'il soit aussi commandé aux siens. Si un jour un enfant qui a été battu par quelqu'un d'autre le rapporte à son père,

VI, 1 Ἐναντία γε μὴν ἔγνω καὶ τάδε τοῖς πλείστοις. ἐν μὲν γὰρ ταῖς ἄλλαις πόλεσι τῶν ἑαυτοῦ ἕκαστος καὶ παίδων καὶ οἰκετῶν καὶ χρημάτων ἄρχουσιν· ὁ δὲ Λυκοῦργος, κατασκευάσαι βουλόμενος ὡς ἂν μηδὲν βλάπτοντες ἀπολαύοιέν τι οἱ πολῖται ἀλλήλων ἀγαθόν, ἐποίησε παίδων ἕκαστον ὁμοίως τῶν ἑαυτοῦ καὶ τῶν ἀλλοτρίων ἄρχειν. 2 ὅταν δέ τις εἰδῇ ὅτι †οὗτοι πατέρες εἰσὶ† τῶν παίδων, ὧν αὐτὸς ἄρχει, ἀνάγκη οὕτως ἄρχειν ὥσπερ ἂν καὶ τῶν ἑαυτοῦ ἄρχεσθαι βούλοιτο. ἢν δέ τις παῖς ποτε πληγὰς λαβὼν ὑπ' ἄλλου κατείπῃ πρὸς τὸν πατέ-

VI, 1 6 ἐποίησε – 2 10 βούλοιτο Stob. IV p. 146, 10-14 Hense.

VI, 1 1 ἔγνωι A τ' ἔγνω W ‖ 3 καὶ γυναικῶν post παίδων add. W ‖ 5 ἀπολαύοιεν] ἀπολάβοιεν G ‖ 6 ὡσαύτως ὁ Λυκοῦργος ante ἐποίησε add. Stob. ‖ 7 τε ante καὶ add. W ‖ 2 8 εἰδῇ] εἰ δὴ Stob.[M] ‖ οὗτοι defend. Haase τοι οἱ uel ἔτι οἱ Zeune[adn] τοσοῦτοι Richards 1897, 237 οὔ τοι Pierleoni 1905, 54-55 οὗτοι κύριοι Pierl.[2] τοιοῦτοι Ollier οὗτοι πάντες Gianotti ‖ πατέρες εἰσὶ] πάντες <κύριοί> εἰσι uel πάντες ἄρχουσι Schenkl H. 1908, 10 ‖ εἰσὶν Stob.[MS] ‖ 9 ἀνάγκη οὕτως ἄρχειν om. I ‖ οὕτως ἄρχειν] ἄρχειν οὕτως Stob. ‖ lac. post ἄρχειν susp. Morus (suppl. οἳ ἂν τῶν ἑαυτοῦ ἄρχειν δύνωνται) alii ‖ 10 τῶν FLVW Stob.[1549] Morus[adn] edd. pl. a Zeune : τὸν A GIX M Stob., τοὺς KKaDZ Lipka ‖ 11 κατείπῃ] κατείποι W.

il est honteux pour lui de ne pas infliger à son fils une nouvelle correction : si grande est la confiance régnant entre eux que jamais personne n'imposera aux enfants quoi que ce soit de honteux. **3.** Il a également inscrit dans la loi la possibilité pour qui en a besoin d'utiliser aussi les esclaves d'autrui. Et il a établi de la façon suivante une mise en commun des chiens de chasse : ceux qui en manquent lancent une invitation à la chasse à leur propriétaire, et, si celui-ci n'est pas lui-même de loisir, il les leur envoie avec plaisir. Et on en use de même avec les chevaux : si quelqu'un est malade, ou a besoin d'une voiture, ou veut se rendre rapidement quelque part, et qu'il avise ici ou là un cheval, il le prend, s'en sert, puis le ramène à sa place bien comme il faut. **4.** Voici encore une façon de faire qu'il a instituée, et qui elle non plus n'est pas en usage ailleurs. Quand des chasseurs se sont attardés et manquent de provisions, s'il se trouve qu'ils ne s'en sont pas munis, pour ce cas-là aussi il a établi une règle, qui est la suivante : ceux qui ont fini de chasser laissent sur place ce qu'ils ont préparé ; ceux qui ont besoin de vivres rompent les sceaux, prennent

ΛΑΚΕΔΑΙΜΟΝΙΩΝ ΠΟΛΙΤΕΙΑ VI 22

ρα, αἰσχρόν ἐστι μὴ οὐκ ἄλλας πληγὰς ἐμβάλλειν τῷ υἱεῖ. οὕτω πιστεύουσιν ἀλλήλοις μηδὲν αἰσχρὸν προστάττειν τοῖς παισίν. 3 ἐποίησε δὲ καὶ οἰκέταις, εἴ τις δεηθείη, χρῆσθαι καὶ τοῖς ἀλλοτρίοις. καὶ κυνῶν δὲ θηρευτικῶν συνῆψε κοινωνίαν· ὥστε οἱ μὲν 5 δεόμενοι παρακαλοῦσιν ἐπὶ θήραν, ὁ δὲ μὴ αὐτὸς σχολάζων ἡδέως ἐκπέμπει. καὶ ἵπποις δὲ ὡσαύτως χρῶνται· ὁ γὰρ ἀσθενήσας ἢ δεηθεὶς ὀχήματος ἢ ταχύ που βουληθεὶς ἀφικέσθαι, ἤν που ἴδῃ ἵππον ὄντα, λαβὼν καὶ χρησάμενος καλῶς ἀποκαθίστησιν. 10 4 οὐ μὴν οὐδ᾽ ἐκεῖνό γε παρὰ τοῖς ἄλλοις εἰθισμένον ἐποίησεν ἐπιτηδεύεσθαι. ὅπου γὰρ ἂν ὑπὸ θήρας ὀψισθέντες δεηθῶσι τῶν ἐπιτηδείων, ἢν μὴ συνεσκευασμένοι τύχωσι, καὶ ἐνταῦθα ἔθηκε τοὺς μὲν πεπαυμένους καταλείπειν τὰ πεποιημένα, τοὺς 15 δὲ δεομένους ἀνοίξαντας τὰ σήμαντρα, λαβόντας

1 πληγὰς del. Cobet, 730 ‖ ἐμβάλλειν] ἐμβαλεῖν G, ἐπεμβάλλειν uel προσεμβάλλειν Cobet, 730 coll. Plut. *Inst. Lac.* 11 (237D) ‖ 2 οὕτω] οὕτως V ‖ ἀλλήλοις Ma^{sl} Weiske (in *Addendis*, p. 504) : ἀλλήλους codd. ‖ μηδὲν] μηδὲ M^{ac} μηδὲν ἂν Cobet, 725 ‖ 3 3 ὡς ἰδίοις post οἰκέταις add. Brodeau (coll. Aristot. *Pol.* 1263a 23, Plut. *Inst. Lac.* 238E) Rühl ‖ 4 εἴ τις δεηθείη] εἴ τι δέοι Steph. et Leuncl. in mg. ‖ τις] τι FLVW ‖ 5 συνῆψε] -ψε fere euanidum I (unde συνῆ Iunt.) ‖ κοινωνίαν] -νίαι I ‖ 7 ὡσαύτως δὲ post χρῶνται add. X^{ac} ‖ 8 ἢ pr.] καὶ Castiglioni 1926, 45 del. Köhler 1896, 363 Rühl ‖ 9 που] ποι Heindorf edd. pl., sed cf. Muratore 2022, 249-251 ‖ 10 λαβὼν A ‖ 4 11 οὐδ᾽] οὐδὲ W ‖ ἐκεῖνο] ἐκεῖ Pierl. ^{3app} ‖ γε Weiske : τὸ codd. ‖ 11-12 εἰθισμένον] -μένων G^{ac}I^{ac}X ‖ 12 ἐποίησεν] -σε I et edd. ante Steph.[1] ‖ 15 μὲν om. W ‖ πεπαυμένους] πεπαμένους Zeune edd. multi πεποιημένους Morus^{adn} πεπασμένους (a Schneider aliisque P. Victorio tributum) Casevitz 2008 ‖ καταλείπειν] κατακλήειν Herw., 18 ‖ πεποιημένα] περιπεποιημένα Schenkl K. 1888, 110 Ollier ‖ 16 καὶ ante λαβόντας add. Zeune^{adn} Weiske ‖ λαβόντας] -τες uid. L^{ac}.

ce qu'il leur faut, et laissent le reste en y mettant leurs sceaux. **5.** Ainsi donc, ces procédés créent un échange mutuel de dons, qui fait que même ceux qui possèdent peu ont part à tout ce que contient le pays, chaque fois qu'ils ont besoin de quelque chose.

ὅσων ἂν δέωνται σημηναμένους καταλιπεῖν. 5 τοιγαροῦν οὕτως μεταδιδόντες ἀλλήλοις καὶ οἱ τὰ μικρὰ ἔχοντες μετέχουσι πάντων τῶν ἐν τῇ χώρᾳ, ὁπόταν τινὸς δεηθῶσιν.

1 καταλιπεῖν] καταλείπειν Dind.³ coll. PLUT. Inst. Lac. 23 (238E), τὰ λοιπὰ ante καταλιπεῖν add. Hertlein 1861, 11 auctore Leuncl. qui 'cetera... relinquant' uertit || 5 2 οὕτως] οὕτω L || 4 ὁπόταν] ἀπὸ τ' ἂν I^ac || δεηθῶσιν] -σι GW.

CHAPITRE VII

VII, 1. Voici encore des règles instituées à Sparte par Lycurgue et qui sont opposées à celles des autres Grecs. Il est clair en effet que dans les autres cités tous amassent autant d'argent qu'ils peuvent : l'un cultive la terre, un autre affrète des navires, un autre fait du commerce, d'autres encore gagnent leur vie en exerçant divers métiers. **2.** À Sparte, Lycurgue a interdit aux hommes libres de toucher à quoi que ce soit qui permette d'accumuler de l'argent ; ce qui assure la liberté des cités, voilà ce qu'il leur a prescrit de considérer comme leur domaine exclusif d'activité. **3.** D'ailleurs, pourquoi rechercherait-on la richesse là où, en décidant qu'on apporterait une contribution égale pour la nourriture, et que le régime serait identique pour tous, on a empêché que l'amour des plaisirs ne pousse à désirer des richesses ? Ce n'est pas non plus pour avoir de beaux vêtements qu'on pourrait vouloir s'enrichir, car la parure des Spartiates n'est pas le luxe de l'habillement,

VII, 1 Ἐναντία γε μὴν καὶ τάδε τοῖς ἄλλοις
Ἕλλησι κατέστησεν ὁ Λυκοῦργος ἐν τῇ Σπάρτῃ νόμιμα. ἐν μὲν γὰρ δήπου ταῖς ἄλλαις πόλεσι πάντες
χρηματίζονται ὅσον δύνανται· ὁ μὲν γὰρ γεωργεῖ,
ὁ δὲ ναυκληρεῖ, ὁ δ' ἐμπορεύεται, οἱ δὲ καὶ ἀπὸ
τεχνῶν τρέφονται· 2 ἐν δὲ τῇ Σπάρτῃ ὁ Λυκοῦργος
τοῖς [μὲν] ἐλευθέροις τῶν μὲν ἀμφὶ χρηματισμὸν
ἀπεῖπε μηδενὸς ἅπτεσθαι, ὅσα δὲ ἐλευθερίαν ταῖς
πόλεσι παρασκευάζει, ταῦτα ἔταξε μόνα ἔργα αὐτῶν νομίζειν. 3 καὶ γὰρ δὴ τί πλοῦτος ἐκεῖ γε
σπουδαστέος, ἔνθα ἴσα μὲν φέρειν εἰς τὰ ἐπιτήδεια,
ὁμοίως δὲ διαιτᾶσθαι τάξας ἐποίησε μὴ ἡδυπαθείας
ἕνεκα χρημάτων ὀρέγεσθαι; ἀλλὰ μὴν οὐδ' ἱματίων
γε ἕνεκα χρηματιστέον· οὐ γὰρ ἐσθῆτος πολυτε-

VII, 2 6 ἐν δὲ τῇ Σπάρτῃ – 3 11 σπουδαστέος Stob. IV p. 147,
1-5 Hense.

VII, 1 5 ναυκληρεῖ] -ροῖ F || 2 6 δὲ om. Stob. || 7 μὲν pr. om.
Stob., del. Morus^adn et a Zeune edd. fere omnes || τῶν FLVW
GM^pc Stob.^AM Flor.^L Le Jeune et edd. omnes a Steph.¹ : τὸν
A(sine acc.) IXM^ac Stob.^S || μὲν alt. del. Schneider (priore ser-
uato) || 8 ἐν ante ταῖς add. Stob. || 9 ἔταξε] -ξεν Stob.^MS ||
9-10 αὐτῶν C : αὑτῶν A FLVW GIXM ἑαυτῶν Stob. || 3 10 καὶ]
οὐ Stob. || πλοῦτος om. G^ac, corr. G^2mg || 11 σπουδαστέος] ἐσπού-
δασται Stob. || 12 δὲ om. I^ac || τάξας] τάξασθαι G.

mais la bonne condition du corps. **4.** Ce n'est pas non plus pour avoir de quoi dépenser en faveur de ses compagnons de table qu'on pourrait vouloir accumuler de l'argent, puisqu'il a rendu plus estimable d'aider ceux qu'on fréquente au moyen d'un effort pénible de son corps qu'en dépensant pour cela de l'argent : il a montré que c'est affaire, dans un cas, de qualité d'âme, et dans l'autre, de richesse. **5.** Voici par quels autres moyens il a empêché qu'on tire de l'argent d'actes contraires à la justice. Tout d'abord, en effet, il a institué une monnaie telle que jamais une somme de seulement dix mines ne saurait être introduite dans une maison sans que tant maîtres qu'esclaves s'en aperçoivent, car cela demanderait beaucoup de place, ainsi qu'un chariot pour le transport. **6.** C'est un fait qu'on mène des perquisitions pour trouver l'or et l'argent, et, si l'on en découvre quelque part, celui qui le détient est puni. Pourquoi donc s'appliquerait-on à amasser de l'argent dans une cité où sa possession entraîne plus d'ennuis que son utilisation ne procure de plaisirs ?

ΛΑΚΕΔΑΙΜΟΝΙΩΝ ΠΟΛΙΤΕΙΑ VII 25

λεία ἀλλὰ σώματος εὐεξίᾳ κοσμοῦνται. 4 οὐδὲ μὴν τοῦ γε εἰς τοὺς συσκήνους ἕνεκα ἔχειν δαπανᾶν χρήματα ἀθροιστέον, ἐπεὶ τὸ τῷ σώματι πονοῦντα ὠφελεῖν τοὺς συνόντας εὐδοξότερον ἐποίησεν ἢ τὸ δαπανῶντα, ἐπιδείξας τὸ μὲν ψυχῆς, τὸ δὲ πλούτου 5 ἔργον. 5 τό γε μὴν ἐξ ἀδίκων χρηματίζεσθαι καὶ ἐν τοῖς τοιούτοις διεκώλυσε. πρῶτον μὲν γὰρ νόμισμα τοιοῦτον κατεστήσατο, ὃ δεκάμνων μόνον ἂν εἰς οἰκίαν εἰσελθὸν οὔποτε δεσπότας οὐδὲ οἰκέτας λάθοι· καὶ γὰρ χώρας μεγάλης καὶ ἁμάξης ἀγωγῆς δέοιτ' 10 ἄν. 6 χρυσίον γε μὴν καὶ ἀργύριον ἐρευνᾶται, καὶ ἄν τί που φανῇ, ὁ ἔχων ζημιοῦται. τί οὖν ἂν ἐκεῖ χρηματισμὸς σπουδάζοιτο, ἔνθα ἡ κτῆσις πλείους λύπας ἢ ἡ χρῆσις εὐφροσύνας παρέχει;

1 εὐεξίᾳ] εὐεξίαν G^{ac} ‖ 4 2 ἕνεκα del. Weiske ‖ 3 τὸ τῷ A FLVW edd. pl. a Steph.¹ : τὸ om. GIXM ‖ 4 ὠφελεῖν] ὀφ- edd. ante Brubach. ‖ εὐδοξότερον] ἐνδ- O et coni. Morus ‖ 5 δαπανῶντα Morus^{adn} et inde edd. pl. : -τας codd. ‖ ψυχῆς] γὰρ ψυχῆς F ‖ 5 7 τοιούτοις] περιοίκοις Rühl ‖ 8 δεκάμνων Dind. in *TGL* ed. Didot s.u. τρίμνως et a Dind.³ edd. pl. (δεκαμνοῦν iam Schneider) : δέκα μνῶν A FL^{pc}VW^{pc} GI^{pc}M Cast. alii δὲ καμνῶν I^{ac}X L^{ac}W^{ac} et edd. a Iunt. ad Brubach. ‖ μόνον om. G, μόνον ὂν Heindorf ‖ ἂν] αὖ M ‖ 9 εἰσελθὸν] -θὼν G^{ac} -θεῖν W ‖ οὔποτε] οὔτε Dind.¹ οὔποτε οὔτε Schenkl H. 1908, 11 ‖ οὐδὲ Schenkl K. 1898, 24 : οὔτε codd. ‖ 10 χώρας] χύτρας Naber 1897, 444 ‖ ἀγωγῆς] ἀγούσης Cobet, 713 coll. Plut. *Lyc.* IX, 2 ‖ 6 11 καὶ ἄν] κἂν Dind.³ ‖ 13 κτῆσις] κτίσις X ‖ 14 παρέχει] -χοι W.

CHAPITRE VIII

VIII, 1. Mais il suffit, car que ce soit à Sparte qu'on obéit le mieux aux magistrats et aux lois, nous le savons tous. Quant à moi, en tout cas, je pense que Lycurgue n'a même pas entrepris d'établir cette discipline avant d'avoir rangé à son avis les hommes les meilleurs qui fussent dans la cité. **2.** J'en vois la preuve en ce que, dans les autres cités, les plus puissants ne veulent même pas faire semblant de craindre les magistrats, mais considèrent que ce serait là une marque de servilité ; tandis qu'à Sparte, les hommes les meilleurs font tout pour se faire bien voir des magistrats, s'enorgueillissent d'être humbles avec eux, et, quand ils sont convoqués par eux, de s'y rendre non pas en marchant, mais en courant, dans l'idée que si eux-mêmes sont les premiers à montrer une entière obéissance, les autres suivront leur exemple : et c'est bien ce qui s'est passé. **3.** Il est vraisem-

VIII, 1 Ἀλλὰ γὰρ ὅτι μὲν ἐν Σπάρτῃ μάλιστα πείθονται ταῖς ἀρχαῖς τε καὶ τοῖς νόμοις, ἴσμεν ἅπαντες. ἐγὼ μέντοι οὐδ' ἐγχειρῆσαι οἶμαι πρότερον τὸν Λυκοῦργον ταύτην τὴν εὐταξίαν καθιστάναι πρὶν ὁμογνώμονας ἐποιήσατο τοὺς κρατίστους τῶν ἐν τῇ πόλει. 2 τεκμαίρομαι δὲ ταῦτα, ὅτι ἐν μὲν ταῖς ἄλλαις πόλεσιν οἱ δυνατώτεροι οὐδὲ βούλονται δοκεῖν τὰς ἀρχὰς φοβεῖσθαι, ἀλλὰ νομίζουσι τοῦτο ἀνελεύθερον εἶναι· ἐν δὲ τῇ Σπάρτῃ οἱ κράτιστοι καὶ ὑπέρχονται μάλιστα τὰς ἀρχὰς καὶ τῷ ταπεινοὶ εἶναι μεγαλύνονται καὶ τῷ ὅταν καλῶνται τρέχοντες ἀλλὰ μὴ βαδίζοντες ὑπακούειν, νομίζοντες, ἢν αὐτοὶ κατάρχωσι τοῦ σφόδρα πείθεσθαι, ἕψεσθαι καὶ τοὺς ἄλλους· ὅπερ καὶ γεγένηται. 3 εἰκὸς δὲ καὶ τὴν

VIII, 1 1 μάλιστα om. W || 2 τοῖς] τῆς Iunt. Ald., corr. Walder || 4 εὐταξίαν edd. a Dind.[2] : εὐεξίαν A FLVW[mg] GIXM εὐδοξίαν W || 2 6 ταῦτα] ταύτῃ Dind.[1], XVII || 7 οὐδὲ Loys Le Jeune Morus et a Zeune edd. pl. : οὔτε codd. οὔτι Zeune et Weiske in adn. || 8 φοβεῖσθαι] βοβεῖ- L[ac] ut uid. || 10 καὶ pr. ante οἱ κράτιστοι transp. W || τῷ ὅταν A FVLW M[pc] Ald. et edd. a Steph. : τὸ ὅταν G[ac]IXM[ac] || 14 ὅπερ καὶ γενένηται] quaedam antea excidisse susp. Schneider, del. Ćwikliński 1878, 497 || καὶ pr.] δὴ Pierl.[2] καὶ ἀεὶ Schenkl K. 1888, 109 || γεγένηται defend. Pierl.[3] coll. III, 4 : γίγνεται Wulff 1884, 19 (cf. iam Schneider[adn]).

blable aussi que ce sont ces mêmes hommes qui ont collaboré avec lui pour mettre en place le pouvoir que constitue l'éphorat, parce qu'ils avaient reconnu que l'obéissance est le plus grand bien dans une cité comme dans une armée et dans une maisonnée ; car, pensèrent-ils, plus les dirigeants ont de pouvoir, mieux ils réussiront à impressionner les citoyens pour les faire obéir. 4. Ainsi donc, les éphores ont le pouvoir d'infliger une amende à qui ils veulent, ils sont maîtres d'en exiger le versement immédiat ; ils sont également maîtres de déposer les magistrats en cours d'exercice, et même de les mettre en prison et de leur intenter un procès capital. Ayant des pouvoirs si étendus, ils ne laissent pas, comme cela se passe dans les autres cités, ceux qui ont été élus continuer à exercer leurs fonctions à leur guise pendant toute l'année, mais, à la façon des tyrans et des présidents de concours gymniques, s'ils se rendent compte que l'un d'eux contrevient à la loi d'une façon quelconque, ils le punissent immé-

ΛΑΚΕΔΑΙΜΟΝΙΩΝ ΠΟΛΙΤΕΙΑ VIII

τῆς ἐφορείας δύναμιν τοὺς αὐτοὺς τούτους συγκατασκευάσαι, ἐπείπερ ἔγνωσαν τὸ πείθεσθαι μέγιστον ἀγαθὸν εἶναι καὶ ἐν πόλει καὶ ἐν στρατιᾷ καὶ ἐν οἴκῳ· ὅσῳ γὰρ μείζω δύναμιν ἔχει ἡ ἀρχή, τοσούτῳ μᾶλλον ἂν ἡγήσαντο αὐτὴν καὶ καταπλήξειν τοὺς 5 πολίτας τοῦ ὑπακούειν. 4 ἔφοροι οὖν ἱκανοὶ μέν εἰσι ζημιοῦν ὃν ἂν βούλωνται, κύριοι δ' ἐκπράττειν παραχρῆμα, κύριοι δὲ καὶ ἄρχοντας μεταξὺ [καὶ] καταπαῦσαι καὶ εἶρξαί γε καὶ περὶ τῆς ψυχῆς εἰς ἀγῶνα καταστῆσαι. τοσαύτην δὲ ἔχοντες δύναμιν 10 οὐχ ὥσπερ αἱ ἄλλαι πόλεις ἐῶσι τοὺς αἱρεθέντας ἀεὶ ἄρχειν τὸ ἔτος ὅπως ἂν βούλωνται, ἀλλ' ὥσπερ οἱ τύραννοι καὶ οἱ ἐν τοῖς γυμνικοῖς ἀγῶσιν ἐπιστάται, ἤν τινα αἰσθάνωνται παρανομοῦντά τι, εὐθὺς παρα-

---

VIII, 3 2 ἐπείπερ ἔγνωσαν – 4 οἴκῳ Stob. IV p. 148, 14-16 Hense (post XI, 4 εἰς ἕξ) || 4 6 ἔφοροι – 10 καταστῆσαι Stob. IV p. 149, 1-4 Hense.

3 1 ἐφορείας] εὐφ- M^{ac} || 2 ἐπείπερ ἔγνωσαν] ἐπεὶ δὲ ἔγνω Stob. || 3 τῇ ante πόλει add. G W || τῇ ante στρατιᾷ add. W || ἐν οἴκῳ] ἐποίκῳ Stob.^{MS} ἐπ' οἴκῳ Flor.^{L} ἐπὶ οἴκῳ Stob.^{A} || 4 τὴν τῆς ἐφορίας δύναμιν κατεσκεύασεν post οἴκῳ add. Stob. || μείζω] -ζωι A || ἔχει] ἔχοι Dind.^{3adn} || 5 ἂν om. I, del. Schneider^{adn} alii || ἡγήσαντο C Weiske (auctore Camer. : 'crediderunt') : ἡγήσατο codd. cett. ἡγήσαιο Pierl.^{3} coll. III, 5 ; XIII, 5 Lipka || αὐτὴν] αὐτὴ M || καταπλήξειν] καταπλήσειν Sauppe^1 || 6 τοῦ ὑπακούειν del. Schneider^{adn} Marchant τὸ ὑπακούειν Lipka εἰς τὸ ὑπακούειν Voigtländer ὥστε ὑπακούειν Casevitz 2008, 153 n. 9 || 4 6 ἱκανοὶ] δυνατοὶ Stob. κύριοι Cobet, 731 || 7 ὃν om. G, post ἂν transp. V || δ' ἐκπράττειν] δὲ πράττειν Stob. || 8 ἄρχοντας] -τες X || καὶ alt. om. Fa Stob., del. Zeune || 9 καταπαῦσαι A FLVW Stob. Le Jeune, deinde edd. a Steph.^{1} : κατασπᾶσαι GIXM || γε] τε Stob. Zeune δὲ Schneider^{adn} || 10 τοσαύτην] τοιαύτην Köhler 1896, 371 n. 1 || ἔχοντες] -τας Morus alii || 11 ὥσπερ – πόλεις delenda susp. Rühl || ἐῶσι] ὁρῶσι W (recte W^{mg}) || αἱρεθέντας] ἐρεθ- A (corr. in mg.) || ἀεὶ ἄρχειν] διάρχειν Cobet, 731 || 13 ἐπιστάται Iunt., corr. Le Jeune || 14 εὐθὺς del. Cobet, 731-732.

diatement et sans délai. **5.** Nombreux sont les autres procédés ingénieux et beaux que Lycurgue a inventés afin d'amener ses concitoyens à accepter d'obéir aux lois ; l'un des plus admirables fut à mon avis le suivant : il ne délivra pas ses lois au peuple avant d'être allé à Delphes, accompagné des hommes les meilleurs, pour demander au dieu s'il était plus profitable et meilleur pour Sparte d'obéir aux lois que lui-même avait instituées. Quand le dieu eut répondu que c'était absolument meilleur, alors il délivra ses lois, en posant qu'il ne serait pas seulement illégal, mais aussi impie, de ne pas obéir à des lois issues de l'oracle de Delphes.

ΛΑΚΕΔΑΙΜΟΝΙΩΝ ΠΟΛΙΤΕΙΑ VIII

χρῆμα κολάζουσι. 5 πολλῶν δὲ καὶ ἄλλων ὄντων μηχανημάτων καλῶν τῷ Λυκούργῳ εἰς τὸ πείθεσθαι τοῖς νόμοις ἐθέλειν τοὺς πολίτας, ἐν τοῖς καλλίστοις καὶ τοῦτό μοι δοκεῖ εἶναι, ὅτι οὐ πρότερον ἀπέδωκε τῷ πλήθει τοὺς νόμους πρὶν ἐλθὼν σὺν τοῖς κρα- 5 τίστοις εἰς Δελφοὺς ἐπήρετο τὸν θεὸν εἰ λῷον καὶ ἄμεινον εἴη τῇ Σπάρτῃ πειθομένῃ οἷς αὐτὸς ἔθηκε νόμοις. ἐπεὶ δὲ ἀνεῖλε τῷ παντὶ ἄμεινον εἶναι, τότε ἀπέδωκεν, οὐ μόνον ἄνομον ἀλλὰ καὶ ἀνόσιον θεὶς τὸ πυθοχρήστοις νόμοις μὴ πείθεσθαι. 10

5 1 πολλῶν – 10 πείθεσθαι STOB. IV p. 149, 5-13 Hense.

5 1 καὶ ἄλλων om. STOB. ‖ 2 καλῶν ante μηχανημάτων transp. STOB. ‖ τῷ] τω A ‖ 4 τοῦτο : τὸ STOB.^{AMS} τόδε FLOR.^{L} ('fort. recte' Hense) ‖ ἀπέδωκε] -κεν STOB.^{M} ἔδωκε FLOR.^{Lac} ‖ 6 ἐπήρετο] ἐπείρετο X^{ac} STOB.^{MS} (non liquet STOB.^{A}) ‖ θεὸν non liquet L^{ac} ‖ 7 αὐτὸς] αὐτοῖς G ‖ 8 δὲ ἀνεῖλε] δ' ἀνεῖλε L STOB.^{AMS} δ' ἀνεῖδε FLOR.^{L} ‖ ἄμεινον om. FLOR.^{L} ‖ 9 δείξας post ἄνομον (omisso θεὶς) add. STOB. ‖ 10 νόμοις om. FLOR.^{L}.

CHAPITRE IX

IX, 1. Voici encore un aspect de l'œuvre de Lycurgue qui est digne d'être admiré : il a fait en sorte que dans sa cité la belle mort soit préférable à la vie dans le déshonneur. Et en effet, il s'avère à l'examen qu'il meurt moins d'hommes parmi ceux qui se comportent ainsi que parmi ceux qui choisissent de fuir devant ce qui leur fait peur. **2.** À vrai dire, ce qui assure la survie la plus durable, c'est justement la bravoure bien davantage que la lâcheté ; elle est en outre plus aisée, plus agréable, plus féconde et plus forte. Il est évident que la bravoure assure également, et au plus haut point, la gloire ; en outre, tout le monde veut avoir pour ainsi dire les braves pour alliés. **3.** Mais le moyen qu'il a imaginé pour obtenir ce résultat ne doit pas, lui non plus, être laissé de côté, et c'est le suivant : il a clairement ménagé aux braves une vie de bonheur, et aux lâches, une vie de malheur.

IX, 1 Ἄξιον δὲ τοῦ Λυκούργου καὶ τόδε ἀγασθῆναι, τὸ κατεργάσασθαι ἐν τῇ πόλει αἱρετώτερον εἶναι τὸν καλὸν θάνατον ἀντὶ τοῦ αἰσχροῦ βίου· καὶ γὰρ δὴ ἐπισκοπῶν τις ἂν εὕροι μείους ἀποθνήσκοντας τούτων <ἢ> τῶν ἐκ τοῦ φοβεροῦ ἀποχωρεῖν αἱρουμένων. 2 ὡς τἀληθὲς εἰπεῖν καὶ ἕπεται τῇ ἀρετῇ σῴζεσθαι εἰς τὸν πλείω χρόνον μᾶλλον ἢ τῇ κακίᾳ· καὶ γὰρ ῥάων καὶ ἡδίων καὶ εὐπορωτέρα καὶ ἰσχυροτέρα. δῆλον δὲ ὅτι καὶ εὔκλεια μάλιστα ἕπεται τῇ ἀρετῇ· καὶ γὰρ συμμαχεῖν πως πάντες τοῖς ἀγαθοῖς βούλονται. 3 ᾗ μέντοι ὥστε ταῦτα γίγνεσθαι ἐμηχανήσατο, καὶ τοῦτο καλὸν μὴ παραλιπεῖν. ἐκεῖνος τοίνυν σαφῶς παρεσκεύασε τοῖς μὲν ἀγαθοῖς εὐδαιμονίαν, τοῖς δὲ κακοῖς κακοδαιμονίαν.

IX, 1 1 ἄξιον – 3 βίου STOB. IV p. 147, 6-8 Hense.

IX, 1 1 τόδε A F[ac] GIXM : τό γε F[pc]LVW ‖ 1-2 ἀγασθῆναι] ἀγαθῆναι G[ac] STOB.[M] ἀγαθῦναι FLOR.[L] ‖ 2 τὸ] τὸ δὲ G ‖ κατεργάσασθαι] -ζεσθαι STOB. ‖ 3 τὸν om. I (corr. Ald. Steph.[1]) ‖ 4 μει μείους G[ac] ‖ 5 ἢ add. Schneider, suadente Heindorf ‖ 2 6 ὡς τἀληθές Dindorf 1855, 128 Sauppe[2] : ὥστ᾽ ἀληθὲς uel ὥς τ᾽ ἀληθὲς codd. ὥστε τἀληθὲς Heindorf ‖ καὶ] ὅτι Schneider[adn] ἐκεῖ Thalheim 1919, 1098-1099 ‖ 7 τὸ ante σῴζεσθαι add. Morus[adn] edd. pl. ‖ τὸν] τὸ W[ac] ‖ 8 ἡδίων] ἡδίω M ‖ 9 ἰσχυροτέρα XI, corr. Bryl.[1] Cast. ‖ εὔκλεια] εὔκλειαι A ‖ 3 11 καὶ post ὥστε add. W ‖ 12-13 παραλειπεῖν W[ac] ‖ 13 παρεσκεύασε] παρεσκεύασαι X, παρασκεύασε I (corr. Loys).

4. Car, dans les autres cités, quand quelqu'un s'avère lâche, tout ce qu'il a à supporter est d'être appelé lâche ; le lâche fréquente la même agora que le brave, s'assied à côté de lui et se rend au gymnase avec lui, s'il le veut ; tandis qu'à Lacédémone, chacun aurait honte d'accueillir le lâche comme compagnon de table, chacun, de s'entraîner avec lui à la lutte. **5.** Souvent, quand on forme les équipes pour le jeu de balle, on voit un tel homme rester hors de la sélection ; dans les chœurs, il est relégué aux places outrageantes. Il lui faut, dans les rues, céder le pas, et, là où l'on s'assied, laisser sa place même à ses cadets ; nourrir chez lui les jeunes filles qui sont ses parentes, et subir face à elles le grief de sa lâcheté ; tenir pour rien de voir son foyer vide d'épouse et en même temps pour cela payer une amende ; ne pas se promener avec l'air avantageux, ni se conduire à l'imitation des gens irréprochables, sous peine de recevoir des coups de ceux qui sont meilleurs que lui. **6.** Pour moi, tel

4 ἐν μὲν γὰρ ταῖς ἄλλαις πόλεσιν, ὁπόταν τις κακὸς γένηται, ἐπίκλησιν μόνον ἔχει κακὸς εἶναι, ἀγοράζει δὲ ἐν τῷ αὐτῷ ὁ κακὸς τἀγαθῷ καὶ κάθηται καὶ γυμνάζεται, ἐὰν βούληται· ἐν δὲ τῇ Λακεδαίμονι πᾶς μὲν ἄν τις αἰσχυνθείη τὸν κακὸν σύσκηνον παραλαβεῖν, πᾶς δ' ἂν ἐν παλαίσματι συγγυμναστήν. 5 πολλάκις δ' ὁ τοιοῦτος καὶ διαιρουμένων τοὺς ἀντισφαιριοῦντας ἀχώριστος περιγίγνεται, καὶ ἐν χοροῖς δ' εἰς τὰς ἐπονειδίστους χώρας ἀπελαύνεται, καὶ μὴν ἐν ὁδοῖς παραχωρητέον αὐτῷ καὶ ἐν θάκοις καὶ [ἐν] τοῖς νεωτέροις ὑπαναστατέον, καὶ τὰς μὲν προσηκούσας κόρας οἴκοι θρεπτέον, καὶ ταύταις τῆς ἀνανδρίας αἰτίαν ὑφεκτέον, γυναικὸς δὲ κενὴν ἑστίαν [οὐ] περιοπτέον καὶ ἅμα τούτου ζημίαν ἀποτειστέον, λιπαρὸν δὲ οὐ πλανητέον οὐδὲ μιμητέον τοὺς ἀνεγκλήτους, ἢ πληγὰς ὑπὸ τῶν ἀμεινόνων ληπτέον. 6 ἐγὼ μὲν δὴ τοιαύ-

---

4 2 μόνον bis G[ac] || 4 γυμνάζεται] -ζηται V[ac]X || 4-5 Λακεδαίμονι] -μονία G || 5 τὸν] τὸ V τῶν G[ac]X || κακὸν A G[pc]I[pc]M[pc] FLVW : κακῶν G[ac]I[ac]XM[ac] || 6 παλαίσματι] παλαίσμασι Steph. || 6-7 συγγυμναστήν] γυμναστήν W[ac] || 5 8 ἀντισφαιριοῦντας A FLW Philelphus Camer., 188-189, Le Jeune deinde edd. pl. a Steph.[1] : ἀντισφιριοῦντας V ἀντιφεριοῦντας G[ac]IXM ἀντιφεροῦντας G[pc] Iunt. || ἀχώριστος] ἀναχώριστος Zeune[adn] || περιγίνεται F || 9 χωροῖς G[ac] || 10 ἐν alt. eiecit Weiske ("quod omnes inde a Steph.[2] [Annot. p. 64B] suadent") et inde edd. fere omnes (cf. iam Camer., 36 "et iunioribus quoque assurgere") || 12 μὲν om. I[ac] || 13 ἀνανδρίας e coniectura Camerarii recepit Morus (ἀνανδρείας G[pc] Camer., 114) : ἀνδρείας A FLVW G[ac]I[pc]XM ἀνδείας I[ac] || 14 κενὴν] καινὴν W καίειν uel infra πυρὶ ἁπτέον pro περιοπτέον (οὐ seruato) Zeune[adn] || οὐ del. Dind.[1], XVII, οὖσαν uel οἷ tempt. Haase || 15 ἀποτειστέον edd. inde a Marchant : ἀποτιστέον codd. || λιπαρὸν] λιπαρῶς tempt. Morus[adn] || 16 ἢ πληγὰς ὑπὸ τῶν ἀμεινόνων ληπτέον om. X.

étant le déshonneur qui frappe les lâches, je ne m'étonne pas du tout que là-bas on préfère la mort à une vie aussi pleine de honte et d'opprobre.

της τοῖς κακοῖς ἀτιμίας ἐπικειμένης οὐδὲν θαυμάζω τὸ προαιρεῖσθαι ἐκεῖ θάνατον ἀντὶ τοῦ οὕτως ἀτίμου τε καὶ ἐπονειδίστου βίου.

6 1 ἐπικειμένης] κειμένης G^{ac} || οὐδὲν] οὐδὲ W.

CHAPITRE X

X, 1. C'est aussi, selon moi, une belle loi que celle par laquelle Lycurgue décida comment on s'appliquerait à la vertu jusque pendant la vieillesse. En effet, en plaçant au terme de la vie l'âge où a lieu la sélection pour être membre de la Gérousia, il a fait en sorte que même pendant la vieillesse on ne néglige pas de viser à l'excellence. **2.** Il faut l'admirer pour la façon dont il a en outre valorisé la vieillesse des hommes de bien : en effet, en accordant aux gérontes le pouvoir de décision dans les procès capitaux, il a fait rendre à la vieillesse plus d'honneurs qu'à la vigueur des hommes en pleine force. **3.** C'est à juste titre qu'en outre cette compétition suscite l'émulation la plus vive qui soit parmi celles qui opposent les hommes. Car, certes, les compétitions gymniques elles aussi sont belles, mais ce sont des corps qui les disputent ; tandis que celle qui a pour

Χ, 1 Καλῶς δέ μοι δοκεῖ ὁ Λυκοῦργος νομοθετῆσαι καὶ ᾗ μέχρι γήρως ἀσκοῖτ' ἂν ἀρετή. ἐπὶ γὰρ τῷ τέρματι τοῦ βίου τὴν κρίσιν τῆς γεροντίας προσθεὶς ἐποίησε μηδὲ ἐν τῷ γήρᾳ ἀμελεῖσθαι τὴν καλοκἀγαθίαν. 2 ἀξιάγαστον δ' αὐτοῦ καὶ τὸ ἐπικουρῆσαι τῷ τῶν ἀγαθῶν γήρᾳ· θεὶς γὰρ τοὺς γέροντας κυρίους τοῦ περὶ τῆς ψυχῆς ἀγῶνος διέπραξεν ἐντιμότερον εἶναι τὸ γῆρας τῆς τῶν ἀκμαζόντων ῥώμης. 3 εἰκότως δέ τοι καὶ σπουδάζεται οὗτος ὁ ἀγὼν μάλιστα τῶν ἀνθρωπίνων. καλοὶ μὲν γὰρ καὶ οἱ γυμνικοί· ἀλλ' οὗτοι μὲν σωμάτων εἰσίν· ὁ δὲ περὶ τῆς γερον-

Χ, 1 1 καλῶς – 3 3 ἀξιοσπουδαστότεροι STOB. IV p. 147, 9-148, 3 Hense.

Χ, 1 1 ὁ om. STOB. || 2 ᾗ edd. a Steph.¹ : ἡ A, εἰ FLVW GIXM STOB. || ἡ ante ἀρετὴ add. STOB. ed. nonnulli || 3 προσθεὶς codd. et Stob.^A : προθεὶς STOB.^MS Leuncl.^{3mg} et 1096G πυθεὶς FLOR.^L || 4 μηδὲ] μηδ' ἐν Χ STOB. om. FLOR.^{Lac} || 2 5 δ' αὐτοῦ] δὲ αὐτοῦ STOB.^A om. FLOR.^L spatio relicto || τὸ] τῷ W || 7 τοῦ] τοὺς FLOR.^L || τῆς om. G || ἐντιμότερον] ἐντιμώτερον I^{ac} W || 3 9 τοι] τι L^{ac} || οὗτος] οὕτως X || μάλιστα] μάλιστ' Schaefer Dind.³ || 10 τῶν del. Schaefer Dind.^{2-3} πάντων Hense Rühl || ἀνθρωπίνων STOB.^MS FLOR.^L unde Steph. (*Annot.* p. 64), edd. plerique a Dind.³ : ἀνθρώπων codd. et STOB.^A, defend. Schneider coll. PLAT. *Leg.* 637a, *Theaet.* 148b, ἄλλων Κa^{2mg} || καὶ om. STOB. || 11 ἀλ' W || εἰσὶν om. STOB., del. Pierl.^{1-2}, an delendum sit dubitat Pierl.³.

objet la fonction de membre de la Gérousia donne à choisir parmi des âmes de qualité. Donc, dans la mesure où l'âme l'emporte sur le corps, dans cette mesure aussi les compétitions entre les âmes ont plus de valeur que celles qui ont lieu entre les corps. **4.** Et cette décision de Lycurgue, comment ne pas l'admirer grandement ? Ayant observé que là où ce sont ceux qui veulent bien le faire qui cultivent la vertu, ils ne sont pas capables d'accroître la puissance de leur patrie, là-bas, à Sparte, il a obligé tout le monde à s'appliquer à toutes les vertus dans le domaine public. De même donc que les personnes privées qui s'y appliquent l'emportent en vertu sur celles qui ne s'en soucient pas, ainsi Sparte elle aussi, qui seule cultive publiquement l'excellence, l'emporte logiquement en vertu sur toutes les cités. **5.** En effet, n'est-ce pas aussi une belle chose que ceci ?

ΛΑΚΕΔΑΙΜΟΝΙΩΝ ΠΟΛΙΤΕΙΑ X   33

τίας ἀγὼν ψυχῶν ἀγαθῶν κρίσιν παρέχει. ὅσῳ οὖν
κρείττων ψυχὴ σώματος, τοσούτῳ καὶ οἱ ἀγῶνες οἱ
τῶν ψυχῶν ἢ οἱ τῶν σωμάτων ἀξιοσπουδαστότεροι.
4 τόδε γε μὴν τοῦ Λυκούργου πῶς οὐ μεγάλως
ἄξιον ἀγασθῆναι; ὃς ἐπειδὴ κατέμαθεν ὅτι ὅπου   5
οἱ βουλόμενοι ἐπιμελοῦνται τῆς ἀρετῆς οὐχ ἱκανοί εἰσι τὰς πατρίδας αὔξειν, ἐκεῖ ἐν τῇ Σπάρτῃ
ἠνάγκασε δημοσίᾳ πάντας πάσας ἀσκεῖν τὰς ἀρετάς. ὥσπερ οὖν οἱ ἰδιῶται τῶν ἰδιωτῶν διαφέρουσιν
ἀρετῇ οἱ ἀσκοῦντες τῶν ἀμελούντων, οὕτως καὶ ἡ   10
Σπάρτη εἰκότως πασῶν τῶν πόλεων ἀρετῇ διαφέ-
ρει, μόνη δημοσίᾳ ἐπιτηδεύουσα τὴν καλοκἀγαθίαν.
5 οὐ γὰρ κἀκεῖνο καλόν, τὸ τῶν ἄλλων πόλεων

X, 3 1 ὅσῳ οὖν − 3 ἀξιοσπουδαστότεροι Arsenius *Violarium*
13.10k Leutsch-Schneidewin (Par. gr. 3058, f. 275ᵛ).

1 ὅσῳ] ὅσω A ‖ 2 κρείττων A G^(pc)X FVW^(ac) Le Jeune : κρεῖτ-
τον G^(ac)IM LW^(pc) κρεῖσσον Stob.^(AM) κρείσσω Flor.^L κρείσων uid.
Stob.^S ‖ τοσούτῳ] -τω A ‖ 3 ἢ] καὶ Flor.^L ‖ ἀξιοσπουδαστότε-
ροι] -στάτεροι X ‖ 4 4 τόδε γε] τὸ δέ γε A γε om. X^(ac) ‖ μεγάλως]
μεγάλον G ‖ 5 ἄξιον] -ος uid. L^(ac) ‖ ὅπου] ἔστιν ὅπου Cobet, 733
sic uel ἔσθ' ὅπου Morus Dind.^(3adn) (cf. 'alicubi' Camer.), qui
tamen ampliorem lacunam fuisse susp. ‖ 5-6 ὅπου οἱ] ὅπως οἱ
L οἱ μὴ Leuncl.^(3mg) (sic uel πολῖται μὴ Jacobs 1809, 303) ὀλίγοι
Schneider αὐτοὶ οἱ Wulff 1884, 29-31 μόνοι οἱ Hertlein, ὅπου οἱ
οἴκοι Pierl.² ἰδίᾳ οἱ Erbse 1960, 154-155 Lipka ‖ 6 μόνοι post
βουλόμενοι add. Madvig 1871, 362 ‖ ἐπιμελοῦνται Haase : ἐπιμελεῖσθαι codd. (-λῆσθαι L^(pc)) ‖ 7 ἐκεῖ scripsi : ἐκεῖνος codd., del.
Morus^(adn), defend. Haase (cf. Matthiae 1827, 472, 1b et 3) ‖
τῇ om. M ‖ 8 πάντας] πάντες G^(ac) ‖ 9 οἱ ἰδιῶται del. Stein 1878,
29 Marchant ‖ οἱ om. edd. a Iunt. ad Dind.² ‖ τῶν ἰδιωτῶν del.
Castiglioni 1926, 46 ‖ τῶν om. O, del. Schneider ‖ 9-10 δια-
φέρουσι τῇ (add.) ἀρετῇ post ἀμελούντων transp. Schneider^(adn) ‖
10 οἱ ἀσκοῦντες τῶν ἀμελούντων del. Weiske ‖ οὕτως A FVW GIX :
οὕτω L M (cf. VI, 5) ‖ 12 μόνη] μόνηι A ‖ 5 13 κἀκεῖνο οὐ καλὸν
Ka^(2mg).

Alors que les autres cités punissent quelqu'un s'il fait du tort à quelqu'un d'autre, cet homme a infligé des punitions non moins sévères à quiconque néglige manifestement d'être le meilleur possible. **6.** Car, apparemment, il considérait que ceux qui réduisent des personnes en esclavage, les privent frauduleusement de quelque chose ou les volent, ne lèsent que leurs seules victimes, tandis que les lâches et les couards trahissent leur cité tout entière ; aussi me semble-t-il avoir eu raison de leur infliger les peines les plus lourdes. **7.** Il a également imposé l'obligation absolue de pratiquer toute vertu civique. En effet, pour ceux qui satisfont aux exigences imposées par les lois, il a décidé que la cité leur appartiendrait à tous de façon semblable, en tenant pour rien l'infériorité physique ou de fortune de certains ; tandis que, si quelqu'un se dérobait par lâcheté aux efforts constants imposés par les lois, il a prescrit qu'il ne soit même plus considéré comme faisant partie des Semblables. **8.** Que ces lois soient extrêmement anciennes est évident, car Lycurgue vivait, dit-on, à l'époque des Héraclides ; mais, si anciennes soient-elles, elles restent encore maintenant absolument nouvelles pour les autres Grecs. Le plus étonnant de tout, en effet, c'est que, si tout le monde fait l'éloge de telles règles de conduite, aucune cité ne veut les imiter.

ΛΑΚΕΔΑΙΜΟΝΙΩΝ ΠΟΛΙΤΕΙΑ X 34

κολαζουσῶν ἤν τίς τι ἕτερος ἕτερον ἀδικῇ, ἐκείνον ζημίας μὴ ἐλάττους ἐπιθεῖναι εἴ τις φανερὸς εἴη ἀμελῶν τοῦ ὡς βέλτιστος εἶναι; 6 ἐνόμιζε γάρ, ὡς ἔοικεν, ὑπὸ μὲν τῶν ἀνδραποδιζομένων τινὰς ἢ ἀποστερούντων τι ἢ κλεπτόντων τοὺς βλαπτομένους 5 μόνον ἀδικεῖσθαι, ὑπὸ δὲ τῶν κακῶν καὶ ἀνάνδρων ὅλας τὰς πόλεις προδίδοσθαι. ὥστε εἰκότως ἔμοιγε δοκεῖ τούτοις μεγίστας ζημίας ἐπιθεῖναι. 7 ἐπέθηκε δὲ καὶ τὴν ἀνυπόστατον ἀνάγκην ἀσκεῖν ἅπασαν πολιτικὴν ἀρετήν. τοῖς μὲν γὰρ τὰ νόμιμα ἐκτελοῦ- 10 σιν ὁμοίως ἅπασι τὴν πόλιν οἰκείαν ἐποίησε, καὶ οὐδὲν ὑπελογίσατο οὔτε σωμάτων οὔτε χρημάτων ἀσθένειαν· εἰ δέ τις ἀποδειλιάσειε τοῦ τὰ νόμιμα διαπονεῖσθαι, τοῦτον ἐκεῖνος ἀπέδειξε μηδὲ νομίζεσθαι ἔτι τῶν ὁμοίων εἶναι. 8 ἀλλὰ γὰρ ὅτι μὲν 15 παλαιότατοι οὗτοι οἱ νόμοι εἰσί, σαφές· ὁ γὰρ Λυκοῦργος κατὰ τοὺς Ἡρακλείδας λέγεται γενέσθαι· οὕτω δὲ παλαιοὶ ὄντες ἔτι καὶ νῦν τοῖς ἄλλοις καινότατοί εἰσι· καὶ γὰρ τὸ πάντων θαυμαστότατον ἐπαινοῦσι μὲν πάντες τὰ τοιαῦτα ἐπιτηδεύματα, μι- 20 μεῖσθαι δὲ αὐτὰ οὐδεμία πόλις ἐθέλει.

8 Plut. Lyc. I, 5.

1 ἕτερος] ἑτέρου uid. L^ac || ἕτερον] ἑτέρου edd. pl. a Iunt. ad Bergium (recte Ald.) || ἀδικῇ] ἀδικεῖ GX^ac || 2 μὴ post ἐλάττους transp. W || ἐλάττους om. G^ac || X, 7 10 γὰρ om. W || 11 ἅπασι] ἅπασαν L^ac -σιν L^pc || ἐποίησε] -σεν V || 12 ὑπελογίσατο] -γήσατο GX || 14 ἐκεῖνος Jacobs 1809, 303 et Schneider : ἐκεῖ codd., defend. Haase, del. Castiglioni 1926, 46 || μηδὲ Zeune^adn et inde edd. fere omnes : μήτε codd. || 8 16 παλαίτατοι Dind.³ || 18 δὲ om. M^ac.

CHAPITRE XI

XI, 1. Ces règles, qui sont autant de bienfaits, concernent à un égal degré la paix et la guerre ; mais si l'on veut apprendre quelle organisation meilleure que les autres Lycurgue a aussi imaginée pour les expéditions militaires, on pourra également écouter ce qui suit. **2.** Tout d'abord, les éphores font proclamer par le héraut jusqu'à quelle classe annuelle d'âge sont mobilisés et les cavaliers et les hoplites, et ensuite aussi les hommes des corps techniques : de cette façon, tout ce dont les gens se servent en ville, les Lacédémoniens le retrouvent en abondance à leur disposition également quand ils font campagne. Il a été prévu que les outils dont l'armée peut avoir besoin pour un usage commun soient tous apportés les uns sur des chariots, les autres par des bêtes de somme ; car c'est ainsi que, s'il manque quelque chose, on risque le moins de ne pas s'en apercevoir. **3.** En vue du combat hoplitique,

XI, 1 Καὶ ταῦτα μὲν δὴ κοινὰ ἀγαθὰ καὶ ἐν εἰρήνῃ καὶ ἐν πολέμῳ· εἰ δέ τις βούλεται καταμαθεῖν ὅ τι καὶ εἰς τὰς στρατείας βέλτιον τῶν ἄλλων ἐμηχανήσατο, ἔξεστι καὶ τούτων ἀκούειν. 2 πρῶτον μὲν τοίνυν οἱ ἔφοροι προκηρύττουσι τὰ ἔτη εἰς ἃ δεῖ στρατεύεσθαι καὶ ἱππεῦσι καὶ ὁπλίταις, ἔπειτα δὲ καὶ τοῖς χειροτέχναις· ὥστε ὅσοισπερ ἐπὶ πόλεως χρῶνται ἄνθρωποι, πάντων τούτων καὶ ἐπὶ στρατιᾶς οἱ Λακεδαιμόνιοι εὐποροῦσι· καὶ ὅσων δὲ ὀργάνων ἡ στρατιὰ κοινῇ δεηθείη ἄν, ἅπαντα τὰ μὲν ἁμάξῃ προστέτακται παρέχειν, τὰ δὲ ὑποζυγίῳ· οὕτω γὰρ ἥκιστ' ἂν τὸ ἐλλεῖπον διαλάθοι. 3 εἴς γε μὴν τὸν ἐν

XI, 3 12 εἴς γε – 4 2 εἰς ἕξ Stob. IV p. 148, 4-13 Hense.

1 quae Xenophon scripserat in capp. XI-XIII et XV posterius ceteris addita esse a quopiam (una cum prima sententia cap. XI) censuit Erler 1864, 6 || XI, 1 3 ὅ τι pro uulg. ὅτι in editis restit. Weiske (*Add.* p. 504) || στρατείας T (στρατειὰς Z) et edd. fere omnes a Leuncl.[1adn] Steph.[2] : στρατιὰς uel -ᾶς cett. || 2 5 ἔτη] ἔτι edd. ante Brubach. et Cast. || 6 δεῖ om. I[ac] || 7 ὅσοισπερ] ὅσοιπερ L[ac] || 8 στρατιᾶς] στατιὰς A[ac], στρατιὰς A[2pc] || 9 εὐποροῦσι A KKa[2mg] Le Jeune edd. omnes inde a Steph.[1] : ἐκποροῦσι GXIM FLVW || ὅσων Morel Köchly-Rüstow : ὅσα codd. || 10 ἡ] ἢ I edd. ante Cast. || ἅπαντα Köchly-Rüstow : ἁπάντων A GIXM FVW πάντων L || 11 παρέχειν] παράγειν tempt. Dind.[3] || 12 ἂν post γὰρ add. V || ἐλλεῖπον Schneider[adn] : ἐκλεῖπον codd.

voici ce qu'il a imaginé : d'abord, un vêtement en tissu teint de pourpre (dont il considérait qu'il n'avait absolument rien de commun avec une tenue féminine, et qu'au contraire il convenait très bien pour la guerre) et un bouclier de bronze (en effet, on peut le faire briller très vite et il se salit très lentement). En outre, il a permis à ceux qui ont dépassé l'âge des *hèbontes* de porter les cheveux longs, en pensant qu'ainsi ils paraîtraient plus grands, plus libres d'allure et plus terribles. **4.** Il divisa les hommes ainsi équipés en six mores et de cavaliers et d'hoplites. Chaque more d'hoplites est encadrée par un polémarque, quatre lochages, huit pentékostères et seize énomotarques. Sur la base de ces mores, les hommes adoptent, selon l'ordre trans-

ΛΑΚΕΔΑΙΜΟΝΙΩΝ ΠΟΛΙΤΕΙΑ XI

τοῖς ὅπλοις ἀγῶνα τοιάδ' ἐμηχανήσατο, στολὴν μὲν ἔχειν φοινικίδα, ταύτην νομίζων ἥκιστα μὲν γυναικείᾳ κοινωνεῖν, πολεμικωτάτην δ' εἶναι, καὶ χαλκῆν ἀσπίδα· καὶ γὰρ τάχιστα λαμπρύνεται καὶ σχολαιότατα ῥυπαίνεται. ἐφῆκε δὲ καὶ κομᾶν τοῖς ὑπὲρ τὴν ἡβητικὴν ἡλικίαν, νομίζων οὕτω καὶ μείζους ἂν καὶ ἐλευθεριωτέρους καὶ γοργοτέρους φαίνεσθαι. 4 οὕτω γε μὴν κατεσκευασμένων μόρας μὲν διεῖλεν ἓξ καὶ ἱππέων καὶ ὁπλιτῶν. ἑκάστη δὲ τῶν ὁπλιτικῶν μορῶν ἔχει πολέμαρχον ἕνα, λοχαγοὺς τέτταρας, πεντηκοστῆρας ὀκτώ, ἐνωμοτάρχας ἑκκαίδεκα. ἐκ δὲ τούτων τῶν μορῶν διὰ παρεγγυήσεως καθίσταν-

9 ἑκάστη – 11 ἑκκαίδεκα Harpocr. s.u. μόραν [μόρων codd., corr. Bekker].

3 1 τοῖς om. Stob. ‖ τοιάδ'] τοιάδε CO Stob.^AMS τοιῶδε Flor.^L ‖ 3 καὶ χαλκῆν ἀσπίδα post εἶναι transp. Wulff 1884, 31-33 : post φοινικίδα codd. (et Stob. ταύτην – δ' εἶναι omissis), del. Haase, locum lacuna laborare susp. Schneider, lac. post εἶναι indicauit Cobet, 733 ‖ 4-5 καὶ γὰρ – ῥυπαίνεται om. Stob. ‖ σχολαίτατα Dind.³ ‖ 6 ἡβιτικὴν L^acW ἡβικὴν F ‖ καὶ γοργοτέρους om. Stob. ‖ 4 7-8 οὕτω : οὕτως Stob. ‖ 8 κατεσκευασμένων μόρας μὲν om. I et edd. ante Steph.¹ (μόρας in mg. iam Cast., μόρας μὲν om. Ald.) ‖ μόρας] μοίρας G M Stob. ‖ μὲν διεῖλεν] ἔδειξεν Stob. ‖ 9 ὁπλιτικῶν Stob. Morel^mg Morus^adn et edd. pl. a Zeune : πολιτικῶν codd. (πολεμικῶν L^ac) Harpocr. ‖ 10 μορῶν ἔχει Harpocr. : ἔχει μορῶν A GIX FLVW ἔχει μοιρῶν M Stob. τούτων (τῶν) μορῶν ἔχει edd. pl. a Steph.¹ ad Köchly-Rüstow ‖ τέτταρας Stob. Zeune : τέσσαρας codd., δύο Müller 1857, 99 ‖ 11 πεντηκοστῆρας (-στήρας A) codd. Stob. : πεντηκοστύας Harpocr. πεντηκοντῆρας Dindorf in TGL VI p. 740 ed. Didot et a Dind.² edd. nonnulli ‖ ἐνωμοτάρχας W Harpocr. (cf. XI, 8 ; XII, 9) : ἐνωμοτάρχους A GIXM FLV (ἐννωμ- X) Stob. ‖ ἑκκαίδεκα] ἓξ καὶ δέκα Ka Stob. (ις' Stob.^S) ‖ 12 τῶν om. I Stob.^Aac (uid.) edd. nonnullae a Iunt. ad Bergium (recte Ald.) ‖ μορῶν] μοιρῶν M, μερῶν Stob.^AS Flor.^L, non liquet Stob.^M ‖ παρεγγήσεως uid. A^pc.

mis, une disposition [? tantôt par énomoties, tantôt par trois, tantôt par six ?]. **5.** Quant à ce que pensent la plupart des gens, que le type laconien de formation hoplitique est extrêmement compliqué, c'est une conception absolument contraire à la réalité : car, dans la formation laconienne, ce sont les hommes du premier rang qui amorcent la manœuvre, et chaque file [? a tout ce dont elle doit être dotée ?]. **6.** Apprendre cette formation est d'une telle facilité que quiconque est capable de distinguer un homme d'un autre ne saurait s'y tromper : en effet, il est donné aux uns de diriger la manœuvre, et prescrit aux autres de suivre. Les changements de formation sont ordonnés oralement, à la manière d'un héraut, par l'énomotarque, et les lignes de combat deviennent soit minces, soit plus profondes : il n'y a rien là-dedans qui soit en quoi que ce soit difficile à apprendre. **7.** Par contre, se battre, même

ΛΑΚΕΔΑΙΜΟΝΙΩΝ ΠΟΛΙΤΕΙΑ XI

ται †τοτὲ μὲν εἰς ἐνωμοτίας, τοτὲ δὲ εἰς τρεῖς, τοτὲ δὲ εἰς ἕξ†. 5 ὃ δὲ οἱ πλεῖστοι οἴονται, πολυπλοκωτάτην εἶναι τὴν ἐν ὅπλοις Λακωνικὴν τάξιν, τὸ ἐναντιώτατον ὑπειλήφασι τοῦ ὄντος· εἰσὶ μὲν γὰρ ἐν τῇ Λακωνικῇ τάξει οἱ πρωτοστάται ἄρχοντες, καὶ ὁ στίχος ἕκαστος †πάντ' ἔχων ὅσα δεῖ παρέχεσθαι†. 6 οὕτω δὲ ῥᾴδιον ταύτην τὴν τάξιν μαθεῖν ὡς ὅστις τοὺς ἀνθρώπους δύναται γιγνώσκειν οὐδεὶς ἂν ἁμάρτοι· τοῖς μὲν γὰρ ἡγεῖσθαι δέδοται, τοῖς δὲ ἕπεσθαι τέτακται. αἱ δὲ παραγωγαὶ ὥσπερ ὑπὸ κήρυκος ὑπὸ τοῦ ἐνωμοτάρχου λόγῳ δηλοῦνται <καὶ> ἀραιαί τε καὶ βαθύτεραι αἱ φάλαγγες γίγνονται· ὧν οὐδὲν οὐδ' ὁπωστιοῦν χαλεπὸν μαθεῖν. 7 τὸ μέντοι κἂν ταραχθῶσι μετὰ τοῦ παρατυχόντος

---

1 τοτὲ... τοτὲ... τοτὲ FLVW : τότε... τότε... τοτὲ M τότε... τότε... τότε A^ac GIX ter nullo acc. A^pc || τοτὲ μὲν del. Morel^mg Pierl.^1app Pierl.^2 || εἰς ἐνωμοτίας] εἰς δύο ἐνωμοτίας Brodeau 1559, 37 Martini 1771, 7-8 εἰς ἕνα αἱ ἐνωμοτίαι Köchly-Rüstow praeeunte Schneider^adn (αἱ ἐνωμοτίαι τοτὲ μὲν εἰς ἕνα), lac. indicauit Marchant (qui εἰς β' ἔχοντες τὰς ἐνωμοτίας tempt. coll. *Cyr.* VI, 3, 21) ; alii ad altitudinem, alii ad latitudinem enomotiarum in acie instructa, alii ad exercitum iter facientem referunt || δὲ] μὲν Pierl.^1app Pierl.^2 || 1-2 τότε δὲ εἰς ἕξ bis I^ac || 5 4 ἐναντιώτατον] -ότατον A || 6 πάντ'] πάντα X || πάντ' ἔχων] πάντα παρέχων Morus (cui εὐχερῶς uel sim. addendum putant Köchly-Rüstow), πάντ' ἀκολουθῶν Köchly-Rüstow, lacunam susp. Dind.^3, παντ' ἀκούων Thalheim 1919, 1099 προσέχων Ollier^app || 6-7 παρέχεσθαι] παρέχεται Ollier^app παρεγγυᾶσθαι Thalheim 1919, 1099 || XI, 6 9 τοῖς A FLVW I^pc : τοὺς GI^acXM || 11 κήρηκος uid. I^ac || ὑπὸ alt. del. Cobet, 734 || 12 καὶ ante ἀραιαὶ add. Zeune^adn, καὶ οὕτως add. Morus^adn, ἐξ ὧν add. Haase, αἷς add. Schneider, lac. statuit Dind.^2 || αἱ om. M || 13 ὧν οὐδὲν οὐδ' C Marchant : ὧν δ' οὐδ' codd. cett., ὧν δὴ οὐδ' Leuncl.^3mg et edd. nonnulli, ὧν δὴ οὐδὲν οὐδ' Weiske^adn, ὧν δ' οὐδὲν γ' οὐδ' Morus Rühl, ὧν οὐδ' ὁτιοῦν manus docta in mg. ed. Stephanianae qua Zeune usus est || ὁπωστιοῦν] ὁπωστοιοῦν X || 7 14 τὸ] τὸν A || παρατυχόντος] -τως A.

en situation de « désordre », aux côtés d'un voisin de rencontre, tout aussi bien qu'en temps normal, voilà une formation de combat qui, elle, n'est plus du tout facile à apprendre, sauf à ceux qui ont été éduqués sous les lois de Lycurgue. **8.** Voici encore des manœuvres que les Lacédémoniens exécutent très facilement, alors que les tacticiens les tiennent pour extrêmement difficiles. Quand ils marchent en colonne, les énomoties se suivent évidemment à la queue leu leu. Si, alors qu'ils sont dans cette formation, une phalange ennemie apparaît en face, ordre est transmis à l'énomotarque d'aller par le côté du bouclier prendre position sur la ligne de front, et ainsi de suite pour toute la colonne, jusqu'à ce que la phalange soit déployée face à l'ennemi. Si, dans cette situation, c'est par-derrière que l'ennemi se montre, chaque file exécute une contremarche, afin que ce soient toujours les meilleurs soldats qui se trouvent face à l'ennemi. **9.** Le fait qu'alors le chef se retrouve à gauche ne leur apparaît pas comme un facteur d'infériorité, mais même comme un avantage dans certains cas. En effet, si des ennemis tentaient d'encercler l'unité, le côté par lequel ils la contourneraient ne serait pas celui qui est désarmé, mais celui que le bouclier protège. Cependant, si d'aventure, pour une raison quelconque, il paraît important que le chef tienne l'aile droite, ils font tourner la tête de l'armée pour la mettre en colonne, et la phalange exécute une contremarche, jusqu'à ce que le chef se trouve à droite, et l'arrière-garde à gauche.

ΛΑΚΕΔΑΙΜΟΝΙΩΝ ΠΟΛΙΤΕΙΑ XI

ὁμοίως μάχεσθαι, ταύτην τὴν τάξιν οὐκέτι ῥᾴδιόν ἐστι μαθεῖν πλὴν τοῖς ὑπὸ τῶν τοῦ Λυκούργου νόμων πεπαιδευμένοις. 8 εὐπορώτατα δὲ καὶ ἐκεῖνα Λακεδαιμόνιοι ποιοῦσι τὰ τοῖς ὁπλομάχοις πάνυ δοκοῦντα χαλεπὰ εἶναι· ὅταν μὲν γὰρ ἐπὶ κέρως πορεύωνται, κατ' οὐρὰν δήπου ἐνωμοτία <ἐνωμοτίᾳ> ἕπεται· ἐὰν δ' ἐν τῷ τοιούτῳ ἐκ τοῦ ἐναντίου πολεμία φάλαγξ ἐπιφανῇ, τῷ ἐνωμοτάρχῃ παρεγγυᾶται εἰς μέτωπον παρ' ἀσπίδα καθίστασθαι, καὶ διὰ παντὸς οὕτως, ἔστ' ἂν ἡ φάλαγξ ἐναντία καταστῇ. ἤν γε μὴν οὕτως ἐχόντων ἐκ τοῦ ὄπισθεν οἱ πολέμιοι ἐπιφανῶσιν, ἐξελίττεται ἕκαστος ὁ στίχος, ἵνα οἱ κράτιστοι ἐναντίοι ἀεὶ τοῖς πολεμίοις ὦσιν. 9 ὅτι δὲ ὁ ἄρχων εὐώνυμος γίγνεται, οὐδ' ἐν τούτῳ μειονεκτεῖν ἡγοῦνται, ἀλλ' ἔστιν ὅτε καὶ πλεονεκτεῖν. εἰ γάρ τινες κυκλοῦσθαι ἐπιχειροῖεν, οὐκ ἂν κατὰ τὰ γυμνά, ἀλλὰ κατὰ τὰ ὡπλισμένα περιβάλλοιεν ἄν. ἢν δέ ποτε ἕνεκά τινος δοκῇ συμφέρειν τὸν ἡγεμόνα δεξιὸν κέρας ἔχειν, στρέψαντες τὸ ἄγημα ἐπὶ κέρας ἐξελίττουσι τὴν φάλαγγα, ἔστ' ἂν ὁ μὲν ἡγεμὼν δεξιὸς ᾖ, ἡ δὲ οὐρὰ εὐώνυμος γένηται.

1 ταύτην τὴν τάξιν] καὶ κατ' αὐτὴν τὴν τάξιν Madvig 1871, 362, del. Herw., 18, ταύτην τὴν τάξιν ἔχοντας Schenkl K. 1888, 110 || οὐκέτι] οὐκ ἔστι uid. I^{pc} || 2 Λυκούργος I^{ac} || 3 παιπεδευμένοις G || 8 5 κέρως] καίρως GX L^{ac}? || 6 πορεύωνται] -ονται V πορεύοντας edd. ante Le Jeune Steph.¹ || ἐνωμοτίᾳ ἐνωμοτίᾳ Dobree 1831, 137 edd. pl. a Dübner : ἐνωμοτία FLVW Le Jeune Steph.¹ et inde edd. pl., ἐνωμοτεία A XM, ἐνωμοτείᾳ GI et edd. a Iunt. ad Cast., ἐνωμοτίᾳ ἐνωμοτίᾳ Köchly-Rüstow || 7 ἐκ] ἐν V || 8 ἐνωμοτάρχῃ codd. : -χῳ Dind.³ alii || 10 φάλαξ V || 13 ἐναντίοι] ἐναντία V || ὦσιν] ὦσι W || 9 14 ὅτι A I^{ac}XM, primus (e cod. B) in ed. dedit Haase : ὅτε I^{pc} FLVW ἔτι G || ὁ om. I edd. ante Steph.¹ || 15 μεινεκτεῖν W || 17 τὰ ante γυμνὰ om. I edd. ante Steph.¹ || γυμνιὰ I^{ac} || ἀλλὰ] ἄλλα M || 18 δοκῇ] δοκεῖ A || 21 ἡγεμὼν] ἡγεμὲν G^{ac}.

10. Si, d'autre part, apparaît une formation ennemie venant de droite alors qu'ils progressent en colonne, ils n'ont à se mettre en peine de rien d'autre que de faire tourner chaque loche à la façon d'une trière qui dirige sa proue contre l'adversaire, et ainsi le loche de queue se trouve cette fois-ci côté lance. Si les ennemis s'avancent en venant de gauche, même cela, [? ils ne les laissent pas le faire, mais les repoussent, ou, afin qu'ils soient face à l'adversaire ?], ils font tourner les loches, et ainsi le loche de queue se retrouve cette fois-là côté bouclier.

ΛΑΚΕΔΑΙΜΟΝΙΩΝ ΠΟΛΙΤΕΙΑ XI 39

10 ἦν δ' αὖ ἐκ τῶν δεξιῶν πολεμίων τάξις ἐπιφαίνηται, ἐπὶ κέρως πορευομένων, οὐδὲν ἄλλο πραγματεύονται ἢ τὸν λόχον ἕκαστον ὥσπερ τριήρη ἀντίπρῳρον τοῖς ἐναντίοις στρέφουσι, καὶ οὕτως αὖ γίγνεται ὁ κατ' οὐρὰν λόχος παρὰ δόρυ. ἢν γε μὴν 5 κατὰ τὰ εὐώνυμα πολέμιοι προσίωσιν, οὐδὲ τοῦτο †ἐῶσιν, ἀλλ' ἀπωθοῦσιν ἢ ἐναντίους ἀντιπάλους† τοὺς λόχους στρέφουσι· καὶ οὕτως αὖ ὁ κατ' οὐρὰν λόχος παρ' ἀσπίδα καθίσταται.

10 1 δ' αὖ] δὲ FLV δ' W || δεξιῶν om. W^{ac} || 1-2 ἐπιφαίνηται : ἐπιφαίνεται I in edd. corr. Le Jeune Steph.^{1}, ἐπιφέρηται Steph.^{mg} Leuncl.^{mg} || 2 ἐπὶ κέρως A I^{ac} FL in edd. corr. Le Jeune Steph.^{1} : ἐπικαίρως uel ἐπὶ καίρως GX I^{pc} M VW || οὐδὲν F edd. pl. a Walder : οὐθὲν A GIXM LVW || 3 λόχον] λόγον uid. L^{ac} || 4 αὖ om. X || 5 γίγνεται C Morus : γίνεται A GIXM FLVW || παρὰ] ἐπὶ Herw., 18 || 6 τὰ om. I^{ac} || οἱ ante πολέμιοι add. FaT Pierl.^{3} coll. XI, 8 || προσίωσιν] προσιῶσιν A^{ac} C || τοῦτο codd. : τουτ' tacite edd. nonnulli || 7 ἐῶσιν] ἀποροῦσιν Köchly-Rüstow, suspicerim ὀκνοῦσιν coll. Cyr. VI, 1, 17 || ἀλλ' ἀπωθοῦσιν GIM FLVW ἀλλ' ἀποθοῦσιν A ἀλλὰ ποθοῦσι(ν) WX ἀλλὰ προθέουσιν C ἀλλ' ἄπωθεν οὖσιν Jebb 1897, n. 217 ἀλλὰ προσιοῦσιν Lipka || ἢ del. Jebb Lipka || ἐναντίους] ἐναντίοις Morel et, τοῖς add., Köchly-Rüstow, del. Marchant || ἀντιπάλους] ἀντιπάλοις Steph.^{1}, τοῖς ἀντιπάλοις C Pierl.^{1}, del. Lipka || 8 στρέφουσι] -σιν W || 9 figuram τοῦ λόχου habent A GIX.

CHAPITRE XII

XII, 1. Je vais dire également de quelle façon Lycurgue a considéré qu'il fallait organiser le camp. Comme le carré comporte des angles qui sont inutilisables, il a donné au camp une forme circulaire, sauf s'il y a une montagne qui soit sûre, ou si l'on a une muraille ou une rivière à l'arrière. **2.** Il a institué des postes de garde de jour, dont certains, qui protègent les dépôts d'armes, regardent vers l'intérieur : car la raison de leur mise en place n'est pas l'ennemi, mais les amis. Contre l'ennemi, ce sont des cavaliers qui montent la garde, postés en des lieux d'où ils peuvent détecter sa venue du plus loin possible. **3.** Pour le cas où quelqu'un s'approcherait de nuit, il a décidé que la surveillance serait assurée à distance, hors de la phalange,

XII, 1 Ἐρῶ δὲ καὶ ᾗ στρατοπεδεύεσθαι ἐνόμισε χρῆναι Λυκοῦργος. διὰ μὲν γὰρ τὸ τὰς γωνίας τοῦ τετραγώνου ἀχρήστους εἶναι κύκλον ἐστρατοπεδεύσατο, εἰ μὴ ὄρος ἀσφαλὲς εἴη ἢ τεῖχος ἢ ποταμὸν ὄπισθεν ἔχοιεν. 2 φυλακάς γε μὴν ἐποίησε μεθημερινὰς τὰς μὲν παρὰ τὰ ὅπλα εἴσω βλεπούσας· οὐ γὰρ πολεμίων ἕνεκα ἀλλὰ φίλων αὗται καθίστανται· τούς γε μὴν πολεμίους ἱππεῖς φυλάττουσιν ἀπὸ χωρίων ὧν ἂν ἐκ πλείστου προορῷεν. 3 εἰ δέ τις προσίοι νύκτωρ ἔξω τῆς φάλαγγος ἐνόμισεν

XII, 1 1 ἐρῶ] ἐγὼ Iunt. || στρατοπαιδ- VX || 2 χρῆναι Λυκοῦργος] Λυκοῦργος χρῆναι W^{ac} || γωνίας] ἀγωνίας X^{ac} et fort. A^{ac} || 3 τετραγώνου] τεταγμένου I (corr. Camer., 115, τετραγώδου Ald.) || εἰς ante κύκλον add. Cast. || 3-4 ἐστρατοπαιδ- X || 4 ὅρους L^{ac} || 5 ἔχοιε L || 2 6 παρὰ A FLVW GX M : πρὸς I (corr. Steph.^{1mg}) || 8 γε s.l. add. L || φυλάττουσιν] -σι I edd. ante Steph.^{1} || 9 ἀφ' ὧν (iam Morus^{adn}) et ἐπὶ πλεῖστον tempt. Zeune^{adn} || 3 δὲ post νύκτωρ transp. Köchly-Rüstow edd. pl., del. Jackson || 10 ἐνθένδε uel sim. ante προίοι desiderabant Köchly-Rüstow || προσίοι Madvig 1871, 363 et inde edd. pl., προίοι A FLVW G^{pc}M Steph.^{1}, πρωίοι G^{ac}X I edd. ante Steph.^{1} || ἔξω τῆς φάλαγγος del. Madvig 1871, 363.

par les Skirites ; de nos jours, les mercenaires participent désormais à cette mission, [? s'il s'en trouve ?] qui soient présents. **4.** Si les soldats ne se déplacent jamais sans leur lance, c'est, il faut bien le savoir également, pour la même raison qui fait aussi qu'ils tiennent leurs esclaves à distance des armes ; de même ne faut-il pas s'étonner que ceux qui s'écartent pour satisfaire un besoin naturel ne s'éloignent et les uns des autres et de leurs armes que ce qu'il faut pour ne pas s'incommoder réciproquement. Là aussi, en effet, c'est pour des raisons de sécurité qu'ils agissent ainsi. **5.** Ils déplacent le camp fréquemment, tant pour faire du mal à l'ennemi que pour rendre service aux amis. La loi proclame à tous les Lacédémoniens l'ordre de s'entraîner physiquement tant qu'ils sont en campagne ; si bien qu'ils acquièrent une plus haute idée d'eux-mêmes, et que leur allure est plus que chez les autres celle qui convient à des hommes libres. Que ce soit pour se promener ou pour courir, ils ne doivent pas sortir du territoire

ΛΑΚΕΔΑΙΜΟΝΙΩΝ ΠΟΛΙΤΕΙΑ XII

ὑπὸ Σκιριτῶν προφυλάττεσθαι· νῦν δ' ἤδη καὶ ὑπὸ ξένων <...> αὐτῶν τινες συμπαρόντες. 4 τὸ δὲ ἔχοντας τὰ δόρατα ἀεὶ περιιέναι, εὖ καὶ τοῦτο δεῖ εἰδέναι, ὅτι τοῦ αὐτοῦ ἕνεκά ἐστιν οὖπερ καὶ τοὺς δούλους εἴργουσιν ἀπὸ τῶν ὅπλων. καὶ τοὺς ἐπὶ τὰ ἀναγκαῖα ἀπιόντας οὐ δεῖ θαυμάζειν ὅτι οὔτε ἀλλήλων οὔτε τῶν ὅπλων πλέον ἢ ὅσον μὴ λυπεῖν ἀλλήλους ἀπέρχονται· καὶ γὰρ ταῦτα ἀσφαλείας ἕνεκα ποιοῦσιν. 5 μεταστρατοπεδεύονταί γε μὴν πυκνὰ καὶ τοῦ σίνεσθαι τοὺς πολεμίους ἕνεκα καὶ τοῦ ὠφελεῖν τοὺς φίλους. καὶ γυμνάζεσθαι δὲ προαγορεύεται ὑπὸ τοῦ νόμου ἅπασι Λακεδαιμονίοις, ἕωσπερ ἂν στρατεύωνται. ὥστε μεγαλοπρεπεστέρους μὲν αὐτοὺς ἐφ' ἑαυτοῖς γίγνεσθαι, ἐλευθεριωτέρους δὲ τῶν ἄλλων φαίνεσθαι. δεῖ δὲ οὔτε περίπατον οὔτε δρόμον μάσσω ποιεῖσθαι ἢ ὅσον ἂν ἡ μόρα ἐφή-

---

1 Σκιριτῶν] κιριτῶν I[ac] || 2 lac. post ξένων in textu indicauit Schneider, quem nonnulli supplere (ἣν τυγχάνωσι Weiske[adn] ἣν τύχωσιν Rühl) uel retractare (οἵτινες εἶεν Ka[2mg] τισι συμπεριιόντων D ἤ τινες αὐτῶν συμπαρῶσι Brodeau 1559, 38, αὐτῶν τινων συμπαρόντων Leuncl.[3mg] et col. 1097, alii aliter) conati sunt || τινες] τις L || 4 3 περιιέναι] περιιόντων Steph.[1] || 5 ἐπὶ] ἀπὸ uid. A[ac] || 6 τὰ] τ' M || 7 λυπεῖν] λιπεῖν W || 8 ἀλλήλους A L[pc] edd. a Cast. : ἀλλήλοις FL[ac]VW GIXM || 9 ποιοῦσιν A GIX : -σι FLVW M || 5 μεταστρατοπαιδ- WX || 10 ἕνεκα del. Herw., 18 || 11 γυμνάζεσθαι δὲ] -εσθαι δὲ in ras. A || 13 ἕωσπερ edd. a Dind.[2] : ὅσῳπερ A FLVW GIXM ὅσοιπερ DZH Steph.[1] ἐν ὅσῳπερ Heindorf ὅσονπερ Hertlein 1858, 214 || μεγαλοπρεπεστέρους] -πρεστερους W μεγαλοφρονεστέρους Dind.[2] || 15 οὔτε... οὔτε : εἴτε... εἴτε Leuncl.[3mg] et 1097C || 15-16 περίπατον... δρόμον] περιπάτου... δρόμου Zeune[adn] || 16 μάσσω Jacobs 1809, 167-168 coll. Svda s.u., Heinrich apud Manso III, 2 (1805), 345 et edd. inde a Dind[2] : ἐλάσσω codd., ἔλασιν siue ἔκτασιν Zeune[adn], del. Haase || μόρα] μοίρα M || 16-1 ἐφήκῃ dubium] ἐπέχῃ tempt. Lipka[adn] coll. Thuc. II, 101, 5 ἐφῇ Ducat.

qui est du ressort de chaque more, afin que personne ne s'éloigne de ses armes. **6.** Les exercices physiques une fois exécutés, le premier polémarque fait transmettre par le héraut l'ordre de s'asseoir ; alors a lieu une sorte de revue. Après cela, la consigne est de déjeuner et de relever promptement les postes de garde. Ensuite encore, occupations diverses et temps de repos avant les exercices physiques du soir. **7.** Cela fait, le héraut donne le signal du dîner et, après avoir chanté des hymnes en l'honneur des dieux auxquels ils ont sacrifié en obtenant d'heureux présages, ils prennent leur repos auprès de leurs armes. Qu'on ne s'étonne pas si j'écris sur ce sujet un long développement : les Lacédémoniens sont les hommes chez qui, en matière militaire, on trouverait négligés le moins de points dignes d'attention.

ΛΑΚΕΔΑΙΜΟΝΙΩΝ ΠΟΛΙΤΕΙΑ XII 42

κῃ, ὅπως μηδεὶς τῶν αὐτοῦ ὅπλων πόρρω γίγνηται. 6 μετὰ δὲ τὰ γυμνάσια καθίζειν μὲν ὁ πρῶτος πολέμαρχος κηρύττει· ἔστι δὲ τοῦτο ὥσπερ ἐξέτασις· ἐκ τούτου δὲ ἀριστοποιεῖσθαι καὶ ταχὺ τὸν πρόσκοπον ἀπολύεσθαι· ἐκ τούτου δ᾽ αὖ διατριβαὶ καὶ ἀνα- 5 παύσεις πρὸ τῶν ἑσπερινῶν γυμνασίων. 7 μετά γε μὴν ταῦτα δειπνοποιεῖσθαι κηρύττεται, καὶ ἐπειδὰν ᾄσωσιν εἰς τοὺς θεοὺς οἷς ἂν κεκαλλιερηκότες ὦσιν, ἐπὶ τῶν ὅπλων ἀναπαύεσθαι. ὅτι δὲ πολλὰ γράφω οὐ δεῖ θαυμάζειν· ἥκιστα γὰρ Λακεδαιμονίοις εὕροι 10 ἄν τις παραλελειμμένα ἐν τοῖς στρατιωτικοῖς ὅσα δεῖται ἐπιμελείας.

1 ὅπως] ὥπος I (recte Iunt.) || αὐτοῦ Steph.[1] : αὐτοῦ codd. || πόρρω] πόρρωι A, πόρω GW[ac] || 6 4 τὸν πρόσκοπον] τῶν πρὸς κόπον C τὸν μόλπον Ka[2mg] τὸν πρότερον κόπον uel τὸν πάρος κόπον Camer., 116 || 5 ἀπολύεσθαι E Leuncl.[3mg] et 1097CD edd. pl. a Dind.[3] : ὑπολύεσθαι codd. || αἱ ante διατριβαὶ add. Heindorf || 7 7 κηρύτταιται I[ac] || 8 εἰς om. W[ac] || 9 γράφω] γρά[ω] M || 11 παραλελειμένα W || 12 δεῖται A et edd. inde a Rühl et Marchant : δεῖ GIXM FLVW.

CHAPITRE XIII

XIII, 1. J'exposerai aussi quel pouvoir et quelle part d'honneurs Lycurgue a ménagés au roi en campagne. D'abord, à l'armée, c'est la cité qui nourrit le roi et son entourage. Partagent sa tente les polémarques, afin qu'étant toujours ensemble ils puissent mieux délibérer en commun, si la situation le demande ; la partagent aussi trois autres hommes de la catégorie des Semblables : ces hommes s'occupent de tous les besoins matériels des précédents, pour que rien ne vienne distraire ceux-ci du soin des affaires militaires. **2.** Je vais revenir sur la façon dont le roi part en campagne avec l'armée. D'abord, alors qu'il est encore à Sparte, il sacrifie à Zeus Agètor et à ceux qui lui sont associés. Si, lors de ce sacrifice, les présages sont favorables, le porte-feu prend du feu sur l'autel et précède l'armée jusqu'à la frontière du pays ; là, le roi sacrifie à nouveau, à Zeus et à Athéna. **3.** Quand les sacrifices à ces deux divinités ont donné des présages favorables,

XIII, 1 Διηγήσομαι δὲ καὶ ἣν ἐπὶ στρατιᾶς ὁ Λυκοῦργος βασιλεῖ δύναμιν καὶ τιμὴν κατεσκεύασε. πρῶτον μὲν γὰρ ἐπὶ φρουρᾶς τρέφει ἡ πόλις βασιλέα καὶ τοὺς σὺν αὐτῷ· συσκηνοῦσι δὲ αὐτῷ οἱ πολέμαρχοι, ὅπως ἀεὶ συνόντες μᾶλλον καὶ κοινο- 5 βουλῶσιν, ἤν τι δέωνται· συσκηνοῦσι δὲ καὶ ἄλλοι τρεῖς ἄνδρες τῶν ὁμοίων· οὗτοι τούτοις ἐπιμελοῦνται πάντων τῶν ἐπιτηδείων, ὡς μηδεμία ἀσχολία ᾖ αὐτοῖς τῶν πολεμικῶν ἐπιμελεῖσθαι. 2 ἐπαναλήψομαι δὲ ὡς ἐξορμᾶται σὺν στρατιᾷ ὁ βασιλεύς. θύει 10 μὲν γὰρ πρῶτον οἴκοι ὢν Διὶ Ἀγήτορι καὶ τοῖς σὺν αὐτῷ· ἣν δὲ ἐνταῦθα καλλιερήσῃ, λαβὼν ὁ πυρφόρος πῦρ ἀπὸ τοῦ βωμοῦ προηγεῖται ἐπὶ τὰ ὅρια τῆς χώρας· ὁ δὲ βασιλεὺς ἐκεῖ αὖ θύεται Διὶ καὶ Ἀθηνᾷ. 3 ὅταν δὲ ἀμφοῖν τούτοιν τοῖν θεοῖν καλ- 15

XIII, 1 1 ἣν post στρατιᾶς transp. W ‖ 2 κατεσκεύασε A edd. pl. a Marchant : παρεσκεύασε GXM FLVW edd. pl. a Brubach. παρασκεύασε I ‖ 3 φρουρᾶς Leuncl.³ᵐᵍ et inde edd. fere omnes : φρουρᾷ codd. ‖ 4 συσκηοῦσι Iᵃᶜ ‖ 5-6 κοινοβουλῶσιν] -σι GI ‖ 6 καὶ om. W ‖ 7 τρεῖς bis V ‖ 8 ἀσχολίαι A ‖ 2 9-10 ἐπαναλείψομαι X ‖ 11 καὶ τοῖς σὺν αὐτῷ (sc. θεοῖς, quod add. Castiglioni 1926, 45, fort. recte) codd., defend. Lipka : σὺν τοῖς σὺν αὐτῷ Dind.¹, XVIII-XIX, καὶ οἱ σὺν αὐτῷ Haaseᵃᵈⁿ, τοῖς σιοῖν (αὐτῷ deleto) Marchant, καὶ συμμάχῳ Pierl.³ᵃᵖᵖ, delenda susp. Schenkl K. 1898, 28 ‖ 14 δὲ om. Lᵃᶜ, post βασιλεύς add. Lᵖᶜ.

alors il franchit la frontière du pays ; le feu provenant de ces sacrifices précède l'armée sans être jamais éteint, et toutes sortes d'animaux sacrificiels le suivent. Chaque fois qu'il sacrifie, il commence cette tâche alors qu'il fait encore nuit, dans l'intention de capter avant tout autre la bienveillance divine. **4.** Sont présents au sacrifice les polémarques, les lochages, les pentékostères, les chefs des mercenaires, les commandants du train, et qui le désire parmi les stratèges envoyés par les cités alliées. **5.** Sont également présents deux des éphores ; ceux-ci ne s'immiscent dans aucune affaire, sauf si le roi les convoque ; mais, voyant comment chacun se comporte, ils rendent tout le monde discipliné, on s'en doute bien. Une fois le sacrifice accompli, le roi les convoque tous pour leur commander ce qu'ils ont à faire. Le résultat, c'est qu'au vu de ce comportement, on considérerait tous les autres peuples comme des amateurs en matière militaire, et les Lacédémoniens seuls comme de véritables spécialistes de la guerre. **6.** À chaque fois que c'est le roi qui conduit l'armée, si aucun ennemi n'est en vue, personne ne marche devant lui, à part les Skirites et

ΛΑΚΕΔΑΙΜΟΝΙΩΝ ΠΟΛΙΤΕΙΑ XIII

λιερηθῇ, τότε διαβαίνει τὰ ὅρια τῆς χώρας· καὶ τὸ
πῦρ μὲν ἀπὸ τούτων τῶν ἱερῶν προηγεῖται οὔποτε ἀποσβεννύμενον, σφάγια δὲ παντοῖα ἕπεται. ἀεὶ
δὲ ὅταν θύηται, ἄρχεται μὲν τούτου τοῦ ἔργου ἔτι
κνεφαῖος, προλαμβάνειν βουλόμενος τὴν τοῦ θεοῦ 5
εὔνοιαν. 4 πάρεισι δὲ περὶ τὴν θυσίαν πολέμαρχοι, λοχαγοί, πεντηκοστῆρες, ξένων στρατίαρχοι,
στρατοῦ σκευοφορικοῦ ἄρχοντες, καὶ τῶν ἀπὸ τῶν
πόλεων δὲ στρατηγῶν ὁ βουλόμενος· 5 πάρεισι δὲ
καὶ τῶν ἐφόρων δύο, οἳ πολυπραγμονοῦσι μὲν οὐ- 10
δέν, ἢν μὴ ὁ βασιλεὺς προσκαλῇ· ὁρῶντες δὲ ὅ τι
ποιεῖ ἕκαστος πάντας σωφρονίζουσιν, ὡς τὸ εἰκός.
ὅταν δὲ τελεσθῇ τὰ ἱερά, ὁ βασιλεὺς προσκαλέσας
πάντας παραγγέλλει τὰ ποιητέα. ὥστε ὁρῶν ταῦτα ἡγήσαιο ἂν τοὺς μὲν ἄλλους αὐτοσχεδιαστὰς 15
εἶναι τῶν στρατιωτικῶν, Λακεδαιμονίους δὲ μόνους
τῷ ὄντι τεχνίτας τῶν πολεμικῶν. 6 ἐπειδάν γε μὴν
ἡγῆται βασιλεύς, ἢν μὲν μηδεὶς ἐναντίος φαίνηται,
οὐδεὶς αὐτοῦ πρόσθεν πορεύεται, πλὴν Σκιρῖται καὶ

XIII, 5 POLL. VI, 142 (II p. 38 Bethe) αὐτοσχεδιάζων, καὶ ὡς Ξενοφῶν ἐν Λακώνων πολιτείᾳ (καὶ − πολιτείᾳ BC tantum) αὐτοσχεδιαστής.

3 1 τὰ ὅρια τῆς χώρας del. Cobet, 734 || 2 πρηγεῖται I (recte Iunt.) || 3 δὲ] δὲ καὶ X || 4 ἔτι post κνεφαῖος transp. X || 6 εὔνοιαν A GIXM L[pc] : ἔννοιαν FL[ac]VW || 4 7 πεντηκοστῆρες A GIX FLVW πεντηκονστῆρες M πεντηκοντῆρες Dind.[2] et inde edd. pl. || ξένων στρατίαρχοι] ἐνωμοτάρχαι Cobet, 735 || 8 στρατοῦ σκευοφορικοῦ defend. Rühl coll. *Cyr.* VI, 3, 29 : οἱ τοῦ σκευοφορικοῦ Cobet, 735 || τῶν pr. om. G W || 9 πόλεων] πολεμίων X[ac] || 5 10 ἐφόρων] ἐφόδων L || οἱ πολυπραγμονοῦσι μὲν οὐδὲν om. I[ac] || 13 προσκαλέσας GX W KaMb edd. a Steph.[1] : προκαλέσας A IM FLV || 14 ὥστε − 17 τῶν πολεμικῶν post 8 1 προαγορεύεται transp. Wulff 1884, 34-36 || 17 τεχνίτας] τεχνήτας M || 6 18 ὁ ante βασιλεὺς add. Iunt., primus eiecit Haase || ἐναντίος] ἐναντίοις Iunt., corr. Cast. || 19 αὖ τοῦ edd. ante Steph.[1].

les cavaliers qui, à l'avant, éclairent le terrain ; mais si jamais on pense qu'il va y avoir un combat, le roi prend avec lui l'unité de tête de la première more et la mène en la faisant tourner côté lance, jusqu'à ce qu'il occupe une place entre deux mores et deux polémarques. **7.** Quant à ceux qui doivent être postés derrière le roi et sa garde, c'est le plus ancien des hommes attachés à la tente publique qui leur assigne leur emplacement. Il s'agit de ceux des Semblables qui sont commensaux du roi, des devins, des médecins, des joueurs d'aulos qui marchent en tête de l'armée, et des volontaires s'il y en a. Dans ces conditions, rien de ce qui doit être fait ne peut poser de problème insoluble, car tout a été prévu. **8.** Voici encore des dispositions, à mon avis belles et utiles, que Lycurgue a imaginées en vue du combat hoplitique. Au moment où, alors qu'on est désormais sous les yeux de l'ennemi, on sacrifie une chèvre jeune, la loi veut que tous les joueurs d'aulos présents jouent de leur instrument, et qu'il n'y ait pas un seul Lacédémonien qui ne porte une couronne ; et

ΛΑΚΕΔΑΙΜΟΝΙΩΝ ΠΟΛΙΤΕΙΑ XIII

οἱ προερευνώμενοι ἱππεῖς· ἢν δέ ποτε μάχην οἴωνται ἔσεσθαι, λαβὼν τὸ ἄγημα τῆς πρώτης μόρας ὁ βασιλεὺς ἄγει στρέψας ἐπὶ δόρυ, ἔστ' ἂν γένηται ἐν μέσῳ δυοῖν μόραιν καὶ δυοῖν πολεμάρχοιν. 7 οὓς δὲ δεῖ ἐπὶ τούτοις τετάχθαι, ὁ πρεσβύτατος τῶν περὶ δαμοσίαν συντάττει· εἰσὶ δὲ οὗτοι ὅσοι ἂν σύσκηνοι ὦσι τῶν ὁμοίων, καὶ μάντεις καὶ ἰατροὶ καὶ αὐληταὶ οἱ τοῦ στρατοῦ ἄρχοντες, καὶ ἐθελούσιοι ἤν τινες παρῶσιν. ὥστε τῶν δεομένων γίγνεσθαι οὐδὲν ἀπορεῖται· οὐδὲν γὰρ ἀπρόσκεπτόν ἐστι. 8 καλὰ δὲ καὶ τάδε <καὶ> ὠφέλιμα, ὡς ἐμοὶ δοκεῖ, ἐμηχανήσατο Λυκοῦργος εἰς τὸν ἐν ὅπλοις ἀγῶνα. ὅταν γὰρ ὁρώντων ἤδη τῶν πολεμίων χίμαιρα σφαγιάζηται, αὐλεῖν τε πάντας τοὺς παρόντας αὐλητὰς νόμος καὶ μηδένα Λακεδαιμονίων ἀστεφάνωτον εἶναι· καὶ

---

1 προερευνώμενοι in edd. recte primi Le Jeune (-νωμένοι) Steph.[1] : προερευνώμενοι I[ac] προερευνόμενοι edd. ante Steph.[1] || 1-2 οἴωνται A MFLVW : οἴονται GIX edd. ante Steph.[1] || 2 μόρας] μοίρας M || 3 στρέψας Id Morus[adn] : συστρέψας codd. || δόρυ] δόρα VW || ἐν om. W || 4 μέσῳ] μέσω A μέσον W || δυοῖν μόραιν καὶ om. G[ac], δύο μοίραιν καὶ M || 7 δὲ om. W || 6 δαμοσίαν A FLW recep. Steph.[1γρ] et in textu Schneider : δημοσίαν GXM διμοσίαν I δαμοσίων V || συντατάττει I[ac] || 7 καὶ post αὐληταὶ add. Zeune edd. pl. (sed cf. Haase ad loc. coll. POLYAEN. I, 10) || 8 σκευοφορικοῦ post στρατοῦ add. Portus F. 1586, 207 Leuncl.[3mg] et 1097DE || ἄρχοντες] τεχνῖται Christian 1830, 1293 n. * || 10 οὐδὲν] οὗ X[ac] || ἀπρόσκεπτον I : ἀπροσκεπτέον A GXM FLVW || 8 καλὰ (μάλα ed.) δὲ – 9 καὶ εὐδόκιμον post XI, 3 γοργοτέρους φαίνεσθαι transp. Haase || 10 καλὰ] καλλὰ L, μάλα Cast. edd. multi || δὲ om. L[ac] || καὶ om. W post τάδε transp. D || καὶ post τάδε add. C Ollier || 11 τάδε post ὠφέλιμα transp. Steph.[1], om. FdO || 12 ὁ ante Λυκοῦργος add. CFcMa || 13 ὁρώντων] ὁρωμένων Ka[2mg] || χίμαιρα] χίμαιρας M, χίμειρας V || σφαγιάζηται] -ζεται L[ac] || 14 τε] ται I[ac] || αὐλητὰς A I[pc] F[pc] : ἀθλητὰς GI[ac]XM F[ac]LVW[ac].

l'ordre est proclamé de fourbir les armes. **9.** Il est permis au jeune soldat, [? même ------, d'aller au combat avec les autres ?], et d'être resplendissant et admiré de tous. Pour ce qui est des exhortations, on les transmet à l'énomotarque : car c'est un fait qu'on ne peut entendre dans la totalité de chaque énomotie [? que ce qui provient de son énomotarque ?]. C'est au polémarque de veiller à ce que cela se passe correctement. **10.** Lorsque le moment paraît venu d'établir le camp, c'est au roi d'en décider, ainsi que d'indiquer où cela doit être fait ; quant à l'envoi d'ambassades concernant une entente ou une guerre, cela également est du ressort du roi. Et tous les hommes dépendent du roi pour toutes les réclamations qu'ils peuvent vouloir faire. **11.** Ainsi donc, si quelqu'un vient demander justice,

ΛΑΚΕΔΑΙΜΟΝΙΩΝ ΠΟΛΙΤΕΙΑ XIII

ὅπλα δὲ λαμπρύνεσθαι προαγορεύεται. 9 ἔξεστι δὲ τῷ νέῳ †καὶ κεκριμένῳ εἰς μάχην συνιέναι† καὶ φαιδρὸν εἶναι καὶ εὐδόκιμον. καὶ παρακελεύονται δὲ τῷ ἐνωμοτάρχῃ· οὐδ' ἀκούεται γὰρ εἰς ἑκάστην πᾶσαν τὴν ἐνωμοτίαν †ἀφ' ἑκάστου ἐνωμοτάρχου ἔξω·† 5 ὅπως δὲ καλῶς γίγνηται πολεμάρχῳ δεῖ μέλειν. 10 ὅταν γε μὴν καιρὸς δοκῇ εἶναι στρατοπεδεύεσθαι, τούτου μὲν δὴ κύριος βασιλεὺς καὶ τοῦ δεῖξαί γε ὅπου δεῖ· τὸ μέντοι πρεσβείας ἀποπέμπεσθαι καὶ φιλίας καὶ πολεμίας, τοῦτ' αὖ βασιλέως. καὶ ἄρ- 10 χονται μὲν πάντες ἀπὸ βασιλέως, ὅταν βούλωνται πρᾶξαί τι. 11 ἢν δ' οὖν δίκης δεόμενός τις ἔλθῃ,

1 lac. post προσαγορεύεται statuit Rühl || 9 1-2 ἔξεστι δὲ τῷ νέῳ – 6 δεῖ μέλειν damn. Pierl.[1], ἔξεστι δὲ τῷ νέῳ – 5 ἔξω falso loco posita putabat Rühl, ἔξεστι δὲ τῷ νέῳ – 3 καὶ εὐδόκιμον post 6 4 πολεμάρχοιν transp. Stein 1878, 21-22, καὶ ante κεκρ. deleto || 2 κεκριμένῳ A GIXM FW, defend. den Boer 1954, 284-287, κεκριμμένῳ LV, κεχριμένῳ Naber 1897, 445-447 alii, κειρομένῳ uel κεκριμένῳ κόμην uel κειρόμενον Zeune[adn], κόμην διακεκριμένῳ Weiske || συνιέναι] συνεῖναι Zeune[adn] || τοῦτο νομίζοντες ante φαιδρὸν add. Rühl || 3 εὐδόκιμον] δόκιμον W εὐδοκιμεῖν Lipka, lac. post εὐδ. statuit Rühl, ante φαιδρὸν uel post εὐδόκιμον lac. statuit Marchant || καὶ παρακελεύονται – 6 δεῖ μέλειν post XI 6 χαλεπὸν μαθεῖν transp. Haase, post 7 9 παρῶσι transp. Thalheim 1919, 1099-1100 || παρακελεύονται] παρακελεύεσθαι Zeune[adn] παραγγέλλεται Schenkl H. 1908, 5 || δὲ om. I[ac] || 4 ἐνωμοτάρχῃ codd. : -χῳ Dind.[3] alii || 5 ἀφ'] ἀμφ' FLVW || ἀφ' ἑκάστου ἐνωμοτάρχου ἔξω] ἀφ' ἑκάστου τοῦ ἔξω ἐνωμοτάρχου Weiske[adn], ἔξω ἀφ' ἑκάστου <τοῦ> ἐνωμοτάρχου Anderson 1970, 292 n. 49, <ἀλλ'> ἀφ' ἑκάστου ἐνωμοτάρχου ἑξῆς uel ἔξω ἢ ἀφ' ἑκάστου ἐνωμοτάρχου temptauerim || 6 γίγνηται A GXM et edd. pl. a Cast. : γίγνεται I FLVW || μέλειν M FLW Le Jeune Steph.[1] et inde edd. : μέλλειν A GIX V || 10 8 δὴ κύριος Marchant, κύριος iam F[2mg]Fb[mg]Fd[mg]HO[mg], (καὶ κύριος post βασιλεὺς N) : Λυκοῦργος codd., αὐτουργὸς Cast. al. || lac. post βασιλεὺς indicauit C, Λυκοῦργος βασιλεῖ λέγει μέλειν D || 9 γε] δὲ Zeune[adn] Schneider, om. C || μέντοι] μέν τι KKa || 10 αὖ] οὐ Weiske[adn] (ἀλλ' ἐφόρων post βασιλεὺς extitisse susp.) Heindorf alii ἄνευ Pierl.[2] || 11 βασιλέως] ἐφόρων Dind.[3adn].

le roi le renvoie devant les hellanodices ; si c'est de l'argent, devant les trésoriers ; si c'est du butin qu'il apporte, devant les vendeurs de butin. Dans ces conditions, tout ce qu'il reste à faire au roi en campagne, c'est d'être prêtre en ce qui a rapport aux dieux, et général en chef en ce qui a rapport aux hommes.

πρὸς ἑλλανοδίκας τοῦτον ὁ βασιλεὺς ἀποπέμπει, ἢν δὲ χρημάτων, πρὸς ταμίας, ἢν δὲ ληίδα ἄγων, πρὸς λαφυροπώλας. οὕτω δὲ πραττομένων βασιλεῖ οὐδὲν ἄλλο ἔργον καταλείπεται ἐπὶ φρουρᾶς ἢ ἱερεῖ μὲν τὰ πρὸς τοὺς θεοὺς εἶναι, στρατηγῷ δὲ τὰ πρὸς τοὺς ἀνθρώπους.

11 1 ἑλλανοδίκας] ἕλλαν δίκας V ‖ 5 τὰ pr.] τοῦ V ‖ 6 τοὺς om. WX.

CHAPITRE XIV

XIV, 1. Si l'on me demandait si je suis encore présentement d'avis que les lois de Lycurgue subsistent intactes, cela, non, par Zeus, je ne le dirais plus sans hésitation. **2.** Car je sais qu'auparavant les Lacédémoniens préféraient vivre entre eux dans leur patrie en jouissant de biens modestes, plutôt que d'aller comme harmostes dans les cités et de s'y faire corrompre par ceux qui leur font la cour. **3.** Et je sais que, si autrefois ils redoutaient d'être démasqués comme possédant de l'or, aujourd'hui il en est qui vont jusqu'à s'enorgueillir d'une telle possession. **4.** Je constate également que si, jadis, il y avait des xénélasies et qu'il était interdit d'aller vivre ailleurs, c'était pour éviter que le contact avec les étrangers n'emplisse les citoyens du désir

XIV, 1 Εἰ δέ τίς με ἔροιτο εἰ καὶ νῦν ἔτι μοι δοκοῦσιν οἱ Λυκούργου νόμοι ἀκίνητοι διαμένειν, τοῦτο μὰ Δία οὐκ ἂν ἔτι θρασέως εἴποιμι. 2 οἶδα γὰρ πρότερον μὲν Λακεδαιμονίους αἱρουμένους οἴκοι τὰ μέτρια ἔχοντας ἀλλήλοις συνεῖναι μᾶλλον ἢ ἁρμόζοντας ἐν ταῖς πόλεσι καὶ κολακευομένους διαφθείρεσθαι. 3 καὶ πρόσθεν μὲν οἶδα αὐτοὺς φοβουμένους χρυσίον ἔχοντας φαίνεσθαι· νῦν δ' ἔστιν οὓς καὶ καλλωπιζομένους ἐπὶ τῷ κεκτῆσθαι. 4 ἐπίσταμαι δὲ καὶ πρόσθεν τούτου ἕνεκα ξενηλασίας γιγνομένας καὶ ἀποδημεῖν οὐκ ἐξόν, ὅπως μὴ ῥᾳδιουργίας οἱ πολῖται ἀπὸ τῶν ξένων ἐμπίμπλαιντο·

1 Caput hoc totum secl., quia spurium et in alienissimo loco insertum, ('minus offenderet, si capiti decimo subiectum esset') Weiske, 10-12 Schneider Schaefer Dind.[1] alii ; in finem operis transp. Bazin Ollier alii || **XIV, 1** ἔροιτο εἰ A FLVW MX edd. a Steph.[1] (ἔροιτο, εἰ omisso, iam Ald.) : ἔροιτώει G[ac]I[ac] ἔροιτώη uid. G[2pc] ἐρωτοίει I[2pc] Iunt. ἐρωτοίη Cast. || καὶ νῦν ἔτι] ἔτι καὶ νῦν Steph.[1] || ἔτι μοι A M, in edd. Le Jeune Steph.[1] seqq. : ἕτοιμοι GI[ac]X F[ac?]LVW Iunt. || 3 Δία] Δι' MW || 2 5 ἔχοντας Κa[2mg] edd. a Cast. : ἑκόντας codd. cett. ἑκόντες Iunt. alii || ἀλλήλοις] ἀλλοίλοις I[ac] ἀλλήλους Iunt. || 6 πόλεσι] -σιν GIXM || καὶ del. Herw., 18-19 || 3 9 τῷ] τὸ A || πλεῖστον uel παμπόλυ ante κεκτῆσθαι add. Cobet, 736 || 4 10 μὲν post πρόσθεν add. Cobet, 736 || 11 οὐκ] οὐ I || 12 ἐμπίμπλαιντοX edd. a Dind.[3] : ἐμπίπλαιντο codd. cett., ἀναπίμπλαιντο Cobet, 736.

de se laisser aller ; tandis que maintenant je constate que ceux qui passent pour être les premiers dans la cité font tout pour ne jamais cesser d'être harmostes à l'étranger. **5.** Et il fut un temps où leur ambition était de mériter l'hégémonie, alors que maintenant ils s'affairent beaucoup plus à l'exercer qu'à la mériter. **6.** Par suite, alors qu'auparavant les Grecs venaient à Lacédémone pour leur demander de prendre la tête de la lutte contre ceux qui, à leur avis, leur causaient du tort, maintenant ils sont nombreux à s'exhorter les uns les autres afin de les empêcher d'exercer à nouveau l'hégémonie. **7.** Aussi ne faut-il en rien s'étonner de ce que ces reproches leur soient adressés, tant il est évident qu'ils n'obéissent ni au dieu, ni aux lois de Lycurgue.

ΛΑΚΕΔΑΙΜΟΝΙΩΝ ΠΟΛΙΤΕΙΑ XIV

νῦν δ' ἐπίσταμαι τοὺς δοκοῦντας πρώτους εἶναι
ἐσπουδακότας ὡς μηδέποτε παύωνται ἁρμόζοντες
ἐπὶ ξένης. 5 καὶ ἦν μὲν ὅτε ἐπεμελοῦντο ὅπως
ἄξιοι εἶεν ἡγεῖσθαι· νῦν δὲ πολὺ μᾶλλον πραγματεύονται ὅπως ἄρξουσιν ἢ ὅπως ἄξιοι τούτων
ἔσονται. 6 τοιγαροῦν οἱ Ἕλληνες πρότερον μὲν ἰόντες εἰς Λακεδαίμονα ἐδέοντο αὐτῶν ἡγεῖσθαι ἐπὶ
τοὺς δοκοῦντας ἀδικεῖν· νῦν δὲ πολλοὶ παρακαλοῦσιν ἀλλήλους ἐπὶ τὸ διακωλύειν ἄρξαι πάλιν
αὐτούς. 7 οὐδὲν μέντοι δεῖ θαυμάζειν τούτων τῶν
ἐπιψόγων αὐτοῖς γιγνομένων, ἐπειδὴ φανεροί εἰσιν
οὔτε τῷ θεῷ πειθόμενοι οὔτε τοῖς Λυκούργου νόμοις.

---

1 δ'] δὲ FLVW || ἐπίσταμαι del. Cobet, 736 || καὶ post εἶναι add.
X || 5 5 τούτων] τούτου Steph.[2] (*Annot.* p. 64) edd. nonnulli ||
6 7 αὐτῶν] -ων e corr. uid. I || ἐπὶ τοὺς bis L || 9 τὸ] τῷ FLVW ||
rasura 6/7 litt. post ἄρξαι F || 7 10 μέντοι] μὲν W[ac] || τῶν ἐπι-
ψόγων] τῶν del. Pierl.[2] Lipka ; possis τούτων τῶν ψόγων αὐτοῖς
ἐπιγιγνομένων, sed nihil immutandum (cf. Muratore 2022, 279-
280).

CHAPITRE XV

XV, 1. Je désire également exposer les accords que Lycurgue a prescrit que le roi conclue avec la cité. En effet, ce régime politique est le seul qui demeure tel qu'il a été institué à l'origine, tandis que, comme on peut le constater, les autres constitutions ont changé et sont maintenant encore en train de changer. **2.** Lycurgue a disposé que le roi accomplisse au nom de la cité tous les sacrifices publics, en tant qu'il descend d'un dieu, et qu'il conduise l'armée là où l'envoie la cité. **3.** Il lui a accordé de prendre des parts d'honneur des victimes, et lui a assigné, dans de nombreuses cités périèques, de la terre choisie, en quantité telle qu'il ne manque pas de biens d'une valeur modérée, sans être d'une richesse extraordinaire. **4.** Afin que les rois eux aussi prennent leurs repas hors de chez eux, il leur a assigné une tente publique, et il les a même honorés

XV, 1 Βούλομαι δὲ καὶ ἃς βασιλεῖ πρὸς τὴν πόλιν συνθήκας ὁ Λυκοῦργος ἐποίησε διηγήσασθαι· μόνη γὰρ δὴ αὕτη ἀρχὴ διατελεῖ οἵαπερ ἐξ ἀρχῆς κατεστάθη· τὰς δὲ ἄλλας πολιτείας εὕροι ἄν τις μετακεκινημένας καὶ ἔτι καὶ νῦν μετακινουμένας. 2 ἔθηκε γὰρ θύειν μὲν βασιλέα πρὸ τῆς πόλεως τὰ δημόσια ἅπαντα, ὡς ἀπὸ [τοῦ] θεοῦ ὄντα, καὶ στρατιὰν ὅποι ἂν ἡ πόλις ἐκπέμπῃ ἡγεῖσθαι. 3 ἔδωκε δὲ καὶ γέρα ἀπὸ τῶν θυομένων λαμβάνειν, καὶ γῆν δὲ ἐν πολλαῖς τῶν περιοίκων πόλεων ἀπέδειξεν ἐξαίρετον τοσαύτην ὥστε μήτε δεῖσθαι τῶν μετρίων μήτε πλούτῳ ὑπερφέρειν. 4 ὅπως δὲ καὶ οἱ βασιλεῖς ἔξω σκηνοῖεν, σκηνὴν αὐτοῖς δημοσίαν

XV, 4 sch. ex. Od. δ 65b (HMa) λέγει δὲ καὶ Ξενοφῶν διμοιρίαν (Dindorf, δίμοιραν H, δεῖ μοῖραν M[a]) διδόσθαι (δίδοσθαι HM[a]) τοῖς Λακεδαιμονίων βασιλεῦσι (possis et ad Ages. V, 1 referre).

XV, 1-9 cap. totum ante XIII traiecit Haase || XV, 1 3 αὕτη ἀρχὴ] αὕτη ἡ ἀρχὴ G W edd. nonnulli || διατελεῖ] διατελεῖς W || 2 6 πρὸ A GXM FLVW et edd. pl. a Steph.[1] : πρὸς I ὑπὲρ Leuncl.[3] 1097F || 7 τοῦ del. Dindorf 1845, VI Dind.[3], defend. Rebenich Lipka alii || 8 ἐκπέμπῃ A FLVW et edd. a Steph.[1] : ἐκπέμπει GIM ἐκπέμποι X || 3 9 γέρα] γέρρα A || 10 δὲ Weiske : τε codd., defend. Haase et Sauppe[1] || τῶν F[pc]I[pc?]G[pc] edd. : ὧν A G[ac]X I[ac?]M F[ac]LVW || 11 μήτε δεῖσθαι defend. Lipka coll. VI, 4, cui adde HERMIAM SOZOMENUM. HE I, 12, 7 : μήτ' ἐνδεῖσθαι Dind.[3] edd. pl.

d'une double part au dîner, non pour qu'ils mangent deux fois plus que les autres, mais pour qu'ils puissent par ce moyen aussi faire honneur à qui ils voudraient. **5.** Il leur a également accordé de se choisir chacun deux commensaux, que l'on appelle les *Pythioi*. Il leur a aussi accordé le privilège de recevoir un jeune porc sur la portée de chaque truie, afin qu'un roi ne manque jamais de victimes, s'il lui faut consulter les dieux sur un sujet quelconque. **6.** Près de sa maison, un étang fournit de l'eau ; que cela aussi serve à quantité d'usages, ceux qui n'en ont pas le savent pertinemment. Tous se lèvent de leur siège devant le roi, sauf les éphores, qui restent assis sur leurs chaises éphoriques. **7.** Chaque mois, ils se prêtent des serments réciproques, les éphores au nom de la cité, le roi en son propre nom. Pour le roi, le serment est de régner en se conformant aux lois établies de la cité ; pour la cité, de conserver inébranlée la royauté, tant que le roi tient parole. **8.** Tels sont les honneurs qui sont accordés au roi de son vivant à

ΛΑΚΕΔΑΙΜΟΝΙΩΝ ΠΟΛΙΤΕΙΑ XV

ἀπέδειξε, καὶ διμοιρίᾳ γε ἐπὶ τῷ δείπνῳ ἐτίμησεν, οὐχ ἵνα διπλάσια καταφάγοιεν, ἀλλ' ἵνα καὶ ἀπὸ τοῦδε τιμῆσαι ἔχοιεν εἴ τινα βούλοιντο. 5 ἔδωκε δ' αὖ καὶ συσκήνους δύο ἑκατέρῳ προσελέσθαι, οἳ δὴ καὶ Πύθιοι καλοῦνται. ἔδωκε δὲ καὶ πασῶν τῶν συῶν ἀπὸ τόκου χοῖρον λαμβάνειν, ὡς μήποτε ἀπορήσαι βασιλεὺς ἱερῶν, ἤν τι δεηθῇ θεοῖς συμβουλεύσασθαι. 6 καὶ πρὸς τῇ οἰκίᾳ δὲ λίμνη ὕδατος παρέχει· ὅτι δὲ καὶ τοῦτο πρὸς πολλὰ χρήσιμον, οἱ μὴ ἔχοντες αὐτὸ μᾶλλον γιγνώσκουσι. καὶ ἕδρας δὲ πάντες ὑπανίστανται βασιλεῖ, πλὴν οὐκ ἔφοροι ἀπὸ τῶν ἐφορικῶν δίφρων. 7 καὶ ὅρκους δὲ ἀλλήλοις κατὰ μῆνα ποιοῦνται, ἔφοροι μὲν ὑπὲρ τῆς πόλεως, βασιλεὺς δὲ ὑπὲρ ἑαυτοῦ. ὁ δὲ ὅρκος ἐστὶ τῷ μὲν βασιλεῖ κατὰ τοὺς τῆς πόλεως κειμένους νόμους βασιλεύσειν, τῇ δὲ πόλει ἐμπεδορκοῦντος ἐκείνου ἀστυφέλικτον τὴν βασιλείαν παρέξειν. 8 αὗται μὲν οὖν αἱ τιμαὶ οἴκοι ζῶντι βασιλεῖ δέδονται,

4 1 διμοιρίᾳ] διμυρία F^(ac)V μυρία W || γε] δὲ Schneider || 2 ἀπὸ] ὑπὸ X || 3 τιμῆσαι] τιμῆς F^(ac)L^(ac)VW || 5 4 προσελέσθαι] προελέσθαι L || 5 post οἳ δὴ deficit codicis Vat. gr. 1335 (A) pars uetus || 6 χοῖρον] χοίρου a || 7 ἀπορῆσαι a, edd. ante Steph.¹ || ἱερῶν] ἱερείων Cobet, 736 || 6 8 λίμνη] λίμνην C^(sl) λίμνη Iunt. || ἀφθονίαν post ὕδατος add. (e uersione Philelphi 'aquae copiam stagnum praestat') Cast.^(mg) Steph.¹ (unde ms. H) edd. plerique : lectionem codd. mss.torum defend. Lipka coll. Kühner-Gerth II, 1, p. 345 || 9 παρέχει] παρέσχεν C || 10 μᾶλλον] μάλιστα Richards 1906, 348 || γινώσκουσι W || 12 τῶν om. L || 7 12-13 ἀλλήλοις] ἀλλήλους I^(ac) || 14 δὲ ὑπὲρ aB V : δ' ὑπὲρ GIXM FLW || 15 τῆς πόλεως aut κειμένους del. Cobet, 737 || 8 18 οἴκοι del. Cobet, 737 δημοσίᾳ Herw., 19 || δέδονται] δίδονται C.

Sparte même ; ils ne dépassent pas de beaucoup ceux qui peuvent être rendus à des particuliers. C'est que Lycurgue n'a voulu ni inspirer aux rois un orgueil tyrannique, ni faire naître chez les citoyens de la jalousie envers leur puissance. **9.** Quant aux honneurs qui sont accordés au roi à sa mort, les lois de Lycurgue veulent montrer par là que, si elles ont décidé que les rois des Lacédémoniens recevraient des honneurs exceptionnels, ce n'est pas en tant qu'hommes, mais en tant que héros.

ΛΑΚΕΔΑΙΜΟΝΙΩΝ ΠΟΛΙΤΕΙΑ XV

οὐδέν τι πολὺ ὑπερφέρουσαι τῶν ἰδιωτικῶν· οὐ γὰρ ἐβουλήθη οὔτε τοῖς βασιλεῦσι τυραννικὸν φρόνημα παραστῆσαι οὔτε τοῖς πολίταις φθόνον ἐμποιῆσαι τῆς δυνάμεως. 9 αἳ δὲ τελευτήσαντι τιμαὶ βασιλεῖ δέδονται, τῇδε βούλονται δηλοῦν οἱ Λυκούργου 5 νόμοι ὅτι οὐχ ὡς ἀνθρώπους ἀλλ' ὡς ἥρωας τοὺς Λακεδαιμονίων βασιλεῖς προτετιμήκασι.

1 ἰδιωτικῶν] ἰδιωτῶν Iunt., corr. Ald || οὐ γὰρ GIXM FLVW : οὐδὲ γὰρ aB, quod defend. Schenkl H. 1908, 10 coll. XIII, 9 || 2 τυρανικὸν a^{ac} || 9 4 αἲ] αἱ aB GIX Iunt., corr. Cast. || τελευτήσαντι] τελευτήσαν W || 5 τῇδε] τί δὲ KT et coni. Brodeau 1559, 38 || δηλοῦν] δηλοῦσιν Brodeau 1559, 38 || Λυκούργου] Λυκοῦργοι aB || 7 Λεκεδαιμονίων I, recte Iunt. || προτετιμήκασι aB : -σιν GIXM FLVW.

COMMENTAIRE

La *LP* a déjà fait l'objet de quatre éditions commentées relativement récentes : celle d'Ollier, parue en 1934, celle de Lipka, en 2002, et celles, plus succinctes, de Rebenich en 1998 et de Gray en 2007. C'est surtout par rapport à celle de Lipka, qui est devenue classique, qu'il peut être utile que je situe le présent travail. J'ai délibérément laissé de côté, sauf quand cela pouvait avoir des conséquences sur le sens, toutes les remarques de détail sur les aspects linguistiques et littéraires du texte : vocabulaire, grammaire, style. Tout cela a été fort bien fait par Lipka, et il était inutile de le répéter.

Dans sa conception, ce commentaire diffère essentiellement de celui de Lipka, qui, comme c'est la règle dans la collection dont il fait partie, explique le texte phrase par phrase, voire mot par mot ; Gray a procédé de la même manière. La formule que j'ai adoptée se rapproche beaucoup plus de celle d'Ollier : c'est celle du commentaire suivi, qui examine le texte par unités de sens (qui ne sont pas nécessairement des paragraphes), et a pour intention principale d'analyser les idées exposées ou sous-entendues par l'auteur, afin d'en dégager les articulations et la progression, chapitre par chapitre. Il s'ensuit que la question de savoir, à propos de chaque point abordé, si l'auteur dit ou non « la vérité », sans pouvoir être dans tous les cas complètement tenue à distance, n'a pas été au cœur de mes préoccupations. Il ne s'agit ici ni de « corriger » l'exposé de Xénophon, ni de le compléter au moyen des connaissances que nous possédons ou croyons posséder. Mon objectif est plus modeste : avant tout, essayer de le comprendre (ce qui est loin d'être toujours facile).

Conformément au standard de la collection, ce commentaire n'est pas un ouvrage d'érudition. Il ne comporte pas de notes ; la bibliographie comprend avant tout les travaux portant directement sur le texte, et se réduit en général à un « balisage », par le renvoi à quelques études à partir desquelles le lecteur peut, s'il le désire, se constituer sa propre bibliographie.

Pour des raisons de commodité, le texte et la traduction ont été proposés ci-dessus selon le découpage traditionnel depuis la Renaissance. En fait, il suffit de lire l'ouvrage en entier pour se rendre compte qu'en le composant, Xénophon en a organisé le découpage en chapitres, et qu'au début de chaque chapitre il a inséré une formule ayant pour fonction d'en énoncer le « titre » ; seuls font exception à cette règle les chap. VI et VII, où la formule-titre est remplacée par une autre formule, ἐναντία γε μὴν καὶ τάδε. Il arrive aussi que la formule-titre soit redoublée ou précisée par une formule de fin : chap. I, II, III, IVbis (au début de V), IX, « bloc » I-X (au début de XI), XIII, derniers mots de XIV. Dans le commentaire, j'ai donc superposé au découpage traditionnel celui qui avait été prévu par Xénophon (il n'en diffère qu'aux chap. I et IV), et j'ai donné aux chapitres des titres directement inspirés des siens.

Titre du traité

Les intitulés fournis par les manuscrits reviennent presque tous à ceci : le nom de l'auteur suivi du titre Λακεδαιμονίων Πολιτεία. Ne fait vraiment exception que Πλουτάρχου λόγος κατὰ τοὺς νόμους Λυκούργου (« Traité de Plutarque contre les lois de Lycurgue »), dans le manuscrit K, de Florence, intitulé manifestement aberrant tant par l'attribution à Plutarque que par le contenu auquel il est censé correspondre. Si je le mentionne ici, c'est parce que je considère qu'il peut néanmoins avoir du sens. La formule κατὰ τοὺς νόμους Λυκούργου fait penser au titre attribué par Strabon (VIII, 5, 5), dans un passage qui n'est connu que par un palimpseste du Vatican, à un traité composé pendant son exil (à partir de 394 av. J.-C.) par l'ex-roi de Sparte

Pausanias. Je m'en tiendrai à cette constatation, faute de pouvoir expliquer par quel cheminement le copiste a pu à la fois comprendre ainsi le sens du traité (à cause du chap. XIV ?) et confondre Pausanias avec Plutarque (*via* le Périégète ?).

La formulation « Constitution des Laconiens », transmise par Stobée et certains lexicographes, dont Pollux et Harpocration, est à rejeter : d'abord parce que dans le texte on trouve toujours « Lacédémoniens » (ou « Spartiates »), et aussi parce que les autres « Constitutions » relatives à Sparte, à commencer par celles de Critias et de l'école aristotélicienne, étaient dites « des Lacédémoniens » (par quoi il faut évidemment entendre « Spartiates »).

Plusieurs commentateurs (Ollier 1934, p. XXIII ; Proietti 1987, p. 47 ; Lipka 2002, p. 97) se déclarent surpris par le titre, dont ils estiment qu'il ne correspond pas au contenu de l'ouvrage. Une véritable réponse ne pourra être proposée qu'après l'examen du traité ; en première approximation, je dirai qu'en effet ce titre semble ne correspondre qu'en partie à son contenu. On y trouve des développements (qui, certes, ne sont pas en général de véritables exposés) sur les principales institutions politiques de Sparte : la royauté, l'éphorat, la Gérousia ; et on ne saurait reprocher à l'auteur de n'avoir pas parlé de l'Assemblée, qui n'est pas à proprement parler une « institution ». Mais il faut reconnaître que, quand ils apparaissent, ces organes de gouvernement ne sont pas considérés d'une façon technique, et que rien ou presque n'est dit de leur fonctionnement ; et aussi et surtout que c'est plutôt à la société dans son ensemble que Xénophon s'intéresse. Ainsi doit-on avouer que le titre transmis par les manuscrits est largement inadéquat ; nous verrons bientôt pourquoi, et quel était celui qu'avait choisi l'auteur.

Introduction générale du traité (chap. I, § 1-2)

Xénophon y définit avec une remarquable netteté le but de l'ouvrage ; l'auteur inconnu de la *Constitution des Athéniens* procède de la même façon. Ce traité-là commence par un δέ ; celui de Xénophon par un ἀλλά. Il n'y a pas lieu d'imaginer que la *LP* veuille signifier par là qu'elle prend la suite de quelque autre texte, dont on ne voit d'ailleurs pas lequel il pourrait être. C'est un procédé qui semble être familier à Xénophon. Il fait commencer ainsi le discours de Théramène (*Hell.* II, 3, 35) et surtout ἀλλά est également le premier mot de son *Banquet*, où il correspond, comme ici, à une prise de parole de l'auteur s'exprimant à la première personne, comme il arrive fréquemment dans les introductions des traités xénophontiques. Sa valeur n'est pas adversative, mais en quelque sorte hortative : c'est comme si l'auteur s'encourageait lui-même à prendre la parole.

Dans cette introduction, Xénophon non seulement expose quel sujet il va traiter, mais aussi explique pourquoi il va le faire. À cette fin, il donne une sorte de récit (évidemment fictif) des circonstances de la conception de l'ouvrage ; ce qui est véritablement, pour reprendre une formule qui sera utilisée plus loin, « commencer par le commencement ». Cette conception se déroule en deux temps, celui du questionnement (les *Mémorables* commencent par une interrogation analogue) et celui de la recherche (qui aboutit à une réponse). Platon aussi a relevé (*Théétète*, 155d) le rôle de l'étonnement comme moteur premier de la démarche philosophique. Le procédé pseudo-autobiographique, et la structure en deux étapes, ne sont pas sans évoquer le célèbre fragm. 134 Lafuma des *Pensées* de Pascal, sur le divertissement : « Quand je m'y suis mis quelquefois, à considérer les diverses agitations des hommes..., j'ai dit souvent que... Mais quand j'ai pensé de plus près..., j'ai trouvé que... ». Ce mouvement de l'esprit est tout naturel.

Le point de départ que Xénophon attribue à son raisonnement est l'intuition que la situation de Sparte a quelque chose de paradoxal : elle est, en Grèce, à la fois une des cités les plus pauvres en citoyens (entendons, naturellement : parmi celles qui jouent un rôle important) et celle qui est manifestement la plus puissante et la plus glorieuse. Pour exprimer la notion de pauvreté en citoyens, il est le premier à utiliser le terme d'*oliganthropos*, qui eut ensuite une grande fortune chez les auteurs tant anciens (Aristote) que modernes. En fait, les auteurs modernes l'emploient dans un sens un peu particulier : pour eux, il dénote le déclin continu de la population civique de Sparte à l'époque classique, alors que Xénophon, qui envisage ici la formation de la grandeur spartiate, veut dire qu'elle a toujours été (relativement) pauvre en citoyens. Par ce trait, elle est déjà implicitement opposée à Athènes, que Xénophon (*Hell.* II, 3, 24, discours de Critias) qualifie symétriquement de πολυανθρωποτάτη τῶν Ἑλληνίδων, « (la ville) la plus peuplée de Grèce ». Contrairement à ce qu'ont affirmé certains commentateurs (Ollier 1934, p. 21 ; Lipka 2002, p. 99), il me paraît clair qu'il considère l'oliganthropie comme un handicap que les Spartiates ont dû surmonter ; je ne vois pas comment il pourrait en être autrement, et οὖσα a une valeur concessive.

Après l'intuition initiale (ἐννοήσας) qui est à l'origine du questionnement (ἐθαύμασα), vient le temps de l'enquête et de la réflexion (κατενόησα) ; c'est cette enquête que le traité va dérouler devant nous. La résolution du paradoxe passe par la compréhension en profondeur de ce qu'il appelle les *épitèdeumata* des Spartiates. Il n'est pas facile de définir ce qu'il entend par là. Le sens le plus courant du mot est « occupations » (ainsi dans Thucydide II, 37, 2, « les occupations de la vie quotidienne »), mais il s'agit ici de quelque chose de plus essentiel. Je pense que Xénophon se réfère d'une manière implicite, mais sans doute claire à ses yeux, à la fin de l'introduction de l'Oraison funèbre que Thucydide, au livre II, prête à Périclès. En 36, 4, l'orateur annonce qu'il va délibérément laisser de côté les thèmes habituels de ce genre de discours, pour examiner un sujet beaucoup plus important. « Quels principes de conduite (*épitèdeusis*) nous ont menés à cette situation [la situation éminente d'Athènes dans le monde grec], avec quel régime et grâce à quels traits de caractère elle a pris son ampleur, voilà ce que je montrerai d'abord, avant d'en venir à l'éloge de ces hommes » (ἀπὸ δὲ οἵας τε ἐπιτηδεύσεως ἤλθομεν ἐπ' αὐτὰ καὶ μεθ' οἵας πολιτείας καὶ τρόπων ἐξ οἵων μεγάλα ἐγένετο, ταῦτα δηλώσας πρῶτον εἶμι καὶ ἐπὶ τὸν τῶνδε ἔπαινον). Sur le sens d'ἐπιτήδευσις dans ce passage, je renvoie au commentaire de J. de Romilly, dont je viens de citer la traduction : « Dès le début, il écarte avec fermeté tous ces récits et tous ces hauts faits, et il précise son intention, qui est de s'attacher à définir l'esprit profond de la démocratie athénienne considérée dans son ensemble. Par ces mots, il ne désigne pas des institutions au sens où nous l'entendons aujourd'hui ; il s'agit plutôt des valeurs qui président au mode de vie athénien et expliquent, selon Périclès, l'essor pris peu à peu par la cité » (p. XXVI). La similitude des situations intellectuelles est frappante. Xénophon lui aussi entend analyser les raisons profondes de la supériorité de la cité qu'il étudie, et lui aussi va les trouver dans le système de valeurs, les normes du comportement social et les préceptes de vie individuelle qui en régissent le fonctionnement. Peut-être y a-t-il une nuance entre l'ἐπιτήδευσις de Thucydide, terme abstrait, plus proche du « principe fondateur », et les ἐπιτηδεύματα de Xénophon, mot plus concret, plus proche des « façons d'être » (Casevitz) ; mais cette nuance est ténue. Comme on le verra au §2, le parallélisme va plus loin. Périclès exalte la grandeur d'Athènes en opposant constamment la conduite de ses citoyens à celle des Spartiates ; Xénophon opposera tout au long de son traité les lois de Lycurgue à celles de gens qu'il appellera « les autres Grecs » (où l'on reconnaîtra souvent les Athéniens), en proclamant à chaque fois la supériorité des premières. Tout se passe donc comme si Xénophon avait voulu « répondre » à Thucydide, et peut-être est-ce là l'intention initiale du traité.

L'importance toute particulière de ce terme d'*épitèdeumata* (qui reviendra en V, 1 et en X, 8, et dont on retrouve l'écho, toujours à propos de Sparte, dans les *Mémorables* III, 5, 14) tient à ce que c'est l'expression τὰ ἐπιτηδεύματα τῶν Σπαρτιατῶν qui constitue probablement le véritable titre du traité. Il semble certain en effet qu'au début du IVe siècle l'usage ne s'était pas encore établi de donner des titres (au sens où nous l'entendons) aux ouvrages écrits. Ce rôle était joué par une formule insérée à cette fin dans l'incipit. Quand l'œuvre est considérable, que c'est celle de toute une vie, cette formule prend la forme d'une « signature » (*sphragis*), où l'auteur s'affirme en tant que tel : celles d'Hérodote et de Thucydide sont célèbres. Quand il s'agit de traités plus modestes, c'est seulement une sorte de « titre » qui introduit l'ouvrage : par exemple, le « au sujet de la *politeia* des Athéniens » par quoi débute le traité du Pseudo-Xénophon. Le titre transmis par les manuscrits n'est donc certainement pas celui qu'avait choisi Xénophon. Ainsi tombe complètement l'accusation portée contre lui de n'avoir pas réalisé ce que son titre promettait ; il faut au contraire convenir que c'est bien des « *épitèdeumata* des Spartiates » que traite la première version ou partie de l'ouvrage (chap. I-X ; d'où la réapparition du terme dans la dernière phrase du chap. X), ainsi que, mais peut-être à un moindre degré, les chap. XIV et XV. Même les chapitres XI-XIII peuvent être considérés comme décrivant les « conduites » des Spartiates à la guerre.

Ce terme d'*épitèdeumata* revient avec insistance, à propos de Sparte, dans le *Panathénaïque* d'Isocrate (vers 342-339). Il est d'abord lancé par le disciple pro-spartiate (§ 202), qui déclare admirer Sparte non pour sa politique, mais pour avoir « inventé les plus beaux des *épitèdeumata* ». C'est un des mots-clés du discours, puisque c'est sur lui que rebondit le propos du maître ; par la suite, il ne cesse d'accabler son disciple de sarcasmes sur la beauté de ces fameux *épitèdeumata*. Ces allusions au titre véritable du traité de Xénophon, dont le disciple était censé être un lecteur assidu, étaient sans doute transparentes pour le public d'Isocrate.

Μέντοι, au début du § 2, souligne un progrès du raisonnement, qui donne à l'ouvrage son allure définitive. Les *épitèdeumata* des Spartiates doivent leur valeur éminente au fait qu'au lieu de résulter d'une accumulation erratique héritée d'un long passé, ils sont l'œuvre cohérente et réfléchie d'un législateur unique et inspiré. C'est de Lycurgue que les Spartiates tiennent ce que Xénophon appelle maintenant leurs lois, *nomoi*. Je ne pense pas qu'il faille pour autant considérer les deux termes comme équivalents. Les lois édictées par Lycurgue sont *le moyen* par lequel il a imposé aux Spartiates les « règles de vie » qu'ils observent encore aujourd'hui. Ainsi, ce qui se présentait d'abord comme une réflexion sur les usages et les lois des Spartiates devient un éloge de leur législateur. Dans la suite, sur chaque sujet, les choses seront exposées du point de vue de Lycurgue : les termes du problème qui se posait à lui, son raisonnement, la décision qu'il a prise, et pourquoi cette décision était la meilleure possible.

Lycurgue est donc celui qui a institué le mode de vie des Spartiates, lequel, dit par deux fois Xénophon, leur a procuré l'*eudaimonia*. Ce terme, passablement polysémique (voir Richer 2001), est généralement traduit par « bonheur », mais il a peut-être ici, comme souvent, le sens plus précis, plus matériel, de « prospérité » ; c'est en somme la résultante des deux acquis mentionnés plus haut, la puissance et la gloire. Ce thème de l'*eudaimonia* que ses bonnes lois ont assurée à Sparte sera repris au IVe siècle av. J.-C. : positivement, par Alcidamas, cité par Aristote (*Rhét.* II, 1398 b 17-18) ; négativement, par Aristote lui-même (*Pol.* VII, 1333 b 21-23). Un vrai problème est posé par l'emploi de l'aoriste ηὐδαιμόνησαν, qui fait écho, mais d'une façon encore plus nette, à ἐφάνη au §1. Faut-il accorder à ces aoristes une valeur temporelle ? Xénophon voudrait-il dire que le « bonheur » des Spartiates appartient désormais au passé ? Certains commentateurs, comme Proietti, pensent ainsi, et considèrent que par là l'auteur a voulu annoncer le contenu de son chap. XIV, ce qui montrerait que celui-ci faisait partie du projet initial. Mais c'est là beaucoup s'avancer. Dans l'aoriste grec, la valeur d'aspect l'emporte souvent sur la valeur temporelle. Parmi les valeurs d'aspect possibles, celle dite « inchoative » est une des mieux attestées en grec classique : pour les verbes qui expriment un état (ici, « être heureux »), l'aoriste indique l'entrée dans cet état, sans référence à la durée de celui-ci. C'est l'explication retenue par Ollier (1934, p. XIV, n. 1), et je l'adopterai provisoirement, tout en laissant ouverte la possibilité d'y revenir à propos du chap. XIV.

La dernière phrase du §2 est d'une importance particulière, parce que Xénophon y énonce la stratégie qu'il appliquera (d'une manière parfaitement consciente, comme le montrent de nombreux rappels) tout au long du traité. Ainsi que nous n'allons pas tarder à le constater, il va avoir non seulement à exposer (ce que d'ailleurs il fera très insuffisamment à notre goût), mais aussi à expliquer et à justifier, toute une série de coutumes spartiates qui sont non seulement bizarres, mais même parfois contraires au bon sens. En de telles occurrences, on pourrait s'attendre à ce que l'auteur fasse tout son possible pour atténuer l'étrangeté desdites coutumes, par exemple en montrant qu'on les a mal comprises, qu'on a d'elles une vision partiale, ou que leur champ d'application est plus restreint qu'on ne l'a dit. Or, la conduite de Xénophon est systématiquement inverse. En cette matière, dira-t-il, les Spartiates se conduisent au contraire des autres Grecs ; mais ils ne font là qu'obéir aux lois de Lycurgue, et, si on raisonne correctement, on s'aperçoit que c'est toujours Lycurgue qui a eu raison. Il est évident qu'en adoptant ce type de défense, Xénophon ne s'est pas facilité la tâche, et il faut lui en savoir gré ; mais il est inévitable que cela fonctionne plus ou moins bien selon les cas. Xénophon a pu avoir le sentiment d'être ainsi fidèle à la vocation du philosophe selon Socrate, qui consiste à ne pas se contenter des apparences et à soumettre l'opinion commune à la critique systématique de la raison. C'est ce qu'a fait en son temps Lycurgue, et c'est pour cela que Xénophon le juge suprêmement *sophos*. Nous le verrons, à chaque fois, reconstituer le raisonnement, la « délibération intérieure », du législateur. Celui-ci est présenté comme le seul et unique inventeur des lois de Sparte, alors qu'au dire d'Hérodote (I, 65) « les Lacédémoniens eux-mêmes » affirmaient qu'il les avait importées de Crète.

Il y avait donc, pour admirer Sparte, d'autres raisons que la haine de la démocratie : des raisons positives. L'admiration que Xénophon déclare vouer à Lycurgue repose sur un raisonnement qui pour être sous-entendu n'en est pas moins rigoureux. Les autres législateurs ont fait des choix qui vont tous à peu près dans la même direction ; or, ils n'ont pas conduit leurs cités vers le bonheur. Seul Lycurgue a fait des choix opposés, et seule Sparte a connu la puissance et la gloire. Donc, plus une institution spartiate paraîtra paradoxale, plus elle s'avérera à l'examen manifester le génie de son concepteur.

À considérer l'ensemble de cette introduction, on comprend que l'éloge annoncé des *épitèdeumata* imaginés par Lycurgue va être assez singulier. Xénophon déclare admirer ces lois non parce qu'elles sont conformes au bien et à la justice, et forment les citoyens à leur « métier », mais parce qu'elles ont été efficaces, procurant à Sparte la supériorité militaire et la gloire des armes. Nous pourrons vérifier tout au long de l'étude du texte que le thème militaire y est constamment présent, même en dehors des chapitres consacrés à l'armée. C'est la puissance qui procure le « bonheur », et c'est la guerre qui procure la puissance ; voilà pourquoi Sparte est manifestement le modèle à imiter. Xénophon apparaît donc ici, d'emblée, non comme un philosophe, mais comme un écrivain politique, qui connaît les hommes tels qu'ils sont. Lecteur assidu et futur continuateur de Thucydide, il raisonne avec le même réalisme que lui (et aussi que le Pseudo-Xénophon). Il fait également penser à Machiavel, qui, au chap. XII du *Prince*, pose lui aussi le problème du rapport entre les lois et les armes : « Les principaux fondements que doivent avoir tous les États, les vieux comme les nouveaux et les mixtes, sont les bonnes lois et les bonnes armes ; et, puisqu'il ne peut y avoir de bonnes lois là où il n'y a pas de bonnes armes, et que là où il y a de bonnes armes il faut bien qu'il y ait de bonnes lois, je laisserai de côté les propos sur les lois, et je parlerai des armes ». Mais, dira-t-on, les deux auteurs ont des points de vue opposés : pour Xénophon, si Sparte a de bonnes armes, c'est parce qu'elle a de bonnes lois (οἷς πειθόμενοι ηὐδαιμόνησαν), tandis que Machiavel affirme et a toujours affirmé (par ex., dans le *Discours sur la première décade de Tite-Live* III, 31) la prééminence des armes. Mais, en réalité, la position de Machiavel est plus complexe que cela. Dans le prologue de l'*Art de la guerre*, il expose que les bonnes armes ne sont pas la cause efficiente des bonnes lois (ou « bons ordres »), mais seulement la cause qui les maintient en état de fonctionnement ; ce qui ne peut qu'inciter le lecteur à se demander quelle peut bien être la cause qui a produit les bonnes armes, si ce n'est de bonnes lois les concernant. En tous cas, Xénophon souscrirait certainement à la phrase « là où il y a de bonnes armes il faut bien qu'il y ait (*conviene sieno*) de bonnes lois ».

COMMENTAIRE 63

Chapitre I (I, §3-10) : De la procréation

Les premiers mots, qui sont grammaticalement presque indépendants de ce qui suit, ont clairement pour fonction d'énoncer le titre du chapitre.

L'éducation des jeunes filles, §3-4. Dans la première phrase du §3, qui traite de leur alimentation, Xénophon suit de très près Critias (D-K 81 F 32), tout en développant son propos. Sa formule, ἵνα ἐξ ἀρχῆς ἄρξομαι, renvoie clairement à celle de Critias, ἄρχομαι δέ τοι ἀπὸ γενετῆς ἀνθρώπου, « je commence par la conception de l'homme ». Critias poursuit : « Comment pourrait-il être le plus sain physiquement et le plus fort ? Si celui qui l'engendre faisait des exercices, mangeait solidement et entraînait son corps, et si la mère de l'enfant à naître fortifiait son corps et faisait des exercices (γυμνάζοιτο) ». Mais, alors que Critias insiste davantage sur la forme du futur père que sur celle de la femme (en ne parlant de la nourriture qu'à propos de l'homme), Xénophon, dont l'intention est d'opposer la conduite des Spartiates à celle des autres Grecs, ne parle, et c'est logique, que de la future mère (ἡ μέλλουσα τίκτειν, qui renvoie à τεκνοποιία).

Au lieu de γενετὴ ἀνθρώπου, il écrit τεκνοποιία. Ce terme, dont il est peut-être l'inventeur (on trouve, chez Hérodote, l'adjectif τεκνοποιός), est très heureusement formé, parce qu'il donne l'impression de considérer le processus d'engendrement d'un être humain comme un processus de fabrication, comme une *technè* : mieux l'ouvrier sait s'y prendre, meilleur est le produit. Dans une étude sur la *teknopoiia* spartiate, M.L. Napolitano (1985) a rappelé les deux conceptions de la reproduction humaine qui ont eu cours en Grèce. Selon l'une, qui est dite ionienne et que représentent Anaxagore, Platon et surtout Aristote, tout le rôle actif est joué par l'homme, la femme n'étant qu'un réceptacle. Dans l'autre (Empédocle, Démocrite et, dans une certaine mesure, Hippocrate), la femme contribue elle aussi à la croissance de l'embryon. Xénophon, comme, avant lui, Critias, semble plutôt se rattacher au deuxième courant d'idées ; mais on ne peut pas être très affirmatif, car la différence entre les deux théories n'est pas toujours tranchée sur tous les points : ainsi Platon reconnaît-il que l'état physique de la mère a lui aussi des conséquences sur le développement de l'embryon.

À propos de l'*alimentation* des jeunes filles, Xénophon oppose, comme il le fera tout au long du traité, la norme lycurguienne à la conduite des autres Grecs ; mais ici, exceptionnellement, il expose seulement ce que font ceux-ci, laissant au lecteur le soin d'en déduire, *a contrario*, ce qu'a prescrit Lycurgue en la matière. Il n'y a aucune difficulté à cela, mais, déjà à propos de l'alimentation, on reste un peu perplexe. Xénophon affirme que, tant pour le pain que pour les autres aliments, les jeunes filles grecques étaient systématiquement rationnées (ce qui donne au καλῶς δοκούσας παιδεύεσθαι une valeur quelque peu ironique). On ne voit pas pourquoi il en aurait été ainsi, et, par exemple, la justification avancée par Ollier (« vivant presque toujours sans sortir, elles ne devaient pas être bien affamées ») est plus plaisante que solide. Il semble donc que l'insistance de Xénophon, avec ses superlatifs, relève surtout de l'amplification rhétorique ; il veut signifier par là que les jeunes filles de Sparte, elles, recevaient une nourriture permettant à leur corps de se développer pleinement.

Les choses se compliquent avec le sujet suivant, dont le caractère délicat est d'emblée évident : *la boisson*. De ce que dit Xénophon des rapports à la boisson des autres jeunes filles (et qui est, cette fois, conforme à ce qu'on en sait par ailleurs), on déduira, en raisonnant *a contrario* comme on est bien obligé de le faire, que, sur ordre de Lycurgue, non seulement les femmes, mais aussi les jeunes filles de Sparte, buvaient couramment du vin. La chose est déjà très surprenante, mais Xénophon place la barre encore plus haut en donnant à entendre qu'elles le consommaient pur. Prise au pied de la lettre, une telle affirmation ne peut en aucune manière être acceptée. Dans la Grèce entière, même les hommes ne buvaient le vin que coupé d'eau. Cet usage impératif était respecté à Sparte autant qu'ailleurs, comme le montre le récit d'Hérodote (VI, 84) selon lequel la folie de Cléomène Ier fut attribuée par « les Spartiates eux-mêmes » à l'habitude qu'il avait contractée, auprès des Scythes qu'il connaissait, de boire le vin pur. Peut-être faut-il tenir compte ici de ce que Xénophon n'affirme rien à ce sujet, et admettre que la symétrie inverse entre les femmes de Sparte et les autres Grecques peut ne pas avoir été conçue par lui comme absolument rigoureuse. Il se peut aussi que, lorsqu'il dit que certaines des autres Grecques boivent du vin coupé d'eau, il faille le comprendre comme coupé par rapport à celui, déjà mêlé d'eau dans le cratère, que boivent les hommes (dans le même sens, Lipka 2002, p. 103) : du vin « surcoupé », en quelque sorte.

Revenons donc à la consommation, par les femmes, de vin non coupé. Ce sujet a son importance, parce qu'il a servi de point de départ (à cause de sa place dans le traité) et de « rampe de lancement » à la thèse (car c'en est une) de Léo Strauss (1992, p. 215). Pour lui, il est manifeste que Xénophon a voulu instiller le doute, dans l'esprit de ses lecteurs, sur la validité du modèle spartiate dont il feint de faire l'éloge, en suggérant pour commencer que l'éducation donnée aux jeunes filles les conduisait à l'ivrognerie. Dans la suite de son article, il s'efforce de démontrer que ce n'est là qu'une entrée en matière et que la *LP* est de part en part une critique déguisée et ironique, et par là d'autant plus efficace, du système spartiate. Son étude a suscité peu d'adhésions complètes, mais elle a exercé, comme on verra, une influence profonde sur l'historiographie, y compris récente, de la *LP*.

Il y a, dans la littérature et la pensée grecques, une tradition « sympotique », qui est née dans la pratique du banquet et autour d'elle, à l'époque archaïque. Un des fondements de cette idéologie positive du banquet est qu'il y existe un bon usage du vin, un usage à la fois contrôlé et festif, une « voie du vin », comme il existait une « voie du thé » en Chine et au Japon. Au chap. V, Xénophon montrera que la pratique spartiate des repas pris quotidiennement en commun par un groupe fortement soudé offre l'exemple de ce que le banquet peut avoir de meilleur, et en particulier qu'il y existe une éducation à la consommation du vin qui est en même temps une éducation par la consommation du vin. Ici, toute la hardiesse de Xénophon est de soutenir que, dans une certaine mesure (car il ne parle pas de banquets féminins), Lycurgue a pensé, avec raison, que cela valait aussi pour le sexe féminin. Il n'y a aucune raison de soupçonner là de l'ironie.

Reste qu'il a abordé un sujet périlleux ; on aimerait savoir ce qui l'y a poussé. L'idée qui vient naturellement à l'esprit est qu'il a voulu défendre Sparte contre des adversaires arguant que la fameuse éducation lycurguienne préparait les femmes spartiates à l'ivrognerie. Seulement, alors que de très nombreuses critiques ont été formulées à l'époque classique contre le mode de vie des filles et des femmes de Sparte, nous n'en connaissons aucune qui concerne la consommation du vin. Ollier cite Aristophane, *Lysistrata*, 198 et 206. Il est exact que Lampito la Spartiate manifeste là un goût certain pour le vin pur ; mais il en va de même pour ses camarades athéniennes, qui, en l'occurrence, ont l'initiative. En fait, c'est dans toutes les comédies « féminines » d'Aristophane (*Lysistrata*, les *Thesmophories* et l'*Assemblée des femmes*) que reviennent régulièrement les plaisanteries sur une prétendue appétence des femmes pour le vin. Cependant, cette absence de témoignages sûrs n'interdit pas de supposer que la *LP* soit pour partie une réponse à certaines attaques couramment portées, à l'époque de sa rédaction, contre les institutions et la société de Sparte. En particulier, un tir groupé peut avoir été adressé à l'éducation des jeunes filles ; il aurait visé leur alimentation (y compris, donc, la boisson), le fait qu'on ne les préparait pas aux occupations habituelles des femmes grecques et les exercices physiques auxquels elles étaient astreintes. C'est à ce groupe de critiques que, dans la première partie de ce chapitre, Xénophon aurait entrepris de répliquer. Au sujet de la consommation du vin, il applique sa stratégie habituelle : loin de nier le fait ou de chercher à en diminuer la portée (par exemple en alléguant qu'il ne se produisait qu'au cours de certaines fêtes), il le considère comme établi, et, retournant l'argument contre ses interlocuteurs, il en fait un thème d'éloge, en présentant cet usage comme une mesure d'eugénisme.

Le deuxième point abordé par Xénophon, concernant l'éducation des jeunes filles, est celui des *occupations* qu'on leur donne (deux dernières phrases des § 3 et 4). Cette fois-ci, l'opposition entre les autres cités et Sparte est explicitée, parce que la conduite des Spartiates ne peut pas être simplement déduite, *a contrario*, de celle des autres Grecs. Cette dernière présente deux caractères : elle enferme la jeune fille à l'intérieur de la maison ; elle la fait travailler (à la fabrication de tissus). Ici, le raisonnement de Xénophon fonctionne à merveille. Ce qu'il veut suggérer, c'est que, hors de Sparte, les jeunes filles sont, non pas éduquées, mais exploitées, et pour des tâches subalternes. Leur travail est d'abord comparé à celui des artisans qui, comme elles, sont enfermés dans une pièce à longueur de journée (ἑδραῖοι, ἡρεμιζούσας ; ce dernier terme, qui désigne la tranquillité, signifie en réalité leur enfermement). Ensuite, dans le raisonnement de Lycurgue, au §4, Xénophon va jusqu'à lui donner un caractère servile : tisser et coudre des vêtements, cela ne devrait-il pas être une occupation réservée aux esclaves ? L'auteur utilisera la référence à la condition servile avec une égale efficacité en II, 1 et 2, à propos des pédagogues. Le couple δούλας / ἐλευθέραις ne dénote pas seulement une opposition de caractère juridique ; le second terme caractérise aussi des femmes qui reçoivent une éducation que nous appellerions « libérale », qui les prépare à leur condition de « citoyennes » (sur cet aspect de la position des femmes à Sparte, cf. Ducat 1998). L'information donnée ici par Xénophon a été reprise par Platon dans les *Lois* (VII, 806a : « les femmes dispensées du travail de la laine ») et semble donc sûre.

Il en va de même pour les activités physiques des jeunes filles, dont témoignent non seulement de nombreux textes, mais aussi des statuettes de bronze (références dans Ducat 2006a, p. 227-241). Xénophon souligne combien Lycurgue est allé loin dans cette voie : non seulement il a prescrit que les jeunes filles suivent un entraînement physique au cours de leur éducation, mais il a institué pour elles des concours (donc des épreuves officielles, organisées par la cité). Ceux-ci comportent, dit-il, des épreuves de course (de nombreux documents, notamment archéologiques, montrent que c'était l'activité physique principale des jeunes filles) et des épreuves « de force » (ἰσχύος). On aimerait naturellement en savoir un peu plus : de quelle nature étaient ces concours « de force » ? Une seule activité sportive de cette sorte est véritablement attestée à l'époque classique (par un passage d'Euripide, notamment, et quelques documents figurés) : c'est la lutte (Ducat 2006a, p. 228-230). Une telle pratique, avec en particulier sa composante agonistique, semble impossible pour les femmes mariées, mais les propos de Lampito dans la *Lysistrata* d'Aristophane (v. 80-83) suggèrent qu'elles aussi passaient pour continuer d'exercer leur corps, ce qui est logique puisqu'elles pouvaient enfanter. En justifiant par l'eugénisme le phénomène étrange qu'était l'existence officielle à Sparte d'une pratique sportive féminine, Xénophon ne soutient rien de paradoxal, car cette explication faisait l'objet d'un consensus unanime en Grèce.

Pratiques matrimoniales, § 5-9. Ce développement peut être divisé en deux parties. La première (§ 5-6) concerne *les débuts du mariage*. Selon Xénophon, Lycurgue a d'abord édicté (§ 5) que les rapports sexuels entre mari et femme, à ce moment de leur vie commune, devaient être le moins fréquents possible. Cette décision peut sembler paradoxale : est-ce vraiment là un moyen de favoriser la procréation ? Elle s'explique par le fait que ce qui est recherché, ce n'est pas d'augmenter le nombre des enfants, mais d'améliorer leur qualité ; ce n'est pas du natalisme, mais de l'eugénisme. Or, comme l'expose la dernière phrase du paragraphe, les Grecs croyaient qu'un enfant conçu après une période d'abstinence était plus robuste que les autres.

Ici aussi, l'auteur rappelle d'abord ce qui se passe dans les autres cités (comme dans la plupart des sociétés humaines), à savoir qu'alors les rapports sont extrêmement fréquents. On peut donc dire que, quand Lycurgue décide de s'y opposer, c'est à la nature humaine elle-même qu'il s'attaque. Il est de ceux qui croient qu'à un homme qui détient un entier pouvoir sur ses compatriotes, tout est possible ; qu'il peut modeler en eux à sa guise la nature humaine, même quand il s'agit d'un instinct aussi irrépressible que l'instinct sexuel. Xénophon explique comment, sur ce point, il a réussi : en utilisant comme levier le puissant et complexe sentiment social que les Grecs nomment αἰδώς (très approximativement, « la honte », « la réserve » ;

sur son rôle à Sparte, Richer 1999). L'exposé est bref et laisse sans réponse plusieurs questions. Qui pouvait voir (car la honte, à Sparte, c'est principalement d'être vu quand on ne devrait pas l'être) le mari franchissant la porte de la maison ? Quelque Hilote domestique : pouvait-on éprouver de la honte à être vu par un être sans véritable existence sociale ? Autre question : s'il était réellement honteux d'être vu dans cette action, comment faire pour que les relations entre époux ne soient pas complètement interrompues ? Tout cela pousse à soupçonner l'auteur de donner de la réalité une image trop systématique.

Lycurgue a également fixé l'âge du mariage (§ 6), mais ce qu'en dit Xénophon peut paraître imprécis : « à l'époque du plein développement physique » des deux partenaires. Qu'est-ce à dire ? Selon les conceptions des Grecs, cette époque ne correspondait pas au même âge pour les deux sexes : pour les hommes, c'était entre 30 et 35 ans, pour les femmes, entre 16 et 20 (ce qui montre que la notion de « développement physique » est en réalité totalement sociale). On perçoit bien que ce que Lycurgue a surtout voulu éviter, selon Xénophon, ce sont les mariages trop précoces. Il y a un lien entre cette mesure et la précédente : il est plus facile de brider la sexualité d'un homme de trente ans que celle d'un jeune homme de vingt. Donc, les hommes à Sparte ne se mariaient guère avant trente ans, c'est-à-dire pas avant d'être sortis de la catégorie d'âge des *hèbôntes*, et d'être ainsi devenus des citoyens à part entière : rien n'est plus logique. D'ailleurs, contrairement à ce que soutient Xénophon, il n'y a pas sur ce point d'écart significatif entre la pratique spartiate et celle des autres Grecs ; cet écart ne semble exister que pour les femmes, qui se mariaient plus tôt ailleurs.

Les Spartiates étaient monogames comme tous les Grecs. Dans la deuxième partie de son exposé sur le mariage (§ 7-9), Xénophon expose les *dérogations à la monogamie* qui ont été organisées par Lycurgue, avec toujours la même fin, l'eugénisme. Décrivant ainsi la figure classique du triangle, il est tout à fait conscient d'aborder une zone périlleuse et prend toutes ses précautions pour éviter l'équivoque. Le premier cas (§ 7) de cette figure triangulaire est le plus aisé, parce que c'est le mari qui a l'initiative. Supposons un vieux mari pourvu d'une femme jeune. Il n'est pas nécessaire qu'il soit incapable de procréer : car il ne pourrait engendrer, selon les Anciens, que des rejetons malingres. Un tel cas paraît contraire à la règle énoncée plus haut du mariage « à l'époque du plein développement physique », mais il pouvait se produire même à Sparte, soit qu'il s'agît d'un veuf remarié, soit que (comme l'ont suggéré Ollier 1934 et Hodkinson 2000, p. 95, et malgré le refus de Luppino Manes 1988) la femme soit une épiclère. Une telle circonstance est un peu extrême (encore que, selon Aristote, il y eût beaucoup d'épiclères à Sparte), mais c'est le principe qui compte. Dans ce genre de couple, dit Xénophon, la nature humaine veut que le mari soit jaloux et surveille étroitement sa femme, afin de la garder égoïstement pour lui seul. Mais Lycurgue s'est fait une spécialité d'aller contre la nature humaine, dans l'intérêt supérieur de l'État, qui veut de beaux enfants. À ce point, Xénophon s'exprime d'une façon volontairement neutre, en disant qu'il a « rendu légal » (ἐποίησεν, équivalent de, plus loin, νόμιμον ἐποίησεν) d'aller quérir hors du couple un reproducteur. Ainsi s'est-il dispensé de choisir entre deux possibilités : ou bien la loi *autorise* le mari à le faire (auquel cas il est conduit par la motivation qui sera exposée au §9), ou bien elle l'y *oblige* dans l'intérêt de l'État.

Le second cas de figure triangulaire (§8) est à la fois plus scabreux et moins nettement dessiné. Cette fois-ci, c'est « l'autre homme » qui a l'initiative. Xénophon s'applique à démontrer qu'il ne s'agit pas tout bonnement du déguisement d'un adultère. À cette fin, des conditions très précises sont exigées. Il faut que la femme non seulement ait déjà eu des enfants (ainsi, le tiers ne se substituera pas au mari, mais s'ajoutera à lui), mais aussi que ces enfants aient prouvé ses qualités de reproductrice (εὔτεκνον). Il faut que le tiers, au lieu de céder à un pur attrait physique, soit sensible aux qualités morales de la femme (γενναίαν). En outre *(last but not least)*, il faut obtenir l'accord du mari (dont rien ne dit, en ce cas, qu'il soit nécessairement vieux ; de même chez Plutarque, *Lyc.* XV, 13). À la suite d'Ollier, on peut s'interroger sur ce dernier point : vu la pression que la loi en faveur de l'eugénisme d'État exerce sur lui, cet accord est-il vraiment libre ? Le verbe πείθειν comporte bien des nuances...

Dans ce même cas, il est plus difficile de comprendre la situation de celui que j'appelle « le tiers ». Tout ce que Xénophon en dit est : εἴ τις γυναικὶ συνοικεῖν μὴ βούλοιτο, « si un homme ne veut pas se marier ». Ollier pense que cette expression désigne quelqu'un qui est marié, mais qui, « pour une raison ou pour l'autre, stérilité, maladie, mauvaise conduite, etc. », ne veut plus cohabiter avec sa femme. Comme l'a noté Lipka, cette interprétation n'est guère possible (elle exigerait τῇ γυναικί) ; il ne peut s'agir que d'un homme non marié. Or, pour autant qu'on sache, à Sparte, la situation d'un homme qui, étant en âge d'être marié, restait célibataire, était très inconfortable et faisait de lui une sorte de marginal (on trouvera plus loin, en IX, 5, une allusion à l'impôt spécial que payaient les célibataires). Comment imaginer qu'un individu qui refusait le mariage demande à un bon Spartiate de lui « prêter » sa femme ? Plutarque, qui a paraphrasé ce passage (*Lyc.* XV, 13), a senti cette difficulté et l'a tournée en omettant toute référence à la situation matrimoniale du demandeur. Lipka suggère qu'il puisse s'agir d'un veuf sans enfant ne désirant pas se remarier, mais en ce cas la formulation de Xénophon serait terriblement elliptique. Je serais bien davantage d'accord avec son autre suggestion (2002, p. 111), qu'au début du IVe siècle la situation du célibataire n'était apparemment pas considérée comme honteuse, à condition qu'il engendre des enfants selon la procédure décrite ici (mais resterait le problème de l'amende). Ce qui est très curieux, c'est qu'en choisissant de s'exprimer comme il le fait, Xénophon se mette délibérément dans un mauvais cas, en semblant donner raison à ceux (ils ne devaient pas être rares) qui interprétaient cette loi de Lycurgue comme une permission accordée à l'adultère (ainsi Strauss 1992, p. 216).

J'ai dit plus haut qu'en s'attaquant à l'attitude possessive du mari (surtout, mais pas uniquement, du « vieux mari »), Lycurgue entreprenait de modeler la nature humaine. Xénophon revient sur ce point important au §9. La phrase introductive, καὶ πολλὰ μὲν τοιαῦτα συνεχώρει, n'est pas claire, malgré sa simplicité. On est d'abord tenté de comprendre « il rendait possibles beaucoup d'autres arrangements du même genre », ce qui poserait la question de savoir en quoi ils pouvaient consister : on évoque fréquemment à ce propos la polyandrie entre frères décrite par Polybe (XII, fragm. 6b, 8). Mais comme le texte ne dit pas ἄλλα (« d'autres »), il est loisible de comprendre, avec Ollier, que les dérogations décrites précédemment donnaient lieu à de nombreuses applications pratiques, et j'aurais tendance à préférer cette interprétation, parce que la phrase explicative qui suit entre strictement dans le cadre desdites dérogations. Ce que cette phrase explique (γάρ), c'est à la fois πολλά et συνεχώρει : que ce soient des permissions (et non des obligations, ce qui répond, autant que faire se peut, à la question posée plus haut), et qu'elles soient fréquentes. Il reste à Xénophon à répondre à une ultime demande, qui ne saurait être éludée : pourquoi ces conduites, si étranges en apparence, sont-elles fréquentes ?

S'il était le naïf admirateur de Sparte qu'autrefois on voyait volontiers en lui, il pourrait répondre : parce que tous les Spartiates savent que la cité a besoin du plus grand nombre possible de guerriers aussi vigoureux que possible. Au lieu de cela, c'est à l'intérêt qu'il fait appel. Pour obtenir le résultat qu'il souhaitait, Lycurgue a utilisé la nature humaine contre elle-même : il a fait jouer contre certaines tendances naturelles (la possessivité du mari, la tendance de l'*oikos* à être un monde clos) les intérêts respectifs des deux sexes, qui, à Sparte, convergent au lieu de s'opposer.

Commençons, comme Xénophon, par les femmes. Il explique leur assentiment par leur propension naturelle à vouloir « mettre la main sur » (κατέχειν) non pas un, mais deux *oikoi*. La *LP* est ainsi le premier texte connu où figure (sous une forme, certes, très allusive) le thème de l'appétit de pouvoir des femmes spartiates, qui connaîtra son complet développement dans la *Politique* d'Aristote (II, 1269 b 12-1270 a 31). Il est assurément étonnant que ce thème majeur de ce qu'il faut bien appeler la propagande anti-spartiate apparaisse pour la première fois dans un texte qui se présente comme un éloge des lois de cette cité, mais Xénophon pourrait se défendre en disant qu'il parle de la femme en général. Reste à savoir comment le fait d'avoir eu des enfants d'un homme qui est le chef d'un autre *oikos* peut donner à une femme des droits dans cet *oikos*. La première dérogation (celle du §7) est hors de question ici, puisque tout s'y passe à l'intérieur de l'*oikos* du « vieux mari ». Quant à la deuxième (celle du §8), elle ne peut avoir pour effet de donner de tels droits à la femme que si l'on admet que les enfants ainsi engendrés, au lieu d'être, comme on s'y attendrait, réputés être ceux du mari de leur mère, étaient reconnus comme ceux de leur père biologique et même élevés dans l'*oikos* de ce dernier. Leur mère serait donc mère dans deux *oikoi*. C'est assurément une situation très singulière, mais précisément le but de Xénophon est de relever et de justifier les points sur lesquels Lycurgue a agi, et avec raison, au contraire des autres législateurs.

S'agissant des hommes, assez logiquement, Xénophon n'expose leurs motivations que dans les cas où ils sont demandeurs. Sur le « tiers », il ne s'étend guère : apparemment, il y avait des hommes qui désiraient avoir des enfants sans devoir pour autant s'encombrer d'une épouse (§8). Ils obtenaient donc ainsi des enfants (« dignes de l'estime générale », grâce au choix judicieux de leur génitrice), ce qui confirme l'hypothèse présentée plus haut, que ceux-ci faisaient partie de l'*oikos* de leur père biologique. La formulation est à la fois plus générale en apparence et en réalité plus précise (presque juridique) au §9 : « les hommes [veulent] donner à leurs enfants d'autres frères (ἀδελφοὺς τοῖς παισὶ προσλαμβάνειν) qui aient part à la famille (τοῦ γένους) et à sa puissance, sans pouvoir pour autant prétendre à ses biens ». Le « tiers » n'ayant pas d'enfants, puisqu'il n'est pas marié, il ne peut s'agir ici que du « vieux mari » (donc de la première dérogation). Cette clause implique que les enfants qu'il aura obtenus en introduisant le « tiers » auprès de sa femme (opération décrite avec autant de précision que de concision par ἐπαγαγομένῳ τεκνοποιήσασθαι) auront par rapport à ceux qu'il avait déjà le statut de frères utérins officiellement reconnus comme tels (cf. Plutarque, *Lyc.* XV, 12), ce qui entraîne probablement que l'existence de leur père biologique soit également reconnue. Ils ne seront pas membres à part entière de l'*oikos*, puisqu'ils n'hériteront pas, mais seront, dans une certaine mesure, associés à lui et le renforceront (cf. *Mém.* II, 3, 4).

Xénophon ne dit rien de l'intérêt que pouvaient avoir, dans le cas de la première dérogation, le « tiers » à rendre au « vieux mari » le service qu'il lui demandait, et, dans celui de la deuxième, le « vieux mari » à « prêter » sa femme au « tiers », et il est vrai que cela importe peu : obéissance à la loi ? relations de bon voisinage ? Ce qui est assurément plus intéressant, c'est que ces pratiques pouvaient tisser entre les deux *oikoi* concernés des liens durables, puisqu'ils avaient désormais, dans une certaine mesure, des enfants en commun. Comme J. Christien (1993), je pense que c'est ce genre d'enfants qu'on appelait à Sparte « bâtards » (νόθοι). Ce terme n'y avait aucune connotation péjorative : on voit par un passage très connu des *Helléniques* (V, 3, 9) qu'ils formaient un groupe social distinct dans la cité et qu'ils jouissaient d'une considération certaine.

Les dispositions dérogatoires exposées dans les § 7-9 sont caractérisées par les traits suivants. D'abord, tout cela, malgré ce qu'a prétendu Strauss, n'a rien à voir avec de l'adultère, et en particulier n'implique aucune liberté sexuelle accordée à la femme spartiate. Au contraire, celle-ci apparaît totalement passive ; elle est traitée comme une femelle reproductrice, et, si l'on s'en tient à ce que dit le texte, personne ne lui demande son avis. L'affaire se règle entre hommes ; sa conclusion prend nécessairement un caractère officiel et donne lieu à la passation d'un contrat, puisque le statut des enfants à naître suppose dans tous les cas la reconnaissance de l'existence du père biologique. Il s'agit donc de situations juridiquement définies.

Ensuite, ces naissances hors mariage ne résultent pas de l'application de directives « natalistes » ou « eugénistes » de l'État, mais du « désir d'enfant » (de fils surtout, évidemment) éprouvé par le « vieux mari » dans un cas, par le « tiers » dans l'autre. Il n'y a pas pour autant de contradiction entre cette motivation purement privée et le fait qu'il s'agit d'une politique de la cité, mise en place par son législateur. C'est que, comme Xénophon le fait clairement entendre, Lycurgue a *utilisé*, pour le mettre au service de l'État, un désir d'enfant qui au départ est entièrement personnel. Quant à cette politique elle-même, Xénophon la présente tout au long comme eugéniste, mais dans la réalité elle n'a guère pu être que fondamentalement nataliste, c'est-à-dire viser à augmenter le nombre des enfants que chaque femme pouvait mettre au monde au cours de sa vie. La vision eugéniste est visiblement liée à l'idéalisation des lois de Lycurgue par Xénophon.

Il convient enfin, me semble-t-il, de rapprocher ces dispositions des mesures décrites au chap. VI. Comme il y a une certaine mise en commun des enfants, des Hilotes, des chiens de chasse, des chevaux et des provisions, de même nous assistons ici à une sorte de partage des épouses. Dans tous les cas, ces pratiques communautaires sont étroitement encadrées, de façon à ne pas remettre en cause le droit de propriété ; mais, bien entendu, cet encadrement est beaucoup plus strict encore dans le cas des femmes, où il est subordonné à la passation de contrats précis. Ce rapprochement souligne encore la situation complètement passive de la femme dans ces circonstances : le texte de Xénophon ne la représente que comme l'*objet* de la transaction.

Je ne pense pas qu'il y ait lieu de s'interroger longuement, comme l'a fait Proietti (1987, p. 48), sur l'indifférence que Xénophon semble manifester en conclusion de ce chapitre (§ 10) quant au pouvoir de conviction de son exposé. Comme la plupart des commentateurs, je vois là un tour purement rhétorique, dans ce qui n'est rien d'autre qu'une formule de fin de chapitre ; Xénophon lui-même invite à cela en la répétant textuellement (avec en plus un καὶ ταῦτα qui vaut référence) à la fin du chapitre suivant. Cela n'empêche pas que cette formule, comme le dit Proietti, « *smacks of irony* », mais l'auteur dirige cette ironie au moins en partie contre lui-même ; cela revient à dire : si je ne vous ai pas convaincu, c'est à désespérer de tout.

Il faut d'ailleurs reconnaître que dans ce chapitre Xénophon donne l'impression d'être par moments sur la corde raide. Cela se produit au § 3, où il peut paraître vouloir dire que les jeunes filles de Sparte consommaient du vin pur, et tout au long des §7-9, où il expose, en les louant hautement, un ensemble de pratiques que des esprits chagrins pourraient facilement assimiler à une forme institutionnalisée de l'adultère ; avec un pic au §9, où il semble bien près d'admettre l'excessif appétit de pouvoir des femmes spartiates. S'il a cru devoir autant entrer dans le détail (encore que d'une façon très allusive) à propos de ces unions para-conjugales, cela ne peut guère être que dans l'intention de répondre à des attaques, dont il n'est pas difficile d'imaginer la teneur, menées sur ce thème par les adversaires de Sparte. J'ai suggéré la même explication pour la boisson des jeunes filles ; elle s'en trouve, me semble-t-il, confortée.

Chapitre II : De l'éducation des *paides*

La brève phrase introductive, où Xénophon annonce qu'il va passer de la procréation à l'éducation, suivant ainsi, comme, certainement, avant lui, Critias, l'ordre pour ainsi dire chronologique des « âges de la vie », explique quelle sera la structure d'ensemble de l'exposé : il s'organisera autour de l'opposition, déjà clairement énoncée en I, 2, entre Sparte et les autres cités grecques. Ce principe sera rappelé à la fin du chapitre, selon le procédé de la composition circulaire. Xénophon devrait donc en principe opposer point par point l'éducation spartiate à l'éducation ailleurs, mais respecter ce plan jusqu'au bout l'aurait entraîné à parler autant de l'une que de l'autre, ce qu'évidemment il ne voulait pas faire. C'est pourquoi il va consacrer à l'éducation ailleurs un développement autonome, qui est déjà en lui-même implicitement critique.

L'éducation chez les autres Grecs, § 1. Il n'y a pas grand risque à supposer que l'expression « ceux des autres Grecs qui prétendent éduquer le mieux leurs fils » vise avant tout les Athéniens. Déjà, dans l'Oraison funèbre, Thucydide (II, 39, 1) oppose explicitement la *paideia* athénienne à celle des Spartiates. Il considère manifestement la première comme supérieure, puisqu'il affirme plus loin (41, 1) que sa cité « est tout entière l'éducation de la Grèce » ; c'est sans doute à ce texte que pense ici Xénophon. Un autre rapprochement, probablement justifié, a été proposé par Ollier (1934, p. 25), avec le long passage où, dans le *Protagoras* de Platon (325d-326c), le sophiste fait l'éloge d'un système éducatif qu'il présente comme étant celui des *agathoi*, mais où l'on reconnaît aussi le système athénien. Ollier souligne en particulier la similitude des phrases désignant le moment où commence l'éducation, avec en commun l'expression συνιέναι τὰ λεγόμενα, mais cela ne prouve pas grand-chose, car il est difficile d'exprimer ce fait autrement (cf. Xénophon lui-même dans l'*Apologie*, 16). S'il y a un effet d'écho, il irait plutôt, à mon avis, dans le sens Xénophon-Platon : en effet, le dialogue platonicien suit en quelque sorte, en l'amplifiant, le modèle discursif utilisé par Xénophon, en faisant traiter d'abord par Protagoras de l'éducation athénienne, puis par Socrate (qui, évidemment, « a raison ») du modèle spartiate (342a-343b).

Très frappant est dans ce § 1 l'accent que, par ἐπειδὰν τάχιστα, puis εὐθύς répété, Xénophon met sur la hâte avec laquelle les « autres Grecs » se déchargent sur diverses personnes, pédagogues et maîtres, du soin d'éduquer leurs enfants. L'intention polémique est évidente, mais la formulation employée, « dès qu'ils sont capables de comprendre ce qu'on leur dit », laisse perplexe : cela semblerait être vers trois ans, alors que nous savons que l'éducation grecque commençait normalement vers sept ans (par ex. Aristote, *Pol.* VII, 1336 b 1 et 37-38). Peut-être Xénophon pourrait-il se justifier en disant que son « comprennent ce qu'on leur dit » n'est pas à prendre au sens littéral (que cette expression a dans le *Protagoras*), mais signifie être capable d'assimiler un discours suivi portant sur un sujet abstrait : de même, dans l'*Apologie* (§ 16), Socrate déclare que c'est depuis qu'il a « commencé à comprendre ce qu'on [lui] disait » qu'il s'est appliqué à l'étude du bien, ce qu'il n'a pu faire à l'âge de trois ans.

La vraie difficulté est ailleurs. En insistant sur cette hâte des « autres Grecs », il semble signifier qu'à Sparte rien de tel n'existait, donc que l'éducation y commençait nettement plus tard ; ce qui, à notre connaissance, n'était pas le cas. Pour éviter d'aboutir à une absurdité, on pourrait par exemple supposer que certes ce que j'appellerai l'instruction (scolaire ; privée) commençait bien vers sept ans comme ailleurs, mais que l'éducation (d'État ; essentiellement « civique », physique et non intellectuelle) commençait plus tard, lorsque le développement physique de l'enfant permettait de le faire sans danger. C'est ce qu'a pensé M. Lupi (2000, p. 40-42), qui, s'inspirant de Plutarque, a proposé l'âge de douze ans. Cette solution est élégante, mais, à mon avis, impraticable, car, sauf à corriger le texte en III, 1, elle amènerait à réduire à deux ans la durée pendant laquelle les enfants appartenaient à la catégorie des *paides*. Rien, en outre, dans l'exposé de Xénophon, ne donne à penser que l'éducation qu'il décrit commençait à un âge aussi extraordinairement tardif.

En fait, toute la suite du chapitre montre que pour l'auteur, contrairement à ce qu'on pourrait d'abord croire, la vraie opposition entre Sparte et les « autres Grecs » n'est pas celle de la hâte et de la lenteur (les formules relatives à ce sujet n'ont donc qu'une valeur d'amplification rhétorique), mais entre confier l'éducation des enfants, acte gravissime, à des esclaves et à des salariés (ce qui équivaut vraiment à s'en débarrasser) et en charger un des plus importants magistrats de la cité. Xénophon retrouve là un terrain solide, et il « enfonce le clou », non sans complaisance, au début du §2, où il ajoute au passage une critique supplémentaire de l'éducation ailleurs, à savoir le fait que les pédagogues sont une affaire purement privée (ἰδίᾳ ἕκαστον).

Impossible, cependant, de ne pas retomber dans la perplexité devant la liste que donne Xénophon des matières étudiées auprès des maîtres par les enfants des « autres Grecs » : les *grammata*, la *mousikè* et les exercices de la palestre, ce qui est en effet le contenu de toute éducation grecque. De son affirmation que, dans le domaine de l'éducation comme ailleurs, Lycurgue a légiféré au rebours des autres législateurs, on devrait logiquement conclure que ces enseignements n'existaient pas à Sparte. C'est ce qu'a fait Strauss (1992, p. 217), en s'appuyant notamment sur le fait que nulle part, dans l'exposé de Xénophon, on ne trouve la moindre allusion à une éducation intellectuelle. Mais de ce silence on peut tirer une tout autre conclusion : que le point sur lequel l'auteur veut montrer que les deux éducations s'opposent est seulement celui qui est explicitement mentionné au §2, c'est-à-dire le fait de confier les enfants dans un cas à des esclaves, dans l'autre à un magistrat. On notera aussi que ce que Xénophon décrit, c'est seulement l'éducation dispensée par la cité, dont l'instruction intellectuelle, qui, selon moi, se déroule dans un cadre privé, ne fait pas partie.

Il s'en prend ensuite au luxe et au laxisme de l'éducation pratiquée ailleurs. On ne voit pas d'emblée en quoi le fait de chausser les enfants et de leur fournir plusieurs manteaux est blâmable ; cela n'apparaîtra que par la comparaison avec Sparte. Dans les faits, l'opposition n'était certainement pas aussi tranchée que le prétend Xénophon, car il devait certainement arriver dans toutes les cités que des enfants de familles pauvres n'aient qu'un seul manteau et que tous les enfants aillent pieds nus à la belle saison. Pas de problème, en revanche, en ce qui concerne la nourriture : on comprend tout de suite que, pour l'auteur, elle est, hors de Sparte, trop abondante.

Jusqu'au §5 compris, tous les sujets de blâme énumérés au §1 seront repris dans le même ordre, avec des oppositions et des rappels de termes ; à l'exception du §5, les phrases commencent invariablement par ἀντὶ τοῦ (« au lieu de »). Au §2, ἀντὶ τοῦ... παιδαγωγοὺς δούλους ἐφιστάναι renvoie à παιδαγωγοὺς θεράποντας ἐφιστᾶσιν. Au §3, ἀντὶ τοῦ ἁπαλύνειν τοὺς πόδας renvoie à πόδας ὑποδήμασιν ἁπαλύνουσι. Au §4, ἀντὶ τοῦ ἱματίοις διαθρύπτεσθαι rappelle (et est éclairé par) σώματα ἱματίων μεταβολαῖς διαθρύπτουσι. Au §5 est traité le dernier thème annoncé, celui de la nourriture, mais il n'y a plus d'effet d'écho. L'exposé ne s'arrête pas là pour autant : l'auteur établit un lien logique entre la privation de nourriture et la pratique du vol, dont la discussion occupe les §6-8, et à laquelle se rattache naturellement, par analogie, l'allusion au rite chez Orthia (§9). On revient ensuite, fugitivement, au pédonome du §2, mais c'est pour un exposé du système de délégation d'autorité qui fait que les enfants ne sont jamais laissés sans chef (§ 10-11). On peut donc dire que, jusqu'à ce point, les sujets abordés s'enchaînent logiquement, tout en débordant progressivement, à partir du § 6, le cadre de ce qui est annoncé au § 1. Seul le développement sur la pédérastie (§ 12-13) donne l'impression d'un ajout non prévu à l'origine, comme si Xénophon avait longtemps hésité avant d'aborder le sujet, ou avait ce faisant répondu à une demande de son auditoire ; mais il peut aussi ne s'agir que d'un artifice de présentation destiné à rendre l'exposé plus vivant. Telle est la structure de ce chapitre : on voit qu'elle est à la fois logique et fermement dessinée, malgré l'aspect énumératif que garde le plan.

Le pédonome, § 2. Il est naturel que Xénophon commence par ce personnage, qui est à la fois le chef du « service de l'éducation » (on pense à l'« épimélète de toute l'éducation » dans les *Lois* de Platon) et la personnification du système éducatif de la cité. Le fait que ce soit un magistrat qui incarne la cité devant les jeunes et exerce en son nom l'autorité sur eux montre le souci qu'elle a de les tenir en main et d'organiser elle-même la formation de ses futurs citoyens. Xénophon se retrouve ainsi sur un terrain solide quand il compare un tel système avec celui des pédagogues, qui ne sont que des esclaves, et des maîtres, qui ne sont que des salariés.

Le pédonome serait même, selon lui, un des magistrats les plus importants de Sparte : il précise que c'est « un homme choisi parmi ceux qui exercent les plus hautes magistratures ». Cette phrase implique, me semble-t-il, que, pour Xénophon, d'une part il y avait à Sparte deux sortes de magistratures, l'une supérieure (même expression chez Isocrate, *Panath.* 212), l'autre inférieure, et d'autre part le corps civique lui aussi était divisé en deux catégories, dont l'une avait seule accès aux magistratures supérieures. Il convient toutefois, dans une matière aussi importante, de ne pas tirer d'emblée une conclusion définitive de ce qui pourrait n'être qu'une exagération rhétorique destinée à souligner l'importance du pédonome. Le rôle de ce magistrat est de « rassembler les enfants » (de même que les hippagrètes sont ceux qui « rassemblent les *hippeis* »), ce qui suggère qu'ils arrivent de chez eux chaque matin, de les surveiller, de châtier les fautifs. Le type de comportement qu'il devait surtout punir est caractérisé par l'auteur comme le « relâchement » (εἴ τις ῥᾳδιουργοίη), ce que Proietti rend joliment par « *to take it easy* ». Nous verrons plus loin que ce concept est central dans la *LP*, où il revient à plusieurs reprises (IV, 4 ; V, 2 ; XIV, 4).

Il est remarquable que, malgré leur importance, les fonctions qu'il exerce soient dévolues à un homme seul et non à un collège. Cela tient sans doute à ce que son rôle ne comporte pas de véritable *pouvoir* politique. Cependant, il est assisté dans sa tâche. Xénophon mentionne les « porteurs de fouets » (*mastigophoroi*), choisis parmi les *hèbôntes*, qui l'accompagnent. Je pense que, tout en pouvant intervenir pour rétablir l'ordre ou infliger les punitions décidées par le pédonome, ils jouaient aussi le rôle d'une escorte de prestige (comme les licteurs à Rome ; on connaît des mastigophores ou des rhabdouques, « porteurs de baguettes », dans d'autres cités grecques), qui à la fois soulignait le haut rang du personnage et symbolisait l'aspect autoritaire et répressif de l'éducation d'État.

L'absence de chaussures, § 3. Tout d'un coup, ici, la justification de la conduite des Spartiates devient difficile, et, sous la forme d'un raisonnement attribué à Lycurgue, elle occupe presque tout le développement. L'idée est qu'il est bon d'endurcir les pieds des enfants pour qu'ensuite, quand ils seront adultes, ils puissent, en cas de besoin, aller pieds nus. Il semblerait que, normalement, le but de cette pratique soit d'ordre athlétique, mais on comprend vite qu'il est surtout militaire. C'était une chose admise chez les Grecs qu'en terrain accidenté on a le pied plus sûr sans chaussures, comme le montre la sortie des Platéens chez Thucydide (III, 22, 2). C'est donc à une guerre se déroulant dans les forêts et les montagnes que l'on préparait les jeunes (Xénophon insiste beaucoup sur la raideur des pentes), ce qui, à première vue, ne ressemble guère au combat d'hoplites traditionnel. Mais la lecture des *Helléniques* montre que si les grandes batailles (qui étaient rares) étaient en effet des affrontements de phalanges, l'essentiel du contenu stratégique d'une année de campagne consistait en marches et en petites opérations, accrochages, poursuites, coups de main, souvent en terrain montagneux ou couvert.

Un seul manteau, § 4. Xénophon veut-il vraiment parler d'un seul manteau pour l'année ? Cela pourrait avoir un sens : devenant inévitablement sale et rapiécé, ce manteau constituerait une sorte d'« uniforme » dénotant l'appartenance à une catégorie, sinon inférieure, du moins marginale, de la société ; il préfigurerait ainsi le *tribôn* des philosophes. Toutefois, la justification fournie par Xénophon, l'entraînement à supporter le chaud et le froid, n'exige pas cela, mais seulement qu'il s'agisse d'une seule sorte de manteau, donc d'épaisseur moyenne. Avec cette interprétation s'accorde le fait que ce qui s'oppose à « un seul manteau » est, au § 1, les « changements de manteau », ἱματίων μεταβολαί, changements, naturellement, en fonction des saisons.

Il est possible que, dans ces deux paragraphes, Xénophon ait présent à l'esprit le souvenir de l'expédition des Dix Mille, pendant laquelle les Grecs ont eu à progresser et à combattre en milieu difficile, et à supporter des froids intenses ; nous verrons ce rapprochement devenir textuel à propos du vol. Les traits décrits dans ces deux paragraphes se retrouvent dans l'exposé fait par Éphore sur l'éducation crétoise (70 F 149), dans Strabon X, 4 : la marche en terrain escarpé, au § 16 ; le manteau unique, au § 20.

La nourriture, § 5. Xénophon ne fait qu'évoquer, d'une façon très allusive, le mécanisme social de la prise de nourriture par les enfants ; ce passage était sans doute difficile à comprendre, et pour cette raison a été mal transmis. On est allé jusqu'à contester qu'il s'agisse ici des enfants. Ainsi Lipka considère-t-il que Xénophon change de sujet, et que tout ce qu'il dit au sujet de la nourriture et du vol qui lui est lié concerne non pas les *paides*, mais les irènes dans leurs *syskènia* d'adultes (pour lui, les irènes sont la même chose que les *hèbôntes*) ; ce n'est qu'au § 10 qu'à propos de la surveillance l'auteur reviendrait aux *paides*. Cette interprétation me paraît plus qu'improbable. Si τὸν ἄρρενα avait le sens que lui prête Lipka, il devrait entraîner le singulier dans toute la suite du développement. Xénophon suit dans l'ordre les grandes périodes de la vie et ce n'est qu'au chap. IV qu'il traitera des *hèbôntes*. Ni le vol, ni le rite chez Orthia n'ont pu être imposés à des jeunes hommes qui étaient déjà des guerriers. La présence de τοὺς παῖδας au § 7, dans le développement sur le vol, confirme que c'est bien des enfants qu'il s'agit tout au long.

Les trois mots ἔχοντα συμβουλεύειν τὸν ἄρρενα, qui sont la leçon de la quasi-totalité des manuscrits, constituent autant d'énigmes et ne permettent pas de proposer une restitution acceptable. Malgré cela, grâce, en particulier, au rapprochement avec V, 3, la donnée essentielle est claire : Lycurgue a édicté qu'une personne (qualifiée d'*arrèn* dans les manuscrits) ferait en sorte que l'enfant (sous-entendu comme dans tout ce qui précède) reçoive une quantité de nourriture strictement mesurée. Les repas des enfants ne se déroulaient donc pas dans le cadre privé de la famille, où la cité n'aurait pas pu contrôler les quantités qui leur étaient servies, mais étaient pris collectivement. Nous devons ainsi nous les représenter sous la forme de *syskènia* enfantins, organisés et surveillés chacun par un représentant de la cité, qui ne pouvait évidemment être un des enfants. Le rôle de ce représentant, qui était vraisemblablement un irène (c'est-à-dire, selon Plutarque, un jeune âgé de vingt ans), était de distribuer, en contrôlant leur montant, les quotes-parts fournies par les familles. C'est donc cet irène qui était chargé d'appliquer la règle de la parcimonie établie par Lycurgue. Il est probable que, comme le rapporte Plutarque (*Lyc.* XVIII, 3-5), il utilisait également le *syskènion* enfantin comme un espace pédagogique.

Tout cela, Xénophon le dit, certes, mais très allusivement, et il faut beaucoup deviner : tant il est clair que son but n'est pas d'informer le lecteur, mais de développer devant lui un raisonnement. La justification de cette pratique paradoxale des Spartiates, donner à leurs enfants une nourriture insuffisante, était difficile ; elle est multiple, et occupe tout le reste du développement. Elle prend d'abord la forme d'une double proposition consécutive, définissant par le résultat recherché la quantité de nourriture jugée adéquate : ce qu'il faut pour n'être pas alourdi (est-ce pour favoriser la croissance, comme à la fin du paragraphe, ou l'activité, thème qui est repris peu après ?) et pour s'habituer à la pénurie.

La justification rebondit sous l'impulsion d'une réflexion prêtée à Lycurgue (νομίζων). Une nourriture insuffisante forme d'abord les enfants à des capacités particulières, c'est-à-dire liées à l'entraînement qu'ils suivent ainsi : capacité à produire un effort même sans avoir mangé ; capacité à endurer cet effort plus longtemps que d'autres avec une ration déterminée. On rencontre donc toute une série de comparatifs exprimant l'idée d'une sorte de compétition entre les enfants spartiates et les autres, compétition où les premiers l'emportent à tous les coups. Le participe *présent* παιδευομένους montre que cette supériorité s'affiche dès les entraînements de l'enfance, sans attendre l'âge adulte. Devant cela, il est impossible de ne pas penser à une finalité militaire. Le vocabulaire même y conduit, σῖτος, πόνος (contenu dans ἐπιπονῆσαι), παραγγέλλειν (qui a très souvent un sens militaire, « donner des ordres » ; cf. XIII, 5). Mais, poursuit Xénophon, une nourriture mesurée procure aussi des bienfaits qui se font sentir pendant toute une vie : capacité à moins manger, capacité à s'adapter à n'importe quelle nourriture, avec, comme bilan d'ensemble, une meilleure santé. Ces avantages généraux évoquent tout à fait l'éloge de la tempérance fait par Socrate dans les *Mémorables* (I, 5) ; mais on peut aussi y percevoir, comme précédemment, le souvenir de l'expérience des Dix Mille : au point qu'on est tenté de se demander si ce n'est pas elle qui a « converti » Xénophon, technicien de la chose militaire, à l'éducation spartiate.

On notera que ces bienfaits, tout en comportant la dimension psychologique de l'endurance, sont essentiellement physiques et même physiologiques. Il n'est donc pas surprenant de voir le paragraphe se terminer par une remarque médicale, qu'annonçait d'ailleurs ὑγιεινοτέρως. D'une génération antérieure, Hippocrate est un contemporain de Xénophon et il a exercé sur lui une influence évidente. Le traité *Du Régime* (qu'il soit ou non de sa main) est ordinairement daté de la fin du ve ou du début du ive siècle ; le régime, qui doit être adapté à chaque individu, résulte de la conjonction de l'alimentation et des exercices. En recommandant *à la fois* une alimentation restreinte et des exercices nombreux et pénibles, Xénophon applique d'une façon assez particulière (mais conforme à son but) les enseignements du maître.

Le vol, § 6-8. Xénophon nous renseigne peu sur le déroulement même du vol. On voit que celui-ci exige un certain temps, probablement plusieurs journées, pour sa préparation et son exécution, et que cette occupation se poursuit aussi la nuit. Le texte implique d'autre part que le vol ne soit pas individuel, et que son concepteur constitue à cette fin une bande ; mais on ne sait pas si cette bande a une existence permanente ou éphémère, ni quel rapport elle a avec l'*ilè* (voir au § 11) à laquelle appartient l'enfant : est-elle composée de membres de cette *ilè* ? Si la bande reste stable dans sa composition pendant une certaine période (ce qui semble probable), est-ce toujours le même enfant qui est à sa tête (ce qui ferait apparaître une inégalité dans l'éducation), ou faut-il penser qu'un système de « rotation » permet aux enfants d'être, chacun à son tour, auteur principal d'un vol ? Les questions, on le voit, sont nombreuses, car Xénophon ne se soucie nullement de décrire. La matérialité des faits est confirmée, et certaines informations complémentaires apportées, par un passage d'Isocrate (*Panath.* 211, sur lequel on peut voir Ducat 2003, p. 100-101, avec les autres sources sur ce sujet).

Ce qui intéresse Xénophon, c'est d'expliquer, ce qui revient à dire justifier. Comme toujours dans les cas difficiles, son explication du vol est surabondante, puisqu'il lui attribue deux causes efficientes et une cause finale. La première cause efficiente n'est autre que le *nomos* lycurguien lui-même. Certes, il ne dit pas que Lycurgue a ordonné le vol, mais qu'il l'a autorisé (ἐφῆκε). Cette formulation diplomatique permet d'atténuer le double paradoxe du vol (paradoxe externe, par rapport à l'usage habituel chez tous les hommes ; paradoxe interne, tenant au fait qu'il est à la fois prescrit et puni), mais tout le reste du développement montre à l'évidence que le *nomos* le rendait de fait obligatoire.

La seconde cause efficiente est la faim (§ 6). Xénophon considère qu'avec la diète qu'il a imposée aux enfants, Lycurgue a fait d'une pierre deux coups : non seulement elle a par elle-même des effets positifs sur leur santé (§ 5), mais en même temps elle les incite à pratiquer l'exercice hautement formateur qu'est le vol. C'est donc un vol de nourriture. Il pourrait sembler nuire aux résultats attendus de la diète, mais Xénophon pense manifestement qu'il n'apporte que des compléments sans importance véritable, jouant ainsi dans le *syskènion* enfantin un rôle identique à celui des « compléments » dans le *syskènion* des adultes (V, 3).

Quant à la cause finale du vol, c'est sa valeur comme entraînement à la guerre, qui seule peut permettre de penser cette activité comme une activité éducative. Pour l'auteur, à l'esprit de groupe et à la discipline le bon soldat doit joindre le goût de l'initiative individuelle ; pour cela, le vol est une excellente école. En outre, non seulement le jeune leader conçoit le vol et participe à son exécution, mais il commande à une équipe (§ 7) : c'est donc aussi une école de commandement. Il prépare à une guerre caractérisée par le camouflage, l'espionnage, la ruse, les embuscades, les opérations de commando ; ce type de combat est bien connu de Xénophon. Précisément, un passage de l'*Anabase* (IV, 6, 14-15), où Xénophon discute, devant les stratèges et les lochages assemblés, avec le Spartiate Cheirisophos, au sujet d'un coup de main à exécuter, et lui rappelle qu'il a été formé pendant sa jeunesse à des actions de cette sorte, se présente comme un cas d'application pratique des considérations faites dans la *LP* sur la valeur militaire du vol. Ce passage de l'*Anabase* a parfois été interprété comme critique à l'égard de Sparte (Strauss 1992, p. 218), mais je ne crois pas que ce soit le cas. Le dialogue se déroule sur un ton plaisant (du moins en apparence, car il dissimule peut-être une tension véritable), et Cheirisophos répond avec un à-propos tout à fait « laconien ». C'est d'une façon encore plus précise qu'un passage de la *Cyropédie* (I, 6, 27) transpose le modèle du vol enfantin à Sparte dans l'éducation guerrière de Cyrus : pour l'emporter sur l'ennemi, lui enseigne Cambyse, « il faut être expert en matière d'embûches, de camouflage, de fourberie, de ruse, de vol et de rapine ».

Toutefois, ce qui fait l'intérêt de ces paragraphes, ce n'est pas la justification du vol comme une préparation à la guerre, qui manque totalement d'originalité ; c'est plutôt la façon dont l'auteur répond aux critiques adressées à Sparte à ce sujet. Il ne cherche nullement à minimiser la portée réelle du vol à Sparte, ce qu'il aurait pu faire en disant qu'il n'était pas permanent comme ses censeurs le prétendaient, ou qu'il ne concernait qu'une catégorie bien précise d'objets (en liaison avec la faim). Au contraire, comme il l'a déjà fait à propos de la boisson des femmes, il assume entièrement le phénomène et s'efforce de le justifier dans son principe. Il donne même l'impression de considérer que plus une règle édictée par Lycurgue semble absurde aux profanes, plus elle est en réalité admirable : seul un génie pouvait en avoir eu l'idée.

Présenter le vol comme une activité éducative n'est pas chose facile, et, au total, Xénophon s'en tire plutôt bien. Il n'est pas sans intérêt d'examiner les techniques de persuasion qu'il utilise. La première s'apparente à la suggestion. Il n'affirme ni d'emblée ni péremptoirement que le vol prépare à la guerre : ce serait contre-productif. Il analyse les qualités qu'exige la pratique du vol, en utilisant un vocabulaire qui par lui-même montre que ce sont des qualités militaires : ἀγρυπνεῖν, veiller la nuit, comme la sentinelle ou l'éclaireur ; ἀπατᾶν, utiliser la ruse, comme le font tous les bons chefs de guerre ; ἐνεδρεύειν, espionner et tendre des embuscades ; κατάσκοποι, placer des observateurs qui renseignent sur les habitudes de l'ennemi. Ainsi la conclusion s'impose-t-elle progressivement au lecteur, avant même que l'auteur ne l'énonce explicitement. La seconde technique est le dialogue. La forme dialoguée est utilisée ouvertement au §8, où Xénophon débat avec le lecteur, dont il a sollicité une objection, sur le paradoxe que constitue la punition d'un acte imposé ; en fait, elle s'amorce dès le début du §7, où est rapportée une opinion assez absurde et aussitôt réfutée.

Dans le sanctuaire d'Orthia, §9. Pour compléter et renforcer sa démonstration, Xénophon allègue ici un autre cas de vol à la fois prescrit (καλὸν θείς) et puni (μαστιγοῦν... ἐπέταξε) par décision expresse de Lycurgue. Mais il le fait d'une façon si allusive que ce passage est resté très longtemps incompris. Comme l'auteur, loin de préciser que le vol et les coups se déroulaient simultanément (ce qui ne sera démontré que quand aura été fait le rapprochement avec un passage de Platon, *Lois* I, 633b, où les mots διὰ πολλῶν πληγῶν sont clairs à cet égard), semble au contraire en faire deux moments successifs, on a assez logiquement considéré que le vol signalé ici était celui-là même que décrivent les § 6-8, et que la flagellation ou bien en était la punition habituelle (ce qui conduisait à supprimer παρ' 'Ορθίας), ou bien était le rite, à valeur expiatoire, qui est abondamment attesté à l'époque romaine (ce qui conduisait à transférer παρ' 'Ορθίας juste avant μαστιγοῦν).

Le mérite revient à Martin Nilsson (1906, p. 193-194) d'avoir compris que le texte transmis par les manuscrits présentait un sens irréprochable, et constituait une allusion à une fête qui se déroulait à l'époque classique dans le sanctuaire d'Orthia, protectrice de la croissance des jeunes. Au cours de cette fête, certains jeunes garçons devaient dérober le plus possible (car c'était un concours) de fromages (ou de grains de blé, selon une variante transmise par quelques manuscrits ; voir Paradiso 2007) sur l'autel ou sur une table à offrandes, pendant que d'autres participants, probablement plus âgés, s'efforçaient de les en empêcher à coups de fouet (mise au point sur cette fête, différente de la *diamastigôsis* d'époque romaine, dans Ducat 2006a, p. 249-260 ; cf. aussi Paradiso 2007). L'interprétation de Nilsson n'a pas été acceptée par tous, jusqu'à ce que le rapprochement (fait par Ziehen en 1929) avec la phrase, encore plus énigmatique, de Platon, que j'ai mentionnée plus haut, l'impose définitivement. En ce qui concerne notre texte, elle montrait que Xénophon concevait le vol et la flagellation comme simultanés.

Le fait qu'elle concerne un rite religieux permet de mieux comprendre la place de cette allusion dans le raisonnement de Xénophon. À cause de son caractère sacré, ce rite lui apparaît comme une sorte de paradigme du vol enfantin à Sparte, donc comme un garant de la légitimité de cette coutume. Non seulement c'est Lycurgue qui a rendu le vol obligatoire, mais il n'a fait en cela qu'imiter un cérémonial que la déesse elle-même avait institué en son sanctuaire.

Dans ce qui suit, Xénophon tire de ce rite deux enseignements. Le premier a une valeur morale et pédagogique : la souffrance est le prix à payer pour obtenir la gloire. Quoiqu'il soit exprimé sur le même ton didactique que le premier, le second enseignement est d'une nature toute différente. Nous avons là le propos d'un technicien, presque d'un entraîneur sportif. Pour apprendre à des jeunes à bien pratiquer un jeu, il faut d'abord leur en faire assimiler l'esprit. Ainsi, dans le football, tout découle du principe, simple en soi mais combien difficile dans son application, qui est de marquer le plus de buts possible en s'en laissant marquer le moins possible. De même, ici, Xénophon rappelle le principe de base de cet *agôn* hors du commun : prendre le plus de fromages possible en recevant le moins de coups possible. Mais – et c'est en cela précisément que consiste son enseignement – à la différence de ce qui se passe au football, les deux composantes du principe ne sont pas à mettre sur le même plan. Ce qui assure la victoire n'est pas le ratio fromages pris / coups reçus, mais uniquement le nombre de fromages pris, tandis qu'échapper aux coups, tout en étant important parce qu'il faut rester en état de poursuivre le concours, n'est qu'un objectif secondaire. Il convient donc, conclut l'auteur, de ne pas tergiverser, et d'adopter une stratégie résolument offensive. Celui qui pense avant tout à se protéger (ὁ βλακεύων), non seulement est inévitablement le perdant (ἐλάχιστα μὲν ὠφελεῖται), mais en plus, par suite de son manque de détermination et de vivacité, reçoit le maximum de coups (πλεῖστα δὲ πράγματα λάμβανει). Le risque vaut la peine d'être pris, car la gloire est au bout : ce que dit Xénophon à ce sujet (πολὺν χρόνον εὐδοκιμοῦντα) semble montrer que le titre de « vainqueur à l'autel » (βωμονίκας), qui à l'époque impériale avait une importance considérable pendant toute la vie et même au-delà, existait déjà, sous ce nom ou sous un autre, à l'époque classique.

Surveillance et délégation d'autorité, § 10-11. Ce thème est introduit par ce qui peut d'abord apparaître comme un retour aux fonctions du pédonome, exposées au §2. Xénophon y a expliqué que ce magistrat était accompagné d'assistants porteurs de fouets ; il semble ici poursuivre en signalant qu'il disposait d'autres adjoints potentiels, en la personne de n'importe quel citoyen. L'auteur s'exprime comme si le pédonome était censé être présent partout où il y avait des enfants. Si donc il était absent, le citoyen (qu'il fût ou non lui-même père) qui se trouvait là et qui décidait d'intervenir devenait automatiquement son délégué et était revêtu d'une partie de son autorité : d'où, à la fin du §10, la phrase sur le respect des magistrats, idée qui sera développée au chap. VIII.

La délégation d'autorité n'est qu'un moyen technique facilitant la mise en œuvre de ce qui apparaît comme un principe essentiel du système spartiate d'éducation, la surveillance. Elle permet à celle-ci d'être véritablement perpétuelle. Xénophon ne dit pas qu'en cela Sparte se différencie des autres cités ; depuis le §5, cette idée n'est plus exprimée, mais elle reste assurément présente. Certes, ailleurs aussi, les enfants étaient surveillés, mais c'était là une affaire privée, qui concernait la famille et le pédagogue. À Sparte, c'était l'affaire de la cité, ce qui lui permettait d'être sans faille. On peut s'interroger sur les raisons qui ont poussé les Spartiates à faire en sorte que les enfants ne soient jamais ἔρημοι ἄρχοντος (la formule revient deux fois). Je dirai d'abord que, comme on le constatera au chap. VIII, les enfants n'étaient pas les seuls à être surveillés : tout le monde l'était, hommes et femmes, jeunes et vieux, simples citoyens et magistrats, même les rois. À cela s'ajoute, pour les enfants, une raison de sécurité. La maigre documentation dont nous disposons montre que, pendant qu'ils subissaient leur éducation, les jeunes Spartiates étaient armés (cette arme étant une faucille ; cf. Ducat 2006a, p. 210-213). Sans une stricte surveillance, les bagarres, qui étaient sûrement fréquentes, auraient pu avoir des conséquences dramatiques (nous connaissons deux cas d'accidents mortels).

Ici, comme au §2, un autre thème est le compagnon obligé de la surveillance : la punition (que nous avons déjà rencontrée au §8, comme sanction du vol). Pour Xénophon, visiblement, commander, surveiller et punir sont les trois manifestations, toujours liées, de l'autorité. Le nom même des mastigophores montre que l'instrument des punitions était normalement le fouet, qui, en Grèce ancienne, était particulièrement redoutable et s'apparentait à notre nerf de bœuf. Il n'est d'ailleurs pas impossible que Xénophon ait noirci le tableau. Son désir de défendre Sparte peut l'avoir conduit à exagérer la fréquence et la sévérité des punitions ; pour lui en effet, comme pour ses contemporains, une éducation devait être sévère pour être bonne, et sa qualité se mesurait au nombre des coups distribués. Il reste que la surveillance était si serrée qu'il devait être difficile, pour un enfant de Sparte, de commettre une faute sans être pris et châtié.

La surveillance est pour Xénophon un trait tellement typique de l'éducation spartiate qu'il donne l'impression d'expliquer par son seul souci l'organisation des enfants en groupes qu'il appelle *ilai*. Ce terme n'apparaît qu'ici dans le chapitre, ce qui montre bien le peu d'intérêt de l'auteur pour les questions d'organisation. Il ne prend pas la peine de l'expliquer. Ce n'est pas un terme local, mais un mot du grec commun, désignant une troupe, avec une forte coloration militaire ; il est en particulier spécialisé dans la désignation d'une unité de cavalerie, arme que Xénophon connaissait bien. Nous devons nous contenter à son sujet de ce que Xénophon en dit ici, à savoir que Lycurgue « a ordonné que le plus astucieux des irènes commande à chaque *ilè* ». Telle est la traduction que j'ai retenue. Une autre paraît possible : « que l'irène le plus astucieux de l'*ilè* exerce le commandement », mais elle suppose qu'un certain nombre d'irènes (c'est-à-dire, rappelons-le, de jeunes hommes âgés de vingt ans) fassent partie de chaque *ilè*, ce qui serait surprenant, parce que les groupes d'enfants spartiates étaient probablement des groupes d'âge ; en outre, elle laisse ἄρχειν sans complément. Je pense donc que Xénophon veut dire qu'on choisissait pour commander chaque *ilè* le meilleur des irènes disponibles, c'est-à-dire de ceux qui n'avaient pas été déjà choisis pour une autre *ilè*.

L'intérêt principal de ces deux paragraphes est de faire prendre conscience du fait que, grâce au procédé de la délégation d'autorité, l'éducation à Sparte non seulement constituait un système organisé par l'État, mais en même temps était l'affaire de chaque citoyen. Chacun pouvait se sentir concerné par elle, et c'était même pour lui un devoir civique, dans la mesure où, comme le dit Platon (*Lois* VII, 804d), «les enfants appartiennent à la cité bien plus qu'à leurs parents».

La relation pédérastique, § 12-13. Ce n'est pas un hasard si ce sujet est abordé en dernier et comme à regret par Xénophon. C'était pour lui la difficulté que je dirai la plus sérieuse. Pas la plus grande, car justifier que le vol ait fait partie des « matières obligatoires » était techniquement plus difficile, tandis que pour la pédérastie existait une réponse évidente : celle-là même qu'il a donnée. Mais la plus sérieuse, car si le vol pouvait apparaître comme un à-côté plutôt folklorique, la pédérastie tirait beaucoup plus à conséquence.

Ici, Xénophon pouvait difficilement soutenir que la pratique des Spartiates (telle qu'il la présente) était l'inverse de celle de tous les autres Grecs, parce que, comme il le montre lui-même, exemples à l'appui, les conduites des cités en la matière étaient extrêmement diverses. Ce que Lycurgue a ordonné se situe plutôt dans le juste milieu : ni interdiction absolue, ni totale licence. En outre, la relation pédérastique n'est présentée ni comme obligatoire, ni comme institutionnalisée (ce qui la rendrait difficile à justifier), mais comme l'objet d'un libre choix. Xénophon s'est ainsi donné quelques atouts, qu'il a exploités du mieux qu'il a pu – sans se faire trop d'illusions sur le résultat.

Si les Spartiates ont fait de la relation pédérastique un moment du parcours que le système éducatif bâti par Lycurgue faisait suivre aux jeunes, c'est parce qu'elle avait, tous les Grecs en étaient d'accord, une valeur pédagogique éminente. Xénophon le dit clairement : « Cela aussi contribue à l'éducation » (§ 12). Il renchérit ensuite en rapportant le jugement prêté à Lycurgue, que, correctement pratiquée, elle était « une très belle éducation » (§ 13). Pour qu'elle puisse être présentée comme un moyen de formation intellectuelle et d'élévation morale, il est impératif d'en écarter tout aspect physique : c'est ce que fait Xénophon et que fera aussi Platon. Si au contraire on veut critiquer la façon dont la pédérastie est pratiquée dans telle ou telle cité, il faut dire que l'amour physique y est toléré ou encouragé : c'est ce que font, pour les Béotiens et les Éléens, Xénophon (§ 12 ; *Banquet* VIII, 34) et Platon (*Banquet*, 182b). Ce préalable de l'amour physique n'en reste pas moins redoutable.

Chasteté, qu'est-ce à dire ? Je crains qu'on ne pose mal le problème quand on discute du caractère physique ou non de la relation pédérastique à Sparte. Dans ce genre de liaison, comme dans toute forme d'*érôs*, il y a toujours et nécessairement un côté physique. Xénophon affirme : « À Sparte, les érastes s'abstiennent de relations physiques avec leurs éromènes (παιδικά) aussi rigoureusement que s'abstiennent de contacts amoureux (ἀφροδίσια) les parents avec leurs enfants, les frères avec leurs frères » (§ 13). Fort bien ; mais où commencent les *aphrodisia* ? Platon affronte plus directement le problème, en édictant dans la *République* (III, 403b-c) la règle suivante : « Que l'éraste n'embrasse, ne fréquente et ne touche l'éromène que de la façon dont un père le fait pour son fils ; que ce soit en vue du bien, et sous réserve d'avoir obtenu son consentement ». Devant cette casuistique, Aristote réagit d'une façon quelque peu sarcastique ; il refuse de telles privautés, en faisant remarquer qu'« entre un père et son fils elles seraient suprêmement inconvenantes » (*Pol.* II, 1262 a 32-37). Dans les glissements progressifs qui constituent la base de toute stratégie de conquête amoureuse, où fixer la ligne à ne pas dépasser ? De toute évidence, Xénophon et Platon se trouvent ici sur un terrain miné : Aristote ne le leur fait pas dire.

Il ne faudrait pas pour autant traiter de fiction ce que Xénophon dit de la valeur pédagogique de la relation pédérastique. Elle intervenait dans la vie de l'enfant à un moment (vers 12 ans) où il avait terminé ou allait terminer sa formation scolaire de base. On peut considérer qu'alors l'éraste prenait le relais des *didaskaloi* (dont il faut bien qu'ils aient existé à Sparte aussi, sous une forme ou sous une autre). Au cours d'une relation aussi intime et aussi durable (jusque vers 18 ans) se produisait une communication réciproque et complète des connaissances et des expériences. Cet enseignement avait ceci de nouveau pour l'enfant qu'au lieu de se dérouler dans un cadre collectif, il était le résultat d'une relation interpersonnelle stable. Ainsi le plus jeune avait-il désormais, par l'intermédiaire de son amant, un accès individuel au monde des adultes, et commençait-il à assister au spectacle de la vie de la cité.

Ce qui précède ne revient pas à dire que Xénophon donne une image réaliste de la pédérastie à Sparte. Nous l'avons déjà vu à propos des relations physiques ; on le remarque aussi lorsqu'il évoque la formation du couple : « Si un homme, lui-même tout à fait comme il faut, était pris d'admiration pour l'âme d'un enfant et entreprenait d'en faire un ami sans reproche et de le fréquenter... » (§ 13). La relation apparaît comme résultant de la rencontre de deux individus et d'une entente réciproque entre eux. Elle n'est pas pour autant présentée comme égalitaire : c'est l'adulte qui a toute l'initiative et qui fait son choix. La réalité était différente : il arrivait souvent qu'un jeune garçon particulièrement attirant eût à faire son choix parmi plusieurs prétendants. Rien n'est dit non plus sur la « cour » que l'éraste faisait à celui qu'il voulait conquérir, ni sur le rôle que pouvait jouer dans l'appariement le statut social des deux familles concernées. Il est clair que notre texte donne de la rencontre amoureuse une image idéalisée, comme désincarnée, où l'information est filtrée et d'où est bannie toute référence aux réalités tant sociales qu'émotionnelles.

Formules conclusives, § 14. La première formule, « tel est mon exposé sur l'éducation chez les Spartiates et chez les autres Grecs », qui « fait cercle » avec l'annonce du début, signale clairement, avec la fin du chapitre, celle du discours sur l'éducation dans la *LP*. Et pourtant, il semble évident que le chap. III et, dans une moindre mesure, le chap. IV traitent de l'éducation des catégories d'âge suivantes. En outre, il n'est pas totalement exact que ce chap. II traite de l'éducation des seuls *paides*. Quoiqu'il n'en soit plus (ou plus guère) question, certains des aspects de l'éducation décrits ici sont encore présents dans les phases ultérieures : l'autorité du pédonome, la délégation d'autorité (cf. IV, 6), et, surtout, la relation pédérastique. Sur d'autres points, la chose n'est que probable, du moins en ce qui concerne les *paidiskoi* : l'appartenance à une équipe, la parcimonie dans les domaines du vêtement et de la nourriture, les repas en commun, la pratique du vol. Cela n'empêche en rien le chap. II d'être bien à la place qui est la sienne dans le programme que s'est assigné Xénophon, exposer les *épitèdeumata* des Spartiates en suivant l'ordre des phases de leur vie. À la fin de ce chapitre se termine l'exposé de la *paideia* « proprement dite », celle des *paides* : ce qui justifie la formule conclusive. À l'âge alors atteint, la *paideia* s'arrête chez les autres Grecs, comme le souligne fortement, et non sans quelque exagération, le début du chap. III. À partir de là, il devient donc impossible de comparer systématiquement, comme cela est fait au chap. II, l'éducation des Spartiates avec celle des autres Grecs.

Quant à l'autre formule conclusive, elle est strictement parallèle à celle du chap. I, et se termine par les mêmes mots ; sa fonction est identique.

Conclusion. Dans ce chapitre exposant l'éducation de la catégorie d'âge des *paides*, on ne trouve rien sur des sujets que nous tendrions à considérer comme essentiels : les groupes structurant cette catégorie, les activités pratiquées, les matières étudiées, le statut et le mode de rémunération des maîtres. En matière d'organisation, nous devons nous contenter de ce qui est dit du système de commandement. Il nous est impossible de nous faire la plus petite idée de ce qu'était l'« emploi du temps » quotidien d'un enfant. En contrepartie, on nous entretient longuement de l'absence de chaussures, de la parcimonie en matière de vêtements et de nourriture, de la pratique du vol et de la chasteté de la relation pédérastique. Cette bizarrerie, cette allure hétéroclite, s'expliquent en partie par le dessein affiché de l'auteur de montrer point par point que les Spartiates font le contraire des autres Grecs en matière d'éducation. Mais, bien sûr, cela ne suffirait pas : il faut aussi montrer que ce faisant ils ont raison. Xénophon présente donc à chaque fois une explication et expose quelle est la finalité, aussi excellente que peu évidente, de l'institution considérée. Ainsi répétée, l'explication prend l'allure moins d'une eulogie (ce que l'effet de litanie pourrait suggérer) que d'une apologie, d'un discours en défense. Cet aspect défensif est frappant tout au long du chapitre. La véritable intention de Xénophon fut donc de répliquer aux détracteurs de l'éducation spartiate en se plaçant sur leur propre terrain et en reprenant point par point leur argumentaire. Celui-ci se lit en contrepoint du texte : les jeunes Spartiates sont mal vêtus ; ce sont des va-nu-pieds et des crève-la-faim ; tout ce qu'on leur enseigne, c'est le vol ; on anéantit l'autorité du père ; quant à la relation pédérastique, chacun sait bien de quoi il retourne. Répondre victorieusement à toutes ces accusations n'était pas chose facile : la première phrase du § 14 montre que Xénophon en était tout à fait conscient.

Chapitre III : Des *paidiskoi*

Comme le précédent, ce chapitre est nettement délimité par des formules de commencement et de fin, la seconde constituant véritablement le titre : « Quand ils quittent la catégorie des *paides* pour entrer dans l'adolescence... Voilà de quelle façon Lycurgue s'est occupé des *paidiskoi* ». Lui aussi est construit sur l'opposition entre Sparte et les autres cités, mais celle-ci change de nature : elle ne fonctionne plus sur chaque point pris séparément, mais concerne le chapitre dans son ensemble ; car, dit Xénophon, ailleurs qu'à Sparte on n'aurait rien à dire sur l'éducation des adolescents, puisqu'elle n'existe pas. Ainsi formulée, l'affirmation peut surprendre. Xénophon savait bien qu'à Athènes par exemple, l'éducation pouvait se poursuivre, pour certains jeunes, jusqu'à l'éphébie. Toutefois, ce à quoi pense l'auteur n'est pas simplement l'apprentissage scolaire, mais le fait que la cité prend en charge ces jeunes, que cela est obligatoire, et qu'elle leur impose une stricte discipline. Comme au chap. II, il ne s'agit pas d'instruction, mais véritablement d'éducation.

Le développement est bref et de structure simple : un seul sujet étant abordé, à savoir le renforcement de la discipline imposée à cette tranche d'âge, le plan n'est plus énumératif comme au chapitre précédent, mais logique.

COMMENTAIRE

§ 1 : l'opposition entre Sparte et les autres cités. § 2 : les raisons d'être de la discipline et sa sévérité. § 3 : les punitions. § 4-5 : l'*eukosmia* des *paidiskoi*, d'abord dans l'espace public, puis au repas en commun.

Plus on avance dans la lecture du chapitre, plus on est frappé par le changement de ton qu'on y constate par rapport au précédent. Ce n'est plus une liste de comportements bizarres que l'auteur s'efforce de justifier, mais un développement suivi et construit, où le style s'élève progressivement. Dès le début, nous rencontrons une anaphore (παύουσι), qui, par la hâte qu'elle exprime, rappelle un peu celle de εὐθύς au début du chap. II. Au § 2, c'est une phrase au rythme ternaire, puis binaire, dont chacun des éléments commence par un superlatif. Le § 4 se termine par une maxime disant la supériorité du sexe masculin. Quant au § 5, il aligne trois métaphores, qu'il combine avec l'anaphore de ἧττον, suivie d'un comparatif. Le ton, soutenu comme on voit, n'est plus celui de l'apologie, mais de l'éloge. Ici, Xénophon n'a pas à se battre pied à pied ; il est sûr de son fait et peut donc s'offrir le plaisir d'un morceau d'éloquence.

L'entrée chez les *paidiskoi*, § 1. Xénophon place après les *paides* une catégorie d'âge à laquelle il donne le nom de *paidiskoi* (§ 5 ; la correction faite par Haase, à la place du παιδικῶν des manuscrits, s'impose, tant pour le sens qu'au vu d'*Hell.* V, 4, 32), en même temps que celui, implicite, de *meirakia* (§ 1). Ces deux termes ne sont d'ailleurs pas équivalents : *meirakion* renvoie à une des grandes phases du développement physique de l'homme, tandis que *paidiskos* s'applique à une catégorie d'âge précise. L'emploi d'un diminutif du nom de l'enfant pour désigner un adolescent peut surprendre, mais d'autres exemples montrent que des usages de ce type étaient fréquents à Sparte. C'est un terme assez largement usité en Grèce, à en juger par la glose d'Hésychios, « *paidiskoi* : ceux qui sont en train de passer de la catégorie des *paides* à celle des *andres* ». S'agit-il de l'équivalent trouvé par Xénophon à un terme purement local, qu'il aurait écarté comme il le fait généralement ? En fait, il paraît à peu près certain que ce mot était bien utilisé à Sparte aussi (probablement en concurrence avec d'autres). Ce qui l'assure est moins le passage cité plus haut des *Helléniques* que deux inscriptions, dont l'une, de la cité périèque de Teuthronè (IIIe ou IIe siècle av. J.-C.), est une dédicace faite à Hermès par les *paidiskoi* de la cité.

À quel âge le jeune Spartiate entrait-il dans cette catégorie ? Nous devons nous contenter de l'indication fournie au § 1. « Quand ils deviennent des *meirakia* », dans l'usage grec, en particulier chez Hippocrate, correspond en gros à l'âge de 14 ans. D'autres textes, notamment Plutarque, *Lyc.* XVII, 3-4, donnent à penser que le jeune restait *paidiskos* jusqu'à 20 ans, âge auquel il devenait irène ; pendant sa dernière année dans la catégorie des *paidiskoi*, il était appelé *melleirèn*.

Les occupations des *paidiskoi*, § 2. À ce sujet, le lecteur reste sur sa faim, Xénophon ne donnant aucune indication précise. Ce silence peut être en partie expliqué par le fait que, comme je l'ai suggéré plus haut, certains au moins des traits décrits à propos des *paides* se prolongeaient pendant la période suivante. Xénophon a donc jugé qu'il devait s'en tenir à ce qui était particulier aux *paidiskoi*. Ce qui, à ses yeux, caractérise cet âge de la vie est un alourdissement et un durcissement de la discipline. Ce trait est dans le droit fil de sa doctrine. À l'âge où, chez les autres Grecs, les jeunes, dit-il, échappent à tout contrôle (§ 1 ; Xénophon force, dirai-je, presque ouvertement le trait), à Sparte, non seulement ce contrôle se poursuit, mais il se renforce. Lycurgue en a décidé ainsi, et, comme Xénophon l'expose en utilisant une fois de plus le procédé de la délibération intérieure du législateur, il a eu raison. C'est en effet l'âge où, dit-il, les passions sont les plus fortes et les tentations les plus dangereuses, car le jeune combine l'indocilité de l'enfance avec la force de l'homme. On trouve exactement la même remarque dans la *Cyropédie* I, 2, 9 : « Il semble que ce soit cet âge [celui des éphèbes perses] qui requière le plus de soins ».

Durcissement : les exercices imposés aux adolescents sont de plus en plus pénibles et revêtent même la forme d'épreuves (πλείστους πόνους) ; en outre, Lycurgue s'est ingénié (ἐμηχανήσατο) à en augmenter la fréquence de telle sorte qu'il n'y ait plus le moindre « trou » dans leur emploi du temps (πλείστην ἀσχολίαν). Pris au pied de la lettre, cela signifierait une organisation de type militaire, qui séparerait entièrement le jeune de sa famille ; mais Xénophon ne donne aucune précision de ce genre. Toutefois, même si son propos reste très vague, il donne à penser. Le verbe ἐμηχανήσατο souligne la volonté délibérée de Lycurgue de tenir constamment les jeunes en haleine, de ne leur laisser aucun répit, de façon à les priver de toute vie personnelle. Le procédé se retrouve dans tous les entraînements militaires visant à former des troupes d'élite : en apparence, le but est de porter à leur plus haut niveau leurs performances ; mais ce qu'on cherche aussi et surtout, c'est à les priver de toute pensée individuelle, à les « briser » pour pouvoir les couler dans le même moule. Le propos de Xénophon est donc plus riche de sens qu'il n'y paraît d'abord ; on admirera aux § 4-5 le résultat de ce conditionnement.

Surveillance et sanctions, § 3. Xénophon évoque d'abord les fautes et les sanctions ; ou plutôt, parce qu'il s'exprime, selon son habitude, d'une façon très générale, la faute et la sanction. Toutes deux font apparaître la rupture qui s'opère quand on passe du monde des *paides* à celui des *paidiskoi*. L'auteur ne nous a rien dit des fautes que pouvaient commettre les *paides*, et cela est effectivement sans intérêt ; quant au châtiment, c'était le fouet. Maintenant, c'est tout autre chose. La faute est caractérisée par deux verbes, φεύγειν « se dérober à » et ἀποδειλιᾶν « reculer devant ». Tous deux appartiennent au langage militaire. Le second expose la motivation de la conduite fautive : c'est la « lâcheté », en l'espèce le fait de ne pas avoir le courage de faire effort pour affronter les *ponoi*, « exercices » (encore un terme militaire) imposés par Lycurgue. Nous rencontrerons le même vocabulaire au chap. X, dans un passage (§ 7) où Xénophon expose pour quel motif un Spartiate pouvait être privé de la qualité d'*Homoios*. On y retrouve les mêmes termes qu'ici, ἀποδειλιᾶν et πόνος (dans διαπονεῖσθαι). Comme il y a la lâcheté militaire, il y a la lâcheté civique, et les autorités considèrent le comportement du *paidiskos* fautif comme constitutif du crime de « fuite » (φύγοι). Il n'est qu'un adolescent, mais les choses sont devenues sérieuses : d'une certaine façon, il est déjà dans la « vraie vie ». Quand un *paidiskos* commettait des fautes vénielles, sans doute n'était-il puni que comme un *pais* ; dans le cas qu'évoque Xénophon, il faut donc penser à des manquements graves et répétés, manifestant une mauvaise volonté délibérée, c'est-à-dire la résolution de se soustraire systématiquement aux obligations de la discipline prévue à son âge.

Examinons maintenant la sanction. Xénophon donne deux formulations successives de ce qui semble bien être une seule et même réalité : « il n'aurait plus part aux belles choses (καλά) » et encourrait « un complet déshonneur dans la cité ». Quelle sanction désignent ces expressions, qui nous paraissent désespérément vagues ? Signifient-elles que l'adolescent est empêché d'accéder au statut de citoyen ? Xénophon ne dit pas cela, et on a au contraire le sentiment qu'il emploie ces expressions vagues *justement pour ne pas dire* l'exclusion de la citoyenneté, pour laquelle existent des termes précis (ἀδόκιμος n'est pas ἄτιμος). Voyons si ce que le texte appelle « les belles choses » (*ta kala*) peut nous fournir un point de repère. On a coutume de dire qu'il s'agit d'une expression locale, et cela est certainement vrai ; mais on n'a pas suffisamment réalisé qu'elle n'avait pas un sens, mais deux. *Ta kala* apparaît cinq fois dans l'œuvre de Xénophon, deux fois dans la *LP* (ici et en IV, 4) et trois dans les *Helléniques* (V, 3, 9 ; V, 4, 32 et 33). Quand on rassemble toutes ces occurrences, on constate qu'il y a deux sortes de *kala* : ceux qu'on accomplit et ceux qu'on obtient. Dans les *Hell.* V, 4, 32 et 33, ce sont les belles actions qu'on a réalisées au service de la cité (il est dit que Sphodrias, d'abord, puis Kléonymos, ont accompli « tous les *kala* », « tous les *kala* possibles »). Dans les trois autres cas, il s'agit de *kala* qu'on obtient (*Hell.* V, 3, 9 : les catégories sociales qui ont été énumérées précédemment sont dites composées d'hommes « de très bonne mine et qui ne sont pas sans avoir part aux *kala* qui sont dans la cité »), ou qu'on n'obtient pas (en IV, 4, ceux qui n'ont pas été choisis comme *hippeis*, « cavaliers », sont désignés comme « ceux qui n'obtiennent pas les *kala* »), ou dont on risque d'être privé (c'est le cas de notre *paidiskos*). On traduit souvent par « les honneurs », et en effet il s'agit bien de quelque chose de ce genre, mais je crois que cette traduction est insuffisante et qu'on peut être plus précis. La formulation complète, τὰ ἐν τῇ πόλει καλά (*Hell.* V, 3, 9), me paraît significative : ce sont les « belles choses » que la cité dispense à ceux qui sont pleinement ses citoyens. On pense d'abord à des « honneurs » (par exemple, le choix comme *hippeus*, comme magistrat, comme géronte, etc.), mais il peut s'agir aussi d'autres choses. C'est tout ce que la cité procure aux citoyens et qui fait de leur vie une vie « belle », c'est-à-dire noble et suprêmement libre ; on est proche du « vivre bien » d'Aristote. Le lâche (*kakos*) étant par définition le contraire absolu du bon citoyen, la liste que nous trouverons au chap. IX des biens dont il est privé permet de se faire une première idée de ce qu'étaient ces « belles choses » : les repas en commun, l'exercice au gymnase, les jeux dans la rue, les chœurs de danse, le respect des cadets, les liens avec d'autres *oikoi*. J'y ajouterais volontiers les conversations sur l'agora et à la *leschè*, la chasse avec de bons compagnons, la participation aux fêtes et concours. Ce qui à la fois conditionne l'accès à toutes ces « belles choses » et en résulte, c'est la « bonne réputation », que Xénophon exprime par le verbe εὐδοκιμεῖν.

Il est évident qu'à l'âge où il est, le *paidiskos* fautif ne jouit pas encore de toutes ces « belles choses » et ne peut donc en être privé ; or, en écrivant μηδενὸς ἔτι τῶν καλῶν τυγχάνειν, Xénophon montre bien qu'il pense à une privation actuelle, et non seulement future. La principale « belle chose » dont le *paidiskos* puisse être actuellement privé, c'est l'éducation elle-même, qui en effet, dans son essence, répond parfaitement à la définition proposée ci-dessus des *kala*. Il serait donc exclu du système éducatif de la cité. Quant à savoir si cela l'empêchait ou non de devenir citoyen, c'est une question plus complexe qu'on ne croit généralement, et sur laquelle nous reviendrons à propos de X, 7. Il est surprenant, et même un peu choquant, qu'un adolescent puisse voir son avenir dans la cité définitivement compromis pour des fautes commises si jeune, mais, d'une part, on connaît un cas réel un peu semblable (celui de Drakontios, dans l'*Anabase* IV, 8, 25), et, d'autre part, la manière vague dont Xénophon s'exprime sur cette sanction donne l'impression qu'elle était rarement appliquée et que plus qu'à une réalité juridique il fait allusion à une sanction sociale. Celle-ci consisterait pour l'essentiel dans la « mauvaise réputation », qui gâcherait la vie future du jeune garçon de la même façon que sa « bonne réputation » a un jour sauvé celle de Sphodrias. Même interprété ainsi, ce passage de Xénophon traduit bien ce qu'il veut montrer tout au long du chapitre, qu'à l'âge des *paidiskoi* les choses deviennent vraiment sérieuses.

En ce qui concerne la *surveillance* elle aussi, il semble y avoir du nouveau : elle est certainement plus serrée encore qu'à l'âge des *paides*. Parmi ceux qui, par leurs conseils et par leurs ordres, sont chargés de maintenir le jeune dans le droit chemin, Xénophon distingue deux catégories, dont chacune est désignée par une expression qui n'est pas courante. Il y a ceux qui sont investis de cette charge par la cité (οἱ ἐκ δημοσίου), ce qui correspond à la fois à des officiels comme le pédonome et ses auxiliaires, et à des « moniteurs » comme les irènes. À ces personnes l'auteur oppose οἱ κηδόμενοι (je pense qu'ἑκάστων est régi par ἐπιμελεῖσθαι), ceux qui « veillent sur » les jeunes. Ce terme est vague et pourrait dans l'absolu s'appliquer également à la catégorie précédente ; mais, comme les deux groupes sont distingués et que le précédent est désigné par une expression qui fait clairement référence à la notion de « public », il est logique de considérer que nous sommes maintenant dans la sphère du « privé ». Dans le *Banquet* (210c), Platon emploie le verbe κήδεσθαι pour dire la façon dont l'éraste « s'occupe de » son éromène. Le terme de κηδόμενοι peut donc, comme l'a suggéré N. Richer (1999, p. 110, n. 106), sinon désigner, du moins englober l'éraste de l'adolescent ; mais je pense que pour le jeune, à Sparte comme ailleurs, l'autorité la plus naturelle et la plus importante était celle qu'exerçait son père. Xénophon veut donc rappeler que, pour les *paidiskoi*, cette autorité s'exerce plus que jamais en collaboration avec les représentants de la cité ; et, s'il emploie un terme vague, c'est à dessein, pour tenir compte du cas, probablement assez fréquent, où le père ne serait plus en vie.

COMMENTAIRE

L'incomparable réserve des jeunes Spartiates, §4-5 (par ces mots, je me réfère à l'article de L. Spina [1985], d'ailleurs centré sur la discussion des deux variantes connues pour le texte du §5 ; voir ci-dessous). Placé sous le signe de la « réserve », l'exposé comporte quatre étapes.

Xénophon fait d'abord la description du comportement des jeunes Spartiates dans la rue. Il commence par rappeler l'intention de Lycurgue, τὸ αἰδεῖσθαι ἰσχυρῶς ἐμφυσιῶσαι, c'est-à-dire, probablement, « insuffler en eux fortement la réserve ». L'expression est très forte et fait bien sentir la volonté du législateur de modeler jusqu'en son fond la personnalité des jeunes gens. Le portrait qui suit est un lieu commun, qui reparaît en tous lieux et à toutes les époques. Les mains tenues sous le manteau se retrouvent chez Eschine, *Contre Timarque*, 25-26 (à propos d'adultes), Dion de Pruse (*Discours* XXXVI, 7-8) et Artémidore (I, 54, p. 61 Pack) ; Ollier rappelle avec raison que les revers des vases attiques des ve et ive siècles représentent fréquemment des jeunes gens dans cette attitude. Le silence est déjà présent chez Aristophane (*Nuées*, v. 963-964 ; sur le silence à Sparte, voir David 1999). Les yeux baissés figurent dans le portrait d'un jeune homme de bonne famille par un auteur comique anonyme cité par Lucien, *Amours*, 44. Ce que nous avons ici n'est donc rien d'autre que le stéréotype du jeune garçon parfaitement éduqué, tel le Charmide de Platon. On peut aussi en rapprocher la description dans la *Cyropédie* (I, 4, 6) de l'extrême timidité qui s'empare de Cyrus quand de *pais* il devient éphèbe. Ce qui est particulier à Sparte, si on suit Xénophon, c'est que ce modèle est imposé par la loi et que tous s'y conforment, pas seulement quelques sujets d'élite comme ailleurs.

Xénophon résume cette réussite du système éducatif spartiate au moyen d'une sorte de maxime. La retenue à cet âge, dit-il, est généralement vue comme l'apanage du sexe féminin ; mais à Sparte, on peut dire que le sexe masculin l'emporte dans ce domaine-là aussi. Lipka suggère de voir là une critique sous-entendue de la conduite des jeunes filles spartiates. Cela me semble à exclure totalement, d'abord parce que cette conduite a été hautement louée au chap. I, et aussi parce qu'en disant qu'ils sont plus réservés que les filles, on ne décernerait pas un grand éloge aux garçons de Sparte, si en même temps on considérait celles-ci comme des dévergondées.

Le ton se hausse ensuite jusqu'à l'éloquence, dans une série de trois comparaisons, toutes énoncées avec une brièveté qui les rend quelque peu énigmatiques. Il faut suppléer à l'absence du substantif auquel se rapportent les adjectifs « de pierre » (λιθίνων) et « de bronze » (χαλκῶν) ; il ne peut s'agir que de statues, et le terme ἀγαλμάτων s'impose. On s'est demandé pourquoi c'étaient les statues de pierre qui étaient choisies comme figures du mutisme, et celles de bronze, comme symboles de la fixité du regard. Dans le cas de ces dernières, je suppose que Xénophon pense à ces statues où les yeux sont représentés par une surface bombée d'ivoire ou d'os, avec des iris insérés en pierre noire ou violette. Celles-ci ont un regard, mais ce regard est fixe, irrémédiablement fixe. Les statues de pierre pouvaient avoir des yeux peints, mais l'effet était beaucoup moins impressionnant.

Pour la troisième comparaison, nous disposons de deux versions. Celle qu'offre la tradition manuscrite présente les jeunes garçons comme « plus réservés que les vierges elles-mêmes dans la chambre nuptiale », αἰδημονεστέρους... καὶ αὐτῶν τῶν ἐν τοῖς θαλάμοις παρθένων. L'autre version est fournie à la fois par Stobée (IV, 2, 23) et par l'auteur inconnu du *Traité du Sublime* (IV, 4) : la pureté des adolescents y est comparée avec celle de la pupille des yeux, ...τῶν ἐν τοῖς ὀφθαλμοῖς παρθένων. L'expression αἱ ὀμμάτων ou ἐν ὀφθαλμοῖς κόραι est courante à partir du ve siècle pour désigner la pupille des yeux. Or, les globes oculaires, particulièrement les pupilles, sont parfois considérés par les Anciens comme le siège et le symbole de la pudeur, parce que les paupières sont là pour les protéger des spectacles indécents (cf. Lipka 2002, p. 139). L'emploi en ce sens de παρθένος au lieu de κόρη apparaît pour la première fois (à part notre passage) chez un médecin de la seconde moitié du Ier siècle apr. J.-C., Arétée de Cappadoce. Xénophon semble donc avoir innové en superposant à sa comparaison avec la pupille des yeux la substitution du terme de *parthénos* à celui de *korè*, et c'est peut-être cette accumulation d'images que le Pseudo-Longus critique vivement comme une afféterie (μιχροχαρής).

Faire un choix entre ces deux versions n'est pas facile. L'unanimité des manuscrits pouvant tenir uniquement au fait qu'ils procèdent tous d'un même archétype, elle n'est pas un argument décisif. Il est d'autre part évident que Stobée, au ve siècle, et plus encore le *De Subl.*, au IIe-IIIe (le tout apr. J.-C.), fournissent un état nettement plus ancien du texte. À cela s'ajoute que θάλαμος désigne le plus souvent la chambre nuptiale (et non n'importe quelle chambre), lieu qui paraît mal choisi pour la manifestation de la pudeur virginale. Nous avons donc choisi la version avec ὀφθαλμοῖς, suivant en cela l'opinion d'un grand nombre d'éditeurs récents, comme Pierleoni, Ollier et Lipka ; version en faveur de laquelle a argumenté en détail Spina 1985. Elle est conforme à la logique du développement : après avoir affirmé à la fin du §4 que les jeunes Spartiates montraient, en matière de maîtrise de soi, la supériorité du sexe masculin sur le féminin, Xénophon renchérit en soutenant qu'en ce domaine ils l'emportaient même sur ces demoiselles métaphoriques qui sont dans les pupilles des yeux.

Dernier moment de l'exposé sur la réserve des jeunes gens, ce que j'appellerai, pour que les choses soient claires, l'invitation au *syskènion*. On a vu plus haut (en II, 5) que déjà les *paides*, selon Xénophon, prenaient leurs repas en commun, sous la direction de l'irène chef de groupe ; il serait fort étonnant que cette pratique ait cessé lors de l'entrée dans la catégorie des *paidiskoi*. Il se pourrait donc que le repas en commun évoqué ici soit tout simplement celui des adolescents eux-mêmes ; le questionnement serait celui de l'irène, et nous assisterions à une scène identique à celle que décrit Plutarque, à propos de ses « grands » précisément (*Lyc.* XVIII, 3-5). Tout cela est possible, et même séduisant, et il semble probable que la description de Plutarque procède de la façon dont il interprétait celle de Xénophon. Mais quand celui-ci écrit ἐπειδὰν εἰς τὸ φιλίτιόν γε ἀφίκωνται, « quand ils viennent au repas public », c'est à un « vrai » repas en commun, à un repas en commun d'adultes, que le lecteur pense naturellement, et on peut douter que Xénophon ait employé le terme *philition* sans autre précision (tel qu'il reparaîtra en V, 6) à propos d'adolescents. En outre, l'extrême réserve des jeunes garçons, sur laquelle l'auteur insiste tant, serait un peu surprenante s'il s'agissait d'une routine quotidienne. C'est pourquoi je préfère nettement l'interprétation courante, selon laquelle le *philition* mentionné ici est celui des adultes.

Je suis également l'opinion commune en interprétant la scène décrite par Xénophon non comme une admission complète, mais comme une simple invitation. De la même façon, Plutarque (*Lyc.* XII, 6) mentionne la présence au *syssition* de *paides* (catégorie qui pour lui va jusqu'à vingt ans), dans une ambiance d'ailleurs beaucoup plus détendue que chez Xénophon. Les *paidiskoi* étaient donc parfois (assez régulièrement, semble-t-il, d'après la formulation utilisée) invités, non pas à participer, mais à assister au repas des adultes. Parmi les hypothèses de Singor (1999, p. 77), on peut retenir celle qui veut que chaque adolescent ait été de cette façon présenté par son éraste au *syskènion* de celui-ci ; quoiqu'aucun texte ne l'atteste, cela paraît en effet vraisemblable. La façon dont Xénophon décrit la scène crée une atmosphère particulière : c'est comme si l'invitation était un examen, et il n'est pas douteux qu'en effet les membres du *syskènion* aient cherché à se faire une opinion plus précise sur le jeune qui était devant eux (car ils avaient déjà en mémoire les performances qu'il avait réalisées au cours de sa *paideia* ; la petite taille du corps civique à Sparte permettait cela). L'extrême réserve de l'adolescent ne marque pas de sa part un désir de se dérober à l'épreuve ; il fait, au contraire, exactement ce qu'on attend de lui et veille à éviter tout ce qui pourrait être interprété comme de l'effronterie. Il joue gros et il y a de la tension dans cette scène.

Cette touche d'émotion donne à ce portrait par ailleurs très convenu de jeunes garçons parfaitement éduqués (κοσμιώτατοι, dit un apophtegme, Plutarque, *Mor.* 241 D, n° 9) un certain pouvoir d'évocation. À cela contribue aussi l'atmosphère discrètement érotique du passage. Xénophon, qui plaidait au chapitre précédent la cause de la chasteté, ne l'a certainement pas fait exprès ; mais le simple fait d'esquisser le portrait de jeunes garçons pudiques et réservés, tels qu'en produit une éducation très stricte, avait nécessairement, les Grecs étant ce qu'ils étaient, des résonances érotiques, tant dans l'inconscient de l'auteur que pour ses lecteurs ou ses auditeurs. C'est à de tels jeunes garçons, timides et rougissants, comme le Charmide de Platon, qu'on avait envie de faire la cour, c'est cette pudeur virginale qu'on avait envie de forcer ; une telle conquête seule avait du prix. À cet érotisme latent contribuent aussi les comparaisons et allusions hétérosexuelles par lesquelles les garçons sont appréciés, à cause de leur vertu, comme objets de désir, autant et même plus que les filles (cf. la maxime de la fin du §4). À qui éprouverait quelque scepticisme devant le présent commentaire, je recommande de se reporter au début du *Charmide*, où l'on voit Critias et Socrate vanter à l'envi les charmes de l'adolescent ; ou, mieux encore, aux propos du Raisonnement Fort dans les *Nuées* d'Aristophane (v. 961-983) : ce portrait des enfants élevés selon l'Ancienne Éducation est truffé d'allusions érotiques qui, cette fois, sont aussi explicites qu'intentionnelles. Ainsi cette fin du chap. III est-elle placée, comme celle du chap. II, sous le signe d'Éros.

Conclusion. Xénophon a assurément raison de souligner, tout au long de ce chapitre, combien, pour les jeunes Spartiates, les quelque six ans qu'ils passaient dans la catégorie des *paidiskoi* constituaient une étape décisive, engageant tout leur avenir. Mais la transformation qui s'opérait en eux n'était peut-être pas uniquement celle que donne à voir la lecture de ce chapitre. À cet âge, le jeune devait acquérir progressivement plus d'autonomie, et pouvoir affirmer davantage sa personnalité ; il devait en même temps s'éloigner de la collectivité des enfants et entrer en contact suivi avec le monde des adultes. Je pense qu'il en était effectivement ainsi, ne serait-ce qu'à cause des conséquences entraînées par le développement de la relation qui l'unissait à son éraste. Cette relation lui permettait d'établir un contact, encore limité, puisque réduit à un individu, avec la cité des hommes. De tout cela, Xénophon ne parle pas. Il mentionne seulement la présentation à cette cité en réduction qu'était, selon Persaios (voir *infra*, p. 133), le *syssition*, mais cette présentation revêt la forme, assez effrayante, d'un examen. Xénophon préfère mettre l'accent sur la contrainte et la répression ; il présente l'âge où l'on est *paidiskos* comme celui où le dressage atteint son plus haut degré d'intensité (πλείστους πόνους, πλείστην ἀσχολίαν) et les punitions une gravité nouvelle. J'ai dit que son portrait du jeune garçon était un stéréotype ; c'est à ce stéréotype, rêvé par les adultes, que la cité veut que les jeunes se conforment. Comme cette façon de voir était celle de tous les Grecs, il a trouvé là un thème d'éloge particulièrement convaincant, ce qui explique le ton assuré du chapitre. Il n'en reste pas moins que la vision qu'il propose des *paidiskoi* est partielle et orientée.

Chapitre IV (IV, § 1-6) : Des hèbôntes

Organisation générale du développement. Le § 1 peut sembler annoncer un exposé d'ensemble sur l'organisation et les occupations de la catégorie d'âge des *hèbôntes* (les vingt-trente ans). Qui croirait cela serait largement déçu. Xénophon ne traite en réalité que d'un seul thème, celui des rivalités qui opposent entre eux les membres de cette catégorie. Ce choix est clairement affiché au § 2 et l'auteur explique que ce n'est pas le sien, mais celui de Lycurgue. Le législateur s'est demandé ce qui était le plus important pour ces jeunes hommes. Ce n'était pas de leur donner une formation, puisqu'ils l'avaient déjà reçue et en avaient désormais passé l'âge ; c'était de les faire progresser et pour cela le meilleur moyen était d'instituer entre eux une compétition.

Au § 2, καί répété (avant τοὺς ἡβῶντας, puis avant τούτους) semble avoir une valeur surtout rhétorique et renvoyer aux cas des chœurs et des concours gymniques évoqués précédemment (« les *hèbôntes* aussi »). Il en va sans doute de même pour αὖ un peu plus loin, mais le sens de cet adverbe est plus fort (« à leur tour ») et pourrait faire allusion à une compétition informelle existant déjà parmi les *paides* et les *paidiskoi*. Xénophon entreprend de nous persuader que le but de Lycurgue n'était pas de sélectionner une élite (ce que nous aurions tendance à croire, du moins d'après d'autres passages du même auteur, par exemple l'évocation de la « carrière » de Sphodrias dans les *Helléniques* V, 4, 32), mais uniquement d'améliorer le niveau d'ensemble de la catégorie.

Dans son exposé, les rivalités entre les *hèbôntes* présentent trois caractères. Le premier est leur permanence. La compétition avant le choix des *hippeis* (à laquelle le lecteur pense d'abord, mais qui n'apparaît pas dans le texte, on va voir pourquoi) est prolongée par la contestation de ce choix : comme celle-ci dure jusqu'au choix suivant, le système fonctionne en boucle, de sorte que dans la réalité il n'existe pas de situation antérieure au choix.

Le second est leur universalité. Personne n'y échappe. Les refusés « font la guerre » (§4), non seulement à ceux qui leur ont été préférés, mais aussi, ce qui surprend davantage, à ceux qui ont fait le choix. L'hostilité est réciproque. Ce point est nettement indiqué par le vocabulaire : ἀλλήλους (§4), ἑκάτεροι (§5) ; au §6, ce n'est pas nécessairement le refusé qui prend l'initiative du combat de boxe. Tous, donc, s'épient mutuellement (παραφυλάττουσι ἀλλήλους, §4), tous s'entraînent (§5). Si Xénophon considère comme naturel que ce soit la sélection des *hippeis* qui constitue le moteur de la compétition, c'est à n'en pas douter à cause de l'ampleur de ce corps, trois cents personnes. T.J. Figueira (2006, p. 71) estime que, vers 395, les *hippeis* devaient représenter jusqu'à 40% des *hèbôntes*. C'est dire que chaque *hèbôn* pouvait raisonnablement estimer avoir des chances sérieuses d'être choisi, ce qui fait qu'à l'époque de Xénophon il était tout à fait vrai que cette compétition agitait en profondeur l'ensemble de la catégorie, et cela avec d'autant plus d'âpreté que, malgré l'évolution démographique, les refusés restaient majoritaires. En prenant cette sélection comme le champ d'application de sa théorie de la bonne *éris* « rivalité », Lycurgue a incontestablement eu raison.

Le troisième trait frappant de cette compétition est que, malgré certaines apparences, ce n'est pas une compétition sauvage. Elle a été, selon Xénophon, voulue et organisée par la loi ; nul ne peut s'y dérober et elle a été pensée dans tous ses détails par Lycurgue lui-même. Pour insister sur la paternité de Lycurgue, Xénophon a systématiquement recours, aux §1-2, au procédé de la « délibération intérieure » du législateur ; comme on l'a déjà vu, il utilise ce procédé chaque fois qu'il doit justifier une coutume spartiate faisant véritablement problème. Le patronage de Lycurgue fonctionne ainsi comme un puissant argument de justification. En même temps, l'intensité de sa réflexion dans ce chapitre (notée, par exemple, par la remarquable expression ῥέπειν ἐπὶ τὸ ἀγαθὸν τῇ πόλει) montre combien il a fait effort pour modeler véritablement la cité et ses citoyens.

Une difficulté pourrait se dresser devant Xénophon du fait du caractère paradoxal de la situation voulue par Lycurgue. D'habitude, les lois essaient d'organiser la concorde entre les citoyens. *Homonoia* et *eunomia* étaient précisément des thèmes classiques de la propagande pro-spartiate. Mais ce n'est pas un problème pour Xénophon, qui expose à propos de chacun des sujets qu'il aborde que Lycurgue a tout fait au contraire des autres législateurs et qu'en cela il a eu raison. Ici, montrer que Lycurgue a eu raison revient à montrer que la rivalité qu'il a instituée est une bonne rivalité, parce qu'elle a pour objectif le bien de la cité et non l'intérêt égoïste de chacun.

Comme le précédent, ce chapitre ne développe qu'un seul thème ; sa construction est donc simple et logique. Elle n'en est pas moins raffinée, car, pour donner à son raisonnement la rigueur d'une démonstration, Xénophon a conçu une structure qui met en place un va-et-vient entre considérations théoriques (au ton encomiastique, avec ce que cela comporte d'éloquence) sur la bonne *éris* civique et exemples concrets (au ton purement informatif).

§2, théorie : utilité de l'émulation en général, évidente lorsqu'il s'agit de performances chorales ou sportives, non moins réelle quand son objet est le bien de la cité.

§3-4, application : la sélection des *hippeis* et les rivalités qui s'ensuivent.

§5, théorie : les avantages éthiques des rivalités. Elles profitent à la cité parce qu'elles font que chacun aspire à l'excellence, en particulier dans le domaine militaire.

§ 6, application : l'entraînement physique ; les combats entre jeunes et leur régulation.

Cette présentation contribue à faire apparaître les rivalités entre les jeunes, y compris sous leur forme la plus contestable, non comme une coutume bizarre dont le législateur n'aurait pas su s'affranchir, mais comme un procédé éducatif mûrement réfléchi, résultat d'un raisonnement conduit à partir des bases les plus incontestables. C'est cette infaillibilité logique qui fait de Lycurgue le seul vrai législateur.

Le choix de Xénophon, § 2. Assurément, il y avait d'autres choses à dire sur les *hèbôntes*. D'abord, sur le plan pratique : leurs occupations, en particulier leur rôle dans l'armée, le genre de vie qu'ils mènent, la façon dont ils sont organisés. D'autres problèmes mettent en jeu la définition même de la catégorie : dans la cité, ils occupent une place à part, un peu ambiguë, car, s'ils sont des adultes et des soldats, ils n'en sont pas moins frappés de certaines incapacités, dont le résultat est qu'ils ne sont pas des citoyens complets (cf. Ducat 2006a, p. 101-112). Cet aspect de leur condition n'était pas ignoré de Xénophon ; on le voit à l'œuvre lorsqu'il expose le mode de régulation des combats, dans les rôles respectifs du pédonome (rôle qui montre que l'*hèbôn*, tout en n'étant certes plus un *pais*, est considéré comme relevant encore de la *paideia*) et des éphores (qui le punissent comme ils punissent les citoyens : cf. VIII, 4). De tout cela, Xénophon a choisi de ne pas parler, pour s'en tenir strictement à l'*éris*, « rivalité ». Pourquoi ?

Peut-être a-t-il été personnellement frappé par la tension extrême et permanente régnant parmi les *hèbôntes*, tension qui est à la fois suscitée et canalisée par les rivalités autour du corps des *hippeis* ; peut-être a-t-il été fasciné par les formes extrêmes prises par ces rivalités, l'espionnage réciproque et la délation (§ 4) et surtout les combats (§ 6). En tout cas, il ne cherche absolument pas, lorsqu'il les décrit, à édulcorer ces comportements : à cet égard, il suit exactement la même ligne que dans les chapitres précédents. Il reste en même temps strictement fidèle au programme énoncé au début du traité, en s'en tenant à ce qui, dans les *epitèdeumata* inventés par Lycurgue, s'oppose à la pratique courante des Grecs.

Il faut d'ailleurs reconnaître qu'au plan de la théorie politique, le choix de Xénophon est tout à fait logique. Les rivalités entre individus sont la conséquence naturelle du système dont se réclamait Sparte (ou, plus exactement, dont d'autres se réclamaient en son nom), celui du gouvernement des meilleurs. En ce sens, effectivement, Lycurgue a eu raison, et ce qui est décrit ici est conforme à l'esprit de ses lois. Plus la compétition est longue et acharnée, plus elle a de chances de révéler ceux qui sont vraiment les meilleurs (c'est le sens de *kratistoi* au § 5 ; cf. ci-dessous, en VIII, 1). La catégorie d'âge des *hèbôntes* est celle qui convient le mieux pour cette sélection, puisqu'elle est la dernière avant l'âge où l'on accède aux magistratures (§ 7). Nulle part dans la *LP* Xénophon ne se réfère explicitement à la théorie du gouvernement des meilleurs, mais on peut estimer qu'elle est à l'arrière-plan de certains passages (sur les éphores et la Gérousia, par exemple), et ce qu'il dit ici de la bonne *éris* civique en est un des éléments fondamentaux.

La rigueur avec laquelle Xénophon s'en tient au thème qu'il a choisi a pour résultat qu'il ne dit rien d'autre sur les *hèbôntes*, ni même sur les *hippeis*. La meilleure illustration en est le fait que ces derniers ne sont même pas nommés et qu'ici comme dans le récit de la conspiration de Cinadon (*Hell.* III, 3, 8-10), qu'il s'agisse des *hippeis* ne peut qu'être déduit de la mention des hippagrètes. Rien ne saurait mieux montrer qu'ici comme ailleurs, Xénophon ne fait pas une description, et ne cherche pas à communiquer de l'information.

La conséquence de cette façon de faire est qu'au lecteur non averti et qui prendrait au pied de la lettre tout ce que dit l'auteur, l'institution des *hippeis* risque d'apparaître comme une institution honorifique, comme l'enjeu purement symbolique d'une compétition totalement désintéressée. Or, manifestement, elle n'était pas cela, et Xénophon le savait fort bien (voir l'épisode de Cinadon, déjà cité). Les *hippeis* étaient, dans la cité de Sparte, la seule force militaire permanente au service des autorités pour n'importe quelle mission, et ils jouaient de ce fait un rôle politique important. En outre, être recruté parmi eux n'était pas, pour un jeune Spartiate, une distinction purement honorifique ; c'était aussi un avantage considérable. Cela lui permettait de combattre dans une unité d'élite, dont une partie au moins entourait le roi ; cette position lui offrait de meilleures chances de survie que s'il combattait aux premiers rangs de la phalange, et en même temps lui permettait de se distinguer, s'il en avait l'occasion, sous les yeux du roi. Un jeune avait donc, de toute évidence, un puissant intérêt à être *hippeus*. Mais cela, Xénophon ne pouvait pas le dire, puisque, dans sa théorie, la compétition, pour être bonne, doit être désintéressée et n'avoir pour moteur que le dévouement à la cité.

La sélection des *hippeis* et la bonne *éris*, § 3-5. Un changement de ton particulièrement marqué survient au début du § 5, avec l'exclamation καὶ αὕτη δὴ γίγνεται κτλ. Cette expression suppose en outre l'existence de plusieurs sortes d'*érides*, dont celle que décrit Xénophon serait la meilleure, alors qu'il n'a été question jusque-là que d'une seule *éris*. Ces particularités sont à expliquer comme des références implicites à un texte. Celui-ci a été identifié depuis longtemps (cf. Ollier 1934, p. 34) : ce sont les vers 17-26 des *Travaux et Jours* d'Hésiode, où le poète fait l'éloge d'une « bonne *éris* », ἀγαθὴ ἔρις, opposée à la mauvaise *éris*, qui ne provoque que discorde et querelles, et suscite la guerre. Ce que nous avons ici est donc la conclusion visible d'une polémique sous-entendue. À la « bonne *éris* » hésiodique, Xénophon en oppose une autre, dont il estime qu'elle est la seule à pouvoir véritablement être qualifiée de bonne.

La « bonne *éris* » hésiodique est une réalité économique, qui préfigure remarquablement notre concept de concurrence ; elle est bonne parce qu'elle est un facteur de développement. Elle ne peut en aucune façon satisfaire Xénophon, parce qu'elle est une compétition entre des individus motivés par la seule recherche du profit matériel, alors que son objectif à lui est une émulation collective en vue de la vertu et au service de la cité. Il lui faut donc se mettre en quête d'un autre modèle : il le trouve dans les activités que nous appelons agonistiques (les chœurs et les concours gymniques, §2), parce qu'elles proposent une forme de compétition « pure », c'est-à-dire totalement désintéressée. La pertinence du modèle agonistique se vérifie en ce que, comme dans le domaine choral ou sportif, la « compétition pour la vertu » a pour résultat une élévation du niveau des performances (§2). L'exclamation καὶ αὕτη δή κτλ. doit donc être comprise comme une réplique victorieuse à Hésiode. C'est pourquoi Xénophon qualifie son *éris* non seulement de θεοφιλεστάτη, « la plus chère aux dieux » (ce qui correspond à peu près à ce qu'Hésiode dit de la sienne, v. 18-19), mais aussi de πολιτικωτάτη, « la plus véritablement civique » : l'*éris* hésiodique, elle, n'a pas pour objectif le bien de la cité (nous retrouverons en X, 7 la « vertu politique »).

Malheureusement pour Xénophon, comme N. Birgalias l'a très bien montré (1997, p. 39-41), les rivalités entre les *hèbôntes* ne se conforment nullement au modèle agonistique qu'il allègue. L'*agôn* se déroule entre deux compétiteurs placés sur un strict pied d'égalité et dont le meilleur l'emporte ; ici, pas d'égalité, puisque l'un a été choisi et bénéficie donc d'une position privilégiée. Pour être saine, la compétition doit avoir lieu avant la décision, et celle-ci, prise dans des conditions acceptées par tous, met à la rivalité une fin définitive ; ici, au contraire, la compétition naît de la décision, elle consiste en la contestation de celle-ci, et ne peut donc que se dérouler dans un climat détestable, où domine l'esprit de revanche et de vengeance.

Passons maintenant, à la manière de Xénophon, des principes aux conditions concrètes. Le fait que les hippagrètes étaient astreints à justifier publiquement leur choix, positif ou négatif, par une appréciation nominative (je laisse de côté le reste du processus de sélection, dont Xénophon ne dit rien), est à coup sûr allégué par l'auteur comme un élément de sa défense de Sparte, consistant à montrer que tout se passait dans la transparence, ce qui est effectivement incontestable ; mais cette transparence même, parce qu'elle concernait des individus, avait pour résultat de personnaliser à outrance les affrontements qui s'ensuivaient. C'est cet aspect personnel qui rendait ces rivalités négatives, et même dangereuses pour la cité ; car on croira difficilement que dans de telles conditions les *hèbôntes* refusés aient pu être motivés par le souci du bien de l'État et non par leur intérêt particulier.

Le candidat écarté, expose Xénophon, s'en prenait personnellement à tout le monde : à l'hippagrète qui ne l'avait pas choisi et à ceux qui lui avaient été préférés. Ceux-ci devaient à leur tour prendre des contre-mesures. L'image qui se dessine est celle d'un conflit généralisé. Ces pratiques, que Xénophon veut nous faire prendre pour des assauts de vertu, montrent en réalité la vie spartiate sous son plus mauvais jour. Transposé dans le domaine de la « vraie » vie politique (après trente ans, § 7), un tel comportement aurait fait de chaque élection à un poste de responsabilité quelconque l'occasion d'une lutte sans fin où tous les moyens ou presque auraient été bons. Xénophon lui-même ne pouvait manquer de sentir que c'était là une bien étrange école pour les futurs citoyens.

Il existe d'ailleurs une critique antique, implicite mais radicale, de cette forme de compétition : c'est l'anecdote du sourire de Pédaritos (cf. Ducat 2002, p. 14-19). Pédaritos explique que, s'il a souri en apprenant qu'il n'était pas choisi comme *hippeus*, ce n'était pas par dérision, mais parce qu'il se réjouissait pour la cité qu'elle possédât trois cents citoyens (*sic*, dans deux versions) meilleurs que lui-même. On voit dans cette anecdote Pédaritos entrer en conflit avec le *nomos* lycurguien tel qu'il est exposé par Xénophon, et de ce conflit sortir vainqueur (en ce sens qu'il « a raison »). Il est exact que Lycurgue a voulu que l'*hèbôn* refusé fasse la guerre et à ceux qui lui ont été préférés et à celui qui a fait le choix ; mais, enseigne l'anecdote, accepter la décision, mieux, s'en réjouir au nom de la cité, c'est la seule conduite vraiment conforme aux règles de l'*éris péri arétès*, « la rivalité sur la vertu ».

On peut toutefois trouver, dans l'exposé de Xénophon, des éléments de défense, qui ne sont pas mis en valeur, mais qui existent. Le premier concerne ce que j'ai appelé la surveillance. Cette notion tient une grande place dans sa présentation de l'éducation des *paides* ; il y revient à deux reprises en des termes identiques (II, 10 et 11). Quant aux *paidiskoi*, leur conduite est observée en permanence par ceux qui sont responsables d'eux (III, 3), en particulier lorsqu'ils sont dans la rue (III, 4) et, dans le *syskènion* des adultes, c'est à un véritable examen qu'ils sont soumis (III, 5). Il est logique qu'il en soit de même pour les *hèbôntes*, catégorie d'âge très importante pour l'État et, à en juger par le présent chapitre, passablement turbulente. Mais, alors que les *paides* et les *paidiskoi* sont surveillés par des personnes plus âgées, les *hèbôntes* sont aussi surveillés par eux-mêmes : dans le cadre de leurs rivalités incessantes, « ils se surveillent mutuellement, pour voir s'ils ne relâchent pas leur effort au mépris de ce qui est reconnu comme le bien » (§ 4). Si donc un *hèbôn*, qu'il ait été choisi ou non comme *hippeus* (car il est clair que les choisis aussi devaient être surveillés, et même, sans doute, eux tout particulièrement), commettait un acte répréhensible ou faisait preuve de mauvais esprit (c'est ce dont Pédaritos est soupçonné), on pouvait être sûr qu'il se trouverait quelque camarade pour aller le dénoncer aux autorités. Comme chez les *paides* (II, 2), le manquement qui est le plus pourchassé est ce que Xénophon appelle le « relâchement », ῥᾳδιουργία. Par ce terme, toute la période de la formation du citoyen à Sparte est placée sous le signe de l'effort, de la tension vers la réalisation complète de la norme lycurguienne. Si, comme Proietti n'a pas manqué de le souligner (1987, p. 51-52), ces procédés de surveillance ne sont pas d'une grande hauteur morale, au moins sont-ils efficaces.

On peut tirer des éléments fournis par Xénophon un autre argument en défense de la forme prise par les rivalités entre *hèbôntes*. J'ai dit plus haut que la façon dont il présente le corps des *hippeis* risquait de le faire apparaître comme une sorte d'institution « pour rire », dont la seule fonction serait de servir d'enjeu à la compétition. Il n'en était certes pas ainsi, nous l'avons vu, mais on s'aperçoit à la réflexion que ce n'est pas entièrement faux non plus. Il est bien évident que les *hèbôntes* n'auraient pas songé à contester l'autorité de véritables magistrats de la cité comme ils contestaient celle des *hippeis* et des hippagrètes. Cela est logique, puisque ni les uns ni les autres n'appartenaient à la catégorie d'âge dans laquelle étaient choisis les véritables magistrats (§ 7) : la contestation restait interne aux *hèbôntes*. Manifestement, leur désignation par les éphores n'était pas considérée comme conférant aux hippagrètes une autorité qui les mît hors de portée de la contestation ; quant aux *hippeis*, après tout, ils n'avaient été nommés que par l'un de leurs camarades.

Tout se passe comme si les Spartiates avaient connu les vertus pédagogiques de la contestation dans le domaine politique. Les *hèbôntes* dans leur ensemble étaient en quelque sorte des citoyens stagiaires. Pour ceux qui, chaque année, étaient choisis comme *hippeis*, c'était un stage en responsabilité, et ils devaient se montrer dignes de cette responsabilité. C'était un stage de contestation pour les refusés, qui avaient toute l'année pour se montrer meilleurs que ceux qui leur avaient été préférés. Ainsi les jeunes Spartiates assimilaient-ils un des grands principes de la vie politique de leur cité, qu'en ce domaine rien n'est jamais définitivement ni acquis ni perdu. Tel citoyen qui, une année, n'était pas élu à une fonction, ne devait pas considérer cet échec comme définitif ; c'était à lui, s'il en était capable, de faire devant la cité la preuve qu'à l'avenir il serait digne d'être choisi. C'est ce qu'implique la désignation des responsables par voie d'élection.

Il faut toutefois avouer qu'une telle argumentation n'est soutenable que dans l'abstrait, au plan des principes, et que, confrontée à la façon dont Xénophon lui-même décrit la compétition qui se déroulait réellement, elle perd presque tout pouvoir de conviction. Pour avoir des effets positifs, la contestation doit être collective, et porter sur des idées ou des programmes politiques. Ici, ce sont des individus qui contestent d'autres individus, et ils n'ont pas d'autre motivation réelle que leur intérêt.

Les combats, § 6. Une fois de plus, des principes revenons aux faits, en abordant la lecture de ce paragraphe. On pourrait admettre l'existence d'une compétition autour de l'institution des *hippeis* ; on pourrait comprendre qu'un jeune homme qui a été écarté lors de la sélection s'efforce de faire apparaître les faiblesses de tel qui lui a été préféré et mette tout en œuvre pour se montrer meilleur que lui en vue du prochain choix. Mais pourquoi faut-il que cela se règle à coups de poing ?

Manifestement, Xénophon a eu des difficultés pour justifier cette coutume, et ce qu'il dit sur le mode de combat se réduit au verbe πυκτεύουσι. Au contraire, il détaille avec soin les limites imposées aux affrontements par une procédure presque judiciaire d'arbitrage ; ce qui nous vaut sur ce point de précieuses informations, illustrant la situation ambiguë des *hèbôntes* dans la société spartiate. On peut d'ailleurs être surpris de voir l'arbitre bénévole, devenu par sa situation le dépositaire de l'autorité qui accompagne la loi, ne pas obtenir à tout coup (le texte l'indique clairement) l'obéissance de l'*hèbon* qu'il interpelle. Il y avait donc, à Sparte aussi, de la désobéissance ! Peut-être l'origine en était-elle une sourde tension existant entre les citoyens complets et les *hèbôntes*, qui occupaient dans l'armée les postes les plus exposés. Quoi qu'il en soit, l'insistance de Xénophon sur cet arbitrage est certainement à expliquer par le fait qu'il considérait son existence comme un élément de justification. Ce n'est cependant pas le cas : que les combats soient réglementés ne justifie pas qu'il y ait des combats. Le but de cette mesure était seulement, en réalité, de permettre aux autorités de garder le contrôle de la situation et d'éviter des dérapages trop graves.

Tout ce que Xénophon peut présenter de convaincant en matière d'explication / justification tient donc dans la première phrase du paragraphe, dont la valeur explicative est soulignée par le γάρ qui la suit : « ils sont obligés de soigner aussi leur condition physique ». Elle ne signifie pas que pour l'auteur ces combats constituaient l'*askèsis* à laquelle il a été fait allusion au § 5, mais que, sachant qu'ils auraient, qu'ils le veuillent ou non, à les affronter, les *hèbôntes* avaient tout intérêt à soigner leur forme, ce qui les rendait aptes à remplir au mieux leurs fonctions militaires. De fait, une lecture attentive montre que la finalité militaire est un thème présent tout au long du chapitre. Déjà suggéré au § 2 (par le terme ἀνδραγαθία) et au § 4 (par l'emploi métaphorique de πολεμοῦσι), il apparaît clairement au § 5 (« se porter chacun de toutes ses forces au secours de la cité »). On le retrouvera plus loin, au § 7, dans la comparaison, en termes de capacités militaires, entre les *hèbôntes* et les citoyens complets. Le thème militaire était déjà présent au chap. II ; la différence est que, pour les *hèbôntes*, la fonction militaire ne se conjugue pas au futur, mais au présent.

L'explication que donne Xénophon des combats d'*hèbôntes* n'est donc pas absurde (il ne dit jamais des choses absurdes) et il est assez habile pour retrouver, au terme de son développement, le terrain enfin solide que constituent les vertus cardinales du citoyen spartiate, la maîtrise de soi et l'obéissance aux lois. Il peut ainsi conclure sur une finalité véritablement éducative, ce qui présente pour nous l'intérêt de confirmer, s'il en était besoin, que ces affrontements étaient conçus comme une obligation à laquelle nul ne pouvait se dérober. Cependant, si elle n'est pas absurde, son explication est manifestement insuffisante, car il existait quantité d'autres façons, moins étranges que des pugilats, d'obliger les jeunes hommes à s'entraîner.

Conclusion. Nous revenons ainsi au choix de Xénophon. Pourquoi, à propos des *hèbôntes*, a-t-il choisi cet unique thème des rivalités, dont il était d'emblée prévisible qu'il le conduirait à aborder des terrains périlleux ? Pourquoi, ayant fait ce choix, ne s'est-il pas arrêté à la fin du §5 et a-t-il absolument tenu à dire tout ce qu'il savait sur ces combats de boxe, alors que ceux-ci ne sont vraiment pas d'une grande importance dans le cadre de son projet ? Comme nous l'avons déjà constaté à plusieurs reprises, ce n'est pas le seul passage dans la *LP* où le lecteur a l'impression que l'auteur non seulement n'esquive pas la difficulté (ce qui est tout à son honneur), mais la provoque en affrontant délibérément des sujets qui ne peuvent que le mettre dans l'embarras. C'est cette attitude qui a été interprétée par L. Strauss comme la preuve d'une « malignité » dirigée en réalité contre Sparte.

En fait, si l'on veut savoir comment fonctionne ce chapitre, il convient, selon moi, de le lire à l'envers. Au point de départ sont donc les combats de boxe. Le dessein de Xénophon est de les expliquer et de les justifier d'abord par la nécessité d'entraîner les jeunes en vue de la guerre, puis en montrant qu'ils ne sont que la manifestation la plus spectaculaire d'une compétition permanente et généralisée, dont (troisième étape du raisonnement) le moteur est la sélection du corps des *hippeis*, institué à cette fin par Lycurgue. Le véritable objectif de l'auteur, ce, comme on dit, « à quoi il veut en venir », ce sont les combats de boxe.

Pourquoi ? Je ne vois qu'une réponse possible : c'est que, s'agissant des *hèbôntes*, c'était l'argument le plus fréquemment utilisé par les adversaires de Sparte. Pour ces gens-là, les *hèbôntes* spartiates étaient des jeunes hommes dont l'unique et futile occupation en temps de paix, pendant les dix années qu'ils passaient dans cette catégorie d'âge, était de se livrer à des combats de boxe. Il me semble très probable (comme à Ollier 1934, p. 35, et à Lipka 2002, p. 145) que c'est là, au moins en partie, l'origine de l'image, sans doute fausse (Hodkinson 1999, p. 158), mais très répandue en Grèce, du Spartiate grand amateur de boxe ; d'où les « laconophiles aux oreilles déchirées » de Platon (*Protagoras*, 342b-c ; *Gorgias*, 515e). Xénophon se conduit ici comme il l'a déjà fait au chap. II (§ 5-6). Il ne dit pas, comme nous le ferions à sa place : « mais ils avaient aussi d'autres occupations, infiniment plus importantes » ; non, il reprend telle quelle l'image caricaturale véhiculée par la propagande anti-spartiate, la saisit à bras-le-corps, et se met en devoir de la retourner contre ses adversaires, pour en faire un thème d'éloge. Le chap. IV est donc de bout en bout un chapitre apologétique.

Chapitre IVbis (IV, § 7) : Des hommes mûrs

Dans les éditions de Xénophon, ce passage constitue le dernier paragraphe du chap. IV ; mais son contenu, l'évocation des *épitèdeumata* des hommes d'âge mûr, n'a rien à voir avec le reste du chapitre. Il faut donc le considérer comme une sorte de mini-chapitre, dont le sujet est indiqué par une « formule de titre » parallèle à celles qui introduisent les chap. III et IV. On aborde ainsi un nouvel « âge de la vie » et cela est confirmé par la première partie de la première phrase du chapitre suivant, qui joue à l'égard de ce qui précède le rôle de formule conclusive.

Le passage à l'âge mûr. « Pour ceux qui ont passé l'âge de l'*hèbè* », τοῖς... τὴν ἡβητικὴν ἡλικίαν πεπερακόσιν. Chez les Grecs, l'âge de l'*hèbè* variait en général entre 16 et 18 ans ; à Sparte, où il marquait l'entrée dans la catégorie de ceux qui sont appelés précisément les *hèbôntes*, c'était 20 ans. Mais ici, cette expression ne saurait désigner ceux qui ont plus de 20 ans. Le chap. IV a traité des *hèbôntes*, et Xénophon, continuant sa revue des âges, passe à la catégorie qui suit. Il faut donc considérer que les mots *hèbètikè hèlikia* ont, dans le système qu'il présente comme étant celui de Sparte, un sens particulier, mais tout à fait logique : la période pendant laquelle un homme est *hèbôn*. D'une expression employée trois fois dans les *Helléniques* et une fois dans l'*Agésilas*, τὰ δέκα ἀφ' ἥβης, on déduit que cette période durait dix ans.

Cette phrase clôt l'ensemble formé par les trois chapitres dont nous dirons qu'ils traitent de l'éducation au sens large. Ils sont liés entre eux par un mouvement de crescendo : les moyens de la formation changent et deviennent de plus en plus durs (πλείστους πόνους pour les *paidiskoi*, une sorte de guerre interne permanente pour les *hèbôntes*) et l'enjeu, de plus en plus important (pour les *paidiskoi*, il s'agit de l'avenir personnel de chacun ; avec les *hèbôntes*, c'est la bonne orientation de la cité tout entière qui est en jeu, §1). Le statut des *hèbôntes* est marqué par de nombreuses incapacités ; à trente ans le jeune accède enfin à la plénitude du statut de citoyen. Le symbole en est pour Xénophon (et pour nous aussi) l'accession aux magistratures, « même les plus hautes ». Xénophon répète ici, presque à l'identique, la formule qu'il a utilisée en II, 2 à propos du pédonome. La seule différence est l'addition de καί, et pourtant le sens est totalement différent. On retrouve les deux sortes de magistratures, ce qui indique que la formulation en II, 2 n'était pas pure rhétorique, mais le καί ajouté met l'accent sur le fait que les ex-*hèbôntes* ont tous, sans distinction, accès à toutes les magistratures. De sorte que les données de la *LP* sur l'accès aux magistratures se présentent pour l'instant ainsi. 1 (ici) : passé l'âge de trente ans, tout Spartiate a accès à toutes les magistratures, même les plus hautes. 2 (II, 2) : seuls les Spartiates appartenant à une certaine catégorie ont accès aux magistratures les plus hautes. Pour résoudre la contradiction, on peut supposer qu'en II, 2, l'expression « ceux qui accèdent aux plus hautes magistratures » ne désignait pas une catégorie légalement définie, mais simplement ceux que leurs qualités rendent capables, aux yeux de l'opinion publique, d'exercer ces magistratures.

Lycurgue et les autres. Un trait qui montre bien que Xénophon a conçu ce développement comme un chapitre à part entière est qu'on y retrouve les formules habituelles soulignant l'opposition entre la conduite des autres Grecs et celle que Lycurgue a prescrite aux Spartiates. Il pointe avec ironie la contradiction qui entache le comportement des cités grecques dans le domaine de l'entraînement physique des hommes mûrs, mais cela ne va pas sans exagération. D'une part, il s'exprime comme si, dans les autres cités, on empêchait les citoyens de s'entraîner, alors que, comme nous le savons, il était normal pour tous les Grecs de fréquenter le gymnase ou la palestre, et de pratiquer la chasse ; d'autre part, il ressort clairement de son exposé qu'il n'y avait pas à Sparte non plus de système d'entraînement obligatoire. Mais Xénophon a prévu cette dernière objection.

La chasse et ses bienfaits. La réponse est : la chasse (cf. Schnapp 1997, p. 144). Elle n'est certes pas obligatoire, mais, puisque Lycurgue a décidé qu'elle était une « très belle » occupation, c'est tout comme. Cette intervention de la chasse surprend doublement le lecteur. La première surprise est presque une déception : quoi, Lycurgue n'a trouvé que cela pour entraîner les meilleurs soldats de la Grèce ? On attendrait quelque chose de plus spécialisé. Et aussi de plus structuré : voilà que d'un seul coup le législateur cesse de tout organiser et devient presque laxiste, en laissant aux individus le soin de s'entraîner à leur guise. On constatera toutefois un peu plus loin, au §8 du chapitre suivant, qu'il n'en est rien et que Lycurgue a bien prévu un entraînement obligatoire au gymnase pour les hommes mûrs.

Seconde surprise : là où on attendait tout un développement, on lit seulement ces deux mots : « la chasse ». Le fait qu'elle soit choisie par Lycurgue comme le mode d'entraînement des guerriers spartiates méritait assurément d'être expliqué et justifié ; mais c'est dans un autre traité de Xénophon (l'attribution est maintenant considérée comme pratiquement certaine), portant précisément sur la chasse et intitulé dans les manuscrits *ho kynègétikos* (s.-e. *logos*), que nous trouverons cette justification (cf. Schnapp 1997, p. 156-163). Contre ceux qui verraient dans cette occupation une simple distraction, Xénophon y démontre non seulement qu'elle entretient merveilleusement la condition physique des hommes de tout âge, mais aussi qu'elle est tout particulièrement indiquée comme préparation à la guerre (*Cynég.*, chap. XII). D'une part, elle conserve et développe les qualités d'adresse et d'endurance utiles à la guerre : l'art de se déplacer rapidement et sans se faire repérer en terrain boisé et difficile (§2), de débusquer l'ennemi et de le poursuivre s'il se dérobe (§3-4), de retourner une situation compromise au moyen d'un coup de main audacieux (§5). D'autre part, la chasse rend les citoyens moralement plus capables de servir leur cité jusqu'au bout et d'obéir à ses lois avec discipline (§14-17). Machiavel fera lui aussi l'éloge de la chasse (*Le Prince*, chap. XIV), mais d'un point de vue différent, celui de son utilité pour le commandant en chef. Xénophon avait donc tout prêt dans l'esprit, peut-on dire, un éloge de la chasse, mais il s'est abstenu, je pense, volontairement, de l'inclure ici. Il a sans doute jugé que ce serait un trop long détour, et je croirais volontiers que c'est au moment où il rédigeait ce passage, ou aussitôt après, que l'idée lui est venue d'un traité tout entier consacré à ce sujet (on admet en effet que le *Cynégétique* est une des œuvres les plus anciennes de Xénophon). Cela expliquerait qu'il se contente ici d'une simple mention, ce qui rend le chapitre inhabituellement court. En tous cas, la démonstration conduite dans le *Cynégétique*, jointe au simple rappel fait ici (et aussi en VI, 3-4) de son importance dans la vie à Sparte (sur quoi cf. David 1993), ont entraîné l'adhésion générale : dans les *Lois* de Platon (I, 633b), les trois personnages du dialogue acceptent sans discussion de classer la chasse au troisième rang parmi les « inventions » de Lycurgue en vue de la préparation des citoyens à la guerre.

Chapitre V : Du régime

Introduction, § 1. La première des deux propositions qui composent ce paragraphe constitue la formule finale du « bloc » traitant des âges de la vie, chap. I-IVbis, mais elle est étroitement liée à la proposition suivante et fait ainsi transition. Σχέδον et πειράσομαι sont des formules de modestie. Si formelle soit-elle, cette phrase introductive n'en est pas moins intéressante à plusieurs titres. Le retour du terme *épitèdeumata* montre que l'auteur ne perd pas de vue son dessein initial : ce sont eux et leur observance, imposée par Lycurgue, qui ont construit la puissance de Sparte. Ce rappel renforce l'impression du lecteur, que Xénophon sait où il va et que l'exposé se déroule conformément à un plan rigoureux, qui garantit la parfaite cohésion de l'ensemble.

Il y a aussi progression, donc changement de niveau d'analyse. L'idée qu'on passe à autre chose est explicitée par l'opposition entre ἑκάστῃ ἡλικίᾳ « chaque catégorie d'âge » et πᾶσι « pour tous ». L'exposé conduit selon l'ordre « chronologique » des âges de la vie prend fin officiellement ici, ceux-ci ayant été (apparemment) parcourus jusqu'à leur terme. Il semble donc que nous devions nous contenter, en guise d'exposé sur les *épitèdeumata* des hommes mûrs, de ce que j'ai appelé le chapitre IVbis. Comme on s'en doute bien, il n'en est rien ; seulement, à partir d'ici, le discours va se gouverner d'autre manière. Les chap. V-X vont former deux groupes. Le premier traite de ce que nous appellerions la vie sociale et économique : la prise de nourriture (V) ; un certain nombre de pratiques communautaires (VI) ; la monnaie et le problème de l'enrichissement individuel (VII). Derrière ces trois chapitres se profile, sans être jamais énoncée explicitement, l'idée, non d'égalité (Xénophon ne prétend jamais que les Spartiates soient véritablement égaux), mais, disons, d'égalisation : il s'agit du relatif nivellement social qu'aménagent, dans la vie spartiate, les *épitèdeumata* lycurguiens. Ce sont donc des chapitres économiques et sociaux, mais il est évident qu'à partir du moment où leur horizon est quelque chose qui a un rapport avec l'égalité, ce sont aussi des chapitres politiques.

La politique sera encore bien plus visiblement au cœur des trois chapitres qui suivent, et dont l'ensemble forme ce qui, dans le traité, se rapproche le plus d'une *politeia*. Certaines des plus importantes institutions de la cité y seront examinées, mais toujours en relation avec les *épitèdeumata* lycurguiens : les éphores, avec l'obéissance à la loi et aux magistrats (VIII) ; la discipline qui s'impose au citoyen en armes, avec le traitement infligé aux « trembleurs » (IX) ; la Gérousia, avec la poursuite obligatoire de la vertu (X). Mais, dans ce chap. X, d'une façon inopinée, on va retrouver le thème structurant des âges de la vie, que l'on croyait avoir abandonné au point précisément où nous en sommes.

Compte tenu de cette structure (que j'annonce à l'avance pour que le lecteur suive plus aisément le cheminement de la pensée de l'auteur), on est amené à s'interroger sur le sens exact des deux mots-clés de cette introduction, πᾶσι et δίαιτα. L'opposition évidente de πᾶσι avec ἑκάστῃ ἡλικίᾳ pousse à comprendre ce mot comme πάσαις ταῖς ἡλικίαις, « à tous les âges ». Mais cela n'aurait guère de sens : certes, les *paides* et les *paidiskoi* ont certainement eux aussi des repas en commun, mais ce que Xénophon va exposer dans le chapitre porte visiblement sur ceux des adultes ; quant à tous les chapitres suivants, ils ne concernent que les citoyens. On est donc fondé à dire que πᾶσι signifie « tous les citoyens », mais en ce cas l'opposition avec « chaque âge » devient quelque peu boiteuse, puisque les hommes faits sont un de ces âges.

Quant au mot δίαιτα, on est d'abord tenté de le prendre en son sens le plus large, qui est aussi le plus fréquent (« mode de vie ») ; il s'appliquerait donc à toute la suite jusqu'en X, ce qui est d'autant plus possible que le thème formant le pivot des chap. V-VII, celui de ce que j'ai appelé « l'égalisation », rappelle tout à fait la formule célèbre par laquelle Thucydide (I, 6, 4) caractérise les « Lacédémoniens », ἰσοδίαιτοι μάλιστα. Toutefois, à partir d'Hippocrate (et nous avons déjà croisé des preuves de son influence sur Xénophon), *diaita* a aussi un sens technique, « le régime », tel qu'il est défini par le traité du même nom. Il me semble peu probable que ce soit un hasard si un chapitre qui traite du régime des Spartiates au sens exact où l'entend Hippocrate débute par une phrase-titre centrée sur le mot *diaita*. Il s'ensuit que, selon moi (*contra* Lipka 2002, p. 45), cette phrase introduit, non pas tout ce qui sera exposé jusqu'au chap. X compris, mais seulement le chap. V (cf. νῦν).

Les repas en commun, § 2-7. Pour les désigner (il s'agit de ceux du soir, les seuls à être fortement socialisés), Xénophon emploie le plus souvent un composé de σκηνεῖν (utilisé au § 2 pour les repas des autres Grecs, les repas privés, et en XV, 4, pour ceux des rois de Sparte) : συσκηνεῖν au § 4, et deux fois, mais avec peut-être un sens plus large, « partager la tente », en XIII, 1 ; σύσκηνος (le convive d'un repas en commun, le « commensal ») en VII, 4, IX, 4 et XIII, 7 ; συσκήνιον (le repas) ici, au § 2. On retrouve ce verbe συσκηνεῖν, à propos de Sparte, deux fois dans les *Helléniques* (III, 2, 8 et V, 3, 20). Xénophon connaît aussi le terme, beaucoup plus courant, de συσσίτια, mais il ne l'emploie jamais dans un cadre spartiate. Au § 3, διασκηνεῖν signifie « se séparer après un repas en commun » (même chose dans *Cyr.* III, 1, 38). Ces verbes et substantifs sont construits sur σκηνή, qui désigne la tente (ou la cabane) : comme il est peu probable qu'en ville les Spartiates aient mangé quotidiennement sous des tentes, cette série de termes doit avoir appartenu à l'origine au langage militaire. Tous ces mots relèvent du grec commun. Xénophon emploie parfois le terme local φιλίτιον : deux fois dans la *LP* (en III, 5, où ce mot, au singulier, désigne la salle du repas, et ici, au § 6, au pluriel, pour signifier l'institution), et une fois dans les *Helléniques* (V, 4, 28, où Archidamos revient ἐκ τοῦ φιλιτίου εἰς τὸν οἶκον). Si on désire voir à quoi devaient ressembler ces salles de repas, on peut se reporter à P. Schmitt-Pantel 1992, fig. 9-11, p. 560-561 (sanctuaire de Déméter et Korè sur l'Acrocorinthe ; la date va de la fin de l'époque archaïque au début de l'époque hellénistique).

L'invention des repas en commun, § 2. Nous retrouvons ici l'habituelle opposition entre les Spartiates et les autres Grecs, mais elle prend une forme inédite, qui constitue la première allusion dans la *LP* à un avant-Lycurgue. Il a donc existé une Sparte d'avant sa législation, et apparemment elle était une cité comme les autres (pire que les autres, dit Hérodote, I, 65). Dans cette Sparte-là, les citoyens dînaient chez eux ; il pouvait exister des repas collectifs, des banquets, mais d'ordre privé. Le résultat de cette pratique était la *rhadiourgia* que Xénophon dénonce tout au long du traité comme le pire des maux (nous l'avons rencontrée en II, 2 et IV, 4) : un état de relâchement dans lequel chacun se laisse aller et agit à sa guise. Sur ce point encore, Lycurgue a voulu transformer l'homme. Il a institué les repas en commun comme un barrage contre sa nature, qui le pousse à manger et à boire sans mesure. A-t-il, pour cela, une nouvelle fois utilisé la contrainte ? Oui, dans la mesure où il a imposé à ses concitoyens de manger collectivement ; mais les conséquences s'en sont suivies d'elles-mêmes. Pourquoi ? Parce que, expose Xénophon, en devenant collectifs, les dîners sont passés de l'ombre à la lumière (même opposition dans *Cyr.* II, 1, 35, ὥσπερ ἐν σκότει ὄντες). Pour lui, tout ce qui se déroule dans la sphère privée de l'*oikos*, hors de tout contrôle de la collectivité, est suspect ; toutes les turpitudes y sont possibles. Il existe certainement un rapport entre cette idée de Xénophon et le portrait critique que dresse Platon, dans sa *République* (VIII, 548a-b), de l'homme « timocratique », portrait manifestement inspiré par une certaine image, négative, elle, de Sparte.

Pour Xénophon, Lycurgue a réussi une sorte de révolution dans le domaine de la prise de nourriture. Il a suffi pour cela d'en faire une procédure publique et transparente. Sur ce point, il n'est pas toujours facile de comprendre son propos. Le repas en commun spartiate nous apparaîtrait plutôt (et apparaissait à certains auteurs anciens) comme une sorte de club privé où le recrutement se fait par cooptation et dont les membres se réunissent en toute liberté ; rien de ce qu'ils y font et disent n'est contrôlé par personne, et le dîner se déroule de la même façon qu'ailleurs. Comment dire, dans ces conditions, que Lycurgue « a sorti (ἐξήγαγε) les *syskènia* » de la sphère du privé et du secret, pour les mettre « en pleine lumière », εἰς τὸ φανερόν ? Je pense que pour Xénophon le trait déterminant, qui a fait basculer les dîners du privé vers le public, est que Lycurgue en a fait une institution de la cité. Appartenir à un *syskènion* était, selon Aristote (*Pol.* II, 1271 a 26-37), « la borne de la *politeia* » ; ses membres se réunissaient tous les soirs, et, sauf exception dûment justifiée, ils ne pouvaient aller dîner ailleurs ; son fonctionnement obéissait à des règles (notamment en ce qui concerne les quotes-parts) fixées par la loi et identiques pour tous les citoyens. Du fait que les repas en commun étaient un organe de la cité, ceux qui y prenaient part n'étaient pas là comme des personnes privées, mais comme des citoyens. Si donc manger ensemble était un acte civique, les commensaux n'avaient aucun besoin d'être surveillés par quiconque : ils se surveillaient fort bien les uns les autres. C'est pourquoi Xénophon affirme que « c'était ainsi qu'il serait le moins contrevenu aux règles qu'il fixait ». Cela ne veut pas dire que Lycurgue ait cette fois-là fait confiance à la nature humaine ; une autorité, une surveillance de tous les instants étaient nécessaires (la formulation même met l'accent sur la méfiance du législateur), et pour cela la solution la plus efficace était que le groupe de dîneurs se régulât lui-même.

La nourriture, § 3. Les repas en commun fonctionnaient dans un cadre légal très contraignant, celui des quotes-parts que chacun devait y apporter, pour la nourriture et la boisson. C'est à cela que fait allusion la phrase καὶ σῖτόν γε ἔταξεν αὐτοῖς κτλ. En son début, elle apparaît comme une reprise simplifiée mais, en réalité, transformée, de celle qui, en II, 5, décrit le régime alimentaire imposé aux *paides* : σῖτον ἔταξε est répété textuellement (mais avec un sens un peu différent donné au verbe), à †συμβουλεύειν τὸν ἄρρενα† répond αὐτοῖς (l'écot est apporté sans intermédiaire), et à τοσοῦτον... ὡς seulement ὡς. Puis elle ne tarde pas à en différer complètement : si ὡς μήτε ὑπερπληροῦσθαι résume ὡς ὑπὸ πλησμονῆς μὲν μήποτε βαρύνεσθαι, après cela la phrase se développe sur la base d'un μήτε... μήτε au lieu d'un μὲν... δέ, parce que les citoyens, eux, ne subissent aucune privation. Alors que l'alimentation des enfants est caractérisée par le manque, celle des adultes est placée sous le signe de l'équilibre, ni trop, ni trop peu (μήτε...μήτε au début du paragraphe, οὔτε... οὔτε à la fin). Les lois du Lycurgue de Xénophon sont souvent dures et exigeantes (ainsi pour les *paides*, les *paidiskoi* et les *hèbôntes* ; s'agissant des citoyens, voir les chapitres VII-X), mais il arrive aussi qu'elles soient marquées par la modération et l'idéal du juste milieu (ainsi en II, 12-13, au sujet de la norme pédérastique, et en XV, 3, à propos de la richesse des rois, où on retrouve le μήτε... μήτε). Cette coexistence de « deux Lycurgue » dans la *LP* n'a pas manqué de susciter les interrogations des commentateurs, qui se sont demandé lequel des deux Xénophon approuvait. Mon sentiment est, pour l'instant, qu'il approuvait les deux, estimant que si l'on veut que la cité fonctionne bien, il faut utiliser la contrainte, mais en sachant la relâcher quand c'est possible. Lycurgue n'avait aucune raison d'affamer les Spartiates (malgré Aristophane, *Oiseaux*, v. 1282).

Non seulement Lycurgue a fixé les rations à un niveau tout à fait suffisant (et même plus, comme nous le verrons), mais il a autorisé qu'on améliorât l'ordinaire de deux façons. Tous les citoyens pouvaient y contribuer en apportant au dîner commun les produits de leur chasse (la correction ἀγρευομένων de Camerarius [1543] s'impose : cf. app. critique) ; ceux-ci se prêtaient particulièrement à être apprêtés selon la recette préférée des Spartiates, qui était, comme on sait, une sorte de civet. Ainsi la chasse jouait-elle, pour l'alimentation des adultes, un rôle comparable à celui du vol pour les enfants (sur les rapports, dans la pensée grecque, entre la chasse et le vol, voir Schnapp 1997, p. 138-140). Même un citoyen pauvre pouvait ainsi (en empruntant, au besoin, les chiens, cf. VI, 3) rehausser son prestige auprès de ses compagnons. – Le deuxième type de contribution supplémentaire était, lui, réservé aux riches. Xénophon prend soin de préciser que ce supplément était strictement limité par la loi, de façon à n'introduire aucun luxe dans le repas commun et aussi, sans doute, à éviter que les riches n'y prennent trop d'importance : c'était simplement, « de temps à autre », du pain de froment (ἄρτος, autre correction de Camerarius), ce qui apparemment était une rareté pour le Spartiate moyen, qui consommait normalement de la farine d'orge, en galettes ou en bouillie. Deux auteurs du IIIe siècle, Sphairos et Molpis, donnent une liste beaucoup plus longue d'extras (volaille, oiseaux, agneaux, chevreaux), tandis que Xénophon, lui, semble bien vouloir dire que de son temps seul le pain était autorisé. Ces suppléments étaient appelés à Sparte *epaikla* (= Athénée IV, 140 c-141 c) ; Xénophon préfère le mot *paraloga*, qui appartient au grec commun, mais qu'il est le seul à choisir en ce sens.

La boisson, §4. On est d'abord tenté de penser que le domaine abordé ici par Xénophon sera particulièrement délicat ; en fait, il n'en n'est rien, car aucun Grec, à ma connaissance, n'a jamais présenté les Spartiates comme des ivrognes. Il est donc tout à fait à l'aise et cède même à l'éloquence (anaphore de σφάλλουσι, deux superlatifs dans la fin de la première phrase).

Comme beaucoup d'éditeurs récents (par exemple, Marchant, Lipka et Gray), nous avons suivi Müller-Strubing qui, en 1878, a proposé de supprimer οὐκ avant ἀναγκαίας. Le principal argument en ce sens est que ces ἀναγκαῖαι πόσεις font allusion à une coutume que Critias, dans le fragm. 6 D-K (v. 3-4), décrit sous le nom de προπόσεις. Elle consistait à porter un toast à une personne présente, en faisant circuler ensuite la coupe pleine afin que chacun y bût, refuser constituant une grave offense. C'est un fait qu'on peut bien parler en ce cas de consommation forcée ; et aussi que dans tout ce passage, comme nous allons le voir, de même qu'en I, 3, Xénophon suit de très près Critias. Le verbe ἀποπαύειν (cf. I, 6) convient exactement pour exprimer le fait de « mettre fin » à une coutume existante, le plus souvent une coutume mauvaise. On comprend aisément qu'un copiste, ignorant l'existence des *proposeis*, ait corrigé un texte qui était pour lui inintelligible. Cela dit, il va de soi que, par suite de sa banalité même, la version avec οὐκ reste possible.

Dans l'élégie fragmentaire qui porte le n° 6 dans l'édition de Diels et Kranz (= Athénée X, 432 d), Critias fait, comme ici Xénophon, l'éloge de la façon de boire des Spartiates, festive mais modérée. Il évoque (v. 3-14) les usages des autres Grecs (dont les *proposeis*), qui affaiblissent le corps et égarent l'esprit. On rapprochera les αἰσχροὺς μύθους du v. 10 de l'αἰσχρολογία du §6, le σῶμά τ' ἀμαυρότερον du même vers de σφάλλουσι τὰ σώματα au §4 ; σφάλλουσι répété fait écho à νοῦς δὲ παρέσφαλται au v. 13, et οἰκοτριβὴς δαπάνη au v. 14 est repris à la fois par οἶκον διαφθείρειεν au §4 et par πολυδάπανος au §3. Ainsi, *topoi* et vocabulaire sont identiques. Quant à l'éloge de la façon de boire lacédémonienne, on peut le résumer par la formule des v. 25-27 : « La *diaita* des Lacédémoniens est réglée d'une façon équilibrée : manger et boire juste ce qu'il faut pour être capable de penser et de faire effort », σύμμετρα πρὸς τὸ φρονεῖν καὶ τὸ πονεῖν εἶναι δυνατούς. L'interdiction des *proposeis* permet d'éviter certains excès, en ce sens du moins que chacun est libre de régler sa consommation comme il l'entend. Le propos de Xénophon n'a donc rien de paradoxal, ni même d'original, car Critias lui-même n'a fait que reprendre le thème sympotique du « savoir-boire », qui est très répandu dans la poésie lyrique et remonte aussi loin que la pratique même du *symposion* (cf. ci-dessus, à I, 3). Dans le *Banquet* de Platon (176e), la proposition d'Éryximaque est très proche de ce que dit ici Xénophon.

On peut être tenté de se demander si Xénophon n'a pas introduit quelque confusion dans ce §4 en y reprenant ce qu'avait écrit Critias. En effet, il a, ce faisant, appliqué au repas en commun (*syskènion*) ce que le poète disait de la « beuverie », *symposion*. En réalité, son exposé est parfaitement logique : à l'intérieur du *syskènion* il distingue deux aspects qui peuvent aussi être deux moments, d'abord la nourriture et ensuite la boisson. Il faut probablement comprendre que de son temps, à Sparte, le *symposion* constituait simplement le prolongement du repas, prolongement pendant lequel on buvait et on discutait jusqu'au cœur de la nuit (§7). Les Spartiates, pour ainsi dire, banquetaient tous les soirs.

La phrase finale du §4 (qui, comme les conclusions des chap. I et II, revêt une forme interrogative passablement rhétorique) constitue une conclusion partielle sur le premier côté de la *diaita*, la nourriture et la boisson (le second étant les exercices) ; elle souligne que Lycurgue a tout prévu, non seulement pour le salut de la cité, mais aussi dans l'intérêt personnel de chacun de ses concitoyens. Xénophon semble y corriger quelque peu le tir. La phrase précédente présentait un Lycurgue permissif, faisant confiance à la modération des Spartiates ; ici, il semble plutôt revenir aux limites qu'imposait à la consommation le montant, fixé par la loi, des quotes-parts. Le lecteur d'aujourd'hui se demandera sans doute ce qu'il en était « en réalité ». La question s'avère en fait complexe ; on en trouvera un exposé synthétique, avec bibliographie, dans Hodkinson 2000, p. 190-199. Nous possédons sur le montant des contributions quelques indications qui remontent principalement à Dicéarque (fragm. 72 Wehrli, 87 Mirhady). Elles apparaissent considérables, et, tant pour la nourriture que pour la boisson, largement au-dessus de ce qu'un Spartiate pouvait consommer. Xénophon connaissait probablement ce fait, et il a pu en tenir compte pour concevoir son exposé : cela expliquerait l'image plutôt permissive qu'il donne de Lycurgue à ce propos. Il y avait donc un surplus, et l'un des problèmes (non résolu à ce jour ; on ne peut que faire des hypothèses) est de savoir à quoi il était affecté. Quant à la consommation réelle de chaque Spartiate, on en est réduit pour l'apprécier à un passage d'Hérodote (relatif à la ration des rois) dont l'interprétation n'est pas aisée. Disons qu'au total les chiffres admis par les historiens d'aujourd'hui, sans la confirmer, ne démentent pas non plus formellement la réalité de la modération que vante tant Xénophon.

Le syskènion *comme lieu d'éducation*, § 5-6. Dans ce chapitre consacré en principe au régime, Xénophon ouvre ici une sorte de parenthèse. L'autonomie de ce développement est marquée par le retour du thème de l'opposition entre Sparte et les autres cités, qui montre qu'on aborde un nouveau sujet. La fonction éducative du repas en commun découle de deux de ses caractéristiques.

La première caractéristique (§ 5) est celle-là même qui rend possible que le repas en commun joue un rôle éducatif : c'est le mélange des âges. Il a (naturellement) été organisé par Lycurgue, et il est (selon Xénophon, qui exagère ici l'opposition) ce qui différencie le repas en commun spartiate des autres formes de banquet. Il n'est ni une bande de jeunes, ni un club de vieux, mais une image réduite de l'ensemble du corps civique (impression que traduit aussi la formule de Persaios [*FGH* 584 F 2 ; IIIe siècle av. J.-C.], πολίτευμά τι μικρόν). Il y avait donc dans un *syskènion* des hommes d'un peu tous les âges, mais Xénophon simplifie la situation en opposant seulement deux catégories, les *néôtéroi* et les *géraitéroi*. Plutarque (*Lyc.* XII, 6) semble avoir interprété le premier terme comme désignant ceux qu'il appelle *paides* (et qui incluent, rappelons-le, les *paidiskoi* de Xénophon), mais sans doute à tort : Xénophon entend certainement parler ici des seuls membres à part entière du repas en commun, et non des invités occasionnels. C'est à l'intérieur du *syskènion* que se déroule le processus éducatif, et tous y prennent part : les plus jeunes (jusque vers 30-35 ans ?) comme apprenants, et les plus anciens comme éducateurs. Le terme « éducation » doit naturellement être pris dans son sens le plus large, puisque ce que les anciens communiquent aux autres, c'est leur expérience, chose qu'ils sont les seuls à posséder. C'est par cette « chaîne des âges », présente dans tous les *syskènia*, que se transmettent l'expérience collective et le patrimoine culturel de la cité. Il s'agit là d'un des moyens (il y en a naturellement d'autres) qui lui permettent d'assurer sa continuité dans la conformité à un même modèle, à travers le renouvellement incessant des générations.

L'autre particularité qui confère aux repas en commun un rôle éducatif est constituée, dit Xénophon, par les sujets des conversations qui s'y déroulent. Contrairement au mélange des âges, ce trait n'est pas expressément attribué à Lycurgue ; le texte dit seulement que c'est un « usage local », ἐπιχώριον. On peut se demander si l'emploi de ce terme n'est pas intentionnel : Xénophon ferait entendre par là que tous les aspects de la vie spartiate ne sont pas nécessairement dus à Lycurgue et que certains ont pu prendre naissance au fil du temps. Mais ce serait là, assurément, beaucoup s'avancer.

Naturellement, Xénophon donne des sujets de conversation l'image la plus flatteuse : on parle des *kala*, au sens des belles actions accomplies par tel ou tel membre de la communauté. Ainsi, selon Hérodote (IX, 71), à Platées, après la bataille, les discussions entre les combattants spartiates ont-elles abouti à la confection de la liste de ceux qui avaient réalisé les plus grands exploits ; ces discussions avaient certainement eu lieu, dans un premier temps, sous les tentes des repas en commun. Le rappel, dans les *Helléniques* (V, 3, 20), des thèmes des conversations entre Agésilas et Agésipolis, peut fournir d'autres exemples : souvenirs de jeunesse (ἡβητικοὶ λόγοι), histoires de chasse (θηρευτικοί), de chevaux (ἱππικοί), d'amours pédérastiques (παιδικοί). Dans tous ces domaines, en effet, on pouvait se raconter les actes hors du commun accomplis par tel ou tel. On y ajoutera la conduite des jeunes en cours d'éducation, et, bien sûr, la politique. Tout cela est très vraisemblable ; mais on peut soupçonner que Xénophon embellit la réalité (le ton est celui de l'éloge, avec la double anaphore d'ἥκιστα [cf. *Cyr.* V, 2, 18], et l'effet d'écho produit par les termes abstraits commençant par αἰσχρο-), et que dans les repas on ne disait pas que du bien des autres : la critique aussi devait avoir sa part, et les attaques, et la médisance. Cela est naturel, et on comprend que l'auteur n'en parle pas ; mais ce n'est pas le plus important. On notera surtout deux choses. D'abord, que chaque citoyen vit en permanence sous le regard des autres. Cela, qui était pour les Grecs normal et positif, présente à nos yeux un aspect inquiétant, à savoir la surveillance de tous par tous ; mais c'est aussi le signe d'une sociabilité intense, où la vie de la cité constitue comme un spectacle permanent pour tous ses citoyens. Deuxième point : la surveillance s'exerçait aussi (et d'abord) à l'intérieur du *syskènion* ; chacun pouvait y observer les réactions et les prises de position de ses compagnons, et en prendre mentalement bonne note. Avec le système des *syskènia*, il était difficile de « penser mal » sans que cela soit perçu ; de sorte que, quoique Xénophon ne s'engage nullement dans la voie d'une telle interprétation, on peut les considérer comme un puissant instrument de contrôle social.

Une vertu inattendue des syskènia *: le retour à la maison*, § 7. Jusqu'ici Xénophon a traité, à propos des repas en commun, de sujets très sérieux et importants. Le lecteur risque donc d'être surpris de le voir s'engager dans un exposé des immenses mérites du retour en pleine nuit vers son domicile qui était le lot de chaque convive. Ce paragraphe n'est pas dépourvu d'humour : le retour y est présenté comme une véritable épreuve (presque une odyssée !), et il faut attendre la dernière phrase pour comprendre pourquoi il en est ainsi. Cette légère touche humoristique tient peut-être au désir de l'auteur de faire implicitement référence à la scène célèbre des *Guêpes* (v. 244-265) où Aristophane évoque la déambulation hasardeuse des dicastes le long de rues bourbeuses et pleines d'obstacles. La difficulté du trajet n'est donc en rien particulière à Sparte.

Ce qui peut par contre sembler présenter une forte couleur locale est la relation établie par Xénophon entre les conditions du retour et l'éthique du repas en commun. Pour lui, ce retour est véritablement une épreuve imaginée par Lycurgue afin de contraindre les convives à la tempérance : dans de telles circonstances, il fallait avoir le pied sûr et jouir de toutes ses facultés. On pourrait être surpris que le législateur ait jugé nécessaire une telle contrainte, lui qui, nous a-t-on dit, avait organisé le *syskènion* de telle façon que l'ivrognerie en soit bannie. Mais à toute règle il y a des contrevenants : nous devons concevoir que l'impossibilité de retrouver son lit était la punition du Spartiate qui avait enfreint les normes du savoir-boire.

Mais en fait cela non plus n'est pas particulier à Sparte. Un passage de Xénophane (fragm. 1 D-K et W, v. 17-18), où il est dit que le critère du savoir-boire est précisément constitué par la capacité à rentrer chez soi sans l'aide d'aucun esclave, montre qu'il s'agit à la fois d'un usage existant déjà au VIe siècle dans d'autres cités grecques et (plus fondamentalement peut-être) d'un *topos* de la littérature sympotique. Cela étant, deux détails restent qui peuvent être spécifiques à Sparte. Le premier est l'interdiction de tout éclairage, qui complique beaucoup l'épreuve ; mais on peut fort bien soutenir que l'esclave dont Xénophane souligne l'absence avait justement pour fonction principale de porter une lampe (comme le *pais* mis en scène par Aristophane). L'autre détail est constitué par l'expression τὸν ἔτι ἔμφρουρον, qui donne à penser que Xénophon considérait l'obligation de marcher sans lumière comme une forme d'entraînement militaire ; mais Xénophane dit lui aussi que les dîneurs avancés en âge avaient, eux, le droit de se faire aider, ce qui suggère que l'indication donnée dans la *LP* peut vouloir désigner simplement les hommes âgés de moins de soixante ans. Au total, donc, ce paragraphe semble surtout riche de lieux communs, l'expression technique τὸν ἔτι ἔμφρουρον se chargeant de fournir à elle seule l'indispensable couleur locale ; ce qui d'ailleurs ne remet nullement en question la véracité des faits rapportés.

Les exercices, § 8-9. Notre Spartiate étant rentré chez lui tant bien que mal, nous pouvons croire terminé le chapitre sur les repas en commun. À la vérité, c'est bien le cas, mais Xénophon a annoncé un exposé sur le régime, et il tient à remplir son contrat. Le régime, au sens hippocratique, ne se définit pas par la seule alimentation ; il résulte du bilan qui s'établit entre celle-ci et les exercices. Xénophon a tout à fait raison : il veut faire l'éloge de la condition physique des Spartiates (la conclusion, § 9, le montre clairement), et celle-ci dépend étroitement de ce bilan qu'est la *diaita*. Le raisonnement est donc ici particulièrement rigoureux.

Le paragraphe s'ouvre par une phrase manifestement très soignée. On y trouve quatre paires d'adjectifs (ou participes) de sens opposés ; en outre, les trois adjectifs de la première série commencent par εὐ-, ce qui produit une assonance comme à la fin du § 6. La première observation faite par Lycurgue définit la notion même de régime ; la seconde marque une progression importante du raisonnement, puisqu'elle introduit un nouveau thème : ce que doit être l'entraînement. Beaucoup d'éditeurs ont conservé ici le texte des manuscrits, mais le complément proposé par Schenkl en 1898, ⟨οὐκ⟩ ἀρκούντως, nous a paru nécessaire pour deux raisons. D'abord, le καί de καὶ ὅταν fait attendre une principale de sens négatif (même quand il s'entraîne dur, si c'est seul, il ne réussira pas). Et surtout, le texte sans οὐκ présente un raisonnement contradictoire, puisqu'il revient à dire que Lycurgue, *parce qu*'il pensait que même quand quelqu'un s'entraîne de lui-même il atteint un résultat satisfaisant, décida qu'un des membres du groupe *dirigerait* l'entraînement de tous les autres.

Comme celle que nous avons relevée en II, 9, cette réflexion est véritablement celle d'un technicien des activités physiques. Eh quoi, dira-t-on, prétend-il nous faire croire qu'il vaut mieux s'entraîner sous la contrainte de quelqu'un que de son plein gré ? Ce serait là une présentation malveillante de la réalité. Ce que veut dire Xénophon, c'est que, pour obtenir un résultat, la bonne volonté n'est pas suffisante : il faut avoir un entraîneur, et il faut que celui-ci vous oblige à faire ce que *lui* veut que vous fassiez. Cette conception, qui reste valable encore de nos jours, ne doit pas étonner. Au début du IVe siècle, l'influence d'Hippocrate s'était répandue dans toute la Grèce, et la liaison était établie entre la médecine et le sport. Les sportifs de haut niveau, qui étaient des professionnels, avaient des entraîneurs qui savaient à la fois doser le rapport entre l'alimentation et les exercices en fonction de la spécialité pratiquée, et bâtir des programmes d'entraînement sur des bases scientifiques.

Lycurgue avait donc plusieurs siècles d'avance. Il a conclu de sa réflexion qu'il fallait donner un entraîneur à chaque citoyen : ce serait « dans chaque gymnase, le plus âgé de ceux qui y seraient présents ». Cette charge fait intervenir le principe de séniorité, si important à Sparte (voir le chap. X ; autre exemple chez Xénophon, *Hell.* III, 3, 9). Par τὸν ἀεὶ πρεσβύτατον (où ἀεί, comme c'est souvent le cas, dit la succession et non la permanence), l'auteur indique que l'« entraîneur bénévole » pouvait changer à chaque fois, en fonction des présents. Cette mesure de Lycurgue attire notre attention sur un trait caractéristique de la société spartiate, la tendance à la hiérarchisation, qui accompagne naturellement la volonté de surveillance. Nous n'avons plus affaire ici au Lycurgue permissif. Il ne fait pas confiance à ses concitoyens pour s'entraîner au gymnase (Proietti 1987, p. 54) ; on a même l'impression que, comme les enfants, ceux-ci ne peuvent pas rester un seul instant ἔρημοι ἄρχοντος.

Le §9 constitue une conclusion à l'ensemble du chapitre (résultats de la *diaita*), mais, en fait, surtout à son §8 (résultats des exercices). On y retrouve le même thème que dans les conclusions interrogatives des chap. I et II et du §4 du présent chapitre, celui de la différence et de la supériorité de Sparte. Ainsi Xénophon nous ramène-t-il obstinément à l'interrogation sur les fondements de la puissance spartiate qui a été le point de départ du traité. Le développement sur les exercices physiques y conduisait naturellement : la bonne santé, la force physique des combattants (que Xénophon fait résider dans trois parties symboliques du corps, comme dans le *Banquet*, II, 16) sont la condition première de la puissance militaire.

Chapitre VI : Des pratiques communautaires

À première vue, ce chapitre contraste avec le précédent. Le sujet traité dans celui-là est manifestement sérieux et important, et l'auteur lui a donné tous ses soins. Ici, au contraire, il semble qu'il s'agisse de points de détail sans grande portée sociale ou politique, et l'absence, au début, de véritable titre, paraît confirmer cette impression. Mais la conclusion (§ 5) la dément : elle montre que Xénophon voyait dans les coutumes qu'il rapporte un symbole de la volonté d'égalisation que manifestent, selon lui, les lois de Lycurgue. Ainsi ce chapitre se relie-t-il fortement et logiquement à ceux qui l'entourent.

Introduction, § 1, jusqu'à ἀλλήλων ἀγαθόν. Comme au début de la plupart des chapitres ou développements est repris ici le thème de l'opposition avec les autres cités. La seconde phrase annonce, *a contrario*, le sujet du chapitre, avec, dans l'ordre, les points qui y seront traités, étant entendu que par χρήματα l'auteur entend, non l'argent comme dans le chapitre suivant, mais les biens, animés ou inanimés, qui ne sont pas des êtres humains. Xénophon réussit à capter l'attention en donnant à sa pensée un tour paradoxal. En effet, que chaque citoyen soit le maître de ses enfants, de ses esclaves et de ses biens paraît au lecteur non seulement naturel mais inévitable : comment pourrait-il en être autrement dans le monde réel ? Et pourtant, on nous dit que Lycurgue a décidé le contraire, et qu'il a eu raison. A-t-il donc édicté que nul ne serait plus maître de cela ? Évidemment non ; on constate ainsi que l'auteur joue quelque peu sur les mots et nous égare à plaisir. Par « être le maître », il entend en réalité « être le seul maître », et il va montrer qu'à Sparte cette possession est dans une certaine mesure partagée, et partagée avec tous. Ce qu'il veut suggérer, c'est que là rien n'est possédé exclusivement par une seule personne. Ainsi se dévoile l'importance du thème abordé : il s'agit du droit de propriété. Mais, tout en attisant ainsi l'intérêt du lecteur, Xénophon prend la précaution, dans la dernière phrase de cette introduction, de rectifier le tir de façon à ne pas promettre plus qu'il ne pourra tenir. Ce qui est dévolu à tout citoyen, ce n'est pas d'être le maître de tous les biens sis à Sparte, mais seulement d'en tirer quelque avantage (ὡς ἄν... ἀπολαύοιέν τι οἱ πολῖται ἀλλήλων ἀγαθόν) ; et cela, « sans nuire en quoi que ce soit » à leurs légitimes propriétaires, sans faire aux possédants la moindre violence. Nous sommes ainsi prévenus : il ne sera pas question à Sparte de mise en commun des biens ; le droit de propriété y reste plein et entier. Voilà qui aiguise encore la curiosité du lecteur.

La « mise en commun » des enfants, fin du § 1 et § 2. Au chap. II, Xénophon a décrit la circulation de l'autorité, par délégation, entre les citoyens et la cité. Les citoyens qui sont pères délèguent leur autorité au pédonome (§ 2) ; en retour, celui-ci la délègue au citoyen, quel qu'il soit, qui se trouve présent (§ 10), et à l'irène chef d'*ilè* (§ 11). Cette délégation de l'autorité parentale à la communauté (qui peut à son tour la déléguer) est le principe fondamental de toute éducation publique.

Le concept de délégation est de nouveau à l'œuvre ici, mais la perspective est différente : les Spartiates ne sont plus concernés en tant que citoyens, mais en tant que pères. Le système d'éducation d'État institue, comme le diront Platon et Plutarque, une sorte de mise en commun des enfants, qui entraîne l'existence d'une communauté des pères. Quand un père n'est pas là où se trouve son fils, il délègue automatiquement son autorité à cette communauté ; à son tour, celle-ci la délègue à celui des pères qui se trouve présent. La circulation de l'autorité dessine ainsi un schéma circulaire analogue à celui qui fonctionne dans l'éducation d'État, mais à un autre niveau.

Même si le texte est impossible à restituer d'une manière entièrement satisfaisante, il est clair que Xénophon a entendu y exposer le principe qui permet au système de fonctionner correctement : c'est le principe de réversibilité. Le père est responsabilisé dans ses relations avec les enfants des autres parce qu'il ne peut les traiter que de la façon dont il désire que ses propres enfants soient traités par les autres pères. Le système mis en place par Lycurgue est parfait, en ce qu'il comporte un mécanisme de régulation automatique. Cette réversibilité n'en pose pas moins un problème, car elle semble supposer que l'autorité du père d'un enfant ne puisse être déléguée qu'à un citoyen qui soit lui-même père. Il est difficile, ne serait-ce que pour des raisons pratiques, qu'il en ait été réellement ainsi : comment croire qu'un citoyen quel qu'il fût ait été hors d'état de se faire obéir par des enfants ? On a d'ailleurs vu en II, 10 que, par délégation du pédonome, n'importe quel citoyen disposait d'une telle autorité.

La solidarité entre les pères est incarnée par la pratique du redoublement de la punition. Dans cette circonstance, la question de savoir si ladite punition était justifiée ou non est écartée par principe et n'a tout simplement pas de sens. En battant son fils alors qu'il l'a déjà été par quelqu'un d'autre, le père reprend à son compte la punition infligée par le père délégué. On peut naturellement se demander quel intérêt aurait eu le jeune garçon à rapporter à son père qu'il a été battu, si cela lui avait valu immanquablement, comme le prétend Xénophon, une nouvelle correction. Si une telle conduite était possible, c'est qu'elle avait des chances d'être payante, ce qui revient à dire que la règle lycurguienne n'était pas toujours respectée. On peut donc penser que la double punition, quand elle est appliquée, sanctionne aussi l'intention qu'a eue le garçon de soumettre son père à la tentation d'enfreindre la loi. Tout se passe comme si, dans la cité, les pères formaient, en tant qu'éducateurs, un groupe uni. On peut ainsi parler, avec M. Lupi (Lupi 2000), d'une catégorie générationnelle des pères, et se représenter la cité des hommes comme constituée de trois groupes, les fils, les pères et les Anciens ; on peut aussi évoquer la notion, familière aux ethnologues, de parentèle classificatoire, tous les pères, à Sparte, étant également les pères de tous les enfants. Quoi qu'il en soit, il est sûr qu'il ne s'agit pas là d'un détail et que dans ce paragraphe Xénophon nous permet d'appréhender une structure importante de la société spartiate.

Son propos a frappé ses successeurs. J'ai déjà cité la formule de Platon (*Lois* VII, 804d), selon laquelle les enfants « appartiennent à la cité plutôt qu'à leurs parents » ; elle a été reprise par Plutarque : « Lycurgue considérait les enfants non comme appartenant à leurs parents, mais comme un bien commun de la cité » (*Lyc.* XV, 14). Xénophon ne va pas aussi loin. Il ne théorise pas et ce qu'il expose est bien plus une solidarité entre les citoyens en tant qu'éducateurs qu'une véritable mise en commun des enfants. On peut même tirer de ses propos une vision de l'éducation idéale fort différente de celle de Platon. Au chap. II il a exposé (très partiellement) le système de l'éducation publique des *paides*. On voit clairement ici que, bien entendu, l'éducation spartiate ne se réduisait pas à cela. Elle se déroulait en grande partie dans la famille, à laquelle l'enfant n'était nullement « retiré », comme on le disait autrefois, et où le père était l'autorité suprême. Ce paragraphe montre que la législation de Lycurgue n'avait pas entamé cette autorité, bien au contraire.

La « mise en commun » des biens, § 3-4. Au § 1, Xénophon a mis sur le même plan, sous l'appellation « ce dont on est le maître », les enfants et toute une série de biens matériels. Mais on peut difficilement concevoir les enfants comme de véritables objets de propriété. On change donc de sujet au début du § 3 : c'est à partir de là qu'il va être question de certains biens qui, tout en étant possédés individuellement par chaque citoyen, font l'objet de la règle de la « mise à la disposition de tous » édictée par Lycurgue.

Les esclaves (première phrase du § 3). Xénophon ne consacre que quelques mots à ce sujet ; ce n'est pas, je pense, parce qu'il en sous-estime l'importance, mais parce que la chose lui paraît simple et presque évidente. Il n'en va pas de même pour nous : nous avons si peu de documents de cette époque sur le statut des Hilotes en tant qu'objets de propriété que cette simple phrase revêt pour nous une importance exceptionnelle. Ce qui frappe d'emblée, c'est que pour Xénophon, manifestement, il va sans dire que les Hilotes, loin d'être la propriété de la cité, c'est-à-dire de la collectivité des Spartiates (comme certains semblent persister à le croire), appartiennent, comme partout les esclaves (la banalité même du terme οἰκέται va dans ce sens), chacun à un maître particulier. S'ils avaient appartenu à la collectivité, il n'y aurait pas eu de sens à se borner à relever que, contrairement à ce qui se passe dans les autres cités, leurs maîtres devaient les prêter à quiconque en avait besoin. Il est clair que c'est le seul point sur lequel, à ce propos, Sparte diffère du reste du monde grec. On en conclura que les Hilotes apparaissaient à l'auteur comme des objets de propriété privée (cf. Ducat 1990, p. 21). On pourrait certes soutenir (encore que plutôt difficilement à mon sens) que l'idée de propriété individuelle ne résultait, dans le cas des Hilotes, que d'un abus aisément compréhensible du langage ordinaire, qui faisait que l'expression « l'Hilote d'Untel » désignait en réalité « l'Hilote qui, tout en appartenant juridiquement à la collectivité, du fait qu'il travaille sur les terres qui ont été attribuées à Untel, peut valablement être appelé son Hilote ». Mais on devra noter que Xénophon ne fait aucune différence entre le statut des Hilotes et celui des biens qu'il évoquera par la suite. Il me semble clair que pour lui tous ces biens étaient à un titre égal des biens privés. Ce point est déjà important en lui-même ; il le devient encore davantage quand on rappelle qu'il existe un lien évident entre le statut des Hilotes et celui de la terre.

Les chiens de chasse (deuxième phrase du §3). Manifestement, la chasse (dont il a déjà été question, très brièvement il est vrai, en IV, 7) intéresse davantage Xénophon que la question des Hilotes. Quelques détails nous sont donc fournis sur la procédure du prêt des chiens. Comme c'est généralement le cas quand il ne verse pas dans l'éloquence, Xénophon s'exprime d'une façon brève et même ramassée (deux verbes principaux sans complément d'objet), mais ici parfaitement claire. Les gens qui ont projeté une partie de chasse, mais ont besoin de chiens (οἱ δεόμενοι, cf. εἴ τις δεηθείη dans la phrase précédente), soit parce qu'ils n'en possèdent pas, soit, plus exceptionnellement, parce que les leurs sont blessés, ne doivent pas demander de but en blanc à un voisin mieux pourvu de leur prêter les siens. La politesse exige qu'ils l'invitent (avec ses chiens !) à la partie projetée. Si ce dernier n'a pas d'autre obligation, il peut naturellement accepter ; mais s'il est occupé, il doit (car l'usage l'y contraint ; autrement, le discours de Xénophon n'aurait pas de sens) prêter ses chiens aux demandeurs (littéralement, les faire conduire chez eux), « avec plaisir », bien sûr. Il y a dans cette procédure un certain formalisme, dont le but est clairement d'épargner aux emprunteurs la posture humiliante du solliciteur, et par là d'éviter de faire ressortir trop fortement leur pauvreté. On soupçonne d'ailleurs que, même si le propriétaire des chiens est libre, il est poli de sa part, tout en envoyant ses chiens, de décliner l'invitation, à moins que les autres, en insistant, ne montrent qu'ils souhaitent vraiment sa présence. Ainsi peut-on, grâce à Xénophon, se représenter la scène. Vu la passion des Spartiates pour la chasse, elle devait se produire fréquemment. C'est pourquoi Xénophon est certainement fondé à affirmer, en une jolie formule, que Lycurgue « a établi une mise en commun » (συνῆψε κοινωνίαν) des chiens de chasse. Une telle communauté n'est pas dépourvue d'importance sociale. Grâce à elle, même les Spartiates pauvres pouvaient, non seulement se livrer à leur sport favori (donc, en même temps, entraîner leur corps), mais aussi rapporter à leur *syskènion* de magnifiques extras, et se donner ainsi à eux-mêmes l'impression de « vivre noblement ».

Les chevaux (dernière phrase du §3). Ce sujet aussi intéresse Xénophon plus que les esclaves ; il lui consacrera aussi un traité. Cet intérêt nous vaut un petit tableau du même genre que le précédent, le genre « vie quotidienne ». Il donne d'abord une série d'exemples des circonstances dans lesquelles un Spartiate qui ne possédait pas de cheval (ils étaient assurément la majorité, cf. Hodkinson 2000, p. 312-317) pouvait avoir un besoin urgent d'un moyen de transport, et surtout d'un moyen de transport rapide.

Dans la suite, à qui s'en tiendrait à ce que dit Xénophon, il semblerait que l'emprunteur n'ait même pas à prévenir le propriétaire du cheval : il le voit, il le prend, et sa seule obligation est de le remettre à sa place après usage. Il semble difficile qu'il en ait réellement été ainsi : la même coutume qui obligeait le propriétaire à prêter son cheval devait obliger aussi l'emprunteur à le prévenir. Mais Xénophon laisse de côté ce détail, car il tient avant tout, sur ces exemples un peu triviaux, à s'exprimer avec concision et vivacité.

Esclaves, chiens de chasse, chevaux. En 1986, Sylvie Vilatte a publié (*DHA* 12, p. 271-295) un article intitulé « La femme, l'esclave, le cheval et le chien : les emblèmes du *kalos kagathos* Ischomaque ». Pour Xénophon, ces biens avaient en effet, à Athènes comme à Sparte, une valeur symbolique ; ils étaient les critères du « bien-vivre ». Nous en trouvons trois ici ; pour la femme, il faut se reporter au chap. I, où, aux § 6-9, comme nous l'avons vu, c'est bien aussi d'une sorte de « mise à disposition » qu'il s'agit.

Les provisions pour la chasse, § 4. On peut être surpris de voir Xénophon mettre sur le même plan que des biens aussi significatifs que ceux qui précèdent quelque chose qui nous apparaît comme un petit détail. Ainsi revenons-nous à la chasse, qui, décidément, l'intéresse tout particulièrement. L'importance qu'il accorde à ce développement est confirmée par le retour du thème de la spécificité de Sparte ; ἐπιτηδεύεσθαι est un rappel du « titre » du traité. Le désir qu'il a de s'exprimer de la manière la plus concise possible – trois formes verbales, συνεσκευασμένοι, πεπαυμένους et καταλιπεῖν, sont employées absolument ; cette brièveté n'empêche d'ailleurs pas l'exposé d'être le plus long de ceux relatifs aux biens, parce que les actes décrits sont assez complexes – entraîne pour nous, qui ne sommes pas au fait de ces réalités, une certaine obscurité. Celle-ci tient également au fait que l'ordre du récit ne coïncide pas exactement avec celui des événements : le groupe de chasseurs qui joue le rôle principal et qui est mentionné en premier est celui qui arrive en second (d'ailleurs pas nécessairement le même jour) au lieu de l'action, le dépôt de vivres.

Il y a donc deux groupes de chasseurs, dont chacun illustre un type de comportement. Le premier est caractérisé par deux traits : ses membres s'attardent à la chasse, probablement parce qu'ils sont passionnés par cette activité ; ils sont imprévoyants et ne se sont pas munis de vivres. La nuit approche, ils ont faim. Le second groupe semble prendre la chasse moins au sérieux, et, plus soucieux de son confort, n'a pas négligé son alimentation. Au moment où il intervient dans le récit – assez tôt dans la journée –, il a cessé de chasser et se trouve rassemblé près d'un local où sont stockés des vivres, mais dont pour l'instant nous ne pouvons pas préciser la nature. C'est là qu'entre en jeu la loi de Lycurgue. Elle prescrit aux membres du second groupe, qui se disposent à redescendre en ville, de ne pas ramener chez eux, comme il serait naturel, les vivres qu'ils ont préparés, mais de les laisser dans le garde-manger, en scellant celui-ci de leurs sceaux. Sans doute ne leur était-il pas interdit d'en prélever de quoi faire une légère collation ; cela pourrait justifier la correction de K. Schenkl, <περι>πεποιημένα, quoique je doute que Xénophon, qui est si concis, ait tenu à mentionner un détail de ce genre.

Les chasseurs du premier groupe connaissent l'existence de ce dépôt de vivres. La loi les autorise à y prélever ce dont ils ont besoin, mais uniquement pour consommer sur place. Ils doivent remettre le surplus dans le garde-manger et sceller à nouveau celui-ci. Le processus peut se renouveler jusqu'à épuisement (ou péremption) des vivres. Ce système de protection au moyen de sceaux suppose, pour fonctionner, l'existence d'un gardiennage. Autrement, rien n'empêcherait un non-ayant droit (les ayants droit étant les citoyens de Sparte) de voler la nourriture ; on n'aurait aucun moyen de l'identifier. C'est pourquoi je pense que les provisions étaient déposées dans une resserre faisant partie d'une maison rurale tenue par des Hilotes, ceux-ci étant considérés comme responsables en cas de vol.

Cet exemple – le dernier de ceux que donne Xénophon – illustre à merveille le principe exposé à partir du début du §3 et fortement réaffirmé dans la conclusion : celui de la *mise à disposition* de toutes sortes de biens à tous ceux qui en « ont besoin ». C'est pourquoi, peut-on dire, il le « monte en épingle ».

La conclusion du chapitre, §5, ne porte que sur sa deuxième partie, celle qui concerne la mise à disposition des biens ; cela est logique, puisque la première partie, sur les enfants, a déjà reçu sa propre conclusion, à la fin du §2. On a envie de dire que Xénophon y fait preuve d'un certain aplomb (Hodkinson 2000, p. 200, va jusqu'à relever « *the extravagant nature of Xenophon's conclusion* »). De ces quelques exemples (qui ont tout l'air de constituer une liste exhaustive) de ce qui n'est pour l'essentiel qu'un droit coutumier d'emprunt, il conclut victorieusement qu'à Sparte cet « échange mutuel de dons » (alors qu'il a surtout été question de prêts) a pour résultat que « même ceux qui possèdent peu de chose » (οἱ τὰ μικρὰ ἔχοντες ; formulation qui fait écho au οἱ τὰ μείζω κεκτημένοι de Thucydide I, 6, 4) « ont part » (μετέχουσι, mot-clé de cette conclusion) « à tout ce qu'il y a dans le pays » (πάντων τῶν ἐν τῇ χώρᾳ). Ce dernier terme évoque tout particulièrement la campagne, cadre, effectivement, de la plupart des exemples donnés ; au point que la solidarité qui unit les Spartiates apparaît dans ce texte plus comme une solidarité de paysans que comme une solidarité de guerriers – ce qui correspond sûrement à une réalité.

Le propos est d'une grande portée. Il ne s'agit plus, comme dans les repas en commun, d'uniformiser le mode de vie, mais d'égaliser le niveau de vie au moyen d'une certaine redistribution des richesses. L'idée de redistribution n'est pas exprimée ouvertement, mais elle est très fortement suggérée par la notion de « besoin » qui parcourt toute la deuxième partie du chapitre (on n'y trouve pas moins de sept occurrences de formes du verbe δέομαι). C'est presque « de chacun selon ses moyens à chacun selon ses besoins » ! Ainsi serions-nous déjà, à en croire l'auteur, dans le monde de l'économie, dont traitera le chapitre suivant. Cet échafaudage idéologique repose sur une base dont Hodkinson a très justement souligné l'étroitesse. Dans la pratique réelle, de tels emprunts n'étaient guère concevables qu'entre voisins, amis ou commensaux ; on peut penser que, le plus souvent, l'emprunteur demandait préalablement la permission du propriétaire ; l'emprunt était de courte durée. En fait, on verrait un tel usage fonctionner plutôt entre citoyens de même condition qu'entre riches et pauvres, car le droit d'emprunt suppose la réversibilité (qu'implique d'ailleurs la formulation μεταδιδόντες ἀλλήλοις).

Il ne faut pas pour autant trop accabler Xénophon. Relisons sa conclusion : « Ceux qui possèdent peu de chose » (il n'y a donc aucune vraie redistribution des richesses ; les pauvres restent les pauvres) « ont part » (ont accès à, peuvent profiter de ; cela ne signifie pas qu'ils deviennent si peu que ce soit propriétaires) « à tout ce qu'il y a dans le pays ». Mettons à part la formule finale, qui relève de l'amplification rhétorique : aucun des termes chargés de sens qu'il emploie dans le reste de la phrase n'est véritablement en contradiction avec les exemples qu'il a donnés. Il faut aussi, comme Hodkinson nous y invite, distinguer parmi les biens matériels cités par Xénophon. Si les provisions de chasse sont une simple commodité sans vraie portée, si les Hilotes sont chose banale, parce que chacun est censé en posséder, les chiens de chasse et, surtout, les chevaux sont des possessions d'une tout autre conséquence. Le fait, pour un Spartiate pauvre, d'y avoir accès, pouvait effectivement lui donner le sentiment d'« avoir part » à des biens qui étaient considérés comme caractéristiques d'un mode de vie noble.

Au total, dans ce chapitre, Xénophon donne l'impression de se sentir un peu en porte-à-faux. L'emphase avec laquelle il fait l'éloge de ces quelques conduites de mise à disposition de biens, dont l'impact économique était visiblement très limité, pourrait faire penser qu'au fond de lui-même il regrette que Lycurgue ne soit pas allé plus loin dans la direction d'un véritable partage des richesses. Faudrait-il voir dans l'exagération de la formule finale, μετέχουσι πάντων τῶν ἐν τῇ χώρᾳ, quelque chose comme le regret d'une occasion manquée ?

Chapitre VII : De la richesse

En poursuivant son éloge de la façon dont Lycurgue a imposé parmi les Spartiates, non l'égalité, mais une égalisation des conditions sociales, Xénophon est amené à changer progressivement de terrain. Dans les chap. V et VI, avec les repas en commun et la mise à disposition de certains biens précisément définis, il s'agissait d'éléments d'une sorte de code de bonne conduite sociale. Le chap. VII aborde avec la possession de la richesse un sujet d'une autre dimension, qui nous rapproche singulièrement de la politique, comme le souligne d'ailleurs le §2. En s'attaquant à une forme précise de richesse, celle que les Grecs considéraient comme un extrême en la matière, la possession de métaux précieux (χρυσίον καὶ ἀργύριον, §6 ; cela recouvre les deux formes, monnayage et métal brut, qui étaient utilisées concurremment pour les échanges en Grèce), Lycurgue affronte une des tendances les plus fondamentales de la nature humaine. C'était donc une rude entreprise, et c'en est une aussi pour Xénophon. Il se heurte en effet à un obstacle redoutable : la réputation de cupidité qui était attachée aux Spartiates dans la Grèce classique. Devant cette image, Xénophon ne peut évidemment réagir à sa manière habituelle, en répliquant : oui, Lycurgue a enjoint aux Spartiates d'accumuler l'or et l'argent, et il a eu raison. Pas question, ici, de retourner le motif de blâme en thème d'éloge. Il doit donc prouver que, quoi qu'on en dise, Lycurgue a réussi à empêcher les Spartiates de désirer ce type de richesse. Comme cela est difficile, il se sent obligé d'accumuler les éléments de preuve, et l'on voit Lycurgue joindre à l'interdiction (§2) tour à tour l'incitation (§3-4), la dissuasion (§5) et la répression (§6). Le problème avec cette argumentation, c'est qu'elle montre que Lycurgue a fait tout ce qu'il a pu, pas nécessairement qu'il a réussi : ce que certains ont interprété comme une ouverture vers le chap. XIV.

Une très brève phrase introductive, qui tient la place du « titre » habituel, rappelle une fois de plus, presque dans les mêmes termes que celle qui ouvre le chap. VI, l'opposition entre Sparte et le reste de la Grèce.

L'interdiction, § 1 et 2. Pour l'instant, cette interdiction ne porte pas exactement sur la possession de métal précieux, mais sur les activités qui permettent de s'en procurer, et que Xénophon regroupe sous le vocable de chrématisme (χρηματίζονται, à propos des autres Grecs, § 1 ; χρηματισμός, § 2 et 6) ; Aristote emploie celui de chrématistique (χρηματιστική, s.-e. τέχνη ; analyse, *Pol.* I, 1256 b 40-1258 b 18). Ainsi Xénophon se donne-t-il un point de départ solide, car le chrématisme (notion vague, qu'il faudra préciser) avait mauvaise réputation en Grèce ; on y voyait un moyen blâmable de s'enrichir sans limites (cf. Aristote). Le lecteur ne peut donc qu'applaudir à la détermination affichée par Lycurgue de s'attaquer à ce fléau. La mauvaise réputation du chrématisme n'empêchait d'ailleurs pas les Grecs en général, et les Athéniens en particulier, de s'y adonner à l'envi, s'ils le pouvaient. Ce que souligne d'abord Xénophon, c'est la grande variété des occupations qui, selon lui, permettent d'accumuler du capital. Car il a une conception très extensive du chrématisme. Quand il cite le commerce et l'affrètement de navires (cas où l'allusion à Athènes est évidente), l'accord ne peut qu'être unanime. On est beaucoup plus surpris de le voir inclure dans sa liste l'agriculture : cette activité permettait certes de s'enrichir (c'est une question d'échelle), mais à un rythme lent (par rapport au commerce et au prêt d'argent), et elle avait la meilleure réputation (voir son éloge par Xénophon lui-même au chap. V de l'*Économique*). D'ailleurs, c'est bien de l'agriculture que pour l'essentiel les Spartiates tiraient leurs revenus, et cela d'autant plus si, comme le soutient Xénophon, toute autre activité professionnelle leur était interdite. Quant aux métiers « techniques », il en existait en Grèce une grande variété, et c'était là aussi une question d'échelle : il y avait une importante différence entre l'artisan travaillant avec un ou deux esclaves, et l'« industriel » à la tête d'un grand atelier. Les contemporains de Xénophon n'auraient peut-être pas accepté de mettre tous ces cas sur le même plan, mais ses successeurs, Platon (*République* VIII, 547d) et Aristote (*Politique* VII, 1328 b 38-1329 a 1), ont procédé de même.

S'il l'a fait, c'est sans doute pour montrer que la pratique de ce qu'il considère comme du chrématisme entraîne une extrême différenciation du corps civique ; au niveau des fortunes, certes (cela n'est pas très important, car il y a partout de telles inégalités), mais surtout en ce qui concerne le genre de vie et les préoccupations (cf. Platon, *Protagoras*, 319d). Dans la cité des *Homoioi*, Lycurgue ne pouvait accepter cela. Ici aussi, l'allusion à Athènes, type de la cité « libérale » où chacun fait « ce qu'il veut », est claire. Xénophon semble viser, en particulier, le passage célèbre de l'Oraison funèbre prêtée par Thucydide à Périclès (II, 40, 2) où l'orateur souligne que la diversité de leurs occupations professionnelles n'empêche en rien les citoyens athéniens de s'occuper valablement des affaires de la cité. Comme on le voit par la suite (fin du §2), Lycurgue, selon Xénophon, pensait exactement le contraire, et il avait bien sûr raison.

Il a donc interdit aux Spartiates de pratiquer le chrématisme. Il l'a interdit absolument : ils ne doivent en rien y toucher (μηδενὸς ἅπτεσθαι), même de loin. Il est important de noter que l'interdiction ne concerne que cette forme d'enrichissement, et non la richesse en général. Les auteurs du ve siècle, en particulier Hérodote et Thucydide, montrent qu'il y avait à Sparte des riches et des pauvres, et l'auteur de la *LP* le sait parfaitement ; le terme *chrèmata* apparaît trois fois dans le traité (I, 9, X, 7 et XIII, 11), et nous avons rencontré, en VI, 5, une allusion aux pauvres. Chacun pouvait donc à son gré acquérir et posséder des terres (dans les chapitres « économiques » du traité, on ne trouve pas la moindre allusion à une quelconque régulation de la richesse *via* la possession de terres), des maisons, des meubles, et toute forme de richesse non monétaire (au sens large). Toutefois, l'« exposé des motifs » de l'interdiction, énoncé à la fin du §2, semble aller plus loin, rejoignant ainsi la liste très extensive d'occupations professionnelles donnée au §1. Xénophon y explique ce que doit être, selon Lycurgue, la vie du citoyen. Pour désigner celui-ci, il emploie, d'une façon qui peut surprendre, le terme d'« homme libre », ἐλεύθερος. Il ne faut pas lui attribuer un sens juridique, mais plutôt une valeur idéologique, précisée par le rapprochement avec l'ἐλευθερία qui suit : comme le disait Critias (fragm. 37 D-K), le citoyen spartiate est l'homme libre par excellence, et c'est pour cela qu'il doit être protégé contre la tentation universelle du chrématisme.

Quelles sont donc ces « seules occupations » auxquelles le citoyen doit se consacrer ? Leur définition comme celles qui « assurent la liberté des cités » évoque naturellement les activités militaires ; mais le Spartiate ne passait pas tout son temps à faire la guerre et à s'y entraîner, et la cité demande que ses citoyens s'occupent d'elle, et littéralement la fassent vivre, en temps de paix aussi. Le Spartiate, pour Lycurgue, n'est pas un guerrier à plein temps, mais il doit être un citoyen à plein temps : la soif de l'argent, qui le détourne de son « métier de citoyen », est donc un des pires ennemis de la cité. Cette formulation est un peu extrême : il est clair que nous ne sommes pas ici dans la réalité, mais dans l'idéologie. Je n'entends pas affirmer que les Spartiates pouvaient exercer un métier ; la chose est possible, et même vraisemblable, pour les plus pauvres (éventuellement, ceux qui avaient perdu, ou perdaient pour cette raison, la qualité d'*Homoioi*), mais elle n'est pas encore absolument avérée (cf. toutefois XI, 2 et le commentaire). Cependant, il est évident qu'ils ne consacraient pas tout leur temps au service de la cité, qu'ils avaient une vie personnelle et familiale, et qu'ils devaient s'occuper de la gestion de leur patrimoine.

L'idée exposée ici, que le premier des devoirs d'un citoyen grec est d'assurer la liberté (*éleuthéria*, entendue au sens de parfaite souveraineté) de sa cité, a eu une importante postérité. Elle a d'abord été reprise par Platon dans les *Lois* (cf. déjà *République* III, 395c-d, mais il s'agit des seuls « gardiens »), dans un passage où ce n'est pas lui qui s'exprime, mais le Crétois Kleinias, qui est loin d'être toujours son porte-parole (I, 626a-b). Celui-ci déclare explicitement que c'est la supériorité militaire qui est la condition de l'*éleuthéria*, laquelle à son tour assure seule aux citoyens d'une cité la possession des « bonnes choses » (τὰ ἀγαθά, sorte de « traduction » en grec commun de τὰ καλά, mais avec un sens encore plus large). Ce raisonnement a ensuite été repris par Éphore (fragm. 149, dans Strabon, X, 4, 16 ; cf. Diodore, VII, 12, 3 ; sur ce groupe de textes, voir Christesen 2010, p. 216-226).

Quand Xénophon affirme que Lycurgue a interdit aux Spartiates toute activité touchant au chrématisme, il veut évidemment signifier aussi que cet ordre a été respecté. C'est là qu'il se heurte à l'opinion répandue dans toute la Grèce à son époque. Du ve siècle date probablement un proverbe (souvent présenté comme un oracle, Parke-Wormell II, n° 222) transmis par Aristote et Diodore (sources dans Figueira 2002, p. 144) : « C'est la cupidité qui perdra Sparte, et rien d'autre ». Euripide (*Andromaque*, v. 450-453 ; décennie 430-420 ?) et Aristophane (*Paix*, v. 623 ; 421 av. J.-C.) s'accordent pour qualifier les Spartiates de « gens honteusement cupides » (αἰσχροκερδεῖς). Cela continuera au ive siècle : [Platon], *Hippias Majeur*, 283d, *Alcibiade* I, 123a-b, et Platon, *République* VIII, 548a-b ; Aristote, *Pol.* II, 1269 b 24, 1271 b 17, etc. À cause de leur amour de l'argent, les Spartiates passaient pour aisément corruptibles ; il y a de nombreuses histoires bâties sur ce thème dans Hérodote et dans Thucydide (Hodkinson 2000, p. 20 et n. 2).

Xénophon va donc devoir batailler ferme pour convaincre son lecteur, non certes que Lycurgue a interdit le chrématisme (cela est facile à admettre), mais qu'il a réussi à faire respecter cet interdit. C'est pourquoi il va lui prêter plusieurs stratégies, en s'appuyant sur le fait que, tout en ayant la réputation que je viens de dire, les Spartiates passaient *aussi* pour avoir un mode de vie austère et relativement uniforme (Thucydide I, 6, 4).

L'incitation, § 3-4. Il ne s'agit pas ici de « mesures d'accompagnement » que Lycurgue aurait prises pour faciliter la mise en pratique de l'interdiction du chrématisme, mais de caractères du mode de vie déjà établi par lui, qui ôtent aux citoyens toute motivation pour chercher à s'enrichir. Car Xénophon ne se contente pas d'affirmer, comme je l'ai moi-même fait plus haut, que le désir des richesses est une des tendances les plus fondamentales de l'homme. Il montre que cet appétit n'est pas un besoin naturel comme manger, boire, etc., mais répond à des fins qui tiennent au fonctionnement de la société. Celui-ci se caractérise par une compétition permanente entre les individus, compétition dont le but est l'acquisition d'un prestige supérieur à celui des autres. Pour illustrer cette analyse proprement sociologique, il choisit trois exemples, qui sont présentés dans trois phrases successives, la première interrogative (« à quoi bon chercher à s'enrichir, là où... »), les deux autres négatives (« ce n'est pas en vue de telle dépense qu'on pourrait vouloir s'enrichir... ») ; le parallélisme entre ces trois phrases est souligné par le retour des adjectifs verbaux. L'argumentation de Xénophon a porté, puisqu'elle a été reprise par Théophraste (fragm. 78 Wehrli, 512 A Fortenbaugh, dans Plutarque, *Lyc.* X, 2 : τὸν πλοῦτον ἄζηλον καὶ ἄπλουτον ἀπεργάσασθαι). Le premier exemple est celui de la nourriture ; il nous renvoie implicitement au chap. V, avec, en particulier, la référence à la *diaita*.

Le second exemple concerne un domaine qui n'a pas encore été abordé (sauf à propos des enfants, II, 4), celui de l'habillement ; déjà Thucydide (I, 6, 4), pour illustrer l'égalité du mode de vie des Spartiates, citait ce trait. La modestie de leur vêtement était proverbiale en Grèce (cf. Aristote, *Pol.* IV, 1294 b 27-29) et leur valait même des sarcasmes (d'où l'allusion du vers 1282 des *Oiseaux* ; Aristote, *Eth. Nic.* IV, 1127 b 27-29, la juge ostentatoire, ἀλαζονικόν).

Le troisième exemple (§ 4) est plus inattendu, et de ce fait moins clair : il y est question d'être capable de « faire des dépenses en faveur de ses compagnons de *syskènion* » ; plus loin, Xénophon parle de leur « rendre service », ὠφελεῖν. Assurément, il ne veut pas évoquer par là ce que les riches peuvent dépenser pour améliorer l'ordinaire, puisqu'il ressort de ce qu'il a écrit au § 3 que cela n'empêchait pas les contributions d'être dites égales. L'idée qui vient à l'esprit est plutôt qu'il s'agit de largesses consenties par les membres riches d'un *syskènion* en faveur de leurs commensaux pauvres confrontés à certaines difficultés. Mais ces largesses doivent satisfaire à des conditions précises. Elles pourraient être consenties sous forme d'argent, mais Lycurgue s'y oppose, parce que, par leur répétition, elles aboutiraient inévitablement à l'instauration d'une forme de « patronage ». Elles doivent en fait résulter de « l'effort pénible du corps » du donateur. Que peut bien vouloir désigner cette formule sibylline ? Étant donné ce que l'auteur a dit au § 2, il ne saurait être question d'une aide au travail, par exemple dans les travaux des champs. L'emploi de πονεῖν pourrait faire penser à la guerre, et il est probable qu'en expédition, en dehors même du combat, les Spartiates avaient maintes occasions de se prêter main-forte les uns aux autres ; cela pouvait être aussi le cas en temps de paix, car pas plus à Sparte que dans les autres cités il n'y avait de force de police, et la sécurité personnelle de chaque citoyen avait pour première garantie le bras de ses *philoi*. Mais on ne voit pas comment ce genre de services serait susceptible d'être remplacé par un don d'argent. Cette obscurité est d'autant plus regrettable qu'il semble s'agir d'une pratique qu'il nous importerait de connaître. Quoi qu'il en soit, S. Hodkinson a montré qu'en réalité, contrairement à ce qu'affirme Xénophon, certaines formes de « patronage » fonctionnaient dans la Sparte classique (2000, p. 362-365), et, même si sa démonstration est centrée sur le personnage d'Agésilas (et donc concerne une période pour l'essentiel postérieure à la date de la rédaction de la *LP*), il est probable que de telles conduites étaient courantes dès le ve siècle.

À propos des deux autres exemples allégués par Xénophon, on ne peut que lui donner raison : le mode de vie spartiate était tel que ni la nourriture, ni le vêtement, n'offraient l'occasion de grandes dépenses. On pourrait même, sur la base des recherches de S. Hodkinson, en ajouter d'autres : les armes (avec un doute ; 2000, p. 224-226), les vêtements féminins et la parure (p. 229-230), les funérailles (p. 243-262). Mais qu'est-ce que cela prouve ? L'ostentation de la richesse se déployait dans d'autres domaines : les dédicaces dans des sanctuaires à l'étranger (p. 294-298), les courses de chevaux (p. 303-328), les voyages et relations à l'étranger (p. 337-352) ; à quoi on pourrait ajouter quantité d'autres exemples, comme la taille et le confort de la maison, ou le nombre des esclaves domestiques, des chevaux de monte et des chiens de chasse. Face à ces réalités, l'argumentation de Xénophon paraît relever essentiellement, pour la forme, de la rhétorique, et pour le fond, de l'idéologie. Il semble d'ailleurs en avoir eu conscience, puisqu'il a jugé nécessaire d'ajouter d'autres arguments.

La dissuasion, § 5. Non seulement, poursuit-il, Lycurgue a fait que la richesse en argent soit peu désirable parce qu'inutile, mais il a rendu impossible de la dissimuler. Pour ce faire, il est intervenu dans le domaine monétaire. Xénophon dit seulement qu'il a « institué » (κατεστήσατο) une certaine monnaie. A-t-elle remplacé une monnaie préexistante, ou faut-il penser qu'il n'y en avait pas auparavant à Sparte ? Dans la *Vie de Lycurgue* (IX, 2 ; repris dans *Ap. Lac.*, Lyc. 3, *Mor.* 226 C), Plutarque affirme que la monnaie de Lycurgue a remplacé l'or et l'argent, qui ont alors été démonétisés (ἀκυρώσας) ; dans celle de *Lysandre* (XVII, 3), cette même monnaie est dite « ancestrale » (πάτριον), ce qui ne contredit ni son attribution à Lycurgue, ni la possibilité qu'il l'ait instituée pour remplacer l'or et l'argent. Il me semble que dans *Lycurgue*, Plutarque a correctement interprété Xénophon. En effet, au § 2, celui-ci a dit que Lycurgue avait interdit aux Spartiates le chrématisme : c'est donc qu'il existait avant lui un agent monétaire quelconque rendant possible cette forme d'enrichissement. Cette indication est reprise au § 5, dans la phrase où Xénophon expose que Lycurgue « a empêché qu'on amasse de l'argent » (χρηματίζεσθαι). Ἐξ ἀδίκων ne peut donc signifier « par des moyens injustes », puisque c'est tout chrématisme, quel qu'il soit, qui est visé (dans le même sens, Ollier 1934, p. 43) ; le sens est « contrairement à la loi » (la loi interdisant le chrématisme). L'institution de la nouvelle monnaie ne fut ainsi qu'un moyen d'obliger les Spartiates à respecter cette loi dans l'avenir.

Ce qui fait l'efficacité de ce moyen, c'est qu'il *rend visible* la richesse monétaire. Comme V. Azoulay l'a rappelé à propos d'un épisode de la *Cyropédie* (VIII, 4, 30-36 ; Azoulay 2004, p. 254-258), le droit athénien distinguait richesse visible et richesse invisible (φανερὰ / ἀφανὴς οὐσία). Dans la *Cyropédie* comme ici, Xénophon prend fermement position pour la visibilité des biens, et cette doctrine deviendra un lieu commun au IVe siècle, surtout dans un contexte démocratique. Ici, le contexte n'est pas, comme chez les orateurs athéniens, la lutte contre l'évasion fiscale, mais le dessein prêté à Lycurgue de faire en sorte qu'à Sparte tout se déroule dans l'espace ouvert de la cité : de même l'avons-nous vu au chap. V (§2) « rendre visibles » les dîners, désormais pris en commun. Tout cela étant exposé avec une grande clarté par Xénophon, on ne peut qu'être surpris par l'interprétation qu'après Strauss (1992, p. 223), N. Humble (2004, p. 224-225) a donnée de ce passage : pour elle, ce que l'auteur voudrait suggérer, ce sont « les limites du système lycurguien, dans lequel la seule chose importante était de n'être pas vu faire étalage de sa richesse ». C'est lire le présent texte à travers le chap. XIV ; mais ce que précisément Xénophon y reproche aux Spartiates, c'est d'avoir abandonné les lois de Lycurgue.

Si la monnaie instituée par Lycurgue était impossible à dissimuler, c'est parce que même une faible somme occupait un volume et pesait un poids considérables. En fait, l'exemple que choisit Xénophon ne constitue pas une faible somme : dix mines (mille drachmes) correspondent à près de trois ans d'un salaire moyen. Mais ce choix lui permet de faire entrer en scène le chariot, qui ne peut manquer de frapper le lecteur, comme, dans le texte, il alerte toute la maisonnée (c'étaient évidemment les esclaves qui, en l'occurrence, pouvaient représenter un danger de vol ou de dénonciation). Il ne dit rien de plus sur cette monnaie : nouvelle illustration de ce que son dessein n'est pas de transmettre de l'information, mais d'exposer des idées. La nature de cette encombrante monnaie est supposée connue. Peut-être le public auquel Xénophon s'adressait en avait-il entendu parler à l'occasion du débat sur la monnaie qui avait eu lieu à Sparte peu après 404, à la suite de l'envoi par Lysandre de quelque mille talents d'argent monnayé, dont une partie fut détournée par Gylippos (sources dans Hodkinson 2000, p. 155-157).

De nombreux textes rapportent que cette monnaie était en fer (beaucoup de références dans Hodkinson, *l. c.* et p. 160-165 ; encore davantage dans Figueira 2002, p. 138-144), mais ils se divisent à propos de la forme qu'elle revêtait. Pour la plupart d'entre eux, il s'agissait de broches (*obéloi*), tandis que d'autres parlent de sortes de galettes (pesant un peu plus de 600 gr.), appelées *pélanoi*. Comme Xénophon n'entre pas dans ces détails, nous n'en discuterons pas. Il précise cependant que le transport d'une quantité de cette monnaie correspondant à dix mines exigeait l'emploi d'un chariot. Sur la base du ratio fer / argent de 1/1800 indiqué par un texte du IIe siècle apr. J.-C. ([Plutarque], *Ap. Lac.*, Lyc. 3, *Mor.* 226 D), Hodkinson (2000, p. 164) a calculé que ce chariot aurait dû transporter plus de 11 tonnes de fer ; or, cela est impossible, car, d'après les comptes d'Épidaure, la charge maximale d'un chariot n'était pas supérieure à une tonne. On est donc conduit à penser qu'à l'époque de Xénophon, ce ratio était proche de 1/200, et Figueira (2002, p. 162, n. 11) cite des chiffres tirés d'inscriptions du IVe siècle qui vont en gros dans le même sens. D'un autre côté, le texte n'exclut pas la possibilité que le chariot fasse plusieurs voyages (encore que cela me paraisse assez peu probable). Quoi qu'il en soit, l'essentiel pour nous est de constater que le propos de Xénophon reste dans les limites de la vraisemblance, et en tout cas n'exagère en rien le volume et le poids représentés par une quantité de monnaie de fer valant dix mines d'argent.

La répression, §6. Ainsi donc, à en croire Xénophon, les autorités spartiates perquisitionnaient chez les particuliers à la recherche d'or et d'argent, et ceux chez qui on en trouvait étaient punis. De quelle punition ? Le verbe ζημιοῦν est ambigu. Il peut désigner la punition en général, mais est souvent spécialisé dans le sens d'« infliger une amende ». Dans la *LP*, il s'agit clairement d'une amende en VIII, 4, et très probablement aussi en IV, 6 et en IX, 5 (ζημία) ; mais c'est certainement une punition en X, 5 et 6. Ici, l'hésitation est permise, à cause de la gravité de la faute, et aussi du fait qu'on connaît le cas d'un Spartiate, Thorax, qui a été exécuté pour ce motif peu de temps après l'affaire de Gylippos (Hodkinson 2000, p. 172 et 427), lequel, de son côté, selon Diodore, fut condamné à mort, mais put s'enfuir. On retrouve cette hésitation dans l'ouvrage de Hodkinson, qui parle d'amende p. 24, mais laisse la question ouverte n. 32, p. 185.

Dans ce chapitre sur l'interdiction du chrématisme, les perquisitions font figure de cerise sur le gâteau ; elles ont donc tout particulièrement attiré l'attention des historiens modernes, qui en ont tiré des conclusions à longue portée concernant l'interprétation du traité dans son ensemble. Le chap. VII tient une place essentielle dans l'argumentation de Léo Strauss (1992, p. 222), qui y relève deux illogismes. Premier illogisme : après avoir affirmé que Lycurgue avait interdit toute acquisition de richesse, Xénophon, prétend-il, vient nous annoncer que celle-ci était empêchée par la visibilité de la monnaie ; il y a là une redondance absurde. En fait, Strauss présente les choses d'une façon partiale et inexacte. D'abord, ce n'est pas l'enrichissement en général que Lycurgue a proscrit, mais seulement le chrématisme ; il veut rendre la richesse visible, non la supprimer. Ensuite, ce but était si difficile à atteindre qu'il n'y a rien d'absurde à présenter Lycurgue comme ayant employé plusieurs moyens pour y parvenir. Second illogisme, toujours selon Strauss : Xénophon prétend que Lycurgue a empêché les Spartiates d'entasser l'or et l'argent en leur ôtant tout motif de s'enrichir ; or, le voilà qui se met à parler de perquisitions, qui, en plus, donnent des résultats. Le raisonnement, ici, paraît plus solide, et il a été maintes fois repris ; j'y reviendrai plus loin. Comme on le sait, à la différence de nombreux historiens, Strauss ne conclut pas à un manque, soit de cohérence, soit de sincérité (ainsi Ollier 1934, p. XXXII-XXXIII), de la part de Xénophon, mais à ce que j'appelle sa malignité : si, dans ce qui se présente comme un éloge des lois de Lycurgue, il a multiplié les indications qui vont dans la direction opposée, c'est pour faire comprendre au lecteur qu'en réalité il désapprouve cette législation.

À part, dans une certaine mesure, Proietti (1987, p. 56), personne n'est allé aussi loin que Strauss, mais, en ce qui concerne le chap. VII, et aussi le chap. XIV, qui est lié à lui par son thème principal, son argumentation a laissé une trace notable dans la recherche contemporaine. Pour N. Humble, comme nous l'avons vu, Xénophon rend sensible le fait que Lycurgue a échoué dans son projet d'éradiquer l'amour des richesses à Sparte, et les perquisitions réussies sont le symbole même de cet échec. Le législateur a réprimé le déploiement de la richesse, mais non son désir, qui se satisfaisait dans l'intimité de l'*oikos* (on retrouve là, presque telle quelle, la critique célèbre de Platon dans la *République* VIII, 548a-c). Une telle analyse a été développée également par Hodkinson (2000, p. 166). Il l'a en outre fondée sur un argument linguistique apparemment convaincant, en faisant remarquer qu'entre le § 5 et le § 6, Xénophon passe de l'aoriste (διεκώλυσε, κατεστήσατο : le temps de Lycurgue) au présent (ἐρευνᾶται : les perquisitions, maintenant). Il en conclut qu'« à l'époque de la *LP*, la monnaie de fer traditionnelle pouvait être attribuée à Lycurgue, mais pas les mesures faisant appliquer la prohibition de l'or et de l'argent » ; donc que ces mesures, prises postérieurement, et les résultats qu'elles donnent, sanctionnent, aux yeux de Xénophon, l'échec de Lycurgue.

Une lecture attentive du texte dément cette interprétation. « Voici, dit Xénophon, par quel genre de moyens Lycurgue a empêché qu'on amasse de l'argent en contrevenant à la loi. *Tout d'abord*, en effet » (πρῶτον μὲν γάρ), il a institué une monnaie lourde et volumineuse. S'il n'y a pas d'ἔπειτα δέ qui réponde à ce πρῶτον μέν, mais seulement le γε μήν qui introduit les perquisitions au début du § 6, il n'en reste pas moins évident que pour l'auteur celles-ci étaient le *deuxième moyen* mis en place *par Lycurgue* pour lutter contre le chrématisme, ce qui paraît d'ailleurs on ne peut plus cohérent. La logique du chapitre est donc la suivante. La décision fondamentale de Lycurgue dans le domaine économique a été l'interdiction du chrématisme. Il avait préalablement créé un environnement favorable à l'application de cette loi en instituant les repas en commun, en imposant l'austérité vestimentaire, et en interdisant les conduites de type clientéliste, toutes mesures qui concouraient à ôter à la richesse son pouvoir d'attraction. L'interdiction du chrématisme elle-même supposait l'interdiction de ses supports, c'est-à-dire de la possession privée de métaux précieux ; laquelle demandait à son tour, pour ne pas rester lettre morte, des moyens d'investigation et de répression efficaces. Il n'y aurait pas de sens à interdire le chrématisme sans interdire la possession d'or et d'argent ; ni à interdire cette possession sans se donner les moyens de la réprimer. Toutes ces mesures sont liées ; il n'y a aucune redondance, car chacune, pour être opératoire, nécessite la mise en œuvre des autres. Toutes sont lycurguiennes.

Par conséquent, le passage, aux §5-6, de l'aoriste au présent ne signifie pas qu'on passe des mesures lycurguiennes à d'autres, qui n'auraient été prises qu'ensuite. Il signale seulement, s'agissant des perquisitions, la permanence dans le présent (celui des affaires de Gylippos et de Thorax) d'une mesure décidée dès l'origine. Xénophon ne pouvait d'ailleurs pas s'exprimer autrement : s'il avait employé l'imparfait ou l'aoriste, le lecteur en déduirait immanquablement que cette mesure n'était plus en vigueur à l'époque où il écrivait ce chapitre. Il tient au contraire à souligner qu'elle l'est encore.

Conclusion. Si la critique contemporaine a fait quelquefois du chap. VII une lecture qui, selon moi, ne correspond pas à ce qu'il dit réellement, c'est parce que celle-ci repose sur l'hypothèse implicite que la *LP* est une utopie qui renferme en son sein son propre démenti (ainsi Hodkinson 2000, p. 24). Pour moi, elle n'est ni une utopie contradictoire, ni une critique déguisée, et le Lycurgue de Xénophon n'est pas un songe-creux, mais un homme d'État. On le voit ici lancer au réel un défi sans précédent : extirper de l'homme un de ses appétits les plus fondamentaux, celui de la richesse. S'il était un rêveur, il pourrait se dire qu'il suffit pour cela de créer un environnement favorable, en instituant une société où désirer être riche serait une idée absurde, qui ne viendrait à personne (cf. la formule de Théophraste, πλοῦτος ἄπλουτος). Si la *LP* était une utopie, Xénophon n'aurait eu à écrire que les §2 et 3. Mais Lycurgue est un politique, et il se donne les moyens de ses fins. Il démonétise les métaux précieux et institue une monnaie qui rend impossible de s'enrichir à la fois légalement et en cachette ; il prohibe la possession privée d'or et d'argent et donne à l'État les moyens de faire respecter cette interdiction. Rien n'est plus naturel : toute loi prévoit l'infraction, et on peut même dire que bien souvent c'est l'infraction qui suscite la loi.

Xénophon n'expose pas seulement ce que Lycurgue a fait ; comme à son habitude, il explique aussi le mobile de son action. Pourquoi donc voulait-il éradiquer l'amour des métaux précieux ? Parce qu'il désirait édifier une société intégralement politique (§2), c'est-à-dire une société où les citoyens (et même aussi, dans une certaine mesure, les femmes et les jeunes) sont requis de militer dans et pour la cité. La forme d'égalité qu'il voulait établir, et qui n'était évidemment pas une égalité intégrale (il n'est pas question de partage des biens, et il y avait toujours des riches et des pauvres), ne procédait d'aucune exigence de « justice sociale » ; c'était l'égalité de citoyens se consacrant tous semblablement au service de la cité. Si en outre on introduit ici, par avance, la définition des *Homoioi* que Xénophon donnera en X, 4, comme les « co-propriétaires », à parts égales, de la cité, on voit se dessiner, dans le présent chapitre, derrière la structure énumérative des moyens mis en œuvre par Lycurgue (incitation, dissuasion, répression), une structure plus profonde, constituée par le raisonnement suivant. Si le chrématisme est banni par la loi de Lycurgue (§ 2), ce n'est pas au nom de l'égalité économique, mais parce qu'il s'oppose à la similitude des citoyens. Il ne s'y oppose pas, comme on pourrait le croire, en introduisant une différenciation des niveaux de vie, puisque, grâce aux mesures prises par le législateur, une telle différenciation ne peut exister significativement à Sparte (§ 3-4, plus chap. VI). Il s'y oppose en instaurant des différenciations, d'une part, dans les modes de vie, par le moyen des diverses activités économiques pratiquées (§ 1), et, d'autre part, dans l'exercice du « métier de citoyen » (§ 2), ce qui, dans la perspective de la définition donnée des *Homoioi*, est évidemment la menace la plus grave qui puisse exister contre l'homogénéité de la cité. Ce raisonnement est conduit en réponse à celui de Périclès dans Thucydide (II, 40, 2), et en parfaite cohérence avec le projet d'ensemble de la *LP* en tant que traité sur le gouvernement des hommes.

Xénophon est-il vraiment sincère quand il soutient que Lycurgue a réussi ? Poser cette question revient à poser celle des rapports entre les chap. VII et XIV. De tels rapports existent de toute évidence, dans la mesure où XIV renvoie implicitement (et peut-être même explicitement, par καὶ νῦν ἔτι au § 1) à VII ; mais cette question ne pourra être examinée qu'après la lecture de ce chapitre. Ce qui nous intéresse pour le moment, c'est ce qu'il est possible de déduire du seul chap. VII. Pour N. Humble, il n'est pas douteux que

VII annonce XIV, et c'est ce qui explique les contradictions qu'elle relève dans ce chapitre entre la volonté et la toute-puissance de Lycurgue, et les résultats qu'il a obtenus. Je serai pour ma part beaucoup plus réservé. En VII, Xénophon n'exprime aucun doute perceptible sur le fait que Lycurgue a réussi là comme dans les autres domaines. N'oublions pas que, dans son traité, il entend analyser les causes des succès et de la puissance de Sparte : avoir extirpé l'amour de l'argent et ainsi rendu le corps civique homogène est une de ces causes. Un seul détail pourrait être interprété comme une annonce du renversement qui surviendra au chap. XIV : c'est que Xénophon prenne la peine de signaler que les perquisitions qui ont lieu de son temps donnent des résultats, donc qu'il y a des contrevenants. Mais cette conclusion ne s'impose pas nécessairement, parce que si Xénophon a mentionné ce fait, c'est peut-être simplement parce qu'il était vrai, et surtout parce que, pour l'écrivain politique qu'il est, à toute loi il y a toujours des contrevenants.

Chapitre VIII : De l'obéissance

La structure de ce chapitre est complexe, si bien qu'on a d'abord un peu de mal à déterminer quel en est le sujet principal. Xénophon y a juxtaposé plusieurs types de développements : exposé « historique », sur la façon dont Lycurgue s'y est pris pour faire accepter sa réforme par les Spartiates ; exposé institutionnel, sur l'éphorat ; exposé politique, sur la nécessité d'une obéissance absolue aux autorités. On admettra que le thème qui était considéré comme le plus important par Xénophon lui-même était celui de l'obéissance, parce qu'il est celui de la première phrase, qui correspond comme d'habitude au « titre » voulu par l'auteur ; de fait, il est dominant dans l'ensemble du chapitre.

Cette première phrase joue d'abord le rôle de transition, mais en fait la transition se réduit à la formule ἀλλὰ γάρ, bien connue des hellénistes, et dont nous avons là presque un cas d'école. Elle introduit ce que J. Humbert appelle « une rupture justifiée ». Le problème est de savoir avec quoi il y a rupture. On attend que ce soit avec ce qui précède immédiatement, donc avec la question (essentiellement rhétorique) « pourquoi s'appliquerait-on à amasser de l'argent dans une cité où...? » ; mais le sujet évoqué ensuite, l'obéissance, devrait faire contraste avec celui qui était en cours de traitement, ce qui n'est pas le cas pour l'interdiction du chrématisme. On est ainsi amené à se demander si ce à quoi pensait Xénophon en entamant le chap. VIII ne serait pas plutôt l'évocation qu'il a faite des Spartiates qui, de son temps encore, étaient punis pour avoir détenu des métaux précieux. Le mouvement de sa pensée serait donc le suivant : brisons là sur ce sujet désagréable ; je n'ai que trop parlé de ces mauvais citoyens, qui ne sont qu'une infime minorité ; revenons à l'essentiel, qui est d'ailleurs une évidence, l'obéissance générale, à Sparte, aux magistrats et aux lois. Certes, il faut aller chercher le premier terme de l'opposition au-delà (mais juste au-delà) de la dernière phrase du chap. VII, mais on peut dire qu'il a été rappelé dans cette phrase par l'expression « plus d'ennuis », πλείους λύπας.

L'obéissance civique à Sparte est présentée par Xénophon comme un fait massif et avéré, qui n'a pas à être démontré. Le lecteur y a été préparé par une phrase du chap. II, §10 : « il n'y a rien que tous, enfants comme hommes faits, respectent autant que les magistrats ». On est tenté de faire remarquer à l'auteur que, trois lignes seulement plus haut, il a fait mention de Spartiates qui ne respectaient pas la loi interdisant la possession de métaux précieux. Quoi qu'il en soit, il ne s'exprime ici ni sur le ton du plaidoyer en défense, ni sur celui de l'éloge ; c'est une énonciation pure et simple. Mais, au sujet de l'obéissance, il ne s'en tient pas à cette seule phrase : on verra l'éloge apparaître au milieu du §2, après quoi, sentant bien que cela ne suffirait pas à convaincre le lecteur de la réalité de cette obéissance, Xénophon se mettra en devoir d'analyser de près ses causes et son mécanisme.

La construction de ce chapitre repose sur deux sortes de structures, qui se combinent. Il y a d'abord ce qu'on peut appeler les sujets. Comme dans tous les autres chapitres, plusieurs faits ou coutumes sont décrits successivement, selon un plan énumératif : comment Lycurgue a fait accepter ses lois (§1) ; l'obéissance des *kratistoi* à Sparte (§2) ; la création de l'éphorat (§3) ; les pouvoirs des éphores (§4) ; la sanction de l'oracle de Delphes (§5). Mais la structure la plus importante est constituée par des thèmes, c'est-à-dire des idées ou des interrogations qui interviennent tout au long du chapitre en recoupant les sujets. Parmi ces thèmes, il en est un que nous avons vu revenir rituellement dans tous les chapitres précédents, et qui, par conséquent, ne nous retiendra pas longuement, celui de la différence qui oppose Sparte aux autres cités. Ce qui est particulier ici, c'est qu'il revient trois fois : d'abord, d'une façon très discrète, sous la forme du seul adverbe μάλιστα dans la première phrase (Sparte est la cité où l'on obéit *le mieux* aux magistrats et aux lois) ; puis l'opposition entre les Spartiates et les autres Grecs structure la longue phrase qui constitue le §2, sur l'obéissance des *kratistoi* ; enfin au §4, à propos d'un aspect du pouvoir des éphores, dans la phrase « ils ne laissent pas, comme cela se passe dans les autres cités... ». Par ce triple rappel, Xénophon montre que, dans ce chapitre, on est au cœur du système spartiate et de sa spécificité.

Le rôle des *kratistoi* constitue le second thème. Il fait une irruption tout à fait inattendue dès la deuxième phrase. Xénophon vient d'affirmer la supériorité de Sparte en matière d'obéissance civique, et on s'attend à ce qu'il poursuive en donnant des exemples de cette obéissance et en exposant son mécanisme. Mais voilà qu'il coupe court à ce développement évident pour s'intéresser soudain à la façon dont Lycurgue a bien pu s'y prendre pour faire accepter sa réforme. La surprise est d'autant plus grande que jusque-là le législateur a toujours été présenté comme un personnage omniscient et tout-puissant, organisant la cité à sa guise et bravant la nature humaine, et que de ce fait l'idée qu'il ait rencontré des problèmes pour faire accepter ses lois ne pouvait même pas effleurer l'esprit du lecteur. Une rupture semble donc se produire ici dans la pensée de l'auteur, puisqu'il abandonne ce qui se présentait comme une description des *épitèdeumata* lycurguiens pour adopter une perspective « génétique » et « historique ». En même temps, le lecteur a tendance à se demander si, plutôt que d'un authentique tournant pris par l'ouvrage, ce n'est pas plutôt un artifice rhétorique, dont la finalité ne peut évidemment apparaître d'emblée.

Voyons donc la suite. Xénophon insiste d'abord sur deux points. Le premier est qu'il s'agit d'une opinion qui lui est personnelle (donc pas nécessairement de ce que croyaient les Spartiates) ; on a en outre l'impression que c'est par le seul raisonnement qu'il est arrivé à cette opinion, et cela sera confirmé par l'εἰκός du § 3. Le second est l'absolue nécessité où se trouvait Lycurgue d'obtenir l'appui de ces *kratistoi* ; sans lui, il ne se serait même pas lancé dans cette entreprise. Ce propos paraît étrange : ainsi donc, la réalisation d'une œuvre aussi grandiose et aussi nécessaire a dépendu de la bonne volonté de quelques personnes assez ordinaires ? Le mot ὁμογνώμονες est un peu ambigu, mais la logique du récit montre que la nuance qui l'emporte est : du même avis que Lycurgue. On aimerait aussi savoir qui Xénophon désigne par ce terme de *kratistoi*. Le contexte peut sembler inviter à lui donner un sens social précis ; c'est ce qu'a fait Lipka (« *the most powerful* »). Toutefois, dans les deux autres occurrences que l'on en trouve dans la *LP* (IV, 5 et XI, 8), le sens est à chaque fois très vague, « les meilleurs ». Il en va de même dans les autres œuvres de Xénophon (*Anab.* I, 9, 2 ; *Hell.* III, 4, 16 et VII, 1, 42) : ce sont « les meilleurs », soit de façon générale, soit dans telle ou telle activité. Il vaut donc mieux ne pas tenter d'en faire dire davantage ici à ce superlatif : il s'agit, parmi les concitoyens de Lycurgue, de ceux qui constituaient « l'élite ». À lire, par exemple, Thucydide ou le « Vieil Oligarque », on constate que la coupure, à l'intérieur de n'importe quelle cité, entre « l'élite » (à laquelle on appliquait quantité de dénominations) et « le bas peuple » (même remarque), était une évidence incontestable, au point que (chose curieuse, au fond) il n'y avait pas d'« entre-deux », pas de « classe moyenne » Pour Xénophon, il en allait de même à Sparte à l'époque de Lycurgue.

Il fait preuve d'une remarquable constance dans sa façon de nommer l'élite spartiate : c'est encore *kratistoi* au §2 (δυνατώτεροι s'applique aux autres cités, avec un sens d'ailleurs différent, plus social), τοὺς αὐτοὺς τούτους au §3 (institution de l'éphorat), et à nouveau *kratistoi* au §5 (voyage à Delphes). Mais au §2, ce terme ne désigne pas les mêmes personnes qu'ailleurs : il ne s'agit plus des partisans de Lycurgue, mais de l'élite spartiate en général, et l'emploi du présent confirme que, pour l'auteur, une telle élite existait encore de son temps, ce qui s'accorde tout à fait avec ce qu'on peut lire dans Hérodote et dans Thucydide (Hodkinson 2000, p. 19-21). On peut considérer comme pratiquement certain (voir la longue discussion dans Lipka 2002, p. 169-171) que l'expression qui ouvre le §3, « il est vraisemblable » (εἰκὸς δέ), ne porte pas sur la date de l'institution de l'éphorat (son caractère lycurguien ne fait aucun doute pour Xénophon), mais sur la participation des *kratistoi* à sa mise en place. Il est clair que, pour Xénophon, l'aide des *kratistoi* fut alors aussi essentielle pour Lycurgue qu'elle l'avait été, au §1, dans le processus de la législation en général ; mais il reconnaît que cela n'est de sa part qu'une hypothèse.

On peut se demander pourquoi Xénophon sépare ces deux étapes, alors que, comme nous le verrons, il tient l'éphorat pour la plus centrale des institutions lycurguiennes. La réponse est peut-être qu'il s'agit, au §1, de la conception par Lycurgue de son action future, et au §3, du passage à la réalisation, dont la création de l'éphorat fut l'étape à la fois la plus importante et la plus difficile. On comprend la difficulté quand on lit le tableau que dresse Xénophon des pouvoirs des éphores : accepter une telle institution revenait pour les citoyens de Sparte à s'engager pour les temps à venir à « une obéissance entière et de tous les instants ». L'auteur estime donc que, pour y parvenir, Lycurgue (le Lycurgue « historique » tel qu'il se le représente, qui n'était alors investi d'aucun pouvoir particulier et ne pouvait compter que sur sa capacité à persuader) avait besoin de l'aide des hommes les plus éclairés de Sparte. Éclairés, parce que ce qui les liait n'était pas l'appétit du pouvoir, mais l'adhésion raisonnée à un programme destiné à assurer la grandeur de la cité. La situation est toute différente au §5 : la réforme a été proposée et acceptée, mais n'a pas encore été « transmise » (ἀπέδωκε) au « peuple » (le terme utilisé, τῷ πλήθει, oppose ce « peuple » à l'« élite ») en vue de son application. Pourquoi, dans ces conditions, Lycurgue tient-il à emmener les *kratistoi* à Delphes ? On dira d'abord que c'est pour faire honneur à ceux qui ont collaboré avec lui : ils seront son escorte et partageront avec lui l'approbation du dieu. En outre, ils seront ses témoins, et pourront attester devant la cité que la réponse de l'oracle a bien été celle que dit Lycurgue.

Voilà donc comment Xénophon concevait le rôle des *kratistoi* dans la réforme de Lycurgue. Quelques détails restent à examiner. Constatons d'abord une absence remarquable, celle des rois. Il s'agit d'ailleurs d'un problème qui dépasse le cadre de ce chapitre, puisque les rois ne sont nommés à aucun moment dans toute la première partie (chap. I-X). L'énigme ne trouvera sa solution qu'au dernier chapitre, XV, où Xénophon exposera, *in extremis* peut-on dire, sa vision du rôle intérieur des rois de Sparte, et où nous constaterons que, pour lui, ils ne font pas partie intégrante de la cité. D'où leur absence ici : Lycurgue leur a purement et simplement imposé sa réforme, comme il leur a imposé de prêter un serment devant les éphores, représentants de la cité.

Je ne ferai qu'évoquer un autre point, qui est pour nous secondaire. En présentant Lycurgue comme le chef d'un « clan » politique (on peut penser à ce qu'Hérodote dit de Clisthène), Xénophon a enrichi d'une façon décisive la « biographie », encore bien sommaire dans l'*Enquête*, du législateur. Que cette invention soit vraiment *ben trovata* est rendu évident par le fait qu'elle sera reprise et enrichie par ses successeurs. Plutarque (*Lyc.* V, 6-14) rapporte que, selon Aristote (§12), suivi par Hermippos (IIIe siècle), qui donnait même les noms de vingt d'entre eux (§7), les partisans de Lycurgue auraient été au nombre de trente ; Sphairos (IIIe siècle) donnait le chiffre de vingt-huit. Pour tous ces auteurs, ils auraient composé la première Gérousia. Il n'y a aucune trace chez Xénophon d'une telle

168   COMMENTAIRE

institutionnalisation des *kratistoi*. Cette idée qui, comme on voit, remonte certainement à l'école d'Aristote, est peut-être liée à la théorie du gouvernement mixte.

Au début de ce développement sur les *kratistoi*, nous avons relevé la façon soudaine et inattendue dont ce thème fait irruption dans un chapitre consacré à l'obéissance. Il nous reste à expliquer, si possible, ce tournant. L'obéissance aux lois peut être obtenue de deux façons : par la persuasion ou par la contrainte. Le problème qui s'est posé au Lycurgue de Xénophon ne fut pas de savoir laquelle était préférable, car la réponse était évidente : la persuasion est assurément préférable ; mais, les hommes étant ce qu'ils sont, elle n'est pas toujours possible. La seule question était donc de savoir quand on pouvait utiliser la persuasion et quand il fallait recourir à la contrainte.

L'obéissance : persuasion et contrainte. Tout le chapitre est bâti sur l'alternance de ces deux conduites politiques.

La première séquence, qui dépeint Lycurgue préparant sa réforme, est mise sous le signe de la persuasion (ou, pour employer un terme moderne, de la propagande). Xénophon n'expose que la première phase de l'opération, au cours de laquelle le futur législateur « range à son avis » ceux qui sont appelés les *kratistoi*. Il faut supposer qu'il y en eut une seconde, qui vit les *kratistoi* à leur tour convaincre la majorité des citoyens de Sparte ; mais Xénophon, qui n'écrit pas une biographie, interrompt ici le récit pour passer à la deuxième séquence.

Celle-ci relève également de la persuasion ; en l'occurrence, exactement, du consensus. Le texte oppose le comportement de l'élite à Sparte et dans les autres cités. Là, les membres des classes supérieures non seulement rechignent à obéir aux magistrats, mais ne consentent même pas à sauver les apparences. Par « autres cités », Xénophon entend évidemment Athènes. Dans les *Mémorables*, Périclès le Jeune dit à Socrate : « Quand, comme eux [les Lacédémoniens], obéiront-ils [les Athéniens] aux magistrats, eux qui se font un plaisir de les mépriser ? » (III, 5, 16). Xénophon prend, consciemment sans doute, le contre-pied de ce que Thucydide (II, 37, 3) fait dire à Périclès (l'Ancien) :

« Dans le domaine public, la crainte nous empêche complètement de contrevenir à la loi, par suite de l'obéissance qui est la nôtre envers ceux qui, successivement, exercent des magistratures, et envers les lois » (traduction provisoire ; cf. plus loin, p. 177-178). Ce que le père dit d'Athènes chez Thucydide, le fils le dit de Sparte (et le nie à propos d'Athènes) chez Xénophon. À Sparte, au contraire, poursuit la *LP*, les membres de l'élite font preuve d'une totale obéissance envers les magistrats et, contrairement à ce qu'implique pour les Athéniens la phrase de Thucydide (διὰ δέος), cette obéissance n'est pas due à la crainte, c'est une soumission volontaire. La phrase souligne l'empressement, presque comique tant il est excessif, que mettent les *kratistoi* à obéir : ils rivalisent dans la soumission. Comme exemples d'hyperboles, relevons l'emploi du verbe ὑπέρχεσθαι, dont le sens est exactement « chercher à entrer dans les bonnes grâces de quelqu'un » (renforcé par μάλιστα) ; l'oxymore τῷ ταπεινοὶ εἶναι μεγαλύνονται ; enfin, l'expression imagée τρέχοντες ἀλλὰ μὴ βαδίζοντες (même expression, également dans un contexte d'obéissance, *Cyr.* II, 2, 30 ; cf. le quelque peu ironique θᾶττον ἢ βάδην, *Hell.* V, 4, 53). Ollier voit dans ces lignes une allusion à Agésilas, dont Xénophon vante à plusieurs reprises (*Agés.* I, 36 ; VI, 4 ; VII, 2) la soumission aux ordres de sa cité ; mais on ne saurait dire si la *LP* est postérieure ou non à l'exemple le plus illustre de cette soumission, le rappel d'Asie en 395/394 (*Hell.* IV, 2, 3 ; *Agés.* I, 36) et la légère ironie perceptible en sous-texte (Xénophon *sait* qu'il force la note) fait douter qu'il pense ici à Agésilas. En outre, la dépendance des rois vis-à-vis des éphores est un cas particulier, qui sera exposé au chap. XV.

L'épisode suivant, l'établissement du pouvoir des éphores (§ 3), constitue une sorte de transition vers le thème de la contrainte. En effet, si la participation des *kratistoi* relève bien, comme précédemment, de la collaboration volontaire, le raisonnement qui motive leur adhésion est un véritable éloge de l'obéissance contrainte. Certes, au début de la proposition introduite par ἐπείπερ, il semble s'agir de l'obéissance en général (une obéissance unanime entraînant nécessairement la concorde entre tous, comme on le voit dans deux passages des *Mémorables*, III, 5, 16 et

IV, 4, 16), mais la fin de la phrase fait clairement apparaître qu'ils conçoivent cette obéissance comme imposée : plus l'*archè* (avec l'article, mais sans αὕτη ; ce mot a donc ici une signification très large, et plus que le seul éphorat, plus même que toute magistrature en tant que telle, il évoque « la puissance publique », si bien qu'il a déjà, pratiquement, le sens de « régime politique » qu'il aura, sans doute possible, en XV, 1) ; plus, donc, pensèrent-ils, la puissance publique a de pouvoir, mieux elle est capable d'« aller jusqu'à (καί) impressionner (καταπλήξειν) les citoyens en vue de les faire obéir » (on peut conserver la construction τοῦ ὑπακούειν des manuscrits). Καταπλήττειν est fort : c'est « frapper de stupeur, d'admiration ou de crainte » ; or il est évident qu'il ne s'agit ici ni de stupeur ni d'admiration, mais presque de « terroriser », et, si on rapproche de ce passage le culte de la vertu célébré au chap. X, on est tenté de rappeler la pensée de Robespierre (dans son célèbre discours du 5 février 1794), que la terreur et la vertu vont ensemble. Il apparaît donc que l'obéissance volontaire aux magistrats et aux lois est réservée aux membres de l'élite, qui seuls sont capables de faire le raisonnement rapporté par Xénophon (raisonnement selon lequel il n'y a que cette discipline qui puisse assurer le salut de la cité) ; au *vulgum pecus*, l'obéissance forcée. Ainsi, dans ce passage, l'éloge de l'obéissance tourne-t-il à un éloge de la crainte comme instrument de gouvernement : en somme, Lycurgue aurait réussi ce que Pascal jugera impossible ici-bas, faire que le juste soit fort.

La description du pouvoir des éphores au §4 illustre la mise en œuvre dans la vie publique à Sparte du principe de crainte. Le vocabulaire est celui de la souveraineté (ἱκανοί, κύριοι répété, δύναμιν), qui s'exerce sur tous (ὃν ἂν βούλωνται) et immédiatement (παραχρῆμα, εὐθὺς παραχρῆμα) ; l'échelle entière des punitions (κολάζουσι) est représentée (ζημιοῦν, εἶρξαι, περὶ τῆς ψυχῆς εἰς ἀγῶνα καταστῆσαι). Xénophon semble prendre plaisir à insister sur la toute-puissance des éphores. Le premier exemple qu'il en donne est le droit qu'ils ont d'infliger des amendes « à qui ils veulent » – y compris, peut-être, aux rois (Richer 1998, p. 424, n. 224 ; 425 et n. 230 ; 427, n. 244-245 ; mais la seule source à ce sujet est Plutarque). Non seulement ils sont souverains en la matière, mais la punition est en quelque sorte redoublée par le fait qu'ils peuvent exiger un paiement immédiat (car, malgré Lipka 2002, p. 171, je ne vois pas comment interpréter autrement ἐκπράττειν).

Mais ce qui intéresse plus que tout Xénophon, c'est l'autorité que les éphores exercent sur « les magistrats » (ἄρχοντας) ; il ne dit pas « les autres magistrats », marquant ainsi combien la situation des éphores est à part dans la cité. Alors même que ces magistrats sont encore en cours de mandat (circonstance à distinguer, par conséquent, des redditions de comptes après la fin du mandat, qui, selon Richer 1998, p. 443, ont lieu devant les éphores suivants), ils peuvent mettre fin à leurs fonctions (καταπαῦσαι), les emprisonner (εἶρξαι, souligné par γέ, « eh oui »), et leur intenter un procès capital (qu'ils instruiront, mais qui sera jugé par la Gérousia, cf. X, 2). Nous savons de façon certaine que cela s'appliquait aussi aux rois (Richer 1998, p. 424-425, avec, en particulier, la remarque de Thucydide I, 131, 2). Ces pouvoirs sont absolument considérables, et Xénophon s'en rend parfaitement compte ; c'est pourquoi la phrase suivante explique de quel principe ils découlent.

Cette phrase pose deux problèmes de sens. L'un concerne un détail : sur quoi porte ἀεί ? Il semble naturel que ce soit sur le verbe ἄρχειν qui suit ; mais l'expression serait un peu étrange (ce pourquoi Cobet a proposé διάρχειν, qui est paléographiquement acceptable). Pierleoni a mis ἀεί en rapport avec τὸ ἔτος, l'idée exprimée étant celle de la continuité des fonctions jusqu'au terme de l'année. J'ai traduit ainsi, mais j'avoue être un peu tenté par la proposition de Marchant, de faire porter ἀεί sur τοὺς αἱρεθέντας : l'ordre des mots serait peu naturel, mais c'est un emploi typique d'ἀεί que de s'appliquer à tous ceux qui, successivement, exercent une magistrature. – L'autre problème met en jeu l'ensemble de la phrase. Quand on commence sa lecture, on pense naturellement que le sujet continue d'être le même que précédemment, les éphores, et cela convient parfaitement pour τοσαύτην ἔχοντας δύναμιν. Mais on tombe ensuite sur ὥσπερ αἱ ἄλλαι πόλεις, qui donne à penser que le sujet des verbes qui suivent ne peut être que « les Spartiates ». Pourtant, ni ce qui précède (« ayant des pouvoirs si étendus »), ni ce qui suit (la comparaison avec les tyrans et les épistates des concours), ne peut aisément être rapporté à un autre sujet que « les éphores ». Il faut donc considérer ὥσπερ αἱ ἄλλαι πόλεις comme une expression elliptique, équivalant à ὥσπερ ἐν ταῖς ἄλλαις πόλεσι.

Comme souvent, le raisonnement de Xénophon est ici à la fois précis et logique. Dans les autres cités, selon lui, on laisse les magistrats, même s'ils commettent des fautes, accomplir tranquillement la totalité de leur mandat ; c'est seulement après l'avoir terminé qu'ils sont soumis à la reddition de leurs comptes, et peuvent être punis s'il y a lieu (en fait, cette affirmation semble plus que contestable, quand on pense à l'*epicheirotonia* (contrôle régulier des magistrats) athénienne ; toutefois, il n'est pas assuré que cette institution ait déjà existé au début du IVe siècle, le présent passage pouvant même apparaître comme une indication à ce sujet). Ce n'est assurément pas la bonne façon de procéder ; il vaudrait mieux arrêter les dégâts dès qu'ils sont constatés. C'est justement ce qui se passe à Sparte : les éphores sont si puissants qu'ils ont la capacité d'interrompre le mandat de n'importe quel magistrat pour le faire passer immédiatement en justice. On notera l'insistance de Xénophon sur cette immédiateté (εὐθὺς παράχρημα) : ce qui caractérise la fonction éphorique est sa réactivité, dont l'épisode de Cinadon donne un excellent exemple.

C'est dans le cadre de ce raisonnement qu'il faut peser le sens de l'expression, devenue fameuse, « comme les tyrans », ὥσπερ οἱ τύραννοι. Elle fut fameuse dès le IVe siècle (Richer 1998, p. 496-498), mais sous la forme : les éphores ont un pouvoir tyrannique. C'est ainsi que Platon dit les choses. Dans les *Lois* (IV, 712d), Mégillos s'interroge sur la nature du régime spartiate : « En effet, il me paraît aussi ressembler à une tyrannie, car l'institution des éphores est extraordinairement tyrannique », τὸ γὰρ τῶν ἐφόρων θαυμαστὸν ὡς τυραννικόν. Dans sa discussion sur Sparte comme exemple de constitution mixte, Aristote rapporte (*Pol.* II, 1265 b 40) l'opinion de certains auteurs pour qui l'éphorat y représente la tyrannie (τὴν ἐφορείαν εἶναι τυραννίδα) ; il est peut-être un peu plus réservé quand il s'exprime en son nom propre : « parce que leur pouvoir est excessif et équivalent à une tyrannie », ἰσοτύραννον (1270 b 15). Ces opinions procèdent manifestement de la phrase de Xénophon que nous examinons, mais elles en simplifient à l'excès le contenu. Il serait bien étonnant que Xénophon assimile tout uniment le pouvoir des éphores à une tyrannie, terme qui a chez les Grecs une valeur extrêmement défavorable ; or, nous venons de voir que le contenu de la phrase était entièrement laudatif. N'oublions pas que la mention des tyrans figure ici dans une comparaison, à propos de laquelle deux remarques s'imposent. La première est que, pour en respecter le sens, il convient de ne pas la tronquer. Non seulement la tyrannie n'y figure qu'à titre d'exemple, mais en cette qualité elle est mise sur le même plan qu'une institution tout à fait anodine politiquement, les épistates des concours gymniques (ceux qui président à leur déroulement). Deuxième remarque : sur quoi porte la comparaison ? autrement dit, qu'y a-t-il de commun entre les éphores, les tyrans et les épistates des concours ? C'est ce que j'ai appelé plus haut la réactivité : la capacité d'intervenir immédiatement et souverainement. Les épistates des concours jouent le rôle de nos arbitres ; si, pour sanctionner une irrégularité, ceux-ci n'intervenaient qu'après la fin de la partie, ils ne serviraient à rien.

Xénophon ne dit donc pas que les éphores ont un pouvoir équivalent à celui des tyrans, mais seulement qu'ils se comportent comme des arbitres de la vie politique et sanctionnent immédiatement les magistrats qui commettent des actes contraires à la loi ; et que s'ils peuvent le faire, c'est parce qu'ils n'ont à en référer à personne : ce qu'Aristote traduit par la qualification d'αὐτογνώμονες (qu'il glose par « ils prennent souverainement des décisions importantes », κρίσεών εἰσι μεγάλων κύριοι, *Pol.* II, 1270 b 28-30). Cela dit, même prise dans son véritable sens, la comparaison avec les tyrans reste surprenante. Il est vrai que les tyrans peuvent décider de n'importe quoi sur-le-champ et d'une manière souveraine, mais ils ne sont pas des arbitres chargés de faire appliquer la loi ; au contraire, ils décident selon leur bon plaisir. Xénophon ne peut pas avoir voulu dire (ni même suggérer malignement) une telle chose à propos des éphores, surtout dans un chapitre qui fait l'éloge du strict respect de la loi à Sparte. Il me semble que la fonction principale de cette expression est de suggérer au lecteur un rapprochement avec le *despotès nomos* d'Hérodote (VII, 104) et de montrer par là que les éphores incarnent véritablement la loi.

La présentation faite par ce texte du pouvoir des éphores est manifestement unilatérale. Elle ne retient que ce qu'il a d'absolu et de redoutable, et omet ce qui le limite : son caractère collégial ; le fait qu'il ne dure qu'un an et, selon toute vraisemblance, ne peut être renouvelé ; le fait que les éphores une fois sortis de charge doivent rendre des comptes devant le collège entrant en fonction (Richer 1998, p. 443). Certes, leur pouvoir était grand, et cela essentiellement, je crois, parce qu'ils étaient un collège restreint, fonctionnant en permanence et jouant de ce fait le rôle que joue le gouvernement dans les États modernes ; mais Xénophon l'a volontairement grossi, au point de faire apparaître le système spartiate comme un gouvernement de la peur. Il ne faut pas s'étonner de le voir approuver une telle façon de diriger une cité, puisque la peur en question est celle de la loi, dont les éphores sont les représentants. On voit par là que, si Xénophon donne une image excessive du pouvoir des éphores, il prend soin en même temps d'en justifier l'étendue.

Cela permet de comprendre pourquoi, dès le début du chapitre, il amorce ce qui peut sembler être une bifurcation vers un discours « historique » et même « biographique ». En réalité, ce n'est pas une bifurcation, mais une démarche logique. Manifestement, le Lycurgue de Xénophon tenait absolument, et dès le début, à instituer l'éphorat, parce que les éphores, indéfiniment renouvelés, lui apparaissaient comme ses continuateurs, comme ceux qui auraient la responsabilité de maintenir ses lois vivantes. Il fallait pour cela leur donner un très grand pouvoir. Dès lors, Xénophon a jugé qu'il ne pouvait éviter la question : comment les citoyens de Sparte ont-ils pu être convaincus d'accepter ce qui ressemblait à un contrat de servitude volontaire ? D'où la nécessité du recours aux *kratistoi*.

La dernière séquence, la consultation de l'oracle de Delphes (§ 5), peut apparaître comme une synthèse des deux procédés utilisés par Lycurgue, la persuasion et la contrainte ; mais ils ne s'équilibrent pas. La persuasion n'est représentée que par l'association des *kratistoi* à la démarche effectuée auprès de l'oracle ; encore ceux-ci se bornent-ils à accompagner le législateur. L'acteur principal, dans ce genre d'épisode, devrait être le dieu. Tel est apparemment le cas dans le récit d'Hérodote (I, 65), où c'est la Pythie qui « énonce (φράσαι) l'ordre (τὸν κόσμον) qui régit encore maintenant les Spartiates » ; selon Hérodote, ce n'est d'ailleurs pas la version qui avait cours à Sparte de son temps, et qui voulait que ses institutions eussent été empruntées à la Crète. Même la première version ne pouvait convenir à Xénophon, dont tout le traité repose sur l'idée d'un Lycurgue créateur tout-puissant. Il est donc cohérent en attribuant à l'oracle un rôle quasi passif. Non seulement il se borne à approuver la réforme élaborée par Lycurgue et soutenue par les *kratistoi*, mais encore la formulation du début du paragraphe suggère fortement une pure et simple instrumentalisation : sa consultation n'est de la part de Lycurgue qu'un « ingénieux procédé », μηχάνημα. Pourquoi un procédé ? Parce que le but de la consultation n'est pas de s'assurer que les institutions proposées sont conformes au bien et à la justice, mais de contraindre d'une façon encore plus irréversible les Spartiates à les respecter, sous peine d'impiété (dans les *Lois* VIII, 839c, Platon se souviendra de cela ; à Athènes de même une tradition voulait que les Athéniens aient juré de respecter les lois de Solon pendant dix ans selon Hérodote [I, 29], cent selon Aristote [*AP* VII, 2]). Quand l'analyse d'un système politique conduit à constater que son principal fondement est la contrainte exercée sur les hommes, on ne peut éviter de se demander ce qui se passera quand cette contrainte viendra à cesser. La réponse est évidemment que la nature humaine reprendra le dessus et qu'alors le système périra. Pour Xénophon, c'est exactement ce que Lycurgue a pensé ; l'approbation de l'oracle est pour lui le moyen, le seul moyen, d'être sûr que la contrainte ne cessera jamais. L'allitération πυθοχρήστοις... πείθεσθαι donne encore plus de force à cette formule finale : approuvée par le dieu, la loi est désormais hors de portée des hommes et devient immuable.

Conclusion. Ce chapitre est pour l'essentiel un éloge de l'obéissance à Sparte et on peut le résumer par la formule du §3, « l'obéissance est le plus grand bien dans une cité comme dans une armée et dans une maisonnée ». Obéissance à quoi ? À la loi, évidemment (la loi édictée par Lycurgue et approuvée par le dieu), ce qui signifie concrètement aux magistrats qui la font appliquer et même l'incarnent, les éphores. Il ne s'agit donc pas (ou pas seulement) d'une obéissance librement consentie et constamment renouvelée à une loi entièrement intériorisée, comme dans le *Criton*, mais (ou : mais aussi) d'une obéissance reposant sur la crainte du châtiment.

Leo Strauss a considéré qu'un éloge de cette sorte ne pouvait être sincère de la part d'un philosophe disciple de Socrate : pour un tel homme, l'obéissance aux lois et aux décisions des magistrats devrait être conditionnée à leur conformité au bien et à la justice. Et comme Xénophon prône également l'obéissance inconditionnelle aux lois et aux magistrats dans un passage célèbre des *Mémorables* (IV, 4, 15) où Lycurgue est nommément cité, Strauss est obligé de considérer ce texte lui aussi comme ironique, c'est-à-dire comme une critique déguisée de Sparte. Sans aller jusqu'à parler d'ironie, certaines études récentes concluent que la présentation par Xénophon de la discipline civique des Spartiates comme reposant sur la contrainte constitue de sa part la reconnaissance implicite de l'échec au moins partiel de Lycurgue ; c'est ce que Xénophon aurait voulu suggérer en affirmant à la fois qu'à Sparte tout le monde obéit à la loi (§1) et que ceux qui n'obéissent pas sont sévèrement punis (§4). Mais c'est là présenter les choses d'une façon polémique. Xénophon connaît suffisamment et les hommes et le droit pour savoir qu'à toute loi, en tout lieu, il y a nécessairement des contrevenants. Rien donc, dans ce chapitre comme dans les précédents, n'est de nature à faire douter sérieusement que l'éloge de Lycurgue soit sincère et sans réserves. Ce n'est qu'après qu'il aura pris connaissance du chap. XIV que le lecteur de la *LP* pourra se poser des questions et, s'il y a lieu, procéder à une relecture réflexive du début du traité. Pour l'instant, contentons-nous de prendre le texte tel qu'il est.

Or, tel qu'il est, il est remarquablement solide. Dans l'absolu, il est évident qu'une obéissance librement consentie, c'est-à-dire résultant d'une sorte de contrat tacite passé entre le citoyen et la cité, et constamment renouvelé, serait l'idéal. Mais avec la *LP*, nous ne sommes pas dans l'utopie. Pour Xénophon, la Sparte créée par Lycurgue est une cité réelle, et les Spartiates des hommes réels, comme chacun peut le constater. Dans le monde des hommes tels qu'ils sont, Xénophon estime que la contrainte est une nécessité. Elle ne règne pas seule : les bons citoyens obéissent spontanément aux lois ; mais, comme on verra au chapitre suivant, il y a aussi des *kakoi*, et même les bons peuvent avoir des moments de faiblesse. L'autorité est donc nécessaire.

En faisant de la contrainte l'instrument par excellence du gouvernement des hommes, Xénophon n'adopte pas une position originale. Il ne fait que suivre un courant de pensée bien attesté au ve siècle. Dans l'Athènes des *Euménides* d'Eschyle, les « Bienveillantes » sont dans leur rôle quand elles déclarent : « Il y a des cas où la crainte (τὸ δεινόν) est une bonne chose et doit rester comme un gardien dans le cœur des hommes » (v. 517-519). Plus loin, c'est Athéna qui le confirme : « Ici, le respect et la peur (φόβος), sa sœur, empêcheront d'enfreindre la loi, de jour comme de nuit » (v. 690-692) ; « Je conseille... de ne pas chasser toute crainte (τὸ δεινόν) de la cité, car quel mortel, s'il n'a rien à craindre, respecte la justice ? » (v. 698-699). On retrouve cela chez Sophocle (*Ajax*, v. 1073-1074) : « Jamais, dans une cité, les lois ne seraient acceptées si la crainte (δέος) n'y était installée ». Même à Athènes, modèle, selon lui, de la cité « libérale », le Périclès de Thucydide (II, 37, 3) utilise à propos de la crainte des lois une formule (τὰ δημόσια διὰ δέος μάλιστα οὐ παρανομοῦμεν) d'autant plus riche de sens qu'elle est volontairement ambiguë, puisqu'on peut la traduire soit par « dans le domaine public, la crainte nous retient avant tout de rien faire d'illégal » (J. de Romilly), soit (en faisant porter μάλιστα sur διὰ δέος, ce qui me paraît bien plus naturel) par « c'est avant tout la crainte qui nous pousse à ne pas contrevenir à la loi ». Il est en tous cas plus que probable que Xénophon avait présente à l'esprit la déclaration faite à Xerxès par Démarate, à propos des Spartiates, dans Hérodote, VII, 104 : « Ils sont libres, certes, mais pas libres en tout. Ils ont en effet un maître absolu, la loi, qu'ils redoutent (ὑποδειμαίνουσι) beaucoup plus que les tiens ne font pour toi ». Comme l'a souligné Ellen Millender (2002, p. 29-30), la formule δεσπότης νόμος a un sens très fort, le terme *despotès* étant habituellement appliqué par Hérodote « à la relation entre propriétaire et bien possédé, maître et esclave, roi et sujets, tyran et sujets, dieu et homme ». La loi à Sparte est plus qu'un maître, presque un despote, et la relation est empreinte de crainte. La tonalité est bien la même que chez Xénophon, et on pourrait soutenir que tout ce qui est dit dans la *LP* sur la contrainte et l'obéissance (et, à la limite, la *LP* dans son ensemble) est un commentaire de la formule d'Hérodote. La pensée politique de Xénophon se situe donc dans l'exact prolongement de celle des auteurs du Ve siècle, bien plus qu'elle n'annonce celle de Platon et d'Aristote. En tout cas, les Spartiates eux-mêmes liaient étroitement la crainte à l'exercice du pouvoir dans leur cité, comme le montre l'association, étudiée par N. Richer (résumé commode dans Richer 1998, p. 219-224), entre le culte de Phobos divinisé (la Crainte politique) et les éphores.

Chapitre IX : Qu'une belle mort est préférable à une vie honteuse

Comme au chap. IV, Xénophon confronte ici des considérations théoriques (sur la bravoure et la lâcheté) à la pratique des Spartiates en la matière. La différence est qu'on ne trouve pas dans le présent chapitre d'allée et venue entre ces deux pôles, mais une séquence unique. En gros, on dira que les considérations théoriques occupent les § 1-2 et la description du sort du lâche les § 4-6 ; quant au § 3, il assure la transition entre les deux parties.

Considérations générales, § 1-3. Au chap. V, Xénophon a fait l'éloge des repas en commun en décrivant les avantages qu'ils procurent ; nous trouvons ici, de même, une sorte d'arétalogie de l'*arétè*, entendue, cela est parfaitement clair, au sens de la valeur guerrière, de l'*andreia*. Cet éloge n'est pas d'ordre éthique ou esthétique, mais entièrement pratique : il s'agit des avantages matériels que l'on peut retirer du choix de la bravoure contre la lâcheté. Xénophon, qui sait que l'obéissance à la loi résulte généralement de la peur du châtiment, sait aussi que l'argument le plus efficace en faveur du choix du courage est qu'en fin de compte on y gagne.

Le premier avantage est que, si on se conduit bravement au combat, on a de meilleures chances de survie que si on est lâche (§ 1-2). Cette donnée, qu'on peut en effet considérer comme vraisemblable, est liée au mode de combat des Grecs : un soldat qui fuit est isolé et tourne le dos à l'ennemi, ce qui le rend extrêmement vulnérable, surtout aux armes de jet. Des observations comparables peuvent être trouvées dans la *Cyropédie*, en particulier dans le discours du roi des Assyriens en III, 3, 45, où il est joliment dit que celui qui fuit « présente à l'ennemi des parties du corps qui sont dépourvues d'yeux, d'armes et de mains » ; voir aussi IV, 1, 15. Un parallèle encore meilleur est offert par un passage d'un discours (de Xénophon, précisément) dans l'*Anabase* (III, 1, 43) et il se peut que ce qu'il dit ici du courage reflète l'expérience militaire qu'il a acquise pendant l'expédition. – À vrai dire, il s'agit d'un lieu commun. On le trouve déjà chez Tyrtée : « Ceux qui ont le courage de tenir au coude à coude sont moins nombreux à mourir, et ils sauvent la foule de ceux qui sont derrière ; quant aux trembleurs... ». Il serait erroné d'y voir un thème typiquement spartiate, parce que Tyrtée, comme toujours, peut-on dire, l'a emprunté à Homère (*Iliade* V, 531-532, discours d'Agamemnon). C'est un thème courant d'exhortation.

Xénophon énumère ensuite quatre qualités qu'il attribue sans autre commentaire à la bravoure, par opposition à la lâcheté : elle est « plus aisée » (ῥᾴων), « plus agréable » (ἡδίων), « plus féconde » (εὐπορωτέρα) et « plus forte » (ἰσχυροτέρα) ; liste symétrique, deux comparatifs en -ίων et deux en -τέρα. Cette liste a un contenu sans doute volontairement paradoxal, et, comme l'intensité du paradoxe va décroissant, on commencera par la fin. On comprend aisément que la bravoure soit qualifiée de « forte » : c'est la conduite de quelqu'un qui a l'âme forte, et elle le met en position de force vis-à-vis de l'ennemi. Εὐπορωτέρα est déjà plus difficile ; je prends l'adjectif non au sens passif de « facile » (il ferait en ce cas double emploi avec le premier de la liste), mais au sens actif de « fécond en ressources » : le brave a plus de possibilités que le lâche, qui ne peut que fuir. Je proposerais d'expliquer « plus agréable » par la satisfaction intime que procure le sentiment de s'être bien conduit. Quant à ῥᾴων, il est suprêmement paradoxal : comment peut-on soutenir qu'il est plus facile à l'homme de risquer sa vie que de fuir ce que Xénophon appelle, un peu étrangement, τὸ φοβερόν ? Cela surprend d'autant plus que, comme nous l'avons constaté à plusieurs reprises, la « facilité » (*rhadiourgia*) est présentée dans la *LP* comme la cible favorite de Lycurgue. Peut-être pourrait-on dire que c'est aux « âmes bien nées » que le courage est la voie la plus naturelle ; mais ce point de vue n'est pas celui de Xénophon dans le reste du chapitre comme dans tout le traité, où vraiment les hommes sont pris tels qu'ils sont, et non tels qu'ils devraient être.

Dans la dernière phrase du §2, Xénophon présente un autre avantage, pour lui évident, de la bravoure : c'est la gloire, littéralement « la bonne renommée », εὔκλεια ; l'illustration concrète qu'il en donne (καὶ γάρ) est le fait que tout le monde veut combattre aux côtés de ceux qui sont braves. Formellement, Xénophon énonce ici une vérité générale, mais il est clair que c'est des Spartiates qu'il s'agit. C'était en effet un des thèmes préférés de la propagande spartiate au ve siècle (liste d'exemples hérodotéens dans Humble 2006, p. 230, n. 4) que le fait que tous les États, y compris hors du monde grec, recherchaient l'alliance de cette cité. En disant que tout le monde veut les avoir pour alliés, il peut penser aux Périèques (qui, au vrai, n'avaient guère le choix), ou à ce que nous appelons la Ligue du Péloponnèse, ou plus largement au monde grec dans son ensemble après 413. Mais peut-être l'atténuation πως signifie-t-elle que συμμαχεῖν est employé ici dans un sens métaphorique, et non strictement militaire : chacun veut les avoir de son côté.

Ayant ainsi démontré que la bravoure est un meilleur parti que la lâcheté, non parce qu'elle est une vertu, et la lâcheté un vice, mais parce qu'elle est plus avantageuse pour les individus et pour l'État, Xénophon, au §3, passe aux conséquences pratiques que Lycurgue a tirées de cette constatation. Sa ligne de conduite a donc été de « ménager aux braves une vie de bonheur, et aux lâches, une vie de malheur ». Voilà le précepte politique pour lequel Xénophon professe la plus grande admiration (ἄξιον... ἀγασθῆναι, § 1). En cela, il est tout à fait cohérent, puisque nous l'avons vu, au chapitre précédent, approuver hautement que les éphores gouvernent la cité au moyen de la peur qu'en tant que représentants de la loi ils inspirent aux citoyens. Le caractère paradoxal de cette conception du courage a été cruellement souligné par Platon. Dans le *Phédon* (68d), Socrate demande à Simmias : « N'est-ce pas par crainte de maux plus grands encore que ceux d'entre eux [les hommes qui ne sont pas philosophes] qui sont braves affrontent la mort, quand ils doivent l'affronter ? – C'est vrai. – Ainsi, c'est par peur, par crainte, qu'ils sont tous braves, hormis les philosophes. Et pourtant, il est absurde assurément d'être brave par peur et par lâcheté ».

Si on épousait le point de vue de Strauss et de ceux qui peu ou prou l'ont suivi, on dirait que cette absurdité n'a pas pu échapper à Xénophon, donc que son raisonnement, dans ce chapitre comme partout ailleurs, ou bien est ironie pure et constitue une critique voilée de Sparte, ou bien, à tout le moins, veut suggérer que Lycurgue a été incapable d'enseigner la bravoure à ses concitoyens, ce qui l'a obligé à avoir recours à la peur d'un châtiment pire que la mort. Mais une telle interprétation doit être écartée, parce que la même conception de la bravoure se retrouve, identique jusque dans le vocabulaire, dans un discours prononcé par Cyrus au livre III (3, 51-52) de la *Cyropédie*, passage d'où toute ironie est assurément absente. Pour rédiger ces deux paragraphes sur la bravoure, Xénophon a réutilisé ce qu'il avait écrit sur le même sujet dans la *LP*. On retrouve au

§ 51 de la *Cyropédie* l'idée qu'il est préférable de mourir au combat que de sauver sa vie par la fuite (αἱρετώτερόν ἐστι μαχομένους ἀποθνῄσκειν μᾶλλον ἢ φεύγοντας σῴζεσθαι, cf. ici § 1), et au § 52 celle de lois qui procurent au brave une vie pleine d'honneurs et digne d'un homme libre, et aux lâches infligent une existence humiliée, douloureuse, invivable (νόμους δι' ὧν τοῖς μὲν ἀγαθοῖς ἔντιμος καὶ ἐλευθέριος ὁ βίος παρασκευασθήσεται, τοῖς δὲ κακοῖς ταπεινός τε καὶ ἀλγεινὸς καὶ ἀβίωτος ὁ αἰὼν ἐπανακείσεται, cf. ici § 3 et, pour les adjectifs qualifiant la « male vie » du lâche, § 6). Dans les deux chap. VIII et IX, le point de vue de Xénophon n'est pas celui du philosophe ou du moraliste, mais celui de l'analyste politique, qui considère que, pour conduire une société humaine vers le bonheur, une certaine dose de contrainte est nécessaire.

Un lâche dans la cité, § 4-6. Afin de rendre vivant l'exposé des mesures concoctées par Lycurgue pour rendre la vie intenable au lâche revenu dans la cité après la guerre, Xénophon utilise le procédé du portrait ; il décrit ainsi les sanctions dont celui-ci est l'objet tant dans ses rapports avec les autres Spartiates qu'à l'intérieur de son *oikos*. Avant d'aborder cette description, il nous faut passer par quelques problèmes de terminologie.

Pour désigner le lâche (le lâche par excellence), Xénophon utilise le mot le plus neutre et le plus banal qui soit, κακός (repris au § 5 par ὁ τοιοῦτος). Seul le contexte indique que la faute dont il est question est la lâcheté au combat. Au contraire, δειλός, qu'on attendrait plutôt ici, apparaît dans la *LP*, sous la forme du verbe ἀποδειλιᾶν, dans un sens beaucoup plus large et non spécifiquement militaire (III, 3 et X, 7). Apparemment, cet adjectif substantivé, ὁ κακός, recouvre ce que j'appellerai les deux « versants » du lâche : à la fois celui qui a commis le crime militaire qui est ordinairement appelé « lâcheté » (quels que soient les actes précis considérés comme constitutifs de ce crime ; Xénophon ne nous en dit absolument rien) et celui qui subit pour ce motif la punition qui fait l'objet du portrait. Il existait toutefois, pour désigner le statut à la fois social et juridique de l'homme ainsi puni, un terme plus précis (encore qu'il ne le soit guère), ἄτιμος ; on le retrouve, à propos des lâches à Sparte, chez Thucydide, Isocrate, Plutarque et Polyen (ainsi que, sous la forme ἠτίμωτο, chez Hérodote ; pour ces textes, et une étude d'ensemble de l'atimie des lâches à Sparte, voir Ducat 2005 et surtout 2006b). Cet adjectif est également présent dans ce chapitre, où, en même temps que l'abstrait ἀτιμία, il qualifie (§ 6) la vie du lâche.

Mais, dira-t-on, n'existait-il pas un terme particulier à Sparte pour désigner notre personnage, celui de « trembleur » (ὁ τρέσας) ? Pourquoi Xénophon ne l'a-t-il pas utilisé ? Cela pourrait être un exemple de plus de sa répugnance (qui n'est toutefois pas permanente, on l'a vu) à employer des termes locaux ou « techniques ». Mais j'estime que dans le cas présent il faut rester prudent quant à la motivation de l'auteur. Ce participe aoriste du verbe τρέμειν, « trembler », a été appliqué à des lâches pour la première fois par Tyrtée (fragm. 11 W, v. 14) ; c'est probablement une métaphore, forte mais naturelle, trouvée par le poète. Quand, seul des Trois Cents, Aristodèmos est revenu vivant des Thermopyles, on a fait le rapprochement, et, comme dit Hérodote, « il a subi l'opprobre d'être appelé Aristodèmos le Trembleur ». Il y a certainement eu d'autres lâches entre la fin du viie siècle et 480, mais la façon dont Hérodote s'exprime à propos d'Aristodèmos suggère fortement qu'eux n'ont pas été appelés « trembleurs ». Ce terme n'apparaît pas chez Thucydide, qui, à propos des Spartiates qui avaient capitulé à Sphactérie (V, 34, 2), parle seulement d'*atimoi*. Il se peut donc fort bien que, si Xénophon ne l'a pas utilisé, ce soit simplement parce qu'il n'était pas en usage à son époque. De fait, il n'apparaît que chez Plutarque (même chez Diodore, on ne trouve qu'*atimia*), ce qui rend possible qu'il s'agisse d'une dénomination abusivement généralisée, à partir du cas d'Aristodèmos, par les savants de la haute époque impériale, afin d'obtenir un effet de couleur locale.

On retrouve, au début du §4, le thème non seulement familier, mais même obligatoire, de l'opposition avec les autres cités. Il est important ici, parce qu'il justifie que Xénophon se livre à une description détaillée de la sanction qui frappe les lâches, alors qu'à l'échelle de l'ensemble des lois de Lycurgue ce n'est vraiment qu'un détail. Comme dans tout le traité, il veut opposer la rigueur et l'efficacité de ces lois au laxisme des autres Grecs et, plus précisément, montrer comment le citoyen spartiate est irrésistiblement contraint de respecter à la lettre le code de sa cité. Toutefois, l'opposition avec les autres cités est ici manifestement forcée et l'attitude de Xénophon frôle la mauvaise foi. Prenons le cas d'Athènes, à laquelle, à coup sûr, il pense avant tout. À Athènes, donc, il n'est pas vrai que toute la punition que le lâche ait à subir soit le fait d'être appelé « lâche ». Contre les fautes militaires existaient au IVe siècle plusieurs sortes d'accusations publiques (*graphai*) : pour insoumission, pour abandon de poste et, plus génériquement, pour lâcheté (δειλίας). Celui que le tribunal déclarait coupable subissait une ou plusieurs atimies. Sous leur forme complète, celles-ci lui interdisaient : d'être magistrat ; d'être juge ; de parler, de faire une proposition, et même d'aller, à l'Assemblée ; de fréquenter l'agora (Xénophon dit précisément le contraire) et les sanctuaires ; d'ester et de témoigner en justice. Il est vrai qu'il y avait une différence entre Athènes et Sparte, et c'est peut-être parce qu'il la jugeait essentielle que Xénophon a forcé les choses : à Athènes, le lâche n'était pas puni automatiquement ; il fallait pour cela que quelqu'un lui intentât une *graphè deilias*, et si ce n'était pas le cas, il ne lui arrivait rien ; tandis qu'à Sparte, le châtiment est présenté ici comme spontané et automatique (ce à propos de quoi il faut d'ailleurs émettre des réserves, fondées sur les quelques cas historiques connus).

L'exclusion du repas en commun. On n'hésitera pas à considérer que « chacun aurait honte de l'accueillir » équivaut de fait à une exclusion, puisque le *syskènion* fonctionne par acceptation mutuelle et consensus unanime.

L'exclusion du gymnase. La formulation est exactement la même que dans le cas précédent. Nul ne peut interdire au lâche de pénétrer dans le gymnase, mais personne n'acceptera de se livrer à une activité physique en sa compagnie : dans ces conditions, y aller n'aurait pas de sens. À elles seules, ces deux exclusions signifient la privation d'une partie essentielle de la vie sociale.

Autre activité physique, *le jeu de balle*. On peut être surpris par l'adverbe πολλάκις qui introduit à la fois le jeu de balle et les chœurs de danse. Faut-il comprendre que ce qui suit ne se produit que « souvent », donc qu'il peut arriver que le lâche fasse partie d'une équipe ou ait une place normale dans un chœur ? Cela paraît peu probable (encore que par ce moyen il pourrait être incité à postuler, ce qui donnerait aux autres l'occasion de l'humilier en le refusant), et on préfèrera considérer que par là Xénophon veut dire que ce sont des choses qui, sans être quotidiennes comme le repas et l'exercice physique, font partie de la vie courante.

Le jeu de balle ne nous est véritablement connu qu'à l'époque impériale, où il fait officiellement partie de l'éphébie et semble même en constituer le couronnement (Kennell 1995, p. 39-40). Pour l'époque hellénistique, on ne sait rien, et pour l'époque classique, ce passage est notre unique source. Le problème qui se pose à nous est de savoir si les parties dont il est question ont lieu dans le cadre d'une compétition officielle, ou si ce sont de simples jeux de rue. Ollier (1934, p. 49) établit une relation étroite entre le jeu dont parle Xénophon et celui de l'époque romaine, ce qui donne à penser qu'il y voit une compétition officielle ; tandis que Kennell (1995, p. 131) semble incliner pour des jeux spontanés. La circonstancielle διαιρουμένων τοὺς ἀντισφαιροῦντας peut d'abord sembler impliquer, par l'opposition du génitif absolu et de l'accusatif, l'existence d'une autorité extérieure aux équipes et qui les sélectionne (ce qui correspondrait à une compétition officielle), mais il n'en est pas nécessairement ainsi. À observer les parties qui se déroulent dans nos rues ou dans les cours de récréation, on constate que le processus le plus courant est le suivant. Arrive le groupe de ceux qui désirent jouer. En émergent, par un consensus généralement tacite, deux leaders, considérés comme les plus compétents. Ce sont eux qui, poste par poste, se répartissent les joueurs, de sorte que les plus mauvais sont les derniers recrutés, certains pouvant même ne pas l'être du tout. Les termes (quasi techniques, en tout cas très précis) utilisés par Xénophon, διαιρεῖσθαι et ἀχώριστος, me paraissent convenir exactement à un processus de ce type. Je pense donc qu'il est préférable de voir là un jeu organisé spontanément, en un lieu quelconque de la ville (le Dromos ?), entre jeunes gens et hommes jeunes. Notre lâche peut s'en approcher, manifester son intérêt, postuler muettement à une place : peine perdue, il est (presque ?) invariablement laissé de côté.

L'indication relative aux *chœurs de danse*, certainement tout à fait claire pour les lecteurs de Xénophon, n'est pas pour nous évidente. Un des problèmes est, comme précédemment, de savoir s'il s'agit de danses officielles, exécutées pendant les fêtes et devant un public, ou de danses improvisées entre compagnons, dans un but de pure distraction, comme cela se pratique encore (quoique, hélas, de moins en moins) en Grèce. La passion des Spartiates pour la danse était proverbiale, comme le montre, par exemple, une formule du poète satirique du début du ve siècle Pratinas de Phlionte (dans Athénée XIV, 632 f ; fragm. 2 Bergk), « la cigale laconienne, toujours prête pour la danse ». Certains seront peut-être surpris de voir le Spartiate ainsi assimilé à la cigale de la fable ; cela montre en tout cas que dans notre texte il pourrait fort bien s'agir de danses spontanées. Toutefois, à la différence de ce qui se passe au jeu de balle, ici le lâche n'est pas laissé de côté. Cela suggère que les danseurs ne sont pas libres de le refuser, donc qu'il s'agit de chœurs de la cité (dans le même sens, mais sans argument, Ollier 1934, p. 49).

C'est ce que confirme l'examen de l'autre problème posé par cette phrase : que sont ces « places outrageantes » auxquelles les lâches sont relégués par les organisateurs des chœurs ? Il peut paraître surprenant qu'à l'intérieur des chœurs qui chantaient et dansaient lors des fêtes de la cité, certaines places (celles sans doute où l'on était peu visible) aient pu être considérées de cette façon ; mais il en est indubitablement ainsi, comme le montrent plusieurs textes (par ex. [Plutarque], *Ap. Lac.*, *Mor.* 208 D et 219 E = 191 F).

Les deux phrases suivantes, qui sont étroitement liées, traitent de *questions de préséance*. L'idée est que les règles normales sont suspendues pour le lâche et qu'il doit dans tous les cas céder le pas. Comme chacun, en Grèce, le savait, à Sparte la règle voulait que les plus jeunes observassent ces marques de respect envers les plus anciens :

dans les lieux où l'on marche (rues et places), leur laisser la priorité ; dans ceux où l'on s'assied, se lever de leur siège pour le leur offrir. Xénophon fait une brève allusion à cette règle dans les *Mémorables* (III, 5, 15). Hérodote affirme même (II, 80) que, parmi les Grecs, les Spartiates étaient les seuls à observer fidèlement ces usages, dont le plus connu était celui de se lever de son siège (cf. Richer 1998, p. 392, n. 19). Une inscription spartiate découverte assez récemment (*REG* 1999, *Bull. Épigr.*, n° 241 ; cf. N. Lanérès, *REG* 2012, p. 715-725) et à peu près contemporaine de la *LP* confirme ce que disent les textes ; gravée sur un siège de marbre, elle se termine par la formule « que les jeunes cèdent la place à leurs aînés ». – Dans tout le reste du paragraphe, αὐτῷ, que régit ici παραχωρητέον, sera sous-entendu.

Le sujet abordé ensuite concerne la *vie familiale*, en particulier le *mariage* ; ce passage est particulièrement difficile. Il forme un tout structuré par la distinction τὰς μὲν κόρας... γυναικὸς δέ. Déjà le premier membre de phrase pose de très sérieux problèmes de sens. Les προσήκουσαι κόραι sont visiblement des jeunes filles sur lesquelles le lâche se trouve exercer la *kyrieia*. On pense naturellement à ses filles, mais pour qu'il en ait, il faut qu'il ait été marié avant d'avoir encouru l'atimie, puisqu'on voit par la suite qu'il ne peut pas contracter de mariage. Il peut aussi s'agir de ses sœurs, si le père est mort, ou de parentes plus éloignées. Mais quel sens donner au verbe τρέφειν ? On pourrait considérer que c'est de leur éducation qu'il s'agit, ce qui impliquerait que, si leur *kyrios* n'avait pas été un lâche, celle-ci se serait déroulée, normalement, « à l'extérieur ». Mais ce serait très problématique. Si peu que l'on en sache sur l'éducation des jeunes filles à Sparte, cela suffit à assurer qu'elle se déroulait pour l'essentiel à l'intérieur de l'*oikos* ; elles pouvaient faire partie d'un chœur si leur famille en avait les moyens, elles s'adonnaient à des activités gymniques, mais cela n'occupait qu'une partie de leur temps. Le sens le plus courant de τρέφειν, « nourrir » (comme en I, 3), par conséquent « garder chez soi », convient très bien.

Dans la « clause » suivante, le mot <ἀν>ανδρία est encore plus ambigu que θρεπτέον. Comme Lipka l'a relevé, il signifie normalement, à l'époque classique, « lâcheté ». Mais aussitôt vient à l'esprit l'objection que, dans une phrase où il est question de l'impossibilité de se marier où se trouvent, au début, les jeunes filles, et à la fin, le lâche lui-même, il serait surprenant que le terme *anandria* désignât autre chose que le célibat féminin. Je pense que cette objection doit être rejetée, car il serait encore plus surprenant que, dans un chapitre consacré tout entier au sort du lâche, *anandria* désignât autre chose que la lâcheté ; en outre, en X, 6, ὁ ἄνανδρος signifie clairement « le lâche ».

Reste à comprendre l'ensemble formé par les deux propositions καὶ τὰς μὲν κόρας... θρεπτέον et καὶ ταύταις... ὑφεκτέον. Le sujet en est le célibat forcé des parentes du lâche. Dans la première, le mot important n'est pas θρεπτέον (l'obligation alimentaire ne saurait être en elle-même une sanction), mais le locatif οἴκοι, qui dit l'« enfermement » des jeunes filles, à savoir l'impossibilité où elles sont de se marier, parce qu'aucun autre *oikos* n'accepte de nouer des liens avec celui du lâche. La deuxième est pour nous beaucoup plus difficile à comprendre, parce que notre façon de voir diffère de celle de Xénophon et des Anciens en général. Depuis qu'il est question des jeunes filles, notre centre d'intérêt s'est déplacé vers elles : car voilà des personnes entièrement innocentes que par sa faute le lâche a entraînées dans un malheur absolu ; elles provoquent notre pitié. L'analyse de Xénophon, elle, porte d'un bout à l'autre sur le lâche et son déshonneur : depuis ἐν ὁδοῖς παραχωρητέον αὐτῷ, tous les adjectifs verbaux, comme le souligne D. Muratore (2022, p. 258), se rapportent à lui exclusivement. Cette constatation s'applique en particulier à la deuxième « clause » relative aux jeunes filles, ταύταις τῆς ἀνανδρίας αἰτίαν ὑφεκτέον (où ταύταις veut dire quelque chose comme « vis-à-vis d'elles »). Cela ne signifie nullement que Xénophon soit insensible au malheur des jeunes filles. Mais son unique sujet est le lâche, et son but de montrer qu'il encourt un double déshonneur : celui qui pèse sur lui-même par suite de sa faute et celui qui résulte de la responsabilité qui est la sienne dans le sort de ses parentes. En elles, dit Xénophon, il peut contempler quotidiennement sa lâcheté comme dans un miroir.

Plutarque (*Agésilas* XXX, 3) résume ainsi cet aspect de la punition des lâches : « il est déshonorant de donner à l'un d'eux ou de recevoir de lui une épouse ». Le lâche lui-même, en effet, symétriquement, « voit son foyer vide d'épouse », il ne peut pas se marier. Que se passe-t-il s'il l'est déjà au moment où il « devient » lâche ? On ne le sait pas, mais il est fort possible qu'alors son mariage soit déclaré dissous de plein droit. La fin de la phrase évoque une amende que le lâche doit payer (ζημίαν ἀποτειστέον). On pourrait penser que c'est précisément comme punition (une de plus) de sa lâcheté, mais τούτου montre que cette pénalité est liée à ce qui vient d'être dit sur son célibat. En outre, ἅμα souligne le fait que, quoiqu'il ne soit pas volontairement célibataire, il doit quand même payer l'amende en question ; une double peine, en somme. Ce passage est le seul qui atteste l'existence de l'amende pour célibat à l'époque classique ; les autres sources sur ce sujet (sur lesquelles cf. Lipka 2002, p. 179) n'inspirent guère confiance et, sans le témoignage de Xénophon, on pourrait en douter.

Nous retrouvons pour finir le lâche dans l'espace public, mais d'un point de vue très particulier : son *apparence physique*. Il est une apparence qui lui sied et il doit s'y tenir strictement. Il lui est interdit, dit Xénophon, de se promener dans la ville λιπαρόν (la grammaire exigerait le datif). Lipka donne à cet adjectif son sens premier, qui est « gras, enduit d'huile », mais le sens ainsi obtenu est plus qu'étrange. Le sens figuré, « éclatant, splendide », convient infiniment mieux. Il s'applique à la fois à son vêtement et à l'expression de son visage ; c'est bien ainsi que Plutarque a compris (*Agés.* XXX, 4 : περιιόντες αὐχμηροὶ καὶ ταπεινοί). Si un tel comportement est imposé au lâche, c'est, précise le texte, afin que son allure générale rende possible de l'identifier au premier coup d'œil pour ce qu'il est, ce qui permet de lui appliquer les conduites discriminatoires décrites précédemment. Il en allait de même pour les Hilotes : eux aussi, d'après Myron de Priène (Athénée XIV, 657 c-d), avaient une sorte d'uniforme, et l'aspect même de leur corps devait s'accorder avec leur condition inférieure. Comme les Hilotes, les lâches qui enfreignaient cette norme de l'apparence étaient punis, quoique d'une façon moins sévère : ils n'étaient pas mis à mort, mais pouvaient être battus par quiconque les prenait en flagrant délit. Contrairement à S. Link (1994, p. 22, n. 162), je considère que ces coups, appliqués suite à la constatation du « délit d'apparence », n'étaient pas seulement l'expression du mépris dont le lâche était l'objet, mais constituaient une authentique punition de la faute qu'il avait commise, et montraient qu'il perdait une des prérogatives essentielles du citoyen, en ce que la loi ne le protégeait pas contre les châtiments corporels.

Ainsi le lâche, qui, relégué aux marges de la cité, assistait à sa vie en simple spectateur, constituait-il pour elle, en même temps, un spectacle.

Nature et rôle de la punition du lâche chez Xénophon. Le portrait du lâche occupe presque la moitié du chap. IX, et le soin que l'auteur a apporté à sa rédaction montre qu'il lui accordait beaucoup d'importance. Alors que l'éloquence utilise ses procédés habituels dans les § 1-4, elle prend dans le portrait la forme d'une longue série (pas moins de neuf) d'adjectifs verbaux au genre neutre, marquant l'obligation. Lipka (2002, p. 53) trouve cette accumulation fastidieuse, mais je ne partage pas ce sentiment. Je ne prétends pas que le procédé soit d'une grande élégance, mais il produit l'effet recherché : souligner la multiplicité des interdits qui cernent le lâche de toutes parts et font de sa vie un enfer (j'en rapprocherais l'accumulation des participes futurs au début du *Dies Irae*).

Pour l'essentiel, la sanction décrite par Xénophon est une sanction sociale, non une sanction pénale. La plupart des interdits frappant le lâche s'imposent aux autres, dans les rapports qu'ils ont (ou plutôt qu'il ne leur est pas permis d'avoir) avec lui : au repas en commun, au gymnase, au jeu de balle, dans les chœurs, dans les relations entre *oikoi*. Cela amène à se poser la question de savoir quelle sanction frappait celui ne respectait pas ces interdits, et qui, dans un domaine quelconque de la vie, acceptait de maintenir une relation sociale authentique avec son ancien camarade devenu « tabou » ; sans doute cette sanction était-elle, elle aussi, purement sociale, et ne consistait qu'en « la honte » (αἰσχυνθείη, §4). De son côté, le lâche lui aussi se voit dicter certains comportements, céder le pas dans les lieux publics, laisser sa place, avoir une apparence et un maintien conformes à sa condition. De cette façon, il montre qu'il fait sienne la norme qui le met au ban de la société et collabore à sa propre dégradation.

Les conduites de mise à l'écart sont à la fois effectives et symboliques. Leur efficacité tient précisément, pour une bonne part, à leur valeur symbolique, car, en matière de conduites sociales, chacun sait que la symbolique compte beaucoup. Des exclusions comme celle du repas en commun et du gymnase, ou l'impossibilité de conclure un mariage, remettent en cause jusqu'aux fondements de la vie sociale : à Sparte, l'enfer, c'est d'être privé des autres. Quoi de plus normal que d'exclure le *kakos* de tous les *kala* qui sont dans la cité ? (Voir ci-dessus, à propos de III, 3.) On a souvent caractérisé le traitement du lâche par les termes de « quarantaine » et d'« ostracisme social » ; mais ce qui précisément est remarquable, c'est que cette exclusion n'est pas complète. Xénophon ne dit pas que le lâche est exclu de son *syskènion* ou de son gymnase ; mais personne ne l'y accepte comme compagnon. Il ne dit pas qu'il est exclu du jeu de balle ; mais aucune équipe ne veut de lui. Il n'est pas refusé dans les chœurs ; mais il y est relégué aux places « ignominieuses ». À l'intérieur de sa famille, sa *kyrieia* ne lui est pas retirée pour être dévolue à quelque parent mâle ; mais elle se retourne contre celles qu'elle devrait protéger. Il ne lui est interdit ni de se promener dans les rues, ni de s'asseoir avec les autres ; mais il doit céder le pas, laisser sa place et avoir une tenue vestimentaire, une allure corporelle, une expression du visage, qui affichent qu'il est un lâche. Peut-être est-ce l'ambiguïté de sa situation qui plus que tout la lui rend insupportable. Il peut regarder vivre les autres, il est sans cesse tenté de se joindre à eux, mais reste invariablement à l'écart. Faut-il voir là, de la part des Spartiates, un raffinement délibéré de cruauté ? Pas nécessairement. De tels comportements n'ont pas de finalité consciente, mais constituent un *système de signes* imposant à celui qui a failli une place en marge de la vie collective.

C'est assurément un très beau portrait, vivant et évocateur : presque « une journée de la vie d'un lâche ». Mais le portrait de qui ? Pour Xénophon, la réponse est claire : celui de n'importe quel lâche, du lâche en général. C'est donc un portrait idéal, et la question est de savoir à partir de quel modèle il a été réalisé. Tout le texte est organisé de façon à persuader le lecteur que ce qu'il décrit est ce qu'on peut voir quotidiennement dans les rues de Sparte. Mais c'est là principalement, sinon uniquement, un effet de l'art. Car si on se demande quels Spartiates punis pour lâcheté Xénophon a pu observer un jour, on constate qu'il n'existe pas de réponse. Bien plus : dans toute l'histoire de Sparte, il n'y a qu'un seul véritable lâche dont l'existence soit positivement attestée, c'est le malheureux Aristodèmos ; encore faut-il noter que le traitement qui lui fut infligé selon Hérodote ne coïncide pas en tout point avec le portrait de Xénophon. Force est donc de constater que, pour nous (j'insiste sur ce point : nous ne savons pas tout), ce lâche n'est pas un être historique.

Toutefois, en rester là serait fausser les choses, car il s'en faut de beaucoup que le portrait du lâche constitue la totalité du chapitre ; ce n'en est que la partie la plus spectaculaire. Comme la dernière phrase le rappelle avec force, il n'est là qu'en tant qu'exemple du sort insupportable qui attend quiconque ne respecte pas le code spartiate de conduite à la guerre. Contrairement à ce qu'a soutenu Ephraïm David (2004, p. 33), cette phrase de conclusion ne peut pas être comprise comme une allusion au suicide, parce qu'elle « fait cercle » avec la première du chapitre, où il est expressément question de la « belle mort ». Une belle mort, soit, mais une belle mort qu'on peut dire forcée, et non choisie librement. Le thème de la contrainte permanente exercée sur chaque Spartiate par la loi, les magistrats et la société tout entière trouve là son expression la plus achevée, donc, comme Platon n'a pas manqué de le relever, la plus paradoxale.

L'étude du chap. IV nous a montré que dans certains cas la bonne compréhension d'un chapitre demandait qu'il fût aussi lu à l'envers. Il me semble que c'est encore le cas ici. Ici aussi, nous trouvons à la fois des considérations théoriques et la description d'une conduite réelle, mais elles se succèdent au lieu d'alterner. Le vrai point de départ du raisonnement est donc le châtiment assurément étrange infligé au lâche. Or, cet usage valait à Sparte des critiques, en particulier de la part des Athéniens. C'est ce que montre un passage de l'Oraison funèbre prêtée à Périclès par Thucydide, au livre II. La dernière phrase de 37, 2 dit en effet : « Nous nous gardons d'infliger à quiconque [parmi nos concitoyens] des brimades qui, sans être des pénalités, n'en offrent pas moins un triste spectacle » (οὐδὲ ἀζημίους μέν, λυπηρὰς δὲ τῇ ὄψει, ἀχθηδόνας προστιθέμενοι). Or, à l'époque, la plus connue (par ce qu'Hérodote dit d'Aristodèmos) de ces punitions extra-judiciaires était celle qu'on réservait aux lâches (celle des célibataires serait également possible, mais elle n'est pas attestée à l'époque classique). Le pivot de la critique athénienne est constitué par le mot ἀζημίους : les lâches devaient naturellement être punis, mais ce qui était reproché aux Spartiates était d'appliquer une sanction sociale et non légale, sans qu'un procès l'ait précédée, et donc sans que l'accusé ait pu se défendre. L'existence de cette critique, et l'obligation où était Xénophon d'y répondre, expliquent qu'il ait consacré à ce sujet un chapitre entier, et au châtiment du lâche une description minutieuse. Pour lui, l'argument fondé sur le caractère extra-judiciaire de la peine n'est pas pertinent, à cause de l'évidence et de l'énormité de la faute : c'est la société tout entière qui réagit, spontanément (« chacun aurait honte » d'être en contact avec le lâche), et exclut de son sein le coupable (comme Aristodèmos chez Hérodote). Dans ces conditions, la défense de Xénophon consiste à présenter la sanction décrite aux §4-6 comme la pure et simple mise en pratique des principes irréfutables exposés aux §1-3.

Conclusion. Ce chapitre est un bon exemple de la façon dont fonctionne la première partie (chap. I-X) de la *LP*. L'intention de Xénophon n'est pas de décrire aussi complètement que possible les institutions et les règles de vie des Spartiates ; c'est de démontrer leur supériorité sur celles des autres Grecs. Pour ce faire, il lui est souvent nécessaire de les défendre contre les critiques dont elles sont l'objet. Il me semble plus que probable que dans le présent chapitre il n'entend pas exposer dans leur totalité les sanctions qui, à Sparte, frappaient les lâches. Il y a des degrés dans la lâcheté, de la simple mauvaise volonté à la trahison ; il est donc inévitable qu'aient existé, pour les actes les plus graves, des sanctions plus lourdes que celle qui est décrite ici. Xénophon le suggère d'ailleurs lui-même dans le passage du chapitre suivant (X, 6) où il souligne que « les lâches et les couards (κακοὶ καὶ ἄνανδροι) trahissent leur cité tout entière ». Assurément, comme le dit Jean de La Fontaine, « rien que la mort n'était capable... ». Mais cela n'intéresse pas Xénophon, parce que ce n'est pas sur ce point qu'on pouvait critiquer Sparte ou vanter son originalité.

Chapitre X (X, §1-7) : De la pratique de la vertu

Il nous faut d'abord déterminer (comme au chap. VIII) quel est le sujet traité dans ce chapitre. À lire les trois premiers paragraphes, en effet, on a l'impression que c'est, soit, dans une perspective « âges de la vie », la vieillesse, soit, dans une perspective « institutions politiques », la Gérousia. Mais la suite montre qu'un thème qui apparaît déjà deux fois au §1 (dans le dernier mot de la première phrase, qui, comme d'habitude, joue le rôle de « titre », puis de la seconde), à savoir la pratique de la vertu, est en réalité celui de l'ensemble du chapitre ; précisons : la pratique obligatoire de la vertu civique. Il existe donc une forte continuité entre ce chapitre et le précédent. Xénophon veut montrer que, contrairement à ce que croient beaucoup de Grecs, les Spartiates ne s'intéressent pas seulement à la vertu guerrière, mais à la vertu politique en général.

Il est remarquable que, non pas certaines vertus particulières (dont il a été question ici ou là, comme le courage au chap. IX), mais la vertu en soi, ne joue un rôle central que dans ce qui va nous apparaître comme le dernier chapitre d'une version ou d'une partie du traité. Jusqu'à présent, en effet, Xénophon n'a pas été avare de formules laudatives à l'égard des lois de Lycurgue, mais le motif de son approbation, nous l'avons remarqué, a été bien plus leur efficacité que leur conformité au Bien. Il arrive même que le législateur soit loué pour son « ingéniosité » (termes dérivés de μηχανή : III, 2 ; VIII, 5 ; IX, 3 ; XI, 1 et 3 ; XIII, 8). Si telle ou telle loi est déclarée « admirable » (IX, 1 ; X, 2 et 4), c'est sans doute pour la même raison. On s'approche peut-être d'un jugement éthique avec καλῶς (X, 1) et καλόν (X, 5), mais cela reste bien vague ; d'ailleurs, comme on le voit, c'est précisément dans le présent chapitre que ces qualifications se multiplient. En commençant sa lecture, on est donc tenté de faire l'hypothèse que Xénophon ait pris conscience de ce qu'il avait beaucoup parlé de l'utile (conformément, d'ailleurs, à l'intention exprimée dans l'incipit), et fort peu du Bien et du Juste ; et qu'il ait voulu corriger l'impression que son texte pouvait donner, celle d'un Lycurgue uniquement politique et presque « machiavélien », au moyen d'un chapitre consacré à ce qu'un philosophe avait le devoir de considérer comme l'essentiel, la valeur éthique des lois de Sparte. À nous de voir si cette hypothèse se vérifie.

La Gérousia ou la vieillesse à l'honneur, § 1-3. La première phrase peut faire croire au lecteur que Xénophon reprend le fil d'un exposé organisé selon les âges de la vie, fil qui semblait abandonné depuis la déclaration faite au début du chap. V ; ainsi, par delà la longue coupure des chap. V-IX, le développement prendrait-il la suite du peu qui a été dit, en IV, 7, sur les règles imposées par Lycurgue à « ceux qui ont passé l'âge de l'*hèbè* », pour traiter enfin de la vieillesse. Mais on constate aussitôt que, tout au long de ces § 1-3, il est en réalité question d'une institution spartiate précise et particulièrement importante, la Gérousia, ou Conseil des Anciens. Cela semblerait obéir à une autre logique, celle d'une *politeia*, car, après en avoir terminé avec l'éducation prise au sens le plus large, l'auteur a traité successivement des repas en commun (chap. V), de la réglementation de la richesse (chap. VII) et de l'éphorat (chap. VIII).

On ne saurait dire, toutefois, qu'ici la Gérousia (Xénophon emploie la forme locale Gérontia) soit vraiment décrite en tant qu'institution : d'ailleurs, le terme désigne ici la fonction de géronte plutôt que le Conseil lui-même.

Rien n'est dit de la façon dont les gérontes étaient sélectionnés, ni du rôle politique de ce Conseil (qui au contraire se laisse deviner dans *Hell.* III, 3, 8, ce qui montre que Xénophon le connaissait fort bien). Certes, une allusion précise est faite à son pouvoir judiciaire (§ 2, « le pouvoir de décision dans les procès capitaux »), mais cette indication, loin d'être un élément dans un exposé informatif, est en réalité un argument dans un raisonnement visant à démontrer ceci : Lycurgue a pris toutes mesures afin que les vieillards aussi s'adonnassent à la pratique de la vertu. Quoiqu'il soit question de vertu, il faut bien reconnaître que la tonalité de l'exposé n'est pas principalement éthique, mais politique. Il en sera de même par la suite.

Xénophon présente les choses de deux façons successives. Selon la première (§ 1), le problème qui se posait à Lycurgue était de trouver un moyen (ᾗ) pour inciter « même les vieillards » à s'appliquer à la vertu. Au lecteur moderne, l'expression « même les vieillards » (μέχρι γήρως, μηδὲ ἐν τῷ γήρᾳ) a toutes chances de paraître paradoxale, parce que c'est pour lui une évidence qu'à cause de leur sagesse supposée et de l'affaiblissement de leurs passions, les personnes âgées sont plus aptes que les autres à pratiquer la vertu. Xénophon pense au contraire que cette pratique exige une tension et un effort dont les vieillards sont moins capables, et, comme l'a montré E. David (1991, p. 70-78), sur ce sujet les Spartiates (ainsi que les autres Grecs) étaient du même avis que lui. L'auteur de la *LP* semble en outre considérer que, pour maintenir les Anciens dans le bon chemin, les moyens habituels (exposés au chap. VIII) n'étaient pas opératoires : pour des personnes aussi respectables, la carotte était plus indiquée que le bâton. Nous retrouvons donc, à cette autre extrémité de la vie, la logique de l'*éris péri arétès*, que nous avons vue à l'œuvre, au chap. IV, parmi les *hèbôntes*. Dans les deux cas, la récompense qui provoque l'émulation dans la pratique de la vertu est le recrutement dans un corps d'élite, restreint et prestigieux.

En plus d'*arétè* (ce mot réapparaîtra quatre fois au § 4 et une au § 7), Xénophon utilise à propos des vieillards le terme de *kalokagathia* (c'est le dernier mot du § 1, et on le retrouve dans la même position au §4). Dans un article consacré à l'étude de cette notion à Sparte, F. Bourriot (1996) a soutenu que dans cette cité la *kalokagathia* était une qualité très précisément militaire, reconnue à certains anciens combattants particulièrement valeureux. N. Richer (2007, p. 408-411) n'a eu aucun mal à démontrer que cette théorie n'est pas fondée. Il n'existe aucune preuve que ce terme ait eu un sens particulier à Sparte et, même dans l'œuvre de Xénophon, où l'on en dénombre 16 occurrences, trois seulement (outre les deux que nous avons ici, et qui sont les seules dans la *LP*) ont quelque rapport avec Sparte. En tous cas, l'emploi de *kalokagathia* au §1 ne s'accorde pas du tout avec les hypothèses de Bourriot : comment des vieillards, qui ne sont plus mobilisables, pourraient-ils rechercher une qualification qui ne s'obtiendrait que sur les champs de bataille ? Au seul vu de notre texte, il semble difficile de déceler une différence entre *kalokagathia* et *arétè*, puisqu'on voit les Spartiates, aux §1 et 4, s'appliquer également aux deux. Aristote, qui, après Démosthène (*C. Leptine*, 107, τῆς ἀρετῆς ἄθλον), a repris à Xénophon sa conception de l'élection à la Gérousia comme « prix de vertu » (ἄθλον... τῆς ἀρετῆς, *Pol.* II, 1270 b 24-25), lui a aussi emprunté, dans le même passage, le terme de *kaloi kagathoi*, mais en lui donnant une coloration nettement sociale (il s'oppose à *dèmos*).

L'élection à la Gérousia est donc considérée au §1 du point de vue de ceux qui participent à cette compétition ; c'est le but que Lycurgue leur a proposé pour les inciter à continuer à se préoccuper de la vertu. Au §2, elle est vue de l'extérieur, par les autres citoyens. Dans la mesure où tout vieillard (tous ceux, du moins, qui peuvent être dits *agathoi*) est un géronte potentiel, le prestige de l'institution rejaillit sur l'ensemble de cette catégorie d'âge ; c'est pourquoi Xénophon dit que Lycurgue « a valorisé (littéralement : « a prêté main-forte à ») la vieillesse des hommes de bien ». À partir de là, les deux présentations se rejoignent, car ce qu'il lui faut maintenant exposer, c'est la cause du prestige de la Gérousia. Pour nous aussi, c'est un peu un mystère. Que ce Conseil ait joui en effet d'un grand prestige, à Sparte mais également au dehors, est certain (cf. Isocrate, *Panathénaïque* 154, qui le compare à l'Aréopage ; Démosthène, *C. Leptine* 107, τῆς πολιτείας κυρίῳ ; Eschine, *C. Timarque* 180, ἀρχὴν μεγίστην), mais il nous est difficile d'apprécier l'étendue de ses attributions politiques. Peu importe d'ailleurs ici, car ce ne sont pas elles qu'allègue Xénophon. Pour lui, ce qui fait de la Gérousia une institution suprêmement désirable, ce sont ses pouvoirs judiciaires, dont il ne retient que l'essentiel : le pouvoir de trancher souverainement (κυρίους) dans les procès susceptibles d'entraîner une condamnation à mort (τοῦ περὶ ψυχῆς ἀγῶνος), l'initiative et l'instruction revenant aux éphores (VIII, 4 ; cf. David 1991, p. 28-29, et Richer 1998, p. 432-441). Ce qu'on pourrait presque appeler un pouvoir de vie et de mort sur leurs concitoyens était pour Xénophon le « bâton de vieillesse » dont Lycurgue avait fait cadeau aux Anciens ; c'était une des raisons pour lesquelles ils étaient tenus en si grand honneur dans la cité.

L'idée que la législation de Lycurgue diffère de toutes les autres, qui est présente tout au long du traité, s'applique particulièrement ici. Après M.I. Finley, qu'il cite, E. David souligne que c'est une particularité de Sparte que de réserver aux hommes de plus de soixante ans la fonction de membres du Conseil suprême de la cité ; les gérontes crétois, les aréopagites athéniens et les sénateurs romains n'étaient pas nécessairement aussi âgés (David 1991, p. 17-18). Contrairement à ce qu'on pourrait croire, une telle particularité avait grand besoin d'être justifiée, ce à quoi Xénophon s'emploie ici. En effet, comme nous l'avons déjà vu, l'idée que la vieillesse est à tous égards « un naufrage » était très répandue en Grèce. On la trouve chez Homère, chez Hésiode, chez les tragiques. Platon a noté à plusieurs reprises que la législation doit tenir compte de ce fait (*Rép.* VI, 498c ; *Lois* I, 646a ; VI, 755a ; IX, 864d, etc.). Quant à Aristote, qui qualifie les citoyens de plus de soixante ans de « citoyens sur le déclin » (παρηκμακότες : *Pol.* III, 1275 a 17) et considère que « comme il y a une vieillesse du corps, il y en a aussi une de l'esprit », il critique pour cette raison l'étendue des pouvoirs confiés aux gérontes spartiates (*Pol.* II, 1270 b 38-1271 a 1). Xénophon va donc à contre-courant et il réaffirme sa position dans l'*Agésilas* : « Certes, la vigueur physique est affectée par la vieillesse, mais, chez les hommes de bien, la force de l'esprit, elle, ne vieillit pas » (XI, 14).

Deux glissements sémantiques, qui sont presque des jeux de mots, ne facilitent pas la compréhension du raisonnement conduit dans le §3. Le premier concerne le mot *agôn*. Quand on lit οὗτος ὁ ἀγών, on pense naturellement qu'il s'agit de l'*agôn* dont il a été question juste auparavant, de l'*agôn* « au sujet de la vie », expression par laquelle les Grecs désignaient couramment le procès capital. Quand Xénophon dit que cet *agôn* soulève le plus grand intérêt qui soit pour des affaires humaines, cela peut fort bien se comprendre des procès capitaux. Mais quand, deux phrases plus loin, on arrive à l'expression « l'*agôn* au sujet de la *gérontia* », on réalise rétrospectivement que dans tout ce §3, depuis le début, le mot *agôn* ne désigne plus le procès capital, mais la compétition en vue de l'élection à la Gérousia. Proietti (1987, p. 61) a monté en épingle ce qu'il considère comme une confusion volontairement entretenue ; et entretenue, selon lui, jusqu'à la fin du paragraphe, par la formule οἱ ἀγῶνες οἱ τῶν ψυχῶν. On ne peut évidemment pas le suivre sur ce dernier point, car οἱ ἀγῶνες οἱ τῶν ψυχῶν n'est pas du tout la même chose qu'un éventuel οἱ ἀγῶνες οἱ περὶ τῶν ψυχῶν. Incontestablement, la confusion est possible ; elle l'est déjà pour un lecteur, et le serait encore plus pour un auditeur, qui ne pourrait arrêter le défilement du texte pour revenir en arrière et réfléchir. Mais je ne crois absolument pas qu'elle ait été voulue par l'auteur. Proietti soutient que par là Xénophon a voulu suggérer que les éphores et les gérontes, grâce au pouvoir qu'ils exerçaient en quelque sorte conjointement (je simplifie) de mettre à mort certains citoyens, collaboraient pour maintenir les Spartiates dans l'obéissance. Je suis d'accord sur cette constatation, mais elle résulte suffisamment du rapprochement, qui s'impose, de ce que Xénophon dit des éphores en VIII, 4 et des gérontes en X, 2 ; le glissement sémantique relatif au mot *agôn* entre le §2 et le §3 n'y ajoute rien. Et ce qui est absolument certain, c'est qu'on ne peut suivre Proietti quand il soutient (1987, p. 62) que l'expression οἱ ἀγῶνες οἱ τῶν ψυχῶν à la fin du §3 désigne les procès capitaux.

L'autre glissement sémantique (qui, lui, ne peut provoquer aucune confusion) concerne le mot ψυχή, qui, comme chacun sait, désigne aussi bien « l'âme » que « la vie ». Dans l'expression courante pour dire le procès capital, c'est la vie ; quand Xénophon parle de l'élection à la Gérousia, il la qualifie de « jugement des âmes bonnes » (ce que j'ai rendu par « choix parmi des âmes de qualité »). De sorte que, dans les deux expressions apparemment parallèles, τοῦ περὶ τῆς ψυχῆς ἀγῶνος au § 2 et οἱ ἀγῶνες οἱ τῶν ψυχῶν au § 3, ni ἀγών ni ψυχή n'ont le même sens. La comparaison de la compétition pour l'élection à la Gérousia avec les compétitions gymniques ne surprend pas, puisqu'on l'a déjà rencontrée, à propos d'une autre forme d'*éris péri arétès*, en IV, 2, mais le syllogisme auquel elle donne lieu ici (cette élection est une compétition entre les âmes ; or l'âme est supérieure au corps ; donc cette compétition est plus belle que celles qui opposent des corps) est inutilement pesant, et on aurait pu s'en passer. En l'entourant ainsi de fleurs de rhétorique, l'auteur affadit sa pensée, alors qu'elle apporte une conclusion très forte à tout ce qu'il a dit précédemment du rôle dans l'État spartiate de l'obéissance et de la peur des châtiments. Il est naturel que de telles considérations aient pour aboutissement la peine de mort. À Sparte, ce ne sont pas des tribunaux populaires tirés au sort, mais deux *archai* restreintes issues de l'élection, l'éphorat et la Gérousia, qui conduisent de bout en bout le processus dont le terme est la mise à mort d'un citoyen. On le devine à travers le propos de Xénophon, et Eschine (*C. Timarque*, 180 : καὶ δεδίασι) l'a dit en clair : les gérontes n'étaient pas seulement honorés, ils étaient aussi redoutés. Xénophon fait très bien comprendre pourquoi.

S'appliquer à la vertu est un devoir politique, § 4. Xénophon expose d'abord le *principe* qui a guidé l'action de Lycurgue concernant la pratique de la vertu. Le sens général de ce passage peut être résumé ainsi (après l'interrogation rhétorique qui joue le rôle de transition) : il a rendu obligatoire de s'appliquer « en public » (δημοσίᾳ ; traduction provisoire, le sens du terme devant être éclairci) à la vertu ; c'est pourquoi Sparte, seule cité à pratiquer « en public » la vertu, l'emporte dans ce domaine sur toutes les autres cités. Cela dit, le sens de la première phrase est d'autant moins évident que le texte (qui est celui de la quasi-totalité des manuscrits) a été mal transmis et doit en tout état de cause être corrigé, la proposition qui commence par ὅπου restant, pour ainsi dire, « en l'air ». La solution la plus fréquemment adoptée, et qui donne un sens excellent, est la correction de Haase (1833), ἐπιμελοῦνται, l'erreur ayant probablement été entraînée par la proximité de βουλόμενοι. D'autres corrections ont été proposées (comme <ἔστιν> ὅπου, par Camerarius, qui peut séduire), mais elles sont moins satisfaisantes pour le sens (qui, en l'occurrence, comporte plutôt l'idée de « partout où »).

Dans la partie difficile de la phrase, à savoir la proposition introduite par ἐπειδή, Xénophon expose, comme il le fait souvent, la constatation qui a servi de point de départ au raisonnement du législateur. Ce qui lui est apparu, c'est en gros que, dans les cités où seuls ceux qui sont volontaires pour cela s'astreignent à pratiquer la vertu, ces gens ne suffisent pas pour « accroître la puissance de leur patrie ». Dans un contexte d'effort vers la vertu, les derniers mots surprennent évidemment le lecteur, qui pense au Bien et non à la puissance ; ils n'en sont que plus significatifs. Pour Lycurgue, donc, la pratique de la vertu n'était pas un objectif en soi. En se conduisant conformément à ce qu'elle a défini comme le Bien, les citoyens sont utiles à leur cité, et, ainsi que l'auteur l'a déjà dit au début du traité, la rendent plus puissante et plus prospère.

Considérée dans son ensemble, cette première phrase du §4 apparaît bâtie sur un schéma logique que nous avons déjà rencontré en V, 8. Dans les deux cas, Lycurgue constate que quand certaines personnes observent de leur propre mouvement une conduite vertueuse, le résultat obtenu n'est pas satisfaisant ; en conséquence de quoi, il décide de rendre cette conduite obligatoire pour tous.

Tentons maintenant de comprendre le §4 dans sa totalité. Il est structuré par *trois couples de notions antagonistes*. D'abord, le souci de la vertu et sa négligence. Ce couple est présenté explicitement dans la seconde phrase, sous une forme volontairement emphatique et presque précieuse (οἱ ἰδιῶται τῶν ἰδιωτῶν διαφέρουσιν ἀρετῇ οἱ ἀσκοῦντες τῶν ἀμελούντων), mais on le rencontre déjà dans la première, où il est impliqué par οἱ βουλόμενοι ἐπιμελοῦνται (car il y a évidemment des gens qui ne sont pas volontaires).

Second couple, le libre choix et la contrainte ; cette opposition structure la première phrase, mais elle est aussi présente dans la deuxième. Les deux groupes d'hommes ne sont pas de la même taille : ceux qui font le choix de la vertu sont très vraisemblablement une minorité, tandis qu'à la contrainte, parce qu'elle pèse sur tous, s'associe nécessairement l'idée de totalité, qui rend cette solution, dans la perspective non pas éthique mais politique qui est celle de l'homme d'État, infiniment préférable. Cet apparent paradoxe, selon lequel, *politiquement parlant*, il est mieux que la vertu soit pratiquée sous la contrainte que par libre choix, est un des thèmes les plus fondamentaux (nous l'avons déjà rencontré, sous une forme à peine différente, au chap. VIII) et aussi les plus frappants de la *LP* (notamment par rapport à la *Cyropédie*, où le point de vue est considérablement plus conventionnel). Pour ce Xénophon-ci, il n'est tout simplement pas pensable que, dans une cité voulant vivre en *eunomia*, la loi laisse chacun libre de pratiquer ou non la vertu. Toute réflexion sur le gouvernement des hommes rencontre nécessairement cette question.

Le troisième couple est le plus problématique : public / privé. Chacun sait que, s'agissant de la Grèce antique, il est problématique en soi, parce que les extensions respectives de ces deux concepts varient largement dans le temps et dans l'espace ; toutefois, on sait aussi que l'opposition du public et du privé n'en est pas moins réelle (voir à ce sujet les actes du colloque de 1995, qui occupent le volume 23 [1998] de la revue *Ktèma*). Mais ce qui nous intéresse, c'est qu'il est problématique dans notre texte. Qu'entend Xénophon par « en public » ? Pour Léo Strauss, la réponse est évidente : « en public » a son sens le plus banal, qui revient à peu près à « ouvertement », tandis que l'autre terme du couple, « en privé », équivaut à « en cachette ». C'est le leitmotiv de son article et le pivot de sa thèse : si Xénophon fait ostensiblement l'éloge de la conduite que les Spartiates ont « en public », c'est pour suggérer malignement (jusqu'à ce que cela soit dit ouvertement au chap. XIV) qu'« en privé » ils font juste le contraire. Sans aller aussi loin, N. Humble pense (1999, p. 344, et 2004, p. 223) que Xénophon adresse ici une critique implicite à Lycurgue, pour ne s'être occupé que de ce que les Spartiates faisaient « ouvertement », parce que tout son système repose sur la peur du châtiment et qu'on ne peut punir que ce qu'on constate ; ainsi, tout l'exposé serait organisé en vue du chap. XIV. Cet exemple montre que comprendre ce que Xénophon veut dire par « en public » est essentiel pour comprendre l'ensemble de la *LP*.

Commençons par récapituler ce que le traité lui-même nous apprend sur l'extension du domaine du « public » à Sparte, c'est-à-dire du domaine ouvert au regard de la cité et de la société tout entière. Nous constatons qu'il inclut, dans l'ordre des chapitres : la façon dont on élevait, et en particulier dont on nourrissait, les jeunes filles ; la fréquence des rapports sexuels entre époux ; la possibilité pour un homme d'avoir des enfants avec la femme d'un autre ; l'éducation des enfants et le « dressage » des adolescents, non seulement pour la partie de cette éducation qui était organisée par la cité, mais aussi en ce qui concernait le droit / devoir de punition des pères sur tous les enfants ; les repas du soir des hommes, y compris les conversations qui y étaient tenues ; l'entraînement physique de chacun ; les formes de richesse, dont certaines étaient prohibées (ce qui avait pour conséquence le droit de perquisition domiciliaire) et le fait que certains biens étaient considérés comme se trouvant sous certaines conditions à la disposition de tous. Cela rend évident que, pour Xénophon, la répartition entre le public et le privé était différente à Sparte de celle qui avait cours dans les autres cités.

Cette constatation est certainement utile, mais elle est loin de suffire à élucider ce que veut dire « pratiquer la vertu en public ». Peut-être sera-t-il profitable de considérer les contextes dans lesquels cette formule apparaît tout au long du chapitre. §4, δημοσίᾳ πάντας πάσας ἀσκεῖν τὰς ἀρετάς : le contexte de « en public » est la *totalité*, non seulement des citoyens, mais (comme en V, 1) des membres de la « société civique », c'est-à-dire y compris les femmes et les enfants. §4, [Sparte] μόνη δημοσίᾳ ἐπιτηδεύουσα τὴν καλοκαγαθίαν : ici, c'est la cité entière, entité abstraite, qui s'applique à la vertu. Enfin, au §7, la formule ἀσκεῖν ἅπασαν πολιτικὴν ἀρετήν (où, si δημοσίᾳ n'apparaît pas, la notion d'« en public » est impliquée par πολιτικήν) est particulièrement problématique : le qualificatif « politique » s'applique-t-il à la vertu en général, dont il a été question jusque-là, ou veut-il introduire dans la discussion une forme particulière de la vertu ? Dans le *Phédon* (82b), en effet, Platon explique que ce qu'il nomme ἡ δημοτικὴ καὶ πολιτικὴ ἀρετή correspond à ce qu'on appelle d'habitude « la modération » (*sôphrosynè*) et la justice ; ce sont, dans le système platonicien des vertus, celles que nous dirions civiques ou sociales. Mais nous verrons bientôt que, dans la *LP*, Xénophon ne connaît que cette sorte-là de vertu. On peut donc tenir pour assuré que « vertu politique » désigne la vertu en général (ἅπασαν marquant qu'elle est en réalité un ensemble de vertus) et que les deux formules δημοσίᾳ πάντας ἀσκεῖν τὰς ἀρετάς et ἀσκεῖν ἅπασαν πολιτικὴν ἀρετήν ont le même sens. C'est dans sa totalité que, pour Xénophon, la vertu dont il parle est « politique ». Toutes ces expressions conduisent donc à penser que pratiquer la vertu δημοσίᾳ, c'est la pratiquer non pas chacun pour soi, mais collectivement, et dans tout le domaine des affaires de la cité.

La dernière piste qui reste à explorer consiste à nous demander ce qu'est au juste, dans la *LP*, la vertu. Strauss s'est posé cette question, mais dans une optique vraiment trop partiale. La vertu, ou les vertus : car nous trouvons dans ce développement le singulier (aux §4 et 7) et le pluriel (au §4). Pour un disciple de Socrate, la vertu est un tout, mais composé de parties, dont Platon a donné la liste canonique : la pensée, la sagesse ou modération, la justice et le courage. Lesquelles trouvons-nous dans la *LP* ? Notons d'abord qu'à la vertu y est presque toujours associée la notion d'« effort pénible », *ponos*. Seuls ceux qui font l'effort de pratiquer la vertu remplissent pleinement leur devoir envers la cité et assurent sa puissance (τὰς πατρίδας αὔξειν, §4). Cette idée joue un rôle central dans notre chapitre : selon Xénophon, la vertu n'a pas elle-même pour objet, mais le bien commun. En fait, cette conception « utilitariste » de la vertu est présente tout au long du traité : dans l'incipit (I, 2), l'auteur déclare admirer les lois de Lycurgue non pour leur valeur éthique, mais parce qu'elles ont montré leur efficacité, et, en IX, 1-2, le courage est présenté comme préférable à la lâcheté à cause des avantages qu'il procure. Une telle vision de la vertu a valu, non seulement à des Grecs où on reconnaît facilement les Spartiates, mais aussi à leurs législateurs, une sévère critique d'Aristote (*Pol.* VII, 1333 b 5-10) : « ils se sont rabattus sans vergogne sur les vertus qui paraissent utiles et avantageuses ». Peut-être le retour dans ce passage de la formule (banale, il est vrai) πάσας τὰς ἀρετάς signale-t-il qu'Aristote pensait là à Xénophon.

Voici donc les vertus que nous avons rencontrées jusqu'à présent dans la *LP*. D'abord, un ensemble qu'on peut assimiler à la modération. Il comprend principalement la « réserve », αἰδώς (six occurrences, avec le verbe et l'adjectif dérivés) ; on lui adjoindra la maîtrise de soi (deux occurrences, τὸ σωφρονεῖν et ἐγκρατέστεροι). La vertu dont Xénophon parle le plus, et qui peut être considérée comme apparentée elle aussi à la modération, est l'obéissance aux lois (thème majeur du *Criton*) : πειθώ avec verbe et adjectif dérivés, dix occurrences. Enfin vient le courage, exprimé par divers termes : ἀρετή pris au sens militaire, ἀνδραγαθία, καλὸς θάνατος ; en tout, quatre occurrences, mais nous n'avons pas encore abordé les chapitres militaires. De la « pensée » et, chose plus surprenante (bien relevée par Strauss et Humble), de la justice, il n'est pas question. Comment expliquer ces absences ? C'est, à mon avis, que, pour Xénophon, écrivain politique, les problèmes de la compréhension (par exemple, de ce qu'est une société, des moyens de l'organiser en vue du bien) et de la justice ont été pris en charge et réglés une fois pour toutes par Lycurgue. Le citoyen spartiate n'a à se préoccuper ni de penser, ni d'être juste ; il lui suffit d'obéir aux lois. D'où le caractère absolument fondamental, pour Xénophon, de l'obéissance : il voit Sparte comme la cité d'une pensée unique, qui est celle de Lycurgue.

Deux applications du principe de la vertu obligatoire, § 5-7. La première, § 5-6, est introduite par la formule d'applaudissement qui rythme tout le chapitre, aussitôt suivie par le rappel non moins rituel du thème de l'originalité de Sparte. Elle expose un nouveau paradoxe : Lycurgue a puni « non moins sévèrement » celui qui a commis le crime, « négatif », de ne manifestement pas s'appliquer à la vertu, que celui qui a commis un crime « positif » comme le vol. « Non moins sévèrement » doit être entendu comme une litote, car la suite du raisonnement implique que le premier crime soit plus grave que le second. Xénophon s'accorde d'ailleurs une petite facilité par le choix de l'exemple qu'il donne de crime contre la cité, car celui-ci n'est pas, comme l'eût exigé la logique, un simple désintérêt pour la vertu, mais bien un acte caractérisé de lâcheté, qui nous renvoie au chapitre précédent (vers lequel oriente le terme de κακός). La résolution du paradoxe consiste en ce que les crimes commis contre la cité entière (les crimes « politiques ») sont nécessairement plus graves que ceux commis contre des particuliers.

Ce passage confirme que l'opposition public / privé ne peut être réduite à l'opposition ouvertement / en cachette. « Public » désigne l'espace des affaires de la cité ; si cet espace est, à Sparte, étendu au point de restreindre fortement celui du privé, c'est parce que, pour Xénophon (interprète de Lycurgue), la surveillance mutuelle est la seule méthode réelle (c'est-à-dire non utopique) permettant de conduire une collectivité vers la vertu. Pratiquer la vertu « en public », c'est donc la pratiquer dans tout le domaine des affaires publiques ; c'est militer dans la cité, et y militer bien, c'est-à-dire en se conformant scrupuleusement à ses lois et en se mettant tout entier à son service. Quant à ce que chaque Spartiate pensait et faisait « en privé », c'est-à-dire à part soi et dans son *oikos*, Lycurgue considérait apparemment (et Xénophon l'en approuve) que, tant que cela n'interférait pas avec l'extérieur, ce n'était pas du ressort du législateur.

Parmi les exemples de crimes « privés » que donne Xénophon, celui de la réduction en esclavage paraît particulièrement mal choisi. D'une part, en effet, c'est un exemple athénien : on a du mal à imaginer comment, à Sparte, quelqu'un pourrait réduire un homme libre, fût-il un Inférieur, à la condition d'Hilote ; on ne devenait pas Hilote, on naissait tel. D'autre part, on ne saurait dire que l'*andrapodismos* soit intégralement un crime privé. Il lèse une personne, certes, mais si cette personne est un citoyen, c'est toute la cité qui est lésée à travers son cas : c'est pourquoi, à Athènes, ce crime faisait l'objet d'une action publique (*graphè*) et était passible de la peine de mort.

La transition vers la deuxième variation (§ 7) est constituée par un bref retour au thème principal (pratiquer la « vertu politique » est une obligation absolue), qui nous vaut une belle allitération. Le caractère fondamental de l'obligation est montré par la nature de la récompense qu'on obtient si on la respecte, et de la punition qu'on encourt si on la néglige. Comme d'ailleurs tout le chapitre, ce § 7 a un caractère ouvertement encomiastique et utilise les ressources de la rhétorique. Le sort réservé aux personnes concernées est énoncé par deux phrases parallèles de sens opposé (ὁμοίως... ἐποίησε / τοῦτον ἐκεῖνος... μηδὲ... τῶν ὁμοίων εἶναι) qui renvoient à la même réalité : la qualité d'*Homoios*. Ce parallélisme se retrouve dans le comportement de ces personnes (οἱ μὲν τὰ νόμιμα ἐκτελοῦντες / εἰ δέ τις ἀποδειλιάσειε τοῦ τὰ νόμιμα διαπονεῖσθαι) ; il est souligné ici par le retour du mot νόμιμα, auquel fait écho νομίζεσθαι. L'affirmation a un caractère vague et général, et Xénophon ne se soucie pas d'expliquer de quel genre de fautes il s'agit au juste.

Le cœur du passage est donc cette qualité d'*Homoios* : comment on l'obtient ou non, ou, plus exactement, comment on la conserve ou on la perd : car Xénophon s'exprime d'une façon qui semble bien impliquer que pour lui on était « naturellement » (pas de naissance, mais après avoir parcouru de façon satisfaisante les étapes successives du processus éducatif) *Homoios*. Il fournit en passant ce qui, dans les six textes où cette catégorie est mentionnée (tous, à une exception près, de Xénophon), ressemble le plus à une définition : ce sont des « Semblables » non seulement parce qu'ils sont égaux au regard de la loi (ce qui est banal), mais parce qu'ils possèdent tous une part égale de cette *res publica* qu'est la cité. Bien entendu (tout ce que nous avons lu dans les chapitres précédents rend cela évident), il n'est absolument pas question d'égalité économique. Xénophon le précise avec soin : que tel citoyen soit inférieur à tel autre en ce qui concerne tant les biens matériels que les qualités physiques ne l'empêche pas d'être aussi égal que lui en tant que co-propriétaire de la cité. Quoique ce qui touche au corps soit important à Sparte, on peut sur ce point accepter son affirmation, surtout si on considère qu'en parlant d'ἀσθένεια l'auteur pense avant tout à la vieillesse : ce serait un retour du thème développé au début du chapitre. Par contre, ce qu'il dit de la situation de fortune apparaît beaucoup plus teinté d'idéologie, comme on va le voir.

Dans la deuxième partie de la phrase, Xénophon expose la sanction qui frappe ceux qu'il suggère (par ἀποδειλιάσειε) d'appeler « lâches » en un sens non plus militaire, mais politique : ceux qui ont reculé devant l'« ascèse » qu'exige de tout Spartiate le respect absolu des lois de Lycurgue. Ceux-là, donc, ne sont « même plus » (μηδὲ... ἔτι) considérés comme faisant partie des *Homoioi*. Ἔτι se comprend parfaitement : il s'agit de la perte d'une *timè* que l'on possédait auparavant ; mais μηδέ (correction de Zeune, qui s'est imposée) semble introduire une nuance dont la signification m'échappe [cf. toutefois Haase, p. 153, 183 *D. Muratore*]. Il est pratiquement certain que, dans la réalité, la perte de la qualité d'*Homoios* ne résultait pas nécessairement d'une faute commise : le cas le plus fréquent devait être celui des Spartiates qui, à cause de leur pauvreté, étaient dans l'incapacité d'apporter leur contribution aux repas en commun, et / ou devaient exercer un métier pour vivre (cf. VII, 2). Cela, Xénophon s'abstient de le signaler, comme il omet de dire si celui qui était privé de la qualité d'*Homoios* perdait du même coup celle de citoyen (sur ces problèmes cf. mon article de 2013). Encore une fois, l'auteur ne cherche pas à informer, mais à convaincre.

On aurait tort de ne voir dans ce chapitre consacré à la pratique de la vertu qu'un discours moralisateur et passablement convenu. C'est juste le contraire. Comme dans tout le traité, le point de vue de l'auteur est politique au sens le plus strict ; si bien que son Lycurgue donne même l'impression de se désintéresser du comportement du citoyen à l'intérieur de son *oikos*. Parvenu au terme (provisoire) de son analyse du système politique de Sparte, Xénophon se heurte (sans le dire) à une difficulté qu'ont rencontrée tous ceux qui ont discuté du meilleur régime. On pouvait en effet lui faire remarquer que, si les lois de Lycurgue sont admirables, elles supposent pour fonctionner réellement que tous les Spartiates soient vertueux, c'est-à-dire, avant tout, qu'ils obéissent scrupuleusement aux lois et aux magistrats. C'est un raisonnement de ce genre qui, au livre III du *Contrat Social*, détourne Rousseau de faire le choix de la démocratie. La réponse de Xénophon (solennellement énoncée deux fois, aux §4 et 7) est que Lycurgue a prévu cette difficulté et que, pour y remédier, il a fait en sorte que le premier et le plus absolu devoir du citoyen soit de pratiquer la vertu ; et nous comprenons mieux maintenant pourquoi il a assorti cette obligation de peines encore plus sévères que celles qui punissent les crimes ordinaires. « Rendre la vertu obligatoire » n'est pas une formule creuse. C'est une décision qu'il est parfaitement possible de prendre et de faire appliquer avec la plus grande rigueur ; c'était l'idée de Robespierre (rappelée ci-dessus à propos de VIII, 3), et il n'a pas manqué de successeurs.

Conclusion aux chapitres I-X (X, §8)

Comme au début du chap. VIII, ἀλλὰ γάρ, en X, 8, marque dans le propos une rupture logique, qui est censée être justifiée par ce qui suit. Qu'il y ait rupture est évident, puisqu'il n'est plus question ni de l'obligation de s'appliquer à la vertu, ni du châtiment de ceux qui y contreviennent. Pour savoir comment elle est justifiée, il faut d'abord déterminer de quoi traitent les phrases qui suivent : car cela n'est pas aussi évident qu'il paraît. Xénophon semble d'abord s'engager dans une discussion tout à fait inattendue sur la date de Lycurgue. Elle est inattendue parce que nulle part jusqu'à présent dans le traité l'auteur n'a adopté ce point de vue chronologique. Mais s'agit-il vraiment d'une datation ? Tous les commentateurs ont relevé le vague de la formule « à l'époque des Héraclides ». Dans les *Mémorables* (III, 5, 10), une indication du même genre (ἐφ' Ἡρακλειδῶν) renvoie aux fils d'Héraklès réfugiés en Attique ; il ne saurait être question d'eux ici. On pense alors aux Héraclides « du retour », les arrière-petits-fils d'Hyllos, mais cela est exclu par le fait que pour Xénophon, comme nous l'avons vu à propos de V, 2, l'époque de Lycurgue est postérieure à celle de la fondation de Sparte. En fait, comme Plutarque l'a remarqué, non sans ironie, dans son commentaire à ce passage (*Lyc.* I, 6), tous les rois de Sparte étaient des Héraclides.

L'indication de Xénophon est peut-être à comprendre comme une référence implicite (λέγεται) à Hérodote, qui, en I, 65, situe Lycurgue avec précision par rapport à la lignée des rois Agiades : nous verrons les références (également tacites) au même auteur se multiplier au chap. XV. Dans cette chronologie, Lycurgue prend place à une date très ancienne, au niveau de la seconde génération après Eurysthénès. Plutarque a donc probablement raison de supposer que par κατὰ τοὺς Ἡρακλείδας « Xénophon a voulu désigner les premiers Héraclides », c'est-à-dire ceux qui étaient encore proches des origines. Ainsi a-t-il amené la « pointe » finale : si anciennes soient-elles, ces lois n'en sont pas moins, en réalité, neuves au point de paraître étranges, puisqu'aucune cité ne s'est décidée à les imiter.

Telle est donc l'explication de la rupture énoncée par ἀλλὰ γάρ : je n'en dis pas plus, parce que je suis arrivé au bout de mon exposé ; il ne me reste qu'à conclure (et c'est un fait que le §8 a bien l'allure d'une conclusion). Comme dans toute bonne composition, cette fin ramène au commencement. Le terme *épitèdeumata* est un des marqueurs de ce mouvement circulaire : on le rencontre au début (I, 1), au milieu (V, 1, où est récapitulé ce qui précède et annoncé ce qui va suivre), et, ici, à la fin, de cette section du traité. Pendant ce parcours ont été exposées les « règles de conduite » qui ont fait au cours des siècles la cohésion, la prospérité et la puissance de la cité. Au début, Xénophon s'étonnait (ἐθαύμασα) de cette puissance ; à la fin, il s'étonne encore plus (θαυμαστότατον) de ce que cette réussite, qui est patente, n'ait pas entraîné sa suite logique, l'imitation. Son étonnement est, bien entendu, de pure forme : il nous a assez dit que le mode de vie spartiate reposait sur un effort constant, qui, visiblement, n'était pas à la portée des autres Grecs. En effet, après les *épitèdeumata* et l'étonnement, le troisième marqueur de la circularité est la notion d'imitation (*mimèsis*). Elle est apparue dès l'Introduction, en I, 2, avec l'énoncé de ce qui allait devenir un leitmotiv, le refus de Lycurgue d'imiter les autres. Elle revient ici, mais inversée : les autres cités ont refusé d'imiter Sparte. Imiter Sparte, c'est aussi le conseil que Socrate donne à Périclès (le Jeune) dans un passage des *Mémorables* (III, 5, 14-15) où Xénophon se souvient constamment de ce qu'il a écrit dans la *LP*. De ce que les lois de Sparte, malgré leur exemplarité, n'ont jamais été imitées, il tire ici la conclusion qu'elles sont éternellement nouvelles : nous dirions, dans notre langage, révolutionnaires.

Ainsi se termine ce dont nous ne savons pas encore si nous devons l'appeler « la première partie » ou « le premier état » de la *LP*. Le début du chap. XI montre que ce qui se produit alors est un redémarrage. Comme l'a relevé Lipka (2002, p. 29-30), à cette coupure correspond un changement de ton : c'est celui de l'éloge ou de l'apologie dans les chap. I-X, tandis que les chapitres suivants se présentent comme un exposé technique (sauf XIV, qui est polémique). On est donc naturellement tenté de penser qu'il s'agit *réellement* d'un redémarrage. Xénophon aurait considéré son opuscule comme achevé à la fin du chap. X, et en aurait commencé la diffusion sous forme de lectures publiques. Ses auditeurs lui auraient fait des remarques l'incitant à prolonger sa réflexion : par exemple, qu'il n'avait pas parlé de la royauté (il est vrai que ce n'est ni un *épitèdeuma*, ni une création de Lycurgue), ou bien qu'il était difficile de prétendre expliquer la grandeur de Sparte sans dire un mot de la chose militaire. Ce sont là, à mon avis, les deux projets possibles pour expliquer le redémarrage : ou l'intention de Xénophon a été de parler de la royauté, ce qui imposait un passage par les institutions militaires, ou elle a été de parler de l'armée, ce qui conduisait nécessairement à traiter des rois. Mais il se peut aussi que la réflexion de Xénophon se soit poursuivie d'elle-même, sans intervention extérieure (pour reprendre les termes de Machiavel, il aurait réalisé qu'après avoir exposé les bonnes lois régissant la cité en temps de paix, il était indispensable de montrer comment d'autres bonnes lois concernant la guerre lui avaient permis d'avoir aussi de bonnes armes), ou que ce soit sa relation avec Agésilas qui l'ait orienté vers la prise en compte de la royauté. Enfin, il existe encore une autre façon de voir les choses. Dans le discours du « Vieil Oligarque » également, on rencontre une « fausse fin » : c'est le premier paragraphe du chap. III, qui « fait cercle » avec l'incipit d'une façon nettement plus littérale encore que X, 8 dans la *LP* ; après quoi se produit un redémarrage, mais ce qui le suit est beaucoup moins organisé que dans le traité de Xénophon (on peut même dire que, selon nos critères, il y règne un désordre irrémédiable). Il pourrait donc s'agir d'un trait structurel commun à ces deux traités politiques que pour faire court je qualifierai d'« archaïques » : ils se composeraient d'un bref discours traitant systématiquement du cœur du sujet (cette brièveté permettant d'en faire la lecture et la discussion au cours d'une seule soirée), suivi d'un développement complémentaire, dont la matière, très diverse, aurait été constituée par les réponses de l'auteur aux questions et objections de ses auditeurs. La chose me paraît d'autant plus possible qu'il existe un autre trait commun à l'*Ath. Pol.* et à la *LP* (outre le fait que la tradition les attribuait au même auteur) : l'existence de passages où transparaît la forme dialoguée. Je n'entends par là ni les interrogations purement rhétoriques, ni les simples déclarations de prise de parole, mais les passages où l'auteur s'adresse directement à l'auditeur / lecteur. La plupart se bornent à le prendre à témoin : en III, 5, ἀκούσαις, στρέψαις, ἡγήσαιο ; en VIII, 1, ἴσμεν ἅπαντες ; en XI, 1, ἔξεστι καὶ τούτων ἀκούειν ; en XII, 7, ὅτι πολλὰ γράφω ; en XIII, 5, ὁρῶν ταῦτα ἡγήσαιο ἄν. Dans deux cas le dialogue s'engage véritablement : en II, 8, εἴποι δ' ἂν οὖν τις... ὅτι, φημὶ ἐγώ, et en XIV, 1, εἰ δέ τίς με ἔροιτο... οὐκ ἂν ἔτι θρασέως εἴποιμι.

Chapitre XI : De l'organisation de l'armée

Introduction, § 1. Xénophon a manifestement cherché à dissimuler que ce chapitre constituait un nouveau départ ; il lui fallait pour cela le « recoudre » au bloc constitué par les chap. I-X et persuader ses auditeurs (ἀκούειν) qu'il faisait partie du plan prévu dès l'origine. On est d'abord tenté de penser qu'il y a assez mal réussi : quand il dit que les lois de Lycurgue dont il a parlé jusque-là concernent à un égal degré l'état de paix et l'état de guerre, on a du mal à le suivre. On ne voit pas, en effet, ce qui pourrait y être considéré comme ayant trait à la guerre ; même le chap. IX, sur la bravoure et son contraire, ne décrit le sort du lâche qu'une fois qu'il a regagné ses foyers. Mais on ne peut en rester là. Ce n'est pas pour satisfaire aux exigences de la rhétorique que Xénophon a écrit la phrase « ces règles... concernent à un égal degré la paix et la guerre » ; la transition aurait aussi bien fonctionné (et peut-être même mieux) s'il l'avait formulée ainsi : « J'ai exposé jusqu'ici ce qui concerne la paix ; voyons maintenant les mesures que Lycurgue a édictées pour l'armée en campagne ». La formulation « la paix *et* la guerre » a donc été choisie intentionnellement ; elle correspond à ce que l'auteur lui-même pensait du contenu des dix premiers chapitres. À nous d'essayer de le comprendre.

Disons d'abord que nombre des institutions sociales qu'il a décrites ont une fonction à la fois civile et militaire : en premier lieu l'éducation, qui forme en même temps le citoyen et le soldat ; et aussi les *syskènia* (dont le nom même renvoie à la vie de l'armée), l'accoutumance à une vie frugale et égalitaire, l'obéissance. Mais ce n'est là qu'une liste d'exemples. Ce que Xénophon a exposé jusqu'ici, et qui correspond tout à fait au terme d'*épitèdeumata* qu'il a employé trois fois, c'est ce qu'on peut appeler, en référence à un article célèbre de Nilsson, les « *Grundlagen des spartanischen Lebens* » ; ils fondent la vie du citoyen aussi bien dans la cité que dans l'armée, et on peut dire que ce que Xénophon va exposer dans les chap. XI à XIII, ce sont ceux des *épitèdeumata* lycurguiens qui s'appliquent spécifiquement lors d'une campagne militaire.

Mobilisation et rassemblement de l'armée, § 2. Dans cette partie de son exposé, Xénophon utilise le plan le plus simple qui soit, l'ordre chronologique des opérations successivement réalisées. Ceci, à partir du moment où la guerre a été décidée ; il ne dit rien du processus de la prise de décision (sur ce qu'on peut déduire des *Helléniques* à ce sujet, voir Richer 1998, p. 324-336). Ici, les éphores sont présentés comme l'autorité qui dirige l'application de cette décision, en faisant proclamer par le héraut quelles classes d'âge sont requises. Les Spartiates âgés de vingt à soixante ans étaient répartis en huit groupes de cinq classes annuelles, et, selon les besoins, on en mobilisait la quantité nécessaire, en commençant par les plus jeunes (les δέκα ἀφ' ἥβης, qui correspondent aux *hèbôntes*). Ainsi, dans les *Hell.* VI, 4, 17, voit-on les éphores mobiliser les six mores jusqu'à la classe quarante, c'est-à-dire au maximum. On se demandera si c'étaient bien les éphores qui décidaient du nombre de classes à mobiliser. Si le texte de la *LP* ne l'implique pas nécessairement, le passage des *Helléniques* qui vient d'être cité semble catégorique (φρουρὰν μὲν ἔφαινον οἱ ἔφοροι), mais la situation alors est exceptionnelle à tous égards : nous sommes au lendemain de Leuctres, et les éphores ne font que compléter une décision prise antérieurement (VI, 4, 3), sans doute par l'Assemblée (Richer 1998, p. 327-328). Il ne nous est donc pas possible de trancher sur ce point, mais Xénophon a probablement raison de soutenir que le système mis en place par Lycurgue était, grâce à sa souplesse, supérieurement efficace.

Toujours selon le texte, cette mobilisation concerne, dans une succession qui semble chronologique, deux catégories de personnels. D'abord les combattants, hoplites et cavaliers ; la cavalerie n'existe que depuis 424 (Thucydide IV, 55, 2) et constitue une arme peu estimée, recrutée parmi les citoyens les moins honorables (*Hell.* VI, 4, 11). Ensuite, ceux que Xénophon appelle les « gens de métier », χειροτέχναι. Il n'en dit pas plus, sans doute parce que la chose lui paraissait évidente ; mais cette brièveté a posé un cruel problème aux commentateurs modernes, pour qui c'est un axiome qu'aucun citoyen spartiate n'exerçait de métier manuel. L'échappatoire classique consiste à voir en eux des Périèques (ainsi, Lipka 2002, p. 190 ; Ollier 1934, lui, évite prudemment ce terrain miné). En ce qui me concerne, je tiens cette solution pour absolument impossible. Malgré le *Lakédaimonioi* de la phrase suivante (terme qui, comme souvent, ne désigne rien d'autre que les Spartiates), c'est bien la mobilisation et le rassemblement de l'armée *spartiate* que Xénophon décrit ici, et il en ira de même pendant tout le chapitre, comme le montre l'expression « ceux qui ont été éduqués sous les lois de Lycurgue » au § 7. Lycurgue n'est pas censé avoir légiféré pour les cités périèques, et celles-ci organisaient leur mobilisation comme elles l'entendaient. Les autorités spartiates (probablement les éphores) se bornaient à leur notifier l'ordre de mobilisation et l'effectif que chacune devait fournir, ainsi que le lieu de rendez-vous avec l'armée spartiate. Pour l'instant, c'est celle-ci que nous voyons se rassembler. Que cela nous plaise ou non, nous devons admettre, au vu de ce passage, qu'il y avait des Spartiates qui exerçaient des métiers manuels. Nous voici donc amenés à revenir sur un sujet déjà abordé à propos de la « définition » que Xénophon donne des *Homoioi* en X, 7. Le corps civique spartiate n'était pas homogène : ceux, probablement assez nombreux, qui ne possédaient pas ou plus de terres, étaient contraints pour vivre d'exercer un métier manuel. Le présent texte montre qu'ils restaient mobilisables, et qu'ils étaient structurés en classes d'âge comme les autres combattants, ce qui assurait automatiquement la stabilité de la proportion entre les deux catégories. Toute armée a besoin d'un certain nombre de techniciens (Thucydide VI, 22, mentionne des meuniers ; Xénophon, *Cyr.* VI, 2, 36, des forgerons, des charpentiers, des cordonniers), et l'auteur relève l'attention que les Spartiates portaient à cet aspect de la vie militaire. À ce qu'il dit j'ajouterai qu'on imagine mal ces « hommes de métier » assistant en spectateurs aux batailles importantes, où l'on avait besoin de tout le monde ; ils devaient donc combattre d'une manière ou d'une autre. Comme ils faisaient partie de l'armée, il est logique de penser qu'ils participaient aussi à la prise de décision concernant la paix et la guerre, donc au moins à une certaine sorte de réunions de l'Assemblée. Ils restaient ainsi, dans une certaine mesure, citoyens ; ce dont ils étaient exclus, c'était, comme nous l'avons vu plus haut, le corps des *Homoioi*.

Vient enfin ce que nous appellerions le train. Les objets qu'il transporte sont qualifiés d'*organa*, terme qui peut désigner à la fois des machines de guerre (auxquelles le lecteur pense d'abord, mais qui, à cette époque, ne constituaient certainement pas l'essentiel) et les nombreux outils dont une importante troupe d'hommes a besoin pour assurer sa progression et sa subsistance (le passage de la *Cyropédie* cité plus haut mentionne des moulins à bras, des polissoirs, des limes, des bêches, des pioches, des haches, des faux). Tout ce matériel était chargé soit sur des bêtes de somme (des ânes dans *Hell.* V, 4, 17), soit sur des chariots (cf. Thucydide V, 72, 3 ; les recherches de J. Christien ont montré l'existence en Laconie d'un réseau de routes à guide-roues destinées aux chariots). C'est avec le train que marchaient les Hilotes qui s'occupaient du ravitaillement et du service des soldats en campagne. Ainsi, l'essentiel du chargement n'était pas réparti entre les différentes unités, mais formait un ensemble à part, ce qui, dit Xénophon, avait l'avantage de permettre aux responsables du train (στρατοῦ σκευοφορικοῦ ἄρχοντες, XIII, 4 ; οἱ τῶν σκευοφόρων ἄρχοντες, *Cyr.* VI, 2, 35) de vérifier facilement s'il manquait quelque chose. Une complète rationalité, voilà ce qui caractérise le rassemblement de l'armée tel que Lycurgue l'a conçu.

Impressionner l'ennemi, § 3. La tradition manuscrite unanime, à laquelle – donnée qu'il ne faut évidemment pas négliger – s'ajoute Stobée, transmet le texte ...στολὴν μὲν ἔχειν φοινικίδα καὶ χαλκῆν ἀσπίδα... La présence à cet endroit de καὶ χαλκῆν ἀσπίδα est inacceptable, car ce qui suit, ταύτην νομίζων ἥκιστα μὲν γυναικείᾳ κοινωνεῖν κτλ., n'a pas de sens s'agissant d'un bouclier. Deux solutions ont été proposées. L'une est restée minoritaire : elle consiste à athétiser purement et simplement les trois mots en question (Haase 1833, suivi par Rühl 1912). En 1834, Wulff choisit de déplacer ces trois mots pour les reporter juste après πολεμικωτάτην δ' εἶναι, ce qui fait que la mention, aussitôt après, de la brillance et de la salissure concernerait le bouclier. C'est le texte qui a été adopté par la plupart des éditeurs récents, et que nous avons repris.

Plusieurs objections peuvent être faites à ce qui s'apparente, à première vue, à une réfection quelque peu arbitraire du texte. D'abord, καὶ γάρ implique une relation causale ; or, pour un bouclier, ce qui importe, ce n'est pas qu'il se nettoie rapidement (le fait n'étant d'ailleurs pas en lui-même patent), ni qu'il se salisse lentement (ce qu'on a du mal à comprendre ; s'agit-il de la rouille ?), mais qu'il protège bien. Ensuite, le bouclier n'est en rien une « astuce » particulière à l'armée spartiate ; c'est, au contraire, un élément de base de l'équipement hoplitique.

Raisonner ainsi serait, selon moi, méconnaître l'intention de Xénophon dans tout ce § 3. Il veut exposer les « inventions astucieuses » (ἐμηχανήσατο) de Lycurgue en matière de combat hoplitique. Il en énumère trois : le vêtement, le bouclier et la chevelure. Ces trois trouvailles ont la même finalité. Le point de vue de l'auteur est que celle-ci ne relève pas de la technique militaire, comme on s'y attendrait, mais de l'action psychologique : Lycurgue veut rendre l'apparence de ses guerriers aussi impressionnante que possible, pour que l'ennemi se sente, d'entrée de jeu, en position d'infériorité. Commençons par le plus difficile, le bouclier.

Le texte nous impose de le considérer comme une « invention » de Lycurgue. Comment cela peut-il se faire ? Xénophon ne saurait prétendre, devant un public qui connaissait fort bien l'*Iliade*, que Lycurgue ait inventé le bouclier ; il s'ensuit que le signifiant principal est le qualificatif, « de bronze ». Xénophon considère qu'avant Lycurgue les boucliers des hoplites grecs étaient soit en bois, soit, plus probablement, en bois recouvert de cuir (ce qui, effectivement, existait) ; l'idée de Lycurgue a été de les recouvrir de bronze. Le but de cette innovation n'était pas de l'ordre de l'efficacité, mais en quelque sorte de l'esthétique. Parce qu'à la différence du bois ou du cuir le bronze peut être rendu brillant, donc capable d'impressionner, d'éblouir, presque d'hypnotiser l'ennemi, son utilisation dans le bouclier est une invention géniale. L'association étroite entre le bouclier et la brillance (qu'on retrouve plus loin, en XIII, 8 – juste avant le combat, ce qui est en plein accord avec notre τάχιστα λαμπρύνεται –, et aussi dans *Hell.* VII, 5, 20) impose de placer καὶ χαλκῆν ἀσπίδα immédiatement avant la phrase disant combien il est facile de donner de l'éclat à son bouclier. On ne peut pas « faire briller » un vêtement, fût-il de couleur pourpre.

Ensuite, donc, le vêtement. Identique pour tous, encadrement aussi bien qu'hommes de troupe, comme il sied à des Semblables, il constitue une sorte d'uniforme. Je considère στολήν comme un attribut, parce que φοινικίς est un substantif (c'est le terme usuel pour désigner le vêtement de guerre spartiate ; cf. Aristophane, *Lysistrata*, v. 1140), auquel je donne un sens large, celui de vêtement pourpre en général. Si l'auteur précise que ce vêtement n'a absolument rien à voir avec le sexe féminin, c'est parce que στολή peut aussi désigner une sorte de robe longue, comme en portaient les Asiatiques, par exemple les Perses ou les Lydiens. Plutôt qu'une tunique, qui ne serait guère visible sous la cuirasse (or, ce vêtement l'était : cf. *Agésilas*, II, 7), la *phoinikis* devait être un manteau ; de fait, Plutarque (*Lyc.* XXII, 1) appelle ἱμάτιον le vêtement des jeunes guerriers spartiates. Un manteau long comme celui que représente une statuette de bronze du début du Ve siècle (au Wadsworth Athenaeum, Hartford, CT ; voir par ex. Cartledge 2004, p. 68, avec le commentaire) eût été gênant pour combattre ; c'était plutôt, comme le dit Cartledge (1987, p. 44), un manteau court. Le point important, dit Xénophon, c'est la couleur pourpre ; aussi peu féminine que possible, elle convient au mieux pour la guerre. En effet, la pourpre a une valeur symbolique : c'est la couleur de la domination et de la victoire. Xénophon ne fait aucune allusion à un rapprochement (passablement fantasmatique d'ailleurs) avec la couleur du sang versé, rapprochement qui ne fait pas son apparition avant la *LP* de l'école aristotélicienne (fragm. 542 Rose), mais qui connaîtra ensuite, sous des formes étonnamment diverses, une fortune remarquable (références dans Lipka 2002, p. 191). Xénophon, lui, ne fantasme pas.

Le troisième élément de l'apparence physique du guerrier est la chevelure. Les cheveux longs étaient une caractéristique des Spartiates bien connue dès le Ve siècle (Hérodote I, 82, cf. VII, 208-209 ; Aristophane, *Oiseaux*, v.

1282). Mais comment faut-il comprendre l'indication d'âge τοῖς ὑπὲρ τὴν ἡβητικὴν ἡλικίαν ? La traduction que je propose, « ceux qui ont dépassé l'âge des *hèbôntes* », et qui fait écho à celle de Lipka, « *those who were past the age of young men (hebontes)* » (mais son commentaire, p. 193, va dans l'autre direction), montre que je comprends le texte comme signifiant que les *hèbôntes* n'avaient pas le droit de porter les cheveux longs. Cela est extrêmement surprenant, car non seulement ils combattaient dans la phalange, mais ils y tenaient les premiers rangs : si la chevelure longue apportait, comme le dit Xénophon, un avantage psychologique aux guerriers, pourquoi en priver les plus exposés ? Je comprends donc tout à fait qu'E. David, qui, dans un article de 1992, a étudié de près la chevelure spartiate, ait interprété dans ce passage l'expression ἡβητικὴ ἡλικία comme un équivalent d'ἥβη, et en ait déduit que les 20-30 ans avaient droit eux aussi aux cheveux longs (David 1992, p. 13, n. 9). Mais (je résume ici ma discussion dans Ducat 2006a, p. 109-111) cette interprétation me paraît impossible. Nous avons déjà rencontré l'expression ἡβητικὴ ἡλικία en IV, 7 (à propos de l'accès aux magistratures), et il est clair qu'elle désigne « l'âge pendant lequel on est *hèbôn* », c'est-à-dire de 20 à 30 ans. Ὑπέρ, « au-delà », signifie que cette période a été non pas atteinte, mais passée et dépassée (cf. *Cyr.* I, 2, 4, ὑπὲρ τὰ στρατεύσιμα ἔτη), comme c'est aussi le cas pour le πεπερακόσι de IV, 7. Il me semble en outre que Xénophon se serait exprimé d'une façon très étrange, s'il avait voulu simplement signaler que *tous les soldats* pouvaient porter les cheveux longs : la formulation implique une distinction. Si étonnant, ou même scandaleux, que cela paraisse, les *hèbôntes* n'avaient donc pas le droit de porter les cheveux longs ; ce n'était d'ailleurs qu'une des nombreuses marques de leur statut intermédiaire (sur quoi cf. Ducat 2006a, p. 104-112).

Structures et commandement, § 4. L'armée ainsi équipée par Lycurgue est divisée par lui en six grandes unités appelées mores. Comment interpréter l'expression μόρας ἓξ καὶ ἱππέων καὶ ὁπλιτῶν ? Lipka comprend que chaque more était composée à la fois d'hoplites et de cavaliers ;

mais l'interprétation la plus répandue (Toynbee, Lazenby, Sekunda) est qu'il y avait six mores d'hoplites et six de cavaliers. Cette façon de voir est rendue nettement préférable par le fait que plusieurs fois dans les *Helléniques* il est question d'une « more de cavaliers » (III, 3, 10 ; IV, 5, 11-12, où est donné le titre de son commandant, l'hipparmoste) ; elle me semble confortée par la répétition de καί, qui, comme au § 2, doit avoir une valeur distributive. Nous avons vu plus haut que cette cavalerie n'avait été créée qu'en 424 ; Xénophon semble donc peu soucieux de chronologie quand il en attribue l'origine à Lycurgue. Il pourrait toutefois se défendre en disant qu'elle remontait bien à Lycurgue, mais avait disparu entre temps.

L'auteur expose ensuite avec une clarté irréprochable comment était structurée chaque more. Dans notre façon de voir les choses, nous dirions qu'elle comprenait quatre loches, huit pentekostyes et seize énomoties. Xénophon ne s'exprime pas ainsi et décrit la chaîne du commandement, du polémarque aux seize énomotarques. L'historien d'aujourd'hui qui cherche à se documenter dans la *LP* aurait donc tout lieu d'être satisfait, si ce passage était notre seule source sur ce sujet ; mais (faut-il dire : malheureusement ?) ce n'est pas le cas. La question des structures de l'armée est en réalité une des plus obscures et des plus controversées de toutes celles que pose la Sparte classique. Il est hors de question d'entreprendre d'en discuter ici (principales études : Toynbee 1969, p. 365-404 ; Anderson 1970, p. 225-251 ; Lazenby 1985, p. 5-20 ; Lipka 2002, p. 257-264) ; je me contenterai d'expliquer en quoi le présent texte pose problème.

D'abord, il ne s'accorde pas avec les autres sources dont nous disposons. Il ne s'accorde pas avec la description faite par Thucydide de l'armée spartiate à la bataille de Mantinée en 418. La chaîne du commandement (V, 66, 3) est la même, mais pas du tout la pyramide des unités (V, 68, 3), entre autres raisons parce que Thucydide ignore la more. Ce problème peut être résolu en postulant une réforme de l'armée entre 418 et 403, date à laquelle la more est pour la première fois attestée (*Hell.* II, 4, 31). Ce qui est beaucoup plus gênant, c'est que l'auteur de la *LP* ne s'accorde pas non plus avec celui des *Helléniques*, plus précisément (ce détail a son importance) celui du livre VII des *Helléniques*. Par deux fois en effet dans ce livre (4, 20 et 5, 10 ; après Leuctres, donc), on rencontre l'expression « les douze loches », ou « les loches, qui étaient douze », qui désigne manifestement la totalité de l'armée lacédémonienne. Les spécialistes hésitent à supposer une réforme de plus.

Il y a aussi un problème de texte. Dans la deuxième phrase du paragraphe, pour l'adjectif qualifiant les mores, nous avons préféré la version de Stobée, ὁπλιτικῶν, à celle des manuscrits, πολιτικῶν ; cela, pour deux raisons. La première est que, s'il arrive que Xénophon, dans les *Helléniques*, applique à des corps de troupes lacédémoniens la qualification de *politikos* (sur quoi cf. Ducat 2008, p. 75-78), c'est toujours dans le cadre d'une distinction, si ce n'est d'une opposition, entre le contingent lacédémonien et une formation d'autre origine, Alliés ou mercenaires. La seconde est d'ordre logique : comme dans la phrase qui précède immédiatement a été signalée l'existence de mores d'hoplites et de mores de cavaliers, Xénophon était obligé de préciser de laquelle des deux sortes il allait désormais être question.

Reste, à la fin de ce paragraphe, une phrase simple en apparence, mais dont le sens à vrai dire nous échappe. Son commencement ne pose pas de problème particulier. Ἐκ τούτων τῶν μορῶν montre qu'on quitte la description de la structure de l'armée pour aborder celle des formations que suite aux ordres donnés elle peut adopter sur le terrain ; καθιστάναι est précisément le verbe qui convient pour dire qu'on dispose une troupe de telle ou telle façon. Dans le texte qui nous a été transmis, le sujet est sous-entendu ; comme plus loin (§ 7), il ne peut être que « les Lacédémoniens » (nommés aux § 2 et 8).

Le premier problème est celui du contexte dans lequel se déroule la manœuvre. Du fait qu'aussitôt après débute une longue discussion, qui va jusqu'à la première phrase (incluse) du § 8, sur la prétendue difficulté des manœuvres exécutées par les Lacédémoniens, et que c'est seulement après cette discussion que commence la description de ces manœuvres, on peut tirer l'impression que ce à quoi on assiste ici est une phase préliminaire, celle du rassemblement de l'armée avant son départ en campagne. Mais cette interprétation est contredite par καθίστανται, qui évoque une formation de combat, et la phrase a plutôt l'allure d'un exposé du principe général régissant la disposition de l'armée sur le champ de bataille.

Ensuite, il faut bien constater que la formulation qui nous a été transmise est particulièrement énigmatique (discussion détaillée dans Muratore 2022, p. 262-267). Εἰς ἐνωμοτίας ne se rencontre nulle part ailleurs. Εἰς + *n* est une expression qui apparaît assez souvent, mais qui s'applique toujours à un nombre d'hommes et non d'unités. Dans la grande majorité des cas, elle désigne la profondeur de l'unité, c'est-à-dire le nombre d'hommes que comprend chaque file ; mais alors, qu'il s'agisse de profondeur est soit énoncé explicitement (par βάθος), soit clairement impliqué par le contexte. À côté de cela, il existe au moins deux passages de Xénophon (*Hell.* VI, 4, 12 et *Cyr.* II, 3, 21 ; plus, probablement, *Cyr.* VI, 3, 21) où εἰς + *n* désigne indubitablement le nombre de files de l'unité, c'est-à-dire le nombre d'hommes en composant chaque rang.

Acceptant le texte tel qu'il a été transmis, Lipka l'explique (2002, p. 195) en considérant que ce qu'il décrit est une disposition de l'armée en colonne (pour la marche), tantôt « par énomoties » (avec les énomoties à la queue leu leu), tantôt par trois, tantôt par six énomoties de front. Cette interprétation a le mérite de la simplicité et s'appuie sur le fait que, comme nous venons de le voir, εἰς + *n* peut effectivement être utilisé pour caractériser le déploiement en largeur d'une troupe. Mais elle se heurte à des obstacles qui me semblent insurmontables. (a) On a vu que εἰς ἐνωμοτίας n'est pas attesté et que quand l'expression εἰς + *n* est appliquée à des files, ce sont toujours des files d'hommes et non d'unités. (b) Le contexte suggéré par καθίστανται est celui d'une disposition en vue du combat, alors que la formation en colonne est utilisée pour les déplacements. Celle-ci sera évoquée au § 8, où il est précisé qu'en ce cas les énomoties se suivent à la queue leu leu, ce qui pourrait correspondre à εἰς ἐνωμοτίας si cette expression existait, mais pas du tout au « tantôt par trois, tantôt par six » (énomoties) par quoi se poursuit la phrase. Non seulement, donc, il y aurait dans ce chapitre deux descriptions du déplacement en colonne, mais elles seraient contradictoires. (c) Il est supposé que l'armée puisse marcher en colonne par six énomoties, soit 24 hommes de front : on ne voit pas comment, je veux dire en quel lieu, une telle chose serait possible en Grèce. (d) Pour décrire la disposition d'une armée d'hoplites sur le terrain, une donnée est essentielle : la profondeur de la phalange. Une phrase du §6 dira seulement que celle-ci peut varier en fonction des ordres transmis par son chef à chaque énomotie. Il serait étonnant que Xénophon ne donne aucune précision sur un point aussi décisif. Sa description pourrait donc avoir commencé par là ; d'autant qu'entre le διὰ παραγγυήσεως de notre passage et les παραγωγαί du §6 il y a comme un effet d'écho.

On constate aussitôt qu'interpréter le texte en suivant cette direction (qui semble être la bonne) suppose qu'on le considère comme corrompu. De fait, les corrections proposées ont été nombreuses, mais aucune ne s'est imposée, et la question reste ouverte.

La prétendue difficulté des manœuvres de l'armée lacédémonienne, §5-8 χαλεπὰ εἶναι. Avant de décrire les diverses manœuvres de l'armée, c'est-à-dire, pour l'essentiel, comment elle s'y prend pour passer d'un type de formation à un autre, Xénophon, reprenant un procédé cher à Thucydide, fait une sorte de pause théorique, analysant le grand principe dont ces manœuvres ne sont que l'application. On serait tenté de dire qu'il dévoile là le secret de la supériorité spartiate, sauf qu'à l'entendre il n'y a justement pas de secret. Une telle thèse surprend évidemment le lecteur (qui pourrait en déduire qu'il n'y a pas non plus de supériorité), et c'est ce qu'a voulu l'auteur : il nous faudra tâcher d'expliquer ce choix.

Le principe de base, en effet, n'a rien de mystérieux : c'est l'autonomie de la file, exprimée dans la dernière phrase du §5. Dans chaque file (de l'énomotie, et par là de l'armée entière), c'est l'homme du premier rang, la tête de file (*prôtostatès*), qui initie et guide la manœuvre (*archôn*, terme qui pourrait être ambigu s'il n'était éclairé par tout le contexte). Pour la deuxième partie de la phrase, qui, selon toute apparence, énonce le principe de l'autonomie de la file, conserver le texte des manuscrits imposerait deux contraintes. D'abord, on s'attendrait à lire πάντ' ἔχει ; il faudrait supposer que c'est bien ce que Xénophon a eu l'intention d'écrire, mais qu'ayant commencé par les mots εἰσὶ μὲν γάρ..., qui, ainsi lancés en tête, avaient vocation à être en facteur commun, il a dû adapter à ce début la suite de sa phrase – mais un tour ἔχων (ἐστι) n'est-il pas un peu étrange ? Ensuite, il faudrait voir dans ὅσα δεῖ παρέχεσθαι une sorte de métaphore, car au sens littéral cette expression signifierait que la file possède tout le matériel (ou les armes, ou le ravitaillement) dont elle a besoin, ce qui est évidemment hors de question dans le contexte ; παρέχεσθαι ne convient décidément pas.

Dans l'énomotie existe donc une stricte répartition des tâches : il y a ceux qui, non pas commandent (ils ne sont pas des gradés), mais dirigent la manœuvre, et, dans chaque file, les autres n'ont qu'à observer et reproduire leur comportement. Il ne reste plus alors qu'à expliquer comment les hommes de tête reçoivent leurs ordres. Thucydide avait déjà exposé dans un passage bien connu (V, 66, 3-4) le fonctionnement de la chaîne du commandement lacédémonienne, du roi jusqu'à l'énomotarque, qui communique l'ordre à ses hommes. Xénophon précise comment il s'y prend, dans le cas qu'il examine ici des ordres concernant la formation à adopter (παραγωγαί, cf. le διὰ παραγγυήσεως du §4) : oralement, « à la façon d'un héraut », ce qui signifie qu'il s'adresse à toute son unité à la fois (il y a certainement une petite lacune avant ἀραιαί, à laquelle on a tenté de remédier de différentes manières, dont <καί> est la plus simple).

Xénophon s'exprime avec la précision du technicien et démontre que sa thèse n'est paradoxale qu'en apparence. Il est exact qu'au niveau des principes les manœuvres réalisées par l'armée lacédémonienne sont d'une grande simplicité et devraient être accessibles à n'importe quelle armée d'hoplites. Toutefois, chacun sait que les principes sont une chose, et la réalité du combat une autre : c'est précisément le sujet qu'il aborde dans l'important §7. Il y évoque la situation que redoutaient toutes les phalanges, le « désordre » (ταραχή), lorsque la formation est rompue, et que le combat réglé devient une mêlée confuse. C'est là, de toute évidence, le critère absolu pour juger de la valeur d'une armée d'hoplites. Si donc il y a un secret dans l'efficacité militaire des Spartiates, c'est le fait que, même en cette circonstance de « désordre », ils sont capables de se battre, aux côtés d'un camarade que seul le hasard a disposé là, de la même façon (ὁμοίως joue probablement de sa parenté avec le « titre » d'*Homoios*) que si la situation était normale.

Une telle performance n'est concevable, poursuit Xénophon, que « de la part de gens qui ont été éduqués sous les lois de Lycurgue ». Que veut-il dire ? N. Humble, qui a consacré à ce §7 un commentaire détaillé (Humble 2006), a fort bien expliqué (p. 223-225) ce qui, dans l'éducation et le mode de vie spartiates, permettait de surmonter le « désordre » : l'apprentissage de la discipline, de la réserve (αἰδώς), de la maîtrise de soi (ἐγκράτεια, qualité qui me paraît déterminante dans le cas envisagé), et aussi la pratique systématique de l'entraînement physique. Mais mon accord ne va pas plus loin. Je n'arrive vraiment pas à croire que le but réel de Xénophon dans ce passage soit d'inciter son lecteur à se remémorer toutes les fois où les Spartiates ont mal combattu en situation de « désordre » (Humble 2006, p. 222, 227). Cette interprétation me paraît relever de la lecture « soupçonneuse » initiée par Strauss (les « *dark readings* » que rejette Gray 2011), qui veut que la *LP* ait un sens caché (on connaît son intérêt pour les philosophies ésotériques) et aboutit à faire dire aux textes le contraire de ce qu'ils disent. Je ne crois pas davantage que Xénophon veuille ici souligner la différence entre le comportement des Spartiates, seuls capables de s'adapter au « désordre », et celui des Périèques (p. 222, 228). Enfin, je ne vois pas ce qui peut permettre de soutenir que Xénophon a voulu donner une image négative du comportement des Spartiates en cas de « désordre », en suggérant à la fois qu'il n'était motivé que par la peur des sanctions décrites au chap. IX, et qu'il était absurde de se battre jusqu'à la mort alors que la situation était désespérée (p. 227). Il n'est pas question ici de combattre jusqu'à la mort (au contraire, en IX, 2, Xénophon a souligné que les braves ont toujours plus de chances de survivre que les lâches, et cela me paraît devoir s'appliquer tout particulièrement aux situations de « désordre »), mais de conserver toute son efficacité dans ces conditions, où on se trouve placé aux côtés de n'importe quel guerrier (mais qui, lui aussi, étant Spartiate, reste pleinement opérationnel). Il ne veut parler ni de « belle mort », ni même de défaite, puisque le secret de la phalange spartiate est de conserver sa valeur dans des circonstances où toutes les autres perdent la leur. Mais peut-on vraiment parler de secret ? En tout cas, ce n'est pas un secret militaire, puisque cette aptitude résulte de l'éducation et du mode de vie des Spartiates, qui sont connus de tous ; c'est, en quelque sorte, un cadeau de Lycurgue.

L'armée lacédémonienne à la manœuvre : exemples, § 8-10. Après la parenthèse du § 7, la première phrase du § 8 clôt la discussion sur la prétendue difficulté des manœuvres militaires des Spartiates et en introduit la description. Certes, l'identité de ceux contre lesquels il argumente a changé : il ne s'agit plus de « la plupart des gens », mais des théoriciens de l'art militaire (*hoplomachoi*) ; mais cela ne change rien au résultat. Comme Platon, Xénophon n'a pas, en général, une haute opinion des *hoplomachoi* (cf. *Mém.* III, 1, 5-11 ; *Cyr.* I, 6, 12-14 : deux textes parallèles) ; la référence, ici, a donc bien des chances d'être ironique, les *hoplomachoi*, selon lui, ne s'y connaissant pas mieux que n'importe qui.

Avant d'essayer de comprendre ces manœuvres, rappelons quelques notions utiles. L'unité de base de l'armée est l'énomotie. Son effectif maximum théorique est de 40 hommes, un par classe d'âge ; dans la pratique, elle comprend une trentaine d'hommes ou un peu plus. Ceux-ci sont le plus couramment disposés sur quatre files, donc sur huit rangs de profondeur (mais cf. § 6, deuxième phrase). Une énomotie est orientée, en ce sens que les meilleurs hommes, qui sont aussi les plus jeunes, sont placés aux premiers rangs ; cet ordre ne peut être modifié. La conséquence est que pour faire faire demi-tour à une énomotie, on ne peut se contenter de commander à chaque homme un demi-tour individuel, car ainsi les premiers deviendraient les derniers. Le « côté du bouclier » (παρ' ἀσπίδα, § 8 et 10) est la gauche, celui « de la lance » (παρὰ δόρυ, § 10), la droite.

Première manœuvre : passage de la formation en colonne à la formation en ligne (= phalange), l'ennemi se présentant de face (§ 8, d'ὅταν μὲν γάρ à καταστῇ). Dans la formation en colonne, les énomoties marchent à la queue leu leu (κατ' οὐραν ; δήπου souligne que cela va de soi). Pour la manœuvre, je laisse la parole au général A. Boucher, qui a publié un article sur le sujet en 1912 : « Pour faire face à l'ennemi se présentant en avant..., chaque énomotie déboîte de la colonne et va se former... vers la gauche, à hauteur de l'énomotie de tête, qui ne bouge pas, et à la gauche de celle qui la précède. On obtient ainsi la phalange par énomoties ». Ce point ne provoque aucune discussion. Exemples sur le terrain : *Anab.* IV, 3, 26 et (plus bref) IV, 6, 6.

Deuxième manœuvre : l'armée étant formée en phalange, l'ennemi se présente par l'arrière (fin du § 8 et § 9 ; sur la formation initiale, voir plus loin). Cette manœuvre repose sur l'exécution par chaque énomotie d'un demi-tour appelé *exéligmos* (terme qu'on traduit traditionnellement par contremarche). Chaque file de l'énomotie (ἕκαστος ὁ στίχος) accomplit un trajet en U renversé qui l'amène à une position toute proche de celle de départ, mais orientée à l'opposé (voir les croquis dans Ollier 1934, p. 59, fig. 2, et Lipka 2002, p. 265-266, fig. 2). Toutes les énomoties exécutent ce mouvement. Leurs positions respectives restent les mêmes, sauf que l'unité qui était placée à l'extrême droite se retrouve à l'extrême gauche, et ainsi de suite.

Il n'échappe pas à Xénophon qu'après l'exécution de l'*exéligmos*, l'énomotarque (et cela vaut pour tous les échelons du commandement, d'où le terme ἄρχων), qui, normalement, se tenait immédiatement à droite de l'homme de tête de la file de droite, se retrouvait à gauche de son énomotie. Il y avait donc là un défaut dans la manœuvre spartiate, et Xénophon déploie une grande énergie pour répondre à une possible critique sur ce point, en utilisant sa stratégie habituelle de réplique à double détente (§ 9).

Dans un premier temps, il expose que, loin d'être nécessairement un inconvénient, le fait que le chef se trouve à gauche peut être dans certaines circonstances un avantage. Comme exemple de ces circonstances, il envisage une manœuvre de débordement (ὑπερέχειν, τὸ ὑπερέχον), puis d'enveloppement (κυκλοῦν, κύκλωσις ; termes que j'emprunte au récit de la bataille de la plaine de Némée, *Hell.* IV, 2, 13 ; 18 ; 20-21, où furent successivement exécutés deux mouvements de ce type ; on a ici κυκλοῦσθαι) opérée par l'ennemi. Assurément, le propos de Xénophon est pour nous difficile à comprendre ; encore faut-il bien réaliser de quelle nature est cette difficulté. Anderson (1970, p. 107) a posé le problème en ces termes : lors de la manœuvre d'encerclement que l'ennemi conduit de son côté droit (donc gauche pour l'armée lacédémonienne), est-ce le chef qui est mieux protégé en étant à gauche (parce qu'il est attaqué du côté où il tient son bouclier), ou est-ce l'armée tout entière (dont l'aile est attaquée côté bouclier) ? Très sensément, Anderson opte pour la deuxième réponse, et son choix semble corroboré par le fait que Xénophon emploie le pluriel (οὐκ ἂν κατὰ τὰ γυμνά, ἀλλὰ κατὰ τὰ ὡπλισμένα). Mais le raisonnement de Xénophon n'est pas du tout celui-là. Ce qu'il dit, c'est que, s'il peut être profitable que le chef soit à gauche, c'est parce que (γάρ), dans ce cas, l'ennemi attaquera ce même côté, celui qui est « pourvu de boucliers » ; ce qui revient à dire qu'il attaque le flanc gauche *parce que* le chef s'y trouve. Un tel raisonnement plonge le commentateur dans l'embarras. Certes, il ne paraît pas absurde que l'ennemi veuille d'abord neutraliser le chef pour désorganiser la résistance adverse. Mais nous savons qu'en réalité c'est parce que la phalange grecque « tire » naturellement à droite que les manœuvres de débordement se déroulent régulièrement de ce côté. Il n'y a pas d'intentionnalité là-dedans, et la position du chef n'y change rien. Ce qui donc nous laisse perplexes n'est pas qu'il vaille mieux en l'occurrence que le chef soit à gauche (cela paraît tout à fait acceptable), c'est l'explication qu'en donne Xénophon.

Le deuxième moment de sa justification consiste à dire que, s'il le faut absolument, les Lacédémoniens savent faire exécuter à leur armée un demi-tour qui conserve aux chefs leur place habituelle à droite. Sa concision et son caractère technique rendent ce passage particulièrement difficile. Ollier (suivant, comme à son habitude, le général Boucher) et Lipka en ont donné des interprétations très différentes. M'abstenant, pour faire court, de les rappeler et de les examiner, je me bornerai à exposer mon point de vue. Pour moi, toute solution doit respecter les principes suivants : (a) se conformer étroitement à ce que dit le texte ; (b) être simple ; (c) conserver à l'énomotie sa conformation habituelle en « mode combat », de façon à éviter le risque de « désordre » ; (d) à la même fin, n'avoir recours qu'à des manœuvres collectives, à l'exclusion de celles qui, comme les « à droite, droite » ou « à gauche, gauche », devraient être exécutées par chaque soldat individuellement. Les conditions (c) et (d) conduisent à écarter les interprétations de Boucher et de Lipka.

La manœuvre se déroule en trois temps. 1. στρέψαντες τὸ ἄγημα ἐπὶ κέρας, « ils font tourner la tête de l'armée pour la mettre en colonne ». Il s'agit de l'opération inverse de celle qui a été décrite sous le nom de « première manœuvre » : ici, on passe de la formation en ligne ou phalange (le terme figure dans le membre de phrase qui suit) à la formation en colonne. À cette fin, chaque énomotie (en commençant par celle qui est le plus à droite du front, et ainsi de suite) avance en exécutant un « à droite, marche » (virage à droite à 90 degrés). Les unités se retrouvent donc à la queue leu leu, en marche vers la droite. 2. ἐξελίττουσι τὴν φάλαγγα, « la phalange exécute une contremarche », c'est-à-dire un trajet en U qui l'amène à une position parallèle à la précédente, mais orientée à l'inverse. L'emploi du mot « phalange » est ici impropre *stricto sensu*, puisque la formation est maintenant en colonne ; mais l'expression se comprend aisément, cette formation en colonne étant très transitoire, et elle s'applique à la manœuvre dans son ensemble (on la retrouve dans la description de la stratégie d'Agésilas à Coronée, *Hell.* IV, 3, 18). 3. ἔστ' ἂν ὁ μὲν ἡγεμὼν δεξιὸς ᾖ, ἡ δὲ οὐρὰ εὐώνυμος, « jusqu'à ce que le chef se trouve à droite, et l'arrière-garde à gauche ». Cette phase finale est l'opération qui a été décrite sous le nom de « première manœuvre », c'est-à-dire le passage de la formation en colonne à la formation en ligne ou phalange.

Ἄγημα ne peut désigner que l'unité qui était considérée comme formant la « tête » de l'armée (Lipka : « *leading unit* ») ; rien n'indique quelle était sa taille. En fait, l'expression n'est littéralement vraie que quand l'armée est disposée en colonne, ce qui n'est pas le cas au début de la manœuvre. On retrouvera, en XIII, 6, « l'*agèma* de la première more », comme le nom de la troupe que le roi prend avec lui pour l'entourer en formation de combat ; mais il n'est pas sûr qu'il s'agisse de la même unité. – Xénophon ne décrit que le mouvement initial, mais il est évident que, si l'*agèma* exécute un virage, le reste de l'armée suit. Ὁ ἡγεμών signifie en principe « le chef », qui en l'occurrence serait nécessairement le roi ; mais peut-être faut-il donner à ce terme une valeur collective, « l'encadrement », ce qui vaudrait pour tous les échelons, énomotie, pentékostye, loche et more. D'un autre côté, le fait qu'il s'oppose à « la queue » pousse à se demander s'il ne pourrait pas lui aussi désigner la tête de l'armée disposée en colonne.

Troisième manœuvre : l'armée marchant en colonne (ἐπὶ κέρως πορευομένων), l'ennemi apparaît à droite (première moitié du § 10). Par οὐδὲν ἄλλο πραγματεύονται, Xénophon souligne l'évidence et la facilité de la manœuvre. L'image de la trière (qu'on retrouve dans *Hell.* VII, 5, 23 ; cf., par exemple, la manœuvre navale dans Thucydide II, 90, 4) est efficace, et en même temps exacte, en ce qu'un loche, qui comprend quatre énomoties, constitue, dans la disposition en colonne, une formation très allongée. Après la manœuvre, les loches se retrouvent alignés l'un à côté de l'autre, face à l'ennemi, le dernier de la colonne se retrouvant à l'extrême droite. La description de Xénophon s'arrête à ce stade. Anderson (1970, p. 108-109) pense qu'effectivement on en restait là, parce que l'ennemi dont il s'agit n'était pas formé en phalange, mais se composait de troupes légères ; on pouvait donc le combattre en gardant pour chaque loche la formation en colonne (comme dans *Anab.* IV, 8, 10-14). Mais la plupart des commentateurs pensent que la description s'arrête au moment où va commencer une deuxième phase, déjà connue, au cours de laquelle chaque loche exécute la manœuvre n° 1 (§ 8), à savoir le déploiement en phalange, cependant que le roi effectue le mouvement qui sera décrit en XIII, 6, mais du côté opposé. En effet, on constate en lisant l'ensemble du passage que les quatre manœuvres décrites concernent la même troupe ennemie, se présentant soit devant, soit derrière, soit à droite, soit, comme nous allons le voir, à gauche. Or, il est clair dans les deux premiers cas que cet ennemi est formé en phalange.

Mais cette remarque pose un problème qu'il est impossible d'esquiver. Il serait logique qu'à part la direction dans laquelle apparaît l'ennemi, la situation initiale soit dans les quatre cas la même ; pourquoi donc considérer, comme on le fait, que dans le cas n° 2 (ennemi par l'arrière) l'armée lacédémonienne est au départ disposée en phalange, alors qu'elle marche en colonne dans les trois autres cas ? L'expression οὕτως ἐχόντων, dans la dernière phrase du § 8, pourrait d'autant mieux signifier cela qu'ainsi elle ne ferait que reprendre l'ἐν τῷ τοιούτῳ qui concerne la manœuvre n° 1, exécutée à partir de la formation en colonne. Si je me suis rangé à l'avis de mes prédécesseurs, c'est pour trois raisons : d'abord parce qu'οὕτως ἐχόντων renvoie plus probablement à ce qui précède immédiatement, et qui est la formation en phalange, qu'à une formation en colonne qu'il faudrait aller chercher au tout début de la phrase ; ensuite, à cause de l'expression ἐξελίττουσι τὴν φάλαγγα figurant dans la description de la variante « chef à droite » de la manœuvre n° 2, qui implique qu'au départ de cette manœuvre, l'armée est conçue par Xénophon comme étant déployée en phalange ; enfin, le fait que lorsqu'il décrit la situation initiale de la manœuvre n° 3 (§ 10), l'auteur juge nécessaire de préciser ἐπὶ κέρως πορευομένων. Cette asymétrie est surprenante, mais je ne vois pas comment y remédier. Peut-être est-elle due au fait qu'en écrivant ces lignes, Xénophon avait présente à l'esprit la manœuvre d'Agésilas à Coronée, que j'ai mentionnée plus haut.

Quatrième manœuvre : l'ennemi paraît à gauche (fin du §10). Le début du passage (ἤν γε μὴν κατὰ τὰ εὐώνυμα...), qui décrit les circonstances de l'affrontement, semble d'abord strictement parallèle à celui qui introduit le cas précédent. Il y a cependant une différence, qui est peut-être significative, entre οὐδὲν ἄλλο πραγματεύονται, qui dénote une assurance absolue, et οὐδὲ τοῦτο ἐῶσι, qui peut paraître plus défensif, voire presque hésitant. En fait, le questionnement ne saurait s'arrêter là, et s'étend à la possibilité même de donner un sens à cet οὐδὲ τοῦτο ἐῶσι : comment pourrait-on envisager un seul instant qu'attaqués à l'improviste les Lacédémoniens se laissent manœuvrer ?

Les choses ne s'améliorent pas vraiment par la suite. Le texte de la grande majorité des manuscrits est : ἀλλ' ἀπωθοῦσιν ἢ ἐναντίους ἀντιπάλους τοὺς λόχους στρέφουσι. La présence de ἤ – si ce mot était vraiment dans le texte, ce dont certains ont douté, comme Lipka – impliquerait que les Lacédémoniens avaient le choix entre deux manœuvres. La seule à être véritablement décrite, la seconde, est l'image inversée de celle qui est exécutée quand l'ennemi vient de droite ; toutefois le texte présente une difficulté évidente, le redoublement ἐναντίους ἀντιπάλους, auquel on ne peut remédier que par une correction. Quant à la première manœuvre possible, elle est énoncée par le seul verbe ἀπωθοῦσιν, « ils les repoussent », qui ne nous renseigne guère sur la forme prise par cet affrontement. Dans tout ce passage, donc, le texte n'est pas satisfaisant.

Conclusion. Le raisonnement de Xénophon dans ce chapitre est d'une subtilité qui peut dérouter le lecteur. Celui-ci s'attend à un éloge de l'habileté militaire des Spartiates ; or, ce thème est soigneusement évité, et il faudra poursuivre la lecture jusqu'au §5 du chap. XIII pour rencontrer la formule que l'on prévoyait, sur leur « professionnalisme », mais à propos de tout autre chose que de l'art de combattre. On s'attendait à voir Xénophon montrer les Spartiates exécutant facilement des manœuvres que les autres armées peinent ou échouent à effectuer (même remarque, Humble 2006, p. 221) ; mais si la facilité est bien là (εὐπορώτατα... ποιοῦσι, début du §8), la prétendue difficulté est dénoncée comme une illusion, partagée aussi bien par la masse des profanes (οἱ πλεῖστοι) que par les soi-disant spécialistes (οἱ ὁπλομάχοι). Le lecteur est perplexe : la supériorité militaire des Spartiates serait donc un mythe ? Pas du tout, répond (bien sûr) Xénophon, mais elle ne repose sur aucun secret : seulement sur l'application rigoureuse d'un principe simple, le rôle de « leaders » (ἄρχοντες) des hommes de tête, et l'autonomie de la file. Si quelque chose peut être considéré comme l'apanage des seuls Spartiates, c'est la capacité qu'ils ont de se battre en cas de « désordre » aussi bien qu'en temps normal, mais il n'y a là aucun secret, car cela tient aux qualités civiques qu'on leur a inculquées, et non à une quelconque spécialisation technique.

Le raisonnement est irréprochable ; toutefois, le lecteur se sentira peut-être moins sûr d'être convaincu quand il abordera l'exposé des manœuvres, aux §8-10. La minutie avec laquelle Xénophon les décrit (minutie particulièrement sensible dans la discussion, somme toute marginale, sur les avantages de la position à gauche du chef et sur la manœuvre qui permet de le maintenir à droite) et la difficulté que le lecteur éprouve à les comprendre (difficulté qu'on peut supposer avoir été nettement moindre dans l'Antiquité) donnent nécessairement à ce dernier le sentiment que, malgré ce que prétend Xénophon, elles étaient réellement compliquées ; un connaisseur des manœuvres en ordre serré comme le général Boucher partageait d'ailleurs ce sentiment (Ollier 1934, p. 62). Mais Xénophon n'a certainement pas voulu donner une telle impression. Ce qu'il entend montrer, au contraire, c'est que des manœuvres qui paraissent complexes quand on les voit de l'extérieur sont simples pour qui en a assimilé les principes, exposés aux §5-6. Toutes, en effet, consistent en des passages d'un type de formation à un autre, et reposent sur des mouvements de files, composées tant d'individus à l'intérieur de l'énomotie que d'unités plus petites à l'intérieur d'autres plus grandes. Or, le principe d'un mouvement de file est extrêmement simple, puisqu'il consiste seulement à faire la même chose que l'individu ou l'unité qui se trouve devant.

Ainsi le chapitre qui traite de l'excellence militaire des Spartiates débouche-t-il sur la constatation que, si cette excellence est incontestable, elle n'est pas fondamentalement militaire, mais civique. Relisons dans cette perspective le § 1 : parmi les « bienfaits » (*agatha*) que Lycurgue a procurés à sa cité, il y a certes ce qu'il a « imaginé » dans le domaine de l'organisation de l'armée, mais il y a aussi et avant tout ce qui est « commun à la paix et à la guerre », c'est-à-dire ce qui a été exposé sur la formation du citoyen et le fonctionnement de la cité. Une circonstance typique illustre cette constatation et occupe de ce fait une place centrale dans l'analyse de Xénophon : celle du « désordre » au § 7.

Chapitre XII : Du camp

Le thème de la singularité de Sparte a beaucoup moins de relief dans ce chapitre que dans les autres. Pourtant, Lycurgue y est constamment présent, jusqu'au § 5 compris. Xénophon affirme d'abord (§ 1) que c'est lui qui a fixé toutes les procédures réglant l'établissement et le fonctionnement du camp ; son rôle est souligné par des verbes à la troisième personne du singulier aux § 1, 2, 3 (pas 4, relatif aux Hilotes), et on y revient au § 5 avec ὑπὸ τοῦ νόμου. En même temps, ce chapitre est le seul jusqu'à présent où on trouve une allusion à une pratique dont Xénophon savait certainement qu'elle ne remontait pas à Lycurgue, à savoir la présence possible, dans l'armée lacédémonienne, de corps de mercenaires (§ 3). De fait, il est difficile d'affirmer qu'à part ce qui concerne le rôle des Skirites et les précautions prises contre les Hilotes, les Spartiates se soient conduits très différemment des autres Grecs en matière de camps militaires, qu'il s'agisse de leur plan, de l'existence de dépôts d'armes soigneusement gardés ou des divers entraînements imposés aux soldats (cf. Lazenby 1985, p. 32-34). Il semble que la principale particularité des Spartiates soit plutôt que sur tous ces points, en particulier pour ce qui est de l'entraînement, de la discipline, et (peut-être surtout) de la sécurité, leur comportement ait été minutieusement réglé, et que le programme prévu (il y a un véritable « emploi du temps » du soldat, rythmé par les interventions du héraut comme il l'est par le clairon dans les armées modernes) ait été exécuté avec une complète rigueur. C'est d'ailleurs sur cela que la dernière phrase attire l'attention : la vraie originalité des Spartiates est l'excellence de leur discipline. À en juger par ce que rapporte le plaignant, Ariston, dans le *Contre Conon* de Démosthène (§ 3-5), il semble qu'elle ait été beaucoup plus relâchée dans les camps et les garnisons des Athéniens.

Disposition et aménagement du camp, § 1. À notre connaissance, ce ne sont pas seulement les Spartiates, mais les Grecs en général, qui, contrairement aux Romains, ne se souciaient pas de donner à leurs camps une forme carrée ou rectangulaire. Xénophon ne présente pas les angles comme « dangereux », c'est-à-dire difficiles à défendre (à moins de les fortifier), mais seulement comme « inutiles ». Dans les deux cas, d'ailleurs, le résultat est le même : on choisit la forme qui s'adapte le mieux au terrain ; et comme c'est, dans la mesure du possible, un point haut, la forme qui s'impose est celle que l'auteur appelle « circulaire », mais que nous dirions plutôt ovalaire, car le terrain est rarement symétrique. La position la plus favorable pour le camp est qu'il soit situé au sommet d'une montagne, car celle-ci fournit par nature une protection (ἀσφαλές), et en ce cas sa forme dépend de celle de la montagne ; à défaut, l'armée peut améliorer sa sécurité en utilisant les appuis arrière (je construis la phrase comme Ollier) constitués par un mur ou une rivière, d'où résulte une forme semi-ovalaire. Ces types de plans se retrouvent dans les « camps » protohistoriques de type oppidum (en réalité, des habitats) communs en Europe occidentale.

La sécurité, § 2-4. L'exposé est d'abord structuré par l'opposition, évidente, entre les dispositifs diurnes et ceux qui sont prévus pour la nuit (μεθημερινάς, § 2, νύκτωρ, § 3). Xénophon obtient un joli effet de surprise en déclarant que les gardes qui, le jour, surveillent les dépôts d'armes, « regardent vers l'intérieur » (du camp), parce que ceux qu'ils surveillent ne sont pas des ennemis, mais « des amis » (φίλοι). La surprise est d'autant plus grande que, pour l'instant, l'auteur ne donne aucune indication sur l'identité de ces « amis » dont il faut se garder ; mais, de lui-même, le lecteur cultivé de l'époque aura pensé à une formule de Thucydide (IV, 80, 3), « le caractère essentiel de la politique des Lacédémoniens à l'égard des Hilotes a toujours été d'être principalement dictée par le souci de s'en protéger (τῆς φυλακῆς πέρι) ». Ici aussi, c'est bien de φυλακή qu'il s'agit. Cette interprétation me semble de loin préférable à celle qui voit dans ces « amis » les Alliés ; car c'est de l'organisation lacédémonienne, et non péloponnésienne, des camps que traite Xénophon, et sans doute les Alliés avaient-ils leur propre camp (cf. XIII, 4). Pour moi, φίλοι n'a pas la valeur ironique que lui attribue Lipka, mais un sens technique, comme dans notre expression « tirs amis ». À ces « ennemis de l'intérieur » sont opposés, à propos des gardes de jour, les véritables ennemis (τούς γε μὴν πολεμίους), et il est normal que ce soit la cavalerie qui les surveille. Ἐκ πλείστου a un sens local comme dans l'*Hipparchikos*, IV, 5.

Vient ensuite, naturellement, la garde de nuit. Les manuscrits donnent : ...εἰ δέ τις προΐοι· νύκτωρ ἔξω τῆς φάλαγγος... À la suite de Köchly et Rüstow (1855), la plupart des éditeurs ont transféré δέ après νύκτωρ, en plaçant avant ce mot l'interponction et le passage du §2 au §3. Nous avons préféré rester au plus près du texte des manuscrits, mais en plaçant, comme il est logique, l'interponction juste avant εἰ δέ τις et en adoptant la correction de Madvig (1871), προσίοι.

Le mot φάλαγξ a ici un sens très particulier, « le camp » (LSJ *s.u.* 3c). Les Skirites qui, de nuit, surveillent les environs du camp, sont des Périèques habitant au nord de Sparte, non loin de l'Arcadie ; ils semblent n'avoir pas vécu en cités, mais avoir constitué un *ethnos*. Dans le domaine militaire, ils sont toujours décrits comme formant une troupe à part (de 600 hommes, selon Thucydide V, 68, 3), exécutant des missions spécifiques (cf. XIII, 6), avec, probablement, un équipement léger. Tout cela les qualifiait naturellement pour assurer pendant la nuit la garde extérieure du camp. Cette mission est absolument essentielle et Xénophon considère visiblement que les Spartiates ne partaient jamais en campagne sans eux.

Au §4, Xénophon précise enfin, pour qui ne l'aurait pas devinée, l'identité de l'«ennemi intérieur» auquel faisait allusion le §2. Toutefois, cette identité n'est pas énoncée directement, mais au détour d'une phrase dont le point de départ est la constatation que les soldats spartiates, même au camp, ont toujours avec eux leur arme la plus efficace, la lance. Saluons ici la seconde et principale apparition des Hilotes dans la *LP*. Elle est singulièrement allusive, et Xénophon évite leur «nom propre», au profit du très neutre δοῦλοι. Je pense que, s'il s'exprime d'une façon qui peut paraître contournée, c'est, paradoxalement, par excès d'évidence : il estime que ce qu'il expose est connu de tous, et cela, sans nul doute, parce que Critias en a déjà parlé (fragm. 37 D-K, τὸ δόρυ ἔχων ἀεὶ περιέρχεται) ; d'où l'expression, un peu difficile à expliquer autrement, εὖ καὶ τοῦτο δεῖ εἰδέναι. Je reviendrai plus loin sur ce fragment de Critias et, plus généralement, sur la méfiance des Spartiates vis-à-vis des Hilotes ; je me bornerai pour l'instant à rappeler l'étroite ressemblance qui existe entre le présent texte et un passage du discours prononcé par Cyrus à Babylone (*Cyr.* VII, 5, 79) : «Dans la science et la pratique de la guerre, il ne faut donner absolument aucune part à ceux dont nous voulons faire nos travailleurs et nos tributaires ; nous devons leur rester supérieurs par la pratique de ces activités, en comprenant que les dieux les ont révélées aux hommes en tant qu'instrument de la liberté et du bonheur. Comme nous leur interdisons de détenir des armes, nous-mêmes ne devons jamais en être dépourvus, en sachant bien (εὖ εἰδότες) que des gens qui ne s'éloignent jamais de leurs armes possèdent tout ce qu'ils peuvent désirer» (cf. Ducat 1990, p. 148-149). Certes, une différence importante semble séparer la conduite que Cyrus recommande aux Perses de celle des Spartiates à l'époque de Xénophon : Cyrus proscrit complètement l'incorporation dans l'armée comme combattants de ceux que son discours présente à la façon d'esclaves de type hilotique (d'où les termes ἐργάται et δασμόφοροι), alors que, depuis 424, les Spartiates ont pris l'habitude d'utiliser les services de certains corps d'Hilotes armés en hoplites. Mais cette différence ne concerne pas la circonstance évoquée dans le présent texte, où les Hilotes dont il est question ne sont manifestement pas des combattants (qui auraient des armes à eux), mais des serviteurs et des valets d'armes. On ne peut pas dire pour autant que, dans la *LP*, Xénophon évite volontairement d'évoquer l'incorporation des Brasidiens et des Néodamodes, car, dans le cadre d'un exposé sur la vie des camps, il n'avait pas à en parler.

La vie au camp, § 5-7. Déplacer fréquemment le camp est évidemment une contrainte que les Spartiates s'imposent ; comment faut-il comprendre l'explication qu'en donne Xénophon dans la première phrase du § 5 ? Il me semble que c'est ainsi : en pays ennemi, ces déplacements ont pour résultat de multiplier les lieux de pillage et d'augmenter indéfiniment la quantité de butin rassemblée (ainsi *Cyr.* III, 3, 23) ; en pays ami, ils permettent d'alléger la charge imposée à la population locale en la répartissant sur une plus grande superficie. Sur ce dernier point au moins, le raisonnement peut paraître quelque peu sophistique, mais cela n'est pas pour étonner dans un passage encomiastique. L'interprétation d'Ollier, qui voit dans les φίλοι du texte l'armée lacédémonienne elle-même, et ne prend donc en considération que l'accroissement du butin, obligerait d'admettre que Xénophon a omis d'envisager le problème des camps en pays ami, alors que c'est évidemment le point le plus délicat.

À Sparte, l'entraînement physique obligatoire est un principe intangible, comme nous l'avons constaté en V, 8 ; à plus forte raison s'applique-t-il à la vie dans un camp militaire. À ma connaissance, ce passage est le seul document d'époque classique dont nous disposions sur ce qu'était *réellement* l'entraînement militaire des Spartiates, dont font si grand cas les amateurs de généralités. Nous constatons : d'abord, qu'un tel entraînement n'existe que pendant les campagnes elles-mêmes (en temps de paix, il est remplacé par les exercices du gymnase et la pratique de la chasse) ; ensuite, que, pour autant qu'on puisse voir, il ne consiste pas en exercices strictement militaires comme le maniement des armes ou la manœuvre en ordre serré, mais en activités visant à entretenir la forme physique, comme la marche ou la course. *Exit* l'image du Spartiate passant sa vie à s'entraîner systématiquement au combat (sur ce sujet, voir Hodkinson 2006, p. 134) ; son « professionnalisme » était ailleurs. Il est naturel que des guerriers s'entraînent, mais c'est une caractéristique du genre encomiastique que d'« empiler » les justifications. Celle que donne Xénophon superpose deux images. La consécutive ὥστε μεγαλοπρεπεστέρους μὲν αὐτοὺς ἐφ' ἑαυτοῖς γίγνεσθαι n'est pas dépourvue d'emphase ; l'expression traduit la fierté que les Spartiates peuvent légitimement tirer de leur apparence physique. Parler, comme le fait Ollier, du « moral des troupes », me paraît réducteur ; il est certain qu'à toute époque se sentir parfaitement entraîné donne à chaque homme le sentiment de faire partie d'une troupe d'élite, ce dont il tire fierté et confiance.

L'autre notion est celle d'*éleuthéria* ; l'adjectif *éleuthérios* désigne « ce qui convient à un homme libre », à un citoyen suprêmement libre, comme l'est le Spartiate dans la formule célèbre de Critias. Dans les *Mémorables* (III, 10, 5) également, τὸ ἐλευθέριον est associé à τὸ μεγαλοπρεπές à propos de l'allure corporelle et de l'expression du visage de certaines personnes ; et dans la *LP*, nous avons déjà rencontré ἐλευθέριος appliqué à l'apparence physique des guerriers spartiates (en XI, 3, à propos des cheveux longs). – Dans la dernière phrase du §5, il est apparemment question des limites imposées à la distance de laquelle les soldats peuvent s'éloigner du camp au cours de leur entraînement ; mais le texte a certainement été mal transmis. La correction d'ἐλάσσω en μάσσω est vraisemblable, mais elle ne résout pas tout, car le principal problème est ἐφήκη : le sens d'ἐφήκειν est toujours « survenir », « arriver », ou plutôt « être arrivé », et il est difficile (quoique non impossible) de s'en accommoder ici. On peut penser à ἐφῇ ; le sens serait « pas au-delà de ce que la more autorise » ; mais, comme me le fait remarquer D. Muratore, il serait étrange à la fois que la décision relève de la more et non de l'armée, et que Xénophon dise « la more » et non « le polémarque ». La formulation semble bien impliquer qu'il soit question de la zone d'extension de chaque more. Pour la marche, les soldats devaient nécessairement sortir du camp ; on est ainsi conduit à supposer que chaque more disposait, d'une part, d'un secteur propre à l'intérieur du camp (avec peut-être, comme le propose Lipka 2002, p. 207, son propre dépôt d'armes), et d'autre part, à l'extérieur, d'une extension dont elle était responsable. Dans cette extension pouvaient se trouver les feuillées auxquelles il a été fait allusion au §4 (cf. *Cyr.* I, 6, 36) : on les imagine mal à l'intérieur du camp.

L'exposé s'achève par un paragraphe (§6) qui expose en détail le déroulement d'une journée-type. Les exercices gymniques qui viennent d'être décrits en constituent le point de départ : on voit par là qu'ils occupent la matinée, jusqu'à la « revue » (soldats assis : la discipline spartiate n'était pas celle des armées actuelles !) qui précède le déjeuner. Par deux emplois du verbe κηρύττειν, Xénophon signale que toutes les occupations de la journée ont lieu à un signal donné, ce qui n'était peut-être pas le cas dans les autres armées grecques. – Le « premier polémarque » est également mentionné une fois dans les *Hell.* (IV, 2, 22), où le récit me semble confirmer l'hypothèse qui vient d'emblée à l'esprit, que c'était le polémarque de la première more ; le présent texte suggère que cette qualité lui conférait une sorte de préséance. – Aussitôt après le déjeuner, on procède à la relève de ce que Xénophon désigne par le terme collectif d'« avant-poste », *proskopon*. Ollier entend par là « tous les postes de garde, où qu'ils se trouvent ». Pour Lipka, il s'agit des Skirites qui ont assuré la sécurité hors du camp la nuit précédente ; mais il serait étonnant qu'on les relevât si tard. Le plus probable me paraît être qu'on ait procédé alors à la relève des gardes extérieurs de jour, qui, selon le §2, étaient des cavaliers. – Ce que font les soldats l'après-midi n'est pas très clair pour nous, car le terme διατριβαί peut désigner aussi bien (et cela se comprend) des passe-temps que des occupations sérieuses. Beaucoup de traducteurs ont pensé que les soldats spartiates passaient tout l'après-midi à se distraire et à se reposer (ainsi Ollier, « divertissements », Lipka, « *pastimes* »). C'était peut-être le cas, mais Xénophon aurait-il dit cela ? Je penserais plutôt que les mots διατριβαί et ἀναπαύσεις veulent décrire une alternance de phases d'activité (mais autre que l'entraînement physique, sans qu'on puisse en dire plus) et de repos. Quand la grande chaleur est retombée, on reprend l'entraînement physique, puis vient le repas du soir, et la journée se termine par des chants religieux. Enfin, même pour dormir, on ne s'éloigne pas des armes. Telle est la vie quotidienne dans le camp ; rappelons que les soldats n'avaient à exécuter aucune tâche domestique, telle que ravitaillement, cuisine, nettoyage ; les Hilotes y pourvoyaient. L'organisation rigoureuse de l'emploi du temps et l'accent mis sur l'entraînement physique font penser à la « reprise en main » de l'armée péloponnésienne par Agésilas en 396 en Asie (*Hell.* III, 4, 16-19 ; *Agésilas* I, 25-28) : c'est Éphèse tout entière qui est alors transformée en un camp militaire.

Conclusion. Ce chapitre montre en quoi exactement consistait la discipline militaire des Spartiates. Par πολλὰ γράφω, Xénophon marque qu'il est tout à fait conscient d'être allé très loin dans le détail sur un sujet qui peut paraître mineur par rapport à son projet politique. Il s'en justifie, et en fait le thème d'un éloge qui utilise un procédé fréquent dans ce genre, la litote. Ce thème, qui sera exprimé sous sa forme la plus achevée en XIII, 5, est celui du « professionnalisme » des « Lacédémoniens » en matière militaire. Pas plus que dans le chap. XI, il n'y a de secret : seulement de la rigueur.

Comme on l'attend de vrais spécialistes dans une activité dangereuse, les Spartiates ont l'obsession de la sécurité. Il est normal qu'ils se garantissent contre toute surprise de la part de l'ennemi, mais ils le font d'une façon absolument permanente et totalement méthodique. Toutefois, ce qui nous intéresse le plus dans ce chapitre, ce sont les précautions prises contre les Hilotes. Sur ce sujet comme sur beaucoup d'autres, Xénophon a tenu le plus grand compte de ce que Critias en avait dit avant lui. « À cela, la meilleure réponse n'est-elle pas ce que dit Critias lui-même, que, par défiance envers les Hilotes en question, le Spartiate, quand il est chez lui, ôte le brassard de son bouclier ? Comme il ne peut le faire quand il est en campagne (car il est alors fréquent qu'il y ait urgence), il ne se déplace pas sans sa lance, certain de l'emporter, en cas de révolte, sur l'Hilote armé du seul bouclier » (Libanios, *Or.* XXV, 63 = Critias, fragm. 37 D-K). Du développement de son prédécesseur, Xénophon n'a retenu, comme il devait le faire, que ce qui concerne la vie en campagne ; cela est d'ailleurs heureux, car l'interprétation que donne Critias des brassards de bouclier démontables est peut-être un peu hasardeuse (cf. Ducat 1990, p. 147).

En ce qui concerne les rapports entre les Spartiates et les Hilotes, notamment en campagne, mon opinion est que les choses étaient exactement telles que Xénophon les décrit. Je ne suis pas de ceux qui surestiment le « danger hilote », et je ne retire rien de ce que j'ai dit sur la rareté (frôlant l'inexistence) des révoltes, sur le fait que l'hostilité n'était ni générale, ni permanente (puisque des Hilotes ont pu être armés en hoplites), sur le rôle idéologique de la confusion entre Hilotes de Laconie et de Messénie. Ce qu'implique le texte de Xénophon est d'un autre ordre : la présence chez les Spartiates d'une méfiance structurelle et de principe, qui leur imposait des conduites de prudence strictement codifiées. Cette méfiance faisait partie du rituel social qui gouvernait les relations entre les Spartiates et les Hilotes, indépendamment de l'état réel de ces relations, qui variait nécessairement selon les moments.

Chapitre XIII : Du roi en campagne

Une très brève introduction (la première phrase) expose l'objet du chapitre. Comme il le fait le plus souvent, Xénophon n'essaie pas de ménager une transition avec le chapitre précédent et se contente d'un plan énumératif. Cela dit, il est logique qu'après avoir décrit les structures de l'armée, les manœuvres qu'elle peut exécuter et les camps qu'elle installe, il en vienne à examiner l'échelon du commandement supérieur. Il faut toutefois noter qu'il ne s'exprime pas ainsi : ce n'est pas sur le problème du commandement en chef, mais sur les pouvoirs et prérogatives *du roi* que la phrase centre l'exposé. Par ce simple fait, le traité prend ici un tournant ; les rois, dont jusqu'à présent il n'a pas plus été question que s'ils n'existaient pas, passent d'un coup au premier plan et vont y rester tout au long des chap. XIII et XV. On ne peut s'empêcher de se demander si cette inflexion ne correspond pas également à un tournant dans la pensée de l'auteur ; c'est à propos du chap. XV que ce problème se posera avec le plus d'évidence.

Alors qu'au chap. XV le terme *basileus* apparaît tantôt au singulier, tantôt au pluriel, ici le roi est toujours seul. C'est la traduction grammaticale de la pratique contemporaine des Spartiates, qui veut qu'un seul roi commande l'armée. Normalement, l'autre roi reste « à la maison », et la situation décrite dans *Hell.* V, 3, 10 et suiv., où Agésipolis et Agésilas conduisent chacun une armée, est présentée par Xénophon comme totalement inédite (οὐδ' ἂν γενέσθαι ὥστε ἅμα ἀμφοτέρους τοὺς βασιλέας ἔξω Σπάρτης εἶναι). Quant à la règle qui veut qu'un seul roi commande une armée donnée, elle ne souffre aucune exception. On sait que, selon Hérodote, elle n'aurait été instituée qu'à la suite de la grande « dichostasie » de 507/506 (V, 75). En attribuant à Lycurgue, dans cette phrase introductive, toutes les lois fixant les attributions des rois en campagne, Xénophon semble s'inscrire en faux contre la tradition transmise par Hérodote, mais interpréter ainsi son texte serait peut-être accorder trop d'importance à une affirmation presque rituelle.

Les commensaux du roi, § 1. L'expression locale ἐπὶ φρουρᾶς (cf., en V, 7, ὁ ἔμφρουρος) est rendue claire par son équivalence avec l'ἐπὶ στρατιᾶς de la première phrase. Sur la nourriture du roi en campagne, Xénophon est très bref : « C'est la cité qui nourrit le roi et son entourage ». Hérodote l'est encore plus (au point de rester silencieux), car ce qu'il rapporte en VI, 56 sur les parts qui reviennent au roi des victimes qu'il a sacrifiées appartient au registre de ses *géra* en tant que prêtre, non à celui de son *syskènion*. C'est quand il traite des prérogatives du roi en temps de paix, au chap. 57, qu'Hérodote donne des indications précises sur la façon dont il est nourri par la cité, et nous y reviendrons à propos de XV, 4.

Xénophon mentionne deux catégories de « commensaux » (en fait, le verbe συσκηνεῖν désigne sans doute ici une cohabitation permanente, jour et nuit). D'abord les polémarques, qui forment le véritable « état-major » (au sens moderne) du roi, beaucoup plus que l'assemblage hétéroclite qui sera décrit au §7 ; ensuite, trois *Homoioi*, qui jouent le rôle d'«ordonnances», non seulement du roi, mais aussi, ce qui est plus surprenant (cependant τούτοις l'indique clairement), des polémarques (ils sont donc les serviteurs de magistrats), de façon à les décharger de tout souci matériel. En contrepartie, servir d'aussi près le roi était un grand honneur, et on peut retenir le rapprochement fait par Ollier avec les *hétairoi* homériques (cf. Carlier 1984, p. 181-182).

Le roi comme sacrificateur et chef suprême (§2-5). Xénophon entre dans le vif du sujet en adoptant un plan «chronologique» (l'ordre des opérations militaires) aussi simple que commode ; ce type de plan est suivi jusqu'au §9 compris. Le développement est introduit par une déclaration de l'auteur, dont le sens dépend de celui qu'on donne à ἐπαναλήψομαι. Avec celui que choisit Lipka («*I shall repeat*», expliqué p. 211), elle se référerait au fait que Xénophon avait conscience de se borner à revenir sur une chose connue de tous. J'interpréterais ce verbe autrement. Le plan qu'il adopte amène l'auteur à faire en quelque sorte le récit d'une campagne-type, afin d'examiner le rôle qu'y joue le roi comme chef religieux et militaire : il va donc opérer un retour en arrière vers ce qu'il a déjà dit en XI, 2, sur le rassemblement de l'armée ; mais l'exposé est désormais centré sur le roi, comme le souligne la formule ὡς ἐξορμᾶται σὺν στρατιᾷ ὁ βασιλεύς.

Dès avant le départ, alors qu'il est encore *oikoi* (façon de dire qui correspond certainement à l'usage local, mais qui semble aussi appartenir à un langage militaire commun à tous les Grecs), le roi sacrifie à Zeus «Conducteur» (Agètor) et, poursuit le texte transmis par les manuscrits, «à ceux qui sont avec lui». Il est très difficile de donner un sens à ce καὶ τοῖς σὺν αὐτῷ pourtant si simple en apparence. Ce qui vient d'abord à l'esprit est de comprendre «et aux dieux qui sont avec lui», c'est-à-dire à ceux dont le culte est associé (*synnaoi*) à celui de Zeus Agètor. Mais l'existence d'une telle association n'est pas attestée à Sparte, et il faudrait compléter en καὶ τοῖς σὺν αὐτῷ <θεοῖς>. Une autre interprétation est suggérée par le τοὺς σὺν αὐτῷ qui au §1 désigne les «commensaux» du roi. Ici, ils sacrifieraient avec lui, mais cela aussi suppose de corriger le texte ; en outre, dans toutes les occasions où l'on voit le roi sacrifier, il le fait seul («au nom de la cité», précise XV, 2 ; cf. *Hell.* III, 3, 4).

C'est alors que commence le premier parcours du porte-feu (πυρφόρος ; il y en avait sans doute dans toutes les armées, d'où l'expression proverbiale citée par Hérodote VIII, 6), qui marche en tête de l'armée de la ville à la frontière. La valeur symbolique, à la fois religieuse et patriotique, de ce feu pris sur un des autels de la cité, est évidente : par lui, l'armée en campagne est perpétuellement reliée à la cité et placée sous la protection de ses dieux.

L'étape suivante est constituée par le sacrifice à Zeus et Athéna que le roi accomplit au moment où l'armée atteint la frontière ; Xénophon prend soin de préciser qu'il a lieu avant son franchissement, celui-ci n'étant effectué que si les présages, examinés sur la victime par le(s) devin(s) qui accompagne(nt) le roi, sont favorables. Il ne donne pas de nom à ces sacrifices, mais nous savons par Thucydide (V, 54, 2 ; cf. 55, 3 et 116, 1) et par plusieurs passages des *Helléniques* (III, 4, 3 ; 5, 7 ; IV, 7, 2 ; V, 1, 33 ; 3, 14 ; 4, 37 ; 4, 47 ; VI, 5, 12) qu'ils s'appelaient *diabatèria* ; appellation à laquelle renvoie tacitement le διαβαίνει du § 3. La question se pose naturellement de savoir de quelle frontière il s'agit, celle de Sparte ou celle de Lacédémone. En principe, il semble que c'est de l'armée spartiate, et non lacédémonienne, que Xénophon parle ici, comme c'est son rassemblement qu'il a décrit en XI, 2. Mais nous avons vu que dans les chap. XI-XIII il ne fait jamais clairement la distinction, son point de vue restant ainsi, fondamentalement, celui d'un «outsider». Comme l'armée qui part en campagne est toujours en fait l'armée lacédémonienne (il ne saurait d'ailleurs en être autrement, à partir du moment où des Périèques ont été incorporés dans des unités spartiates), c'est bien elle tout entière que les dieux doivent protéger. Il semble donc normal de penser que les *diabatèria* étaient accomplis à la frontière lacédémonienne. Il est vrai que, dans un des cas où ils ont été mentionnés et nommés (*Hell.* III, 5, 7), Spartiates et Périèques n'ont pas franchi cette frontière ensemble, puisque Pausanias s'était installé à Tégée, où « il attendit les soldats envoyés par les cités périèques » ; mais, même dans ce cas, d'ailleurs exceptionnel, il n'en est pas moins probable qu'en franchissant, séparément, la frontière lacédémonienne, les Spartiates et les Périèques aient accompli, chaque contingent de son côté, les *diabatèria*. Le texte qui paraît le plus clair en faveur de la frontière lacédémonienne est Thucydide V, 54, 1-2 : le lieu du rendez-vous fixé par les Spartiates aux Périèques est Leuktra, à l'intérieur du territoire lacédémonien ; ensuite seulement ont lieu les *diabatèria*, et, comme les présages ne sont pas favorables, l'armée est licenciée.

Le feu pris sur l'autel de Zeus Agètor a servi pour accomplir les *diabatèria* ; celui qui provient de ces sacrifices devient à son tour le feu qui est porté en tête de l'armée sans être jamais éteint, en vue des sacrifices à venir. Ainsi se manifeste l'efficacité des dieux de Sparte y compris en territoire ennemi, en même temps que se concrétise une continuité patriotique : là où est l'armée est aussi, en partie, la cité. Le porte-feu et le roi sont suivis par tout un troupeau d'animaux promis aux sacrifices futurs. Une allusion dans l'*Anabase* (VI, 4, 25) semble indiquer que cet usage n'était pas particulier aux Spartiates, mais ils devaient le respecter avec une rigueur particulière, puisqu'il a fait l'objet d'une notice de Pausanias (IX, 13, 4 : « leur roi, quand il partait en campagne, était suivi par du petit bétail destiné à être sacrifié aux dieux et à fournir de bons présages avant les combats ; c'étaient des chèvres qui marchaient en tête des animaux, les bergers les appelaient *katoiades* »). Il y avait donc, comme on pouvait s'y attendre, un personnel spécialisé (une catégorie de plus à joindre aux *cheirotechnai* de XI, 2) pour conduire et soigner ces troupeaux. Xénophon n'exagère décidément pas quand il dit un peu plus loin (XIII, 7) que chez les Spartiates, en matière militaire, tout est prévu.

Xénophon décrit la façon dont se déroule un sacrifice : non seulement les *diabatèria*, mais tous ceux qui auront lieu ensuite, à l'initiative du roi. Il note d'abord qu'il commence avant même le lever du jour. L'explication qu'il donne de cette heure étrange n'est très probablement qu'une inférence : le roi agirait ainsi pour « devancer » (προλαμβάνειν), entendons l'ennemi, dans la captation de la faveur des dieux. Le roi sacrifie aux dieux de Sparte, – mais ceux-ci sont également, dans une certaine mesure, des dieux communs, dont l'ennemi pourrait d'autant plus facilement détourner la bienveillance qu'il se trouve sur son propre territoire –, et il peut s'adresser à la variante locale de ces mêmes divinités.

Une grande partie de la description est consacrée à une liste de ceux qui assistent au sacrifice (§ 4). Les στρατοῦ σκευοφορικοῦ ἄρχοντες sont les commandants du train, qui a été décrit en XI, 2. Qui sont les ξένων στρατίαρχοι ? On pourrait penser aux chefs des contingents alliés, mais les Alliés sont toujours appelés σύμμαχοι et non ξένοι ; il s'agit donc très vraisemblablement des commandants des troupes de mercenaires, conformément au sens courant du terme ξένοι dans un contexte militaire. Cela est confirmé par l'expression qui suit, οἱ ἀπὸ τῶν πόλεων στρατηγοί : c'est elle qui, certainement, désigne les commandants des troupes alliées. En effet, chez Xénophon (et, avant lui, chez Thucydide), l'expression αἱ πόλεις employée absolument renvoie toujours aux cités alliées (Ducat 2008, p. 23, n. 54). On remarquera que ces « stratèges » sont la seule catégorie de chefs importants dont la présence au sacrifice soit seulement facultative : cela est logique, car ils ne font pas partie de l'armée lacédémonienne, et peuvent être requis au même moment par leur service, soit militaire, soit religieux, dans le cadre de leurs propres troupes. De cette mention des cités alliées, il résulte que l'armée évoquée par Xénophon à ce moment précis n'est plus ni l'armée spartiate, ni l'armée lacédémonienne, mais l'armée péloponnésienne.

Dans cette liste apparaissent ensuite (§ 5), et presque subrepticement, des personnages qui ne peuvent manquer d'attirer notre attention : les deux éphores qui, comme Xénophon le dit avec encore plus de netteté dans les *Helléniques* (II, 4, 36 : νομίζεται σὺν βασιλεῖ δύο τῶν ἐφόρων συστρατεύεσθαι), accompagnent le roi à la guerre. Formellement, comme le court développement qui les concerne est

« encastré » dans la description du sacrifice, il ne devrait porter que sur leur rôle dans cette circonstance, et on pourrait penser que ce qu'ils contrôlent avant tout, c'est la façon dont le roi interprète les présages (ainsi Powell 2010, p. 98). Mais, d'une part, cela n'est guère vraisemblable, car les entrailles de la victime étaient examinées par le(s) devin(s) (cf. *Hell.* III, 3, 4), dont la présence reste ici implicite (elle sera dite au §7). D'autre part, une telle interprétation ne s'accorderait pas avec ce que veut dire le texte, car il me semble évident que ni la phrase sur les limites de l'intervention des éphores, ni celle sur la discipline qu'ils inspirent à tout un chacun, ne peuvent concerner le seul déroulement des sacrifices. Que ce passage soit formulé d'une manière inadéquate et ambiguë est d'ailleurs rendu évident par son début, dont un lecteur non averti ne pourrait manquer de déduire que *tous* les éphores accompagnaient l'armée, et qu'ils étaient représentés au sacrifice par deux d'entre eux. Ce développement sur les éphores doit donc être lu comme une parenthèse, presque une « notice » de portée générale (tendance à la digression confirmée par les §8-9). Celle-ci répond d'abord à une question qui reste implicite, mais qu'on se pose nécessairement : les éphores ont-ils dans l'armée un pouvoir qui limite celui du roi ? La réponse donnée paraît dans un premier temps catégoriquement négative : ils ne se mêlent de rien que le roi ne les y invite (le verbe πολυπραγμονεῖν a un sens très défavorable : se mêler de ce qui ne vous regarde pas). Ainsi leur rôle n'est pas fixé par la loi, mais par le seul bon vouloir du roi (auquel Lycurgue a en l'occurrence laissé carte blanche). Cependant, ces mots en disent plus qu'il ne semble, et ce plus peut amener à nuancer la réponse donnée précédemment. Ils peuvent sous-entendre qu'en vue d'un fonctionnement harmonieux des autorités, le roi *a intérêt* à associer le plus souvent possible à ses décisions importantes les deux éphores, qui sont les représentants de la cité et se trouvent sans aucun doute en liaison constante avec elle, en premier lieu avec leurs collègues restés à Sparte.

La deuxième partie de la phrase concernant les éphores contribue à nuancer encore plus la position initiale. Elle répond à une deuxième question implicite : si les éphores n'ont à proprement parler aucun pouvoir institutionnel dans l'armée en campagne, à quoi y servent-ils ? La réponse de Xénophon reprend l'étymologie même de leur nom : « voyant ce que chacun fait ». Ils surveillent, apparemment, tout le monde, et par ce simple acte exercent une influence « modératrice », entendons : ils maintiennent tout le monde dans l'obéissance aux lois (prolongement de leur rôle tel qu'il a été défini au chap. VIII) ; en forçant quelque peu, on pourrait faire d'eux des sortes de « commissaires politiques ». Or, « tout le monde » comprend aussi le roi, et on sera d'autant plus enclin à interpréter les choses ainsi qu'on verra au chap. XV les éphores se poser en représentants de la cité dans un rapport contractuel avec, précisément, les rois. Il convient cependant de souligner pour terminer que tout ce discours sur la limitation par les éphores du pouvoir du roi en campagne demeure pour l'essentiel un discours virtuel, situé à l'arrière-plan d'un propos qui, au contraire, a pour but explicite de mettre l'accent sur l'étendue de ce pouvoir.

Une fois terminé (au petit jour), le sacrifice se transforme en réunion : tous les principaux responsables étant présents, au nombre, probablement, de près d'une centaine, le roi en profite pour procéder au « briefing » initial de la journée, et distribuer les ordres et les missions. Ces ordres ont sans doute été arrêtés, pour l'essentiel, la veille au soir, dans le cadre beaucoup plus restreint du *syskènion* royal, qui joue le rôle de poste de commandement.

La dernière phrase du §5 a l'allure généralisante d'une sentence, et sert de conclusion à ce long développement sur les sacrifices. La césure que, dans le présent commentaire, j'ai placée à la fin de cette phrase a donc été voulue par Xénophon lui-même, qui sentait très bien que, pour être lu avec agrément, un chapitre un peu étendu devait être divisé en parties nettement et logiquement articulées. L'idée que les Spartiates sont parmi les Grecs les seuls véritables techniciens de la chose militaire est presque un lieu commun dans la littérature grecque d'époque classique : Lipka (2002, p. 217, n. 49) cite des passages d'Hérodote, Thucydide, Lysias, Platon et Aristote ; Xénophon reprend le verbe αὐτοσχεδιάζειν pour l'appliquer aux stratèges athéniens dans les *Mémorables* (III, 5, 21). Ce qui est surprenant, c'est le lieu où est formulé cet éloge. On l'attendait à la fin de la description des manœuvres de l'armée lacédémonienne au chap. XI, mais Xénophon ne pouvait guère le placer là, sa thèse étant, nous l'avons vu, qu'en elles-mêmes elles n'avaient rien de difficile. On en est très près, pour le sens, en XI, 7, à propos de l'incomparable capacité qu'ont les Spartiates de se battre aussi bien en cas de « désordre » qu'en temps normal, et on ne peut manquer d'être surpris que la présente conclusion ne soit pas formulée à cet endroit. Mais de quel développement est-elle au juste la conclusion ?

Elle est introduite par une adresse à l'auditeur / lecteur, ὥστε ὁρῶν ταῦτα ἡγήσαιο ἄν..., l'invitant à imaginer qu'il a le spectacle sous les yeux (effet de visualisation : Harman 2003, p. 369). On peut donc être tenté de considérer que la maxime conclusive que nous examinons se rapporte étroitement et exclusivement au « briefing » matinal mentionné dans la phrase précédente. C'est la lecture qu'a proposée Ollier (1934, p. 67) ; elle a en sa faveur le fait que dans tout ce qui a été décrit depuis le début du § 3 c'est le seul acte qui soit de nature proprement militaire. Mais ce serait peut-être donner à la maxime sur le « professionnalisme » des Spartiates une base factuelle bien étroite, et il semble plus naturel qu'elle serve de conclusion au moins aussi à l'exposé sur le sacrifice matinal, et peut-être même à l'ensemble formé par les § 3-5. Ce qui frapperait surtout Xénophon dans la pratique militaire des Spartiates, ce serait la façon dont le religieux y est non pas juxtaposé, mais intimement mêlé à elle ; effectivement, ce type de conduite est celui dont il fait le plus l'éloge chez Agésilas (par ex. *Agés.* I, 27).

J'ajouterai qu'ainsi compris ce développement prolonge exactement le point de vue exprimé au chap. XI. Le fondement de la supériorité militaire des Lacédémoniens n'est pas qu'ils aient des pratiques entièrement différentes, mais que dans le plus infime détail ils fassent tout mieux que les autres, c'est-à-dire systématiquement et à fond, de sorte (il le répétera à la fin du § 7) qu'il n'y a pas d'imprévu, ou que, s'il en survient un (cas du « désordre »), ils sont à même d'y faire face. Il y a donc, chez Xénophon, une véritable pensée militaire, et la *LP* n'est en rien un éloge systématique et aveugle.

La position et l'entourage du roi dans l'armée, § 6-7. La proposition circonstancielle du début, « à chaque fois que c'est le roi qui conduit l'armée », surprend d'abord, puisqu'en principe il la conduit toujours. Je pense que par là Xénophon fait allusion aux cas où une armée est commandée par quelqu'un d'autre qu'un roi, par exemple un harmoste (ainsi, Lysandre en Attique en 403, avant l'arrivée de Pausanias ; Thibron en Asie en 400, puis Derkylidas ; à nouveau Lysandre en Phocide et en Béotie en 395, etc.). L'ordre de marche normal, en l'absence de menace ennemie, veut que le roi soit en tête (même indication chez Hérodote VI, 56), mais, précise Xénophon, cela n'est pas à prendre au pied de la lettre, puisque l'armée ne saurait se déplacer sans être éclairée par les fantassins légers que sont les Skirites et par des cavaliers ; ce rôle de la cavalerie est parfaitement normal (cf. *Cyr.* VI, 3, 2).

Dans la deuxième phrase du paragraphe est décrite une manœuvre que, dans certaines circonstances, le roi dirige lui-même. Il nous faut d'abord essayer de comprendre quelles sont ces circonstances, énoncées par la proposition ἢν δέ ποτε μάχην οἴωνται ἔσεσθαι, « mais si jamais on pense qu'il va y avoir un combat ». Remarquons au passage le pluriel : ce n'est pas le roi seul qui évalue la situation. D'une part, il consulte son « état-major » ; en outre, il est fort probable que le rapport des éclaireurs, cavaliers et Skirites (mentionnés dans la phrase précédente), qui, eux, ont vu de plus près l'ennemi et sa disposition sur le terrain, joue un grand rôle dans la prise de décision. Dans la proposition conditionnelle que nous examinons, on peut choisir de mettre l'accent sur l'aspect subjectif qu'implique ce verbe οἴωνται : auquel cas la bataille n'est encore qu'une éventualité, contre laquelle il importe de se prémunir. L'armée conserve donc sa formation en colonne : c'est ce qu'ont pensé Anderson (1970, p. 248, suivi, semble-t-il, par Lipka 2002, que j'avoue toutefois ne pas bien comprendre) et Lazenby (1985, p. 28-30). Le roi et l'*agèma* doivent quitter la tête de l'armée pour venir s'intercaler dans la colonne là où il faut. Pour Anderson, cela suppose qu'ils exécutent d'abord une contremarche (*exeligmos*), puis remontent le long de la colonne à contre-sens. Mais Xénophon a exposé précédemment (en XI, 9) que l'*exéligmos* avait l'inconvénient d'inverser la position du chef, ce qui rend préférable la solution proposée par Lazenby, qui en fait l'économie et le remplace par une marche en U renversé. Je ne vois d'ailleurs pas pourquoi le roi et l'*agèma* devraient *remonter* le long de la colonne : le virage qu'ils exécutent (στρέψας, cf. XI, 9-10) peut se comprendre comme leur permettant juste de s'écarter de l'axe de la marche, pour stationner le temps qu'arrive à leur hauteur le dernier rang de la première more, auquel ils emboîtent le pas.

Il existe une autre possibilité, qui est de mettre l'accent non sur οἴωνται, mais sur μάχην ἔσεσθαι : c'est presque sûr, il y aura combat ; par exemple si l'ennemi, quoiqu'encore assez lointain, est en train de se déployer en phalange. L'armée doit alors faire face à deux urgences à la fois : se mettre en formation de combat et protéger le roi. Le présent passage s'ajuste exactement à ce qui a été exposé en XI, 8 : on a déjà vu ce que faisait l'armée quand l'ennemi se présentait en face ; on voit maintenant ce qu'au même moment fait le roi. Pendant que l'armée passe de la formation en colonne à la formation en ligne (les énomoties décrochant successivement par la gauche), le roi prend avec lui l'*agèma* et lui fait exécuter un mouvement tournant par la droite, qui lui permet de contourner l'énomotie « de base », restée sur place, puis de longer par l'arrière l'armée en cours de déploiement, pour venir enfin s'intercaler entre deux mores. Xénophon ne précise pas lesquelles, mais comme normalement le roi doit être posté vers la droite de la phalange (il y a cependant des exceptions), on peut supposer qu'il prend place entre la première et la deuxième mores.

Reste à savoir ce qu'est cet « *agèma* de la première more » que le roi prend sous son commandement et qui devient pour ainsi dire sa garde personnelle. Il est clair que dans la formation en colonne il constitue la tête de l'armée ; le plus vraisemblable, à mon avis, est qu'il corresponde au premier loche de la première more (on pourrait aussi penser aux deux premiers loches, mais alors la more serait réduite à deux loches). Comme ces hommes combattent autour du roi, ils doivent être une unité d'élite, ce qui est le cas de l'*agèma* dans l'armée macédonienne. Cela amène nécessairement à poser le problème des *hippeis*, qui n'apparaissent ni dans leur rôle militaire ni même sous leur nom, pas plus dans les *Helléniques* (notamment en III, 3, 9) que dans la *LP* (notamment au chap. IV), alors que dans les deux cas les hippagrètes sont nommés. Cette absence demeure pour nous un mystère.

Au combat, de nombreuses personnes sont postées derrière le roi et son *agèma* (ἐπὶ τούτοις). Avant d'en donner la liste, Xénophon précise qui assigne à chacun d'eux son poste ; celui-ci pouvait donc varier selon les circonstances. Xénophon définit cet homme comme ὁ πρεσβύτατος τῶν περὶ δαμοσίαν (s.-e. σκήνην : cf. XV, 4), mais sans expliquer qui sont ces *péri damosian*. Il semble s'agir d'une véritable institution permanente, car l'expression revient à plusieurs reprises dans les *Helléniques*, soit sous cette forme (IV, 5, 8 et VI, 4, 14), soit sous celle de οἱ ἀπὸ δαμοσίας (IV, 7, 4). Sont-ils les « commensaux » du roi, dont certains (les polémarques et les trois « ordonnances ») ont été nommés au § 1 et dont d'autres (les quatre *Pythioi*) le seront en XV, 5 ? On peut en douter, l'auteur paraissant prendre soin de les distinguer. Peut-être tous les « commensaux » ne faisaient-ils pas partie des *péri damosian* (par ex. les *Pythioi*) et réciproquement, ceux-ci constituant une sorte de « maison du roi » (le grec dit : « du peuple » ; nous y reviendrons).

Malgré les réserves de Lipka, il me semble plus que probable que l'expression εἰσὶ δὲ οὗτοι par laquelle commence la phrase suivante n'est pas une définition des περὶ δαμοσίαν, mais développe οὓς δὲ δεῖ et donc introduit la liste de ceux qui sont postés derrière le roi et l'*agèma*. Il me semble clair aussi que les membres suivants de cette liste (καὶ μάντεις κτλ.) ne sont pas une explication du terme σύσκηνοι, mais constituent de nouvelles catégories à ajouter à ceux-ci. L'expression ὅσοι ἂν σύσκηνοι ὦσι τῶν ὁμοίων forme un bloc (« ceux, faisant partie des *Homoioi*, qui sont les commensaux [du roi] ») et renvoie aux τρεῖς ἄνδρες τῶν ὁμοίων du § 1. Ces trois « ordonnances » forment donc la première catégorie. Leurs deux apparitions dans ce chapitre, avec la même « titulature » un peu solennelle, soulèvent à nouveau (après leur « définition » en X, 7) la question de savoir ce qu'étaient au juste, à Sparte, les *Homoioi*. L'accent que met Xénophon sur l'appartenance à cette catégorie d'hommes qui vivaient quotidiennement auprès du roi montre qu'il les considérait comme des citoyens jouissant d'une haute *timè*, et signifie qu'il s'en fallait de beaucoup que tous les combattants de l'armée spartiate fussent des *Homoioi*. – Deuxième catégorie : les devins, qui assisteront le roi dans l'accomplissement du sacrifice préliminaire au combat. – Troisième catégorie : les médecins, qui devront veiller sur le roi mais aussi être à la disposition de tous, là où le roi les enverra. – Quatrième catégorie : les aulètes. Les manuscrits donnent καὶ αὐληταὶ οἱ τοῦ στρατοῦ ἄρχοντες, et cette leçon nous a paru satisfaisante. De nombreux éditeurs ont préféré suivre Zeune (1778), qui ajoute un <καί> après αὐληταί. Cette addition nous paraît injustifiée et n'apporte que des difficultés (voir la discussion dans Muratore 2022, p. 272-273). Οἱ τοῦ στρατοῦ ἄρχοντες se présente comme une qualification « de nature » des aulètes spartiates, « ceux qui marchent en tête de l'armée », avec un emploi « technique » d'ἄρχων analogue à celui que nous avons déjà rencontré en XI, 5 (εἰσὶ... οἱ πρωτοστάται ἄρχοντες). Au moment où nous en sommes de la mise en marche de l'armée, les aulètes forment un groupe qui, en même temps que les autres, accompagne le roi. Xénophon dira au paragraphe suivant que lors de l'ultime sacrifice la loi veut que « les aulètes présents » jouent de leur instrument ; peut-être faut-il donc supposer qu'entre-temps un certain nombre parmi eux avaient été envoyés dans les diverses unités.

Leur existence aux époques archaïque et classique dans plusieurs cités, comme Corinthe, Thèbes, Athènes (dans la flotte) et naturellement Sparte, est bien attestée (voir les références dans Lipka 2002, p. 220-221 ; en particulier Thucydide V, 70). L'oenochoè Chigi (Corinthe, vers 640) paraît confirmer qu'ils marchaient vers l'ennemi en se tenant au niveau du premier rang de la phalange, de façon à régler son pas ; mais il est évident qu'étant démunis d'armes ils devaient s'effacer quand le choc devenait imminent.

Cinquième et dernière catégorie, les volontaires. Elle demande quelque explication. Ce ne sont pas des combattants du rang, mais des personnages d'origines diverses (apparemment toujours d'un certain niveau social), qui ont offert au roi de participer à la campagne avec lui et ont été agréés par lui. L'exemple le plus éclairant en est fourni par un passage bien connu des *Helléniques* (V, 3, 9), qui énumère plusieurs groupes de volontaires accompagnant Agésipolis dans son expédition contre les Olynthiens en 381. Explicitement, ce sont seulement des Périèques (qualifiés de καλοὶ κἀγαθοί) ; mais je pense (cf. 2006a, p. 176, n. 26) que les *trophimoi* et les *nothoi* mentionnés ensuite étaient également des volontaires. Il est possible qu'en Asie Mineure, puis à Coronée, la position de Xénophon auprès d'Agésilas ait été celle-là.

Comment qualifier ce groupe, nombreux et, à nos yeux, passablement disparate, de gens qui suivaient le roi au combat ? Ils ne sont pas la « garde » du roi : ce rôle est tenu par l'*agèma*, et il y a parmi eux des non-combattants. J'hésiterais à y voir un « état-major » : ce n'est ni un groupe de réflexion, ni une structure de commandement. Ce sont des hommes qui, à des titres extrêmement divers, se considèrent et sont considérés comme personnellement (bien plus que fonctionnellement) proches du roi. La vaste polyvalence de cette « escorte » justifie, au moins en apparence, la conclusion typiquement encomiastique de Xénophon, qui fait écho à la formule finale du §5. L'impression qu'il veut donner est que le fonctionnement de l'institution royale en temps de guerre est si complexe et si parfaitement réglé que rien n'est laissé au hasard. Alors que, dans les autres cités, une large part est abandonnée à la fortune des batailles, à Sparte, c'est la rationalité qui règne. Que la fonction de cette formule laudative soit bien de clore le sous-chapitre formé par les §6 et 7 est confirmé par la présence, au début du §8, d'une formule introductive d'« applaudissement », καλὰ δὲ καὶ τάδε ⟨καὶ⟩ ὠφέλιμα, qui fait penser à celles des §IX, 1 ; X, 1, 4 et 5, et XI, 1.

Les préliminaires du combat, §8-9. Ces deux paragraphes forment une digression, où il n'est plus question du rôle du roi en campagne, mais des préparatifs du combat en général. La phrase introductive, qui sert de « titre » à la digression, marque le retour de Lycurgue, qui n'était plus réapparu depuis le début du chapitre ; ceci dans un contexte qui nous est désormais familier (sixième occurrence !), celui des μηχανήματα du législateur. Dans le cas présent, Xénophon reprend presque textuellement sa formule de XI, 3, εἰς τὸν ἐν τοῖς ὅπλοις ἀγῶνα... ἐμηχανήσατο. *A priori*, cette référence à l'« astuce » de Lycurgue surprend un peu, parce que ce qui va être évoqué en premier lieu est un sacrifice, mais nous verrons qu'elle s'explique, du fait que ce sacrifice (sur lequel l'étude fondamentale reste celle de J.-P. Vernant 1988 ; autres références dans Lipka 2002, p. 222) comporte une véritable mise en scène.

La première indication le concernant est qu'il est accompli « sous les yeux même de l'ennemi ». Dans son récit de la bataille de la plaine de Némée en 394 (*Hell*. IV, 2, 20), Xénophon précise qu'à ce moment les armées ne sont plus séparées que par un stade. Cette extrême proximité est évidemment très surprenante, et elle doit avoir une raison. Remarquons, avec R. Harman (2009, p. 371), que l'auteur ne dit pas, comme nous le ferions, que l'ennemi était alors en vue, ou, plus exactement, clairement visible. La perspective est inversée : c'est l'ennemi qui regarde. Cela explique la proximité : ce sacrifice est (entre autres choses) un *spectacle* déployé aux yeux de l'ennemi, manifestement pour l'impressionner (comme les éléments de tenue et d'équipement en XI, 3). Alors que la bataille est imminente et que tout le monde est sous la pression, voilà que, comme chacun peut le voir distinctement, les Spartiates s'arrêtent sur place et, calmement, dans un ordre parfait, accomplissent un sacrifice. C'est une démonstration de maîtrise et de confiance.

L'autre détail fourni d'emblée est que l'animal sacrifié est « une chèvre n'ayant connu qu'un hiver », χίμαιρα ; on le retrouve dans *Hell*. IV, 2, 20, accompagné de la précision que l'animal était sacrifié, « conformément à la coutume », à Artémis Agrotéra. Pourquoi, sur le champ de bataille, un sacrifice à la Chasseresse ? De nombreuses réponses ont été proposées : parce que chasse et guerre sont apparentées (R. Lonis ; cf. ci-dessus, en IV, 7) ; parce que c'est Artémis qui aide à franchir l'étape dangereuse qui sépare l'attente du combat lui-même (J.-P. Vernant) ; parce qu'elle est la patronne de l'initiation des jeunes et des combats rituels qui en font partie (A. Brelich). Me permettra-t-on d'ajouter une hypothèse de plus ? De ce sacrifice spartiate il est classique de rapprocher un sacrifice athénien (sur lequel voir Ellinger 2002, en particulier p. 321) : avant la bataille, considérée comme désespérée, de Marathon, les Athéniens avaient promis à Artémis de lui sacrifier autant de *chimairai* qu'ils tueraient de Perses. Après la victoire, incapables d'en rassembler autant (6400 selon Hérodote !), ils décidèrent d'en sacrifier 500 chaque année ; ce sacrifice avait lieu le 6 Boédromion, au sanctuaire d'Artémis Agrotéra à Agrai. Les ressemblances sont évidentes, mais il y a des différences : chez les Spartiates, c'est un sacrifice normal, qui a lieu avant chaque bataille, alors que pour les Athéniens c'est l'accomplissement annuel d'un vœu fait dans une circonstance unique, où le combat paraissait perdu d'avance. Or, P. Ellinger l'a bien montré, c'est avec ce type de circonstances (le combat ultime) qu'Artémis est constamment associée. Comment alors expliquer que les Spartiates aient fait de ce sacrifice une pratique régulière ? Ce n'est évidemment pas qu'ils se soient sentis avant chaque combat dans une situation désespérée ; d'ailleurs, la mise en scène même du sacrifice montre qu'ils avaient une totale confiance en eux. Mon hypothèse est que, s'ils cherchaient systématiquement à se concilier la déesse des résolutions extrêmes et des ruses qui retournent les situations, c'était surtout pour éviter que leurs adversaires, qu'ils considéraient comme étant par définition en position d'infériorité, ne réussissent, en lui adressant des prières, à obtenir son appui (cf. le προλαμβάνειν du §3).

Deux autres actes donnent au sacrifice toute sa solennité et le rendent encore plus impressionnant pour l'ennemi (qui n'en perd pas une miette) : tous les aulètes présents jouent de leur instrument ; tous les soldats se couronnent, montrant qu'ils n'assistent pas seulement au rituel, mais participent à sa célébration. Quant au fait de fourbir les armes, il n'a sans doute aucun sens religieux, mais annonce l'imminence de l'action et contribue à faire monter la tension chez l'ennemi (cf. à nouveau XI, 3).

Le § 9 expose deux autres μηχανήματα du législateur, qui prennent place parmi les préparatifs immédiats du combat. Pour la première phrase, les manuscrits présentent un texte qui est manifestement corrompu et pour lequel personne n'a réussi à trouver une restitution convaincante. La plupart d'entre eux donnent : ἔξεστι δὲ τῷ νέῳ καὶ κεκριμένῳ εἰς μάχην συνιέναι καὶ φαιδρὸν εἶναι καὶ εὐδόκιμον. Ἔξεστι τῷ νέῳ paraît bon : il s'agit de quelque chose qui est concédé au jeune combattant (*Hell.* III, 3, 9 confirmant l'équivalence entre *néos* et *hèbôn*). Comme on l'a constaté depuis longtemps (au moins Zeune 1778), ce début suggère que pour la compréhension de la suite nous disposons d'un guide : les § 1 et 2 du chap. XXII de la *Vie de Lycurgue*. « Relâchant alors [juste avant le combat] pour les jeunes l'extrême rigueur de la discipline, ils ne les empêchent pas de se faire beaux, qu'il s'agisse de leur chevelure ou du parfait état de leurs armes et de leurs manteaux (καλλωπίζεσθαι περὶ κώμην καὶ κόσμον ὅπλων καὶ ἱματίων). 2. Ainsi, comme ils portaient les cheveux longs dès l'âge de l'éphébie, au moment d'affronter les dangers, ils prenaient particulièrement soin de leur chevelure, afin qu'elle apparaisse brillante et ordonnée en deux parties par une raie (διὸ κομῶντες εὐθὺς ἐκ τῆς τῶν ἐφήβων ἡλικίας, μάλιστα παρὰ τοὺς κινδύνους ἐθεράπευον τὴν κόμην λιπαρὰν φαίνεσθαι καὶ διακεκριμένην) ».

C'est de ce passage de Plutarque que dérivent les diverses restitutions qui ont été proposées pour le mystérieux κεκριμένῳ de notre texte. La plupart s'inspirent du διακεκριμένην qui qualifie la chevelure chez Plutarque ; il leur faut, pour être intelligibles, ajouter <κόμην>. D'autres reposent sur l'autre qualificatif de la chevelure, λιπαράν : si elle est brillante, c'est parce qu'elle a été enduite d'huile, ce dont on tire κεχριμένῳ (qui suppose aussi κόμην restitué ou sous-entendu, puisqu'il ne saurait s'agir du corps, le jeune Spartiate ne pouvant aller au combat nu ; pour être tout à fait clair, il faut aussi restituer ou sous-entendre ἐλαίῳ, ce qui fait beaucoup). Une autre suggestion concerne également la chevelure, mais va dans la direction opposée : celle-ci serait « rasée » (κειρομένῳ), ce qui serait pour le moins étrange.

Deux données montrent l'extrême fragilité de ces conjectures. La première est que Plutarque ne s'inspire pas seulement de notre passage. Une revue du vocabulaire et du contenu montre une proximité au moins aussi grande avec *LP* XI, 3. On retrouve les éléments essentiels : les multiples mentions de la chevelure, celle des armes et du vêtement (le bouclier et la *stolè* chez Xénophon), celle de la catégorie d'âge (les éphèbes chez Plutarque). Particulièrement importante est la ressemblance concernant la chevelure, dont en l'état actuel du texte il n'est nullement question en XIII, 9. Or, celle-ci joue le premier rôle dans le passage de Plutarque, et il n'est pas douteux qu'à ce sujet c'est l'épisode précédant la bataille des Thermopyles dans le récit d'Hérodote (VII, 208) qui l'a plus que tout inspiré (quoiqu'il ne puisse s'agir de *néoi*). – L'autre donnée est le fait qu'alors que pour Plutarque les éphèbes portaient les cheveux longs, pour Xénophon, comme nous l'avons vu en commentant l'expression ὑπὲρ τὴν ἡβητικὴν ἡλικίαν en XI, 3, les 20-30 ans n'avaient pas ce privilège. S'il en était ainsi, on voit mal quels soins ils auraient pu donner à leur chevelure en se préparant au combat. – Malgré tout cela, on a des difficultés à se persuader qu'il n'y a aucun rapport entre le κεκριμένῳ des manuscrits et le διακεκριμένην de Plutarque. Quel texte lisait ce dernier demeure pour nous un mystère.

Den Boer (1954, p. 285) a essayé de « sauver » κεκριμένῳ en lui donnant le sens de « *who has succeeded in the tests* » (à l'issue de son éducation). Tentative désespérée : c'est beaucoup forcer le sens de κρίνειν, et on n'a aucune connaissance d'un « examen final » à l'issue du processus éducatif.

Εἰς μάχην συνιέναι est bizarre (cf. Lipka 2002, p. 224). Quant à φαιδρὸν εἶναι καὶ εὐδόκιμον, certes ce membre de phrase semble dire des choses tout à fait raisonnables (il y est question d'éclat, de bonne réputation, voire de gloire ; cf. Lycurgue, *C. Léocrate* 107) ; mais si φαιδρός peut en effet s'appliquer à un jeune guerrier allant au combat, εὐδόκιμος convient beaucoup mieux à son retour dans sa patrie qu'à ses préparatifs en vue de la bataille.

En dépit de ces obscurités sans remède, on croit deviner le sens général de la phrase : elle traitait de certains préparatifs qu'exceptionnellement, juste avant le combat, les jeunes Spartiates (les 20-30 ans) avaient l'autorisation de faire, et qui présentaient un caractère de parure. Une telle mesure, concernant l'allure corporelle des guerriers, se prête bien à être qualifiée de μηχάνημα εἰς τὸν ἐν ὅπλοις ἀγῶνα, comme celles qui sont énumérées en XI, 3. En sous-texte, on peut aussi percevoir l'idée que l'éclat de leur corps contribuerait à leur gloire, particulièrement s'ils mouraient au combat (rappelons qu'ils étaient les plus exposés). On retrouverait là un écho de l'idéologie qu'illustrent à la fois les poèmes de Tyrtée (surtout le fragm. 10 West) et les inscriptions funéraires des *kouroi* archaïques, tout cela ayant pour origine Homère.

La deuxième phrase du §9 étant elle aussi particulièrement obscure, il nous faut avancer avec prudence dans son déchiffrement. Dans sa première partie, le sens habituel du verbe παρακελεύεσθαι (moyen), en particulier quand il est employé absolument comme ici (cf. *Hell.* I, 1, 6), « adresser des exhortations », me semble très bien convenir. Dans toutes les armées, en effet, il est d'usage qu'immédiatement avant le combat, le commandant en chef adresse à ses troupes un bref discours où se mêlent exhortations et ultimes recommandations (le modèle ultime étant Agamemnon dans l'*Iliade*). Xénophon semble donc vouloir dire que ce genre de discours existe bien chez les Spartiates, mais que c'est un discours indirect. Le roi ne prend pas la parole sur le front des troupes (d'où le sujet indéterminé, « les Lacédémoniens »), mais fait transmettre ses « exhortations » aux énomotarques (l'auteur emploie le singulier, sans doute parce qu'il prend l'exemple d'une énomotie quelconque).

La seconde partie de la phrase, οὐδ' ἀκούεται γὰρ εἰς ἑκάστην πᾶσαν τὴν ἐνωμοτίαν ἀφ' ἑκάστου ἐνωμοτάρχου ἔξω, est d'une interprétation extrêmement difficile. Γάρ indique que sa fonction est d'expliquer pourquoi les Spartiates utilisent ce mode indirect de transmission ; la correspondance ἑκάστην / ἑκάστου confirme qu'il s'agit bien de l'énomotie commandée par l'énomotarque pris comme exemple. La transmission de gradé à gradé le long de la ligne de bataille, à laquelle a pensé Ollier, partiellement suivi par Lipka, était sans doute impliquée dans l'opération, mais ce n'est pas de cela que parle Xénophon.

On peut d'abord croire que ce que la phrase veut exposer, c'est l'impossibilité où se trouverait même (οὐδέ) l'énomotarque de se faire entendre dans toute son énomotie, du fait qu'il est posté en dehors d'elle (ἔξω) ; mais en ce cas il faudrait compléter, ne serait-ce qu'en ἔξω <ὄντος>. Je pense que cette interprétation, de même que d'autres, voisines (comme celle qui a été proposée par E. Anson [2010, p. 305]), doit être écartée. D'abord, γάρ s'y oppose, puisque, loin d'expliquer pourquoi les exhortations sont transmises *via* les énomotarques, la phrase exposerait au contraire l'inefficacité de cette méthode. Ensuite, le passage qui, en XI, 6, décrit la transmission des ordres de déploiement, dit clairement que l'énomotarque se faisait entendre de toute son unité, « à la manière d'un héraut » est-il précisé, ce qui interdit de concevoir cette opération comme une diffusion de proche en proche à l'intérieur de l'énomotie.

La logique du texte nous incite donc à proposer une traduction du type de celle de V. Gray, «*for, except from each enomotarch, no voice is heard over the whole of each enomotia*». Dans l'ensemble, cette interprétation correspond tout à fait à ce que le lecteur attend ; mais il faut avouer que dans le détail elle se heurte à d'importantes difficultés. Elle rend moins bien compte que la précédente de l'emploi de οὐδέ ; et surtout, s'il est exact qu'ἔξω suivi du génitif peut très naturellement signifier « à l'exception de », la postposition de cette préposition, rejetée solitairement à la fin de la phrase, est très surprenante, comme le serait la construction ἔξω ἀπό.

Bref, tout ce §9 apparaît mal transmis, lacunaire, déformé, et, malgré sa rassurante banalité, ce n'est pas la phrase finale qui aide à le comprendre ; comment, en particulier, le polémarque pourrait-il s'occuper de ce qui se passe à l'intérieur de chaque énomotie ? Sa fonction est plutôt celle de formule de clôture à l'égard du sous-chapitre constitué par les §8-9.

Tâches non religieuses du roi, § 10-11. Arrivé à son terme, le « récit » des phases successives d'approche du combat s'interrompt abruptement, et on revient au rôle du roi.

La phrase concernant ses pouvoirs en matière d'envoi d'ambassades, tant aux amis qu'aux ennemis, est particulièrement simple et claire : τοῦτ' αὖ βασιλέως, « cela également est du ressort du roi ». Il y a cependant un problème : Weiske a corrigé αὖ en οὐ, et il avait pour cela une bonne raison, qui a fait que cette correction a été adoptée par beaucoup d'éditeurs (dont Ollier et Lipka). Elle tient à la formule par laquelle commence la phrase, τὸ μέντοι πρεσβείας ἀποπέμπεσθαι : car, si μέντοι seul peut avoir une valeur seulement énumérative, τὸ μέντοι suivi d'une proposition infinitive substantivée semble marquer une forte opposition (« par contre ») avec ce qui précède. Dans la *LP* même, on en trouve deux exemples, en II, 14 et en XI, 7 (autres références dans Lipka 2002, p. 225, et Muratore 2022, p. 277-278).

Contre la correction on peut toutefois avancer trois arguments. (a) La phrase qui suit dit que « tout le monde dépend du roi ». Or, elle est reliée à celle que nous étudions par un καί qui marque la continuité. Plus généralement, il serait étonnant que dans un développement de cette nature figure une précision de caractère négatif. (b) Lipka rappelle que Xénophon, pour des raisons d'euphonie, évite la séquence τοῦτ' οὐ, tandis que chez lui τοῦτ' αὖ est fréquent. (c) Τοῦτ' οὐ βασιλέως seul n'est pas satisfaisant. Une telle formulation suppose un complément indiquant à qui revient la responsabilité en question ; c'est pourquoi la suggestion de Weiske était formulée ainsi : τοῦτ' οὐ βασιλέως ⟨ἀλλ' ἐφόρων⟩. Mais cette addition est difficile à accepter au vu de ce qui est dit au § 5 du rôle des éphores en campagne.

Les récits des historiens grecs sont divisés. On peut citer des cas (chez Hérodote, Thucydide, et dans les *Helléniques*) où des rois envoient ou reçoivent des ambassades. Il y en a d'autres où ce sont les éphores ; mais les éphores comme collège, gestionnaire des affaires de la cité. Après des discussions complètes et équilibrées, Carlier (1984, p. 263-265) et Lipka (2002, p. 225-226) concluent en des sens opposés. On peut aussi tenir compte de deux remarques d'Aristote dans la *Politique*. La première (II, 1271 a 24-25) donne comme exemple de la méfiance du législateur envers les rois le fait que les Spartiates « ne les envoyaient comme ambassadeurs qu'accompagnés de leurs ennemis » (entendons les éphores), ce qui implique que les rois conduisaient au moins certaines ambassades. La seconde (III, 1285 a 7) définit le pouvoir des rois en campagne par la formule οἷον στρατηγία τις αὐτοκρατόρων, « comme une charge de généraux munie de pleins pouvoirs ». Dans ces conditions, nous avons choisi, malgré τὸ μέντοι, de conserver le texte des manuscrits.

Xénophon termine son exposé en décrivant les tâches qui incombent au roi en tant qu'il est l'autorité à laquelle s'adressent les réclamations individuelles : le contentieux, dirions-nous. La formule qui, au début, définit cet ensemble de compétences, ὅταν βούλωνται πρᾶξαί τι, ne se comprend vraiment que si on donne au verbe πράττειν un sens technique qu'il a parfois, « demander justice », et cela tout particulièrement dans le domaine financier, « se faire payer une somme due ». Cette signification financière convient pour deux des trois réclamations décrites, mais la première impose un sens plus large. Dans un premier temps, le roi reçoit la réclamation (ou, s'il en décide ainsi, la juge irrecevable, d'où ἄρχονται πάντες ἀπὸ βασιλέως) et oriente le demandeur vers les magistrats militaires compétents. Dans le cas d'un conflit à régler entre personnes, ces magistrats (un collège, visiblement) sont appelés *Hellanodikai*. Ce nom surprend ; s'évertuer à établir un lien entre ces juges militaires spartiates et les « arbitres », beaucoup plus connus, des Jeux Olympiques, serait à mon avis perdre son temps. Le seul point commun est la volonté, affirmée par le nom lui-même, de donner à l'institution un caractère « international » et même panhellénique. C'est pourquoi il me semble possible qu'elle ait été créée dans le cadre de l'union des cités grecques sous hégémonie spartiate pendant la seconde guerre médique. Devenue par la suite purement spartiate, elle aurait conservé son nom pour d'évidentes raisons de propagande. – Les conflits qui relevaient des trésoriers militaires devaient concerner des sommes d'argent (χρημάτων) que certains soldats estimaient leur être dues par la cité. Mais comment de tels litiges pouvaient-ils naître ? Nous ignorons pratiquement tout des aspects économiques, notamment financiers, du fonctionnement de l'armée lacédémonienne ; l'intérêt tout particulier de ce passage est précisément de nous introduire dans une ambiance à laquelle nous ne sommes pas habitués s'agissant de Sparte, celle de la guerre comme entreprise économique. Naturellement, les mercenaires percevaient une solde (*misthos*), ainsi que, parfois, certains alliés (cf. *Hell*. III, 1, 4), mais cela suffirait-il à expliquer l'existence d'un collège de trésoriers ? Quant aux citoyens, ils ne touchaient normalement pas de solde (une indication, en *Hell*. V, 3, 25, montre à la fois que cela pouvait arriver et, par son existence même, que c'était exceptionnel) ; mais la question de savoir si, dans certains cas comme les expéditions lointaines, l'État leur allouait une indemnité de subsistance (*sitos*), n'est pas tranchée, le présent texte pouvant d'ailleurs être considéré comme un élément de réponse. – Le dernier cas envisagé est celui du butin. Le verbe ἄγειν montre qu'il ne s'agit pas d'un différend portant sur le partage, mais du butin rapporté par un soldat, qui souhaite en obtenir le juste prix. On admet qu'en règle générale, le butin était considéré à Sparte comme propriété de la cité, et que le produit de sa vente (effectuée par les *laphyropolai*), allait à l'État (voir en dernier lieu Hodkinson 2000, p. 169-170 et 359). Cependant, le présent texte me semble attester que dans certains cas une partie au moins du butin pouvait appartenir à celui qui l'avait fait (ἄγων étant à cet égard un terme caractéristique).

Le roi confie donc ces affaires à des magistrats militaires spécialisés. Mais comment faut-il l'entendre ? Après avoir instruit ces dossiers, les magistrats prennent-ils aussi la décision, ou cela revient-il au roi ? Xénophon ne fournit pas d'élément de réponse, mais peut-être la procédure était-elle relativement souple : par exemple, le magistrat responsable informait le roi de la décision qu'il proposait et en discutait avec lui si l'affaire posait problème.

Conclusion, §11, dernière phrase. Comme il se doit, la formule de conclusion « fait cercle » non dans la forme, mais pour le fond, avec l'introduction du chapitre (δύναμις, « pouvoir », le côté commandement, τιμή, « honneur », le rôle religieux). Mais c'est aussi une « vraie » conclusion, en ce sens que Xénophon y fournit une réponse à la question posée sur l'étendue des pouvoirs du roi en expédition. Dans quel sens va cette réponse, voilà ce qui ne se laisse par percer d'emblée. La formule οὐδὲν ἄλλο ἔργον καταλείπεται ἤ..., « il ne reste (au roi) plus rien à faire que... » a une allure délibérément restrictive qui déconcerte le lecteur. Elle rappelle οὐδὲν ἄλλο πραγματεύονται ἤ..., « ils n'ont à se mettre en peine de rien d'autre que... », qui, en XI, 10, introduit la description de la manœuvre exécutée par l'armée pour passer de la formation en colonne à la formation en ligne, l'ennemi se présentant sur la droite. Or, dans ce passage aussi, la formule est un peu ambiguë : Xénophon décrit comme facile une manœuvre dont il semble bien qu'elle ne le soit pas vraiment. Dans le cas présent, οὐδὲν ἄλλο... a d'autant plus probablement une tonalité ironique qu'il ressort clairement de l'exposé, non pas que le roi fait tout (au contraire, il est remarquablement secondé), mais qu'il commande tout. Xénophon n'étant pas coutumier de l'*understatement*, comment expliquer cette ironie ? Peut-être s'adresse-t-elle à des critiques de Sparte, qui disaient que le roi était entouré de tellement de personnes qu'en fin de compte il n'avait pas grand-chose à faire. Quoi qu'il en soit, il a trouvé pour conclure une formule superbe et pleine de sens.

Ainsi donc, à la guerre, le roi est responsable de tout. Ce tout comprend deux parties : les tâches de général en chef, qui vont de soi et que Xénophon connaît très bien, et les devoirs religieux, qui, pour le lecteur moderne bien plus que pour celui de l'époque, demandent quelques explications. Il n'y a pas lieu d'ironiser, comme on le faisait jadis, sur la piété traditionaliste qui est une composante de l'image habituelle de Xénophon. À cette époque, tout commandant en chef a une conscience aiguë de ce que, si bien préparé que l'on soit, tout peut à tout moment tourner au désastre. Les dieux sont les seuls maîtres du jeu. Dans la personne du roi, les responsabilités du chef de guerre et celles de l'intercesseur entre les hommes et la divinité non seulement ne s'opposent pas, mais se confondent. C'est pourquoi un système où c'est le même homme (d'ascendance divine par surcroît) qui a la responsabilité suprême dans les deux domaines à la fois l'emporte nécessairement en efficacité sur tous les autres.

Telle est l'autorité du roi, dit Xénophon, ἐπὶ φρουρᾶς. D'une part, cela clôt l'ensemble des trois chapitres consacrés à l'organisation de la vie militaire. En même temps, cela fait attendre une suite, portant toujours sur les pouvoirs des rois, mais, cette fois, ἐν τῇ πόλει. De sorte que ce chap. XIII peut être considéré aussi bien comme le dernier élément du triptyque qui a été consacré à l'armée que comme le premier volet du diptyque qui va l'être à un pouvoir dont le caractère éminent s'affirme de plus en plus dans le traité.

Chapitre XIV : Que les spartiates ne respectent plus les lois de Lycurgue

Notre attente d'un second volet sur la royauté semble devoir être déçue. Le chap. XIV diffère profondément des précédents, non seulement pour le fond (cela est évident), mais aussi dans la forme. L'habituelle phrase initiale, fonctionnant comme un titre, prend ici la forme d'une question (comparable à celle de II, 8) qui, d'entrée de jeu, comme s'il y avait urgence, lance la discussion. La suite ne consiste pas en une série de développements juxtaposés, mais est organisée en une démonstration de la réponse donnée. Sans être exempt de recherche, ni même, par moments, d'éloquence, le style est direct, mais sans les raccourcis d'expression qui sont souvent pour nous des sources d'obscurité ; il se rapproche davantage du style habituel de l'auteur. Il est clair que nous n'avons pas affaire à un chapitre ordinaire.

Introduction : la question des temps, § 1. Dès le début, l'expression καὶ νῦν ἔτι, « encore présentement », reprise et soulignée par οὐκ ἂν ἔτι, rend clair que dans le chapitre il va être question du temps et des temps. Cette question présente deux aspects.

Le plus évident est le temps objectif, le temps de l'Histoire. Par eux-mêmes, les mots καὶ νῦν ἔτι font attendre une réponse négative, qui ne tarde pas. Le temps a passé, les temps ont changé. Dans la conduite des Spartiates telle que l'auteur la dépeint, il y a un avant et un après. Avant et après quoi, Xénophon ne le dit pas, et nous devrons tenter de le déduire du contenu même du chapitre ; il peut s'agir soit d'un événement ponctuel, soit d'une évolution de la société et des institutions spartiates pendant une période assez brève pour donner à la transformation une allure de soudaineté. Cette opposition du passé et du présent structure tous les moments successifs de la discussion : πρότερον μὲν... μᾶλλον ἤ au §2 ; πρόσθεν μὲν... νῦν δέ au §3 ; πρόσθεν... νῦν δέ au §4 ; ἦν μὲν ὅτε (effort pour varier)... νῦν δέ au §5 ; πρότερον μὲν... νῦν δέ au §6.

Plus intéressante encore est la question du temps de l'écrivain. C'est lui-même qui pousse son lecteur à se la poser, en s'impliquant personnellement dans la question : « si l'on me demandait... cela, je ne le dirais plus ». En elle-même, l'irruption de la première personne n'a rien d'exceptionnel dans le traité : on en dénombre 20 autres exemples, mais, parmi eux, 19 sont de simples formules déclaratives (avec une nuance en plus pour deux οὐ θαυμάζω, un γράφω et un ἐπαναλήψομαι). Le seul autre lieu où la personne de l'auteur se trouve réellement au premier plan est, on s'en souvient, l'incipit (au sens large : I, 1-2). À l'interrogation initiale, qui a lancé le traité, fait écho celle que nous sommes en train de lire, et dont l'importance n'est pas moindre. Cette correspondance pousse à se demander si le chap. XIV n'a pas été conçu, au moment de sa rédaction, comme devant être le dernier.

À la question posée, à savoir si les lois de Lycurgue subsistent sans changement, la réponse est donnée aussitôt, sans attendre la discussion, et avec une brutalité que souligne l'interjection « par Zeus ». Pour éviter à Xénophon ce qui leur apparaissait comme une contradiction, beaucoup de commentateurs ont fait valoir que le présent utilisé (quand il l'était) avant le chap. XIV était un présent soit « historique » (comme dans le récit d'un événement passé), soit intemporel (renvoyant tout au long du traité, selon

Momigliano [1936, p. 342], au moment idéal et unique de la discussion lancée par l'incipit). Cependant, même si le plus souvent, en effet, la forme utilisée pour exposer les *épitèdeumata* des Spartiates est celle de décisions prises autrefois par Lycurgue, il reste que, par exemple, les femmes spartiates veulent (maintenant) régir deux *oikoi* (I, 9), que les hippagrètes choisissent les *hippeis* et que des bagarres s'ensuivent (IV, 3-6), que certains apportent des suppléments aux repas en commun (V, 3), que le père bat son fils s'il « rapporte » (VI, 2), etc. Cette intrication des modes d'exposition montre que, pour Xénophon, au moment où il écrit, il y a une complète adéquation entre ce qu'a décidé jadis Lycurgue et ce que font aujourd'hui les Spartiates. Il existe donc bien, entre le chap. XIV et les autres, un « choc des présents » ; il est particulièrement sensible quand il s'agit des points qui sont évoqués ici : ainsi VII, 6, sur les perquisitions menées à la recherche de métal précieux, est-il en opposition directe avec XIV, 3 (où ce qui est décrit comme actuel en VII, 6 est versé dans la rubrique πρόσθεν), et, en VIII, 1, l'éloge de l'obéissance (renforcé par « nous le savons tous »), est-il démenti par tout le chap. XIV, et en particulier par son introduction et sa conclusion.

Comme nous l'avons vu à plusieurs reprises, certains commentateurs (Strauss, Higgins, Proietti, et dernièrement Humble) ont proposé, suite à l'intervention de Momigliano, une lecture « unitariste » de la *LP*. Pour eux, loin de porter un jugement qui s'oppose à ce qui a été exprimé précédemment, le chap. XIV en constitue au contraire l'aboutissement. Cet aboutissement aurait été soigneusement préparé par toute une série d'allusions plus ou moins dissimulées au fait qu'en réalité, selon Xénophon, les Spartiates ne respectent pas et n'ont jamais respecté les lois de Lycurgue. L'emploi par Xénophon du même temps, le présent, avec la même valeur affirmative, pour énoncer successivement dans le traité des choses qui vont dans des directions opposées, et l'accent qu'il met, par la reprise καὶ νῦν ἔτι... οὐκ ἂν ἔτι, sur ce « choc des présents », me semblent s'opposer absolument à cette lecture unitariste.

On peut le vérifier en examinant plus en détail ce premier paragraphe. La question n'est pas de savoir « si les

COMMENTAIRE 269

lois de Lycurgue subsistent intactes », mais « si je suis encore présentement d'avis » qu'elles le font. La réponse est : « cela, je n'aurais pas l'audace de l'affirmer encore ». Passons rapidement sur le petit problème que pose θρασέως. On pourrait considérer que la négation porte principalement sur cet adverbe et que la réponse équivaut à « je le dirais encore, mais ce ne serait plus sans hésitation ». Cette lecture « molle » est grammaticalement possible, mais tout le reste du chapitre, et principalement sa conclusion, la démentent. La réponse est exactement ajustée à la question. Ce n'est pas « je dirais qu'elles ne sont plus respectées », mais « je ne dirais plus qu'elles le sont ». Dans la réponse comme dans la question, le « ne... plus », qui marque le passage du temps et le changement qu'il entraîne, ne porte pas, formellement, sur la réalité, mais sur la pensée et le discours de l'auteur. Par là, celui-ci reconnaît, et même revendique, avoir dit dans les chapitres précédents, dans ce qu'il considère comme étant un passé révolu, que les Spartiates respectaient les lois de Lycurgue.

Son attitude intellectuelle est extrêmement originale. Il admet avoir soutenu que les Spartiates respectaient les lois de Lycurgue et déclare ne plus pouvoir le faire maintenant ; dans toute la suite il justifiera ce refus, avant d'aller jusqu'au bout dans la conclusion du chapitre, où il affirmera qu'effectivement ils ne les respectent plus. Il est parfaitement conscient que ce qu'il est en train de dire va en sens contraire de ce qu'il a dit dans les chapitres précédents, mais cela ne les invalide pas à ses yeux, et il ne les renie pas. Prendre ce parti amène ainsi Xénophon à rompre avec une des conventions les plus universellement respectées en matière littéraire, celle de l'unité logique et chronologique de l'œuvre. La dimension temporelle de l'écriture, celle du temps qui passe et des choses qui changent pendant même qu'on les décrit, est pleinement prise en compte par l'écrivain, et le contraste entre le chap. XIV et les autres la dramatise encore.

Après cette vigoureuse entrée en matière, il reste à Xénophon à démontrer que les Spartiates ne respectent plus les *épitèdeumata* lycurguiens. Il le fait sur le ton de quelqu'un qui non seulement est sûr de lui, mais a la certitude que sa conviction est partagée par tous. C'est ce qu'indique la répétition des verbes exprimant la connaissance assurée : d'abord οἶδα, deux fois, puis ἐπίσταμαι, deux fois aussi. Quatre sujets sont évoqués dans ce chapitre : § 2 et 4, les harmostes et l'austérité ; § 3, la possession de métaux précieux ; § 4, les xénélasies et l'interdiction d'aller à l'étranger ; § 5-6, la question de l'hégémonie. Les deux premiers ont déjà été abordés dans la première partie (chap. I-X) ; les deux autres sont nouveaux. Malgré cette différence, tous les développements sont bâtis sur le même plan : d'abord le rappel de ce qui se faisait « autrefois », puis l'exposé de ce qui se fait « maintenant ». Pour ce qui est de son plan d'ensemble, donc, le chap. XIV est dans l'alignement de ceux qui le précèdent, et c'est à l'intérieur de chacun de ses développements que se situe la rupture. Par là, Xénophon entend marquer qu'il ne renie rien de ce qu'il a dit : c'est juste devenu du passé.

Les harmostes et l'austérité, § 2. « Autrefois ». Le passé est caractérisé par deux traits : les Spartiates vivaient « entre eux », c'est-à-dire à la fois à part, chez eux (οἴκοι), et avec un grand sens de la communauté (ἀλλήλοις συνεῖναι) ; ils se contentaient de biens modestes (τὰ μέτρια ἔχοντας). L'ensemble nous renvoie aux chap. V (repas en commun) et VI (pratiques communautaires réalisant une certaine égalisation).

« Maintenant ». À chacun des deux traits caractérisant le passé s'oppose une réalité actuelle : ils s'expatrient (« pour être harmostes dans les cités ») et acceptent de « se faire corrompre par ceux qui leur font la cour » (κολακευομένους διαφθείρεσθαι). Comme S. Hodkinson (2000, p. 427) l'a remarqué, le fait que cette « cour » s'oppose au mode de vie simple d'autrefois implique que, dans la pensée de l'auteur, elle comporte des aspects sonnants et trébuchants. Le verbe διαφθείρειν a d'ailleurs très clairement ce sens, et il est difficile de ne pas penser ici au célèbre apophtegme prêté par Hérodote à Gorgo, fille de Cléomène : πάτερ, διαφθερέει σε ὁ ξεῖνος (V, 51). Ainsi pointe ce qui sera un des thèmes majeurs du chapitre, le lien entre l'étranger et la corruption.

La possession de métaux précieux, § 3. Ici, l'opposition est unique ; elle concerne le chap. VII. « Autrefois », les Spartiates craignaient χρυσίον ἔχοντας φαίνεσθαι. Strauss, Proietti, puis Humble, ont tiré argument de ce φαίνεσθαι qui, selon eux, montrerait que ce qui était interdit autrefois était moins de posséder des métaux précieux que d'apparaître comme en possédant : Xénophon insinuerait en somme que tout ce qui était demandé au Spartiate était de ne pas se faire prendre. Cette interprétation est à mon sens un sophisme. En grec en général, et dans la *LP* en particulier (I, 1 ; II, 13 ; V, 8 ; VII, 6 ; XII, 5), le verbe φαίνειν, ou φαίνεσθαι, ne désigne pas le paraître en tant qu'opposé à l'être ; ces deux modes d'existence sont intimement liés, et le sens, presque identique à celui de φανερὸς εἶναι (X, 5 ; XIV, 7), est « apparaître manifestement comme », « être de toute évidence ». C'est bien la possession qui est punie, et il va de soi que, pour la punir, il faut d'abord la découvrir. Pour le présent passage, c'est, comme l'a noté Lipka, le rapprochement avec VII, 6 qui est le plus significatif, puisque le sujet traité est le même : ἄν τί που φανῇ, « si de l'argent est découvert », « s'il en apparaît au grand jour ». Ainsi l'autrefois de XIV, 3 coïncide-t-il exactement avec le présent de VII, 6.

« Maintenant », donc, à en croire Xénophon, l'interdit lycurguien est ouvertement bafoué. Non seulement on ne fait plus de perquisitions et on ne punit plus les fautifs, mais ce n'est plus une faute du tout ; c'est même un mérite, dont certains font étalage, comme pour tourner en dérision l'œuvre du législateur. Après Xénophon, le thème de la corruption de Sparte par l'or et l'argent devient un véritable *topos*, comme l'a montré S. Hodkinson (2000 : p. 26-30 sur les auteurs qui ont développé ce thème ; p. 426 sur le présent passage ; p. 427-431 sur la réalité historique du phénomène).

La corruption venue de l'étranger, § 4. Sous la rubrique « autrefois », Xénophon évoque deux usages spartiates (non encore mentionnés) qui, selon lui, faisaient obstacle aux influences corruptrices venues de l'extérieur et qui ne sont plus respectés.

Le premier est ce que le grec classique nomme, toujours au pluriel, « les xénélasies », les expulsions d'étrangers (et non l'expulsion des étrangers). Sur ce sujet, on se reportera à l'étude de S. Rebenich (1998b), ainsi qu'aux remarques de T.J. Figueira (2003). Rebenich a donné (p. 347-349) la liste des sources d'époque classique ; celles qui sont antérieures à Xénophon permettent de se faire une idée de ce que l'on en pensait de son temps. Hérodote (III, 148) raconte l'expulsion d'un étranger, Maiandrios de Samos, mais le terme de xénélasie n'apparaît pas dans son texte. Dans les *Oiseaux* (414), aux v. 1012-1013, Aristophane fait à cette pratique une allusion plaisante, qui montre qu'à cette époque le public athénien en connaissait fort bien l'existence, ce qui n'a rien d'étonnant, comme le souligne Rebenich, dans le contexte de la guerre et de la propagande anti-spartiate. Chez Thucydide, les xénélasies apparaissent dans deux discours de Périclès, avec des visages différents. Dans le premier (I, 144, 2), ce sont des xénélasies historiques : Périclès propose de renoncer au « décret mégarien » si les Lacédémoniens renoncent aux xénélasies « à l'encontre de nous-mêmes et de nos alliés ». Si des xénélasies collectives (ne disons pas massives) ont eu lieu à une époque quelconque, c'est sûrement, en effet, au cours de la période de tension qui a précédé la guerre, peut-être comme mesure de rétorsion en réponse au « décret mégarien », qui, lui, était bel et bien une xénélasie de masse. Notons au passage combien Xénophon transforme les choses en présentant les xénélasies comme un usage remontant à Lycurgue. – Dans le second discours de Périclès, qui n'est autre que l'Oraison funèbre (II, 39, 1), l'orateur utilise les xénélasies comme un élément dans une argumentation anti-spartiate : à Athènes, cité « ouverte » et « transparente », il oppose Sparte, cité « fermée », où règne la culture du secret, en particulier du secret-défense.

Voilà où en étaient les choses quand Xénophon a repris le thème dans la *LP*. Comme Thucydide dans l'Oraison funèbre, il n'analyse pas les xénélasies en tant que réalité historique, mais utilise leur image pour en faire un argument dans un raisonnement. Ce qui est remarquable, c'est que son attitude est exactement inverse de celle de

Thucydide : alors que pour celui-ci elles sont une pratique que l'on peut et doit reprocher aux Spartiates (la réprobation est également perceptible chez Aristophane et elle devait être largement partagée en Grèce), Xénophon, à sa manière habituelle, loin de contester la réalité du phénomène ou d'en relativiser l'importance (ce qu'il aurait pu faire aisément), le prend pleinement en compte, mais pour le retourner en un thème d'éloge de la Sparte d'autrefois.

L'autre pratique spartiate alléguée ici par Xénophon est l'interdiction d'aller à l'étranger. Sa formulation est très brève et, au moins en apparence, absolue : ἀποδημεῖν οὐκ ἐξῆν. On trouve des mentions d'interdictions de ce genre dans d'autres textes d'époque classique. Le seul à être aussi catégorique est un passage d'Aristote cité par Harpocration (fragm. 543 Rose), mais il est clair qu'il ne fait que reprendre, avec les mêmes mots, le propos de Xénophon. Les autres textes donnent de l'interdiction une image beaucoup plus nuancée et de ce fait plus crédible. Selon Isocrate (*Busiris*, 18), les hommes mobilisables (μάχιμοι) ne pouvaient se rendre à l'étranger qu'avec la permission des autorités ; selon Platon (*Protagoras*, 342c), cela était complètement interdit aux jeunes (*néoi*). Ces deux textes peuvent fort bien se concilier. Si Xénophon a donné de cette mesure une image quelque peu excessive, c'est sans doute pour accentuer le contraste entre les conduites passée et présente des Spartiates.

Dans la suite de ce §4, Xénophon expose la finalité de ces deux mesures, xénélasies et interdiction d'aller à l'étranger. Pour Thucydide (II, 39, 1), les xénélasies ont pour but d'empêcher les étrangers venus à Sparte d'y acquérir des connaissances (apparemment, surtout militaires) qu'ils puissent ensuite utiliser contre elle en cas de conflit. Naturellement, le point de vue de Xénophon est tout différent : de la même façon que dans l'apophtegme de Gorgo, mais dans un sens plus large, l'étranger est conçu comme « corrupteur », en ce qu'il véhicule des idées et des comportements susceptibles de nuire à la « pureté » des *épitèdeumata* lycurgiens. On retrouve cette vision des choses dans les *Lois* de Platon (notamment V, 742b, et surtout XII, 951a-952d). Xénophon précise dans la fin de la phrase en quoi consiste l'effet corrupteur de l'étranger : (il faut éviter que) « le contact avec les étrangers n'emplisse les citoyens du désir de se laisser aller » ; nous rencontrons ainsi une fois de plus le « relâchement » (ῥᾳδιουργία), qui a été défini en X, 7 par εἰ δέ τις ἀποδειλιάσειε τοῦ τὰ νόμιμα διαπονεῖσθαι, « si quelqu'un se dérobait par lâcheté aux efforts constants imposés par les lois ». Ce fantôme de la « pureté », élément structurant de la vision qu'a d'elle-même une société fortement soudée et se considérant comme supérieure en qualité à toutes les autres, a également joué un rôle central dans les systèmes totalitaires du vingtième siècle.

« Maintenant », dit Xénophon (dernière phrase du §4), la conduite des Spartiates est tout à l'opposé : ils sont avides de fréquenter des étrangers et, plus encore, de vivre loin de Sparte. Tous n'y parviennent pas, bien entendu, mais seulement « ceux qui passent pour les premiers des citoyens », τοὺς δοκοῦντας πρώτους εἶναι. Le sens de δοκεῖν est très différent de celui de φαίνειν (exemples dans la *LP* : I, 3 ; VIII, 2 ; XI, 8). Il comporte une nuance clairement dépréciative : ici, c'est en somme une élite « autoproclamée » (mais aussi acceptée comme telle). Une véritable élite (comme les *kratistoi* du chap. VIII) ne se comporterait pas ainsi. Xénophon caractérise ce comportement comme une sorte d'« évasion civique » : l'objectif de ceux qui l'adoptent n'est pas seulement de s'enrichir, mais d'échapper aux rigueurs du code de la cité. On peut dire d'une telle interprétation qu'elle n'est pas la seule possible, car chercher à exercer de hautes responsabilités à l'étranger pourrait aussi être présenté comme la manifestation d'une ambition politique somme toute légitime. Xénophon est assurément de parti-pris, mais, d'un autre côté, il faut avouer que les motivations qu'il prête à ces hommes ne manquent pas de vraisemblance. On peut d'ailleurs en trouver l'équivalent dans d'autres sociétés, à la fois autoritaires (si ce n'est plus) et fortement hiérarchisées, qui imposent à leurs membres ordinaires un mode de vie austère : dans de tels cas, l'élite fait tout pour échapper à la norme qu'elle impose aux autres, et cela d'autant plus vigoureusement que cette norme est plus rigoureuse ; pour y parvenir, le moyen le plus simple est de se faire envoyer en mission à l'étranger. En tout cas, que certains Spartiates, dans le premier quart du IVe siècle, aient fait carrière très longuement à l'étranger, est un fait avéré (voir la liste détaillée dans Hodkinson 1993, p. 156-157, et ci-dessus, « Introduction », p. XVIII).

La question de l'hégémonie, § 5-6. Comment, dans un traité consacré aux *épitèdeumata* des Spartiates, Xénophon en vient-il à parler du problème de l'hégémonie, qui appartient au domaine de la « politique extérieure » ? En fait, ce n'est là qu'un retour à l'interrogation initiale sur les fondements de la prééminence de Sparte ; mais, du fait de l'affirmation assénée au début du chapitre, la perspective a totalement changé : si les lois de Lycurgue, qui sont à l'origine de cette puissance, ne sont plus respectées, celle-ci est nécessairement menacée. Pour l'instant, certes, c'est moins le problème de l'existence de l'hégémonie qui est posé que celui de sa légitimité ; mais il est impossible qu'on ne passe pas, dans un avenir proche, de l'un à l'autre.

Dans le §5, Xénophon examine la question du point de vue des Spartiates et de leur attitude à l'égard de l'hégémonie. « Autrefois », ils faisaient effort « pour être dignes de l'exercer », ὅπως ἄξιοι εἶεν ἡγεῖσθαι. L'expression a un sens plus éthique que matériel : il s'agit moins d'avoir la capacité technique de l'exercer que de la mériter. « Maintenant », leur position est exactement inverse : « ils se soucient beaucoup plus d'exercer l'hégémonie que d'en être dignes » ; le désir de puissance a chassé l'exigence morale. Cette idée que l'hégémonie se mérite (en ce sens que, pour être juste, elle doit être réservée à ceux qui ont prouvé qu'ils étaient les meilleurs) fait partie de l'argumentaire prêté aux Athéniens par Thucydide (en particulier en I, 76, 2), lors des négociations de 431, pour justifier l'*archè* qu'ils exercent sur leurs alliés. Les Athéniens devaient démontrer en quoi ils avaient mérité de commander aux autres, et ils le faisaient en général en rappelant le rôle qu'ils avaient joué pendant les guerres médiques. Les Spartiates d'autrefois, eux, n'avaient même pas à prouver leur excellence, qui était reconnue par tous, et cela dès avant les guerres médiques.

Symétriquement, le §6 expose la position des autres Grecs vis-à-vis de l'hégémonie spartiate. « Autrefois », ils étaient tout à fait désireux de voir les Spartiates se mettre à leur tête. Une expression résume cette attitude, ἰόντες εἰς Λακεδαίμονα, qui caractérise très fortement les autres Grecs comme demandeurs. Une telle formulation amène à douter qu'on puisse rattacher cette phrase à un contexte historique précis. On pense d'abord, avec N. Humble (2004, n. 12, p. 219), aux guerres médiques, et une référence aussi inactuelle ne pourrait être considérée que comme purement rhétorique ; mais Lipka a justement fait remarquer (2002, p. 233) que l'expression désignant les adversaires comme « ceux qui, à leur avis, leur causaient du tort » (ἐπὶ τοὺς δοκοῦντας ἀδικεῖν), parce qu'elle comporte incontestablement une réserve, ne convient pas s'agissant des Perses, que ce soit à l'époque des guerres médiques ou après. On est plutôt tenté de penser aux Athéniens, avant ou pendant la guerre du Péloponnèse (ainsi Gray 2007, p. 43) ; mais la réserve sous-jacente reste un peu surprenante de la part de quelqu'un comme Xénophon.

« Maintenant », l'attitude de la plupart des Grecs est exactement inverse, puisqu'ils ne pensent plus qu'à une chose, empêcher les Spartiates d'exercer l'hégémonie. De l'exercer « à nouveau » ? Πάλιν a pu être interprété dans un sens logique (« au contraire » ; la phrase pourrait alors être traduite ainsi : « Maintenant, ce à quoi beaucoup s'exhortent les uns les autres, c'est au contraire à les empêcher d'exercer l'hégémonie » ; ainsi, Gray) ; auquel cas il n'y aurait pas de problème. Mais, comme on le voit, cela oblige à violenter quelque peu l'ordre des mots : πάλιν ne porte pas sur διακωλύειν, mais sur ἄρξαι ; c'est pourquoi cette interprétation reste très minoritaire. Il est bien préférable de donner à πάλιν un sens chronologique : « ... c'est à les empêcher d'exercer à nouveau l'hégémonie ». Il va sans dire que cet « à nouveau » pose de délicats problèmes de datation ; voir à ce sujet la discussion dans l'« Introduction », p. xix-xx. Quoi qu'il en soit, entre les Spartiates, qui ne pensent plus qu'à exercer l'hégémonie, et la plupart des autres Grecs, qui s'exhortent à les empêcher de le faire, le conflit paraît inévitable.

Conclusion, § 7. La proposition principale, « aussi ne faut-il en rien s'étonner de ce que ces reproches leur soient adressés », est la suite naturelle du § 6, sur l'attitude des « Grecs » ; affirmation reprise par [Plutarque], *Inst. Lac.* 42 (*Mor.* 240 A), καὶ οἱ σύμμαχοι διὰ ταῦτα δυσμενῶς εἶχον πρὸς αὐτούς. Certes, τὸ ἐπίψογον substantif ne nous est connu qu'à partir de l'époque impériale, mais comme, à l'époque classique, ἐπίψογος adjectif (« qui blâme ») est attesté une fois, chez Eschyle (*Ag.* 611), la leçon des manuscrits reste acceptable [voir Muratore 2022, p. 279-280].

La proposition subordonnée explicative, « tant il est évident qu'ils n'obéissent ni au dieu ni aux lois de Lycurgue », constitue le point culminant et la conclusion de l'ensemble du chapitre ; d'une certaine façon, elle « fait cercle » avec le § 1. Pour Lipka, ἐπειδή... porterait sur ἐπιψόγων, et expliciterait les reproches des Grecs. Il me semble que cela se dirait plutôt ὡς φανεροῖς οὖσιν... πειθομένοις... ; en outre, ce que ses alliés reprochent à Sparte, c'est sa politique extérieure impérialiste, et les lois de Lycurgue leur importent peu en réalité. Je considère donc que la proposition introduite par ἐπειδή porte sur la principale tout entière et exprime l'opinion de Xénophon ; ce que confirme l'effet de « cercle ». Cela donne plus de force, plus d'engagement personnel, à cette phrase finale.

Ainsi comprise, la conclusion va beaucoup plus loin que le jeu question-réponse du début du chapitre : maintenant, l'auteur *affirme* que non, les Spartiates ne respectent plus les lois de Lycurgue. Sa rigueur est encore aggravée par l'accusation d'impiété qui leur est adressée ; on retrouvera la même association du politique et du religieux dans la critique de l'occupation de la Cadmée (*Hell.* V, 4, 1). C'est un renvoi évident à VIII, 5 : l'ultime μηχάνημα de Lycurgue, l'approbation d'Apollon, qui avait pour but d'empêcher tout retour en arrière, a finalement échoué. Le verrou a sauté, et la nature humaine dans toute sa faiblesse (la *rhadiourgia*) a pris le dessus. Mais cette conclusion renvoie aussi à la fin, en X, 8, de la première partie du traité. Cette phrase, on s'en souvient, dit que les lois de Lycurgue sont à la fois très anciennes par leur date et absolument neuves, aux yeux des autres Grecs, par leur contenu. Ce que proclame maintenant Xénophon, c'est qu'elles sont mortes. Qu'est-ce qui peut encore être sauvé, quand on n'obéit plus aux dieux ?

Son attitude pose deux questions. D'abord, pourquoi, sa conclusion étant ce qu'elle est, a-t-il pris le risque d'être accusé de contradiction en persistant à mettre en circulation le traité tel qu'il l'avait conçu à l'origine ? Ma réponse est qu'à partir du moment où elle est assumée, la contradiction cesse d'être une imperfection technique pour devenir un procédé dialectique. Elle renforce la crédibilité des chapitres antérieurs de la *LP*, en donnant à voir leur auteur comme quelqu'un qui est guidé par le seul souci de la vérité. Ce sont les Spartiates qui ont commis une apostasie et Xénophon, au début et à la fin du chapitre, ne dissimule pas sa colère d'avoir à le proclamer. Il y aurait assurément une contradiction si ce qui précède avait été un éloge de Sparte ; mais c'était un éloge des lois de Lycurgue (cf. l'incipit), et l'auteur n'a admiré la cité que pour autant qu'elle les a respectées. L'éloge lui-même reste entièrement valable.

La deuxième question est celle de l'intérêt qu'il y avait à publier l'éloge de lois devenues lettre morte. On est tenté de se demander si une des intentions de Xénophon n'a pas été de montrer par là l'énormité de la faute commise par les Spartiates, qui ont tourné le dos à une législation parfaite, et trahi un patrimoine exceptionnel. On retrouverait ainsi, par une voie toute différente, l'idée « straussienne » d'une *LP* fondamentalement critique à l'égard de la Sparte contemporaine, mais, dans cette hypothèse, sans que l'auteur l'ait voulu en commençant d'écrire : c'est l'apostasie des Spartiates, et elle seule, qui aurait fait de l'éloge un réquisitoire.

Il convient toutefois de ne pas se laisser trop entraîner par la rhétorique de Xénophon. Pour porter un jugement valable, on doit mettre en regard d'une part les faits qu'il allègue, et de l'autre la conclusion qu'il en tire. Les faits couvrent un domaine qui, à l'examen, s'avère assez limité. Ils concernent l'ouverture au monde extérieur, l'enrichissement éhonté de certains en métal précieux et les relations avec les autres cités grecques (le symbole de tout cela étant la fonction d'harmoste). On dira donc que dans l'exposé de Xénophon, ce sont *certaines* des lois de Lycurgue (celles qui imposent l'austérité – et encore : les repas en commun ne sont pas concernés) qui ne sont plus respectées, et par *certains* Spartiates : car il marque fortement que cette « évasion civique » n'est et ne peut être pratiquée que par la prétendue élite des δοκοῦντες πρῶτοι εἶναι. En outre, si certains veulent à tout prix aller hors de Sparte exercer des fonctions qui leur permettent d'échapper aux contraintes imposées par les lois de Lycurgue, c'est bien parce que celles-ci ont conservé au moins une certaine vigueur.

L'impression qui se dégage d'une lecture de l'ensemble du chapitre ne peut donc être que celle de la disproportion qui existe entre les faits évoqués par Xénophon et la conclusion qu'il en tire à la fin. Que les lois de Lycurgue ne subsistent plus ἀκίνητοι, d'accord : à nous aussi il paraît clair que la Sparte du début du IVe siècle est en pleine transformation et commence à évoluer vers une société « ploutocratique », pour reprendre l'expression de S. Hodkinson. Mais affirmer sur cette base que désormais les Spartiates « n'obéissent ni aux dieux ni aux lois de Lycurgue » relève de la polémique et non de l'analyse politique. Le schéma est comparable à celui du chap. VI, où nous avons pu observer la même disproportion entre les comportements décrits et la conclusion que l'auteur en tire.

La principale question posée par ce chapitre est de savoir pourquoi Xénophon s'y comporte ainsi. Il a probablement été choqué par l'abandon apparemment irrémédiable des conduites « vertueuses » d'austérité qui avaient fait la réputation de Sparte ; personne n'est plus amer qu'un admirateur déçu. Mais nous avons constaté qu'au cœur de sa critique était le système des harmostes et, plus généralement, des « envoyés en mission ». Or, la lecture de l'*Anabase* montre que son auteur a eu à souffrir (jusqu'à être menacé dans sa vie même) de la conduite de certains de ces personnages : Thibron, commandant en chef d'une armée, et surtout Aristarchos, harmoste à Byzance. Cette expérience personnelle est peut-être un des facteurs expliquant l'indignation de Xénophon dans ce chapitre.

Chapitre XV : Des accords conclus
entre les rois et la cité

Ce chapitre réserve au lecteur bien des surprises. La première est son existence même : le « redémarrage » en XI, 1 annonçait un développement sur la seule organisation militaire ; et surtout, le chap. XIV, avec, en particulier, la forte formule qui le clôt, avait toutes les apparences d'une conclusion sans appel. Or, voilà qu'une fois de plus, le discours prend un nouveau départ, et redevient d'un coup un éloge des lois de Lycurgue. Cette constatation nous place devant une alternative : ou bien nous avons fait erreur en lisant le chap. XIV comme s'il était le dernier ; ou bien il l'était véritablement et a été, dans les manuscrits ou autrement, interverti avec le chap. XV. C'est là un problème plus que classique, et il a tellement obsédé les commentateurs qu'il est presque devenu *le* problème de la *LP*, ce qui est sans nul doute excessif. Pour l'instant, de toutes façons, notre objectif n'est pas de traiter de ce problème, mais de lire et, si possible, de comprendre, le chapitre.

Prologue, § 1. Il nous faut l'examiner avec un soin particulier, parce que, conformément à son habitude, Xénophon y expose quel contenu il entend donner au chapitre. Deux parties s'y distinguent nettement.

La première constitue ce que j'appelle le « titre » du chapitre. Dans sa forme, ce « titre » est strictement parallèle à celui du chap. XIII. À διηγήσομαι correspond βούλομαι... διηγήσασθαι ; les éléments ὁ Λυκοῦργος et βασιλεῖ sont répétés tels quels ; à κατεσκεύασε répond ἐποίησε. Un autre trait qui marque la continuité de ce début avec le chap. XIII est que, comme dans celui-ci, Xénophon y parle du roi au singulier, alors que cela n'est plus justifié, puisque, comme le rappelle la formule récapitulative du début du § 8, nous sommes maintenant οἴκοι. À ce parallélisme des formules introductives répondra celui des formules de conclusion, toutes deux structurées par l'opposition de l'humain et du divin. Apparemment, donc, les chap. XIII et XV ont été conçus comme devant former une paire. Il est d'ailleurs naturel qu'après avoir exposé les responsabilités du roi dans l'armée, l'auteur analyse ses prérogatives dans la cité (on s'attend donc à lire ἐν τῇ πόλει). Il ne fait en cela que reproduire la bipartition de l'exposé d'Hérodote (VI, 56, τὰ ἐμπολέμια ; 57-58, τὰ εἰρηναῖα ; on retrouvera par ailleurs à la fin du chap. XV une autre bipartition hérodotéenne, honneurs du vivant du roi et honneurs après sa mort). La réapparition inattendue, par-dessus le chap. XIV, de Lycurgue comme législateur tout-puissant, conforte l'impression que XIII et XV ont formé à un moment donné ce qu'A. Paradiso appelle « un bloc ».

Mais on ne peut en rester là. Si le chap. XV n'était que le pendant du chap. XIII, son « titre » serait quelque chose comme βούλομαι δὲ καὶ ἃς βασιλεῖ ἐν τῇ πόλει τιμὰς ὁ Λυκοῦργος ἔδωκε διηγήσασθαι, « Je désire également exposer les honneurs que Lycurgue donna au roi dans la cité ». Au lieu de cela, deuxième surprise : il annonce un développement sur des συνθῆκαι que Lycurgue aurait prescrit au roi de conclure πρὸς τὴν πόλιν, « avec la cité » (noter la formulation, qui semble opposer deux entités distinctes). Ainsi lancée, cette phrase est inintelligible (jusque-là, il n'a jamais été question de tels « accords ») et, chose plus remarquable encore, elle le restera jusqu'au §7, où seront enfin décrits les serments échangés par les rois et les éphores, qui, précise à nouveau le texte, les prêtent « au nom de la cité ». Dans tout ce qui précède, et qui représente les deux tiers du chapitre, il n'est absolument pas question de ces « accords », mais, beaucoup plus classiquement, des prérogatives des rois en temps de paix. Cette constatation conduit à supposer qu'à un moment donné le §1 a fait l'objet d'une modification ; ce qui me semble confirmé par le fait que la « formule de fin » qui, au début du §8, pour introduire la conclusion du chapitre, résume le contenu de celui-ci, mentionne les τιμαί et non les συνθῆκαι. L'impression ressentie est que, dans sa première rédaction, le « titre » du chapitre faisait de même et que le terme de συνθῆκαι y a remplacé celui de τιμαί lors d'une réécriture.

Le développement sur les « accords » que, dans sa rédaction définitive, ce « titre » nous promet, introduit dans la recherche de Xénophon un élément radicalement nouveau. Ils sont l'œuvre de Lycurgue, mais on ne peut les considérer comme faisant partie des « règles de vie », communes à tous les Spartiates, que l'incipit présentait comme l'objet du traité. Il faut donc considérer que le chap. XV constitue un nouveau départ non par rapport au seul chap. XIV, mais à l'échelle de l'ouvrage dans son ensemble, et qu'il se « raccroche » directement à l'incipit. Par lui, l'analyse se complète d'une manière imprévue : ce ne sont pas seulement les « règles de vie » communes qui ont fait la grandeur de Sparte, mais aussi les « accords » passés entre les rois et la cité.

La phrase de « titre » est suivie d'une phrase explicative (γάρ), dont le sujet est lui aussi radicalement nouveau (troisième surprise, surtout par rapport au contenu du chap. XIV) : c'est l'idée de la permanence, particulière à Sparte, de tout ou partie de son système politique (résurgence inattendue du vieux thème de la singularité spartiate). Pour savoir sur quoi au juste porte cette permanence, il nous faut regarder le texte de plus près.

(a) μόνη γὰρ δὴ αὕτη ἀρχὴ διατελεῖ οἵαπερ ἐξ ἀρχῆς κατεστάθη, « en effet, ce régime politique est le seul qui demeure tel qu'il a été institué à l'origine » ;

(b) τὰς δὲ ἄλλας πολιτείας εὕροι ἄν τις μετακεκινημένας καὶ ἔτι καὶ νῦν μετακινουμένας, « tandis que, comme on peut le constater, les autres constitutions ont changé et sont maintenant encore en train de changer ».

Première question : que désigne, dans la phrase (a), l'expression αὕτη ἀρχή ? Le sens habituel du mot *archè* est ce qu'il est convenu d'appeler une « magistrature », et, plus généralement, un organe de gouvernement dans un système politique donné. L'expression ne pourrait alors renvoyer qu'à la royauté spartiate, impliquée dans la « phrase de titre » par βασιλεῖ. Il semble donc d'abord évident qu'il s'agit de la royauté en tant qu'un des principaux pouvoirs dans le système politique de Sparte.

La lecture de la phrase (b) oblige aussitôt à renoncer à cette interprétation. La stabilité complète de cette *archè* y est opposée à l'incessante modification, non des autres institutions spartiates comme on s'y attendrait, surtout après avoir lu le chap. XIV, mais des « constitutions » (selon le terme consacré) des *autres* cités grecques. Car il est impossible de comprendre le terme *politeia* autrement que comme l'ensemble des organes et règles régissant le fonctionnement politique d'une cité (*instituta et leges et mores*, selon la formule de F.G. Sturz, *Lexicon Xenophonteum*). On doit donc reconnaître que par *archè* Xénophon entend ici quelque chose de plus vaste, non seulement qu'une « magistrature », mais même qu'un des grands pouvoirs de l'État : c'est l'État tout entier, au moins dans son « esprit ».

Cette interprétation est confirmée par une phrase de l'*Agésilas* (I, 4), où Xénophon reprend, sans doute volontairement, le propos que nous examinons : « Ainsi, aucune autre *archè* ne s'est manifestement maintenue sans modification, ni démocratie, ni oligarchie, ni tyrannie, ni royauté ; seule, cette royauté-là [la royauté spartiate] reste en place avec une totale continuité ». La liste d'exemples qui appuie l'affirmation ne laisse aucun doute : dans les deux textes, le terme *archè* doit être traduit par « régime ». Cette *archè* est bien la *basileia*, mais entendue comme le régime politique de Sparte, et non comme un des multiples centres de pouvoir existant dans cette cité. Une telle vision du régime spartiate nous paraît d'autant plus surprenante que dans ce qui suit Xénophon ne présente nullement les rois comme dirigeant la politique de la cité. Mais, apparemment, c'est ainsi qu'au Ve siècle on classait la *politeia* spartiate, à en juger par le propos qu'Hérodote prête à Démarate en VII, 209 : Sparte y est appelée « la plus belle royauté existant parmi les Grecs » (βασιληίην καλλίστην τῶν ἐν Ἕλλησι). Après Xénophon, Platon lui aussi, dans les *Lois* (III, 692a), voit dans la royauté le principe fondateur du régime spartiate, principe qui a suscité la création, autour de lui et pour limiter son pouvoir, de la Gérousia et de l'éphorat.

Deuxième question : quel élément de la « phrase de titre » la « phrase explicative » a-t-elle pour fonction d'expliquer ? Je pense que c'est toute la phrase, c'est-à-dire non seulement les « accords », qui sont évidemment la notion centrale, mais aussi la déclaration βούλομαι... διηγήσασθαι. Ce qu'il faut justifier, c'est la nécessité, voire l'urgence, après XIV, d'un discours sur les « accords », lequel a pourtant été différé jusqu'à l'ultime chapitre. Par γάρ, en outre, Xénophon établit un rapport de causalité entre ces « accords » et la stabilité unique et persistante du régime spartiate. Comme la notion elle-même des « accords », ce rapport de causalité ne sera explicité (dans la mesure où il le sera, car Xénophon restera très allusif) que beaucoup plus loin dans le texte, dans la deuxième phrase du § 7. Il est le suivant : c'est parce que Lycurgue a mis en place un contrat inébranlable (et qui, lui, restera inébranlé, malgré l'« apostasie » décrite en XIV) entre les rois et la cité que non seulement la royauté en tant qu'institution, mais, grâce à elle, l'ensemble du système politique, l'*archè*, ont perduré.

Troisième question : quels éléments la « phrase explicative » apporte-t-elle concernant le problème des places respectives des chap. XIV et XV ? Je me limiterai pour l'instant à la remarque suivante. On y voit apparaître une réflexion sur la permanence du régime politique de Sparte. La présence de cette idée de permanence suppose que quelque part avant le chap. XV ait été introduit un questionnement sur ce thème : autrement dit, le premier paragraphe de XV peut être lu comme une réponse ou un correctif apporté aux affirmations tranchantes de XIV. À cette fin, Xénophon aurait distingué (sans d'abord le dire) deux domaines dans la conduite des Spartiates : celui des règles sociales, où, effectivement, les prescriptions de Lycurgue ne sont plus respectées, et celui du principe fondateur de l'organisation de l'État, qu'il voit comme une royauté contractuelle, et qui (pour l'instant ?) reste intact. À la question posée dans le chap. XIV, les lois de Lycurgue demeurent-elles ἀκίνητοι, il peut très bien (comme d'ailleurs je l'ai fait à propos de ce chapitre) d'abord répondre non, parce qu'en effet, prises en bloc, elles ne sont pas restées intactes, tout en faisant remarquer ensuite qu'on ne saurait dire pour autant qu'il n'en reste rien ; et que s'il en reste quelque chose, c'est grâce au rempart opposé par la royauté, en accord avec l'éphorat, au laisser-aller général.

L'importance toute particulière de ce « prologue » tient à sa grande intensité théorique ; c'est, de ce point de vue, le passage le plus riche, non seulement du chapitre, mais du traité entier. La pensée politique de Xénophon y prend véritablement son essor. L'idée qu'il exprime dans la « phrase de titre », qu'il faut considérer l'État spartiate comme formé par la juxtaposition de deux entités bien distinctes, la royauté (incarnée par deux personnes) et la cité (incarnée par les citoyens et représentée par les éphores, cf. §7), est extrêmement originale, et la lecture du §7 montre qu'elle s'appuie sur une réalité concrète. Le fait que Xénophon définisse le régime spartiate dans son ensemble comme une royauté de cité montre combien la réflexion dont il rend compte dans ce chapitre a fait évoluer ses conceptions depuis la rédaction du chap. VIII, où ce régime était présenté comme le gouvernement des seuls éphores. Relevons pour terminer que, par l'accent qu'il met sur la quasi-universalité des « modifications » qui affectent les régimes politiques en général, Xénophon apparaît ici comme le précurseur de Platon et d'Aristote.

Les prérogatives des rois, §2-6. Après la déclaration programmatique que constitue le « Prologue », Xénophon semble abandonner les *synthèkai*. Revenant au genre informatif, il entreprend la longue énumération de ce qu'il appellera (§8) les *timai* royales. Le plan est paratactique, comme dans l'énumération des déshonneurs endurés par le *kakos* au chap. IX, mais cela n'empêche pas des liens logiques d'exister également entre certains éléments de la liste.

Sur ce développement (en réalité, nous le constaterons, sur tout le reste du chapitre), plane l'ombre d'Hérodote. Conformément à l'usage du temps, Xénophon ne cite pas son nom, mais tous ses lecteurs pouvaient facilement repérer les références implicites. Non seulement il reprend certaines des informations fournies par son prédécesseur en VI, 56-57 (tout en apportant des éléments nouveaux : les terres en pays périèque, les porcelets, la *limnè* et la préséance), mais il suit le même ordre : la conduite de l'armée (§2) figure au début du chap. 56 d'Hérodote ; les parts des victimes (§ 3), aux chap. 56 (guerre) et 57 (paix) ; la double portion de nourriture (§ 4), au chap. 57, 1 et 3 ; les *Pythioi* (§ 5), au chap. 57, 2 et 4. Plus loin, au § 9, nous trouverons les funérailles, qui occupent tout le chap. 58 d'Hérodote. Il me paraît impossible d'échapper à la conclusion que, pour ce chapitre, Hérodote a été une des principales sources de Xénophon. Je ne ferai que signaler l'étrange hypothèse de Lipka (2002, p. 24-27), que les ressemblances entre les deux auteurs tiendraient à leur commune dépendance d'une même source, laquelle serait un exemplaire des « accords », supposés écrits, passés à l'époque de Lycurgue entre les rois et la cité ; source dont procéderait également le texte connu sous le nom de « Grande Rhétra ». – « Accomplir au nom de la cité tous les sacrifices publics » (§ 2). Comme prêtrises exercées par les rois, Hérodote ne mentionne que celles de Zeus Lakédaimonios et de Zeus Ouranios (VI, 56), ce qui semble indiquer que, pour lui, il existait à Sparte d'autres prêtrises masculines. Au contraire, la formulation adoptée par Xénophon paraît impliquer qu'à ses yeux les rois sont les seuls prêtres d'un culte public existant à Sparte. De fait, à l'époque classique, en dehors des rois (et abstraction faite des mystérieux ἱρέες d'Hérodote IX, 85), seule l'existence de prêtresses est attestée : ce pourquoi Carlier (1984, p. 265) conclut qu'« il est possible que les rois aient été les seuls *hiereis* de la cité ». Possible, mais surprenant.

Un passage bien connu des *Helléniques* (III, 3, 4), qui introduit le récit de la conspiration de Cinadon, montre le roi procédant à l'un de ces sacrifices. Il en ressort que leur fonction principale est de donner au roi l'occasion de consulter la divinité sur les affaires de la cité, au moyen de l'examen (par le devin) des victimes. Par là, ce point de l'exposé du chap. XV se rattache à un thème que nous retrouverons dans la suite, celui des rois comme intermédiaires entre la cité et les dieux. Ce qui les qualifie pour jouer ce rôle, c'est, comme le dit Xénophon, leur ascendance divine, à propos de laquelle une brève allusion suffit, car tous savaient que les rois de Sparte descendaient d'Héraklès, fils de Zeus (cf. *Agésilas* I, 2).

– « Conduire l'armée là où la cité l'envoie » (§ 2). Hérodote présente la chose d'une façon toute différente : « ...

porter la guerre contre le pays qu'ils veulent » (VI, 56). Certains historiens, comme Carlier (1984, p. 257-258), ont essayé de concilier les deux auteurs. Je n'en discuterai pas (voir sur ce point Lipka 2002, p. 237-238), me contentant de souligner combien la formulation de Xénophon est dépourvue d'ambiguïté : c'est la cité qui prend la décision, le rôle du roi n'est que de l'exécuter. Il n'est pas sans intérêt de se reporter aux occurrences (j'en ai trouvé 9) où, dans les *Helléniques*, cette circonstance est décrite avec un détail suffisant. Ces passages confirment que les choses se passaient bien comme il est dit ici (cf. aussi Richer 1998, p. 324-331). Le roi recevait un *ordre* : le verbe employé est en général κελεύειν, ou un tour équivalent. Pouvait-il refuser de l'exécuter ? La réponse est oui, mais les deux seuls cas attestés concernent Agésilas, qui n'est pas un roi comme les autres, et il doit justifier son refus : une fois par l'existence de liens d'hospitalité noués par son père avec la cité contre laquelle on veut l'envoyer, l'autre fois par le fait qu'il a dépassé l'âge où un citoyen ordinaire est mobilisable. C'est peut-être cette dernière circonstance qui explique que dans les deux occurrences suivantes, les Spartiates ne donnent pas d'ordre à Agésilas, mais lui font une demande (ἐδέοντο).

On peut être surpris de la présence de cette indication à cet endroit ; on l'aurait plutôt attendue au chap. XIII, par exemple au début du §6. Le fait qu'elle figure dans la même phrase que celle qui est relative aux sacrifices suggère que, dans l'esprit de l'auteur, la conduite de l'armée avait aussi une dimension religieuse. De la même façon, nombreuses ont été dans le chap. XIII les informations relatives aux sacrifices accomplis par les rois, soit au moment du départ, soit pendant la campagne. De toute évidence, les responsabilités guerrières et religieuses des rois sont étroitement liées.

– « Recevoir des parts des victimes » (§ 3). Comme Hérodote, Xénophon range le fait de recevoir une part des victimes parmi les prérogatives des rois (Hérodote précise que ce sont, en expédition, chap. 56, les peaux et les échines, et à Sparte, chap. 57, 1, les peaux seulement). Cela est naturel quand, comme le font ces deux auteurs, on dresse la liste de ces prérogatives ; il n'y a aucune raison d'omettre celle-ci. Mais cela fausse un peu les choses. En réalité, comme le montrent les nombreux règlements des cités grecques relatifs aux sacrifices (qui emploient très souvent, surtout en Asie Mineure, le même terme que Xénophon, γέρα, pour désigner ces parts réservées), cette prérogative appartient aux prêtres : c'est donc en tant que prêtres ayant présidé aux sacrifices que, conformément à l'usage normal, les rois de Sparte reçoivent ces parts. On peut en dire autant des jeunes porcs du §5, qui, eux aussi, sont destinés à être sacrifiés. Certes, il n'est pas douteux que, quand elles sont comestibles, ces parts sacrificielles viennent, en fin de compte, grossir le « pot commun » de la table royale ; il n'en est pas moins indispensable de distinguer entre les deux domaines différents que sont le rôle du roi en tant que prêtre et le fonctionnement de la *skènè dèmosia* (« tente publique »).

– « De la terre choisie dans de nombreuses cités périèques » (§3). Ce passage étant notre unique source sur ces domaines royaux en terre périèque, le seul objet de notre commentaire sera d'éclaircir l'image qu'en donne Xénophon. Il est évident qu'à ses yeux leur existence est un signe de la dépendance de ces cités par rapport à Sparte. Il s'agit d'une terre « choisie » (ἐξαίρετος), donc excellente : comme les cités périèques passaient pour avoir des territoires pauvres (Isocrate, *Panathénaïque*, 179), c'était pour elles un lourd sacrifice. Or, celui-ci n'a pas été véritablement volontaire, puisque c'est Lycurgue, aussi puissant chez elles, faut-il croire, qu'à Sparte même, qui a procédé à l'attribution (ἀπέδειξεν) ; les Périèques n'ont fait que subir la chose. Une possibilité se présente à l'esprit : que, pour Xénophon, Lycurgue ait créé ces domaines royaux en même temps qu'il effectuait un partage général des terres en Laconie. Toutefois, rien n'assure que la tradition relative à un tel partage, qui est transmise essentiellement par Plutarque (*Lyc.* VIII, 5-6), ait été connue de Xénophon. Il serait même étrange que, sur un point tellement essentiel, il se soit contenté d'une allusion aussi indirecte, et la formulation de sa phrase n'impose nullement qu'il ait pensé à un quelconque partage des terres.

Quel service le roi rend-il aux Périèques en échange de ce don ? P. Carlier (1984, p. 266) déduit de la proximité, dans l'exposé de Xénophon, de la mention de ces domaines avec celle des parts sacrificielles, que ce service était celui qu'il rendait comme prêtre. Mais la proximité n'est pas un argument suffisant, et je vois autrement la structure du passage. Les § 2 et 3 forment un ensemble où le § 2 expose ce que le roi fait, et le § 3, ce qu'il reçoit en contrepartie. Les phrases se correspondent : il accomplit les sacrifices – il reçoit des parts des victimes ; il conduit l'armée – il reçoit des domaines chez les Périèques. Il me semble donc que c'est avec le rôle du roi dans la guerre qu'il faut mettre en rapport l'attribution des domaines ; c'est ce rôle qui faisait qu'un roi de Sparte était en même temps roi des Lacédémoniens, c'est-à-dire roi pour les Périèques aussi (sur toutes ces questions, cf. Ducat 2008, notamment p. 44-47). De sorte qu'on peut voir la concession de ces domaines non comme une marque de la sujétion des Périèques envers la cité de Sparte, mais comme un acte d'allégeance de leur part à un roi qui est aussi le leur.

La fin de la phrase laisse voir clairement l'intention de Xénophon. Il veut répondre à une critique qui devait être courante, et dont on retrouve la trace dans un dialogue (pseudo)-platonicien (de date discutée), le *Premier Alcibiade*, 123a : la richesse excessive des rois de Sparte. C'est pourquoi il insiste sur la médiocrité de ces domaines, mais sans réussir à convaincre vraiment, car, en même temps, il dit qu'ils étaient nombreux (ce qui a d'ailleurs des chances d'être une exagération) et que la terre en était d'excellente qualité.

– « Il leur a assigné une tente publique » (§ 4). Contrairement à ce qu'il a fait pour la guerre au chap. XIII (§ 1), Xénophon ne dit pas clairement qu'en temps de paix aussi le roi est « nourri par la cité ». Qu'il en soit ainsi est seulement sous-entendu par le qualificatif de δημοσία (il n'emploie pas ici la forme dialectale) qu'il applique à la « tente » royale ; en effet, comme nous l'avons vu, les morceaux réservés des victimes, quoique, à n'en pas douter, ils aboutissent à la table du roi, appartiennent à un autre registre, celui de ses fonctions religieuses. Curieusement,

Hérodote non plus n'est pas explicite sur ce point ; chez lui, que le roi mange aux frais de la cité doit être déduit de deux expressions qu'il emploie dans le chap. 57, τὰ δημόσια à propos de la participation des *Pythioi* au *syskènion* royal, et πάντα δίδοσθαι s'agissant de la double part des rois. Quant au terme de « tente » (*skènè*) utilisé par Xénophon, il est à prendre en son sens propre à propos du roi en campagne, mais pas en ville, où c'était certainement un bâtiment en dur.

À la guerre, la nécessité d'une « tente de commandement » est évidente ; mais pourquoi demander au roi, quand il est « à la maison », de manger en commun, voilà ce que Xénophon doit expliquer. S'agit-il vraiment d'une obligation ? De la lecture du passage qu'Hérodote consacre au repas royal (57, 3), on retire l'impression que, pour lui, le roi était libre d'y assister ou non. Il semble qu'il en aille différemment pour Xénophon. Selon lui, si Lycurgue a institué un *syskènion* royal (le verbe ἀπέδειξε comportant déjà, en lui-même, une nuance de contrainte), c'est en vue d'obliger les rois eux aussi à « manger dehors ». L'expression ὅπως ἔξω σκηνοῖεν renvoie d'abord à ἡ ἔξω σίτησις en V, 7, mais surtout à l'« exposé des motifs » de la création des repas en commun en V, 2. Rappelons ces motifs : empêcher les Spartiates, en mangeant chez eux, de céder à la *rhadiourgia* et s'assurer qu'ils respecteront la *diaita* voulue par le législateur. La même finalité s'applique donc aux repas des rois également (après tout, ils sont des hommes !), et il s'ensuit que leur présence au *syskènion* était considérée par le législateur comme obligatoire. De la même veine égalitaire (on serait tenté de dire « républicaine ») est l'appellation de « publique », et non de « royale », donnée à cette « tente » ; elle est dans le droit fil des « accords ». En fait, comme nous l'avons entrevu à propos de XIII, 7, la *skènè dèmosia* est beaucoup plus qu'un lieu de repas : c'est une véritable institution, dotée d'un personnel (les περὶ δημοσίαν), et jouant un rôle comparable à celui de la « maison du Roi » de notre Ancien Régime.

L'autre indication reprise à Hérodote, à propos du *syskènion* royal, est la double part (*dimoiria*). Je supposerais volontiers que c'était là chez les Grecs, et surtout chez les poètes comiques, un sujet de plaisanterie : les rois de Sparte étaient tellement gloutons (à l'instar de leur ancêtre Héraklès !) que le législateur avait dû prévoir pour eux une double part. Xénophon répond à cette interprétation malveillante, ainsi qu'il l'a fait, en sens inverse, en II, 7, à propos de la nourriture insuffisante des enfants. On retrouvera le même thème, dûment amplifié, dans l'*Agésilas* (V, 1). De la façon dont il présente ici les choses, il ne faut pas déduire, comme certains l'ont fait, que la redistribution de sa part supplémentaire était pour le roi une obligation légale ; disons plutôt que c'était un usage.

– Les *Pythioi* (§ 5). Ollier avoue sa déception : « Xénophon est vraiment un peu court sur les Pythiens ». La raison de cette brièveté est encore une fois que nous n'avons affaire ici qu'à un renvoi implicite à Hérodote (57, 2 et 4), comme le montre la ressemblance littérale (Hérodote : αἱρέεσθαι δύο ἑκάτερον). Pour en savoir plus sur leurs fonctions, le lecteur est invité à se rapporter à l'*Enquête*. Elles sont d'ailleurs dites implicitement ici par la place qu'occupe la mention des *Pythioi* dans le développement : ils font la transition entre le *syskènion* royal, dont ils sont membres, et le rôle des rois comme intermédiaires entre la cité et les dieux, rôle auquel ils collaborent. L'ordre suivi ici n'est donc pas aussi purement paratactique qu'il paraît.

– Les porcelets (§ 5). C'est une information qui, apparemment, ne vient pas d'Hérodote : car il me semble impossible d'identifier ces jeunes porcs avec les « victimes parfaites » (donc adultes) apportées pour le roi au sanctuaire d'Apollon, en 57, 2. La signification de ce don fait aux rois par l'ensemble de la population est clairement indiquée par les mots θεοῖς συμβουλεύσασθαι, « consulter les dieux » : ce n'est pas seulement ni principalement à Delphes, par l'intermédiaire des *Pythioi*, mais aussi directement et quasi quotidiennement, que le roi demande conseil aux dieux au sujet des affaires de la cité (cf., à nouveau, *Hell.* III, 3, 4).

– La *limnè* (§ 6). Cette indication qui, elle non plus, ne doit rien à Hérodote, reste pour nous en partie obscure. Les rois de Sparte avaient chacun une maison familiale (Hérodote VI, 72, pour Léotychidas ; Thucydide V, 63, 2, pour Agis), et, si l'on en croit la description que Xénophon (*Agési-*

las VIII, 7) donne de celle d'Agésilas (il s'agit donc dans tous les cas d'Eurypontides), elles n'étaient en rien des palais. Il ne faut pas s'étonner (cf. Carlier 1984, p. 266, n. 154) de voir l'auteur en parler au singulier, puisque dans la phrase précédente il est question du roi au singulier également. On admettra donc qu'une *limnè* était associée à chacune de ces demeures. Ce mot désigne normalement un étang, mais certains commentateurs (cf. Luppino Manes 1988, p. 113) estiment qu'une adduction d'eau courante mériterait mieux l'éloge que Xénophon fait d'une telle installation et imaginent un bassin alimenté par une fontaine. Cela est possible, mais, en principe, le grec distingue bien entre l'étang et la fontaine (κρήνη), même quand celle-ci est du type bassin-puits. Quant à sa fonction, je pense qu'il faut écarter l'interprétation religieuse : certes, l'activité sacrificielle implique une alimentation en eau, mais les rois sacrifiaient dans les sanctuaires et non devant chez eux. J'y verrais donc une commodité purement matérielle et le commentaire de Xénophon me semble aller clairement dans ce sens.

– L'étiquette (§ 6, fin). On a vu, à propos du traitement infligé au lâche (IX, 5), que les Spartiates passaient pour être particulièrement attachés à la règle de bienséance qui veut que quand survient une personne plus âgée, les jeunes se lèvent de leur siège et ainsi, symboliquement, lui offrent leur place. C'est ce que chacun doit faire devant le roi ; sauf les éphores, qui, eux, peuvent (ou faut-il plutôt dire : doivent ?) rester assis sur leur siège « de fonction ». Cela se passe, à mon avis, en des lieux où les rois sont amenés à siéger avec les éphores et, éventuellement, d'autres citoyens, comme l'*éphoreion* (où, dans l'*Agésilas* I, 36, Xénophon évoque d'une façon très frappante, dans une comparaison, le roi obéissant visiblement à une convocation et recevant des ordres, « debout, seul », précise-t-il, « auprès des Cinq ») et les lieux de réunion (inconnus) de la Gérousia et de l'Assemblée. Ainsi Hérodote évoque-t-il (VI, 63) le roi Ariston « siégeant avec les éphores ».

Dans cette phrase, Xénophon enferme deux messages. Le premier est que le protocole royal se réduit à cela. Rien d'autre, ni dans leurs vêtements, ni dans leurs attributs, ne distingue les rois des autres Spartiates : ni pourpre, ni diadème, ni sceptre, ni insigne de commandement quelconque. Ils n'habitent pas un palais, ils n'ont pas d'escorte ; extérieurement, ce sont des rois « républicains ». Le second est que leur pouvoir est au moins contrebalancé par celui des éphores : transition toute naturelle vers l'exposé qui va suivre et qui explique ce qui pouvait n'apparaître que comme une bizarrerie.

Les serments échangés entre les rois et les éphores, § 7. Il n'a pas été question jusqu'ici du pouvoir politique des rois, même si leurs prérogatives matérielles, sociales et religieuses leur conféraient un statut qui ne pouvait manquer d'avoir des conséquences politiques ; il en va d'ailleurs de même dans l'exposé d'Hérodote, à l'esprit duquel Xénophon s'est conformé. Toutefois, quand il signale le fait que les éphores ne se lèvent pas de leur siège à l'arrivée des rois, il aborde déjà la question éminemment politique des rapports entre les rois et les éphores ; nous voici au cœur de celle-ci avec l'échange de serments qu'il décrit maintenant.

Ollier trouvait peu vraisemblable une fréquence mensuelle, qu'il jugeait excessive. Une vision alternative, selon laquelle le roi aurait prêté serment au début de son règne, nous a été transmise par l'intermédiaire de Nicolas de Damas (*FGH* 90 F 103 z 18), mais il ne s'agit probablement que d'une inférence. Les historiens actuels préfèrent en général suivre Xénophon, et évoquent l'*épicheirotonia* athénienne (Carlier 1984, p. 276).

Ainsi que l'a observé N. Richer (p. 394-395), la structure chiasmatique de l'exposé (sont nommés en premier les éphores dans la première phrase, le roi dans la seconde) pousse le lecteur à se demander dans quel ordre les serments étaient prêtés. Comme Richer, je pense que la teneur même des formules, telles qu'elles sont rapportées, donne une réponse claire : le serment des éphores se présente comme une *réponse* à celui des rois, selon un schéma parallèle à celui de la préséance évoquée juste auparavant. Non seulement les rois apparaissent ainsi comme étant dans une position subordonnée (subordonnée à quoi exactement, nous le verrons plus loin), mais le contenu des serments présente la royauté comme conditionnelle : car l'ordre des clauses mentionnées indique que c'est *dans la mesure où* les rois auront exercé leurs fonctions conformément aux lois (et qui en jugera, sinon les éphores ?) que la cité sera tenue de conserver la royauté inchangée.

P. Carlier s'est interrogé sur cette dernière formulation. Il traduit « maintenir *sa* royauté inébranlée », et non *la* royauté comme on le fait habituellement (Carlier 1984, p. 276 et n. 214 ; dans le même sens, Lipka 2002, p. 246, mais il traduit « *the kingship* »), parce qu'il estime invraisemblable « qu'une illégalité de la part d'un roi risque d'entraîner la suppression de l'institution royale elle-même ». Toutefois, que Xénophon ne précise pas τὴν βασιλείαν αὐτοῦ rend cette traduction improbable. En outre, il ne dit pas « maintenir la royauté », mais la maintenir « inébranlée ». Comme souvent dans les serments, la formulation qu'il rapporte est volontairement vague et laisse ouverte la possibilité pour la cité de sanctionner un roi individuellement ; cela s'est produit plusieurs fois entre 480 et 394, période pendant laquelle quatre rois ou régents ont été condamnés et où un autre a bien failli l'être (Carlier 1984, p. 276, n. 216). On peut dire qu'en ce cas la royauté est « ébranlée », mais momentanément, et pour retrouver ensuite toutes ses prérogatives.

Au vu de la nature et de la teneur de ces serments, on pourrait être tenté de conclure qu'aux yeux de Xénophon, le pouvoir des éphores l'emporte sur celui des rois, et de tirer argument dans ce sens du contenu du chap. VIII. Il n'en est rien. Xénophon précise clairement que dans cette cérémonie les éphores sont seulement les mandataires de la cité (ὑπὲρ τῆς πόλεως : c'est à elle que les rois prêtent allégeance), alors que les rois parlent en leur nom propre (ὑπὲρ ἑαυτοῦ). Cette dernière formule exprime d'une façon singulièrement frappante ce qu'on a envie d'appeler la « solitude » du roi face à la cité (solitude, symbole de fragilité, sur laquelle insiste précisément le passage déjà cité de l'*Agésilas*, I, 36 ; voir à ce sujet Powell 2010, p. 126-128). Certes, il a un collègue, mais, au moment où il prête le serment, il ne peut en aucune manière l'engager aussi ; il est seul responsable de sa conduite. Que Xénophon emploie le singulier dans ce paragraphe est donc absolument justifié.

COMMENTAIRE

Il est plus surprenant de voir « le roi » et « les rois » alterner tout au long du chapitre. Le singulier est nettement majoritaire (§ 2, 5^2, 6^2, 7, 8^1, 9^1), mais le pluriel est bien représenté (§ 4, 5^1, 8^2, 9^2). Aucune règle ne semble régir l'emploi de l'un ou de l'autre, et ils peuvent coexister dans la même phrase (§ 8 et 9). Xénophon paraît avoir hésité entre les deux attitudes possibles face à la dyarchie spartiate, y voir un « collège » réduit à deux membres ou deux individus que l'Histoire a placés côte à côte.

Conclusion sur les *timai*, § 8. Dans le texte qui nous a été transmis, la formule conclusive par laquelle commence le paragraphe implique que dans tout ce qui précède Xénophon estime avoir exposé les prérogatives (*timai*) des rois, donc qu'à ses yeux l'échange des serments en faisait partie. Or, cela serait très étrange. Les serments ne sont en rien une *timè* ; au contraire, en marquant la « solitude » des rois et leur dépendance vis-à-vis de la cité (qui est maîtresse de leur survie politique), ils posent une très puissante limite à leurs prérogatives, lesquelles, à côté de cela, peuvent paraître relever surtout de la symbolique (qui, il est vrai, n'est pas peu de chose en matière politique). Certes, comme ils sont réciproques et que, si le roi se conforme à ce qu'il a juré, la cité lui garantit le maintien de ses prérogatives, on peut dire qu'ils sont aussi ce qui permet à ses *timai* de se perpétuer ; il n'en reste pas moins qu'ils ne sont pas, par eux-mêmes, une *timè*. Il me semble donc probable que le § 7 est une addition faite par Xénophon à ce chapitre (addition qui a entraîné la réfection du § 1), tandis que le § 8 est resté inchangé.

Le raisonnement de Xénophon dans ce § 8 relève de la psychologie sociale. Quand une communauté place certains de ses membres dans une position privilégiée, elle peut craindre que ceux-ci n'en viennent à se considérer comme supérieurs et que ses membres ordinaires n'en conçoivent de la jalousie, ce qui ne peut qu'engendrer des désordres. C'est, selon Xénophon, ce qui risquait d'arriver à Sparte : le τυραννικὸν φρόνημα, l'aspiration à la tyrannie, pour les rois, et le φθόνος, l'envie, pour les citoyens (on retrouve le même couple dans le dernier discours de Cambyse, *Cyropédie* VIII, 5, 24 : ἄρχειν ἐπὶ πλεονεξίᾳ d'un côté, φθονήσαντες de l'autre). Pour éviter cela, Lycurgue a pris deux mesures : il a limité avec soin les privilèges des rois et il a institué les serments, qui à chaque fois renouvellent l'avertissement que ces privilèges sont révocables.

La formule « des honneurs... qui ne dépassent pas de beaucoup ceux qui peuvent être rendus à des particuliers » étonne d'autant plus qu'elle vient en conclusion d'une impressionnante liste de prérogatives, dont manifestement certaines au moins ont une importance réelle. On perçoit bien que Xénophon est pris entre deux logiques contradictoires. D'une part, le chapitre entier est un véritable éloge de la royauté spartiate, ce qui amène l'auteur à insister longuement sur l'importance de son rôle et sur l'éclat de son prestige. D'autre part, la conclusion qu'il fait pressentir dès le §1 et à laquelle il lui faut nécessairement aboutir est que ce qui a permis à la royauté, et par là au régime dans son ensemble, de se maintenir inchangée est précisément la stricte limitation que Lycurgue a imposée à ses pouvoirs. Il ne s'est pas si mal tiré de cette difficulté. Ce qu'il dit des honneurs qui, à Sparte, peuvent échoir à des particuliers, peut tout à fait se soutenir : les citoyens « parfaits », les *Homoioi*, se considèrent à coup sûr comme jouissant d'une très haute *timè*, concrétisée, comme nous l'avons vu, par l'accès également partagé aux « belles choses », notamment aux magistratures. Et, à la fin du chapitre, il fera valoir que la véritable grandeur des rois de Sparte est en réalité d'ordre supra-humain. – Mais la justification que je viens d'esquisser reste quelque peu abstraite, et on peut aussi prêter à Xénophon une intention plus politique. Une allusion à des honneurs presque royaux accordés à un simple citoyen ne peut manquer, me semble-t-il, de faire venir à l'esprit du lecteur de l'époque le nom de Lysandre (qui en outre, selon Phylarchos, était seulement *mothax*). Que ce soit surtout hors de Sparte qu'il ait sollicité et obtenu des honneurs absolument hors norme n'atténuait guère le scandale, et il y a peut-être de l'ironie dans la remarque de Xénophon.

Les lois de Lycurgue ont donc permis la stabilité, non seulement de la royauté des Héraclides, mais aussi de l'ensemble du régime spartiate, qui a été si fortement soulignée dès le « prologue » du chapitre : ce qui montre que pour bien comprendre celui-ci, le lecteur doit faire des allers et retours entre l'exposé lui-même et les considérations théoriques qui l'ont précédé. Dès le début de son *Agésilas* (I, 4 ; phrase précédant immédiatement celle qui a été citée plus haut), et au prix d'une transition quelque peu hasardeuse, il souligne combien l'harmonie entre la royauté et la cité a été scrupuleusement préservée. Platon a repris de Xénophon l'idée que, pour qu'une royauté fonctionne bien à l'intérieur d'une cité et n'évolue pas en tyrannie, il faut que son pouvoir soit limité par l'existence d'autres organes de gouvernement, et à ce propos il a longuement exposé dans les *Lois* le cas de Sparte (III, 692a-c ; on retrouve dans ce texte la caractérisation du régime comme une *basileia*, l'idée de sa permanence et le rôle des serments) ; mais, alors que Xénophon parle d'un équilibre des pouvoirs entre les rois, extérieurs à la cité, et les éphores, représentants de la cité, Platon, en replaçant les rois à l'intérieur de la cité et en introduisant une tierce partie, la Gérousia, s'engage sur la voie qui mènera à la théorie du gouvernement « mixte ».

En un sens, on peut dire que Xénophon a repris et développé la formule célèbre de Thucydide sur les « royautés ancestrales », « de jadis » (πρότερον δὲ ἦσαν ἐπὶ ῥητοῖς γέρασι πατρικαὶ βασιλεῖαι, I, 13, 1) ; toutefois, en montrant qu'à Sparte la stabilité du régime résulte de la limitation des prérogatives des rois et de la surveillance qu'exercent sur eux (y compris en campagne) les éphores, Xénophon a inauguré une ligne de pensée que suivront ensuite, mais avec d'importantes modifications, Platon et Aristote. Sur un autre point, ses conceptions lui sont entièrement propres. Pour analyser cette particularité, il nous faut une fois de plus faire l'aller et retour entre la description des serments au § 7 et la théorie de l'État spartiate présentée dans le « prologue ». L'échange des serments aurait pu être évoqué par Platon comme un argument supplémentaire en faveur de sa théorie de l'« équilibre des pouvoirs » auquel aurait abouti l'évolution, par étapes successives, de la constitution de Sparte. Sur la même base, Xénophon, lui, a élaboré une théorie de l'État spartiate qui est toute différente. Pour lui, les deux parties contractantes, tant lors de la prestation des serments mensuels qu'au moment, situé dans un très lointain passé, de la conclusion des « accords » initiaux, sont les rois et la cité. Il conçoit donc les rois comme une entité extérieure à la cité et semble se les représenter à la façon de *condottieri* avec lesquels la communauté aurait passé un contrat afin qu'ils commandent son armée à la guerre. Il ne justifie nulle part cette surprenante théorisation du système spartiate, mais on peut reconstituer hypothétiquement quelques-unes des étapes de son raisonnement.

Pour rendre à chacun son dû, rappelons d'abord la formule par laquelle, au début du chap. 58, Hérodote conclut son exposé des prérogatives des rois de leur vivant : ταῦτα μὲν ζώουσι τοῖσι βασιλεῦσι δέδοται ἐκ τοῦ κοινοῦ τῶν Σπαρτιητέων, « voilà les honneurs qui ont été accordés aux rois de leur vivant de la part de la communauté des Spartiates ». On peut dire qu'elle aussi, dans une certaine mesure, pose déjà comme deux entités distinctes les rois et la cité. Symétriquement, vers 268-266, dans le décret de Chrémonidès (*IG* II² 687), le roi Areus est par trois fois distingué des « Lacédémoniens » et mis sur le même plan qu'eux, comme s'il était une entité extérieure à eux. Ce fait est généralement présenté comme la marque d'une évolution vers la conception hellénistique de la royauté : on voit qu'une tout autre interprétation est possible.

Chez Xénophon, le point de départ du raisonnement sous-jacent est constitué par les éphores, dont le pouvoir immense a été analysé au chap. VIII. D'une part, ils représentent, au sens plein du terme, tous les citoyens, qui les élisent chaque année, et d'une façon telle qu'on a pu dire, comme Platon (*Lois* III, 692a), que leur magistrature est « proche d'un pouvoir attribué par le sort » (ἐγγὺς τῆς κληρωτῆς δυνάμεως) et, comme Aristote (*Pol.* III, 1270 b 26 et 29), qu'ils sont « choisis parmi tous » (ἐξ ἁπάντων) et sont « les premiers venus » (οἱ τυχόντες). Or, la cité, ce sont les citoyens : c'est donc bien la cité dans sa totalité que représentent, mieux, qu'incarnent les éphores. La royauté est de toute évidence une réalité complètement différente. Elle ne procède en rien de la cité, et, comme le dit très bien Xénophon à propos de l'échange des serments, elle ne représente qu'elle-même : une lignée allogène (on se souvient du propos de Cléomène Ier rapporté par Hérodote, V, 72, « je ne suis pas Dorien, mais Achéen »), qui s'autoreproduit et pourrait perdurer même si la cité venait à être détruite (et inversement).

En effet, derrière la conception qu'expose Xénophon de la dualité cité-rois, il y a certainement aussi un raisonnement « historique ». Dans un passage de l'*Archidamos* (§ 20-21), discours qui est communément daté des environs de 366, Isocrate reprend à Xénophon non seulement l'idée, mais aussi le terme même (ταῖς συνθήκαις) d'« accords » conclus entre les rois et les citoyens de Sparte. Le contexte, intégralement pseudo-historique, renvoie le lecteur à une époque antérieure à la fondation de la cité : l'accord est passé entre les Héraclides, ancêtres des futurs rois de Sparte, et ceux des Doriens qui acceptent de les suivre et de les aider dans leur entreprise de « retour », et qui sont les ancêtres des futurs citoyens de Sparte. Comme les « accords » auxquels Xénophon se contente de se référer allusivement, ceux dont parle Isocrate ne sont pas autre chose que l'étiologie des serments échangés à époque historique entre les rois et les éphores. Leur contenu, considéré du point de vue de la royauté, est résumé ainsi par Isocrate : « eux-mêmes [les Héraclides] reçurent d'eux [les Doriens] la royauté à titre de privilège exceptionnel » (τὴν δὲ βασιλείαν ἐξαίρετον αὐτοὶ παρ' ἐκείνων ἔλαβον). Les versions des deux auteurs ne sont pas identiques pour autant, car, au lieu de raccrocher le « contrat » initial, qui explique les serments, au mythe du retour des Héraclides, Xénophon en fait l'œuvre de Lycurgue, ce qui est dans la logique de son système. De même, dans la *Cyropédie* (VIII, 5, 25), Cambyse conseille à Cyrus, avant de lui transmettre le pouvoir, de conclure avec la communauté des Perses des accords d'alliance et d'assistance réciproques (exprimés par le verbe συνθέσθαι), qui seront pour toujours le fondement de l'État.

Concluons donc qu'en présentant comme deux entités distinctes les rois et la cité, Xénophon, loin d'échafauder une théorie un peu bizarre, n'a fait qu'exprimer un aspect important de la réalité. Cette dualité, qui est presque un antagonisme, a fait l'objet d'un excellent développement de P. Carlier (1984, p. 288-291), qui montre que les Spartiates, tout en étant entièrement dévoués à leurs rois et en acquiesçant à leur charisme, ressentaient la royauté en tant qu'institution comme extérieure à la cité, et par là potentiellement dangereuse pour elle. Au total, il se pourrait bien que le schéma imaginé par Xénophon permette de mieux penser la royauté spartiate que celui qui, comme chez Platon et surtout Aristote, en fait un pouvoir parmi d'autres *dans* la cité.

Les honneurs funèbres, §9. À cause de la formule conclusive (αὗται μὲν οὖν αἱ τιμαί...) qui en constitue l'en-tête, le §8 pouvait sembler un instant devoir être le dernier. Mais, dans la suite de la phrase, le mot ζῶντι annonce le thème d'un nouveau développement. Avec cette distinction entre les *timai* qui sont accordées au roi de son vivant et celles qui l'honorent à sa mort, nous retrouvons une fois de plus Hérodote (VI, 58 : ταῦτα μὲν ζώουσι τοῖσι βασιλεῦσι δέδοται..., ἀποθανοῦσι δὲ τάδε..., « voici ce qu'il [sc. l'État spartiate] accorde à ses rois pendant qu'ils sont vivants... et après leur mort, voici ce qui leur est accordé »). Nous le retrouvons tellement que les honneurs funèbres ne sont pas du tout décrits : pour se renseigner, le lecteur est, cette fois encore, tacitement invité à se reporter à l'*Enquête*. Cette façon de faire est typique de l'attitude de Xénophon, dans la *LP*, à l'égard de l'information. Son but n'est aucunement de composer des « notices », et rien n'est plus éloigné de sa forme de pensée qu'une quelconque curiosité ethnographique ou antiquariste. Les funérailles des rois l'intéressent comme un moment de son raisonnement sur les *timai* royales (ce qui confirme que, quant au fond, ce chapitre n'est pas une simple énumération) ; un moment essentiel, puisque c'en est la conclusion. Si certains de ces honneurs ont quelque chose d'extraordinaire, dit-il, il ne s'agit pas de ceux d'entre eux qui sont accordés au roi vivant, mais seulement de ceux qui lui sont rendus à sa mort, « en tant que héros ».

Or, on sait que, sans le dire explicitement, Hérodote porte un jugement très négatif sur les funérailles des rois de Sparte : non seulement il les juge extravagantes au regard de la norme grecque de l'époque, mais, en affirmant qu'elles sont « les mêmes que celles des Barbares qui sont en Asie », il les dénonce comme un signe de l'altérité radicale de Sparte et du caractère « despotique » (pour reprendre le mot utilisé par Ellen Millender) que présente à ses yeux la royauté spartiate (Millender 2002, notamment p. 2-11). Conformément à sa façon de faire habituelle, Xénophon ne conteste pas les faits et son silence vaut acceptation de la description d'Hérodote. Mais (cela va sans dire) son jugement est complètement opposé, et ce que son prédécesseur rejette comme contraire à l'hellénisme, il entreprend de le justifier.

En quoi la brève formule οὐχ ὡς ἀνθρώπους ἀλλ' ὡς ἥρωας constitue-t-elle une justification ? Il faut d'abord remarquer que, tout comme Hérodote, Xénophon ne s'intéresse qu'aux funérailles et ne se pose nullement la question de savoir si les rois de Sparte étaient l'objet d'un culte héroïque. Il en va de même dans les *Helléniques* : dans les deux cas où sont évoqués les honneurs rendus à un roi après sa mort (Agis en III, 3, 1 et Agésipolis en V, 3, 19), il n'est question que des funérailles. Le texte relatif à Agis fait écho à notre passage : ἔτυχε σεμνοτέρας ἢ κατὰ ἄνθρωπον ταφῆς, « il eut droit à des funérailles plus grandioses qu'il ne revient à un être humain ». On est tenté de voir dans cette phrase une critique, car Hérodote aurait pu dire exactement la même chose ; mais dans la *LP* la suite du raisonnement montre qu'au moment où il l'écrit l'auteur approuve entièrement la coutume spartiate.

Contre Hérodote, donc, Xénophon prend ici la défense des funérailles royales, en montrant qu'elles peuvent être pensées dans un cadre parfaitement grec, celui du statut des héros. Sans doute entend-il par là, avant tout, les héros homériques. De fait, comme l'a noté P. Carlier (1984, p. 274, n. 203), les funérailles de Patrocle (et il y a dans les poèmes homériques des allusions à d'autres funérailles du même type) peuvent être comparées avec celles des rois de Sparte, tout en l'emportant largement sur elles par leur magnificence. Sur la question de savoir si de leur vivant les rois avaient un statut semi-divin (à propos de quoi voir la discussion dans Carlier 1984, p. 292-301), Xénophon ne dit rien ici, mais tant la *LP* que les *Helléniques* suggèrent une réponse négative ; après leur mort, par contre, la formule ὡς (et non ὥσπερ) ἥρωας est généralement considérée comme impliquant l'existence d'un culte (*contra* Lipka 2002, p. 248-251).

Xénophon a voulu donner une solennité particulière à ce dernier paragraphe de son ouvrage. Comme l'avait remarqué Naumann en 1876, ce dernier se conclut sur un hexamètre, dont l'ossature n'est autre que le « titre officiel » des rois de Sparte, Λακεδαιμονίων βασιλεῖς (on le rencontre 17 fois chez Thucydide, à propos du départ en campagne). Ce titre veut peut-être rappeler ici que le roi qu'on enterrait était le roi de tous les Lacédémoniens, ce qui serait aussi un élément de justification. L'anacoluthe au début du paragraphe est certainement voulue : Xénophon a particulièrement soigné cette fin.

Conclusion. Ce chapitre présente deux visages. L'un est celui d'un simple pendant, informatif, au chap. XIII. Rien de plus logique : comme Hérodote, qu'il suit parfois de près au point de se contenter, sur tel ou tel sujet, d'une référence implicite, Xénophon, après avoir décrit le rôle du roi en tant que commandant en chef de l'armée lacédémonienne, a voulu exposer ses responsabilités et ses prérogatives en temps de paix. Cet exposé prend la forme d'une liste, dont le dernier membre est constitué par les serments échangés avec les éphores ; il se conclut, assez curieusement, par l'affirmation qu'à tout prendre ces prérogatives n'ont rien d'extraordinaire, ce qui fait qu'à Sparte la royauté ne nourrit ni l'ambition de ceux qui l'exercent, ni l'envie des autres. Ce sont les honneurs qui lui sont accordés au moment de ses funérailles qui disent le statut supérieur, et même supra-humain, du roi.

L'autre visage est tout différent d'allure et de ton. À partir des serments qu'échangent les rois et les éphores, Xénophon a construit une théorie du système politique de Sparte. Il le caractérise par les traits suivants, qui s'enchaînent logiquement. (a) Fondamentalement, le régime est une royauté. (b) Néanmoins, par leur existence même, les serments et, au-delà, les « accords » originels dont ils sont issus montrent que la royauté n'est pas un pouvoir parmi d'autres dans la cité, mais se situe en-dehors de celle-ci. (c) Les « accords » constituent une limitation contractuelle, régulièrement réaffirmée, des pouvoirs royaux. (d) C'est cette limitation qui a permis à la royauté (et, grâce à elle, au régime tout entier) de demeurer encore aujourd'hui telle qu'elle était à l'origine.

L'impression que le lecteur peut tirer de ce chapitre risque d'être celle non du caractère limité, mais de l'inexistence des pouvoirs proprement politiques des rois ; ce qui, évidemment, ne correspond pas à la réalité. Faut-il accuser Xénophon d'avoir omis un aspect essentiel de son sujet ? Son dessein initial, rappelons-le, était seulement d'exposer les *timai* dont les rois jouissaient dans la cité. Il s'est fort bien acquitté de cette tâche, d'une manière plus complète encore qu'Hérodote. Quant au rôle politique des rois, il suffit de se reporter aux excellentes pages consacrées à ce sujet par P. Carlier (1984, p. 279-287) pour constater qu'il relevait beaucoup plus du fait que du droit. Une autre raison contribue à expliquer ce qui nous apparaît comme une insuffisance dans l'exposé de Xénophon. La phase de la vie politique où les rois pouvaient peser le plus (en fonction de la situation, de leurs capacités, de leur passé, etc.) était le processus de la prise de décision ; d'autant plus que, par suite de la durée de leurs fonctions et de leur double compétence civile et militaire, ils étaient en mesure de proposer aux citoyens une véritable vision de la politique et de l'avenir de Sparte. Or, le processus de la prise de décision est une réalité qui échappe complètement au regard de Xénophon.

L'ordre des chapitres XIV-XV

Il n'y a que deux possibilités : ou bien l'ordre des chapitres tel qu'il apparaît dans tous les manuscrits correspond à celui qu'a voulu Xénophon, ou bien une interversion accidentelle s'est produite. Avant de proposer une réponse, je récapitulerai les données dans un sens et dans l'autre, telles qu'elles sont apparues au cours de l'étude du texte.

Données en faveur de l'ordre XIII-XV-XIV. (a) La continuité est complète entre XIII et XV : les prérogatives du roi en campagne, puis, en temps de paix, *oikoi* ; c'est la bipartition hérodotéenne. En XV, on retrouve Lycurgue dans le rôle du législateur omniscient et tout-puissant. Entre ces deux chapitres qui forment un bloc, XIV fait incontestablement figure d'intrus. (b) XIV présente tous les traits d'une addition. Le temps dans lequel il se situe est caractérisé par l'auteur lui-même comme postérieur à celui de tous les autres chapitres. Dans l'intervalle, tout a changé. Si le temps de XIV est postérieur à celui du reste du traité, c'est qu'il a été rédigé après ; il faut donc le placer à la fin, où est aussi le chapitre « palinodique » de la *Cyropédie*. (c) De fait, le ton péremptoire et l'allure définitive de XIV sont bien les traits d'un chapitre final. Après avoir constaté que les Spartiates « n'obéissent ni au dieu, ni aux lois de Lycurgue », que pourrait-on ajouter ? (d) Le thème du § 1 du chap. XV, celui de la stabilité du régime spartiate (caractérisé comme une royauté), serait très mal venu s'il prenait place après la dénonciation, dans le chap. XIV, de l'« apostasie » des Spartiates.

Données en faveur de l'ordre XIII-XIV-XV. (a) C'est d'abord la solennité du ton du dernier paragraphe de XV, et en particulier l'hexamètre final. On a tout à fait l'impression de lire la conclusion du traité. (b) Le « titre » de XV et la phrase explicative qui le suit exposent deux notions nouvelles, dont le § 7 confirme qu'elles sont liées par une relation de cause à effet : les accords passés entre le roi et la cité, et la stabilité du régime. Cette thématique ferait une irruption inexplicable dans l'exposé si XV n'avait pas été précédé par XIV, qui précisément souligne les changements, les terribles changements, récemment survenus à Sparte. Nous sommes ici au cœur de la difficulté, puisque, selon la façon dont on le considère, le § 1 de XV peut être interprété soit comme un indice en faveur de l'ordre XV-XIV, comme ci-dessus en (d), soit en sens inverse. (c) Un argument beaucoup plus général : modifier l'ordre des deux derniers chapitres est aller contre la tradition manuscrite unanime. Certes, cet argument a beaucoup moins de poids qu'on ne pourrait le croire, parce que tous les manuscrits connus remontent à un archétype unique, et qu'en plusieurs lieux ils transmettent un texte manifestement corrompu. Il me semble cependant très probable que, pour la plupart des hellénistes, cette « unanimité » a joué un grand rôle dans leur choix. En méthode courante, peuvent-ils dire, c'est seulement si l'ordre transmis par la tradition produisait un résultat inacceptable que l'on pourrait s'autoriser à le réformer. (d) Voici qui à mes yeux est beaucoup plus important : considérer que les chap. XIV et XV ont été intervertis accidentellement au moment de la « publication » du traité oblige à postuler que cette « publication » a eu lieu après la mort de Xénophon ; il est évident que, vivant, il n'aurait pas laissé passer cette erreur. Une telle thèse est non seulement arbitraire (rien, dans l'allure du texte, ne trahit un inachèvement ; bien au contraire, comme le montre sa rigoureuse organisation en chapitres), mais aussi improbable : on imagine difficilement Xénophon écrivant avec un tel souci de l'effet un texte de ce genre pour, ensuite, le garder sous le coude. (e) Il me semble enfin que le raisonnement conduit pendant le chap. XV, d'abord au § 1, puis dans son complément indispensable, le § 7, prend exactement la suite de la dernière affirmation (ἐπειδὴ... νόμοις) du chap. XIV. Les Spartiates n'ont pas respecté le contrat qu'ils avaient conclu, en l'accompagnant d'un serment, avec Lycurgue, et, par lui, avec le dieu ; les rois, au contraire, non seulement sont restés fidèles à leur contrat avec la cité, mais renouvellent régulièrement leur serment.

Face à ces données contradictoires, l'attitude la plus courante consiste à privilégier une des deux séries de données aux dépens de l'autre.

Option XIII-XV-XIV. C'est dans ce sens que paraissent aller les données les plus substantielles, et on s'attend à ce que cette réponse ait été la plus fréquente. Autrefois, elle a effectivement eu beaucoup de partisans (de Bazin en 1885 à Moore en 1975, en passant par Ollier en 1934), mais ce n'est plus le cas aujourd'hui (noter toutefois que Paradiso [à paraître] l'adopte). C'est que ce choix rencontre d'emblée une importante difficulté : expliquer comment les chap. XV et XIV se sont retrouvés intervertis. Cette interversion est toujours présentée comme accidentelle. Pour Bazin (suivi par Ollier et Delebecque), Xénophon, manquant de place pour ajouter XIV à la fin de son manuscrit, l'aurait écrit dans la marge, en commençant un peu avant le niveau du début de l'actuel chap. XV, d'où l'erreur des copistes. Moore pense que l'auteur a ajouté XIV sur une feuille volante et Paradiso suppose que le traité entier était écrit non sur un rouleau, mais sur des « fiches », ce qui rendit possible, par la suite, une erreur de pagination.

Option XIII-XIV-XV. La plupart de ceux qui préfèrent cette solution pensent que Xénophon a ajouté le chap. XIV à l'ensemble I-XIII, et qu'en même temps il a rédigé le chap. XV et l'a placé à la suite comme une sorte de correctif au « radicalisme » de XIV. Quelques-uns préfèrent voir dans XIV et XV deux ajouts successifs, qui peuvent avoir été séparés par une longue période. Ainsi d'Alessandro (2009) situerait-il XV vers 360, à cause de ses ressemblances avec l'*Agésilas*. Ces ressemblances sont certes réelles, mais on les trouve tout au long de la *LP* et non dans le seul chap. XV (voir le tableau à la fin du présent volume).

Quant aux « straussiens » et apparentés, on est *a priori* enclin à penser que, comme ils considèrent que XIV, loin d'être un repentir, est au contraire ce vers quoi, secrètement, se dirige tout le traité (en tant qu'il dénoncerait à mots couverts les défauts du système spartiate), ils devraient normalement le placer en conclusion. Or, il n'en est rien : sur ce point, ils partagent le point de vue le plus répandu et conservent l'ordre des manuscrits. Cette attitude est en réalité parfaitement logique. Comme l'a fait remarquer N. Humble (2004, p. 218), ce sont ceux qui voient dans XIV un repentir contredisant tout ce qui précède, qui veulent absolument en faire le chapitre final. Avec la grande majorité des commentateurs, les « straussiens » estiment donc que XV, en ménageant une possibilité de salut pour Sparte, joue le rôle d'un contrepoids ; toutefois, ils se distinguent des autres en considérant que ce n'est pas seulement à XIV qu'il fait contrepoids, mais à l'ensemble du traité.

Je voudrais, pour ma part, tenter une approche qui, au lieu de faire un tri parmi les données, s'efforce de les prendre toutes en compte, ce qui conduit nécessairement à une solution complexe. Complexe, celle qu'a adoptée Lipka (2002, p. 29-31) l'est déjà, mais elle fait une très large part à des accidents survenus au texte pendant son écriture et lors de son « édition » après la mort de Xénophon, ce que je préfère éviter. Je proposerai donc le schéma suivant.

Dans une première version de la fin du traité, l'actuel chap. XV (sous sa forme originelle) était déjà le dernier (d'où sa fin particulièrement solennelle) et venait immédiatement après XIII, avec lequel il constituait un diptyque sur les prérogatives des rois.

Quelque temps après (pas nécessairement longtemps), sous le coup de l'indignation (cf. XIV, 7), Xénophon rédigea le chap. XIV et en fit la conclusion du traité. Contrairement à ce que l'on a souvent affirmé, celui-ci, ainsi conçu, n'était nullement miné par une insupportable contradiction. Que les lois de Lycurgue ne fussent plus observées n'ôtait rien à leur excellence ; seulement, de même que leur respect avait procuré à la cité l'*eudaimonia*, leur mépris ne pouvait que lui promettre tout le contraire (d'où peut-être, mais je n'y crois guère, l'aoriste ηὐδαιμόνησαν en I, 2).

Parvenus à ce point, il nous faut nous arrêter un instant pour revenir une dernière fois sur le scénario alternatif résultant de la lecture « unitariste » de la *LP* qu'ont proposée Strauss et ceux qui l'ont suivi (y compris sous la forme de la « variante Humble »). L'hypothèse sur laquelle repose cette lecture est que, dès l'origine, il ait fait partie du projet de Xénophon de conclure le traité par la prise de position exprimée dans le chap. XIV, mais qu'il ait tenu cachée cette intention, afin de dramatiser le retournement final. Sur cette base, les « straussiens » poursuivent l'analyse en exposant que le prétendu éloge des lois de Lycurgue est totalement ironique et en constitue en réalité une critique dévastatrice, tandis que Humble y voit, d'une façon moins outrancière, un catalogue de tous les points sur lesquels le législateur a échoué. L'étude détaillée du texte ne nous a permis de trouver aucune trace indubitable ni de cette ironie, ni de ces sous-entendus critiques ;

de même, l'analyse de l'ironie xénophontique conduite par Vivienne Gray (2011, chap. VII) l'amène à rejeter fermement les « *dark readings* » des « straussiens ». Cependant, cette constatation ne suffit pas à disqualifier l'hypothèse unitariste, car on pourrait dire que, si la stratégie de Xénophon était, dès le départ, de faire éclater le chap. XIV comme un coup de tonnerre, il avait intérêt à ce que son éloge des lois de Lycurgue apparût comme massif et sans réserves, de façon à faire ressortir l'« apostasie » des Spartiates. Il est donc, à mon avis, impossible de démontrer que la lecture unitariste est erronée ; mais elle me paraît totalement improbable, parce qu'elle oblige à voir en Xénophon un manipulateur retors, qui, en certains endroits, comme, par exemple, dans la première phrase du chap. VIII (où πείθονται fait exactement écho au πειθόμενοι de I, 2), aurait véritablement menti à son lecteur.

Je reprends le cours de ma reconstitution hypothétique de la démarche suivie par Xénophon. À la suite soit d'une réflexion personnelle, soit de discussions avec des personnes à qui il avait lu son texte (on a pensé, bien entendu, à Agésilas), il a réalisé qu'il n'était pas raisonnablement possible de conclure son éloge des lois de Lycurgue par le constat totalement négatif que présente la dernière phrase du chap. XIV. Estimant qu'il fallait, en quelque sorte, laisser une porte de sortie aux Spartiates, il a décidé de ne plus placer le nouveau chapitre, XIV, à la fin, mais de l'intercaler entre XIII et XV, qui de ce fait redevenait le chapitre final. Cette insertion rendait nécessaire une réécriture du début de ce chapitre XV. À l'origine, XV faisait pendant à XIII et donnait une liste des prérogatives des rois en temps de paix, comme le montre, au § 8, la formule récapitulative αὖται αἱ τιμαί. Le nouvel objectif que Xénophon entendait lui assigner était de montrer que le salut de Sparte ne pouvait venir que de la royauté (ce qui rend raisonnable de supposer qu'il avait discuté du sujet avec Agésilas). C'est pourquoi il a modifié le « titre » du chapitre : celui-ci n'annonce plus un exposé des *timai* des rois, mais des *synthèkai*, des « accords » passés et régulièrement renouvelés entre eux et la cité. Le § 7, où cette notion d'« accords » est explicitée par l'exposé des serments échangés entre les rois et les éphores, a probablement été ajouté au même moment. Ce qui peut assurer le salut de Sparte, suggère ainsi Xénophon, c'est la conjonction de ces deux faits, que son régime politique est fondamentalement une royauté et que les rois restent invariablement fidèles aux « accords » passés avec la cité. Selon N. Richer (2016, p. 75), le fait que, dans le *Sur la paix*, Isocrate affirme d'abord que les Spartiates ne respectent plus les lois qui ont fait leur grandeur (§ 102) et ensuite que la royauté qui existe chez eux demeure irréprochable (§ 143-144) peut être considéré comme une confirmation de ce que ces sujets, qui sont ceux des chap. XIV et XV de la *LP*, avaient bien été traités dans le même ordre par Xénophon.

Le raisonnement tenu dans le traité tel qu'il nous est parvenu serait donc le suivant. 1. Lycurgue a assuré la grandeur de Sparte par les « règles de vie » qu'il a édictées (I-X, plus XI-XIII sur les règles concernant la guerre). 2. Mais tout a changé, et aujourd'hui les Spartiates, pour l'essentiel, n'observent plus ces règles (XIV). 3. Heureusement, à côté d'elles, Lycurgue avait fait conclure entre la cité et les rois les « accords », qui, parce qu'ils sont respectés, permettent au régime politique proprement dit de rester pour l'essentiel inchangé (XV). La fin du traité prend ainsi la forme de deux palinodies successives. XIV est une palinodie proclamée haut et fort, qui porte sur une bonne partie de ce qui précède ; XV, une palinodie plus discrète, qui porte sur XIV.

Conclusion
I. Lycurgue dans la *LP*

Ephraim David a consacré à ce sujet une étude (David 2007/2020) qui est pleine de remarques pertinentes et à laquelle j'invite le lecteur à se reporter, avant de tenter de pousser l'analyse un peu plus loin. Il note en particulier dans sa conclusion (p. 308 = 214) que, s'agissant du mythe de Lycurgue, « de toutes les sources qui nous sont parvenues, la *République des Lacédémoniens* est celle qui a le plus contribué à son évolution ». Il a tout à fait raison de souligner ce point, parce qu'à nous, modernes, il risque de paraître naturel qu'un traité sur les institutions de Sparte composé au début du IVe siècle fasse la part belle à

Lycurgue. Or, il n'en est rien. Pour s'en convaincre, il suffit, après avoir rappelé que le législateur n'est même pas mentionné par Thucydide, de comparer le Lycurgue de la *LP* avec celui que présente l'*Enquête* hérodotéenne (I, 65). Non seulement Xénophon donne un exposé infiniment plus détaillé de ses lois, mais il entre dans la voie d'une certaine forme (politique, et non personnelle) de biographie, en décrivant le processus de leur conception, puis de leur mise en application.

Il reste à se demander pourquoi Xénophon a voulu centrer son exposé des *épitèdeumata* spartiates sur le personnage de Lycurgue. Étant donné la façon dont celui-ci est présenté, il est clair que l'on n'a pas affaire à la manifestation d'un culte antiquariste du « premier inventeur » (*prôtos eurétès*). Je vois à cette conduite deux raisons. La première a trait à la forme littéraire adoptée par le traité. C'est, pour l'essentiel, celle de l'éloge. Dans l'incipit (I, 1-2), Xénophon déclare d'abord (§1) son intention de faire l'éloge des *épitèdeumata* spartiates, en démontrant qu'ils ont permis à la cité d'acquérir la puissance et la gloire ; mais il ajoute aussitôt (§2) que, pour atteindre véritablement son but, l'éloge devra s'appliquer moins aux abstractions que sont ces « règles de conduite » qu'à leur auteur, Lycurgue. Ce biais permet à l'auteur de donner à son *enkômion* une allure plus proche de celle que ce genre aura habituellement en Grèce, à savoir l'éloge d'un homme. J'emploie le futur, parce qu'à notre connaissance le genre encomiastique n'était alors qu'en cours de formation, sous l'influence, notamment, de Gorgias (voir à ce sujet Humble 2020, p. 294-297). On peut donc être tenté de considérer la *LP* (surtout dans sa première partie, chap. I-X) comme étant, dans une certaine mesure, le premier représentant de ce genre qui nous soit parvenu ; à tout le moins, un précurseur. – La deuxième raison est beaucoup plus importante, parce qu'elle a trait au fond. Lycurgue est le chef infaillible dont la cité a besoin quand est venu pour elle le moment de se donner des lois. Pour être bonnes, celles-ci doivent se fonder sur la pure raison. Or, seul un individu peut être doué d'une raison parfaite ; la foule ne le peut pas. Ainsi s'explique le soin avec lequel Xénophon a exposé, au chap. VIII, comment le législateur s'y est pris pour faire adopter son code par le peuple.

La clairvoyance suprême. Pour Xénophon, Lycurgue est le créateur de la totalité du système spartiate jusque dans ses plus petits détails ; on est même tenté de dire : surtout dans ses plus petits détails, quand on voit notre auteur expliquer avec beaucoup de soin pourquoi il faut que les enfants aillent nu-pieds, alors qu'il ne dit rien, par exemple, de la façon dont la cité prenait une décision.

Il faut, certes, émettre quelques réserves, en relevant que Lycurgue n'est pas censé avoir absolument tout fait. Il y a eu une Sparte avant lui, qui était apparemment une cité « comme les autres » : les repas y étaient privés (V, 2) et une monnaie du type habituel chez les Grecs y avait cours (VII, 5) ; il a mis fin à cela, mais a conservé la double royauté. Symétriquement, il semble (encore que cela ne soit pas assuré) qu'il ne soit pas le créateur de toutes les coutumes spartiates, à en juger par l'emploi du terme ἐπιχώριον en V, 6, et la mention, en XII, 3, de mercenaires qui ne sont pas lycurguiens (νῦν δ' ἤδη) ; rien, d'ailleurs, n'est plus naturel (mais, en un sens, c'est parce que c'est naturel qu'on est un peu étonné de voir Xénophon y faire allusion). D'autre part, s'il est tout à fait vrai que, comme l'a montré A. Paradiso (2000, p. 385-391), le Lycurgue de Xénophon n'est pas véritablement inséré dans l'Histoire, en tant que personne il a eu une histoire : il n'a pas toujours été ce législateur tout-puissant ; il a commencé par être un simple citoyen, qui a d'abord dû s'imposer à l'élite (les *kratistoi*), avant que celle-ci ne l'aide à convaincre les autres Spartiates (VIII, 1 et 3).

Ces détails ne retranchent rien à l'omniscience et à l'omnipotence de Lycurgue, que David évoque ainsi : « Il est perçu à la fois, en termes modernes, comme un philosophe politique, un psychologue, un sociologue, un économiste, un pédagogue et un philosophe de l'éducation, un stratège et, pratiquement, un expert de tous les domaines de la vie courante ». On pourrait encore allonger cette liste, car il a aussi de solides connaissances en médecine (II, 5) et peut tenir le discours d'un spécialiste en entraînement sportif

(II, 9 et V, 8). C'est cette clairvoyance véritablement totale qui seule peut expliquer que Lycurgue ait toujours, infailliblement, pris les décisions justes. Cela entraîne souvent des prises de position extrêmes (aux yeux du profane), mais pas toujours. Ainsi peut-on s'étonner, en IV, 7, que la seule forme d'entraînement en vue de la guerre qu'il ait prescrite à ses compatriotes soit la pratique de la chasse. Mais cela est quelque peu corrigé en V, 8 et, plutôt que d'un Lycurgue laxiste à ses heures, il est plus exact de parler de quelqu'un qui est parfois un homme du juste milieu : c'est le cas en II, 12-13, à propos de la relation pédérastique ; en V, 3-4, à propos de la nourriture et de la boisson ; et en XV, 3, à propos de la richesse des rois. La formule μήτε... μήτε est le marqueur linguistique de cette attitude de juste milieu.

Un aspect particulièrement remarquable de la clairvoyance de Lycurgue est qu'elle n'a rien de surhumain. Sur chaque point, elle est le produit d'un raisonnement strictement rationnel, que Xénophon prend soin d'exposer en détail, sous la forme de ce que j'ai appelé la « délibération intérieure » du législateur. David (2007, p. 303 = 2020, p. 209) a mentionné la récurrence du verbe νομίζειν, mais le vocabulaire décrivant le fonctionnement de l'esprit de Lycurgue est beaucoup plus riche que cela. Avant d'en dresser le catalogue, il convient de prendre conscience de deux difficultés. D'abord, dans la *LP*, si le verbe νομίζειν signifie le plus souvent « penser, considérer » (ce sens étant même de règle au mode participial : νομίζων, une fois νομίσας en I, 4), il peut aussi vouloir dire « poser comme règle, décider que » (normalement à l'aoriste, I, 7 ; XII, 1 et 3 ; une fois, en II, 4, à l'imparfait), les deux sens étant parfois difficiles à distinguer. La même bipartition affecte le verbe γιγνώσκειν : ἔγνω signifie « il décida », tandis qu'en V, 2 γνούς veut dire « sachant que ». D'autre part, il est évident que la pensée du législateur (plus précisément, le but qu'il poursuivait) peut être énoncée d'une façon plus elliptique par ἵνα, ὥστε, ὅπως, ὥς ; ou, encore plus simplement, par le résultat obtenu (ἐποίησε ou διέπραξε + proposition infinitive).

Dans le lexique en question, certains termes renvoient à la pensée, au raisonnement : νομίζων (ou une autre forme du verbe), 14 emplois ; ἡγούμενος (ou ἡγήσατο), 3 emplois. D'autres sont de l'ordre de la constatation : ὁρῶν, 3 emplois ; καταμαθών (ou ἐπειδὴ κατέμαθεν), 3 emplois ; γνούς (au sens de « sachant »), un emploi ; ἐννοῶν, un emploi. Souvent, aussi, c'est l'intention qui est exprimée, par βουλόμενος (ou une autre forme du verbe), 6 emplois (en incluant la formule développée de XV, 9).

Il n'est pas sans intérêt d'établir aussi la statistique de la fréquence des verbes de cette sorte selon les chapitres. Le résultat est le suivant. I : 6 ; II : 8 ; III : 2 ; IV : 3 ; V : 5 ; VI : 1 ; VII-VIII-IX : 0 ; X : 2 ; XI : 2 ; XII-XIII-XIV : 0 ; XV : 2. La fréquence de l'apparition du vocabulaire étudié est clairement liée au caractère plus ou moins problématique des décisions prises par le législateur : plus celles-ci étaient contestables, et de ce fait attaquées par les adversaires de Sparte, plus Xénophon devait les justifier en montrant la pertinence des raisonnements qui y avaient conduit. La délibération intérieure de Lycurgue joue donc dans le texte le rôle d'un discours de justification. Il apparaît en gros que plus on avance dans le traité, moins cette justification est jugée nécessaire. Il est naturel qu'il en soit ainsi dans le « bloc militaire » des chap. XI-XIII, mais on est davantage surpris par l'absence du procédé de la délibération intérieure dans le « bloc » éminemment politique formé par les chap. VII-IX : elle montre que là, l'auteur se sentait sur un terrain sûr. C'est visiblement sur l'éducation (au sens large) que les adversaires de Sparte concentraient leur tir.

Lycurgue n'a donc rien du législateur inspiré par une divinité ; cela se voit bien dans l'épisode de la consultation à Delphes en VIII, 5, où il instrumentalise l'oracle, alors que chez Hérodote il en va tout autrement. Parler d'« instrumentalisation » risque de paraître excessif, mais l'idée que le législateur idéal utilise la religion comme un « instrument » à son service a aussi été clairement exprimée par Rousseau (*Contrat Social*, II, 7), qui pourtant n'avait évidemment pas lu la *LP* et ne connaissait Lycurgue que par Plutarque. L'extraordinaire clairvoyance du législateur procède d'une qualité purement humaine, la puissance en lui de la raison. C'est par elle qu'il acquiert un total ascendant sur ses compatriotes. Il est un homme d'État à la manière du *politikos anèr* de Platon ; son pouvoir est absolu parce qu'il a absolument raison. Sa pensée se place sous le signe du Même et de l'Un, alors que le divers et le multiple règnent dans les autres cités (cela est très clair en II, 12 ; VII, 2 et XV, 1) : il veut que sa cité forme un tout, conçu de façon à demeurer toujours semblable à lui-même (XV, 1), et qu'en tant que ses co-possesseurs les citoyens soient le plus possible identiques les uns aux autres (X, 7). Désireux que tous aient part à sa clairvoyance, il est celui qui rend toutes choses visibles à tous, les repas (V, 2) comme la richesse (VII, 5). Le Lycurgue de Xénophon se réduit à sa fonction, être la source des lois de Sparte ; mais en lui cette source est ce qu'il y a de plus universel en l'homme, la raison. Ses lois ont donc une valeur universelle et devraient servir de modèle à tous.

Le « grand mécanicien ». En lisant la *LP*, on constate, non sans surprise, qu'au vocabulaire caractérisant l'action de Lycurgue par la plénitude de la raison se juxtapose un lexique de la ruse et des moyens détournés : c'est, cinq fois, la forme verbale ἐμηχανήσατο, et, une fois, le substantif μηχανήματα (semblablement Rousseau, dans le *Contrat Social*, II, 7, caractérise le législateur comme « le mécanicien qui invente la machine », mais cela, sans la nuance de ruse que comporte le vocabulaire de Xénophon). Les « astuces » qu'il a ainsi ourdies sont, dans l'ordre du texte : l'absence totale de répit dans les occupations imposées aux *paidiskoi* (III, 2) ; l'idée de recourir à la sanction de Delphes pour obliger les Spartiates à obéir à ses lois perpétuellement (VIII, 5) ; les moyens qu'il a utilisés pour rendre une belle mort préférable à une vie honteuse (IX, 3) ; tout ce qui concerne l'organisation de l'armée (XI, 1), en particulier le vêtement, le bouclier et la chevelure (XI, 3) ; les modalités du sacrifice exécuté juste avant la bataille (XIII, 8). De notre point de vue, les mesures caractérisées par ce vocabulaire ne témoignent pas d'une « astuce » nettement plus évidente que les autres, ce qui fait apparaître la ruse comme un des modes d'action couramment utilisés par Lycurgue. Ainsi, pour Xénophon, contrairement à ce qu'on affirme généralement, Lycurgue n'était pas tout-puissant : il a affronté des difficultés et rencontré des résistances telles qu'il a préféré les contourner.

Des résistances, à Sparte, alors qu'avec l'aide des *kratistoi* il avait convaincu les citoyens et obtenu l'assentiment de la Pythie, avant même d'édicter ses lois ? Voilà qui surprend, comme surprend l'accent qu'a mis Xénophon sur cet aspect de l'action du législateur. S'il l'a fait, ce ne peut être que pour mettre en évidence ce que son projet avait d'inouï. Car ce à quoi Lycurgue s'est attaqué, ce qu'il a voulu améliorer en profondeur (d'une manière « révolutionnaire », X, 8), ce n'est pas autre chose que la nature humaine elle-même. Il était persuadé qu'à celui qui possède l'intelligence et la volonté, et qui a obtenu l'assentiment de ses compatriotes, tout est véritablement possible, y compris aller contre les tendances les plus enracinées en l'homme. C'est ce qui explique la longueur et la pugnacité du développement consacré dans la *LP* à l'éducation (au sens large : le *syskènion* lui aussi est un lieu d'éducation). Le but ultime du législateur est de créer un homme nouveau, qui soit un pur *homo politicus* ; ce thème revient à plusieurs reprises (VII, 2 ; VIII, 3 ; X, 7). Rousseau lui aussi (*Contrat Social*, II, 7) constatera que la tâche du véritable législateur revient à « changer, pour ainsi dire, la nature humaine ».

La grande « astuce » de Lycurgue a été de comprendre qu'il ne pouvait lutter contre la nature humaine qu'en s'appuyant sur elle-même, c'est-à-dire en utilisant certaines de ses tendances pour en combattre d'autres. L'une d'elles est universellement répandue, c'est la crainte ; en l'occurrence, celle du châtiment. On la voit à l'œuvre en III, 2 (*paidiskoi*), en IV, 6 (*hèbôntes*), et au chap. IX. Mais Lycurgue a souvent recours à des moyens plus subtils. Contre une des plus irrépressibles pulsions humaines, l'instinct sexuel, il utilise *aidôs*, « honte » (I, 5). Contre la jalousie naturelle du vieux mari, il fait jouer le désir d'enfants des hommes et l'appétit de pouvoir des femmes (I, 7). Contre l'excès dans la consommation de nourriture et de boisson, son procédé consiste à « rendre visibles » les repas (V, 2) : c'est donc encore *aidôs* qu'il fait intervenir ici. Contre un possible laisser-aller des vieillards, il a pensé à la motivation qu'apporte une saine émulation : c'est l'*éris péri arétès* « la rivalité sur la vertu » dont l'objet est l'élection à la Gérousia (X, 1-3). Enfin, pour combattre l'appétit humain qui à l'expérience se révèle le plus redoutable de tous, à savoir le désir des richesses, il a dû utiliser une multiplicité de moyens, l'interdiction (du chrématisme), l'incitation (résultant de la dévalorisation de la richesse), la dissuasion (par la nature de la seule monnaie qui fût légale) et la répression (par les perquisitions ; VII, 2-5).

Dans son action constante pour remodeler la nature humaine, le législateur a rencontré un ennemi multiforme et sans cesse renaissant, que Xénophon nomme *rhadiourgia* (II, 2 ; IV, 4 ; V, 2 ; XIV, 4). On peut traduire par « laisser-aller », mais on ne saurait en rester là, et il faut tenter de préciser de quoi il s'agit au juste. Dans la cité de Lycurgue, chacun doit sans cesse *faire effort* : pour respecter les lois, obéir aux magistrats, servir la cité, tendre vers la vertu (on verra plus loin le vocabulaire utilisé). La *rhadiourgia* est la cessation de cet effort ; c'est céder à la facilité, se laisser entraîner sur la pente naturellement négligente de la nature humaine. Les citoyens sont considérés par Lycurgue comme des militants qui doivent se sentir constamment mobilisés pour le service de la cité. Céder à la *rhadiourgia*, c'est ne plus se sentir concerné, c'est se mettre en quelque sorte en vacances de la vie civique pour se consacrer à soi, à sa famille et à ses biens (Tocqueville lui aussi verra dans cette conduite l'un des pires maux qui menacent la démocratie américaine). Il est très difficile de lutter contre l'attitude qui consiste à se mettre ainsi en retrait, et Xénophon exprime fort bien le souci que ce danger donnait à Lycurgue quand il écrit, en X, 5 (le chap. X étant à cet égard le point culminant du traité) : « Alors que les autres cités punissent quelqu'un s'il a fait du tort à quelqu'un d'autre, lui a infligé des punitions non moins sévères à quiconque néglige manifestement d'être le meilleur possible ».

L'obsession de la *rhadiourgia* explique pourquoi Lycurgue, qui connaissait à fond la nature humaine, a souvent indiqué dans ses lois les punitions à infliger aux contrevenants (punitions dont la raison d'être a été si mal comprise par Strauss et ceux qui l'ont suivi ; en fait, les lois grecques dont nous avons le texte comportent souvent de telles clauses). Il avait raison de se méfier : ce qu'expose le chap. XIV n'est pas autre chose que le triomphe final de la *rhadiourgia* ;

pour mieux s'affranchir du contexte si contraignant de leur cité, les Spartiates membres des classes supérieures choisissent d'aller exercer des fonctions à l'étranger. Ce chapitre montre en même temps que le vice le plus pernicieux, celui que Lycurgue n'a pas réussi à éradiquer, est l'amour des richesses, cette *philochrèmatia* si souvent dénoncée, chez les Spartiates, par les autres Grecs.

Ainsi, quoique Lycurgue fût « suprêmement *sophos* » (I, 2) et parût quasi tout-puissant, la tâche qu'il avait entreprise, remodeler l'homme, était tellement immense qu'il dut assez souvent avoir recours à des moyens détournés, que Xénophon assimile à l'« astuce ». Un exemple symbolique de l'ambiguïté de sa situation est fourni par son ultime *mèchanèma*, la consultation de l'oracle de Delphes. Il était assez puissant pour, pratiquement, imposer sa volonté à l'oracle, et en même temps il avait besoin de son approbation pour s'assurer que les Spartiates obéiraient à jamais à ses lois. Il a aussi prévu d'autres moyens pour garantir la permanence de sa législation. Il a en quelque sorte assuré pour toujours sa succession en confiant à un puissant collège de magistrats, celui des éphores, le rôle de « gardiens des lois », *nomophylakes*, le côté judiciaire de cette fonction revenant au « conseil des sages » qu'est la Gérousia. Un autre pouvoir, la royauté, risquait de menacer la stabilité de la constitution : c'est pour éviter cela qu'il a institué les « accords » (*synthèkai*) régulièrement renouvelés entre les rois et la cité.

II. La *LP*, traité politique

Une *Constitution des Spartiates* ? Certains commentateurs, comme Ollier et Lipka, ont estimé que le traité que nous venons de lire ne méritait pas le titre de *Constitution des Lacédémoniens* que lui donne (à tort, d'ailleurs, nous l'avons vu) la tradition manuscrite. Je dirais pour ma part qu'il est à la fois plus et moins que cela. Plus, parce que son champ déborde largement celui des institutions politiques ; c'est, comme l'énonçait ce que je tiens pour son véritable titre, les « règles de vie » (*épitèdeumata*) des

Spartiates. Il en va d'ailleurs de même de toutes les *Politeiai* grecques : ainsi savons-nous par le trop bref résumé d'extraits d'Hérakleidès que la *LP* de l'école aristotélicienne contenait, comme celle de Xénophon, un exposé du processus éducatif, et, d'après ce que nous connaissons de la *LP* de Critias, celle-ci avait un contenu institutionnel considérablement plus restreint que celle de Xénophon. D'un autre côté, de notre point de vue, la *LP* apporte moins que ce qu'on peut attendre d'une *Constitution*, parce qu'on n'y trouve pas un exposé technique sur le mode de recrutement et le fonctionnement des principaux pouvoirs publics. Il en va de même pour toutes les *Politeiai* jusqu'à Aristote.

On peut d'ailleurs sur ce point plaider, à l'inverse, qu'à une époque où les institutions politiques sont mal distinguées de l'ensemble du fonctionnement de la société, Xénophon a conçu un traité où les principaux organes caractéristiques du régime spartiate sont correctement et lucidement passés en revue : les éphores au chap. VIII, la Gérousia au chap. X et les rois aux chap. XIII et XV (où l'exposé prend même un certain tour technique). En outre, il montre clairement qui, à Sparte, obéit : tous les citoyens (VIII, 1 ; X, 7), y compris l'élite (VIII, 2) ; et qui y commande : les magistrats (II, 10 et VIII, 1 ; avant tout les éphores, VIII, 3-4 et XIII, 5), les gérontes (X, 2) et les rois (XIII et XV). Le traité de Xénophon est ainsi le premier qui commence à ressembler vraiment à une *Constitution*.

Un éloge de Sparte ? Aucun des écrits politiques du ve siècle, qu'ils aient été intitulés *Politeia* ou qu'on puisse seulement les rapprocher de ce genre d'ailleurs très divers, ne se présente comme neutre. Il faut évidemment mettre à part le « dialogue perse » dans Hérodote (III, 80-83), où chaque orateur défend un type de régime et attaque les autres, mais où l'auteur lui-même ne prend pas position. Parmi les autres textes, ceux qui revêtent la forme du « débat », *agôn* (dans les *Suppliantes* d'Eschyle et surtout d'Euripide, et l'Oraison funèbre de Périclès), sont clairement orientés. À plus forte raison en va-t-il de même pour les *Politeiai* du Pseudo-Xénophon et de Critias. En prenant ouvertement position dès l'incipit, et en restant tout au long fidèle à ce qu'il y a annoncé, à savoir un éloge des lois de Lycurgue, le traité de Xénophon se situe clairement dans cette tradition. Sa position est même si tranchée qu'on peut être tenté de parler à son propos (en exceptant, bien sûr, le chap. XIV) de « propagande ».

Toute propagande voit son efficacité grandement accrue quand l'idéologie qu'elle veut répandre s'incarne dans un homme, mort ou vivant, jouant le rôle de Guide suprême. Le trait caractéristique de cette personnalité est son infaillibilité. Ce qu'a édicté Lycurgue constitue sur chaque point la meilleure décision possible, parce que cela seul est parfaitement rationnel. Le fait que le législateur ait vécu dans un lointain passé permet de mesurer l'excellence de ses lois : l'*eudaimonia* de Sparte en est à la fois le résultat et la démonstration.

Un discours de propagande ne saurait être un discours vrai : le but qu'il poursuit n'est pas la vérité, mais l'efficacité. Certes, la Sparte de Lycurgue que décrit Xénophon se présente comme une cité réelle. De fait, lorsqu'il rapporte une coutume ou une institution précises (et dans ce cas seulement), il n'y a, sauf exception (je veux dire : quand on est fondé à estimer que l'idéologie a interféré avec la réalité, comme pour l'interdiction totale du travail, ou celle de posséder de l'or et de l'argent avant 404 ; de même pour le « portrait » du « trembleur »), aucune raison de douter de sa véracité. Pour prendre un exemple, laissant de côté l'éducation ou la conduite envers les Hilotes, sujets dont j'ai déjà beaucoup parlé, je dirai que les dérogations à la monogamie décrites en I, 7-8, pour étranges qu'elles soient (et Xénophon les présente expressément comme telles), n'en sont pas moins, pour moi, absolument réelles. Mais l'effet de réalité produit par ces nombreux détails n'empêche pas la Sparte de la *LP* d'être fondamentalement une fiction. À travers le personnage évidemment fictif de Lycurgue, Xénophon présente une vision de l'organisation de Sparte qui fait d'elle un système cohérent, conçu de toutes pièces par un esprit puissamment rationnel et dont chaque élément concourt à la réalisation d'un dessein d'ensemble. C'est précisément la parfaite cohérence de ce monde qui en dénonce l'irréalité.

L'impression de véracité s'accroît considérablement quand on aborde les chapitres « militaires ». De fait, ce qui y est exposé sur l'organisation de l'armée, son équipement, les formations qu'elle adopte et les manœuvres qu'elle exécute, peut être considéré comme vrai ; le problème est plutôt de le comprendre. Cependant, sur cet ensemble pèse une ambiguïté fondamentale. Xénophon prétend décrire l'armée spartiate, telle qu'elle a été instituée par Lycurgue et telle qu'elle est demeurée. Or, nous savons qu'à l'époque de la rédaction de la *LP*, des Périèques de plus en plus nombreux étaient incorporés dans les unités « spartiates », si bien que l'armée qui combattait alors était une armée lacédémonienne et non plus spartiate. Les deux mentions des Skirites (XII, 3 et XIII, 6) ne constituent pas un rectificatif, car Xénophon les présente comme des auxiliaires permanents de l'armée telle qu'elle avait été organisée par Lycurgue.

Ce discours en faveur du système spartiate prend deux formes qu'on parvient en général assez bien à distinguer. L'une est l'apologie : il s'agit des passages où, manifestement quoique le plus souvent tacitement, Xénophon argumente contre des critiques couramment adressées à Sparte. C'est le cas des chap. I (éducation des filles et partage des épouses), II (éducation des *paides*), IV (rivalités parmi les *hèbôntes*), VIII (« tyrannie » des éphores) et IX (réplique à Thucydide II, 37, 2). L'autre est l'éloge pur et simple : telle est la tonalité de tous les autres chapitres (sauf, bien entendu, le côté « maintenant » du chap. XIV). On constate ainsi que la forme apologétique est surtout prédominante dans la « première partie » (I-X) du traité, pour réapparaître à l'extrême fin, en XV, 9, où Xénophon répond aux critiques d'Hérodote à propos des funérailles royales.

Un des thèmes privilégiés de l'éloge est ce qu'on peut appeler « l'exception spartiate ». Le thème de la différence opposant radicalement Sparte aux autres cités grecques (sur lequel voir la discussion entre S. Hodkinson et M.H. Hansen dans S. Hodkinson [éd.] 2009, p. 417-498) est omniprésent dans la *LP*. Il n'est pas une nouveauté. Chez Hérodote et Thucydide, il prend à peu près la forme de l'affirmation « les Spartiates ne font rien comme les autres

Grecs », ce qui lui permet de jouer un rôle majeur dans l'argumentation des adversaires de Sparte. Hérodote suggère même, en s'appuyant sur sa description des funérailles royales, que la complète étrangeté, par rapport aux normes grecques, de la conduite des Spartiates en la matière les situe du côté de cet autre absolu qu'est le « Barbare d'Asie ». Face à cette critique, Xénophon réagit de la même manière que face à toutes les autres. Loin de nier ou de tenter de relativiser l'étrangeté de Sparte (ce qui aurait été parfaitement possible), non seulement il en reconnaît la réalité, mais il la revendique, l'érige en règle absolue et en fait un leitmotiv de son éloge de Lycurgue : il a fait des lois qui sont contraires à celles des autres Grecs, et il a eu raison, puisque de cette façon il a procuré à sa cité le « bonheur », alors que les autres législateurs n'y ont pas réussi. Pour lui, ce qui fait l'originalité de Sparte n'est pas qu'elle s'écarte radicalement du modèle de la cité grecque, mais au contraire qu'elle, elle seule, l'incarne pleinement.

La perspective dans laquelle Xénophon considère Sparte est donc à l'opposé du regard « ethnographique » d'Hérodote : son altérité est positive et doit entraîner l'adhésion. Comme dans tout écrit politique, à l'arrière-plan du traité un contre-modèle est présent, dont on devine aisément, à certains passages, qu'il peut avoir le visage d'Athènes ; mais les choses ne sont pas dites ainsi : Athènes n'est qu'un exemple de cité « ordinaire » et les Spartiates sont constamment opposés aux « autres Grecs », donc Sparte à *toutes* les autres cités. Elle devient de ce fait le modèle unique et universel.

La fonction encomiastique du traité est soulignée à la fois par l'utilisation des ressources de la rhétorique et par la récurrence des « formules d'applaudissement » qu'on rencontre au moins une fois, et souvent plusieurs, par chapitre : dans l'incipit, en I, 2, puis en I, 10 ; II, 14 ; III, 5, fin, qui récapitule les éloges exprimés dans chaque paragraphe ; IV, 5 ; V, 4 et 9 ; VI, 5 ; VII, 3 et 6 ; VIII, 1 ; IX, 1 ; X, 1 et 4 ; XI, 1 ; XII, 7 ; XIII, 8 ; au chap. XIV, les rubriques « autrefois » des § 2-5 ; XV, 1, la stabilité du régime (les formes interrogatives en I, 10 ; II, 14 ; V, 4 ; VII, 3 et 6 et X, 4, ne sont que des artifices de présentation).

Éloge, donc ; mais de quoi au juste ? Jusqu'à la fin du chap. XIII, il est clair qu'aux yeux de l'auteur la Sparte de Lycurgue et la cité réelle, contemporaine, coïncident en tout point : l'éloge des lois de Lycurgue est donc l'éloge des lois de Sparte. Mais le chap. XIV vient tout remettre en question. La réprobation absolue à laquelle il conclut a un impact d'autant plus dévastateur que l'éloge des chapitres précédents a été total et sans réserve. Aussi ne peut-on être d'accord avec ceux qui se contentent d'affirmer que la *LP* est un écrit pro-spartiate : au contraire, la coexistence de l'éloge de ce qui est devenu du passé avec la condamnation du présent fait apparaître le traité dans son ensemble comme une amère critique de la Sparte contemporaine. La lecture du chap. XV atténue un peu cette impression, en présentant la royauté comme une sorte de forteresse qui a su préserver celles des lois de Lycurgue qui la concernent. Est-ce suffisant pour qu'on puisse espérer restaurer un jour la Sparte d'antan ? Xénophon ne le dit pas. Il laisse le lecteur dans l'incertitude et probablement éprouve-t-il lui-même ce sentiment. Dans cette perspective, la *LP* peut donc être lue comme le récit d'une désillusion.

Mais ne voir en elle qu'un écrit de circonstance destiné à justifier une prise de position en faveur (et *en même temps*, d'une certaine manière, en défaveur) de Sparte serait à mon avis en omettre un aspect essentiel. Car, à partir d'une analyse des caractéristiques principales du régime spartiate, ce sont ses idées sur la façon dont les hommes doivent être gouvernés que Xénophon y expose.

Un traité du bon gouvernement. La lecture du chap. XIV pousse inévitablement à se demander pourquoi Xénophon a jugé utile de publier un éloge de lois qu'il considérait comme n'étant plus appliquées. C'était peut-être pour partie, comme je l'ai suggéré en conclusion du commentaire à ce chapitre, afin de montrer combien était inexcusable l'« apostasie » des Spartiates. Mais la principale raison était que, même reniée, la législation de Lycurgue n'en constituait pas moins un modèle toujours actuel. La question du meilleur gouvernement, sous la forme théorique où Hérodote l'avait discutée au livre III, n'avait même pas à être posée, puisque ce gouvernement existait, ou plutôt avait existé. Il ne restait donc à Xénophon qu'à exposer les traits qui en caractérisent le fonctionnement.

Le grand principe, reconnu par tous, est que hors de la cité il n'est point de salut ; elle est la source de toutes les valeurs. Le citoyen doit donc consacrer toute son énergie non seulement à la défendre, mais, dit la *LP* (X, 4), à la faire croître. Le but de l'activité politique dépasse largement la politique : il est de procurer à la communauté le « bonheur » (*eudaimonia*, I, 2), terme qui regroupe la prospérité commune (principalement la puissance) et le bien-vivre de chacun. La condition première de ce « bonheur » est la liberté, entendue au sens de l'autonomie absolue de la cité ; les citoyens ne peuvent la lui garantir qu'en assurant sa supériorité sur toutes les autres. En retour, elle procure au citoyen les « belles choses » qui font de sa vie, selon la formule de Critias, une vie suprêmement libre. Ces idées, qui sont diffuses dans toute la *LP*, expliquent que la vertu, à la poursuite de laquelle, selon le chap. X, les Spartiates doivent s'appliquer sans relâche, ne soit pas conçue comme un accomplissement personnel, mais se confonde avec l'intérêt de la cité. Rappelons quelques affirmations qui illustrent cette conception « utilitariste » (χρήσιμοι, Aristote, *Pol.* VII, 1333 b 10) de la vertu : dans l'incipit (I, 2), que les lois de Lycurgue doivent être admirées parce qu'elles ont procuré à Sparte le « bonheur » ; en IX, 1-2, que le courage est préférable à la lâcheté parce qu'il offre de meilleures chances de survie à l'individu et garantit le salut de la cité ; en X, 4, que le mérite des citoyens dont l'activité politique est guidée par la recherche de la vertu est de permettre à la cité d'accroître sa puissance.

Horizon unique du citoyen, la cité mérite qu'il mette toutes ses forces à son service. Le vocabulaire de l'effort est un des plus riches qui soient dans tout le traité. On rencontre naturellement πόνος (III, 2 et IV, 7) et πονεῖν (VII, 4), avec ses composés ἐπιπονεῖν (II, 5), διαπονεῖσθαι (V, 8 et X, 7) et φιλοπονεῖν (V, 8) ; et aussi ἀσκεῖν (II, 3 ; IV, 5 ; X, 4, deux fois, et 7). Ἐπιμελεῖσθαι τῆς ἀρετῆς et ἐπιτηδεύειν τὴν καλοκἀγαθίαν (X, 4) ont un sens fort et très similaire. L'idée de *ponos* est tout aussi centrale dans le passage du *Cynégétique* consacré à la poursuite de la vertu (XII, 15-17) : on y trouve successivement μοχθεῖν, μελέτας ἐπιπόνους et τὸ ἐπίπονον au § 15, puis πονεῖν au § 16 et de nouveau au § 17. L'idée exprimée dans ce texte est, comme dans la *LP*, que seuls ceux qui font l'effort de pratiquer la vertu apportent le salut à leur cité. Par là, comme nous l'avons vu dans l'Introduction, Xénophon semble bien avoir eu l'intention de répliquer aux critiques que Thucydide, dans l'Oraison funèbre (II, 39, 1 et 4), a adressées à Sparte. Tel est le système de valeurs qui est le fondement de la doctrine politique exposée dans la *LP*.

Il me semble que cette doctrine a pour axe principal l'idée de totalité. La cité est le tout du citoyen, elle requiert tous ses soins, lui dicte son genre de vie et oriente sa vision du monde. Elle-même est un tout qui, pour fonctionner harmonieusement, doit être le plus possible un et homogène. Au contraire de la démocratie, qui non seulement accepte l'existence de la dissension, mais l'organise pour en faire le moteur de la vie politique, le régime que mettent en place, selon Xénophon, les lois de Lycurgue, a pour objectif premier de la rendre impossible. Cette homogénéité, non sociale ou économique, mais politique, ne peut résulter que d'une obéissance unanime aux lois, qui sont les mêmes pour tous. Il existe deux moyens, non exclusifs l'un de l'autre, d'obtenir cette obéissance : la persuasion et la contrainte.

Il est évidemment souhaitable que la cité fonctionne le plus possible par consensus. Celui-ci se fonde sur ceci, que chaque citoyen, parce qu'il est doué de raison, est à même de constater que la loi est fondée sur la pure raison et par conséquent exige son total respect. En outre, comme le dit Marcel Gauchet pour résumer la pensée de Robespierre, la vertu est l'identification par chacun de son intérêt à l'intérêt général ; ce qui fait que la seule compétition qui soit souhaitable entre les citoyens est celle dont l'objet et la vertu. Dans ce but, Xénophon est à notre connaissance le premier (mais il est possible que Critias l'ait précédé dans cette voie) à exposer le rôle fondamental que joue l'éducation, à laquelle il consacre un développement particulièrement détaillé. Au cours de ce processus, qui est à Sparte très long et exigeant, et qui se poursuit, à l'âge adulte, dans le *syskènion*, la norme collective imprègne progressivement chaque individu. À cela s'ajoute, à tous les âges et pour toutes les catégories de la population, la pression exercée sur lui par la collectivité, sous le regard de laquelle il est en permanence placé. Lycurgue pouvait donc croire que, sous cette influence, l'homme spartiate, au fil des générations, se transformerait peu à peu et s'approcherait de plus en plus de l'idéal civique qu'il avait conçu, si bien qu'un jour la contrainte deviendrait inutile ; mais il est clair que, pour Xénophon, dans la Sparte de son époque, cet « homme nouveau » n'avait pas encore fait son apparition et que la *rhadiourgia* restait une menace de tous les instants.

Le législateur devait aussi affronter le problème de l'égalité. Pour que la cité soit homogène, et que son « peuple » soit un, il faut que les citoyens soient le plus possible « semblables ». Toute la première partie (chap. I-X) de la *LP* peut être lue comme un exposé des moyens utilisés par Lycurgue pour réaliser cette « similitude », qui n'est pas une égalité économique et sociale, mais une égalisation du mode de vie (ὁμοίως διαιτᾶσθαι, VII, 3, qui renvoie à la fois aux *Homoioi* et à l'ἰσοδίαιτοι μάλιστα de Thucydide) : l'éducation, identique pour tous, les repas en commun, un certain partage de certains biens, l'interdiction du chrématisme et de la thésaurisation, une obéissance unanime aux lois et aux magistrats. L'égalité à laquelle renvoie le terme de Semblables est donc avant tout une égalité politique. Ce qui rend le corps civique homogène est le fait que tous les citoyens sont à un degré égal « co-propriétaires » de la cité (ὁμοίως ἅπασι τὴν πόλιν οἰκείαν ἐποίησεν, X, 7). Pour être bien gouvernée, une société humaine doit être intégralement politique, en ce sens que les seules occupations permises à ses membres sont « celles qui assurent la liberté des cités » (VII, 2).

Cela dit, les hommes étant ce qu'ils sont, il est apparu à Lycurgue que dans le gouvernement des Spartiates la contrainte était nécessairement destinée à jouer aussi son rôle. L'erreur fondamentale de Strauss et de ceux qui l'ont suivi a été de croire que Xénophon considérait Lycurgue comme un philosophe, et qui plus est comme un mauvais philosophe. Un philosophe, car son dessein, selon eux, aurait été d'enseigner à ses concitoyens, dans le domaine politique, la voie de la raison et de la recherche du bien ; après quoi ils n'auraient plus eu qu'à se gouverner eux-mêmes. Un mauvais philosophe, parce que dans certains cas il aurait fait passer l'utile avant le bien, et que dans d'autres, tout en ayant édicté de bonnes lois, il n'aurait pas réussi à les faire appliquer. En réalité, le Lycurgue de Xénophon n'est pas un philosophe, mais un législateur. Il a institué pour les Spartiates des lois excellentes qu'il les a obligés à respecter, sous peine de sévères punitions. Le but visé par une bonne législation comme la sienne doit être de donner à la cité un contrôle total non seulement sur les citoyens, mais sur l'ensemble de la population. À Sparte, les principaux agents de ce contrôle sont les éphores, dont le nom même indique qu'ils ont été institués à cet effet ; mais la *LP* montre très bien comment la fonction de surveillance se diffuse à travers toute la société : les adultes surveillent les enfants et les adolescents, les *hèbôntes* s'épient les uns les autres, les citoyens, dans les *syskènia*, observent mutuellement leurs comportements et leurs propos. Même les Anciens, dans leur compétition en vue de l'élection à la Gérousia, se comportent sans nul doute de cette façon. Dans une cité bien gouvernée, repérer et punir ceux qui enfreignent la loi (car il y en a nécessairement) est, selon Xénophon, une préoccupation majeure des autorités ; aussi la société spartiate est-elle dépeinte par lui comme suprêmement normative et extrêmement répressive.

C'est pourquoi l'anticipation par le législateur de l'existence de contrevenants et leur punition est un thème qui revient dans pratiquement tous les chapitres de la *LP* relatifs au gouvernement de la cité (sauf XV), c'est-à-dire les chap. II à X : pour les *paides*, en II, 2 ; pour les *paidiskoi*, en III, 2 ; pour les *hèbôntes*, en IV, 6 ; à propos des repas en commun, en V, 2 ; à propos de la détention de métaux précieux, en VII, 6 (cf. XIV, 3) ; en relation avec le pouvoir des éphores, en VIII, 3 (citoyens) et 4 (magistrats en exercice) ; dans le chap. IX, 5-6, il est clair qu'à Sparte il y a des lâches. En X, 5, il est même prévu de punir quiconque « néglige manifestement d'être le meilleur possible ». Relevons deux formules de portée plus générale. En VIII, 3, Xénophon considère comme le devoir des autorités d'« impressionner les citoyens pour les faire obéir » : une formule que Hobbes n'aurait pas désavouée. En V, 2, il note que, loin d'être sûr qu'il serait obéi, Lycurgue « pensait que c'était ainsi qu'il serait le moins contrevenu aux règles qu'il fixait » : qu'il y ait des contrevenants est considéré par lui comme inévitable. Cette conviction tient à la façon dont Xénophon se représente les coupables : en général, ce ne sont pas des « méchants », mais des gens qui, par manque de volonté, se laissent aller à la *rhadiourgia*, au lieu d'endurer l'effort constant imposé par les lois (X, 7). Dans la perspective d'un contrôle total exercé par la collectivité sur les individus, il est logique que les crimes contre l'État soient plus sévèrement punis que ceux qui ne lèsent que des particuliers (X, 5-6). La notion de contrainte est tellement associée à celle de totalité dans l'esprit de Xénophon que, selon lui, il vaut mieux, pour qu'un État soit bien gouverné, que la pratique de la vertu, au lieu d'être laissée au choix de chacun, soit imposée à tous par la loi (X, 4). Cette idée que, dans le domaine politique, la contrainte est préférable à la spontanéité, parce qu'elle seule permet d'obtenir l'adhésion de tous, revient dans d'autres passages de la *LP* : ceux qui s'entraînent selon leur propre gré ne s'entraînent pas de la meilleure façon (V, 8) ; le fait que dans les autres cités la loi n'oblige pas les citoyens à s'entraîner en vue de la guerre signifie pour notre auteur qu'un tel entraînement n'y existe pas (IV, 7). Quand la loi est absolument juste, c'est-à-dire fondée en raison, comme Xénophon estime avoir montré qu'était celle de Lycurgue, alors il n'est pas contestable qu'on lui doive une obéissance absolue. Le chap. XIV achève la démonstration. Il rend évident que, si la société spartiate, non seulement ne fait plus effort pour être vertueuse, mais renonce même à faire semblant de se comporter de cette façon, c'est parce que la contrainte a cessé de s'exercer : « Je sais qu'autrefois ils redoutaient d'être démasqués comme possédant de l'or, alors qu'aujourd'hui il en est qui s'enorgueillissent d'une telle possession » (§ 3).

Tel est le modèle qu'à travers son éloge des lois de Lycurgue Xénophon proposait à ses contemporains. Ainsi la *LP* apparaît-elle comme le premier exposé systématique traitant de la façon dont les hommes doivent être gouvernés, ou se gouverner eux-mêmes – le premier d'une longue série.

Correspondances entre la *LP* et d'autres œuvres de Xénophon

I, 1 (texte commençant par ἀλλά) : *Banquet* I, 1
I, 1 (la cité la plus glorieuse) : *Agés.* I, 3
I, 1 (*épitèdeumata*) : *Mém.* III, 5, 14
I, 6 (âge du mariage) : *Mém.* IV, 4, 23
II (éducation des *paides*) : *Mém.* I, 2, 1 ; I, 6, 1-10
II, 7 (vol) : *Anab.* IV, 6, 14-15 ; *Cyr.* I, 6, 27
II, 12 (pédérastie en Béotie et à Élis) : *Banquet* VIII, 34
III, 1-2 (éducation des *paidiskoi*) : *Cyr.* I, 2, 9
III, 4-5 (timidité des *paidiskoi*) : *Cyr.* I, 4, 6
IV, 7 (la chasse) : *Cynég.* XII, 2-5 et 14-17
V, 2 (utilité morale des *syskènia* : l'ombre et la lumière) : *Cyr.* II, 1, 35
V, 6 (conversations au *syskènion*) : *Cyr.* V, 2, 18
V, 7 (aussi à l'aise dans l'obscurité qu'en plein jour) : *Agés.* VI, 6
V, 9 (parties du corps sièges de la force) : *Banquet* II, 16
VII, 5 (richesse visible) : *Cyr.* VIII, 4, 30-36
VIII, 1, 2 et 5 (sens de *kratistoi* ; cf. IV, 5 et XI, 8) : *Anab.* I, 9, 2 ; *Hell.* III, 4, 16 et VII, 1, 42
VIII, 2 (obéissance aux magistrats) : *Mém.* III, 5, 16 ; IV, 4, 15 ; *Cyr.* I, 2, 8 ; *Agés.* I, 36 et VII, 2
VIII, 2 (τρέχοντες ἀλλὰ μὴ βαδίζοντες) : *Cyr.* II, 2, 30
IX, 1-2 (avantages de la bravoure) : *Cyr.* III, 3, 45 et 51-52 ; IV, 1, 15 ; *Anab.* III, 1, 43
X, 2-3 (vigueur morale dans la vieillesse) : *Agés.* XI, 14
X, 4 et 7 (pratiquer toutes les vertus civiques) : *Agés.* X, 2
XI, 10 (image de la trière) : *Hell.* VII, 5, 23
XII, 4 (méfiance envers les Hilotes) : *Cyr.* VII, 5, 79
XII, 4 (emplacement des feuillées) : *Cyr.* I, 6, 36

XII, 5 (μεγαλοπρεπεστέρους... ἐλευθεριωτέρους) : *Mém.* III, 10, 5

XII, 6 (premier polémarque) : *Hell.* IV, 2, 22

XIII, 2 (sacrifices avant le départ) : *Cyr.* I, 6, 1 ; III, 3, 21

XIII, 4 (στρατοῦ σκευοφορικοῦ ἄρχοντες) : *Cyr.* VI, 2, 35

XIII, 8 (sacrifice de la *chimaira*) : *Hell.* IV, 2, 20

XIV, 7 (faute politique et faute religieuse) : *Hell.* V, 4, 1

XV, 1 (stabilité du régime, défini comme une royauté) : *Agés.* I, 4

XV, 4 (la *dimoiria*) : *Agés.* V, 1

XV, 6 (les éphores restent assis devant le roi ; subordination des rois) : *Agés.* I, 36

XV, 7 (l'échange des serments) : *Cyr.* VIII, 5, 25

XV, 8 (ni ambition tyrannique, ni jalousie) : *Cyr.* VIII, 5, 24

XV, 9 (funérailles royales) : *Hell.* III, 3, 1 ; *Agés.* XI, 16

BIBLIOGRAPHIE

Anderson 1970 = J.K. Anderson, *Military Theory and Practice in the Age of Xenophon*, Berkeley-Los Angeles.

Anson 2010 = E. Anson, « The General's Pre-Battle Exhortation in Graeco-Roman Warfare », *Greece and Rome* 57, p. 304-318.

Azoulay 2004 = V. Azoulay, *Xénophon et les grâces du pouvoir*, Paris.

Bazin 1885 = H. Bazin, *La* République des Lacédémoniens de Xénophon. *Étude sur la situation intérieure de Sparte*, Paris.

Bianco 1996 = E. Bianco, « Il capitolo XIV della *Lakedaimonion Politeia* attribuita a Senofonte », *MH* 53, p. 12-24.

Birgalias 1997 = N. Birgalias, « Ἔρις περὶ ἀρετῆς », *Ἑλληνικά* 47, p. 35-52.

Boucher 1912 = A. Boucher, « La tactique grecque à l'origine de l'histoire militaire », *REG* 25, p. 301-317.

Bourriot 1996 = F. Bourriot, « *Kaloi kagathoi, kalokagathia* à Sparte aux époques archaïque et classique », *Historia* 45, p. 129-140.

Carlier 1984 = P. Carlier, *La royauté en Grèce avant Alexandre*, Strasbourg.

Cartledge 1987 = P. Cartledge, *Agesilaos and the Crisis of Sparta*, Londres-Baltimore.

Cartledge 2004 = P. Cartledge, *The Spartans*, New York.

Casevitz 2008 = M. Casevitz, *Xénophon, Constitution des Lacédémoniens. Agésilas – Hiéron*, suivi de *Pseudo-Xénophon, Constitution des Athéniens*, Paris.

Chrimes 1948 = K.M.T. Chrimes, *The* Respublica Lacedaemoniorum *Ascribed to Xenophon*, Manchester.

Christesen 2010 = P. Christesen, « Spartans and Scythians, a Meeting of Mirages: The Portrayal of the Lycurgan Politeia in Ephorus' *Histories* », dans A. Powell et S. Hodkinson (éd.), *Sparta: The Body Politic*, Swansea, p. 211-263.

Christien 1993 = J. Christien, « Les bâtards spartiates », *Mélanges P. Lévêque* 7, Besançon-Paris, p. 33-40.

D'Alessandro 2009 = G. D'Alessandro, *Senofonte. Costituzione degli Spartani, Agesilao*, Milan.

David 1991 = E. David, *Old Age in Sparta*, Amsterdam.

David 1992 = E. David, « Sparta's Social Hair », *Eranos* 90, p. 11-21.

David 1993 = E. David, « Hunting in Spartan Society and Consciousness », *EMC* 12, p. 393-413.

David 1999 = E. David, « Sparta's *Kosmos* of Silence », dans S. Hodkinson et A. Powell (éd.), *Sparta: New Perspectives*, Londres-Swansea, p. 117-146.

David 2004 = E. David, « Suicide in Spartan Society », dans T.J. Figueira (éd.), *Spartan Society*, Swansea, p. 25-46.

David 2007 = E. David, « Xénophon et le mythe de Lycurgue », *Ktèma* 32, p. 297-310 = « Xénophon and the Myth of Lykourgos », dans A. Powell et N. Richer (éd.), *Xenophon and Sparta*, Swansea, 2020, p. 203-221.

Den Boer 1954 = W. Den Boer, *Laconian Studies*, Amsterdam.

D-K = H. Diels et W. Kranz, *Die Fragmente der Vorsokratiker* II, 6e éd., Berlin, 1952.

Ducat 1990 = J. Ducat, *Les Hilotes*, Paris.

Ducat 1998 = J. Ducat, « La femme de Sparte et la cité », *Ktèma* 23, p. 385-406.

Ducat 2002 = J. Ducat, « Pédaritos ou le bon usage des apophtegmes », *Ktèma* 27, p. 13-34.

Ducat 2003 = J. Ducat, « Du vol dans l'éducation spartiate », *Mètis* n.s. 1, p. 95-110.

Ducat 2005 = J. Ducat, « Aristodèmos le trembleur », *Ktèma* 30, p. 205-216.

Ducat 2006a = J. Ducat, *Spartan Education*, Swansea.

Ducat 2006b = J. Ducat, « The Spartan "Tremblers" », dans S. Hodkinson et A. Powell (éd.), *Sparta and War*, Swansea, p. 1-55.

Ducat 2007 = J. Ducat, « Xénophon et la sélection des Hippeis », *Ktèma* 32, p. 327-340 = « Xenophon and the Selection of the *Hippeis* », dans A. Powell et N. Richer (éd.), *Xenophon and Sparta*, Swansea, 2020, p. 343-360.

Ducat 2008 = J. Ducat, « Le statut des Périèques lacédémoniens », *Ktèma* 33, p. 1-86.

Ducat 2013 = J. Ducat, « Homoioi », *Ktèma* 38, p. 137-155.

Ducat 2014 = J. Ducat, « Le contexte historique de la *LP* de Xénophon », *Sparte hellénistique, IVe-IIIe siècles avant notre ère, Dialogues d'Histoire ancienne. Supplément* 11, p. 93-110.

Ducat 2016a = J. Ducat, « Platon, "Petite histoire de la constitution spartiate", *Lois* III, 691d-692c », *Ktèma* 41, p. 331-341.

Ducat 2016b = J. Ducat, « La conspiration de Cinadon (Xénophon, *Hell.* III, 3, 4-11) », *Ktèma* 41, p. 343-391.

Ducat 2017 = J. Ducat, « Du caractère "mixte" du régime spartiate », *Ktèma* 42, p. 251-269.

Ellinger 2002 = P. Ellinger, « Artémis, Pan et Marathon. Mythe, polythéisme et événement historique », dans Synnøve des Bouvrie (éd.), *Myth and Symbol* I. *Symbolic Phenomena in Ancient Greek Culture, Papers from the Norvegian Institute at Athens* 5, Bergen, p. 313-332.

Figueira 2002 = T.J. Figueira, « Iron Money and the Ideology of Consumption in Laconia », dans A. Powell et S. Hodkinson (éd.), *Sparta: Beyond the Mirage*, Londres-Swansea, p. 137-170.

Figueira 2003 = T.J. Figueira, « *Xenelasia* and Social Control in Classical Sparta », *CQ* 53, p. 44-74.

Figueira 2006 = T.J. Figueira, « The Spartan *Hippeis* », dans S. Hodkinson et A. Powell (éd.), *Sparta and War*, Swansea, p. 54-84.

Fisher 1989 = N.R.E. Fisher, « Drink, *Hybris* and the Promotion of Harmony in Sparta », dans A. Powell (éd.), *Classical Sparta: Techniques behind her Success*, Londres, p. 26-50.

Gray 2007 = V. Gray, *Xenophon on Government:* Hiero, Respublica Lacedaemoniorum, Respublica Atheniensium, Cambridge-New York.

Gray 2011 = V. Gray, *Xenophon's Mirror of Princes. Reading the Reflections*, Oxford et Londres.

Harman 2009 = R. Harman, « Viewing Spartans, Viewing Barbarians: Visuality in Xenophon's *LP* », dans S. Hodkinson (éd.), *Sparta: Comparative Approaches*, Swansea, p. 361-382.

Higgins 1977 = W.E. Higgins, *Xenophon the Athenian*, Albany.

Hodkinson 1993 = S. Hodkinson, « Warfare, Wealth and the Crisis of Spartiate Society », dans J. Rich et G. Shipley (éd.), *War and Society in the Greek World*, Londres-New York, p. 146-176.

Hodkinson 1999 = S. Hodkinson, « An Agonistic Culture ? », dans S. Hodkinson et A. Powell (éd.), *Sparta: New Perspectives*, Londres-Swansea, p. 147-187.

Hodkinson 2000 = S. Hodkinson, *Property and Wealth in Classical Sparta*, Londres-Swansea.

Hodkinson 2005 = S. Hodkinson, « The Imaginary Spartan *Politeia* », dans M.H. Hansen (éd.), *The Imaginary* Polis, *Acts of the Copenhagen* Polis *Centre* 7, Copenhague, p. 222-281.

Hodkinson 2006 = S. Hodkinson, « Was Classical Sparta a Military Society ? », dans S. Hodkinson et A. Powell (éd.), *Sparta and War*, Swansea, p. 111-162.

Hodkinson 2009 = S. Hodkinson (éd.), *Sparta. Comparative Approaches*, Swansea.

Humble 1999 = N. Humble, « *Sophrosynè* and the Spartans in Xenophon », dans S. Hodkinson et A. Powell (éd.), *Sparta: New Perspectives*, Londres-Swansea, p. 339-353.

Humble 2004 = N. Humble, « The Author, Date and Purpose of Chapter 14 of the *Lakedaimonion Politeia* », dans C. Tuplin (éd.), *Xenophon and his World, Historia Einzelschriften* 172, p. 215-228.

Humble 2006 = N. Humble, « Why the Spartans Fight so well... even in Disorder – Xenophon's View », dans S. Hodkinson et A. Powell (éd.), *Sparta and War*, Swansea, p. 219-233.

Humble 2020 = N. Humble, « True History: Xenophon's *Agesilaos* and the Encomiastic Genre », dans A. Powell et N. Richer (éd.), *Xenophon and Sparta*, Swansea, p. 291-317.

Kelly 1996 = D. Kelly, « Oral Xenophon », dans I. Worthington (éd.), *Voice into Text. Orality and Literacy in Ancient Greece, Mnemosynè Suppl.* 157, p. 149-163.

Kennell 1995 = N.M. Kennell, *The Gymnasium of Virtue. Education and Culture in Ancient Sparta*, Chapel Hill-Londres.

Lana 1992 = M. Lana, « Xenophon's *Athenaion Politeia*: A Study by Correspondence Analysis », *Literary and Linguistic Computing* 7, p. 17-26.

Lazenby 1985 = J.F. Lazenby, *The Spartan Army*, Warminster.

Le Roy 1961 = C. Le Roy, « Λακωνικά », *BCH* 85, p. 206-235.

Lévy 2001 = E. Lévy, « Critias ou l'intellectuel au pouvoir », dans P.M. Morel et J.-F. Pradeau (éd.), *Les anciens savants*, Strasbourg, p. 231-251.

Lévy 2002 = E. Lévy, « Démocratie et aristocratie. Commentaire de deux passages de l'Oraison funèbre », *Lalies* 22, p. 147-164.

Link 1994 = S. Link, *Der Kosmos Spartas*, Darmstadt.

Lipka 2002 = M. Lipka, *Xenophon's Spartan Constitution*, Berlin.

Lupi 2000 = M. Lupi, *L'ordine delle generazioni. Classi di età e costumi matrimoniali nell'antica Sparta*, Bari.

Lupi 2003 = M. Lupi, « I presunti *eirenes* di Senofonte (*LP* 2,5 e 2,11) », *AION* 25, p. 157-169.

Lupi 2010 = M. Lupi, « Tibrone, Senofonte e le *Lakedaimonion Politeiai* del IV° secolo », dans M. Polito et C. Talamo (éd.), *La* Politica *di Aristotele e la storiografia locale*, Tivoli, p. 131-155.

Luppino Manes 1988 = E. Luppino Manes, *Un progetto di riforma per Sparta: la* Politeia *di Senofonte*, Milan.

MacDowell 1986 = D.M. MacDowell, *Spartan Law*, Édimbourg.

Meulder 1989 = M. Meulder, « La date et la cohérence de la *République des Lacédémoniens* de Xénophon », *AC* 58, p. 71-87.

Millender 2002 = E. Millender, « Herodotos and Spartan Despotism », dans A. Powell et S. Hodkinson (éd.), *Sparta: Beyond the Mirage*, Swansea-Londres, p. 1-61.

Momigliano 1936 = A. Momigliano, « Per l'unità logica della *Lakedaimonion Politeia* di Senofonte », *RFIC* 14, p. 170-173 = *Terzo contributo alla storia degli studi classici e del mondo antico*, Rome, 1966, p. 341-345.

Muratore 2022 = D. Muratore, *Xenophontea. Nuovi studi sulla tradizione e sul testo della* Costituzione degli Spartani, Rome.

Napolitano 1985 = M.L. Napolitano, « Donne spartane e teknopoiia », *AION* 7, p. 19-50.

Nilsson 1906 = M.P. Nilsson, *Griechische Feste von religiösen Bedeutung, mit Ausschluss der attischen*, Leipzig.

Ollier 1934 = F. Ollier, *Xénophon, la* République des Lacédémoniens, Lyon-Paris.

Oppenheimer 1933 = C. Oppenheimer, *Zwei attische Epitaphien*, Berlin, 1933.

Paradiso 2000 = A. Paradiso, « Lycurgue Spartiate : analogie, anachronisme et achronie dans la construction historiographique du passé », dans C. Darbo-Peschanski (éd.), *Constructions du temps dans le monde grec ancien*, Paris, p. 373-391.

Paradiso 2007 = A. Paradiso, « Ravir des fromages à l'autel d'Orthia », *Ktèma* 38, p. 311-325.

Paradiso [à paraître] = A. Paradiso, « The *Constitution of the Lacedaemonians* and Chapter XIV, or how Ancient Writers Wrote », dans C. Tuplin (éd.), *The World of Xenophon II*.

Powell 2010 = A. Powell, « Divination, Royalty and Insecurity in Classical Sparta », dans A. Powell et S. Hodkinson (éd.), *Sparta: The Body Politic*, Swansea, p. 85-135.

Proietti 1987 = G. Proietti, *Xenophon's Sparta*, Leiden.

Rebenich 1998a = S. Rebenich, *Xenophon, die Verfassung der Spartaner*, Darmstadt.

Rebenich 1998b = S. Rebenich, « Fremdenfeindlichkeit in Sparta ? Überlegungen zur Tradition der spartanischen Xenelasie », *Klio* 80, p. 336-359.

Richer 1998 = N. Richer, *Les Éphores. Études sur l'histoire et sur l'image de Sparte*, Paris.

Richer 1999 = N. Richer, « *Aidos* at Sparta », dans S. Hodkinson et A. Powell (éd.), *Sparta: New Perspectives*, Londres-Swansea, p. 91-115.

Richer 2001 = N. Richer, « *Eunomia* et *eudaimonia* à Sparte », *Dikè* 4, p. 13-38.

Richer 2007 = N. Richer, « Le modèle lacédémonien dans les œuvres non historiques de Xénophon », *Ktèma* 32, p. 405-434 = « The Lacedaemonian Model in Xenophon's Non-historical Works (Excluding the *Cyropaedia*) », dans A. Powell et N. Richer (éd.), *Xenophon and Sparta*, Swansea, 2020, p. 65-107.

Richer 2016 = N. Richer, « Isocrate et Sparte : un parcours », *Ktèma* 41, p. 59-86.

Schmitt-Pantel 1992 = P. Schmitt-Pantel, *La cité au banquet*, Rome-Paris.

Schnapp 1997 = A. Schnapp, *Le chasseur et la cité. Chasse et érotisme en Grèce ancienne*, Paris.

Singor 1999 = H.W. Singor, « Admission to the *Syssitia* in Fifth-century Sparta », dans S. Hodkinson et A. Powell (éd.), *Sparta: New Perspectives*, Londres-Swansea, p. 67-89.

Spina 1985 = L. Spina, « L'incomparabile pudore dei giovani Spartani », *QUCC* 48, p. 167-181.

Strauss 1939 = L. Strauss, « The Spirit of Sparta and the Taste of Xenophon », *Social Research* 6, p. 502-536 = « L'esprit de Sparte et le goût de Xénophon », dans *Le discours socratique de Xénophon, suivi de Le Socrate de Xénophon*, Combas, 1992, p. 213-242.

Tober 2010 = D. Tober, « *Politeiai* and Spartan Local History », *Historia* 59, p. 412-431.

Toynbee 1969 = A. Toynbee, *Some Problems of Greek History*, Oxford.

Tuplin 1994 = C. Tuplin, « Xenophon, Sparta and the *Cyropaedia* », dans A. Powell et S. Hodkinson (éd.), *The Shadow of Sparta*, Londres-Swansea, p. 127-181.

Valckenaer 1815 = L.C. Valckenaer, *Selecta e scholis Lud. Casp. Valckenarii in libros quosdam Novi Testamenti. I. In quo scholae in Lucae Euangelium et Acta Apostolorum ; cum brevi editoris annotatione*, Amsterdam.

Vernant 1988 = J.-P. Vernant, « Artémis et le sacrifice préliminaire au combat », *REG* 101, p. 221-239.

Ziehen 1929 = L. Ziehen, article « Sparta (Kulte) », dans *RE* 2e série, III A, col. 1453-1525.

Machiavel, *Le Prince* (1532), est cité dans l'édition procurée par J.-L. Fournel et J.-C. Zancarini, Paris, 2000.

TABLE DES MATIÈRES

INTRODUCTION	VII
L'auteur	VII
La date	XV
Les lectures de Xénophon	XXIV
NOTICE SUR L'HISTOIRE DU TEXTE	XXXV
La tradition directe	XXXV
La tradition indirecte	LXI
Les traductions latines humanistes	LXIV
La tradition imprimée	LXVII
Principes de la présente édition	LXXXVI
Bibliographie de la notice	LXXXVIII
SIGLA	XCI
LA CONSTITUTION DES LACÉDÉMONIENS	
Texte et traduction	1
COMMENTAIRE	53
BIBLIOGRAPHIE	331

Ce volume,
le cinq cent quatre-vingt-unième
de la série grecque
de la Collection des Universités de France,
composé par l'Atelier Fluxus Virus,
publié aux Éditions Les Belles Lettres,
a été achevé d'imprimer
en janvier 2025
sur les presses
de la Nouvelle Imprimerie Laballery
58500 Clamecy, France

N° d'édition : 11194
N° d'impression : 501493
Dépôt légal : février 2025